www.ingramcontent.com/pod-product-compliance
Lightning Source LLC
Chambersburg PA
CBHW030504100426
42813CB00002B/335
* 9 7 8 1 9 4 9 7 4 3 1 0 4 *

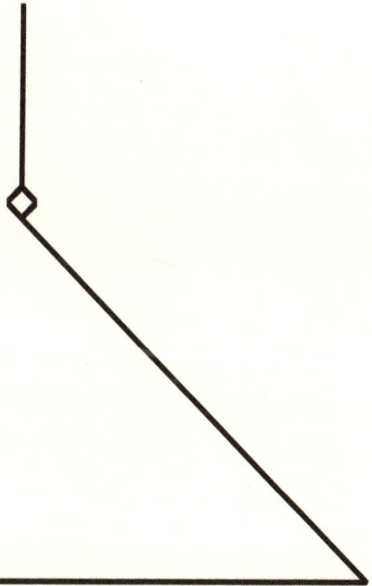

تاریخ اجتماعی زرتشتیان یزد

از ورود اسلام به ایران تا تأسیس انجمن ناصری زرتشتیان یزد

(جلد اول)

UCI Jordan Center for Persian Studies

نویسنده: دکتر علی اکبر تشکری (عضو هیأت علمی گروه تاریخ دانشگاه یزد)

ویراستار: دکتر علی یزدانی راد (عضو هیأت علمی گروه تاریخ دانشگاه یزد)

تاریخ اجتماعی زرتشتیان یزد

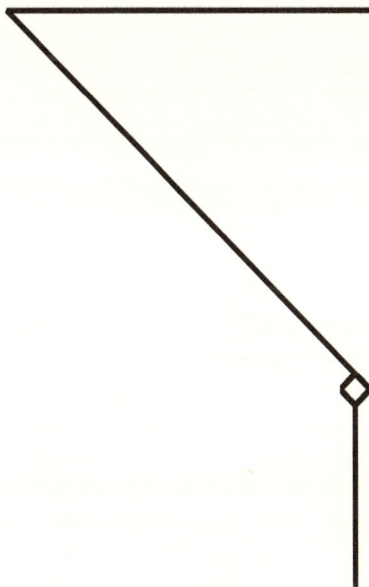

UCI Jordan Center for Persian Studies

تاریخ اجتماعی زرتشتیان یزد ٭ از ورود اسلام به ایران تا تأسیس انجمن ناصری زرتشتیان یزد

نویسنده: دکتر علی‌اکبر تشکری (عضو هیأت علمی گروه تاریخ دانشگاه یزد)
ویراستار: دکتر علی یزدانی‌راد (عضو هیأت علمی گروه تاریخ دانشگاه یزد)

صفحه‌بندی: KB.STUDIO ▫ شابک: ۹۷۸-۱-۹۴۹۷۴۳-۱۰-۴ ▫ تمامی حقوق برای پدیدآورنده، محفوظ است.

فهرست مطالب

مقدمه ۱

فصل اوّل- اسلام و اهل ذمّه ۷

۱- گسترهٔ اهل کتاب در قرآن و فقه ۸

۲- مقرّرات ذمّگی در اسلام ۱۲

۳- خلافت و اهل ذمّه ۳۰

فصل دوم- اسلام در ایران: گذاری بر حیات اجتماعی- فرهنگی زرتشتیان...۴۵

۱- خلفای راشدین: مرحله نظامی ۴۷

۲- خلافت اموی: دوره شهری ۵۲

۳- خلافت عباسی: تثبیت اسلام در روستاها ۵۴

۴- آل بویه و زرتشتیان فارس ۶۲

۵- سلاجقه نمادی از تثبیت شریعت ۶۷

۶- ایلخانان از مدارا تا تقیّد به ضوابط اسلامی ۷۰

فصل سوم- یزد و نخستین آگاهی‌ها از زرتشتیان ۷۳

۱- نام و جایگاه یزد در جغرافیای تاریخی ایران ۷۴

۲- مروری بر تحولات تاریخی یزد از ورود اسلام تا عصر صفوی ۷۷

۳- زرتشتیان یزد از ورود اسلام تا صفویه ۷۹

۴- پارسیان و آغاز روابط با زرتشتیان یزد ۹۵

فصل چهارم- زرتشتیان در یزد عصر صفوی ۱۱۳
۱- علما و فقهای شیعیِ عصر صفوی در مواجهه با اهل ذمّه ۱۱۴
۲- حیات اجتماعی زرتشتیان یزد تا پایان پادشاهی شاه عباس اول ۱۳۲
۳- معیشت و حیات فرهنگی زرتشتیان ۱۳۶
۴- پارسیان و گسترش روابط با زرتشتیان یزد ۱۴۶
۵- زرتشتیان از شاه صفی تا سقوط سلسلهٔ صفوی ۱۵۸
۶- تداوم روابط پارسیان و زرتشتیان یزد ۱۶۵
۷- شاه سلطان حسین و سقوط سلسله ۱۶۹

فصل پنجم- زرتشتیان از سقوط صفوی تا برآمدن قاجار ۱۸۵
۱- سلسله خوانین و زرتشتیان ۱۸۸
۲- پارسیان: اختلاف در تقویم و عزیمت ملاکاوس به ایران ۱۹۰
۳- روحانیت و انتقال اجباری از تُرکآباد به حوزه شهری یزد ۲۰۴

فصل ششم- دورنمایی از تحولات هند در سدهٔ نوزدهم و بازتاب آن بر پارسیان....۲۰۷
۱- اروپای عصر جدید و شکلگیری هند نوین ۲۰۹
۲- پارسیان در هند نوین ۲۱۹
۳- نخستین گزارشها از مهاجرت زرتشتیان یزد به هند ۲۳۳

فصل هفتم- ساختار و حیات اجتماعی و فرهنگی زرتشتیان یزد از تأسیس قاجاریه تا حضور مانکجی در ایران ۲۳۵
۱- حیات اجتماعی- فرهنگی زرتشتیان از تأسیس قاجاریه تا عهد ناصری ۲۳۷
۲- حیات اجتماعی- فرهنگی زرتشتیان در عهد ناصرالدین شاه ۲۶۱

فصل هشتم- مانکجی در ایران ۲۹۵
۱- پارسیان و تشکیل انجمن بهبود حال زرتشتیان ایران ۲۹۵
۲- مروری بر زندگینامه مانکجی؛ نخستین نماینده انجمن اکابر پارسیان در ایران ۳۱۰
۳- نخستین سفر مانکجی؛ گزارشِ وضع زرتشتیان و دفاع از تداوم حضور ایشان در ایران ۳۱۵
۴- سفر دوم مانکجی به ایران؛ مبانی فکری و کارنامهٔ اقدامات او ۳۳۸
۵- اقدامات و اصلاحات دروندگروهی مانکجی ۳۴۹
۶- مانکجی و تلاش در ارتقای وجاهت زرتشتیان در جامعهٔ اسلامی ۳۸۷

فصل نهم- مانکجی و لغو جزیه ۴۰۷

۱- مانکجی در دربار ناصرالدین شاه ۴۰۸

۲- مانکجی و روند تدریجی حذف جزیه از همکیشان ۴۱۱

۳- مکتوبات مانکجی در آستانه صدور فرمان لغو جزیه ۴۴۲

۴- انجمن اکابر پارسیان و تلاش برای کاهش و لغو جزیه ۴۵۴

۵- موفقیت انجمن اکابر و مانکجی؛ صدور فرمان لغو جزیه ۴۸۲

فصل دهم- مانکجی؛ بازتاب اقدامات، مصائب و فرجام او ۴۹۱

۱- تساهل و مدارای عمادالدوله در مقام حاکم یزد؛ بازتابی از اقدامات

مانکجی ۴۹۱

۲- گوشه‌هایی از مصائب و مشکلات مانکجی ۴۹۳

۳- مرگ مانکجی ۵۰۲

نمایه ۵۰۳

مقدمه ناشر

کتابی که در پیش رو دارید پژوهش ارزنده دکتر علی اکبر تشکری، استاد تاریخ دانشگاه یزد درباره تاریخ اجتماعی زرتشتیان یزد می باشد که از قرن اول هجری تا انقلاب ۱۳۵۷ را در بر میگیرد. اهمیت این کتاب سه جلدی از آنجاست که بر حسب منابع و مدارکی فراهم آمده است که عمدتا در آرشیوهای خصوصی نگهداری میشود. با این کار نویسنده توانسته است حیات اجتماعی زرتشتیان در معتبرترین زیستگاه تاریخی آنها یعنی یزد را به بحث و بررسی گذارد. مباحث و محتویات اثر حاضر خود گویای عمق تلاش و نکته بینی های نویسنده در واکاوی تاریخ اجتماعی زرتشتیان یزد طی این قرون می باشد.

ما در مرکز ایران شناسی دکتر سموئل جردن دانشگاه کالیفرنیا - ارواین خشنود هستیم که این کتاب تحقیقی را به چاپ می رسانیم و امیدواریم با این کار قدم کوچکی برای پیشبرد تاریخ ایران برداریم. در پایان از آقای الایار دبستانی برای حمایت مالی و از آقای جمشید ورزا برای پیگیری ممتد در به ثمر رسیدن چاپ این کتاب سپاسگزاری می نمایم.

تورج دریایی
رئیس مرکز ایران شناسی دکتر سموئل جردن
دانشگاه کالیفرنیا - ارواین

مقدمه

برادری دین و دولت در عهد ساسانی، نه تنها کیش زرتشتی را به عالی‌ترین سطح از اعتبار سیاسی در ایران باستان ترقی داد، بلکه همپای با افول و سقوط سلسله، پیروان این آیین را به اقلیتی رو به کاهش و پراکندگی تنزّل بخشید.

اعراب که در قیاس با سایر اقوام تازنده به ایران، انتقال و استیلای ایدئولوژی نوین اسلام را با فروپاشی استقلال، نظام‌بندی اجتماعی و قدرت مستقر ایران درآمیختند، در پَسِ یورش و فتوحات نظامی- سیاسی خود، عرصه‌ای برای جدال دو ایدئولوژی قدیم و جدید فراهم آوردند. با توسعه و روند تثبیت اسلام در قرون نخستین اسلامی، احکام فقهی ضمن تبیین چارچوبهٔ مسائل شرعی، در بحث از مشخّصه های اسلام و مرزهای آن با کفر، ضوابط دوام بقای اهل کتاب را نیز در قالب قرارداد اهل ذمّه مدون نمود. در کنار این موضوع، سیطره ترکمانان سلجوقی و غلبهٔ تعصب بر مدارای حاکمان پیشین با اهل ذمّه و خاصّه زرتشتیان، بازماندگان آیین باستانی را به پراکندگی در مناطق دور از تحوّلات دمادم فراخواند.

در این میان، یزد که به دو ویژگی برجستهٔ بُعد مسافت از مراکز تحوّل خیز و آرامش و امنیّت نسبی نامبردار بود، گرچه به‌رغم تصور رایج از همان نخستین سپیده‌دمان ورود و بسط اسلام در ردیف مناطق معتبر زرتشتی‌نشین جای نداشت، امّا از سقوط آل بویه بدین‌سو، پذیرای مهاجرانی از فارس و خراسان شد و این روند تا بدانجا پیش رفت که بر مبنای اسناد موجود، از عهد تیموری به یکی از دو کانون زرتشتی‌گری

ایران نامبردار گشت. کرمان قطب دیگر تجمّع زرتشتیان، آتش بهرام و موبدان و دستوران ویژهٔ خود را داشت. امّا یزد علاوه بر این دو ممیّزه، چه از حیث میزان جمعیّت زرتشتی، تعدّد روحانیان تراز اوّل و نیز برخورداری از زیارتگاه‌های مختلف، از چنان اعتباری برخوردار بود که در نظر پارسیان هند، مرجع اصلی پاسخگویی به پرسش‌های دینی به شمار می‌رفت. لذا با توجّه به این ممیّزات و محوریّت یزد در تاریخ زرتشتیان ایران از قرون میانه تا اوایل عهد پهلوی دوم، بالطّبع تاریخ اجتماعی زرتشتیان یزد می‌تواند نمودی از حیات اجتماعی بهدینان ایران باشد.

براین اساس که به شرح تفصیلی آن پرداخته خواهد شد، اطلاعات اثر حاضر که حاصل چندین سال تحقیقات نگارنده است، به شیوهٔ کتابخانه‌ای- میدانی فراهم آمده و برآن است تا با روش توصیف و تحلیل تاریخی، حیات اجتماعی زرتشتیان را در بستری از تحولات سیاسی، فرهنگی و اجتماعی ایران پس از اسلام دنبال کند. به ضرورت و دلیل گزینش این موضوع از بطن جامعهٔ اسلامی باز خواهیم گشت، امّا پیش از آن، اهمّ اهداف مترتّب بر پژوهش که بازهٔ زمانی ورود اسلام به ایران تا انقلاب اسلامی را در بر می‌گیرد، به موارد ذیل می‌توان تقسیم نمود:

- بررسی روند حیات اجتماعی زرتشتیان که با ورود اسلام، به‌رغم اکثریت همکیشان سابق، پذیرش و تحمّل شرایط حاکم را بر تغییر کیش ترجیح دادند.

- واکاوی در ساز و کارهای اقلیتی دینی که در گسترهٔ تاریخ ایران اسلامی از دو سو در معرض تهدید بودند؛ از سویی، اکثریت مسلمان با راهکارهای مختلف چون افزودن بر تنگناهای اجتماعی و هم‌زمان ارائه مشوّق‌هایی به نومسلمانان، درصدد کاهش تعداد ایشان بودند و از سوی دیگر، عقب‌ماندگی درون‌ساختاری زرتشتیان از ضوابط آیینی خود که البته تابعی از مورد نخست به شمار می‌رفت.

- بررسی روابط زرتشتیان یزد با همکیشان هندی که با تمایل پارسیان برای کسب معارف دینی از روحانیان یزد آغاز شد، و به تلاش برای حمایت و رهانیدن آن‌ها از فشارهای اجتماعی- مالی به همراه اصلاحات درون‌ساختاری انجامید.

- بررسی در نحوهٔ شکل‌گیری و کارکرد انجمن زرتشتیان یزد از عهد ناصری تا وقوع انقلاب اسلامی.

- واکاوی در دلایل و چگونگی حضور زرتشتیان در جنبش مشروطیت و نقشی که این ساختار در فراهم نمودن بسترِ حضور پررنگ‌تر نخبگان این اقلیت در مجالس قانونگذاری ایفا نمود.

- واکاوی موقعیت اجتماعی زرتشتیان در عصر پهلوی بر مبنای رشد مظاهر مدرنیسم و تأکید ساختار قدرت بر باستان‌گرایی.

مبتنی بر اهداف مورد نظر، پژوهش حاضر که در سه مجلد تنظیم گردیده، بحث را با شرایط اهل ذمّه در فقه آغاز می‌کند که دلیل آن، وابستگی شرایط اقلیت‌ها به نحوهٔ برخورد و عملکرد متولیان سیاسی- فرهنگی اکثریت است. به عبارت بهتر، در ضرورت ورود به بحث از دریچهٔ ضوابط دینی جامعهٔ اسلامی، موضوع را باید از زاویهٔ نقش‌آفرینی اکثریت بر تعیین جهت اقلیت دانست. در واقع اگر به روزگار اوّلیه اسلامی، بخشی از شاخصه‌های کیش زرتشتی چون جشن‌ها و برخی از سنّت‌های آن، خود را بنا بر شرایط فرهنگی زمانه در شکل و شمایلی دیگر تداوم دادند، امّا به دنبال تثبیت اسلام به عنوان مشخصه برجستهٔ جامعه و ساختار قدرت ایران- که خود تابعی از قابی وسیع‌تر به نام امّت اسلامی بود- بالطّبع اقلیّتی دینی، که در ردیف ذمیان جای داشتند، بیش از تأثیرگذاری بر اکثریت، وابسته و منقاد روند اجتماعی- فرهنگی حاکم شدند.

بدین‌ترتیب هرچند در قیاس با پارسیان، زرتشتیان یزد که تا دوران معاصر نماد بارز تداوم حیات زرتشتی‌گری ایران به شمار می‌رفتند، حصار ذمّگی، آن‌ها را از جامعهٔ اکثریت مسلمان مجزا ساخته و حفظ و بقای آیین‌شان را باعث گردید، امّا روند رو به گسترش تثبیت اسلام و ناگزیر تشدید فشارهای اجتماعی، تنزّل از صیانت و حفظ ضوابط دینی- به عنوان ضرورتی برای تداوم بقا- را سبب شده و هم‌زمان از حیث درونی نیز جماعت مذکور را دچار افتی محتوم می‌ساخت. لذا و با توجّه به اتکای هرگونه پژوهش دربارهٔ حیات اجتماعی زرتشتیان- مانند دیگر اقلیت‌ها (به‌ویژه دینی)- به زیرساخت‌های فرهنگی و اجتماعی اکثریت جامعه، نخستین بحث از کتاب حاضر به روند تکوین موقعیّت اهل کتاب از دیدگاه فقهای مسلمان اختصاص یافته است.

پس از آن، به اختصار روند فتح و تثبیت اسلام در ایران را زمینه‌ای جهت ورود به رویکرد خلافت دربارهٔ اقلیت‌های دینی قرار داده و با توجه به عدم اطلاعات دقیق از شرایط اجتماعی زرتشتیان در قرون میانه و تا اوایل عهد صفوی، داده‌های موجود دربارهٔ نحوه رفتار با اهل ذمه به همراه کلیات رفتار حکومتگران، دستمایهٔ رهیافت به حیات اجتماعی این اقلیت می‌شود.

در عصر صفوی، هرچند یزد کانونی معتبر در آیین زرتشتی به شمار می‌رفت، اهمیت ویژهٔ اصفهان در نظر سفرنامه‌نگاران اروپایی و ناآگاهی و یا بی‌میلی آن‌ها به جزئیات کارکردهای اجتماعی- که با توجه به اینکه روابط غرب با ایران شیعی، در مراحل اولیه خود قرار داشت- این موضوع چندان بعید هم نمی‌نمود- بار دیگر کسب اطلاعات از زرتشتیان یزد را منوط به برخی روایات شفاهی به یادگار مانده و به‌ویژه محتوای نامه‌های متبادله با پارسیان می‌سازد. در این میان، همراهی زرتشتیان با محمود افغان در سقوط سلسله، افت وجاهت اجتماعی آن‌ها در نظر اکثریت شیعی و باورمند به جایگاه برجستهٔ سلاطین صفوی را دو چندان نمود و از این رو طی سدهٔ ۱۹ میلادی شاهد تنزل بیش از پیش این اقلیت در باور شهری چون یزد هستیم که در تعصب به رعایت ضوابط دینی نامبردار بود.

در جهتی مخالف با روند جاری در ایران، پارسیان به واسطهٔ سیطرهٔ فرهنگ و قوانین عرفی انگلیس بر هند، به‌ویژه در عرصهٔ اقتصادی بر همکیشان ایرانی سبقت جستند. لذا و مبتنی بر نقش‌آفرینی پارسیان در تلاش برای احیای نظم درونی و کاستن از فشارهای بیرونی بر جماعت زرتشتیان یزد، در بحثی نسبتاً مفصل و پس از مروری بر زمینه‌های شکل‌گیری غرب نوین و استقرار و تثبیت انگلیس در هند، واکاوی در ارتقای پارسیان، بستری جهت ورود به نحوه روابط آن‌ها با زرتشتیان یزد عصر ناصری به این سو، قرار داده شده است. موضوعی که با تشکیل انجمن اکابر پارسیان هند و عزیمت نمایندهٔ آن، مانکجی، به ایران آغاز شده و در کارکردی دو سویه ضمن تلاش برای احیای انسجام درونی همکیشان یزدی و کرمانی، به پشتوانه مالی پارسیان و همراهی سیاسی کارگزاران انگلیس در عالی‌ترین سطح خود، به لغو جزیه انجامید.

در ادامۀ روابط نوبنیاد مذکور و به دنبال واکاوی چندجانبه در اقدامات مانکجی، تمرکز عمده مباحث تا مشروطیت بر روی مسائل خاصّ زرتشتیان یزد در مجموعه‌ای چون شرح اقدامات نمایندگان انجمن اکابر در ایجاد و توسعه انجمن زرتشتیان، کارکرد مبلغان بهایی و مسیحی در جذب پیروانی از این اقلیت و تلاش در ارائه تصویری روشن از حیات اجتماعی آن‌ها بر اساس اطلاعات سفرنامه‌نویسان، اسناد و مدارک موجود است.

در مقطع دوم از حیات سیاسی عصر قاجار، یعنی مشروطیت، با توجه به تعارض آرای دو طیف مشروطه‌خواه و مشروعه‌طلب، ضمن واکاوی اختلافات آن‌ها در مسائلی چون آزادی و مساوات همۀ شهروندان در برابر قوانین دولتی، به تأثیر این جنبش بر ارتقای موقعیت زرتشتیان پرداخته شده و در عین حال، اجزاء و ابعاد ماجرای قتل پرویز شاه‌جهان در یزد و نیز نماینده کمپانی جهانیان در تهران توسّط وابستگان به حکومت، به بحث گذاشته می‌شود. پس از آن و در موضوع وقایع مرتبط با درگیری ناخواستۀ ایران در جنگ نخست جهانی، شرایط سیاسی یزد و حیات اجتماعی زرتشتیان محل توجه قرار گرفته است. در این میان، عملکرد و اختلافات درونی جماعت که به‌ویژه در انجمن ناصری بروز و در قضیه قتل ماستر خدابخش نمود یافت، هم به بحث گذاشته می‌شود.

در حکومت رضاشاه که از حیث عدم اتکا بر ساختار قبیله‌ای و نوگرایی، متفاوت از نظام سنتی قدرت بود، روح حاکم بر زمان در گرایش به ناسیونالیسمِ متکی بر باستان‌گرایی، به عنوان ملاکی در بازشناسی حیات اجتماعی زرتشتیان قرار گرفته است و در همین راستا و همپای با رشد مظاهر مدرنیسم و برتری مبانی عرفی بر شرعیات، زرتشتیان موقعیت و جایگاهی ویژه کسب نمودند؛ موضوعی که در مواردی نظیر ورود به نظامی‌گری، بازتاب قانون لباس متحدالشکل در رفع تمایز آنان در میان اکثریت، تدوین ضوابط مربوط به ازدواج و خانواده، بروز و جلوه‌ای خاص یافت.

در تداوم این روند، آخرین بخش از پژوهش، به تحولات زرتشتیان یزد در عهد پهلوی دوم می‌پردازد که با توجه به روند گسترش شهرسازی مدرن و خاصه بازتاب

اصلاحات ارضی بر تغییرات درون‌ساختاری جماعت، در کنار ورود بیش از پیش نخبگان جماعت به ساختارهای اداری، نظامی، سیاسی و در عین حال، شقاق درونی آن‌ها از جمله مهم‌ترین مسائل زرتشتیان به شمار می‌رفت.

گذشته از این مرور مختصر، تأکید بر دو نکته ضروری است. نخست؛ دربارهٔ نحوه ارائه اطلاعات گفتنی است؛ با توجه به تعدّد اسناد و مدارکی که یا برای نخستین بار در این پژوهش استفاده شده و یا به صورت نسخ چاپ سنگی در آرشیوهای خصوصی نگهداری می‌شوند، جهت بهره‌گیری پژوهندگان محترم، در بسیاری از موارد بازنویسی آن‌ها آورده شده است. و دوم آنکه؛ پژوهش حاضر بخش اول از مجموعه‌ای است گسترده که علاوه بر حیات اجتماعی، کارنامه فرهنگی و عمرانی - درمانی این اقلیّت در یزد را شامل می‌شود. به عبارت دیگر این مجموعه سه بخش را در برمی‌گیرد. بخش تاریخ اجتماعی که هم اینک در سه مجلد عرضه می‌گردد. و دو بخش حیات فرهنگی و کارنامه خدمات عمرانی - درمانی که در مرحلهٔ پژوهش و تدوین اولیّه است و امیدوارم به سرانجامی مطلوب رسد.

در پایان نگارنده بر خود فرض می‌داند مراتب سپاس فراوانش را به کسانی ارزانی دارد که به نحوی از انحاء او را در انجام این پژوهش یاری رساندند؛ جناب آقای الایار دبستانی که با حمایت‌های مادی و معنوی بسیار، زمینه‌ساز اصلی این پژوهش شدند. جناب آقای دکتر علی یزدانی راد که زحمت ویراستاری اثر حاضر را عهده‌دار گردیدند، و سرانجام جناب آقای جمشید ورزاء که با اهدای تصاویر دست اوّل از زرتشتیان، مرا مدیون خود ساختند.

یزد- پائیز ۱۳۹۷

فصل اوّل
اسلام و اهل ذمّه

گرچه شایسته می‌نمود تا گفتار را با کاربرد عینی اصطلاح «اهل ذمّه» در جامعهٔ اسلامی و یا پیگیری وضعیت زرتشتیان از ورود اسلام به ایران آغاز کنیم، امّا واقع آن است که بدون در نظر گرفتن مبانی نظری و دیدگاه فقهای مسلمان- در مقام تدوینگران چارچوبهٔ شریعت رسمی- نسبت به غیرمسلمانان، نمی‌توان به تصویری روشن از حیات اجتماعی اقلیت‌های دینی و خاصّه زرتشتیان دست یافت.

اسلام با خروج از شبه جزیرهٔ عربستان، ناگزیر از چالش با دو قدرت و تمدّن برتر جهان- یعنی ایران در شرق و روم در غرب- بود که در عرصهٔ فرهنگی، نماد رسمیّت و نهادینگی دو کیش زرتشتی و مسیحی به شمار می‌رفتند. ازاین رو، گرچه اعراب درقالب جهاد اسلامی موفّق به فرو ریختن نظام سیاسی ایران شدند، امّا در چارچوبهٔ واحدی به نام «امّت اسلامی»، نحوهٔ مواجهه با اکثریت زرتشتی و مسیحی، نه تنها ضوابط دینی خاصّ خود را می‌طلبید بلکه به‌رغم بسط و ثبات تدریجی اسلام در مناطق مفتوحه، بقای گروهی از مردمان بر کیش سابق، مستلزم تمایزی میان مسلمان و نامسلمان بود.

آشکار است که در این رابطه، نظریه‌پردازان شریعت و خلافت نقشی اساسی را عهده‌دار بودند. لذا با توجه به جایگاه برجسته آنها در ارائه ضوابط اهل ذمّه، بحث حاضر را به واکاوی در دیدگاه‌های فقها اختصاص داده و در مبحث آتی به نحوهٔ عملکرد خلافت می‌پردازیم.

۱- گسترهٔ اهل کتاب در قرآن و فقه

در قرآن از اهل کتاب به دو گونهٔ عام و خاص نام رفته است. در مفهوم عام با عباراتی چون «اِنَّ الَّذینَ کفروا»، «یا أَهْلَ الْکِتابِ»، «مِنْ أَهْلِ الْکِتابِ»، «الَّذِینَ أُوتُوا الْکِتَابَ»، و«آتَیْناهُمُ الْکِتابَ» به آن‌ها اشاره شده و از پیروان آیینی خاص سخنی در میان نیست؛ حال آنکه در عباراتی همچون «یَا أَیُّهَا الَّذِینَ هَادُوا»، «الَّذِینَ هَادُوا»، «یَا بَنِی إِسْرَائِیلَ»، «النّصاری»، «المجوس» و «الصّابئین» به طور مشخّص‌تری از ایشان نام رفته است. آنچه تناسب بیشتری با حوزهٔ تحقیق حاضر دارد، اختلاف آراء در مورد اهل کتاب بودن مجوس است.

مطابق با آیات قرآنی، پیروان دو کیش یهودیّت و مسیحیّت مهم‌ترین شاخص در تعریف اهل کتاب هستند. این موضوع از کثرت ذکر نام آن‌ها و پیامبران‌شان نیز برمی‌آید. علی‌رغم ذکر هشت بار کلمه «یهود»، چهل و یک بار «بنی اسرائیل» به همراه اسامی «موسی» و «تورات»، همچنین چهارده نوبت کلمه «نصاری» و «نصرانی»، دوازده مرتبه «انجیل» و بیست و پنج بار «عیسی»، تنها یک نوبت در آیهٔ ۱۷ از سورهٔ حج، به «مجوس»- آنهم بدون ذکری از کتاب و پیامبر زرتشتیان- اشاره شده است:

«إِنَّ الَّذینَ آمَنُوا وَ الَّذینَ هادُوا وَ الصَّابِئِینَ وَ النَّصاری وَ الْمَجُوسَ وَ الَّذینَ أَشْرَکُوا إِنَّ اللهَ یَفْصِلُ بَیْنَهُمْ یَوْمَ الْقِیامَةِ إِنَّ اللهَ عَلی کُلِّ شَیْءٍ شَهیدٌ».[۱]

گرچه آیه فوق، مجوس را در کنار جهود، صابئین و ترسایان جای داده و آنها را از پیروان دیگر ادیان مجزّا می‌کند، مفسّران بر تطبیق مجوس با زرتشتیان و خاصّه توحیدی بودن آن اختلاف دارند (برای نمونه نک: شهرستانی، ۱۳۳۵، ج۱: ۲۴۷-۲۴۸). فقهای مسلمان- اعم از شیعه و سنی- ضمن طبقه‌بندی کفّار به ذمّی و

---

۱. «همانا آنانکه ایمان آوردند و آنانکه جهود شدند و صابئین و ترسایان و مجوس و آنانکه شرک ورزیدند، همانا خدا حکم می‌کند میان آنان روز قیامت. همانا خداوند بر همه چیز گواه است». البته ناگفته نماند که در همین سطح نیز مفسرانی چون فخر رازی و طبری، آن را نشان از موحّد دانستن زرتشتیان نمی‌دانند. (نک: الطبری، ۱۴۲۲ق، ج۱۶: ۴۸۵؛ الرازی، ۱۴۰۱ ق/۱۹۸۱ م، ج۲۳: ۱۹).

حربی، آنها را به سه دسته تقسیم می‌کنند: نخست، اهل کتاب که صرفاً یهود و نصارا را شامل شده و به صراحت ذمّی و کتابی خوانده می‌شوند. دوم، ادیانی که با شُبهه، اهل کتاب دانسته می‌شوند و کیش زرتشتی هم در این ردیف جای گرفته و مجوس نیز ذمّی تلقّی می‌گردند (ابن قدامه، ۱۴۰۳ق/۱۹۸۳م، ج۱۰: ۵۸۸؛ ماوردی، ۱۳۹۱: ۲۹۶). و سوم، ادیانی که اهل کتاب نیستند و شُبهه کتابی بودن هم در موردشان وجود ندارد (منتظری، ۱۳۸۶، ج۷: ۹۱ به نقل از الخلاف فی الفقه از طوسی). با وجود اختلاف آرای مذکور، نزول آیه ۱۰۴ سورهٔ مائده که در پاسخ به برخی اعتراضات مسلمانان در تسرّی اشتمال اهل کتاب از یهود و نصارا به مجوس بود، به نفع کتابی خواندن زرتشتیان انجامید:

«یا ایّها الذین آمنوا عَلَیکُم اَنفُسِکُم لایَضُرُّکُم مَن ضَلَّ اِذا اهتَدَیتُم اِلی اللهِ مَرجِعُکُم جمیعاً فَیُنَبِّئُکُم بِما کُنتُم تَعمَلونَ».[۲]

علاوه بر آیات فوق، نقل سه روایت از روزگار پیامبر، در نحوهٔ رفتار خلافت با زرتشتیان و پذیرش آن‌ها در ردیف اهل کتاب تأثیر خاص گذاشت؛ نخست، روایتی از فتح یمن که بر اساس آن، افرادی بدانجا اعزام شدند تا مردم را به اسلام خوانده و زکات گیرند، و در صورت باقی ماندن بر کیش سابق خود و از جمله مجوسیّت، از ایشان جزیه بستانند (بلاذری، ۱۳۳۷: ۱۰۵). دوم، پس از فتح عمان که پیامبر به ابوزید، فرستادهٔ خود، امر نمود که «از مسلمانان صدقه، و از مجوسان جزیه بستان» (همان: ۱۱۳). و سرانجام، در بحرین که بخشی از ساکنان زرتشتی به همراه مرزبان ایرانی آنجا اسلام آورده و مابقی بر کیش زرتشتی باقی ماندند که بر هرمرد بالغ از ایشان، جزیه تعیین گردید (ابن قدامه، ۱۴۰۳ق، ج ۱۰: ۵۹۸؛ شافعی، ۱۴۲۲ق، ج ۵: ۴۰۹).

۲. «ای آنان که ایمان آورده‌اید، شما به خود بپردازید وقتی که شما هدایت یافتید، اگر کسی گمراه شود به شما زیانی نمی‌رسد، بازگشت شما همه به سوی خداست و او شما را از آنچه می‌کردید، آگاه خواهد کرد».

درهمین رابطه، استناد به حدیث نبوی «سَنّوا بهم سُنّه اهل الکتاب»۳ (طباطبایی بروجردی، ۱۳۹۹ق: ۲۰۹؛ شافعی، ۱۴۲۲ق: ۴۰۹؛ ابن قدامه، ۱۴۰۳ق، ج۱۰: ۵۸۶)، و همچنین شهادت عبدالرحمن بن عوف مبنی بر قبول جزیه از مجوسیان «هجر» توسّط پیامبر (ابن قیم، ۱۴۱۸ق: ج۱: ۸۱)، زمینه‌های لازم برای جلب رضایت عمرو دیگر خلفای راشدین جهت پذیرش آن‌ها در زمرهٔ اهل کتاب را فراهم ساخت (در مورد تأکید حضرت علی بر کتابی بودن زرتشتیان نک: ابویوسف، ۱۳۳۹ق: ۱۳۰).

مدارای با زرتشتیان در پذیرش آیین و کتاب آنها، که حسب شرایط زمان و فتح سرزمینی با اکثریت زرتشتی، چندان نیز دور از انتظار نمی‌نمود، بستری فراهم آورد تا مفسّران و فقهای آینده که در صدور احکام خود برای قول و کردار خلفای راشدین- و به‌ویژه عمر- اعتبار قائل بودند، با تأسی به رفتار آنها، زرتشتیان را همچنان در زمرهٔ اهل کتاب جای دهند. از این رو، شافعی چنین نقل می‌کند:

«فروة بن نوفل گفت: بر چه اساسی از مجوسیان جزیه پذیرفته می‌شود با این که اهل کتاب نیستند. مستورد از این سخن آشفته، گریبانش گرفت که ای دشمن خدا، بر ابوبکر و عمر و امیرمؤمنان علی، طعنه می‌زنی که از آنها جزیه گرفته‌اند؟ سپس، او را به قصر برد و در این هنگام علی به سوی آنها خارج شد و به ایشان چنین گفت: من داناترین مردم نسبت به مجوسیان هستم. آنان دارای دانش و کتابی بودند که آن را فرا می‌گرفتند و پادشاه آنان به خاطر مستی با دختر یا خواهر خود مواقعه نمود. بعضی از مردم وی از این کار او آگاه شدند، لذا برای اقامهٔ حدّ بر وی به سوی او آمدند، پادشاه از این کار امتناع ورزید و به قومش گفت: شما دینی بهتر از دین آدم سراغ دارید که پسرانش را با دخترانش تزویج نمود؟ و من بر دین آدم هستم. هر کسی که از دین خود روی گردان شود با او بیعت نمایید و با هرکسی مخالفت نمود، بجنگید. آنان مخالفین خود را کشتند. از این روی کتاب از میان آنها برداشته شد و علمی که در سینه داشتند از بین رفت. پس اینها اهل کتاب هستند و همانا پیامبر و ابوبکر و عمر از آنان جزیه را قبول نمود» (شافعی، ۱۴۲۲ق: ۴۰۷).

---

۳. «با آنان همانند اهل کتاب رفتار کنید».

همچنین در منابع شیعی نیز به روایاتی از پیامبر و ائمه استناد شده که علاوه بر وجود کتاب زرتشتیان- موسوم به جاماسب- که بر روی دوازده هزار پوست گاو نگارش یافته بود، نام پیامبرشان نیز «داماسب» خوانده می‌شود که او را به قتل رسانیده و کتابش را سوزانیدند (نک: الحر العاملی، ۱۴۱۶ق، ج ۱۵: ابواب جهاد العدو، باب ۴۹: ۱۲۷؛ النوری الطبرسی، ۱۴۰۸ق، ج ۱۱: ابواب جهاد العدو، باب ۴۲: ۱۰۱-۱۰۲).

بدین‌ترتیب و به‌رغم تمامی اختلاف نظرات، سرانجام، به‌سان دو اقلیّت دیگر، فقها به طور اجماعی حکم بر ذمّی بودن زرتشتیان دادند.

اهل ذمّه؛ جایگاه فقهی- حقوقی

ذمّه در لغت از ریشه «ذَ مَ م»، به معنای سرزنش کردن است که گویا برای نکوهش پیمان‌شکن و سست‌عهد به کار رفته است، همچنین با اختلاف نظراتی (برای اطلاعات بیشتر نک: موسوی خویی، ۱۳۸۵، کوثر معارف، ش ۱: ۱۱۲-۱۱۴) به مفهوم عهد و میثاق نیز هست (ابن فارس، ۱۴۰۴ق، ج۲: ۳۴۶). در قرآن دو مرتبه کلمه ذمّه (توبه: ۸ و ۱۰) آمده که مخاطب هر دو مشرکان پیمان‌شکن هستند و نمی‌توان ارتباطی میان آن با معنای عهد و پیمان اهل کتاب برقرار نمود.

از منظر تاریخی، در میان قبایل عرب پیش از اسلام، رسمی به نام امان یا جوار دادن[۴] به بیگانگان وجود داشت که براساس آن، درصورت اخراج فرد از گروه خویش، وی از قبیله‌ای دیگر درخواست تأمین مالی و جانی می‌کرد و تحت حمایت آنها قرار می‌گرفت. این رسم در روزگار اسلامی نیز پابرجا ماند و علاوه بر قرآن که پناه دادن به مشرکان برای انتقال پیام الهی به ایشان را مجاز می‌دارد،[۵] در نامه‌های پیامبر به قبایل

---

۴. گرچه واژه جار در عربی به معنای بیداد و ستم به کار رفته اما اعراب آنرا به مفهوم مهر و داد استفاده کردند و پناه دادن «اجاره، استجاره، جوار» را در آن وارد نمودند و مفهوم جوار (همسایگی) را تا حدود پناه بردن و پناه دادن توسعه دادند (زیدان، ۲۵۳۶، ج ۴: ۶۶۸).

۵. «وَإِنْ أَحَدٌ مِنَ الْمُشْرِكِينَ اسْتَجَارَكَ فَأَجِرْهُ حَتَّى يَسْمَعَ كَلامَ اللهِ ثُمَّ أَبْلِغْهُ مَأْمَنَهُ ذَلِكَ بِأَنَّهُمْ قَوْمٌ لا يَعْلَمُونَ»؛ «اگر یکی از مشرکان به تو پناهنده شد پس پناهش ده تا بشنود گفتار خدا را سپس برسانش به مأمن خویش، این بدان است که آنانند گروهی که نمی‌دانند» (توبه: ۶).

عرب نیز کلمه امان مترادف با جوار، عهد و ذمّه به کار رفته است (لمبتون، ۱۳۸۰: ۳۳۰).

با تدوین اصول شریعت در قالب ضوابط فقهی، تمایزی در کاربرد امان با ذمّه پدیدار شد. به نحوی که آمان به تعهّدات امنیتی موقّت با کفّار حربی خارج از حوزهٔ دارالاسلام - یا به عبارتی مستأمن - اطلاق گردید و کافر حربی در صورت عدم پذیرش مقرّرات ذمّه مجبور به ترک دیار اسلام بود.

به هر حال، مجموعه مقرّرات جوار پیش از اسلام، پیمان‌های پیامبر با نامسلمانان و صلح‌نامه‌های مشرکان در عصر فتوحات، زیرساخت روابط مسلمانان و کفّار را شکل داده و این همه در قالب تعریف فقها از ذمّگی انسجام یافت. چنان‌که در مباحث فقهی ضمن تقسیم کفّار به حربی و ذمّی، ذمّه به «عقد قراردادی میان مسلمانان و برخی از غیرمسلمانان اطلاق می‌گردد که به موجب آن، فرد، ملزم به پرداخت جزیه و رعایت دیگر ضوابط جامعه اسلامی شده، در مقابل، حکومت نیز موظّف به حمایت از مال و جان و مراعات حقوق آنهاست» (مشکینی اردبیلی، ۱۳۸۶، ج۱: ۲۶۴؛ شیخ‌الاسلامی، ۱۳۵۵: ۱۳۶ به نقل از کشاف‌القناع، ج۱: ۷۰۴).

۲- مقرّرات ذمّگی در اسلام

بنا بر تعریف فقهی یادشده از ذمّه، تداوم حیات اهل کتاب در جامعه اسلامی منوط به رعایت ضوابطی گردید که در «قرارداد ذمّه» می‌آید. این قرارداد که میان امام یا نایب او با ذمّیان (ابن قدامه، ۱۴۰۳ق، ج۱۰: ۵۰۵) منعقد می‌گردد، دائمی بوده[۶]

---

۶. البته اختلاف نظراتی در این زمینه به چشم می‌خورد؛ به گونه‌ای که در مقابل فقهای شافعی، حنفی و زیدی که همانند دائمی بودن مسلمانی، عقد ذمّه را نیز همیشگی خوانده‌اند، حنابله صحت عقد ذمّه را به التزام در پرداخت جزیه سالانه و تقیّد به احکام اسلامی وابسته می‌دانند (شیخ‌الاسلامی، ۱۳۵۵: ۱۵۰).

(کاسانی، ۱۳۲۸ق، ج۷: ۱۱۱) و به‌سان سایر عقود می‌تواند به لفظ و یا مکتوب باشد.[۷]

فقهای حنفی، حنبلی، زیدی و شافعی با تأکید بر ضرورت و وجوب عقد ذمّه- در صورت تقاضای ذمّیان- آن را طریقی بر ختم کشتار غیرمسلمانان می‌دانند که در عین حال باعث اختلاط ذمّی و مسلمان شده و امکان اسلام آوردن ایشان را سهل می‌نماید (شیخ‌الاسلامی، ۱۳۵۵: ۱۴۴).

با توجه به تشخیص معیار رفتار با اهل کتاب بر مبنای مفاد قرارداد ذمّه، فقها در تنظیم آن، شروطی قائل شده‌اند که به عنوان نمونه، نگرش ماوردی و شیخ طوسی را می‌آوریم.

ماوردی در احکام‌السّلطانیه این شروط را به دو دستهٔ الزامی و استحبابی تقسیم کرده و هریک را حاوی شش اصل می‌داند. شروط الزامی که بنیان هر نوع قرارداد ذمّه بر آن‌ها استوار است، عبارتند از:

«نخست آنکه دربارهٔ کتاب خدا هیچ تعرضی خواه به بدگویی یا به تحریف انجام ندهند.

دوم آنکه نه از پیامبر خدا به بدی یاد کنند و نه او را دروغگو خوانند.

سوم آنکه از دین خدا، اسلام، به هیچ نکوهش و ناسزایی یاد نکنند.

چهارم آنکه متعرض هیچ زن مسلمانی به زنا نشوند، حتّی به نام ازدواج.

پنجم آنکه هیچ مسلمانی را از دین خود باز ندارند و وسوسه نکنند و متعرض مال و دین او نشوند.

ششم آنکه به اهل حرب یاری نرسانند و به ثروتمندانشان دیه کشتگان ندهند» (ماوردی، ۱۳۹۱: ۲۹۸).

در شروط استحبابی هر چند عدم رعایت مقرّرات مورد نظر، به مفهوم نقض قرارداد ذمّه نیست، امّا تقیّد بدان ضروری و خاطیان مستوجب مجازات می باشند،

---

۷. مکتوب نمودن قرارداد چنانکه پیامبر با نصارای نجران انجام داد، و یا صلح‌نامه خالد بن ولید با اهالی حیره (بلاذری، ۱۳۳۷: ۳۴۷) رسمیت بیشتری یافت. تا جایی که حتّی ماوردی برآن است که متن قرارداد توافقی، باید در دیوانهای مراکز شهری ثبت گردد تا در صورت مخالفت با مفاد آن، بدان ارجاع شود (ماوردی، ۱۳۸۳: ۲۹۹).

این ضوابط عبارتند از:

«نخست: ایجاد ظاهری متفاوت از طریق پوشیدن غِیار[۸] و بستن زُنار[۹].

دوم: اینکه بناهایی بلندتر از بناهای مسلمانان نسازند و اگر بناهایشان کم‌ارتفاع‌تر از بناهای مسلمانان نباشد حداکثر هم‌ارتفاع با آنها باشد.

سوم: اینکه صدای ناقوس‌ها یا تلاوت کتابهای خویش را به گوش مسلمانان نرسانند و عقیدهٔ خود دربارهٔ عزیر و مسیح را نیز در حضور آنان اظهار ندارند.

چهارم: اینکه آشکارا میگساری نکنند و صلیب و خوک را هم ظاهر نسازند.

پنجم: اینکه دفن مردگان خویش را پنهان بدارند و گریه و ناله برآنان را هویدا نسازند.

ششم: اینکه از سوار شدن بر اسب، خواه اصیل یا غیراصیل، بازداشته شوند، هرچند که نشستن بر قاطر و الاغ برای آنها ممنوع نیست»[۱۰] (ماوردی، ۱۳۹۱: ۲۹۹).

همچنین شیخ طوسی در «المبسوط»، با وجوه مشابهی، ضمن تقسیم مفاد قرارنامه به دو بخش رکنی و غیررکنی، ارکان را مشتمل بر ضوابط لازم هر قرارداد و غیررکنی را به مواردی می‌داند که رعایت آنها توسّط اهل ذمّه ضروری است.

از این رو، اگر پرداخت جزیه و انقیاد به احکام اسلامی مهم‌ترین بخش و اصل ثابت هر نوع قرارداد ذمّه به شمار می‌رود، تقیّد به عدم انجام اعمال منافی با امان، پرهیز از اقدام علیه مسلمانان اعم از جانی، مالی، دینی، حفظ آبرو و کیان جامعه، عدم اظهار منکرات و احداث معابد و ناقوس زدن نیز ضرورت دارد (طوسی، ۱۳۸۷ق، ج۲: ۴۴).

در قبال تعهّدات اخیر، حکومت اسلامی نیز موظّف بود مشروط به التزام ذمّی به رعایت ضوابط مقرّر، امنیت مالی و جانی آنها را تضمین نماید. به عبارت دیگر، اگر زیر پا نهادن مفاد قرارداد، به مفهوم نقض آن باشد، ناتوانی حکومت در حفظ

---

۸. غیار: «پارچه زردرنگی که در قدیم جهودان به لباس خود برروی کتف می‌انداختند تا معلوم شود که از قوم یهود هستند. عسلی» (عمید، ۱۳۶۳، ج۲: ۱۵۰۰).

۹. زنار: «کمربندی که ذمّیان نصرانی در مشرق‌زمین مجبور بوده‌اند به کمر ببندند تا بدین وسیله از مسلمانان ممتاز گردند» (معین، ۱۳۶۰، ج۲: ۱۷۴۹).

۱۰. همانگونه که ذکر شد رعایت شرایط استحبابی تنها در صورتی ضروری است که در متن قرارداد ذکر شده باشد و زیر پا نهادن آن حتّی با وجود ذکر در متن، نقض اصل قرارداد نیست. با این حال ذمّیان باید به انجام آن ملزم گردیده و در صورت تخطی مجازات شوند.

امنیت جانی و مالی ذمّیان نیز مهم‌ترین رکن قرارداد یعنی پرداخت جزیه را- حداقل به صورت نظری- بی‌مفهوم می‌ساخت. با این حال و علی‌رغم استناد احکام فقهی به احادیث پیامبر و ائمه در رعایت حقوق اهل کتاب، (برای نمونه نک: شیخ‌الاسلامی، ۱۳۵۸: ۶۵-۸۵)، تعدادی از فقها، شروط قرارداد را با توجه به مصالح و منافع مسلمانان و ادلهٔ اجتهادی قابل تغییر می‌دانند (برای نمونه نک: طوسی، ۱۳۸۷ق، ج ۲: ۴۴-۴۵).

به هر حال، حسب اهمیّت موضوع و ضرورت تدوین ضوابط نحوهٔ رفتار مسلمانان با اهل ذمّه، فقهای مسلمان- اعم از سنی و شیعی- بخشی از آثار خود را در ابوابی چون جهاد، نکاح، ارث، حدود، قصاص و دیات، به ذکر مقرّرات و شرایط اهل کتاب اختصاص داده‌اند.

الف- جزیه و خراج: مهم‌ترین رکن از قرارداد ذمّه

جزیه در لغت و مفهوم

در باب ریشهٔ لغت جزیه به سه دیدگاه می‌توان اشاره نمود. عده‌ای اذعان به اصل عربی کلمه دارند (از ریشه جَزی) و برای آن معانی متفاوتی چون کفایت کردن،[۱۱] پاداش دادن،[۱۲] و ادا کردن قضا،[۱۳] ذکر کرده‌اند.

تعدادی دیگر از محقّقان، جزیه را معرّب گزیت در فارسی میانه (Gazitak) (خوارزمی، ۱۳۴۷: ۶۱) دانسته و برخی بر اصل آرامی آن تأکید دارند (نولدکه، ۱۳۷۸: ۲۶۶). از اختلاف آرای مذکور که بگذریم، وجود شباهت‌هایی میان حوزهٔ کاربرد این لغت در بعضی از جوامع باستانی با روزگار اسلامی، بر سابقه تاریخی این مالیات

---

۱۱. در مفهوم بدان معناست که جزیه کفایت از حکم قتل غیرمسلمانان خواهد کرد. (ابن قدامه، ۱۴۰۳ق، ج۱۰: ۵۸۹).

۱۲. بدین معنی که جزیه، کیفر باقی ماندن غیرمسلمانان بر دین خود یا جزای تأمین امنیت آنهاست (ماوردی، همان: ۲۹۴؛ ابن قدامه؛ همان: ۵۶۷).

۱۳. کافر در ازای اقامت در دارالاسلام و برخورداری از امان دولت اسلامی باید آن را ادا نماید (ابن قیم، ۱۴۱۸ ق، ج۱: ۸۸؛ آلوسی، ۱۴۰۵ ق، ج۱۰: ۷۸).

صحّه می‌گذارد. چنانکه یونانیان، به هنگام فتح آسیای صغیر، در قبال حفاظت سکنه از هجوم فنیقی‌ها، مالیاتی مشابه وضع نمودند و رومی‌ها از کل ساکنان اراضی مفتوحه مبالغی تحت عنوان مالیات سر دریافت می‌داشتند (زیدان، ۲۵۳۶، ج۱: ۱۷۳). در این میان، به نظر می‌رسد بارزترین وجه تشابه را- چه از حیث تعریب لغت و یا کاربرد عینی آن- جزیه با گزیت عصر ساسانی دارد.

بنا بر داده‌های موجود، در عصر ساسانی، جز طبقات ممتاز شامل اشراف، بزرگان، ارتشتاران، هیربدان، دبیران و هرآنکس که در خدمت شاه بود، مابقی افراد جامعه به بهانهٔ ناتوانی در ارائه خدمات به شاه و دین، ملزم به پرداخت گزیت یا همان مالیات سرانه بودند[14] (نولدکه، ۱۳۷۸: ۲۷۰).

رشید رضا مؤلف تفسیر المنار، با تکیه بر منابع تاریخی سابقه کاربرد جزیه را به روزگار خسرو انوشروان می رساند که برای چهار طبقه مذکور از چهار تا دوازده درهم جزیه تعیین نموده و افراد زیر بیست و بالای پنجاه سال را از پرداخت آن معاف نمود (رشید رضا، ۱۳۶۶ق، ج۱۰: ۲۵۷).

اگر فرض انتقال این لغت به اعراب از طریق حیره را نپذیریم، با توجه به ریشهٔ پهلوی و کاربرد آن در عصر ساسانی به‌عنوان مالیاتی که بدون لحاظ ایمان و عقیده از تمامی فرودستان اخذ می‌شد، در روزگار اسلامی، جزیه با رویکردی دینی معنا یافت و تضمینی بر حفظ و امان اهل ذمّه گردید.

از حیث تاریخی، محقّقان حضور پیامبر در مدینه و تشکیل حکومت را سرآغاز روابط هدفمند مسلمانان با اهل کتاب می‌دانند که مبانی آن به نزول آیاتی از سوره‌های حشر (۲-۴)، احزاب (۲۶-۲۷) و انفال (۵۸) باز می‌گشت. در تداوم این روند، با نزول آیه ۲۹ سورهٔ توبه - سال هشتم یا نهم هجری- مشهور به آیهٔ جزیه، پیامبر مأموریت یافت با اهل کتابی که اسلام نپذیرفته‌اند، قتال نماید مگر در صورت پرداخت جزیه و ترک خصومت با مسلمانان: «قاتِلُوا الَّذینَ لایُؤمِنُونَ بِاللهِ وَ لا بِالیَومِ

۱۴. این مالیات کلیه افراد ذکور بین بیست تا پنجاه سال را در بر می‌گرفت و گروههای اجتماعی، برحسب میزان مال و ثروت‌شان، به چند دسته تقسیم شده و بر این اساس چهار، شش، هشت و یا دوازده درهم می‌پرداختند (طبری، ۱۳۷۵، ج ۲: ۷۰۳؛ ابن اثیر، ج ۵: ۱۰۸).

الآخِرِ وَ لایُحَرِّمُونَ ما حَرَّمَ اللهُ وَ رَسُولُهُ وَ لَا یَدینُونَ دِینَ الحَقِ مِنَ الَّذینَ اُوتُوا الکِتابَ حتّی یُعطُوا الجِزیَهَ عَن یَدٍ وَ هُم صاغِرُون» (توبه: ۲۹).[۱۵]

بدین ترتیب، با نزول آیهٔ فوق که در نظر برخی پژوهندگان به منزله تشریع حکم دریافت جزیه بود (برای نمونه نک: ابن قیم، ۱۴۱۸ق، ج۱: ۷۹- ۸۵)، پیامبر برای نخستین بار آن را در مورد مسیحیان نجران به اجرا گذاشت (زنجانی، ۱۳۷۰: ۹۸). البته هرچند پیامبر مقدار جزیه را بر حسب مکان و زمان، متفاوت دریافت می‌داشت[۱۶] امّا در مجموع، قرارنامه‌های ایشان با مسیحیان اَیلَه و نجران مبنای رفتار خلفا گردیده و نهایتاً به تعریفی فقاهتی از جزیه انجامید که بر مبنای آن، حاکم مسلمان بر حسب عقد ذمّه از اهل کتاب یهودی و مسیحی و کسانی که شبههٔ کتابی بودن در مورد آنان وجود دارد، یعنی مجوسیان، دریافت می‌دارد.

---

۱۵. «با کسانی از اهل کتاب که نه به خدا و نه به روز آخرت ایمان دارند و نه آنچه را خدا و پیامبرش حرام گردانیده‌اند حرام می‌شمارند و نه به دین حقّ گردن می‌نهند، بجنگید تا به دست خویش و در حالی که خوار و زبونند جزیه دهند». سیوطی در شأن نزول این آیه گوید: «این آیه زمانی نازل گردید که مشرکین به موجب آیه‌ای که نجس خوانده می‌شدند از نزدیکی به مسجدالحرام منع و این باعث محرومیت مسلمانان از تجارت ایشان گردید. پس خداوند آیه‌ای نازل کرد که «إِنْ خِفْتُمْ عَیْلَةً فَسَوْفَ یُغْنِیکُمُ اللهُ مِنْ فَضْلِهِ إِنْ شاءَ إِنَّ اللهَ عَلِیمٌ حَکِیمٌ» (توبه:۲۸) یعنی اگر در اثر منتفی شدن تجارت آنان، از فقر می‌ترسید خدا شما را با فضل و رحمت خود بی‌نیاز خواهد نمود. پس با نزول آیه جزیه، در عوض زیان ناشی از عدم تجارت با مشرکان، پرداخت جزیه مقرّر گردید.

۱۶. به عنوان نمونه گاه جزیه جمعی وضع می‌شد و سرشماری نفوس ملاک نبود؛ مانند جزیه اهل اَذرُح که پیامبر پرداخت صد دینار سالانه در ماه رجب را بر ایشان مقرّر نمود (ابن اثیر، ج۷: ۳۴۰؛ بلاذری، ۱۳۳۷:۸۹). در مورد دیگر، هر نفر ذمّی یک دینار مقرّر به همراه پذیرایی یک تا سه روزه از مسلمانان را پذیرفت؛ مانند اهل تباله و جَرَش (همان: ۸۸) و در مواردی نیز نام جزیه در میان نبوده و مقدار مالیات طبق قرارداد مقرّر می‌شد، مانند مسیحیان نجران که در ماههای صفر و رجب، هزار حله (هر حله: یک اوقیه نقره= چهل درهم) می‌پرداختند. ضمن آنکه پذیرایی از مسلمانان و حمایت از آنها از طریق تأمین سلاح مورد نیاز نیز در قرارداد ذکر شده بود (بلاذری، ۱۳۳۷: ۹۴).

خراج در لغت و کاربرد

در باب ریشه و معنای لغوی خراج نیز همچون جزیه، عده‌ای آن را از اصل عربی و به معنای خرج و یا میزان معینی از درآمد سالانه مردم می‌دانند. حال آنکه در نظر تعدادی دیگر، خراج تعریب شده خراگ عصر ساسانی است که مالیات ارضی بود. در این میان، یکی از مهم‌ترین مشکلات، مربوط به حوزهٔ کاربرد جزیه و خراج است؛ آیا می‌توان تمایزی میان دریافت آنها قائل گردید؟ یا آنکه پرداخت هر دو، خاصّ اهل ذمّه و عامل شناسایی آنها از غیرمسلمانان بوده است؟

ریشه اختلاف به کاربرد دوگانهٔ آنها در منابع اولیه باز می‌گردد که در مواردی خراج به عنوان مالیات رئوس یا سرانه (ابن قیم، ۱۴۱۸ق، ج۱: ۱۴۲)، و جزیه در حکم نوعی مالیات ارضی محسوب شده است (یحیی بن آدم، ۱۹۸۶م: ۲۶). در این که از چه هنگام این دو اصطلاح از یکدیگر استقلال یافته‌اند- یعنی خراج در حکم مالیات ارضی و جزیه به معنی مالیات سرانه- نیز اتّفاق نظری میان محقّقان وجود ندارد. در حالی که ولهاوزن[17] این امر را مربوط به سال ۱۲۱ هجری و در خراسان می‌داند، گروثمان اواسط قرن دوم، بِکِر[18] سال ۱۰۷-۱۰۶ هجری و در مصر (دنت، ۱۳۵۸: ۴۱) و حتی اواخر عصر اموی (حتی، ۱۳۶۶: ۲۲۰) را پیشنهاد می‌دهند.

در میان منابع، احتمالاً احکام السلطانیه را می‌توان نخستین اثری دانست که در آن، ماوردی به بازشناسی حوزهٔ کاربرد این دو اصطلاح از یکدیگر برآمد. او جزیه و خراج را از حقوقی می‌داند که خداوند از جانب مشرکان به مسلمانان رسانده و میان آنها سه وجه اشتراک و افتراق قائل است:

«همانندی‌هایی که جزیه و خراج با یکدیگر دارند، این‌هاست: نخست اینکه هر دو از مشرکان و جهت تحقیر و زبون دانستن آنان ستانده می‌شود؛ دوم اینکه هر دو از اموال فیء دانسته می‌شوند و به مصرف مستحقان فیء می‌رسند؛ و سوم اینکه هر دو با فرا رسیدن مال واجب می‌شوند و پیش از آن، حقّ تلقّی نمی‌شوند.

---

17. Julius Wellhausen

18. Becker

تفاوت‌های جزیه و خراج نیز در سه ویژگی است: نخست اینکه جزیه حکمی منصوص ولی خراج حکمی استنباط شده به اجتهاد است؛ دوم اینکه حداقل جزیه به شرع تعیین شده و حداکثرآن به اجتهاد تعیین می‌شود، در حالی که حداقل و حداکثر خراج، هر دو، به اجتهاد است؛ و سوم اینکه جزیه در حالتی که کفر همچنان استمرار داشته باشد ستانده می‌شود و با اسلام آوردن از شخص برداشته می‌شود، در حالی که خراج در هر دو حالت کفر و مسلمانی استیفا می‌گردد» (ماوردی، ۱۳۹۱: ۲۹۳).

به هر حال، از قرن چهارم هجری به بعد کاربرد دو واژهٔ جزیه و خراج از هم تفکیک شده، و جزیه در حکم مالیات سرانهٔ اهل کتاب بود، و واژهٔ خراج هم برای مالیات ارضی به کار رفت.

ضرورت و هدف از دریافت جزیه

اخذ جزیه را می‌توان از دو منظرگاه اقتصادی و فرهنگی بررسی نمود. این تفکیک اگر در بُعد نخست بیشتر معرّف دیدگاه حکومتگران بود، مسلماً در عرصهٔ فرهنگی از نوع تلقّی اسلام به اهل ذمّه حکایت داشت.

در نگرشی کلی، فقه مالیات‌های حکومتی را مشتمل بر زکات (مالیات بر پیشه‌ها، بازرگانی و دامداری)، خمس (یک‌پنجم مأخوذ از غنایمی که در جهاد با کفّار حاصل شده و به امام اختصاص داشت)، عُشر (خراج تسهیلی زمین به میزان ده درصد محصول و یا درآمد حاصل از اراضی مالکان)، مالیات ارضی یا خراج که به صورت سهمی از جنس یا نقد از هر جریب دریافت می‌شد، و جزیه می‌دانست (پطروشفسکی، ۱۳۵۴: ۱۷۰-۱۷۱).

در این میان به‌رغم خمس و زکات[۱۹] و درآمدهای ناشی از غنایم که موقتی بوده و

---

۱۹. مطابق با آیات قرآن، موارد مصرف آنها به صراحت بیان گردیده است: «اِنَّما الصَّدَقاتُ لِلفُقَراء وَ المَساکینِ وَالعامِلینَ عَلَیها وَ المُؤَلَّفَةِ قُلُوبُهُم وَفِی الرِّقابِ وَالغارِمینَ وَفی سَبیلِ اللهِ وَابنِ السَبیلِ فَریضَةً مِنَ اللهِ وَاللهُ عَلیمُ حَکیم»؛ «همانا صدقات (زکات)، برای نیازمندان و درمانده‌گان وکارگزارانِ زکات وجلب دلها و آزادی بردگان و ادای بدهی بدهکاران و (هزینهٔ جهاد) در راه خدا و تأمین در راه مانده است، این دستور، فرمانی است از جانب خدا و خداوند، دانا و حکیم است» (توبه: ۶۰).

با خاتمهٔ جنگ از بین می‌رفت، مبالغ ناشی از جزیه و خراج ثبات بیشتری داشتند. چنانکه کثرت معتقدان به مسیحیت در روم و آیین زرتشتی در ایران، درآمد قابل توجهی را نصیب خزانه خلافت می‌نمود و خاصّه خراج همواره منبع درآمد معتبری برای قدرت سیاسی به شمار می‌رفت.

اما در کنار وجه اقتصادی، دریافت جزیه از اهل کتاب در قابی از مفاهیم دینی معنا داشت و از این رو، نخستین اصل از هرگونه قرارداد ذمّه به تقبّل پرداختِ جزیه توسّط ذمّیان منوط بود. همپای این اصل که از نمادهای بارز رعایت ذمّگی به شمار می‌رفت، فقها و صاحب‌نظران مسلمان، آراء متنوعی را نیز در فلسفهٔ آن مطرح ساخته‌اند که از جمله می‌توان به این موارد اشاره نمود: پاداش امان یافتن و زندگی در جوار مسلمانان توسّط حکومت اسلامی (ماوردی: ۲۹۴؛ ابن قیم، ج۱: ۱۴۴)؛ در عوض عدم مشارکت اهل ذمّه در جهاد (ابن قدامه، ج۱۰: ۵۹۳)؛ عقوبت ذمّیان به دلیل انکار و عناد با حقّ (مفید، ۱۴۱۰ق: ۲۶۹)؛ خوار و ذلیل نمودن اهل ذمّه در جامعه (ماوردی، ۲۹۴؛ نجفی، ج۲۱: ۲۴۸)؛ چشم‌پوشی مسلمانان از قتل آنها به کیفر عدم گرایش ایشان به اسلام؛ و تحقیر ایشان تا منجر به مسلمانی آن‌ها گردد[۲۰] (ابن‌قدامه، ج۱۰: ۵۰۳؛ ابن قیم: ۱۴۷).

مشمولین، مبلغ و زمان پرداخت جزیه

منابع فقهی- اعم از شیعی و سنّی- جزیه را صرفاً بر مردان آزاد و عاقل مجاز دانسته و زنان، کودکان، مجانین و بردگان را از آن معاف می‌دارند (ماوردی، ۲۹۶). همچنین با توجّه به ضرورت توانایی مالی در پرداخت جزیه، فقرا، افراد فاقد پیشه

۲۰. ابن عربی در جمع‌بندی نظرات موجود دربارهٔ ضرورت جزیه، ضمن تأکید بر اختلاف آرا می‌نویسد: «از دیدگاه علمای مالکی، جزیه به جای کشته شدن به سبب کفر دریافت می‌شود. بعضی از حنفی‌مذهبان نیز همین را گفته‌اند و از نظر شافعی، جزیه در عوض حفظ خون و سکونت در دارالاسلام اخذ می‌شود و بعضی از اهل ماورالنهر گفته‌اند: جزیه در عوض همکاری در جهاد از آنها دریافت می‌گردد» (کلانتری، ۱۳۷۴: ۳۱ : به نقل از ابن عربی، ۱۴۰۸ ق، ج۲: ۹۲۳).

و صدقه‌گیران نیز استثناء شده‌اند.[۲۱] البته دربارهٔ نحوهٔ برخورد با فقیران، تعریف فقر و ملاک تعیین جزیه، اختلافاتی میان فقها به چشم می‌آید که به دلیل اهمیّت آن در شیوهٔ مواجههٔ حکومت اسلامی با این قشر از ذمّیان، توضیحاتی ضرورت دارد؛ در حالی که حنفیان، مالکیان، حنابله و برخی از فقهای شیعه، فقیر را از پرداخت جزیه معاف می‌دانند (ابی یوسف، ۱۳۹۹ق/۱۹۷۹م: ۱۲۲؛ طوسی، ۱۴۱۵ق، ج۵: ۵۴۷)،[۲۲] عده‌ای دیگر از فقیهان امامی و شافعیان برای فقرا تا زمان کسب دارایی لازم مهلت تعیین کرده‌اند (طوسی، ۱۴۱۵ق، ج۵: ۳۸). برخی نیز حتّی به اخراج ایشان از قلمروی مسلمانان، و یا شرایط یکسان با دیگر ذمّیان از حیث پرداخت جزیه معتقد هستند (See: Aghnides, 1916: 403). معیار فقر را نیز برخی اجبار فرد به کار برای امرار معاش، و عده‌ای دیگر به عدم توانایی او در تأمین غذای کافی برای خود و خانواده‌اش می‌دانند (Ibid: 403) .

از دیگر موارد اختلافی می‌توان به تعیین میزان جزیه اشاره نمود. در حالی که فقهای امامیه، میزان جزیه را از اختیارات امام دانسته (طوسی، ۱۳۸۷ق، ج۲: ۳۸؛ مفید، ۱۴۱۰ق: ۲۷۲) و بر آن هستند که وی حسب صلاحدید خود می‌تواند آن را به صورت سرانه و یا از زمین‌هایشان دریافت کند[۲۳] (الحر العاملی، ۱۴۱۶ق: ۱۱۴-۱۱۸)، دیگر فقها با درجه‌بندی ذمّیان به سه طیف ثروتمند و متوسط و فقیر، چهار دیدگاه ارائه نموده‌اند:

- مشخص بودن حداقل و حداکثر جزیه؛ که مطابق با آن فقرا ۱۲ درهم،

---

۲۱. دیدگاه فقها در مورد افراد کور و افلیج را هم می‌توان به دو دستهٔ کلی تقسیم نمود؛ عده‌ای که جزیه را به عنوان عدم مشارکت اهل کتاب در جهاد می‌دانند و از این رو همانگونه که مسلمانان افلیج و کور از جهاد معافند، افراد مشابه ذمّی نیز از پرداخت جزیه مستثنی می‌شوند. (زیدان،۱۴۰۲ ق/۱۹۸۲ م: ۱۴۰) اما تعدادی دیگر توانایی مالی را ارجح بر عدم مشارکت در جهاد دانسته‌اند (ابن قدامه،۱۴۰۳ ق، ج۱۰: ۵۷۷).

۲۲. البته شیخ طوسی در المبسوط حکمی خلاف آن می‌دهد: طوسی، ۱۳۸۷ق، ج۲: ۳۸.

۲۳. علامه همچنین می‌افزاید: «همانگونه که جایز است امام چیزی را که امسال به صورت سرانه می‌گرفته سال بعد دو برابر کند و این با اظهار انقیاد آنان مناسب‌تر است». (الحر العاملی، ۱۴۱۶ق:۱۱۴)

متوسطین ۲۴ درهم و اغنیا ۴۸ درهم باید پرداخت نمایند.[۲۴]

- حداقل و حداکثر جزیه نامشخص بوده و تعیین مقدار آن، بسته به نظر امام است.[۲۵]

- مقدار جزیه در حداقل معیّن و در حداکثر نامشخص است؛ بنابراین امام می‌تواند بر آنچه عمر در حداقل تعیین نموده- یعنی یک دینار- بیفزاید ولی کمتر از آن مجاز نیست (ماوردی: ۲۹۷).

- کمترین حدّ جزیه یک دینار است و بیشتر از آن هم نمی‌توان دریافت نمود (رازی، ۱۴۰۱ق، ج۱۶: ۲۲).

در مجموع اختلاف نظرات فوق را می‌توان ناشی از تفاوت میان دو گونه جزیه دانست؛ نخست، جزیه توافقی یا مندرج در عهدنامه که مقدار آن تعیین گردیده و غیرقابل تغییر است.[۲۶] از این رو شافعی و ابوحنیفه میزان جزیه در این نوع توافق را کمتر از یک دینار مجاز نمی‌دانند. ضمن آنکه به لحاظ حفظ مالکیت کفّار بر شهرها و روستاهای محل سکونت، اهل ذمّه ملزم به پذیرایی از مسلمانان مسافر و رفع حوائج‌شان طبق مواد مندرج در توافق‌نامه هستند. و دیگر، جزیه‌ای که امام بر مناطق مفتوح‌العنوه (تسخیر شده با زور) وضع می‌کند و مبلغ سالانه آن برای ثروتمندان ۴۸ درهم، متوسطین دوازده درهم و فقرای قادر به کسب و معاش، شش درهم است.[۲۷]

با وجود این اختلاف، فقها عمدتاً بر اخذ آن در آغاز سال قمری اجماع دارند و ابوحنیفه، شافعی و ابن مالک برآنند که چند روز پیش از سال، مبلغ مقرّر باید جمع‌آوری گردد (Aghnides,1916: 405).

---

۲۴. شافعی و ابوحنیفه بر این حکم بودند (شافعی،۱۴۲۲ ق، ج۵: ۴۲۶-۴۲۸؛ ابن قدامه،۱۴۰۳ ق، ج۱۰: ۵۷۸-۵۷۷) و عمر نیز بر همین مبنا عمل می‌کرده است.

۲۵. مالک، ابوعبیده، یحیی بن آدم بر این حکم بودند.

۲۶. ابویوسف شرط صلح بر اساس پرداخت جزیه را اینگونه تفسیر می‌نماید: «صلح منعقد فیمابین مسلمانان و اهل ذمّه بر اساس پرداخت جزیه که منجر به فتح شهرها با صلح می‌شد، فقط بر این شرط بود که معابد و کلیساهای آنان ویران نشود و خون آنان ریخته نشود و مسلمانان از آنان در برابر دشمنانشان دفاع کنند. پس اهل ذمّه به این شرط جزیه می‌پرداختند» (ابویوسف، ۱۳۹۹ق:۱۳۸).

۲۷. در واقع این تقسیم‌بندی که بر پایهٔ عملکرد عمر، عثمان و علی (ع) استوار بود را دیگران نیز به اجماع پذیرفتند (Aghnides ,1916:402-403).

ضوابط و نحوهٔ دریافت جزیه

یکی از وجوه اختلاف در نوع رفتار با اهل کتاب، به تفاسیر و برداشت‌های متنوع مفسران و فقها از قسم آخر آیهٔ جزیه یعنی عبارت «حَتَّی یُعْطُوا الْجِزْیَه عَنْ یَدٍ وَ هُمْ صاغِرُونَ» باز می‌گردد. ماوردی بر کلمهٔ «عَن یَدٍ» دو تفسیر می‌آورد؛ یا پرداخت جزیه از روی توانمندی و دارایی اهل ذمّه است، و یا نمادی است از قدرت و استیلای مسلمانان بر ایشان در اخذ جزیه (ماوردی: ۲۹۵). چنان‌که مقصود از «وَ هُم صاغِرون» نیز یا خواری و زبونی اهل ذمّه است و یا جاری نمودن احکام اسلام بر ایشان[۲۸] (همان).

سیوطی در تفسیر خود با استناد به روایتی از دیدار فرستادهٔ مسلمانان با رستم، فرمانده سپاه ساسانیان، بر آن است که از کلمهٔ صاغر، زبونی و خواری مستفاد می‌گردد؛ «رستم پرسید: اگر از قبول اسلام امتناع ورزیدم چه؟ جواب داد: در این صورت جزیه می‌پردازی» و «اَنتَ صاغِر». چون رستم از مفهوم عبارت اخیر سؤال کرد، در پاسخ گفت: «جزیه را می‌پردازی در حالی که تو ایستاده و من نشسته‌ام و تازیانه بر بالای سرت قرار دارد» (سیوطی، ۱۴۰۴ق، ج۴: ۱۶۸).

در کنار دیدگاه‌های تندی که بیانگر اِعمال خشونت بر اهل ذمّه است و مقصود از آن درک عزت اسلام توسّط ذمّی بیان شده[۲۹] (رازی، ۱۴۰۱ق، ج۱۶: ۳۲)، عده‌ای نیز در نگاهی معتدل، منظور از «صاغِرون» را «خضوع آنان در مقابل سنّت اسلامی و حکومت عادل دینی در جامعه اسلامی دانسته‌اند» (منتظری، ۱۳۸۶، ج۷: ۸۷)

به هر حال و در جمع‌بندی مطلب چند نکته حائز اهمیت می‌نماید:

نخست: قرارداد ذمّه دو رویه بود و در قبال رعایت آن توسّط اهل کتاب، حاکم

---

۲۸. شافعی پس از بررسی دیدگاه‌های برخی از علما، «صاغرون» را به معنی ابراز خفت و خواری می‌داند که «برای تن دادن کفّار به حکم اسلام بوده و کسی نمی‌تواند در زمرهٔ اهل ذمّه قرار گیرد مگر به شرط تمکین از قوانین اسلامی» (See: Aghnides,1916: 407).

۲۹. در نمونه‌های دیگر از این تفسیر، کنز العرفان مفهوم «صاغرون» را چنین می‌آورد: «صاغرون از ماده صِغَر به معنی ذلت است و «واو» حالیه است، و معنی جمله چنین است که ایشان جزیه را می‌پردازند در حالی که خوار و ذلیلند ... و نیز گفته شده مقصود از «صغار» این است که جزیه را بپردازند در حالی که بر سر پا ایستاده‌اند و گیرنده جزیه نشسته است و به آنها گفته می‌شود: جزیه را بپرداز در حالی که خوار و ذلیلی و پس از ادای جزیه یک سیلی به پشت او نواخته می‌شود» (السیوری، ۱۳۴۳، ج۱: ۳۶۳).

اسلامی دو وظیفه داشت: یکی «باز داشتن تعرض از ایشان و دوم حمایت و دفاع از آنها تا به این توقف از تعرض امان یابند و به حمایت و دفاع نیز محفوظ داشته شوند». (ماوردی: ۲۹۵).

دوم: جزیه به عنوان یکی از ارکان هر نوع قرارداد ذمّه، حکم خرید جان و مال اهل کتاب را داشت. به تعبیر دیگر در حالی که کفّار حربی واجب‌القتل بودند، ذمّگی، در عین تضمین برخی از حقوق اجتماعی برای ایشان، حدّ فاصلی میان اقلیت‌های دینی با اکثریت جامعه اسلامی پدید می‌آورد.

سوم: به رغم اختلاف آرا در تفسیر آیهٔ جزیه، عمدتاً بر ضرورت وجوب اخذ مالیات سرانه به دلیل عدم مشارکت اهل ذمّه در جهاد، و یا چنان‌که فقه حنفی می‌گوید، چشم پوشی از قتل ایشان تأکید رفته است (Aghnides,1916: 398) .

در واقع چنین استدلالی به اهمیّت جهاد باز می‌گشت که هر مسلمان خود را مکلّف می‌دید تا در مواقع ضروری در دفاع از کیان جامعهٔ اسلامی آماده باشد. امّا با توجه به شرط پذیرش اسلام برای مشارکت در جهاد، اهل ذمّه چه از نظر شاخصهٔ کفر و چه از حیث واهمه نسبت به همدستی با دشمنان، از این موضوع استثناء شده و جزیه در حکم ما به ازاء چنین معافیتی به شمار می‌رفت. مبتنی بر این معیار، تعیین میزان جزیه نیز بر حسب اولویت‌بندی مجاهدین به سواره و پیاده نظام صورت می‌پذیرفت؛ بدین معنی که اغنیای ذمّی با سواره‌نظام- که برتری بر پیاده داشتند- قیاس شده و مبالغ بیشتری می‌باید پرداخت کنند و متوسطین و فقرا با پیاده نظام که در ردیف پایین‌تر از سواره جای داشتند.

چهارم: به رغم لحاظ برخی از حقوق برای ذمّیان، این موضوع، به معنای تساوی ایشان با مسلمانان نبود و در عمل ضمن پذیرش حقّ حیات و معاش آنها در جامعه اسلامی، پرداخت جزیه و سایر تقیّدات روز افزون، به هدف ابراز قدرت و برتری مسلمانان بود.

ب- برخی از محدودیت های اهل ذمّه

حکم خمس اراضی ذمی

هرچند مطابق با قرارداد ذمّگی، تنها مالیات اهل کتاب جزیه است، با وجود این، در مورد اراضی بر ضرورت دریافت خمس نیز تأکید رفته است. پیش از ورود به آرای فقها در این موضوع، لازم است تا دربارۀ مالیات زراعی و ممنوعیت فروش اراضی به اهل کتاب توضیحی ارائه گردد.

طی قرون اولیۀ اسلامی، اهمیت اقتصاد کشاورزی در مناطق مفتوحه، تأکید خاصی بر عدم فروش اراضی زراعی به غیر مسلمانان را باعث شد که علاوه بر اصل حفظ برتری اسلام، از تمایز میان اراضی عُشری و خراجی هم ناشی می‌گشت. به عبارت بهتر، زمین‌های تحت مالکیت مسلمانان اصطلاحاً عُشری خوانده می‌شد که باید زکات بپردازند و اراضی تحت اختیار ذمّیان، خراجی نام داشت و آنها در ازاء عدم پرداخت زکات، موظّف به تأدیه خراج بودند (برای بحث دربارۀ تقسیم اراضی در عصر فتوحات، نک: لمتن، ۱۳۶۲: ۶۸- ۷۵). البته برخی مواقع، خراج اضافه بر مالیات سرانه بود و در مواردی، جزیه اطلاق بر خراج می‌گردید (نگاه کنید به مطالب پیشین در شباهت و تمایز خراج و جزیه).

به هرحال، مواظبت خاصی وجود داشت که حتّی المقدور با جلوگیری از فروش اراضی به اهل ذمّه، تبدیل عشربه خراج را مانع گردند. لذا در مواردی که چنین امری رخ می‌داد، خریدار ذمّی را به عنوان تنبیه، مجازات مالی می‌کردند؛ بدین ترتیب که زکات را دو برابر نموده و در واقع، عُشر (یک دهم) را به خمس افزایش می‌دادند تا صرفۀ خرید وجود نداشته باشد (منتظری، ۱۳۸۶، ج۶: ۱۷۱).

ابن قدامه در کتاب «المغنی»، به نقل از احمد بن حنبل و در پاسخ به خرید زمین عُشری توسّط ذمّیان می‌نویسد که «گفت: من چیزی نمی‌دانم، اهل مدینه در این باره سخن خوبی می‌گویند. گویند: نباید گذاشت ذمّی از مسلمان زمین بخرد. ولی اهل بصره سخن عجیبی دارند. آنها می‌گویند: بر ایشان مضاعف شود و از احمد روایت شده که ایشان از خریدن آن منع می‌شوند، و سخن مالک هم همین است. به علاوه اینکه اگر چنین زمینی را ذمّی بخرد بر آنان عُشر مضاعف می‌گردد، پس از

ایشان خمس گرفته می‌شود» (ابن‌قدامه، ۱۴۰۳ق/ ۱۹۸۳م، ج۲: ۵۷۶).

همچنین ابویوسف ضمن تأکید بر اینکه این اراضی از دیدگاه ابوحنیفه خراجی هستند، برآن است که «من می‌گویم برآن زمین عُشر قرار داده می‌شود و همین خراج آن است» (ابی‌یوسف، ۱۳۹۹ق/۱۹۷۹م: ۱۲۱).

از میان فقهای شیعی، شیخ طوسی در «خلاف» ضمن مروری بر دیدگاه ابوحنیفه (در تغییر عُشر به خراج) و شافعی (نه عُشر و نه خراج)، استدلال شیعیان را بر اجماع دانسته و این نظر را به روایتی صریح از امام محمّد باقر مستند می‌سازد که «هر ذمّی از مسلمانی زمینی را بخرد بر او خمس است» (طوسی، ۱۴۱۵ق، ج۲: ۷۴).

عشور یا عوارض گمرگی

از حیث تاریخی، سابقهٔ دریافت عوارض گمرگی را می‌توان به پیش از اسلام رساند که اعراب از بازرگانان قبطی و ایرانی مدینه، ده‌یک می‌ستاندند. (زیدان، ۲۵۳۶: ۱۸۱). امّا در روزگار اسلامی، عُشور (ده‌یک‌ها) عبارت بود از عوارض اموال و کالاهای بازرگانی اهل حرب و ذمّی که به هنگام حمل و نقل در سرحدات و اطراف قلمرو اسلامی دریافت می‌شد.

نخستین کسی که در اسلام عشور را وضع نمود، عمر بن خطاب بود (الریس، ۱۳۷۳: ۱۲۶-۱۲۷). بنا بر اطلاعات موجود، در خلافت عمر، ابوموسی اشعری به او نامه نوشت که وقتی بازرگانان ما به سرزمین حربی می‌روند، از آنان عشر می‌گیرند و عمر در پاسخ وی چنین نوشت: «تو از آنان همان را بگیر که بازرگانان مسلمان می‌گیرند. و از اهل ذمّه نصف عشر [پنج درصد] و از مسلمانان از هر چهل درهم، یک درهم [رُبع عشر یا دو نیم درصد] بگیر» (ابی یوسف، ۱۳۹۹ق/۱۹۷۹: ۱۳۴-۱۳۵).[۳۰]

---

۳۰. ابویوسف در تمایزی میان عُشر مسلمان و ذمی؛ عشور مأخوذ از مسلمانان را در حکم صدقه می‌داند حال آنکه برای اهل حرب حکم خراج دارد (ابی یوسف، ۱۳۹۹ق: ۱۳۵ -۱۳۴).

قصاص و دیات

در حالی که فقها- اعم از شیعه و سنی- در قبال قتل ذمّی، قصاص مسلمان را جایز نمی‌دانند و آن را با دیه جایگزین می‌سازند،[۳۱] اما در رابطه با مقدار دیه و نسبت آن با دیهٔ مسلمان، اختلاف نظر دارند. بنا بر نقل شیخ طوسی در «خلاف» و ابن قدامه در «المُغنی»، فقهای عامه چهار دیدگاه در این باره ارائه کرده‌اند:

- شافعی، سعید بن مسیّب و عطاء؛ دیه ذمّی را ثلث دیه مسلمان می‌دانند که در صورت عدم توانایی مالی قاتل، نزدیکان او موظّف به پرداخت آن هستند.
- مالک بن انس و عمر بن عبدالعزیز؛ نصف دیه مسلمان.
- احمد بن حنبل؛ در صورت عمدی بودن دیه کامل مسلمان، و در سهو نصف آن.[۳۲]
- ابوحنیفه؛ مساوی با مسلمان و مجوس را نیز بر همین مبنا می‌داند.[۳۳]

فقهای شیعی- ضمن تأیید تعزیر قاتل مسلمان (مکی العاملی، ۱۳۸۸: ۲۵۴)- در میزان دیه، نظرات متفاوتی داشته و همانند دیگر موارد، میزان دیه و تغییر آن حسب شرایط را وابسته به صلاحدید امام می‌دانند (محقّق حلی، ۱۴۲۵ق/ ۲۰۰۴م، ج۳: ۴۸۹). به عبارت بهتر، شرط اصلی در پرداخت دیه به رعایت کامل مفاد قرارداد ذمّه- رکنی و غیررکنی- منوط گردیده و از این رو، شیخ صدوق پس از بیان مجدد این ضوابط، دیه مقتول ذمّی را چهار هزار درهم (ابن بابویه، ۱۳۶۸، ج۵: ۵۰۲) و در صورت عدم پایبندی اهل ذمّه بر پیمان خود، «اگر کسی یکی از ایشان را

---

۳۱. البته در صورت قتل کافر توسّط کافری دیگر قصاص صورت می‌پذیرد اما اگر کافر پس از ارتکاب قتل، اسلام آورد قصاص با دیه جایگزین می‌شود و حکم قتل کافر توسّط مسلمان را دارد (مکی العاملی، ۱۳۸۶: ۲۵۴).

۳۲. برخی دیگر از فقها با تمایز میان عمد و سهو، دیه قتل عمد را نصف مسلمان و در سهو، هشتصد درهم دانسته‌اند (هاشمی شاهرودی، ۱۳۸۰:۳۹).

۳۳. در مورد میزان دیه میان مذاهب حقه اختلاف است .چنانکه شافعی آن را ثلث دیه مسلمان و فقهای مالکی نصف دیه مسلمان می‌دانند. (طوسی، ۱۴۱۵ق، ج۵: ۲۶۳). شافعی و مالکی هم هشتصد درهم می‌دانند. همچنین دربارهٔ اختلاف آرای فقهای اهل سنت دربارهٔ میزان دیه ذمی نک: ابن قدامه،۱۴۰۳ ق، ج۹: ۳۴۳-۳۴۱.

به قتل برساند باید هشتصد درهم دیه بپردازد»[۳۴] (همان).

در مجموع فقهای شیعی عمدتاً بر روایاتی تأکید نموده‌اند که دیه مرد ذمّی را هشتصد درهم و زنان ایشان را نصف این مبلغ قرار داده‌اند (محقق حلی، ۱۴۲۵ق، ج۲: ۴۸۹؛ برای اطلاعات بیشتر از اختلاف آرای فقهای شیعی و سنی در این مورد نک: هاشمی شاهرودی، ۱۳۸۰، فقه اهل بیت، ش ۲۸: ۴۰-۵۴).

وصیّت و ارث

از جمله مباحث فقهی در احکام ارث، توارث مسلمان و کافر است که بنا برآن، کفر- اعم از کتابی و غیرکتابی، حربی و ذمّی- مانع انتقال ماترک مورثِ مسلمان به خویشاوند کافرش می‌شود[۳۵] (برای نمونه نک: شافعی، ۱۴۲۲ق، ج۵: ۱۵۱؛ طوسی، ۱۴۱۵ق، ج۴: ۲۶). جدا از وحدت نظر کلیهٔ مذاهب اسلامی در عدم میراث‌بری کافر از مسلمان (نجفی، ۱۹۸۱م، ج۳۹: ۱۵-۱۶؛ شافعی، ۱۴۲۲ق، ج۵: ۱۵۱)، در موارد عکس این قضیه، میان شیعه و سنی اختلاف است. چنان‌که فقهای سنی برآن هستند که همانند کافر که از مسلمان ارث نمی‌برد، مسلمان نیز همین وضع را نسبت به کافر دارد و اختلاف در دین و آیین، مانع ارث بردن است (ابن قیم، ۱۴۱۸ق، ج۲: ۱۰۵۵).[۳۶]

---

۳۴. قتل هر مسلمان توسّط ذمّی مستوجب قصاص بوده، اموال و فرزندان صغیر او «بنا بر قولی به اولیای مقتول به عنوان مالکیت» (مکی العاملی، ۱۳۸۸: ۲۵۴) داده می‌شد و ولیِّ دم مقتول مسلمان، محقّ به بردگی قاتل است مگر آنکه اسلام بیاورد.

۳۵. برخی از فقها در ممنوعیت ارث کافر از مسلمان به آیه «وَلَن یَجعَل اللهُ لِلکافِرینَ عَلَی المُؤمِنینَ سَبیلا» (نسا: ۱۴۱) استناد می‌نمایند و آن را در حکم سلطهٔ کافر بر مسلمان می‌دانند (برای بحثی جامع در این مورد نک: هاشمی شاهرودی، ۱۳۸۱، مجله فقه اهل بیت، شماره۲۹: ۳-۴۵).

۳۶. در این حکم فقهای سنی به روایاتی از پیامبر و برخی از صحابی استناد می‌کنند. چنانکه در روایتی اسامه بن زید به نقل از پیامبر می‌گوید: «لایرثُ المسلم الکافر و لا الکافر المسلم» (بخاری، ۱۳۸۹، ج۷: ۱۹۸) یعنی «مسلمان از کافر و کافر از مسلمان ارث نمی‌برد» و یا در روایتی دیگر آمده است: «لا یَتوارثُ اهل مِلَّتین» یعنی: اهل دو آیین مختلف از یکدیگر ارث نمی‌برند (بیهقی، ۱۴۲۴ ق، ج۶: ۶۲۳).

در شرایطی که کافر، میراث‌بَرِ مسلمان نداشته و هر دو طرف بر کفر باشند، انتقال ارث به کافر صورت می‌پذیرد و نه به مسلمان و یا حاکم اسلامی. اما اگر کافر متوفی، وارث مسلمان داشته باشد، تمامی میراث او به وارث مسلمان می‌رسد و بازماندگان نامسلمان او- گرچه از نزدیک‌ترین بستگان او هم باشند- میراثی نمی‌برند. مفروض دیگر در این موضوع، تعیین تکلیف اسلام آوردن وارث کافر، پیش از تقسیم میراث کافر متوفّی است؛ بنا بر احکام فقهی اگر وارث کافر، قبل از تقسیم و توزیع ترکه، مسلمان شود، وی نیز مانند دیگر وراث مسلمان، سهم خود را می‌ستاند (ابن ابی جمهور، ۱۴۱۰ق: ۱۵۴). در تحلیل فقهی این اصل گفته شده که «کافر به دلیل کفر، از نظر شرعی موجود محسوب نمی‌شود، و بنابراین از ابتدا برای آنان در برابر وارث مسلمان سهمی فرض نمی‌گردد. لیکن اگر شخص کافر مسلمان شود، در ارث سهیم خواهد شد» (لطفی، ۱۳۷۶، مشکوهٔ، ش ۵۶-۵۷: ۱۷-۵۱).

از دیگر سو اگر شخص متوفی مسلمان و ورثه او چند نفر کافر باشند، همگی از ارث محروم و سهم‌الارث به حاکم اسلامی منتقل می‌شود، مگر آنکه اسلام آورند که در این صورت مال تصرّفی بازپس گردانیده و بین آنها توزیع می‌شود.

ساخت و تعمیر معابد

بنا بر مفاد غیررکنی قرارداد ذمّه، ممنوعیت اهل کتاب در احداث معابد، از وجوه مشترک دیدگاه‌های شیعه و سنی به شمار می‌رود. در واقع، فقها بسته به اینکه تصرّف اراضی غیرمسلمانان به صلح یا جنگ بوده، نوع برخورد با معابد آنها را متفاوت می‌دانند. چنان‌که در مناطق مفتوحه به صلح، اهل کتاب مجاز به حفظ و بازسازی عبادتگاه‌های خود شده و بنا به قول اشهر، صرفاً در اراضی مفتوح‌العنوه فاقد چنین حقی هستند (طوسی، ۱۳۸۷ق، ج۲: ۴۴-۴۶).

ابویوسف در پاسخ به پرسشی که آیا عجم‌ها می‌توانند در شهرهای مسلمانان کلیسا یا کنیسه بسازند؟ به نقل از ابن عباس می‌گوید: «هر شهری که عربها بدان شهریّت بخشیده‌اند آنها نمی‌توانند در آن کلیسا و کنیسه بنا کنند و نباید در آن

ناقوس بنوازند» (ابی یوسف، ۱۳۳۹ق/ ۱۹۷۹م: ۱۴۹). همچنین در منابع، به روایاتی از علی و عمر اشاره رفته که به نقل از پیامبر، ساخت کنیسه در سرزمین اسلام را نهی کرده‌اند (برای نمونه‌هایی دیگر از این گونه روایات نک: منتظری، ج۷: ۲۵۱؛ ابن قدامه، ج۱۰: ۶۱۲).

ممنوعیت در ساخت بناهای مرتفع

ماوردی در ذکر مفاد شروط استحبابی قرارداد ذمّه، ضمن تأکید بر ممنوعیّت اهل کتاب در ساخت بناهایی مرتفع‌تر از بناهای مسلمانان، حداکثر ارتفاع مجاز را هم‌ترازی با ابنیهٔ مسلمانان می‌داند (ماوردی، ۱۳۹۱: ۲۹۹). در واقع، بنیان چنین دیدگاهی را فقها در اصل نفی سلطهٔ کافر بر مسلمان دانسته‌اند و از آنجا که اسلام برترین دین قلمداد می‌شد،[۳۷] لذا فرد ذمّی چه آنکه زمینی را خریداری و شروع به ساختمان می‌کرد و یا در ملک مسکونی خود قصد ساخت ساز و یا تجدید بنا داشت، ملزم به رعایت محدودیّت ارتفاع بود.

البته چنان‌که ذمّی در محله مسلمانان خانه‌ای مرتفع‌تر از منازل مجاور خریداری می‌کرد و یا در محله همکیشان، قصد ساختمان‌سازی داشت، از این قاعده مستثنی بود (محقق حلی، ۱۴۲۵ق، ج ۱: ۲۶۳؛ طوسی، ۱۳۸۷ق، ج۲: ۴۶).

۳- خلافت و اهل ذمّه

در پیوند با گفتار حدود و حقوق اهل ذمّه، در این فصل سعی می‌شود تا برمبنای خصایص سیاسی- فرهنگی خلافت در سه مقطع خلفای راشدین، اموی و عباسی عملکرد کارگزاران جامعه اسلامی با اهل کتاب به بحث گذارده شود.

عمدتاً در متون خراجی، فقهی و دیگر کتب دینی، بارها به روایاتی از پیامبر

---

۳۷. حدیثی از پیامبر که می فرمایند: «الإسلام یَعْلوا و لایُعْلی علیه» (اسلام برتر است و چیزی بر آن برتری ندارد).

(برای نمونه نک: ابی یوسف، ۱۳۹۹ق/۱۹۷۹م: ۱۲۵)، خلفای اولیه[۳۸] و ائمه شیعه[۳۹] دال بر مدارای با اهل ذمّه اشاره رفته است. ماوردی حدیثی از پیامبر می‌آورد که «هرکس به شخص ذمّی ستم نماید یا بیش از توان و طاقتش بر او تکلیف کند، روز قیامت من بر علیه او احتجاج خواهم نمود» (ماوردی، ۱۳۹۱: ۲۹۵). امّا با وجود سفارش‌هایی که پیامبر و صحابی ایشان در رعایت حقوق اهل ذمّه نموده‌اند، میزان پایبندی به آن‌ها، موضوع دیگری است. به تعبیر دیگر، در آثار تاریخی بعضاً رفتارهایی از خلفا ذکر شده که عموماً مورخان غربی از آن‌ها به عنوان نمونه‌هایی از وضعیت دشوار ذمّیان در جامعه اسلامی یاد می‌کنند، حال آنکه بدون در نظر گرفتن شرایط سیاسی- فرهنگی جامعه اسلامی و نیز لحاظِ مندرجات قرارداد ذمّه نمی‌توان به قضاوتی جامع دست یافت. لذا با تأکید بر این اصل که قرارداد ذمّه از زاویهٔ تفقّد حکومت اسلامی نسبت به اهل کتاب معنا یافته و بنیان آن بر پذیرش برخی از حقوق اجتماعی- فرهنگی برای ایشان در قبال رعایت ضوابطی مدون بوده، انتظار به تساوی اهل ذمّه با مسلمانان دور از واقعیت هست. گذشته از این، نحوهٔ رفتار خلفا و کارگزاران وابسته، با اهل ذمّه را باید در کلیّت ویژگی‌های ساختار قدرت و روند حیات فکری جامعه اسلامی محل توجّه قرار داد.

۳۸. ابویوسف در نقلی از عمر- به هنگام مرگ- می‌نویسد: «به خلیفه بعد از خودم سفارش می کنم که ضمانات و تعهّدات پیامبر بر اهل ذمّه را مو به مو اجرا کند و در مقابل اهل ذمّه وفای به عهد کند و از آنان دفاع کند و بیش از حدّ توانشان بر آنان تحمیل صورت نگیرد» (ابی یوسف، ۱۳۹۹ ق:۱۲۵؛ نیز در مورد سفارش عمر به عمالش در مدارای با ذمّیان نک: بیهقی، ۱۴۲۴ق، ج۹: ۳۴۳).

۳۹. به عنوان نمونه حضرت علی در سفارش اهل ذمّه به عامل خود در عُکبراء می‌گوید: «توجه داشته باش وقتی به آنان وارد می‌شوی مبادا جامه‌ای از ایشان بخواهی، نه در زمستان و نه در تابستان و نه خوراکی که آن را می خورند و نه چارپایی که با آن کار می‌کنند. مبادا به خاطر درهم حتّی یک تازیانه به آنان بزنی. مبادا برای مطالبه درهم به پای آنان تازیانه‌ای بزنی و مبادا از احدی از آنان خراج بیشتر مطالبه کنی، چه آنکه ما مأموریم که با گذشت و رأفت با آنان رفتار کنیم» (ابی‌یوسف، همان: ۱۶-۱۵).

الف- خلفای راشدین و پی‌ریزی مبانی رفتار با اهل ذمّه

به دنبال وفات پیامبر و تعیین تکلیف جانشینی در سقیفهٔ بنی‌ساعده، ساختاری در اسلام پی ریخته شد به نام خلافت و خلیفه در حکم جانشین رسول الله، تولیت امور دینی و دنیوی جامعهٔ اسلامی را عهده‌دار گردید. از رویدادهای سیاسی عهد خلفای راشدین (۱۱-۴۱ ق/۶۳۲-۶۶۱ م) که بگذریم، این مقطع را با شاخصه‌های عمده‌ای چون نزدیکی به زمان حیات پیامبر، پیدایش تشیّع، برتری ساده‌زیستی بر تجمّل و خروج اسلام از شبه جزیرهٔ عربستان می‌شناسیم.

جدای از دیگر ویژگی‌ها، گسترش اسلام به فراسوی شبه جزیرهٔ عربستان و فتح مناطقی که خود معرّف فرهنگ و تمدّن باستان بودند، از یک‌سو این دوران را مستحقّ نام عصر فتوحات در ایران نمود و از دیگر سو، راهکارهای خلفا در حلّ مسائل نوظهوری چون تعیین تکلیف اراضی فتح شده، چگونگی تقسیم غنایم و نوع مواجهه با پیروان ادیان صاحب کتاب، تأثیر مستقیمی بر پی‌ریزی فقاهت اسلامی نهاد.[۴۰] لذا فقهای سنی در احکام مربوط به اهل ذمّه، به نحوهٔ برخورد خلفای راشدین و خاصّه عمربن خطاب استناد می‌نمایند.

عمر نه تنها برای عرب شأن و منزلتی بیشتر قائل بود بلکه با تکیه بر گفتار پیامبر مبنی بر عدم وجود دو دین در عربستان (بلاذری، ۱۳۳۷: ۹۸)، دستور اخراج یهودیان از قلعهٔ خیبر (واقدی، ۱۳۶۹: ۵۳۹) و مهاجرتشان به شام را داد (بلاذری، ۱۳۳۷: ۳۹) و مسیحیان نجران را نیز به عراق و اریحه و شام عقب راند (همان: ۹۷-۹۸).[۴۱]

---

۴۰. حکومت دینی خلفای راشدین به اندازه‌ای در نظر فقهای سنی اهمیت داشت که در تمایزی میان خلافت- سلطنت اموی، خلافت مدینه را گاه خلافةُ النبوّه می‌نامند که بنا به حدیثی از پیامبر سی سال به طول می‌انجامید (لمبتون، ۱۳۸۰: ۵۸).

۴۱. به عنوان نمونه جرجی زیدان در تقریظی دربارهٔ عمر، به وصیت او اشاره می‌نماید که پایه‌های اسلام را اعراب بیابانی می‌دانست و به رغم برابری عرب و عجم در اسلام، از او نقل می‌کند: «این کار بدی است که عربها یکدیگر را اسیر بگیرند؛ چه خداوند، کشور پهناور عجم را برای اسیر گرفتن عربها آماده ساخته است» (زیدان، ۲۵۳۶، ج۴: ۶۷۰).

یکی از مواردی که اندیشمندان جامعه اسلامی در نحوهٔ رفتار با اهل ذمّه بدان استناد کرده‌اند، قراردادی است میان مسیحیان نجران با عمر که اصطلاحاً «شروط العمریه» خوانده می‌شود. حسب اهمیت عهدنامه- که برای نخستین بار در کتاب سراج الملوک اثر ابوبکر محمّد بن محمّد بن ولید فهری طرطوشی (متوفی در۵۲۰ ق)- آمده- و تأثیر آن بر دیدگاه فقها و نظریه‌پردازان متعاقب، اصل این قرارنامه که مسیحیان به عمر پیشنهاد داده‌اند، در ذیل می‌آوریم:

«هنگامی که عمر رضی‌الله عنه با مسیحیان شام صلح کرد ما این عهدنامه را به نام وی نگاشتیم:

«بنام خداوند بخشاینده مهربان

این نامهٔ بندهٔ خدا عمر، امیرمؤمنان برای مسیحیان شهر (فلان) همین‌که شما (مسلمانان) به شام آمدید ما از شما خواستار شدیم، به خودمان و فرزندانمان و اموالمان و هم‌مذهبان‌مان امان بدهید. با این شرط که از این پس در شهرها و اطراف شهرهای خود دیر و کلیسا و صومعه نسازیم و آنچه که خراب شده، تجدید ننمائیم و آنچه که در قلمرو مسلمانان بوده، به آن وارد نشویم و درهای خانه‌های خود را برای رهگذران باز بگذاریم و اگر مسلمانی به ما وارد شد، سه شب او را مهمان داریم. در کلیساها و خانه‌های خود جاسوسان را پناه ندهیم. چیز بدی از مسلمانان پنهان نداریم. به فرزندان خود قرآن نیاموزیم و به دین خود دعوت نکنیم و کسان خود را از مسلمان شدن باز نداریم و به مسلمانان احترام بگذاریم و همین‌که آنان به مجلس ما آمدند، برای آنان برخیزیم و در جامه و کلاه (قلنسوه) و عمامه و نعلین و آرایش مو و گرفتن لقب و کنیه و طرز صحبت، خود را مانند مسلمانان نسازیم. سوار اسب نشویم. شمشیر یا اسلحه دیگر برنداریم، شراب نفروشیم، مُهرهای خود را به زبان عربی تهیه نکنیم. جلوی سر خود را نتراشیم و همانطور که بودیم، باشیم. زُنار به کمر ببندیم و سر راه و بازار مسلمانان کتاب‌های مسیحی و صلیب نگذاریم. آهسته ناقوس بزنیم. اگر مسلمانان به کلیسای ما آمدند در حضور آنان بلند دعا نخوانیم. اعیاد مذهبی را بیرون نیاییم. موقع تشییع جنازهٔ مرده‌های خود، بانگ بلند برنداریم. در راه بازار مسلمانان

آتش نیفروزیم. گورستان خود را نزدیک مسلمانان قرار ندهیم. از سهمیه مسلمانان بنده و برده نگیریم. خانه‌های ما نباید مشرف بر خانه‌های مسلمانان باشد».

و همین‌که این عهدنامه را برای عمر آوردیم، عمر این جمله‌ها را نیز بدان افزود: «مسلمانان را کتک نزنیم. همه این را از طرف خود و ملت خود پذیرفتیم و اگر کوچکترین تخلفی ورزیم این پیمان باطل است و با ما مثل مردم جنگجو رفتار بشود».

سپس عمر گفت: «همین‌طور امضا شود و به‌علاوه شرط شود که مسیحیان حقّ ندارند اسیران مسلمانان را بخرند و اگر یک مسیحی، مسلمانی را کتک زد از پناه اسلام خارج می‌شود» (زیدان، ج۴: ۷۳۶-۷۳۸).[۴۲]

البته صحت وجود چنین عهدنامه‌ای را برخی از محقّقان رد نموده و دلایلی بر تردید خود آورده‌اند؛ عدم سازگاری آن با شخصیّت عمر، تعارض با دیگر رفتارهای احترام‌آمیز مسلمانان نسبت به مسیحیان، وجود موادی وهن‌آمیز در قرارداد، عدم ذکر روایت در منابع متقدّم، و بعید بودن ارائه چنین پیشنهاداتی از سوی مسیحیان (فرهمند، ۱۳۸۱: ۶۸). امّا استدلال موافقان بر وجود چنین عهدنامه‌ای هم چندان بی‌پایه نیست که می‌گویند:

- به رغم زیستن طرطوشی در قرن ششم هجری، فقها و دیگر کارگزاران جامعه اسلامی به روایت او استناد کرده‌اند.

- بیشتر مواد عهدنامه در مبحث ذمّیان در کتب فقهای اسلامی آمده و این در حالی است که آثار مذکور پیش از طرطوشی نگارش یافته‌اند[۴۳] (نک به گفتار عمر در

---

۴۲. همچنین موارد دیگری نیز در ضمیمه پیمان در رابطه با کلیساها وجود دارد که گویا عمر وضع نموده و از آن جمله: تخریب کلیساهای ساخته شده پس از ظهور اسلام، ممانعت از احداث ایوانی در داخل کلیسا که به بیرون امتداد یابد و آنکه اگر خاجی (صلیب) از کلیسا نمایان شود بر سر صاحبش خرد نمایند (زیدان، همان:۷۳۸).

۴۳. به عنوان نمونه ماوردی (م ۴۰۵ق) هفتاد و پنج سال پیش از طرطوشی می‌نویسد: «همین‌که با نصاری مصالحه می‌شد، مانند مصالحهٔ عمر با مسیحیان شام مقرّر می‌گردید. مسلمانان رهگذر را سه روز خوراک بدهند ولی مجبور نباشند برای مسلمانان گوسفند و مرغ بکشند بلکه هر چه خود می‌خورند بدیشان بدهند و چهارپایان آنها را شب بدون جو نگذرانند» (ماوردی، ۱۳۸۳: ۲۹۸). ضمن اینکه گویا ماوردی در تقسیم مفاد قرارداد ذمّه به واجب و استحبابی، در مواد استحبابی به قرارداد مذکور نظر داشته است (نگاه کنید به مطالب پیشین).

مخالفت با ساخت کلیسا: ابن قیم، ج۲: ۱۱۵۹؛ ابن قدامه، ج۱۰: ۶۱۲).

- در آثار مورخان مسلمان نیز مستند به همین قرارداد، اشاراتی به رفتار خلفا با اهل کتاب شده است. چنان‌که ابن اثیر ضمن وقایع سال ۴۸۴ق دربارهٔ عزل ابوشجاع از وزارت خلیفه علّت را شکایت فردی مسلمان از وکیل یهودی خواجه نظام‌المُلک می‌داند که در نهایت: «فرمان خلیفه به الزام اهل ذمه به تمیز دادن آنان از سایرین و لباسی که امیرالمؤمنین عمر بن خطاب- رضی الله عنه- شرط کرده بود بپوشند، صادر شد» (ابن اثیر، ۱۳۷۱، ج۲۳: ۱۶۲).

در تکمیل مطلب، ذکر دو نکته ضروری است: اوّل اینکه به رغم روایات موجود در باب رعایت حال اهل ذمّه، آن‌گونه که از مفاد عهدنامهٔ فوق برمی‌آید، این امر به معنای آزادی آنها در زمینه‌های تبلیغی و فراتر از آن، تساوی حقوق اجتماعی با مسلمانان نبوده است. از این رو، مفاد شروط العمریه را می‌توان نمونه‌ای از قرارداد با ذمّیان دانست که اهل کتاب در صورت پذیرش و پایبندی به آن‌ها، از قرار گرفتن در ردیف کفار حربی مستثنی می‌شدند. دوم اینکه در این عهدنامه به محدودیت‌هایی در رابطه با مسیحیان اشاره شده که بعدها ملاک بازشناسی اهل ذمّه از مسلمانان گردید.

در گفتار پیشین به گوشه‌هایی از این ضوابط- در ارتباط با عبادتگاه‌ها، جزیه و غیره - پرداخته شد، امّا در بحث تکمیلی و حسب اشارهٔ این عهدنامه به نحوهٔ حضور مسیحیان در اجتماع، توضیحی دربارهٔ مرکب اهل ذمّه نیز لازم می‌نماید.

مطابق با قرارنامه، منع اهل ذمّه از سواری بر اسب که در احکام فقهی ابتدا به صورت ممنوعیت سواری بر اسب‌های اصیل عربی مطرح شد، گویا با بحث جهاد و نبردهای اعراب ارتباط داشت. به عبارتی دیگر، ریشهٔ این ممنوعیت را می‌توان به دو عامل نسبت داد؛ نخست اینکه، در جنگ ها اسب، خاصه اسب عربی، افزار مهمی به شمار می‌آمد و در تقسیم غنایم، سواره نظام، از دو سهم بهره می‌گرفت. از اینرو و با توجّه به ممنوعیت حمل سلاح برای ذمّیان و مشارکت آن‌ها در جنگ و جهاد، محرومیّت آنها از این جنگ افزار نیز چندان دور از انتظار نمی نمود. دوم؛ در محرومیت اهل ذمّه از تساوی حقوق با مسلمانان، اسب عربی نماد تفوّق اجتماعی

محسوب می‌شد[44] (لمبتون، ۱۳۸۰: ۳۳۶).

البته این ممنوعیت بعدها از اسب عربی به هر نوع اسب تسرّی یافت و ماوردی در شروط استحبابی قرارداد ذمّه برآنست که «از سوار شدن بر اسب، خواه اصیل و خواه غیراصیل، بازداشته شوند، هر چند که نشستن بر قاطر و الاغ برای آنها ممنوع نیست» (ماوردی، ۱۳۹۱: ۲۹۹).

ب- خلافت اموی و اهل ذمّه

شهادت علی و متعاقب آن، صلح حسن بن علی با معاویه (۴۴ ق) سرآغاز عهدی به نام خلافت اموی گردید (۴۱-۱۳۲ ق).[45] از میان ویژگی‌هایی که معرّف ساختار قدرت بنی‌امیه به شمار می‌رود، دو شاخصه در نحوهٔ حکمرانی آنها از اهمیت ویژه‌ای برخوردار بود؛ تبدیل خلافت به سلطنت و ارتقای اصل برتری عرب برعجم به یک اعتقاد نژادپرستانه. عبور از خلافت سادهٔ عربی به نظامی سلطنتی- به عنوان نمادی برجسته از چرخش حکومت دینی به نهاد سیاسی- مخالفت‌هایی را در میان احزاب و گروه‌های عرب مسلمان باعث شد. هم‌زمان، تقویت برتری عرب و تبدیل ایشان به تکیه‌گاه اصلی خلافت در ادارهٔ امور مناطق مفتوحه، عملاً مانعی بزرگ در بسط اسلام میان لایه‌های مختلف اجتماعی ایجاد نمود.

به عبارتی دیگر، امویان که اشرافیت قبایلی را دستاویزی در برتری خویش بر دیگر اعراب می‌دانستند، گزینش پیامبر از قوم عرب را نیز نه تنها نشان از پستی و زبونی دیگر مردمان می‌انگاشتند، بلکه بر همین پایه، حکومت را عطیه‌ای به شمار می‌آوردند که گویا خداوند به ایشان بخشیده و آن‌ها را در مأموریتی الهی مکلّف به هدایت گمراهان عجم نموده است (زیدان، ۲۵۳۶، ج۴: ۶۹۸).

---

۴۴. حتّی به فتوای ابوحنیفه، سواری ذمّیان بر استرهای گرانبها نیز ممنوع بود.

۴۵. هر چند پس از شهادت علی، حسن بن علی به جانشینی ایشان رسید، صلح وی با معاویه (در ۴۴ هجری)، انتقال قدرت رسمی به امویان را باعث شد. در واقع این صلح باعث شد تا مورخان نقطه پایان خلافت راشدین را شهادت علی بدانند.

از این رو، عدم التزام امویان به تطبیق خود با ضوابط شریعت و جایگزینی اصل سیادت عربی با قواعد اسلامی، اهالیِ نومسلمان مناطق مفتوحه را در سطح موالی[۴۶] اعراب تنزّل بخشید. در واقع عرب‌مداری اموی باعث شد تا به شمولیت تعابیر برآمده از شریعت که تفکیک گروه‌های مختلف مسلمان از یکدیگر را به رسمیّت نمی‌شناخت، خلل وارد شود.

گسترهٔ چنین رویکردی به نومسلمانان، تا بدان حدّ وسیع بود که در منابع تاریخی هم گوشه‌هایی از آن منعکس شده است.[۴۷] چنان‌که تقسیم‌بندی جامعهٔ مصر از نگاه معاویه به سه دستهٔ ناس (یا مردم، که منظور اعراب است)، شبه ناس (نیمه‌مردم، که مقصود موالی است)، و نسناس یا لاناس (جانور، که ذمّیان باشند)، شاهدی بر این ادعاست. به هر روی، هر چند اولویت عرب‌مداری بر موازین شرعی و اخذ بی‌رویهٔ جزیه و خراج[۴۸]- که در مقطعی از حکومت حجاج بن یوسف ثقفی بر عراق (۹۵-۷۳ ق) به دریافت جزیه از نوکیشان هم انجامید (ابن اثیر، ج۷: ۳۶۱)- معرّف حیات اجتماعی و اقتصادی نومسلمانان به شمار می‌رفت، امّا این‌همه فرصتی نیز به ذمّیان می‌داد تا کمرنگی موازین دینی را به نفع بقای خود یافته، اشتمال حوزهٔ موالی‌گری به مسلمان و غیرمسلمان را پناهگاهی در کاهش از فشارهای اجتماعی بیابند.

ناگفته نماند، نگرش مذکور نه به مفهوم تسرّی آن به کل دوران اموی است، و نه در قیاس با عهد خلفای راشدین به معنای بهبود شرایط اجتماعی و فرهنگی

---

۴۶. موالی در لغت جمع مولی است و ریشه در نظام بردگی اعراب پیش از اسلام دارد. در واقع مولی حدّ واسط انسان آزاد و برده بود (در مورد بردگی در شبه جزیره پیش از اسلام و موالی نک: ممتحن، ۱۳۷۰: ۱۳۷-۱۱۳). با توسعه ارضی اسلام به فراسوی شبه جزیره، این اصطلاح نیز تغییر کاربری یافته و مردمان مغلوب، تحت عنوان موالی به صاحبان جدید خود یعنی اعراب وابسته شدند.

۴۷. از میان حکایات متعدّدی که بیانگر اعمال بی‌رویهٔ امویان نسبت به موالی و خاصّه ایرانیان است، شاید عبارت زیر بهترین نمود برخورد ایشان با مردمانی است که تا پیش از اسلام معرّف تمدّن و فرهنگ باستان بودند؛ «اعراب این دوره سه چیز را باعث ابطال نماز می‌دانستند: سگ، الاغ و موالی» (زیدان، ج۴: ۶۹۸).

۴۸. مالیات‌ها در عصر اموی به حدّی رو به فزونی نهاد که به عنوان نمونه معاویه به وردان حاکم خود در مصر، دستور داد تا قیراطی بر سرانه قبطیان بیفزاید و یا عبدالملک در خراسان مردم را از نو شماره کرده و سه دینار بر سرانه آنها افزود (ابراهیم حسن، ۱۳۶۶، ج۱: ۴۷۴).

ذمیان. چنان‌که در بُعد نخست، خلافتِ هر چند کوتاه‌مدت عمر بن عبدالعزیز (۹۹ تا ۱۰۱ هجری) نمادی از تلاش برای احیاء ضوابط دینی به شمار می‌رفت. وی که در تقوا و پرهیزگاری زبانزد خلفای اموی بود، درصدد بر آمد تا با الگوپذیری از عمر بن خطاب، ضوابط مندرج در شروط العمریه را دربارهٔ مسیحیان به اجرا نهد. همچنین در راستای بازگشت به ضوابط شرعی، محدودیت‌هایی چند بر مسیحیان نظیر منع بر سر نهادن عمامه، محرومیت از مشاغل مهم، سواری بر چهارپایان بدون استفاده از زین و پالان و امثالهم را برقرار نمود (حتی، ۱۳۶۶: ۳۰۱).

ج- عباسیان و تکوین فقاهت

با انتقال قدرت به بنی‌عباس (۱۳۲ق)، مقطعی از خلافت شکل گرفت که از حیث ویژگی‌هایی همچون گسترهٔ وسیع زمانی، جایگزینی حلقهٔ تنگ عرب‌گرایی با جهان‌شمولی، و مجوز ورود ایرانیان به ساختار قدرت، از دورهٔ اموی متمایز بود.

همچنین در عرصهٔ فرهنگی، نهضت ترجمه و آشنایی با دستاوردهای علمی تمدن‌های پیشین، ظهور و افول عقلی‌نگری و تکوین و کاربرد عملی ضوابط فقهی را می‌توان از دیگر مشخصه‌های خلافت عباسیان دانست. بر این مبنا و در تناسبی میان حیات فرهنگی با ساز و کارهای قدرت، ضمن تقسیم خلافت به دو مقطع عصر ثبات (۱۳۲-۲۲۷ق) و دوران تنزل، سعی داریم به ترسیم وجوهی از رفتار خلفا با اهل ذمّه بپردازیم.

از تأسیس تا پایان معتصم (۱۳۲-۲۲۷ ق/ ۷۵۰-۸۴۲ م)

با توجّه به تلاش عباسیان برای زعامت توأمان بر دین و دولت (پطروشفسکی، ۱۳۵۴: ۱۴۲)، بالطّبع رویکرد مثبت به فقها و جلب رضایت ایشان از اولویت خاصی برخوردار گردید. این موضوع چنان مهم می‌نمود که عدم موافقت فقهای مدنی با جایگزینی عباسیان، خلفای نوخاسته را بر آن داشت تا همگام با تلاش برای کاهش

اعتبار مدینه، به تقویت فقه عراقی در تقابل با فقاهت مدنی[۴۹] روی آورند.

از جزئیات که بگذریم، تدوین و کاربرد عملی مباحث فقهی، عملاً در تقسیم جامعه به دو طیف اقلیت مجتهد و اکثریت مقلّد بازتاب یافت. چنان‌که در قبال حقّ اظهار نظر مجتهدین در مباحث فقهی و بیان آن به صورت فتوا، تعریف راست‌دینی در تقیّد به مذاهب اصطلاحاً حقّه بود. و بدین‌ترتیب همگام با رشد و تکوین شهرنشینی در این دوران، اسلام فقاهتی نیز چهرهٔ غالب گردیده و پیروان این مذاهب، بدنه اصلی امّت اسلامی را تشکیل دادند.

در کنار موضوع اخیر، از ویژگی‌های این مقطع را می‌توان ترجمه آثار علمی دیگر تمدّن‌ها و بازتاب آن در پیروزی جریان عقلی‌نگری دانست. هرچند واکاویِ ریشه‌ها و مظاهر این موضوع از حوصلهٔ این پژوهش خارج است، امّا با توجّه به هم‌زمانی برخی آزادی‌ها و فعالیت‌های دینی اهل ذمّه- خاصّه زرتشتیان (نک به مطالب بعدی)- با رونق بازار معتزله در عهد مأمون، توضیحی در این رابطه ضروری است.

با گسترش مجادلات بر سر تقدیر یا آزادی اراده در قرون دوم و سوم هجری و در

---

۴۹. در خلافت عباسی نهایتاً چهار شاخه فقهی حنفی، مالکی، شافعی و حنبلی- که بنیان‌گذاران آنها در فاصله نیمهٔ دوم قرن اول تا اوایل نیمهٔ دوم قرن سوم هجری حیات داشتند- به رسمیت رسید که با توجه به تقسیم جامعه اسلامی بر مبنای گرایش به این مذاهب، توضیحی مختصر در مورد ائمه و نگرش دینی آنها ضروری است؛

.حنفی: ابوحنیفه نعمان بن ثابت (حدود ۱۵۰-۷۷ق) از برجسته‌ترین فقهای اسلام است که بیش از دیگر مذاهب بر رأی و قیاس تأکید داشت. تفاوت حنفیان با دیگر مذاهب را می‌توان در بهره‌گیری از حقوق عرفی مناطق مختلف پیش از گرایش به اسلام دانست که بالطّبع آن را واجد نرمشی درخور توجه می‌نمود. از این رو صحراگردان به واسطهٔ قبول عادات قدیمی و نظام پدرشاهی خود توسّط حنفی‌ها، بدین مذهب گرایش یافتند. همچنین پیروان ابوحنیفه در قیاس با دیگر مذاهب رفتار مطلوب‌تری با اهل ذمّه داشتند.

.مالکی: مالک بن انس (۱۷۹-۹۳ق) از پیروان سرسخت حدیث بود که هرگونه تعبیر و تفسیر عقلی قرآن را مردود می‌شمرد و پیروانش در عدم مدارا نسبت به سایر ادیان شهرت خاص داشتند.

- شافعی: محمّد بن ادریس الشافعی (م ۲۰۵ق) مؤسس فقه شافعی در حدّ فاصل حنفی و مالکی قرار داشت. تعداد پیروانش با حنفیان برابری می‌کرد و حائز بیشترین جمعیت در ایران بودند.

- حنبلی: احمد بن حنبل (م ۲۴۱ق) که از مهم‌ترین خصایص مذهب او، غلو در عدم مدارا و سازش با هرگونه بدعت بوده و ضمن رد هرنوع تفسیر عقلی و آزادانهٔ احادیث و قرآن، تابعیت از نصّ ظاهر را لازم می‌دید (پطروشفسکی، ۱۳۵۴: ۱۴۸-۱۴۵).

تقابل با جبریّه که منکر هر نوع آزادی ارادهٔ انسان بودند، مکتبی دیگر شکل یافت (ظاهراً پیش از سال ۸۰ق) که به آزادی ارادهٔ انسان قائل بود و طرفدارانشان اصطلاحاً قدریه خوانده شدند.[۵۰] تعالیم قدریه بعدها در مکتب معتزله انسجام بیشتری گرفت و در تلفیق با دیگر اصول ایشان، عنوان قدریه نیز به معتزله تغییر یافت.

گذشته از مبانی اعتقادی معتزله، در روندی تاریخی، نهضت ترجمه (در نیمهٔ دوم سدهٔ دوم و تداوم آن در کلّ سدهٔ سوم) ضمن ایجاد بستری در آشنایی مسلمانان با فلسفهٔ یونان، به معتزله فرصتی داد تا با به‌کار گرفتن تازه‌ترین اسلوب استدلال در الهیات (در عهد مأمون ۱۹۸-۲۱۸ ق) به مذهبی دولتی ارتقاء یابند (همان: ۲۲۳-۲۲۴). علی‌رغم برخی مخالفت‌ها، تداوم این مکتب تا دوران معتصم (۲۱۸-۲۲۸ق)، نه تنها در پی‌ریزی کلام محض از فقه (متز، ۱۳۶۴،ج۱: ۳۱۹) و رویکرد مثبت به اندیشه‌های مخالف، کارساز بود که در مدارای ناشی از عقل‌گرایی، اهل ذمّه نیز امکان یافتند تا باورهای خود را تدوین و در مناظرات حضور یابند.

به هر روی و جدای از تأثیر شرایط فکری جامعه اسلامی بر حیات اجتماعی اهل کتاب، تنها موردی که منابع تاریخی از رفتار خلفای این مقطع نسبت به ذمّیان آورده‌اند، فرمان هارون‌الرشید به تخریب کلیساهای مناطق مرزی و الزام اهل ذمّه به تفاوت پوشش و مرکوب در مدینهٔ‌الاسلام است (طبری، ج۱۲: ۵۳۴۴).

سیطره ترکان و جایگزینی مدارا با قشری‌نگری

در تناسبی میان ثبات و ضعف سیاسی با برتری عقلانیت و یا تعصّب، اگر عهد نخست از خلافت عباسی نماد تثبیت و شکوفایی بود، اسلام‌پژوهان، عمدتاً خلافت معتصم را سرآغاز ضعفی یاد می‌کنند که با چیرگی ترکها بر ساختار قدرت همراه بود. بدین‌ترتیب، معتزله که چند صباحی پس از مأمون، همچنان به عنوان مرامی دولتی شناخته می‌شد، در خلافت متوکل و به منظور جلب حمایت

---

۵۰. ظاهراً از واژه «قدر» می‌آید که معنای قدرت آدمی در افعال و اعمال خویش و یا به تعبیر دیگر، آزادی اراده درک می‌شد.

شریعت‌مداران، از اعتبار ساقط گردید.[۵۱] موضوعی که در ارتباط با اهل ذمّه نیز- به نفع استواری مجدد سنّت- به جایگزینی مدارا با تعصّب انجامیده و در احکام سخت‌گیرانهٔ متوکل جلوه‌گر شد.

بنا بر نوشتهٔ طبری، وی دستور داد: «هر کس از زنانشان که بیرون می‌شود روپوش عسلی داشته باشد و بگفت تا غلامانشان را به بستن زُنار وادار کنند و از بستن کمر ممنوع دارند. بگفت تا معابد نوین آنها را ویران کنند و از منزل‌شان ده‌یک بگیرند. اگر محل معبد وسعت داشت، آن را مسجد کنند و اگر درخور آن نبود که مسجد شود فضای باز بگذارند. بگفت که شیطانک‌های چوبین با میخ بر درِ خانه‌هایشان بکوبند تا منزل‌هایشان از منزل مسلمانان شناخته شود. کمک گرفتن از آنها را در کارهای سلطان و کار دیوان‌هایی که در آنجا حکم‌شان بر مسلمانان روان شود ممنوع داشت. تعلیم فرزندان‌شان در مکتب‌های مسلمانان را ممنوع داشت و مسلمانان نمی‌بایست به آنها تعلیم دهند. بگفت تا گورهایشان مساوی زمین باشد که همانند گورهای مسلمانان نشود» (طبری، ج۱۴: ۶۰۱۹).

علاوه بر این حکم، طبری مفاد فرمانی از متوکّل به عاملانش را ذکر می‌کند که نشان دیگری از تشدید سخت‌گیری‌هاست:

«به نام خدای رحمان رحیم

اما بعد؛ ... امیرمؤمنان که توفیق و هدایت وی از خداست، چنان دید که همهٔ اهل ذمّه را چه نزد وی باشند و چه در نواحی ولایت‌های وی از نزدیک و دور، از معتبر و زبون وادار کند که عباهایی را که می‌پوشند، هر که بپوشد از بازرگانان و دبیر و کبیر و صغیر، به رنگ جامه‌های عسلی کنند. هیچ‌کس از آنها از این تخلف نکند و هر کس از آنها از تبعه و اوباش که به این مرحله نرسد و وضعش او را از پوشیدن عبا بدارد، وادارش کنند دو وصله به همین رنگ که اطراف هر کدام یک وجب باشد

---

۵۱. به دنبال لغو رسمیت معتزله، عوام از بحث و مناظره باز داشته و به رغم دوران قبلی، محدّثان به رسم حدیث گفتن و دفاع و آموزش سنّت و جماعت ملزم شدند (ابراهیم حسن، ۱۳۶۶، ج۲-۳: ۳۷۰).

در یک وجب، بر جایی پیش روی جامه‌ای که می‌پوشد، جلوی سینه و پشت سر خویش بدوزد، و همگی‌شان را وادار کنند که بر کلاههای خویش نوارهایی بدوزند که به رنگ کلاه نباشد و در جایی که می‌نهند برجسته باشد تا چسبیده نشود که مستور ماند و بریک کنار نباشد که نهان نماند. همچنین برای زین‌هایشان رکابهای چوبین بگیرند و قَرَبوس‌های[52] آن کره‌ها[53] نهند که از آن بالاتر باشد و بدان پیوسته باشد و مجاز نباشند که آن را از قربوس‌های خویش بردارند تا به اطراف آن برند. این را مراقبت کنند تا به همان‌گونه باشد که امیرمؤمنان گفته که بدان وادارشان کنند که آشکار باشد تا بیننده بی‌تأمل آن را ببیند و چشم، آن را بی‌جستجو بیابد و بندگان و کنیزان‌شان را وادار کنند که هریک از ایشان کمربند می‌بندد به جای کمربندهایی که به کمرشان بوده، زُنار و کُستی ببندند.

به عاملان خویش در مورد دستوری که امیرمؤمنان در این باب داد، دستور بده؛ چنان‌که وادارشان کنی که در انجام آنچه به آنها گفته شده، نهایت کوشش کنند و از سستی و طرف‌گیری بیم‌شان دهی و دستورشان دهی که هر کس در جمع اهل ذمّه از سرلجاج یا بی‌اعتنایی و ... با این مخالفت کند، وی او را به معرض عقوبت آرد تا همه طبقات و گروه‌هایشان به این طریقه که امیرمؤمنان گفته برآن وادارشان کنند بس کنند. ان شاء الله تعالی» (طبری، ج۱۴: ۶۰۱۹-۶۰۲۳).

در مجموع، اگر فرمان یادشده را الگویی جهت بازشناسی دیدگاه خلافت نسبت به اهل ذمّه و از جمله زرتشتیان، قرار دهیم، این موضوع نه تنها به مفهوم تضمین اجرای آن در سراسر قلمروی خلافت نیست بلکه چنین رفتاری قابل تعمیم به خلفای واپسین هم نمی باشد. لذا گذشته از جواز ماوردی به انتصاب ذمّیان در مقام وزرای تنفیذی، اشتغال یهودیان در امور صرافی و مسیحیان در طبابت و دبیری به انضمام انتخاب وزرایی مسیحی در خلافت المتّقی (۳۲۳-۳۲۹ ق/ ۹۴۰-۹۴۴م) (تنوخی، ۱۳۷۵ق، ج۲: ۱۴۹)، و مواردی مشابه، نشان از تأثیر شرایط

---

۵۲. قَرَبوس/ قَرَپوس: کوههٔ زین، برآمدگی جلو و عقب زین را گویند. (عمید، ج۲:۱۵۷۴).

۵۳. کره؛ گوی.

و مقتضیات زمان بر شیوهٔ رفتار با اهل ذمّه داشت. از دیگر سو، افول زرتشتیان- به عنوان برجسته‌ترین نماد اهل ذمّه در ایران- امری تدریجی بود که در تناسبی میان چیرگی ترکمانان سلجوقی و رشد تعصّب تشدید یافت.

فصل دوم
اسلام در ایران: گذاری بر حیات اجتماعی- فرهنگی زرتشتیان

با آنکه مورخان دلایل متنوعی را در پیروزی‌های اسلام ذکر کرده‌اند (برای نمونه نک: زیدان، ج۱: ۴۵-۵۵)، بی‌شک همانند دیگر نظام‌های سیاسی، سقوط ساسانیان ریشه در مجموعه‌ای از عوامل درونی این سلسله داشت که در نهایت با حمله اعراب، سیطرهٔ اسلام را رقم زدند. به تعبیر دیگر، مهم‌ترین شاخصهٔ ساسانیان در برادری دین و دولت (عهد اردشیر، ۱۳۴۸: ۲۲) که به رسمیّت کیش زرتشتی و پیوستگی مُلکداران با متولیان دین انجامیده بود، سبب شد تا با افول نظام سیاسی و تنزّل مشروعیت شاهان، به حدّی آیین زرتشتی آسیب‌پذیر شود که با هجوم اعراب مسلمان، باورمندان زرتشتی به مرور تاب مقابله با امواج گرایش به اسلام را از دست داده و در حدّ اقلیتی پراکنده تنزّل یابند.

به واقع و در پسِ نخستین جدال نظامی در حوزه‌های مرزی که سقوط سیاسی ساسانیان را موجب گردید، عملاً دو آیین زرتشتی و اسلام به مصاف یکدیگر رفتند. به همان میزان که آیین زرتشتی جزئی لاینفک از هویت ایران ساسانی به شمار می‌رفت، اسلام نیز بی‌گمان «ژرف‌ترین انقلاب اجتماعی و دینی» بود که اعراب تجربه کردند و در واقع، بسیاری از مناسبات و تعهدات قبایلی و قومی آن‌ها را به هم ریخت، و چنان همبستگی و انسجامی را در میان ایشان ایجاد نمود که به نام جهاد مقدس، در خود توان و جسارت درگیری با مهم‌ترین قدرتِ شرق باستان را

دیدند (فرای، ۱۳۶۳: ۷۱). در این جولانگاه عقیده، هرچند جذبه ایدئولوژی نوپای اسلامی- با شعار برابری و مساوات- در میان توده‌های خسته از فراز و فرودهای دیانت آمیخته با مُلکداری، دور از انتظار نمی‌نمود، امّا سؤال اساسی در آن است که آیا برتری سیاسی را می‌توان به مفهوم غلبه و تثبیت هم‌زمان اسلام نیز دانست؟ به عبارتی دیگر، اگر سقوط ساسانی (۳۱ق/ ۶۵۱م) سرآغازی بر عصر نوین ایران به شمار می‌آید، تا چه حدّ فتح نظامی- سیاسی، متضمّن توسعه و پذیرش هم‌زمان اسلام در لایه‌های اجتماعی بود؟

بدیهی است که در تابعیت مغلوب از غالب، ورود اسلام به ایران نه تنها نقطهٔ پایانی بر عهد باستان گذاشت که مشخصه‌هایی مثل فروریزی نظام طبقاتی به نفع ساختار نوین اجتماعی، حذف استقلال سیاسی و خاصّه جایگزینی رسمیّت آیین زرتشتی با اسلام، از نمادهای برجستهٔ تمایز این دو مقطع به شمار می‌رفتند. با این همه و هم‌زمان با چنین مؤلفه‌هایی، تثبیت اسلام در روندی تدریجی معنی می‌یابد. چوکسی در طرحی نسبتاً جامع، توسعهٔ اسلام در ایران را به سه مرحلهٔ نظامی، شهری و روستایی (چوکسی، ۱۳۸۹: ۱۳۱-۱۳۲) تقسیم می‌کند. مرحله نظامی، عهد خلفای راشدین و اموی را در برمی‌گیرد؛ مرحلهٔ شهری، عصر نخست خلافت عباسی؛ و مرحلهٔ روستایی، دورهٔ دوّم خلافت عباسی را شامل می‌شود.

گذشته از جزئیات طرح مذکور، دربارهٔ زمان‌بندی آن لحاظ چند نکته ضروری است:

نخست: با اندکی تسامح و اذعان به عدم قطعیّت، می‌توان مرحلهٔ نظامی را با عصر خلفای راشدین، شهری را با امویان و روستایی را با عصر عباسی تطبیق داد (نک به مطالب بعدی).

دوم: این مراحل در روندی تکوینی مفهوم یافته و به معنای عدم تداوم مؤلفه‌های یک مقطع به مرحلهٔ بعد نیست.

سوم: با توجه به فقدان استقلال سیاسی ایران، شاخصه‌های هر مرحله برآمده از ساز و کارها و عملکرد خلافت هست.

۱- خلفای راشدین: مرحله نظامی

بعد از اختلافات بر سر جانشینی پیامبر که اعراب را به دو قطب اکثریت سنّی و اقلیت شیعه تقسیم نمود، شکل‌گیری بنیانی به نام خلافت را می‌توان آغاز برگ دوم از کتاب تاریخ اسلام دانست. هر چند پیامبر وعدهٔ کاخ‌های کسری را در غزوهٔ خندق به مسلمانان داد (ابن هشام، ۱۳۶۱، ج ۲: ۷۳۳-۷۳۴)، این مهم به هنگام خلافت ابوبکر (۱۱- ۱۳ق) و در پی تعقیب اهل رِدّه (برای اطلاعات بیشتر نک: ابراهیم حسن، ۱۳۶۶، ج۱: ۲۳۶-۲۴۲) صورت عملی یافت و با جایگزینی عمر بن خطاب (۱۳-۲۴ق) به سطحی فراتر از درگیری‌های مرزی (برای بحثی دربارهٔ این درگیری‌ها نک: تقی‌زاده، ۱۳۸۲: ۱۸۵-۲۰۶) انجامیده و با نبرد قادسیه (احتمالاً شعبان ۱۵ق) اعراب را به سقوط عاجل ساسانیان دلگرم نمود.[۵۴]

بدین‌ترتیب، دورهٔ خلفای راشدین با زمینه‌سازی خروج اسلام از شبه جزیرهٔ عربستان و سرنگونی بزرگترین ابرقدرت شرق، نه تنها استحقاق عنوان «عهد فتوحات» را یافت،[۵۵] بلکه همپای آن، راهکارهای خلفایی چون عمر در نحوهٔ برخورد با مسائل جدید و از آن‌جمله رفتار با اهل ذمّه، الگویی برای نظریه‌پردازان آتی جامعه اسلامی فراهم آورد.

در برآوردی کلّی و با لحاظ آنکه بی‌انگیزگی در دفاع از ساختار سیاسی و فرهنگی حاکم، ایرانیان را- با وجود جنگ و گریزهایی نامنسجم- مغلوب اعراب و ایدئولوژی آن‌ها نمود، کارکرد و نگرش دینی خلافت نیز عاملی در توسعهٔ اسلام به شمار می‌رفت. چنان‌که استواری هدف خلفای راشدین بر تداوم فتوحات، بازتاب مفاهیم دینی در گفتار و کردار خلافت، تساهل در پذیرش اسلام به اقرار وحدانیت خداوند و نبوّت پیامبر، مدارا در تعریف حیطهٔ اهل کتاب و تضمین حیات آنها

---

۵۴. عمر در آغاز چندان موافق با خروج اعراب از عربستان و شام نبود، اما به دنبال نخستین فتوحات و سرعت پیشروی‌ها در مناطق زرخیز ایران، بر این اقدام صحّه گذاشت (زیدان، ۲۵۳۶، ج۴: ۶۴۸).

۵۵. گرچه به روزگار اموی همچنان بر قلمرو جامعه اسلامی افزوده شد، اما در زمان خلافت راشدین گستره این فتوحات در شرق به‌مراتب وسیع‌تر می‌نمود.

مشروط بر پرداخت جزیه، از مؤلفه‌های حضور اولیه اعراب در ایران بود. مکمل چنین ویژگی‌هایی، سازش دو طیف از نخبگان ایرانی یعنی دهقانان و روحانیان زرتشتی با فاتحان نیز عامل مؤثری در همگونی توده مردم با وضع موجود بشمار می‌رفت.

حسب کارکرد، نقش و پایگاه این دو گروه از نخبگان در بافت اجتماعی-دینی عصر ساسانی، بالطّبع تلقّی و انگیزه‌های آنها در پذیرش شرایط فاتحان یکسان نمی‌نمود. در حالی که روحانیان به عنوان نمادی از رسمیت آیین زرتشتی در عالی‌ترین سطوح جای داشتند، نقش دهقانان در تأدیه مالیات‌ها، عملاً ایجاد حلقهٔ واسطی میان حاکم و محکوم را باعث شده بود. با چنین تمایزاتی، از آن سو فاتحان نیز بنا بر مقتضیات و اهداف خود از جهاد، نگاه واحدی به آن‌ها نداشتند. در شرایطی که اعراب، حامل، مبلّغ و معرّف اسلام به شمار می‌رفتند، نهادینگی ایدئولوژی نوین، مستلزم پایان رسمیت کیش زرتشتی و حذف متولیان آن بود. حال آنکه اقتضای زمانه و نیاز آنها به خبرگان محلی در تأدیه خراج و جزیه، وضعیت دهقانان را متفاوت می‌ساخت.

به تعبیر دیگر هر چند اعراب با فتح، جایگزین ساسانیان شدند، امّا در فقدان تجربه حکومت‌داری و ادارهٔ امور سرزمینی با مشخصهٔ اقتصاد کشاورزی، چاره‌ای جز تکیه بر دهقانان نداشتند.[۵۶]

---

۵۶. از آنجا که اعراب برای خود مقام آقایی و سروری قائل بودند، لذا در صدر اسلام اشتغال به اموری چون صنعت، تجارت و زراعت را دون برتری خود دانسته، صرفاً حکمرانی و پرداختن به مسائل سیاسی را محل توجه داشتند (زیدان، ج۴: ۶۹۹). از دیگر سو این ویژگی را با لحاظ عدم آشنایی اعراب با معیشت استوار بر اقتصاد کشاورزی می‌توان لحاظ نمود. به عبارت بهتر، اسلام از منطقه‌ای مبتنی بر دو اقتصاد شهری و بیابانگردی برخاست و اثری از زندگی روستایی در آن به چشم نمی‌خورد (دانیل، ۱۳۶۷: ۱۷-۱۸) و همین موضوع به بزرگترین معضل اعراب پس از فتح ایران تبدیل شد. لذا به رغم مالکیت بر اراضی مفتوحه، دریافت سهمی به عنوان خراج را بر تصرّف و اسکان در آن ترجیح داده (ابراهیم حسن، ج۱: ۲۵۰) و این مهم جز سازش با دهقانان و حکومت‌های محلی ممکن نمی‌نمود.

حسب نیاز یادشده و اسکان اعراب در پادگانهای برون‌شهری[۵۷] که لاجرم از دخالت مستقیم آنها در جزئیات امور کاسته و تابعیت را به حفظ آرامش و پرداخت مالیات سوق می‌داد، دهقانان فرصت را مغتنم شمرده و تسلیم و پذیرش ولو ظاهریِ اسلام را بر مقاومت‌های ناپایدار و محکوم به شکست، ترجیح دادند.[۵۸] موضوعی که از یک‌سو تضمینی بر حفظ جایگاه پیشین آنها در وساطت میان حاکم و محکوم بود[۵۹] و از دیگرسو با کاهش تدریجی وجاهت آیین زرتشت و روحانیان، الگوپذیری عوام از دهقانان، سرعت توسعهٔ اسلام در لایه‌های زیرین اجتماع را دو چندان نمود (اشپولر، ۱۳۵۴: ۵۹).

در کنار نگرش مذکور که توسّط دهقانان نمایندگی می‌شد، اظهار انقیاد روحانیت زرتشتی مفهوم و معنایی دیگر داشت. سقوط پشتوانهٔ سیاسی آیین زرتشتی و انتظار تشویق اهالی مغلوب به مقاومت در برابر فاتحان، بر آسیب‌پذیری روحانیان می‌افزود، امّا به رغم چنین برآوردهایی، نه تنها در گزارش‌های منابع از مقاومت‌های جسته و گریخته در برخی مناطق، سخنی از پرچمداری و یا مشارکت روحانیان نیست،

---

۵۷. در ابتدای فتوحات، اعراب مانند چادرنشینان عصر جاهلیت، در اطراف شهرهای مفتوحه خرگاه می‌زدند که به نام «جُند»؛ سپاهی خوانده می‌شدند و این وضعیت تا زمان اموی پا برجا بود. (زیدان، ج۴: ۷۰۲) در واقع دلیل عدم حضور اعراب در حوزهٔ داخلی شهرها به دیدگاه عمر باز می‌گشت که خاصّه در آغاز رضایتی به دور شدن آنها از مدینه نداشت. گسترش موفقیت‌آمیز فتوحات هر چند عمر را به پذیرش وضع موجود سوق داد، امّا وی همواره اعراب را از شهرنشینی و کشت و زرع باز می‌داشت و بر آن بود که زندگی آسودهٔ شهری مانع از تحرک و آمادگی نظامی می‌شود (زیدان، ج۴: ۷۰۲).

۵۸. برای نمونه‌ای از رفتار مرزبانان و دهقانان با اعراب می‌توان به مرزبان آذربایجان اشاره نمود که با عامل مغیرهٔ بن شعبه، حذیفهٔ بن یمان، بر این اساس صلح و متقبل پرداخت هشتصد هزار درهم گردید که «حذیفه کسی را نکشد یا به اسیری نگیرد و آتشکده‌ای ویران نسازد و متعرض کردان بلاسجان و سبلان و ساترودان نشوند و بویژه مردم شیز از رقصیدن در عیدهای خود و انجام مراسمی که بجا می آورند ممنوع نگردند» (بلاذری، ۱۳۳۷ : ۴۵۷-۴۵۸).

۵۹. در واقع دهقانان نماد طبقه‌ای خواهان امتیازات پیشین بودند. لذا با تغییر کیش به اسلام نه تنها از پرداخت جزیه و خراج رهایی می‌یافتند (صدیقی، ۱۳۷۲: ۴۱) که به رغم عدم صلاحیت در امتیازات متولیان دینی مسیحیت و یهودی، قادر به حفظ وجاهت و جلوگیری از مداخله حکومت مرکزی در امور خویش بودند.

بلکه عدم مداخله اعراب در جزئیات امور و تمایل ایشان به حفظ آرامش در مناطق مفتوحه، روحانیت زرتشتی را از مقابله، به تسلیم و پذیرش شرایط نه چندان غیرقابل تحمّلِ حکّام جدید سوق داد. در واقع گرچه سقوط ساسانیان، پایان رسمیّت کیش زرتشتی و از دست رفتن عالی‌ترین مناصب رسمی برای روحانیّت زرتشتی را در پی داشت، امّا در عین حال، این امر تبدیلِ ایشان به زعمای اقلیتی ذمّی را باعث شد و از این حیث، در عمل منافعی نیز برای روحانیان به همراه داشت.

به دیگر روی، در شرایطی که تولیت شاهان ساسانی بر دین و دنیای زرتشتیان، خود مانع از فزون‌خواهی موبدان بود، اینک رعایا در فقدان حکومت زرتشتی، روحانیت را مقوّم باور و وضع موجود می‌دیدند و خلاء قدرت سیاسی، نردبان ترقّی آنها به عالی‌ترین مقام در جامعهٔ زرتشتی شده بود (صدیقی، ۱۳۷۲: ۸۰۸).

بدین‌ترتیب، دهقانان و روحانیت زرتشتی دو جلوه از برخورد سازش‌گونهٔ نخبگان ایرانی را به نمایش گذاشتند که در امید به بازگشت اوضاع، پذیرش اسلام و یا اصرار بر آیین باستانی به قید پرداخت جزیه را، تدابیری بر حفظ رعایا و جلوگیری از قتل و غارت ایشان می‌دیدند. گذشته از جزئیات امور و با تأکید بر وجود هر دو الگوی مواجهه با اسلام در مناطق مختلف، شاید با تسامحی بتوان، خراسان بزرگ و فارس را دو شاخص چنین برخوردهایی دانست.[۶۰] ناگفته پیداست که این تفکیک، در سطح قیاس مفهوم یافته و شرایط سیاسی، اقتصادی و جغرافیایی خراسان برای اعراب- در مقایسه با فارس- دهقانان را به حفظ منافع و موقعیّت از طریق تغییر کیش سوق می‌داد. با این حال، نه آنها الگوی تمام عیار عوام به شمار می‌رفتند و نه گرایش تودهٔ مردم به اسلام فارغ از پیام نویدبخش آن و منافع جمعی حاصل از پذیرش کیش رسمی معنا داشت.

---

۶۰. البته در این حوزه‌بندی، کناره دریای خزر یا به عبارتی طبرستان را باید مستثنی نمود که مردمانش با استفاده از موقعیت جغرافیایی منطقه، طولانی‌ترین مقاومت را در برابر فاتحان بروز دادند.

این شرایط در فارس به عنوان خاستگاه ساسانیان و محور آیین زرتشتی[۶۱] تا حدّی متفاوت می‌نمود. ضمن آنکه تداوم وجاهت دینی این ایالت در روزگار اسلامی که مستلزم حفظ آتشگاه‌ها و حضور حلقه‌ای از موبدان بود (دربارهٔ کارکرد روحانیت زرتشتی در قرون اولیه اسلامی نک: یزدانی راد، ۱۳۹۰: ۹۰-۱۰۶)، روحانیان زرتشتی را به ایفای نقشی دو سویه در رویارویی با اسلام واداشت. از سویی، گزارش‌های منابع از وقوع شورش و یا مقاومت‌های اهالی[۶۲] در برابر اعراب را نمی‌توان فارغ از پیشینه و جایگاه دینی منطقه دانست و از دیگر سو، به دنبال عدم موفقیّت در چنین آزمونی، روحانیان ضمن تشویق همکیشان خود به پذیرش وضع موجود، و با وساطت در قراردادهای صلح، نهایتاً حفظ آیین و پرداخت جزیه را بر مقاومت ترجیح دادند.[۶۳] توجیه منابع زرتشتی بر جواز همیاری با حکّام عرب خالی از لطف نیست؛ روایت پهلوی در پاسخ به این پرسش که «اگر پادشاهان و خدایان زمانه[۶۴] مردم را به اجبار به کارخواستاری گیرند، اگر آن کارخواستاری را بپذیرند و بکنند بهتر است یا که شهر و زمین را رها کنند و بروند؟»، می‌گوید:

«اگر مردی را که به ستم گیرند، جا رها کند و برود و فرمانروایان بد، کار را به کس دیگر فرمایند، به آن کس که از کار او به شهر و زمین ویرانی و به مال مردمان زیان و

---

۶۱. با آنکه خاستگاه کیش زرتشت در شرق ایران- یعنی جایی که کی گشتاسب آن را پذیرفت- بود، ولی از دورهٔ هخامنشی به بعد، ایالت فارس به پایگاه معتبر روحانیت زرتشتی ارتقا یافته و این نقش در کل دورهٔ ساسانی و نخستین سده‌های ورود اسلام به ایران حفظ گردید (نک: دریایی، ۱۳۸۱: ۳۵).

۶۲. یکی از این مناطق که لجوجانه مقاومت نمود استخر بود؛ چنان‌که در زمان عثمان عملیات بزرگی برای انقیاد و تسخیر فارس صورت پذیرفت و این خطّه پس از پیکارهای سخت و شورش‌های متعدّد و کشتار چهل هزار نفر به تسخیر در آمد (بلاذری، ۱۳۳۷: ۵۴۳ و نیز نک: ابن بلخی، ۱۳۸۴: ۱۱۶).

۶۳. برای نمونه، بلاذری در مورد فتح کورهٔ دارابگرد در اواخر خلافت عمر می‌نویسد: عثمان بن ابی‌العاص «به دارابجرد آمد که سرچشمه و پایگاه علم و دین اهل فارس بود و ولایت شهر را هربذ داشت. هربذ با مالی که به عثمان داد و بر این قرار که نمونهٔ مردم دارابجرد بر دیگر مردم فارس نیز که بلادشان گشوده می‌شود به اجرا در آید، با وی صلح کرد» (بلاذری، همان: ۵۴۱).

۶۴. منظور حکّام جدید یا همان اعراب هستند.

صدمه رسد، آن مرد که شهر و زمین را رها کرد و اگر شهر و زمین را رها نمی‌کرد- و به سبب کردن آن کار به وسیلهٔ او- آن دیگری نمی‌توانست به شهر و زمین مردمان زیان و صدمه کند، اگر او را در برابر کامگزار (= فرمانروا) بیم مرگ نیست، آن کار نکند» (روایت پهلوی، ۱۳۶۷: ۲۴-۲۵).

۲- خلافت اموی: دوره شهری

پیشتر از مهم‌ترین ویژگی امویان در حکمرانی بر خلافت اسلامی تحت عنوان سیادت عربی سخن رفت که علی‌رغم ضوابط شرعی، حدّ تمایز اجتماعی را به نژاد و تبار فرو می‌کاست.

اگر درعهد خلفای راشدین انگیزهٔ بسط فتوحات، توقّف اعراب در پادگان‌های جوار شهرها (امصار) را ضروری می‌ساخت، لاجرم با کُند شدن ضرب‌آهنگ فتح، اسکان فاتحان در حوزه داخلی شهرها نیز دور از انتظار نبود.[۶۵] در واقع، این جریان با خلافت اموی آغاز و با تثبیت اسلام در مناطق روستایی تکمیل شد. در این میان و با لحاظ برتری اسلام بر ساختارهای جامعهٔ ایرانی، گسترهٔ موالی‌گری و تداوم کارکرد دهقانان در مقام عاملان دریافت جزیه و خراج را می‌توان دستاویزی در رهیافت به شرایط اجتماعی زرتشتیان قرار داد.

به تعبیر دیگر در شرایطی که ورود و اسکان اعراب در حوزه‌های داخلی شهرها، سرآغازی بر تثبیت اسلام بود، تأکید امویان بر عرب‌گرایی نه تنها بر رابطهٔ حاکم و محکوم خدشه وارد آورد، بلکه اجبار موالی نومسلمان به پرداخت جزیه، انگیزهٔ تغییر کیش را کاهش داده[۶۶] و این امر، فرصتی در اختیار روحانیان زرتشتی می‌نهاد تا

---

۶۵. به‌واسطه تناسب شرایط اقلیمی خراسان بزرگ با زیستگاه اعراب در شبه جزیره، و نیز پذیرش عمومی نسبت به ایشان، این ایالت به بزرگ‌ترین مهاجرنشین عربی ارتقا یافت. چنان‌که در سال ۵۲ ق/ ۳-۶۷۲م پنجاه هزار مرد جنگی عرب با خانواده‌های خود بدانجا کوچ کردند که نیمی بصری و نیم دیگر کوفی بودند. همچنین منابع از کوچ بزرگ دیگری در ۶۴ ق/ ۶۸۳ م خبر می‌دهند (زرین‌کوب، ۱۳۶۳، ج۴: ۳۱).

۶۶. نومسلمانان علاوه بر پرداخت جزیه از پوشش و گویش عربی نیز محروم بوده، و حتّی به رغم انتخاب نام اسلامی، همچنان به اسامی سابق خوانده می‌شدند (چوکسی، ۱۳۸۱: ۹۹).

ضمن انتظام درونی جماعت، حذف امتیازات گروش به اسلام را بهانه‌ای در تشویق بهدینان به حفظ آیین خود قرار دهند.

علاوه براین، بُعد دیگرواکاوی در حیات اجتماعی زرتشتیان به کارکرد دهقانان باز می‌گردد که از هنگام ورود اسلام، نیازمندی اعراب در جمع‌آوری مالیات را غنیمت شمرده و با تغییر کیش ولو ظاهری، بر تداوم نقش خود در مقام واسطهٔ میان حاکم و محکوم صحّه گذاردند. بدین‌ترتیب اگر خلافت، دهقانان را عاملان دریافت بی‌دغدغهٔ مالیات می‌دید، آنها نیز با استفاده از عدم تخصّص اعراب در امور دیوانی، جزیه و خراج زرتشتیان را میان نوکیشان سرشکن می‌کردند.

اقدامات اصلاحی عمربن عبدالعزیز، هشتمین خلیفه اموی، و نصربن سیّار، در شیوهٔ اخذ جزیه باعث شد تا گوشه‌ای از نحوهٔ عملکرد عاملان عرب و دهقانان در منابع تاریخی ذکر گردد.

در مورد نخست، ابن اثیر ضمن وقایع سال صد هجری، به دیدار دو مرد عرب و عجم با خلیفه اشاره می‌نماید. پس از سخنان مرد عرب، چون خلیفه از دلیل سکوت نمایندهٔ ایرانی جویا شد، در پاسخ گفت: «ای امیرالمؤمنین بیست هزار تن از موالی بدون جیره و مواجب به جنگ و غزا می‌پردازند که به آنها چیزی داده نمی‌شود. به اندازهٔ همان عدّه هم مردمی اسلام آورده‌اند که باز جزیه (خارج از دین) از آنها گرفته می‌شود. امیرِ ما هم یک مرد متعصّب سخت‌گیر است که بر منبر علناً می‌گوید: من سبکبار بودم که نزد شما آمدم. اکنون متعصّب و قوم‌پرست هستم. به خدا سوگند یک فرد از قوم من برای من بهتر از صد مرد دیگر است» (ابن اثیر، ج۱۳: ۲۵۲).

عمر با شنیدن این سخنان طی نامه‌ای از جراح، والی خراسان، می‌خواهد که نمازگزاران به قبله را از جزیه معاف دارد و همین موضوع باعث تعجیل مردم در گرایش به اسلام می‌شود. امّا نکته جالب آنکه با فزونی خیل گروندگان به اسلام، به جراح خبر می‌دهند که آنها برای رهایی از جزیه تغییر کیش می‌دهند و «خوب است ایشان را امتحان کنی که آیا ختنه شده‌اند یا نه؟»، و جراح چون از خلیفه کسب تکلیف می‌کند، عمر پاسخ می‌گوید: «خداوند محمّد را برای دعوت فرستاد نه برای ختنه» (همان: ۲۵۲) و دستور به عزلش می‌دهد.

در نمونه دیگر، اقدام نصر بن سیّار[۶۷] به لغو جزیه از نومسلمانان گواهی است بر عملکرد کارگزاران دیوانی. طبری از یک کارگزار به نام بهرامسیس یاد می‌کند که به هواداری از مجوس، بار جزیه آنها را بر دوش نومسلمانان می‌نهاد. چون نصر بن سیّار از این اقدام آگاه شد ضمن عزل وی، در مرو خطبه‌ای به این مضمون ایراد نمود: «بدانید که من بخشندهٔ مسلمانانم. چیزشان می‌دهم و از آنها دفاع می‌کنم و بارهایشان را بر مشرکان می‌نهم. اما به‌ناچار باید خراج به حدّی که رقم رفته، برسد و کامل شود. من منصور بن عمرو را بر شما بگماشتم و دستورش دادم که میان شما عدالت کند. هر یک از مسلمانان که جزیه از او گرفته می‌شود یا خراجش سنگین شده، و نظیر آن از مشرکان سبک شده به منصور بن عمرو اطلاع دهد تا آن را از مسلمان به مشرک انتقال دهد» (طبری، ج۱۰: ۴۲۶۸). متعاقب این دستور، هنوز هفته‌ای نگذشته بود که سی هزار مسلمان از پرداخت جزیه سر شکایت آوردند و معلوم شد مالیات سرانه یا جزیهٔ هشتاد هزار مشرک را از سی هزار نومسلمان اخذ نموده بودند (ابن اثیر، ج۱۴: ۱۴۰). بدین‌ترتیب، اقدام مأمور جمع‌آوری مالیات از زرتشتیان که از او با نام بهرامسیس یاد شده بیانگر آن است که علی‌رغم احکامی که در تخفیف ذمیّان طرح و بسط می‌یافت، ناگزیری خلافت در بهره‌گیری از خبرگان محلی، فرصت‌هایی را باعث می‌شد که طی آن تغییر کیش به اسلام نه تنها معافیت از جزیه را به همراه نداشت که فرد نوکیش، جریمه شده و در عوض از سهم مالیات دیگر زرتشتیان تخفیف داده می‌شد (دنت، ۱۳۵۸: ۱۷۸).

۳- خلافت عباسی: تثبیت اسلام در روستاها

هر چند عرب‌گرایی اموی روند توسعهٔ اسلام را کند نمود، امّا در فشار روانی و اجتماعی اکثریت مسلمان، عقب‌نشینی آیین زرتشتی به مناطق روستایی چندان دور از انتظار نبود. در کنار چنین تنگناهایی، دو ویژگی دیگر نیز بر مطلوبیت روستاها می‌افزود؛ نخست، تعارض ماهوی برخی از ضوابط آیین زرتشتی - خاصّه در حرمت

---

۶۷. آخرین حاکم اموی خراسان (۱۲۱ق/۷۳۹ م).

آب و آتش- با پیشه‌وری و صنعت که شرط ایمان در حوزه‌های شهری را آسیب‌پذیر می‌ساخت (آرنولد، ۱۳۵۸: ۱۴۹) و دوم، دوری روستاها از کانون‌های حوادث و ضروریات شهرنشینی.

به هر روی و در تداوم بحث از شاخصه‌های دورهٔ فتوحات و عهد اموی که مانع از حذف یکپارچهٔ آیین زرتشتی شد، اکنون می‌کوشیم تا متّکی بر ویژگی‌های فرهنگی خلافت عباسی، با تمرکز خاص بر روی ایالت فارس، تصویری از حیات اجتماعی زرتشتیان ارائه نمائیم.

الف- تدوین متون دینی و فقهی زرتشتیان

برتری روح ایران‌گرایی در مقطع نخست از خلافت عباسی نه تنها از شقاق و خلاء عهد اموی در روابط حاکم و محکوم می‌کاست، بلکه در عرصهٔ سیاسی، ایرانیان را به دو نوع جهت‌گیری در مقابل خلافت هدایت نمود؛ مشارکت در جنبش‌هایی که رهبران‌شان با داعیهٔ خونخواهی ابومسلم، الگویی التقاطی از اسلام و آیین زرتشتی ارائه می‌دادند و یا پذیرش وضع موجود و تلاش در راهیابی به مناصب قدرت که توسّط طیفی از بزرگان و زمینداران محلی (با ریشهٔ دهقانی) هدایت گردید و برای نخستین بار در حکومت طاهریان جلوه‌گر شد.

علاوه بر این، گسترش فعالیت شعوبیه و طرح ادعاهایی در برتری ایرانیان نسبت به اعراب، تأکید بر شخصیت سلمان فارسی و نقش او در اسلام، ترویج حکایت ازدواج حسین بن علی با شهربانو دختر یزدگرد سوّم، تغییر کاربری اماکن دینی و ملی به مکان‌های اسلامی،[۶۸] از دیگر مشخّصات فرهنگی ایران در این زمان بودند که در پیوند با مدارای حاکم در این مقطع از خلافت، روحانیان زرتشتی را به تدوین آثار دینی واداشت. در چنین شرایطی، ضرورت تدوین متون دینی توسّط روحانیان

---

۶۸. قدیمی‌ترین نمونه‌های آن به اوایل عصر عباسی باز می‌گردد که یکی از وزرای برمکی با ادعای نماز گزاردن حضرت علی در تخت جمشید، مانع از تخریب بقایای این مجموعه گردید (اشپولر، ۱۳۶۹، ج۱: ۲۷۰).

زرتشتی را در چند مورد می‌توان محل توجّه قرار داد؛

نخست: با اینکه تمرکز روحانیت عصر ساسانی بر ادبیات شفاهی عملاً نگارش متون دینی را به بهانهٔ تنزّل قداست مانع گردید، چیرگی اعراب و ناامیدی از بازگشت به شرایط پیشین، آنان را بر آن داشت تا ضمن گردآوری مجموعه‌ای از الهیات زرتشتی (اشپولر، ۱۳۵۴: ۵۶)، از یک طرف، در مواجهه با سیطرهٔ روزافزون فقه اسلامی، بقای کیش خود و الهیات آن را تضمین نمایند و از دیگر سو، چارچوبی منسجم برای تداوم جماعت فراهم آورند.

دوم: با توجه به ظهور نهضت‌های ایرانی مانند بهافریدیه که رهبران‌شان در قالب تلفیق مضامین زرتشتی و اسلامی، خود را پیام‌آور الهیاتی نوین می‌دیدند، موبدان، تدوین آثار دینی را دستاویزی برای ایجاد تمایز میان کیش زرتشتی با معارفِ تلفیقی مذکور قرار دادند.

سوم: در عدم صراحت کلام فقیهان و نظریه‌پردازان اسلامی به هم‌ردیفی زرتشتیان با یهود و نصارا (به عنوان دو پایه اصلی اهل کتاب) و نیز فقدان کُتُبی در ردیف تورات و انجیل، گردآوری متون دینی زرتشتی، نقطهٔ اتکایی به زرتشتیان در تقویت موضع (از حیث کتابی بودن) و دفاع از آیین و الهیات‌شان می‌بخشید.

مبتنی بر چنین ضروریاتی، روحانیان زرتشتی از خلافت مأمون و طی قرون سوم و چهارم هجری، متونی نظیر دینکرد،[۶۹] نامه‌های منوچهر،[۷۰] روایت آذر فرنبغ فرخزادان، دادستان دینی، گزیده‌های زادسپَرَم، روایت اِمید اَشَوَهیشتان، بُندَهش، شایست ناشایست[۷۱] را تدوین نمودند.

---

۶۹. نگارش دینکرد/ دینکرت در خلافت مأمون با موبدان موبد آذر فرنبغ فرخزاد آغاز شده و توسّط آذرباد پور امید به سرانجام رسید. این کتاب دربارهٔ مسائل دینی گفتگو می‌کند.

۷۰. اثر موبدی به نام منوچهر پور جُوان‌جم پور شاپور که منصب موبدان‌موبدی فارس و کرمان را عهده‌دار بوده و در شیراز می‌زیست (آذرگشسب، ۱۳۵۲: ۹۴).

۷۱. مجموعه‌ای از فتاوی دستوران معتبر که توسّط فردی از روحانیان جمع‌آوری شد. (برای اطلاعات بیشتر در مورد تقسیم‌بندی و محتوای این آثار نک: Boyce, 1968, 31-66).

ب- تسلط ترکها سرآغازی بر افول تدریجی زرتشتیان

در تناسبی میان ثبات سیاسی خلافت با مدارا، لاجرم رسوخ ضعف به نهاد قدرت نتایجی جز بازگشت تعصّب به همراه نداشت. این روند با خلافت متوکل آغاز شد و احیای شریعت نه تنها در لغو فعّالیت معتزله تجلّی یافت که از یک سو به توزیع مذاهب اربعه در خلافت اسلامی انجامید[۷۲] و از دیگر سو، فشار بر ذمّیان را افزود.

پیشتر از احکام سخت‌گیرانه متوکل با اهل ذمّه سخن گفتیم، رفتاری که مشخّصاً در مورد زرتشتیان، مهاجرت بخشی از ایشان به هند را باعث شد.

مهاجرت زرتشتیان خراسان به هند

از آنجا که از عهد صفوی بدین سو، یکی از مباحث اساسی در بازشناسی حیات اجتماعی زرتشتیانِ ایران به روابط آنها با پارسیان- یا زرتشتیان ایرانی‌تبار هند- باز می‌گردد، بحثی مقدماتی دربارهٔ موضوع مهاجرت زرتشتیان خراسان به هند ضروری است. در این‌باره و کارکرد روحانیّت زرتشتی، مورخین به دو منبع اصلی استناد می‌نمایند؛ نخست منظومه‌ای به زبان فارسی موسوم به «قصهٔ سنجان» که در ۹۶۹ یزدگردی (برابر با ۱۰۰۸ق/ ۱۶۰۱م) توسّط بهمن پسر کیقباد پسر دستور هرمزدیار سنجانی به رشته نظم در آمده[۷۳] و دوم، منظومه‌ای معروف به «قصهٔ زرتشتیان هندوستان و بیان آتش نوساری» که شاپور پسر مانُک پسر بهرام از نسل دستور نیریوسنگ دهول به فارسی در اواخر سدهٔ هجدهم میلادی سروده است.[۷۴]

---

۷۲. رشد شهرنشینی در عصر عباس‌ی با تثبیت اسلام فقاهتی همراه شد؛ آنگاه که فرادستان به شافعی‌گری و طبقات متوسط شهری به مذهب حنفی گرایش یافتند (پطروشفسکی، ۱۳۵۴: ۱۵۲).

۷۳. متن کامل این منظومه در جلد دوم «روایات داراب هرمزدیار»، صفحات ۳۴۳ - ۳۵۴ آمده است.

۷۴. متن کامل این اثر همراه با ترجمهٔ آزاد آن به انگلیسی و توضیحات و ملحقات، به کوشش مودی و به نشانی زیر چاپ شده است: Modi. j. j; «قصهٔ زرتشتیان هندوستان و بیان آتش بهرام نوساری»، The fort printing Press. Bombay. 1934

پیش از ورود به روند تحوّلات این اقلیت در هند، توصیف و تحلیلی از زمان و نحوۀ مهاجرت این دسته از زرتشتیان به هند ضرورت دارد.

با وجود سابقۀ مراودات ایران و هند به روزگاران پیش از اسلام، مهاجرت زرتشتیان خراسان نه تنها به عنوان راهکار بخشی از زرتشتیان در فرار از تنگناهای موجود بی‌بدیل بود، بلکه سکونت درازمدّت و پذیرش ضوابط اجتماعی- فرهنگی هند، عملاً حدّ فاصلی میان پارسیان با همکیشان ایرانی ایجاد نمود.

بر پایۀ داده‌های دو منبع مذکور، نخستین زرتشتیان ایرانی مهاجر به هند، اهل خراسان بودند که به جهت حفظ دین، «مقام و جای و باغ و کاخ و ایوان» را گذاشته و ابتدا در خطهٔ «کوهستان» پناه گرفتند. «کوهستان»، احتمالاً همان ایالت «قُهستان» مذکور در آثار جغرافی‌نگاران مسلمان است که عموماً از توابع خراسان محسوب می‌شده است، و از آنجا که سرزمینی مرتفع و کوهستانی است، می‌توانست پناهگاه خوبی برای زرتشتیان خراسان باشد تا به دور از عداوت و مزاحمت مسلمانان به امور دینی خود بپردازند. همین ویژگی، سبب شده بود تا قُهستان و به‌ویژه تُرشیز- که از شهرهای مهم قُهستان و انبار خراسان محسوب می‌شد- از اوایل سدۀ ششم تا میانه‌های سدۀ هفتم هجری، به یکی از مراکز اسماعیلیان بدل شود (لسترنج، ۱۳۷۳: ۳۷۹-۳۸۰). همین ترشیز و نواحی مجاور آن، می‌توانست استقرارگاه مناسبی برای زرتشتیان بوده باشد؛ در واقع، «سرو کاشمر» یا «سرو کشمیر»- که بنا بر باور زرتشتیان، نشاندۀ خود زرتشت یا جاماسب حکیم بوده است (مستوفی قزوینی، ۱۳۶۲: ۱۴۳)- به عنوان یکی از نمادها و زیارتگاه‌های مهم زرتشتی، در دهستان کاشمر یا کشمیر در نزدیکی‌های ترشیز قرار داشته است که در سال ۲۴۷ هجری به فرمان متوکّل و علی‌رغم خواهش و تضرّع بهدینان، بریده و قطعه قطعه شد (ابن‌فندق، ۱۳۶۱: ۲۸۲). همچنین قابل ذکر است که یکی از قلاع استوار اسماعیلیه در ترشیز، موسوم به «قلعۀ آتشگاه» بوده است (مستوفی قزوینی، ۱۳۶۲: ۱۴۳). نکتۀ دیگری که تقریباً ما را به یقین می‌رساند که کوهستان «قصّه سنجان» و «قصه زرتشتیان»، همان «قُهستان» معروف است، وجود شهری به نام سنجان در قُهستان است که همراه با زوزن از توابع خواف محسوب می‌شد (لسترنج، ۱۳۷۳: ۳۸۳).

به هر حال با گسترش و تثبیت اسلام در روستاها، زرتشتیان کوهستان نیز گویا پس از یکصد سال اقامت در آنجا به دلیل گسترش تعصّب به کوهستان، ناگزیر به ترک منطقه (روایات داراب هرمزدیار، ۱۹۰۰م، ج۲: ۳۴۵) و عزیمت به «شهر هرمز»[۷۵] شدند.

بنابر قصه سنجان، اقامت زرتشتیان در هرمز پانزده سال به طول انجامید و نهایتاً با هدایت «دستورِ دانا» به این نتیجه رسیدند که برای گریز از ظلم و جورِ «دیوان دروند» و «از بیم جان و بهر دین»، بهتر است که میهن را به قصد هند ترک کنند (همان: ۳۴۶).

اگر بر محوریت منابع یادشده قضاوت کنیم، در هیچ‌یک از آنها اشارهٔ صریحی به تاریخ این مهاجرت نرفته است. در واقع تنها تاریخ مشخّص در قصه سنجان، ۹۶۹ یزدگردی، یعنی زمان سُرایش این منظومه، و قدیمی‌ترین تاریخ مذکور در قصهٔ زرتشتیان هندوستان نیز ۷۸۵ یزدگردی است که تاریخ انتقال آتش بهرام سنجان از «بانسده» به نوساری[۷۶] است (قصه زرتشتیان هندوستان و بیان آتش بهرام نوساری، ۱۹۳۴: ۵۳-۶۷).

در واقع، تاریخ‌های ارائه شده در این دو منبع هیچ کمکی به تعیین حتّی محدودهٔ تقریبی زمان مهاجرت نمی‌کنند؛ چرا که در «قصه سنجان» و به تبع آن در «قصه زرتشتیان هندوستان» که وقایع مهم از آغاز مهاجرت زرتشتیان خراسان تا هنگام گسترش آنها به شهرهای گجرات را آورده‌اند، هیچ اشاره‌ای به فاصلهٔ زمانی میان وقایع مذکور نشده و از این رو تعیین تاریخ تقریبی حوادث و خاصّه زمان استقرار پارسیان در سنجان ظاهراً ممکن نیست. البته، ناگفته نماند که «قصه زرتشتیان هندوستان»

---

۷۵. شهر هرمز، همان هرموز کهنهٔ منابع جغرافیای اسلامی است که در فاصله نصف روز در دهانه خلیج فارس واقع بوده و با جزیره هرمز یا همان «هرموز نو» که بعدها احداث گردید تفاوت دارد. این شهر در قرن چهارم هجری به عنوان بندر کرمان و سیستان شهری ثروتمند به شمار می‌رفت (لسترنج، ۱۳۷۳: ۳۴۱؛ قصه زرتشتیان هندوستان و بیان آتش بهرام نوساری، همان: ۹۴-۹۳).

۷۶. حتی چنین تاریخی نیز صحیح نمی‌نماید؛ چرا که انتقال آتش بهرام سنجان به نوساری از نتایج حملهٔ مسلمانان به سنجان بود (تقریباً در ۱۴۹۰م/ ۸۶۰ی) و لذا نمی‌توان تاریخ ۷۸۵ یزدگردی را پذیرفت.

فاصله‌ای دویست ساله میان سال ۷۰۰ یزدگردی که «در هند آمده مردان اسلام» (همان: ۳۶) با زمان گسترش و انتشار پارسیان از سنجان به دیگر مناطق گجرات (که بنا به روایت «قصه سنجان» و نیز «قصه زرتشتیان هندوستان»، حدود ۳۰۰ سال پس از نخستین استقرار آن‌ها در سنجان صورت گرفته است)[۷۷] قائل است. بر این اساس، زمان استقرار پارسیان در سنجان به طور غیرمستقیم ۲۰۰ یزدگردی تعیین می‌شود و از آنجا که حدّ فاصل آغاز مهاجرت از خراسان تا استقرار در سنجان ۱۳۴ سال بوده،[۷۸] آغاز مهاجرت از خراسان سال ۶۶ یزدگردی برابر با ۷۸ هجری/۶۹۷ میلادی می‌شود که صحیح نمی‌نماید. زیرا اگر حتّی فاصله تخمینی مذکور را بپذیریم، تعیین سال ۷۰۰ یزدگردی برای ورود مسلمانان به گجرات صحیح نبوده و این تهاجم، سال‌ها بعد رخ داده است.

شاید بتوان از راهی دیگر به نتیجه‌ای تخمینی رسید. اگر تسخیر گجرات توسّط تیمور حدود ۱۴۰۰م (بویس، ۱۳۹۱: ۲۰۳) و تصرّف سنجان توسّط سپاهیان «الف‌خان» حدود ۱۴۹۰م (قصه زرتشتیان هندوستان، ۱۹۳۴: ۱۳۶) صورت گرفته باشد، و بنا بر قصه زرتشتیان، میان تخریب سنجان و انتقال آتش بهرام به نوساری هم ۲۶ سال[۷۹] فاصله باشد، و با توجّه به اینکه سُراینده حکایت، فاصله میان ورود مسلمانان به هند (که به اشتباه سال ۷۰۰ یزدگردی می‌داند) و انتقال آتش بهرام سنجان به نوساری (که باز به اشتباه ۷۸۵ یزدگردی آورده) را ۸۵ سال دانسته است، در این صورت ۵۹ سال[۸۰] بین زمان ورود مسلمانان به هند و تسخیر سنجان توسّط ایشان وقفه داریم، و بنابراین می‌توان حدس زد مقصود وی از زمان ورود مسلمانان به هند حدود ۱۴۳۱م است[۸۱] و از آنجا که میان این رویداد مهم و استقرار پارسیان در

---

۷۷. نک: روایات داراب هرمزدیار، ج۲: ۳۴۹ و نیز قصه زرتشتیان هندوستان:۳۴ .

۷۸. ۱۳۴ سال= (اقامّت در دیپ) ۱۹ سال+ (اقامّت در هرمز) ۱۵ سال+ (اقامّت در کوهستان) ۱۰۰ سال.

۷۹. ۲۶ سال = ۱۴ سال در بانسده + ۱۲ سال در بهاروت.

۸۰. ۵۹= ۲۶-۸۵.

۸۱. ۱۴۳۱= ۵۹-۱۴۹۰.

هند فاصله‌ای پانصدساله را ذکر می‌کند[۸۲] لذا می‌توان استقرار پارسیان در سنجان را در ۹۳۱م برابر با ۳۰۰ یزدگردی یا ۳۱۹ ق حدس زد. موضوعی که سنّت پارسی نیز کمابیش آن‌را تأیید و استقرار پارسیان در سنجان را در ۹۹۲ «سَموَت»[۸۳] برابر با ۳۲۴ق (۹۳۶م) می‌داند (Hodivala, 1920: 70-84).

به هر حال اگر تاریخ مذکور را تخمیناً بپذیریم ۱۵ سال اسکان در هرمز و ۱۹ سال اقامت در ساحل دیب (دیو) در جنوب سند را از آن کسرنمائیم، به دورهٔ دوم از خلافت عباسی می‌رسیم که با سخت‌گیری‌های متوکّل نسبت به اهل ذمّه آغاز شده بود.

با تثبیت اسلام در مناطق روستایی (سدهٔ چهارم هجری) نه تنها زرتشتیان در مهم‌ترین مراکز تجمّع خود یعنی سیرجان، کرمان، ری، سرخس به شدّت آسیب‌پذیر شدند، بلکه آخرین پناهگاه‌های آنها در کناره‌گیری از تلاطمات مناطق شهری نیز از دست رفت. در این میان ناگفته نماند که حسب شرایط جغرافیایی و اهمیت سیاسی- اقتصادی مراکز تجمّع زرتشتیان، سطح آزار و ایذای آنها یکنواخت نبود. به تعبیر دیگر هم‌زمان با تشدید فشار بر زرتشتیان منطقه خراسان، در روستاها و حوزه‌های شهری فارس، زرتشتیان در آزادی کامل مراسم و آیین‌های خود را انجام می‌دادند (نگاه کنید به مطالب بعدی).

---

۸۲. قصه زرتشتیان ورود مسلمانان به هند را «نهصد سال» پس از گسترش پارسیان در سایر نقاط گجرات می‌داند که «سیصد» سال پس از آغاز استقرار ایشان در سنجان صورت پذیرفت. ۵۰۰ = ۲۰۰ + ۳۰۰.

۸۳. سال قمری رایج در بخش‌هایی از هند و از جمله گجرات که مبدأ آن سال ۵۷ یا ۵۸ قبل از میلاد است.

۴- آل بویه و زرتشتیان فارس

علی‌رغم فقدان اطلاعات کافی از نحوهٔ برخورد حکومت‌های ایرانی با زرتشتیان،[۸۴] آل بویه در پی‌ریزی نخستین دولت شیعی و مدارا نسبت به ذمّیان از ویژگی و اعتبار منحصر به فردی برخوردار بود. موضوعی که تا حدّ بسیاری از خاستگاه آنها، یعنی دیلم، نشأت می‌یافت. در واقع، این منطقه به دلیل ناآشنایی اعراب به جنگ در مناطق کوهستانی و نیز رزم‌آوری دیلمیان، بیشترین مقاومت را در برابر اعراب مسلمان نمود، و سرانجام زمانی هم که اسلام را پذیرفت، علی‌رغم باور اکثریت جامعه به تسنّن، پذیرای شیعیان زیدی گردید. به هر حال و در پی استقرار فرزندان بویه- علی، حسن، و احمد- بر قدرت، فارس بدل به یکی از مراکز معتبر آل بویه شد. از تاریخ سیاسی و یا رویکرد مثبت به تشیّع که بگذریم، داده‌های موجود از مدارای ایشان با اهل ذمّه، خاصّه مسیحیان و زرتشتیان حکایت دارند. فردی مسیحی با نام ابوسعد منصب کتابت عمادالدوله در شیراز را عهده‌دار بود (ابن مسکویه، ۱۳۷۶، ج۵: ۴۰۳)؛ با وساطت نصر بن هارون، وزیر نامی عضدالدوله، شاه با تعمیر کلیساها موافقت نمود (همان، ج۶: ۴۸۲)؛ ابونصر خواشاذه زرتشتی مقام خازنی عضدالدوله را داشت و از معتمدان به شمار می‌رفت (خطیب بغدادی، ۱۳۴۳ق/۱۹۳۱م، ج۱: ۱۰۰)؛ و ابوسعید ماهک پسر بنداری رازی از عنایت خاص مهلّبی وزیر معزّالدوله برخوردار بود (فقیهی: ۴۸۸، به نقل از الهفوات النادره: ۳۲۲).

بدین‌ترتیب، زرتشتیان فارس که به رغم چندین قرن حضور اسلام در ایران،

---

۸۴. اطلاعات جسته گریخته منابع از برخورد حکّام با متون ایرانی را می‌توان به عنوان نمودی از رفتار احتمالی با زرتشتیان دانست. از جمله دولتشاه سمرقندی از عبدالله بن طاهر- برجسته‌ترین حاکم طاهری خراسان (۲۲۸-۲۱۴ ق)- یاد می‌کند که چون کتاب «وامق و عذرا» بدو هدیه دادند گفت: «ما مردم قرآن خوانیم و به غیراز قرآن و حدیث پیغمبر چیزی نمی‌خوانیم و ما را از این نوع کتاب در کار نیست. این کتاب تألیف مغانست و پیش ما مردود می‌باشد». لذا دستور داد تا آن کتاب را در آب انداخته و هر کجا آثاری از عجم و مغان باشد، «جمله را بسوزانند» (دولتشاه سمرقندی، ۱۳۶۶: ۶۲).

همچنان آتشکده‌ها[۸۵] و موبدان‌شان را حفظ کرده بودند، از پشتیبانی آل بویه که آخرین بخت بقا و ابراز وجود گسترده ایشان در بافت شهری بود، بهره‌مند شدند.[۸۶]

به رغم عدم اعتبار این اقلیت در مناطقی نظیر مرو، نیشابور، ری، اصفهان، سرخس و سیرجان، آزادی عمل آنها در فارس سدهٔ چهارم به حدّی وسیع بود که مقدسی در دیدار از شیراز، نارضایتی خود از بی‌پروایی زرتشتیان و علنی بودن آداب ایشان را چنین ابراز می‌دارد: «شیراز شهری کثیف، تنگ و تازه ساز است. مردمش بد لهجه و با عادات ناپسندند ... مجوسان در آنجا بی‌نشانه راه می‌روند. طیلسان‌پوشان را حرمت ندارند. من خود طیلسان‌پوشی مست دیدم. گدایان و نصارا هم حقّ پوشیدن آن دارند. فاحشه‌خانه‌ها آزادند، آداب گبران به کار برده می‌شود. خطبه‌ها از بسیارِ سر و صدا شنیده نمی‌شود. گورستان‌ها جایگاه فاسقان است. در جشن کافران بازارها آذین می‌شود»[۸۷] (مقدسی، ۱۳۶۱، ج۲: ۶۴۰).

علاوه بر حضور گسترده زرتشتیان در بافت شهری، تا آنجا که مسلمانان نیز در برگزاری جشن‌های زرتشتی مشارکت داشتند، رحله‌نویسان و جغرافیانگارانی چون اصطخری و ابن حوقل نیز از تعدّد آتشگاه‌ها در گوشه و کنار ایالت فارس سخن رانده‌اند. در توصیفی از فارس می‌خوانیم «هیچ ناحیتی و روستایی نیست که نه در او آتشگاهی هست. آنچه بزرگترست و معروف‌تر، از آن یاد کنیم. کاریان آتشگاهی است نزدیک برکهٔ جور و آن را بارین خوانند و به زبان پهلوی بر آن نبشته‌اند کی سی هزار دینار بر آن هزینه شده است. آتشگاهی بر درِ سابور هست شبرخشین [سیوخشین]

---

۸۵. از جمله آتشکده‌های معتبر در آیین زرتشتی، آتشگاه آذر فرنبغ در کاریان بود که بنا به نوشتار مقدسی، بسیار گرامی داشته می‌شد و «آتش آن را به همه سو می‌بردند» (مقدسی، ۱۳۶۱، ج۲: ۶۳۷). همچنین گرچه کاریان محلی کوچک و جزئی از کورهٔ دارابگرد به شمار می‌رفت امّا اعتبار و نفوذ کلام روحانیت این کوره، مدیون وجود همین آتشکده بود.

۸۶. در نمونه‌ای دیگر از تلاش آل بویه به رعایت حقوق زرتشتیان می‌توان به بروز اختلافی میان مسلمانان و آنها در شیراز (۳۶۹ق) اشاره نمود که منجر به تخریب خانهٔ مجوسان و غارت اموالشان گردید. و چون عضدالدوله از ماوقع آگاه شد دستور به دستگیری و تنبیه خاطیان داد (ابن اثیر، ج۲۱: ۱۲۴).

۸۷. گویا منظور جشن‌های نوروز و مهرگان است چرا که در جایی دیگر نیز می‌نویسد: «ایشان نوروز و مهرگان را با مجوسان عید می‌گیرند» (مقدسی، ج۲: ۶۵۶).

خوانند. هم در سابور آنجا کی باب ساسان گویند آتشگاهی هست، گنبد کلوشن [جنبذ کاوسن] خوانند. به کازرون آتشگاهی هست، آن را چفته خوانند و دیگری هست کلازن [کواذن] خوانند. و به شیراز آتشکده‌ای هست مسوبان [منسریان] خوانند»[۸۸] (اصطخری، ۲۰۰۴م: ۱۱۸؛ و کلمات داخل کروشه از ابن‌حوقل، ۱۹۳۸م: ۲۴۷).

به هرروی و علی‌رغم امتیازاتی که زرتشتیان فارس از دیگر مناطق ایران داشتند، دو نکته را نمی‌توان نادیده انگاشت؛ نخست اینکه، اکثریت بدنهٔ اجتماعی را مسلمانان تشکیل می‌دادند و شگفتی منابع تاریخی و جغرافیایی به آزادی‌های زرتشتیان، از مدارای آل بویه در رفتار با اقلیت‌های دینی نشأت می‌گرفت. دیگرآنکه با توجه به گسترش و تثبیت اسلام در آخرین حوزه‌های روستایی، فارس نیز هر چند دیرتر از سایر ایالات زرتشتی‌نشین، از این امر مستثنی نگردیده و با اندکی تسامح، برتری اسلام در کازرون را می‌توان نقطهٔ ختمی بر یکپارچگی آنها در منطقه دانست؛ موضوعی که با نام شیخ ابواسحق کازرونی (۳۵۲ تا ۴۲۶ ق)- از مشایخ صوفیه- پیوند یافته و معرّف نقش تصوّف در توسعهٔ اسلام به مناطق روستایی است.

از مبانی فکری تصوّف که بگذریم، با پیدایی این مرام در قرن دوم هجری، شخصیت چشمگیر و ساده‌زیستیِ صوفیان، عاملی مؤثر در پذیرش آن‌ها به‌ویژه در مناطق روستایی و به دور از ضوابط فقهی به شمار می‌رفت. چنانکه نمونه بارزی از نقش مشایخ صوفی به تبلیغ اسلام در میان روستاییان را می‌توان در فعالیت ابوعبدالله محمّد بن کرام سیستانی (متوفی۲۵۵ق/ ۶۲۱م)، پایه‌گذار جنبش کرامیه، و پیروانش تشخیص داد. خانقاه‌نشینان پیرو این فرقه نه تنها در مخالفت با تسنّن رسمی و شیعهٔ غالی شهرت داشتند که فردی چون ابویعقوب اسحاق محشاذ (متوفّی در ۳۸۳ ق/ ۹۹۳م) در نیمه دوم سدهٔ چهارم بیش از پنج هزار نفر از ذمّیان زرتشتی، مسیحی و یهودی را در نیشابور به اسلام درآورد (فرای، ۱۳۶۳: ۱۵۹).

---

۸۸. مقدسی نیز ضمن اشاره به کسب آگاهی‌هایی از کیش زرتشت در فارس، به بنای کهنسال آتشکده گور در این خطّه اذعان دارد که در همانجا کتابی به نام «ابسطا» را دیده است (مقدسی، ۱۳۷۴، ج۱: ۱۶۸-۱۶۹).

جدای از بحث اغراق‌گویی منابع صوفیانه، تثبیت اسلام در کازرون با نام شیخ ابواسحاق گره خورده که این اقدام و نیز سیطرهٔ متعاقب تسنّن در حکومت ترکمانان سلجوقی را می‌توان سرآغازی بر افت زرتشتی‌گری در فارس و پراکندگی این اقلیت در روستاهای مناطق دور از تحولات سیاسی، چون یزد، دانست (نگاه کنید به مطالب بعدی).

بنا بر اطلاعات کتاب فردوس المرشدیه، که در حالات شیخ نگارش یافته، تا پایان سدهٔ چهارم هجری، عمده اهالی کازرون را «گبران و آتش پرستان» تشکیل می‌دادند (محمود بن عثمان، ۱۳۳۳: ۱۰، ۱۸۰). کثرت پیروان کیش زرتشتی تا بدان حدّ وسیع می‌نمود که حاکم بویهی فارس یعنی فخرالملک، بر آن شد تا فردی از گبران به نام «خورشید مجوسی»[۸۹] را به حکومت بر آنجا گمارد (همان: ۱۴۳). در این میان آنچه باعث تغییر اوضاع شد، عزم و ارادهٔ شیخ ابواسحق به اسلامی کردن منطقه با احداث مسجد بود. فردوس المرشدیه در مخالفت زرتشتیان و به نقل از شیخ می‌نویسد: «مهتر گبران بفرمود تا آن محراب برکندند و خراب کردند. روز دیگر محرابی بهتر از آن ساختم. امیر گبران کس فرستاد که باز بکندند. سوم بار بهتر از آن ساختم. امیر ملول شد و گفت از این مقدار در کار ما خللی نیست. اگر مسجد بنا کند، خراب کنم و دمار از روزگار او برآرم» (همان: ۲۶).

واکنش‌های مجوسان در تخریب دیوارهای مسجد و دشنام و سنگ‌پراکنی به نمازگزاران خللی بر عزم شیخ وارد نکرد و جماعت مسلمانان روی به فزونی نهاد، و ابواسحق هم بر توسعهٔ دامنهٔ فعالیت‌های خود مصمّم‌تر شد. چنان‌که پیروان وی، این بار درصدد تخریب «آتش‌خانه‌ها» و آتش زدن خانه‌های گبران- به بهانهٔ تلافی قصد ایشان برای کشتن شیخ- و اجبار آنها به اسلام برآمدند (همان: ۱۰۶-۱۰۷). به دنبال این ماجرا، زرتشتیان که خود را در خیل روزافزون مسلمانان گرفتار دیدند، به فخرالملک حاکم بویهی شیراز شکایت بردند. امّا وی به‌رغم انتظار زرتشتیان و علی‌رغم حمایتی که در آغاز حکومت خود از ایشان داشت، هرگونه اقدام جدی

---

۸۹. در این منبع، نام وی به دو گونهٔ دیگر یعنی «دیلم گبر» و «دیلم مجوسی» نیز آمده است (محمود بن عثمان: ۱۰۶ و ۱۱۱).

علیه شیخ را مغایر با مصالح خود دید (همان: ۲۹). این موضع‌گیری، بدان حدّ تقویت مسلمانان را باعث شد که تا زمان حیات شیخ «بیشترگبران و آتش‌پرستان بر دست وی مسلمان شده بودند. و در سیرت مسطور است که بیست و چهار هزار کس از گبران و آتش‌پرستان و جهودان بر دست مبارک شیخ مسلمان شده بودند» (همان).[۹۰]

به هر حال و در جمع‌بندی کلّی، گفتنی است که هر چند اقدام ابواسحق در برچیدن یکپارچگی زرتشتیان کازرون به معنای حذف کامل این اقلیت نبود، امّا از این هنگام تا عصر صفوی، دلیل سکوت معنادار منابع از نحوهٔ معیشت و یا حتّی ارائه کمترین گزارش از آنها را می‌توان با سیطره ترکها در ساختار سیاسی ایران مربوط دانست. ترکی شدن نظام سیاسی و جایگزینی مکرّر قبایل بیابانگرد بر تخت شاهی، نه تنها نخبگان ایرانی را از ایده‌آل کسب قدرت به نماد اهل قلمِ خدمتگزارِ شمشیربه‌دستان ایلیاتی تنزّل بخشید، بلکه چیرگی فقاهت سنّی توأم با غلبه اشعری‌گری، حداقل مدارای حکومت‌های ایرانی را به تعصّب و قشری‌نگری بدل نمود. لذا در شرایطی که خاصّه از قرن پنجم هجری به بعد، چیرگی اختلافات مسلکی و تعصّب بر عقلانیت، پس‌افتادگی فکری جامعه را در پی داشت، انتظار به خودنمایی زرتشتیان معقول نمی‌نمود و بر همین اساس، آنها پراکندگی در مناطق دور از دسترس و بالطّبع پذیرفتن شرایط حاکم را بر حضور مخاطره‌آمیز در مراکز اصلی قدرت ترجیح دادند.

مبتنی بر چارچوبهٔ مذکور و نیز فقدان اطلاعات جامع از حیات اجتماعی زرتشتیان، ارائه تصویری هر چند کلی از شرایط فرهنگی ایران عصر سلجوقی تا مغول، تا حدّی معرّف تنگناهای احتمالی این اقلیت هست.

---

۹۰. عطار در تذکرةالاولیا این تعداد را بیست و چهار هزار «گبر و جهود» می‌داند (عطار نیشابوری، ۱۳۹۱: ۵۲۷).

۵- سلاجقه نمادی از تثبیت شریعت

جدای از مباحث سیاسی، حکومت سلاجقه در عرصهٔ فرهنگی را می‌توان به نوعی واکنش تسنّن به تفوق شیعه در زمان آل بویه دانست. بدین‌ترتیب اگر به روزگار بوییان، تشیّع و مکتب کلامی معتزله دست بالا را یافتند (کرمِر، ۱۳۷۵: ۱۱۷)، عصر سلجوقی به غلبه تسنّن و کلام اشعری[۹۱] و حتّی مشبّهه، نمود یافت (باسانی، ۱۳۷۱، ج ۵: ۲۷۳).

این دوران همچنین با دو مشخصهٔ دیوانسالاری و نیز نهادینگی آموزش دینی در قالب نظامیّه‌ها شهرت داشت. موضوعی که با نام خواجه نظام‌الملک، وزیر برجستهٔ آلب ارسلان و ملکشاه، گره خورده و از او چهره‌ای انعطاف‌ناپذیر در تسنّن برجا گذاشته است. در واقع، نگرش نظریه‌پردازانی همچون خواجه نظام‌الملک و امام محمّد غزالی، تصویری است هر چند کلی از شرایط فرهنگی عهد سلجوقی.

چنان‌که پیش‌تر نیز گفته شد، از میان مذاهب اربعه، مرام شافعی توأم با کلام اشعری، پیروان بسیاری در ایران داشت. ریشه‌های عملکرد دینی و آموزشی خواجه نظام‌الملک را هم می‌توان در تعصّب او به فقه شافعی و کلام اشعری جست (برای بحثی دربارهٔ افت عقل‌گرایی در قرن پنجم نک: کسایی، ۱۳۵۸: ۱۶-۲۱). گسترهٔ این تعصّب چنان وسیع بود که حتّی به رغم تعلّق خاطر سلاطین سلجوقی به حنفی‌گری، خواجه نظام‌الملک نه تنها هدف از ایجاد نظامیه‌ها را تربیت طلاب شافعی قرار داد، که هر مرامی جز آن را مستحقّ نابودی دانسته، حنفیان را صرفاً جهت مراعات حال سلاطین تحمّل می‌کرد.[۹۲] همین خواجهٔ شافعی که با بی‌میلی

---

۹۱. از مؤسسان کلام در قرن چهارم هجری ابوالحسن علی بن اسمعیل الاشعری (۲۶۱ تا ۳۲۴ یا ۳۳۰ق) بود. وی در آغاز باور معتزلی داشت ولی بعداً از آن جدا شده و به مذهب شافعی گروید. اصول اشعری در مجموع محافظه‌کارانه بوده و هیچ‌گونه سازشی را با معتقدات معتزله نمی‌پذیرد (پطروشفسکی، همان: ۲۲۵).

۹۲. تجارب السَّلَف در ذکر ساخت مدرسه اصفهان توسّط ملکشاه می‌نویسد: وی دستور به ذکر نام هر دو امام حنفی و شافعی بر سر در مدرسه داده بود. اما چون خواستند نام ابوحنیفه را نخست بنویسند، خواجه مخالفت نمود و چون ملکشاه آن را منوط به رضایت وی دانست، پس از مدتی تأخیر در پاسخ‌گویی، بهتر دانست که نام هیچ کدام نیاید (نخجوانی، ۱۳۵۷: ۲۷۷-۲۷۸).

و از روی ناچاری، با دیگر مذاهب اهل سنّت کنار می‌آمد، شیعیان را در ردیف بددینانِ خارجی و باطنی و خرم‌دین قرار می‌داد که «به قول، دعوی مسلمانی کنند و به معنی فعل کافران دارند و باطن ایشان لعنهم الله، خلاف ظاهر باشد و قول به خلاف عمل دارند» (نظام‌الملک طوسی، ۱۳۷۰: ۲۲۷).

در رابطه با اقلیت های دینی، شاید صریح‌ترین کلام در توصیف شرایط اجتماعی زرتشتیان عصر غزنوی و سلجوقی را بتوان در این جمله از سیاست‌نامه خلاصه نمود که خواجه هنگام شکوه از مدارای دینی ملکشاه، رافضیان را در ردیف گبر و ترسا قرار داده، می‌نویسد: «در روزگار محمود و مسعود و طغرل و آلب ارسلان هیچ گبر و ترسایی و رافضی را زهرهٔ آن نبودی که به صحرا آمدی یا پیش بزرگی شدی» (همان: ۱۹۴). در کنار چنین دیدگاهی که وابسته به مقام و جایگاه خواجه، روایی آن در جامعه بعید نمی‌نمود، نگرش امام محمّد غزالی- به عنوان یکی از بزرگترین نظریه‌پردازان مسلمان- دربارهٔ اهل ذمّه و زرتشتیان از اهمیت خاصی برخوردار است.

امام محمّد غزالی در یکی از برجسته‌ترین آثارش با نام «کیمیای سعادت»، ضمن تقسیم مخالفان خداوند به چهار دسته، اهل ذمّه را در ردیف دوم و بعد از کفّار حربی جای داده، می‌نویسد: «دشمنی با ایشان فریضه است و معاملت با ایشان، آن است که ایشان را حقیر دارند و اکرام نکنند و راه بر ایشان تنگ دارند در رفتن. امّا دوست داشتن ایشان به غایت مکروه است و باشد که به درجهٔ تحریم رسد، که خدای تعالی می‌گوید: لَا تَجِدُ قَوْمًا یُؤْمِنُونَ بِاللّٰهِ وَالْیَوْمِ الْآخِرِ یُوادُّونَ مَنْ حَادَّ اللّٰهَ وَ رَسُولَهُ.[۹۳] و رسول می‌گوید هر که به خدای تعالی و به قیامت ایمان دارد با دشمنان خدای تعالی دوست نباشد. امّا ایشان را ولایت دادن و به عمل فرستادن و بر ایشان اعتماد کردن و بر مسلمانان مسلّط کردن، استخفاف بود بر مسلمانی و از جملهٔ کبایر باشد» (غزالی، ۱۳۸۰، ج۱: ۳۹۸).

علاوه بر چنین نگرشی نسبت به اهل ذمّه که کمابیش در میان دیگر فقها نیز جاری بود، شاید یکی از روشن‌ترین واکنش‌ها به آیین و جشن‌های به جای مانده

---

۹۳. سورهٔ مجادله، آیهٔ ۲۲.

از زرتشتی‌گری را بتوان در موضع‌گیری غزالی یافت. وی در بحث معاملات و فصل حِسبَت برآن است که «آنچه برای سده و نوروز فروشند چون سپر و شمشیر چوبین و بوق سفالین، این در نفس خود حرام نیست ولیکن اظهار اِشعار گبران حرام است و مخالف شرع است و هرچه برای آن کنند نشاید، بلکه افراط کردن در آراستن بازارها به سبب نوروز، و قطایف[۹۴] بسیار کردن و تکلّف‌های نو افزودن برای نوروز نشاید. بلکه نوروز و سده باید که مندرس شود و کسی نام آن نبرد، تا [جایی که] گروهی از سَلَف گفته‌اند که «نوروز» روزه باید داشت که تا از آن طعامها خورده نیاید و شب سده چراغ فرا نباید گرفت تا اصلاً آتش نبینند» و اهل تحقیق گفته‌اند که «روزه داشتن این روز هم ذکر این روز بُوَد و نشاید که نام این روز برند به هیچ وجه، بلکه با روزهای دیگر برابر باید داشت و شب سده همچنین، چنان‌که از وی نام و نشان نماند» (غزالی، ج۱: ۵۲۲).

بدین ترتیب، ضمن تأکید بر وجوه اشتراک دیدگاه غزالی با فقهای پیشین، مسئله اساسی در تفاوت سطح کاربرد عملی چنین نگرشهایی است. به تعبیر دیگر، هر چند سابقهٔ گفتمان حدود و ثغور اهل ذمّه به نخستین ایام فتوحات بازمی‌گشت و این مهم در قالب ضوابط فقهی انسجام یافت، اما حداقل در مورد ایران حسب مقتضیات خلافت و نیز کارکرد حکومت‌های نیمه مستقل، نحوهٔ اجرای چنین احکامی متفاوت بود. چنان‌که عصر سلجوقی نه تنها در گستردگی قلمرو، نهادینگی دیوانسالاری، آموزش دینی و میزان سیطره بر خلافت از حکومت‌های پیشین متمایز بود، که در عرصهٔ فرهنگی نیز همچنان که خواجه نظام‌الملک نماد برتری شافعی‌گری به شمار می‌رفت، گستردگی کلام اشعری معرّف غلبه تعصّب بر مدارا گردیده و این عصر را به عالی‌ترین سطح از تثبیت مذهب سنّت ارتقا بخشید. بر این اساس و در شرایطی که شافعی‌گری حتّی دیگر مذاهب اسلامی را مطرود می‌دانست، گمنامی زرتشتیان در منابع را می‌توان نشانی از پراکندگی آنها در مناطق روستاییِ دور از بحران‌های سیاسی- دینی دانست.

---

۹۴. جمع قطیفه، نوعی نان بوده هر چند در اصل نوعی جامه است.

۶- ایلخانان از مدارا تا تقیّد به ضوابط اسلامی

با آنکه مغولان در تخریب بسیاری از زیرساخت‌های تمدنی ایران نظیر نداشتند، امّا با عدم تعلّق خاطر به اسلام، تعریف تابعیت را از چارچوب‌های رسمی پیشین یا تمایز اسلام و کفر، به تسلیم و پرداخت مالیات (رشیدوو، ۱۳۶۸: ۱۷۵-۱۷۶) فروکاستند. فرمان چنگیز در یاسا مبنی بر احترام به تمامی ادیان (همان: ۲۰۵) و خلاء ناشی از سقوط خلافت عباسی، نه تنها فرصت ابراز وجود به پیروان مذاهب غیرسنّی و خاصّه شیعه بخشید که تا اسلام آوردن غازان (۶۹۴ ق) مدارا با اهل ذمّه را در پی داشت.[۹۵] چنان‌که نوشتار ابن اخوه (۶۴۸- ۷۲۹ ق) را می‌توان به عنوان شاهدی بر این مدارا و تغییر شرایط اجتماعی ذمّیان دانست. وی در کتاب «آیین شهرداری در قرن هفتم هجری» پس از تأکید بر وظایف محتسب در قبال اهل ذمّه (ابن اخوه، ۱۳۴۷: ۳۵-۴۰)، واقعیات زمانه خود را چنین ترسیم می‌نماید:

«کاش عمر بن خطاب، یهود و نصارای امروز را مشاهده می‌کرد که بناهای ایشان بر بناها و مساجد مسلمانان برتری دارد و آنان را با القاب و کنیه‌های خلفا می‌خوانند؛ از قبیل رشید که پدر خلفاست و از قبیل ابوالحسن که کنیهٔ علی بن ابیطالب و ابوالفضل که کنیهٔ عباس عموی پیغمبر است. و به هر حال از اندازه و قدر خود درگذشته‌اند و گفتار و کردار تظاهر می‌کنند و روزگار، خوی شیطانی آنان را که به دست پادشاه وقت استوار شده آشکار ساخته، اینک بر مرکب مسلمانان سوار می‌شوند و بهترین جامه‌ها را می‌پوشند و مسلمانان را به خدمت خود درآورده‌اند. چنان‌که دیدم مرد یهود و نصرانی سوار بر اسب و مسلمان در رکاب اوست و چه بسا مسلمانان به آنان تضرّع و التماس می‌کنند تا بلایی را که ایشان را بدان دچار کرده است، رفع کند. امّا زنان یهود و نصاری چون از خانه بیرون می‌آیند و در کوچه‌ها راه می‌روند، به سختی شناخته می‌شوند و همچنین است در گرمابه‌ها که چه بسا زن نصرانی در برترین جای گرمابه و مسلمان پایین‌تر از او نشسته است و نیز به بازار

---

۹۵. هرچند با شکل‌گیری روابط سیاسی ایران و غرب، مسیحیان از اولویت بیشتری برخوردار گردیده و این موضوع به حکومت‌های بعدی نیز تسرّی یافت، امّا مدارای ایلخانان فراتر از مناسبات سیاسی بود و صدارت سعدالدوله یهودی در زمان گیخاتو شاهدی بر این مدعا است.

می‌روند و در نزد بازرگانان می‌نشینند و اینان به سبب خوش‌لباسی، ایشان را گرامی می‌دارند و نمی‌دانند که اهل ذمّه هستند» (ابن اخوه، ۱۳۴۷: ۴۰).

در واقع تأکید ابن اخوه بر یهود و نصارا به عنوان اهل ذمّه را می‌توان ناشی از دو موضوع دانست؛ یا وی هم مانند برخی از گذشتگان، اهل کتاب را صرفاً پیروان دو کیش یهودی و مسیحی می‌دانسته است، و یا آنکه زرتشتیان از زمان سلاجقه به جماعاتی پراکنده در روستاهای مناطق دوردست تنزّل کرده‌اند و عملاً حضور چشمگیری در حوزه‌های شهری نداشتند.

به هر روی، وجود چنین آزادی‌هایی تا پایان ایلخانان دوام نیاورد و تغییر کیش غازان به اسلام مجدداً اجرای ضوابط دینی را اولویت بخشید. وی که به مذهب حنفی گرایش داشت (بیانی، ۱۳۷۱، ج۲: ۴۴۸) در همان نخستین روز از تخت‌نشینی، طی فرمانی تمام مغولان را به اسلام و انجام فرایض دینی فرا خوانده و دستور داد یا مشرکان و کفّار به اسلام در آیند و یا سر از تنشان جدا گردد. در رابطه با پرداخت جزیه و پوشش ذمّیان نیز تاریخ مبارک غازانی در دو جا اشاره به زرتشتیان دارد؛ در مورد نخست، رشیدالدین در تقریظی به محدودیت‌های بخشیان و بت‌پرستان می‌نویسد: «غازان فرمود تا تمامت اصنام را شکستند و بتخانه‌ها و آتشکده‌ها و دیگر معابد که شرعاً وجود آن در بلاد اسلام جایز نیست؛ جمله را خراب گردانیدند ...» (فضل الله همدانی، ۱۹۴۰م: ۱۸۸). و در مورد دوم، غازان در ادامه هشدار به بخشیان در ترک نفاق و بت‌پرستی، آنها را با زرتشتیان مقایسه نموده و در نکته‌ای قابل تأمل می‌گوید: «در این وقت، معدودی چند از ایشان که مانده‌اند درصدد آن نیستند که ایشان را مجال آن باشد که ظاهر کنند که معتقدی یا مذهبی دارند مانند اقوام مُغ و ملاحده که در این ولایات از قدیم باز هستند، لیکن معتقد را پنهان و پوشیده دارند ...» (فضل الله همدانی: ۱۸۹).

فصل سوم

یزد و نخستین آگاهی‌ها از زرتشتیان

دشتی که شهر کهن یزد در آن تکوین یافته، در فضای درّه‌مانندی میان دو رشته از کوه‌های مرکزی ایران جای گرفته است. گسترهٔ این دشت از دامنه‌های شیرکوه در جنوب و جنوب غربی آغاز شده و با شیب ملایمی تا کویر سیاه کوه در شمال، بیش از یک صد کیلومتر ادامه می‌یابد. این ناحیه که برروی عرض جغرافیایی ۳۰¢-۳۳° و ۴۸¢-۲۹° و طول جغرافیایی ۳۰¢-۵۶° و ۴۵¢-۵۲° شرقی جایگاه دارد، از شمال و غرب به استان اصفهان، از شمال شرقی به خراسان، از جنوب غربی به فارس و از جنوب شرقی به کرمان محدود می‌شود.

از حیث اقلیمی، یزد به دلیل قرار گرفتن در فلات مرکزی ایران، شرایط نامناسبی دارد. محصور شدن در میان کویرهای بزرگ لوت و دشت کویر تا دریاچهٔ نمک قم، و کویر نمک هرات و مروست تا کویر نمک ابرقو و همچنین باتلاق گاوخونی، تفتیدگی هوا به همراه کمبود باران و فقدان رودخانه‌های دایمی را باعث شده است (قبادیان، ۱۳۶۱: ۲۶). وزش باد در بیابان‌های مجاور، عاملی مهمّ در ایجاد ناهمواری‌ها و تغییر شکل محیط به شمار می‌رود و گاه طوفان‌های سهمگین، مناطق وسیعی را در سیاهی فرو برده و در گذشته، علاوه بر تخریب کشتزارها و آسیب زدن به قنوات، راه‌های ارتباطی را نیز مسدود می‌کرد. لذا شاید بتوان یزد را جزیره‌ای دانست که به جای آب، پیرامون آن را ریگ‌های روان و صحاری لم‌یزرع در بر گرفته است و سهم مردمانش از طبیعت، جز گرمای شدید و سرمای سوزان مناطق خشک نیست.

۱- نام و جایگاه یزد در جغرافیای تاریخی ایران

دربارهٔ نام یا نام‌های کهن یزد و گستره‌ی سرزمینیِ آن، در منابع و نیز محقّقان اختلاف نظرهایی به چشم می‌آید. جکسن- پژوهشگر و سیّاح برجسته آمریکایی- ضمن شرح بازدیدش از منطقه، احتمال می‌دهد میان این حوزه با «ایستیخای»[۹۶] مذکور در جغرافیای بطلمیوس، پیوندی وجود داشته باشد. او می‌نویسد: «یزد شهر بسیار قدیمی است، زیرا ظاهراً نام آن به صورت ایستیخای در جغرافیای یونانی بطلمیوس در زمرهٔ شهرهای کارمانیا[۹۷] ذکر شده است» (جکسن، ۱۳۵۷: ۳۹۸). پیش‌تر اعتمادالسلطنه نیز در کتاب تطبیق لغات جغرافیایی قدیم و جدید ایران، به نقل از منبعی نامعلوم، به جای ایستیخای، از ایزاطیخه نام می برد که «گویند اسم قدیم شهر یزد بوده، علی‌الظّاهر ایزدخواست این نام داشته است» (اعتمادالسلطنه، ۱۳۶۳: ۸۰). پس از آنها آیتی[۹۸] که بنابر رویهٔ تاریخ‌نگاران محلی، درصدد بازشناسی نخستین نام زادبوم خود است، با پیگیری همین روند به جای ایستیخای یا ایزاطیخه، «ایساتیس» می‌نویسد و آن را قدیمی‌ترین نام یزد، و مرکّب از دو بخش ایسا و تیس به معنای مکان زیستن بز کوهی می‌داند (آیتی، ۱۳۱۷: ۲۴).

وی در تأیید این ادعا به کتاب تاریخ ایران باستان اثر پیرنیا استناد می جوید، حال آنکه در این کتاب هیچ اشاره‌ای به واژهٔ مذکور نیست و صرفاً در حوادث مربوط به خیزش اردشیر بابکان، از یزد و اصفهان به عنوان «صفحات دوردست ماد» (پیرنیا، ۱۳۶۶، ج۳: ۲۵۳۲) یاد شده است.

گذشته از رد یا پذیرش دعاوی نام رفته، تأمل در چند نکته ضروری است:

- در صورت تأیید ایزاطیخه به عنوان نخستین نام یزد، نمی‌توان چگونگی تغییر آن به ایساتیس را مشخص ساخت.

---

96. Isatichea

۹۷. کارمانیا، صورت یونانی‌شدهٔ واژه‌ی کرمان است. طبیعتاً پذیرش چنین فرضی، به مفهوم قرار داشتن یزد در حوزهٔ جغرافیایی کرمان است.

۹۸. پایه‌گذار تاریخ‌نگاری نوین یزد.

- اگر در جغرافیای باستان، ایزاطیخه همان یزد بوده باشد، باز نمی‌توان تشخیص داد که این نام، محل و شهری خاص بوده یا ناحیه‌ای وسیع را در بر می‌گرفته است.
- با وجود ذکر مکرّر نام یزد و یا «کَثَه» در منابع جغرافیای اسلامی، در آن‌ها هیچ‌گاه از ایساتیس یا ایزاطیخه سخنی به میان نیامده است.
- نهایت آنکه هیچ استدلال منطقی در تناسب و ارتباط لغوی میان ایزاطیخه با ایساتیس نمی‌توان یافت.

در منابع رحله‌نویسی و جغرافیایی، هر چند از ایزاطیخه و مشتقّات آن، نشانی نیست، امّا بارها از یزد و کثه نام رفته است. تا جایی که از منابع مکتوب برمی‌آید، از این دو نام، نخستین بار در کتاب مسالک و ممالک اصطخری (سدهٔ چهارم هجری) خبرداریم و از کَثَه به عنوان قصبهٔ یزد که خود بزرگترین ناحیه از نواحیِ کورهٔ اصطخر بود، یاد می‌شود (اصطخری، ۱۳۶۸: ۹۷). پس از اصطخری، مؤلّف حدودالعالم (حدودالعالم، ۱۳۶۲: ۱۳۶)، ابن بلخی (ابن بلخی، ۱۳۱۳: ۱۲۳) و یاقوت حموی (حموی، ۱۹۶۵م، ج۴: ۴۳۸؛ ج۵: ۲۴۱) نیز توصیف مشابهی ارائه می نمایند.[۹۹]

دربارهٔ معنا و منشاء واژهٔ کَثَه، نظرات گوناگونی بیان شده است. مورّخان محلی که از سدهٔ نهم هجری/ پانزدهم میلادی به بعد، اقدام به نگارش تاریخ زادبوم خود کرده اند، کَثَه را اوّل عمارت یزد می‌دانند و با انتساب بنای آن به اسکندر مقدونی، مدّعی می‌شوند کَثَه در اصل، لغتی یونانی و به معنی زندان است و از این رو، یزد را زندان ذوالقرنین یا زندان سکندر نامیده‌اند. در ذکر سابقهٔ رویداد، معتقدند که اسکندر در جریان حمله به ایران، در فارس از شورش شاهزادهٔ کیانی در ری خبردار شد که با گردآوری نیرو، عزم جنگ و براندازی یونانیان دارد. در جنگ متعاقب و شکست شاهزاده، اسکندر او را با خود آورده تا به مکان کنونی یزد می‌رسد و چون زمینی وسیع می‌بینند، مشاور او- ارسطو- مشتی خاک برگرفته، گوید چون ریگزار

---

۹۹. قابل ذکر است که در وقفنامه‌های ربع رشیدی و جامع الخیرات، از دو کثه نام رفته است؛ یکی آبادی کثنویه در حومهٔ یزد و دیگری کثنویه میبد (فضل‌الله همدانی، ۱۳۵۶ : ۲۸، ۵۴، ۵۵؛ سید رکن الدین، ۱۳۶۵: ۷۲، ۱۹۶، ۳۱۹ (کثنویه یزد) و ۱۱۱، ۱۱۵ (کثنویه میبد).

است برای شهر مناسب نیست، ولی برای زندان مطلوب می‌نماید. از این رو معماران طلبیده، پس از ساخت قلعه و حصار، بندیان را در آن جای داده، خود به خراسان می‌رود. در غیبت او، نگهبانان درصدد احداث قنات بر می‌آیند و با دستیاری زندانیان، سنگ بنای اولیّه شهر گذاشته می‌شود (جعفری، ۱۳۴۳: ۲۷؛ کاتب، ۲۵۳۷: ۲۳-۲۵). این قصه‌پردازی که هدفی مگر افزودن بر قدمت زادبوم نویسنده ندارد، گویا در نظر نویسندگان آن نیز چندان اعتباری نداشت و از این رو احمد کاتب، پس از نقل این خبر، می‌نویسد:

«این سخن گر بر تو روشن نیست عهده برراویست برمن نیست»

(کاتب: ۲۴).

گذشته از محتوای افسانه‌ای روایت، هیچ یک از لغتنامه‌نویسان اشاره‌ای بر ریشهٔ یونانی واژهٔ کته و برداشت مفهوم زندان از آن ندارند. در جایی که مؤلف منتهی‌الارب، کُثَبَهُ را زمین هموار میان دو کوه می‌داند (صفی‌پور، ۱۳۷۷ ق، ج۳ و ۴: ۱۰۸۲)، دهخدا می‌نویسد که «کثه [کَ، کُ، ثَ] در لغت مؤنث کَث است و کلمه‌ای است که در آخر اسامی شهرها و شهرک‌ها و قصبه‌ها آید و ظاهراً به معنی شهر و یا ده و یا قصبه و امثال آن باشد» (دهخدا، چاپ مکرر: ۳۶۳).

واقعیّت آن است که در متون جغرافیایی دورهٔ اسلامی از شهرها، روستاها و نواحی متعدّدی در ایران، و به‌ویژه ماوراءالنهر، با پسوند کَث و کَثَه نظیر اخشیکث، خاتون‌کَث، اردلان‌کث، بارکَث سخن رفته و کاربردی مشابه با دیگر پسوندهای مکان همچون کَند، قَند (در سمرکند یا سمرقند)، گان و کان و جان (آذربادگان یا آذربایجان)، ستان (اهرستان) و غیره دارد. بدین ترتیب با رد فرض یونانی بودن واژهٔ کَثَه، ریشهٔ ایرانی لغت معقول‌تر به نظر می‌رسد. چنان‌که در اوستا (وندیداد، فرگرد ۵، بند۱۰) نیز این واژه به اتاق‌ها یا مکان‌های نگهداری موقّت اجساد (در شرایط نامناسب جوّی)، قبل از انتقال آنها به دخمه اطلاق می‌شد. در مجموع چنین استنباط می‌شود که کَث یا کَثَه به معنی جای، سرای، خانه، آبادی و شهر، عمدتاً در ترکیب با اسامی دیگر و به عنوان پسوند مکان و گاه به تنهایی به کار می‌رفته است.

از توضیحات فوق چنین برمی‌آید که در قرون میانهٔ ایران، کَثَه به عنوان کرسی یا قصبه‌ای از یزد به شمار می‌رفت که از حیث مکان احتمالاً با محلهٔ کثنویه فعلی- تقریباً در حاشیهٔ شهرامروزی یزد- مطابقت و شهر کنونی یزد جایگزین کَثَهٔ مذکور در متون جغرافیایی شده است (افشار، ۱۳۷۴، ج۲: ۵۷).

گذشته از این موضوع، شاید بتوان سابقهٔ اسکان در این خطّه را به سپیده‌دم تاریخ ایران باز رسانید. وجود نام‌های باستانی نظیر مَدوار، مهرپادین، مهریجرد، استهریج، خورمیز، کشف خشت‌هایی از دورهٔ مادها در معبد آناهیتا واقع در حوالی چشمهٔ غربال بیز مهریز که بعضاً قدمتش را بین چهار تا شش هزار سال می‌دانند، و راه ارتباطی با زابلستان در عصر هخامنشی (آلفونس، ۱۳۴۸: ۳۴) به همراه کشف سکه‌هایی از امرای محلی عصر اشکانیان (پیرنیا، ۱۳۶۶، ج۳: ۲۶۷۹) همگی نشان از دیرینگی یزد دارند.

بر مبنای تواریخ محلّی، آغاز روند شکل‌گیری شهر کنونی یزد را می‌توان به دورهٔ ساسانی بازگرداند. چنان‌که یزدگرد بن بهرام زمینی زیبا در راه خراسان دید و بر آن گشت تا شهری در آن ناحیه بنا نهد و بدین منظور، «بنایان در آمدند و اخترشناسان زیج برداشتند، به طالع سُنبله طرح عمارتی بینداختند و به کار مشغول شدند و چون به نام یزدان می‌ساخت، آن را یزدان‌گرد نام نهاد» و در ادامه دیگر شاهنشاهان ساسانی چون فیروز، قباد، انوشیروان و خسرو پرویز نیز هر یک به سهم خود بر عمران و آبادانی شهر افزودند (کاتب: ۳۰).

۲- مروری بر تحولات تاریخی یزد از ورود اسلام تا عصر صفوی

آنگونه که از فحوای کلام منابع برمی‌آید، یزد با مرکزیت کثه از نخستین ایام ایران اسلامی تا سدهٔ نهم هجری/ پانزده میلادی، بزرگترین ناحیه اصطخر فارس به سمت خراسان بوده است (برای ادارهٔ یزد توسط شاهزادگان تیموری از فارس نک: کاتب: ۸۹-۹۰؛ دولتشاه سمرقندی، ۱۳۶۰ق: ۱۶-۱۹؛ جعفری، ۱۳۴۳: ۵۹). رحله‌نویسان و جغرافیانگارانی نظیر اصطخری، نویسندهٔ ناشناخته حدود العالم، ابن حوقل در سدهٔ چهارم و یاقوت حموی در سدهٔ هفتم هجری، یزد را در سرحد پارس ذکر می‌کنند

(نک: اصطخری: ۱۲۵؛ ابن حوقل، ج۲: ۲۸۳؛ حموی، ۱۹۹۵م، ج۵: ۴۳۵).

نویسندگان اخیر، عمران و آبادانی یزد را تا بدان حدّ ستوده‌اند که اصطخری- از اهالی فارس که در بازدیدش از منطقه دقیق‌ترین اطلاعات برای دیگر جغرافیانگاران را فراهم آورد- کثه را بهترین شهر در کورهٔ اصطخر به سمت خراسان یاد می‌کند (اصطخری: ۱۲۵) و ابن حوقل بر آن هست که «روستاهایش به فراوانی میوه معروف و مقداری از میوه‌های تر و خشک آن به اصفهان و جاهای دیگر حمل می‌شود ... بیشتر مردمش به دانش و نویسندگی راغب‌اند و مسجد جامع خوبی دارد» (ابن حوقل، ج۲: ۲۸۱).

از منظرگاه سیاسی، قدرت یافتن آل کاکویه نخستین مقطع از درخشش یزد در تاریخ میانه ایران را سبب گردید. این خاندان که نسب به دیالمه می‌رساندند، با تصرّف اصفهان توسّط طغرل (۴۴۳ق)، مجبور به ترک منطقه و سکونت در یزد شدند (کاتب: ۵۹). تابعیّت از سلاطین سلجوقی، به انضمام سابقهٔ فرهنگ‌دوستی این خاندان[۱۰۰] باعث شد تا در راستای ثبات سیاسی و تعلّق خاطر به شکوفایی مرکز قدرت خود، ترقّی اقتصادی و رونق شهرنشینی یزد را رقم بزنند. چنانکه علاوه بر اقدام به ساخت مسجد و مدرسه (مستوفی‌بافقی، ۱۳۸۵، ج۱: ۷۶)، علاءالدوله (۵۳۲ ق) به امرای خود دستور احداث حصار شهر را می‌دهد و ایشان هم حصاری گرد شهر می‌کشند و چهار دروازه- موسوم به «درب کوشکنو»، «درب قطریان»، «درب مهریجرد»، و «درب کیا»- بر آن تعبیه می‌کنند. (همان، ۷۹).

در تداوم نخستین حلقه از شکوفایی یزد، انتقال آرام قدرت به اتابکان عاملی در حفظ دستاوردهای پیشین گردید. قتل امیر فرامرز دوم در نبرد قَطوان (۵۳۶ق)، سلطان سنجر را بر آن داشت تا دو دختر او را- به علّت نداشتن فرزند ذکور- به حکومت یزد برگزیده و اتابکی آنها را به یکی از امرای وی به نام سام‌الدین لنگر واگذار نماید (کاتب: ۶۶). در واقع اتابکان با حفظ قدرت در سه مقطع از

---

۱۰۰. برای نمونه می‌توان به حمایت علاءالدوله از ابوعلی سینا استناد نمود که در پاسخ، شیخ‌الرئیس نیز دانشنامهٔ علایی را به یادمان چنین حمایتی تألیف و نام‌گذاری کرد (اقبال، ۱۳۶۴: ۴۰۱).

بحرانی‌ترین مقاطع تاریخ ایران- یعنی خوارزمشاهی، هجوم مغول و ایلخانان (۵۴۸ - ۷۱۸ ق)- تا بدان حدّ در ثبات سیاسی یزد موفق بودند که خاصّه طی هجوم مغول و عصر ایلخانان، جمعی از صنعتگران، صوفیان و اندیشمندان سایر مناطق به این خطّه پناه آوردند. بدین‌ترتیب، شاخصه‌هایی چون ثبات سیاسی، امنیّت و آرامش نسبی برآمده از بُعد مسافت با کانون‌های بحران‌خیز و سرانجام قدرت‌گیری آل مظفر، یزد را به عالی‌ترین سطح از اعتبار سیاسی خود در تاریخ میانهٔ ایران رسانید. چنانکه مظفریان در کنار گسترش دایرهٔ قدرت بر کرمان، فارس، اصفهان و تا آذربایجان، با احداث مدارس و کتابخانه‌هایی با چندین هزار جلد کتاب (کاتب: ۱۲۵) این خطّه را علاوه بر عنوان «دارالعباده» مستحقّ لقب «دارالعلم» نمودند.

با این همه، و به همان اعتبار که آل مظفّر نام‌بُرداری یزد را باعث شدند، سقوط آنها (۷۹۵ق) نیز سرآغازی بر فترت سیاسی منطقه شد. چنانکه به استثنای حکومت امیرچقماق شامی- عامل شاهرخ در یزد- که تا حدّی بر عمران و آبادانی شهر کوشید (برای مثال، بنگرید به وقفنامهٔ امیر چقماق: افشار، ۱۳۷۴: ج۲: ۱۶۱- ۱۷۹؛ جعفری: ۱۹-۲۰) این خطّه تا ظهور صفوی صحنهٔ تعارض و جابجایی نیروهای رقیب تیموری و ترکمان بود (نک: تشکری، ۱۳۹۲: ۴۸-۶۱).

۳- زرتشتیان یزد از ورود اسلام تا صفویه
الف- سابقه حضور و جذب زرتشتیان در یزد

با آنکه اطلاعات موجود از تعقیب و گریز یزدگرد سوم ناچیز و بعضاً غیرقابل اعتماد است (فرای، ۱۳۶۳: ۸۲)، چنین می‌نماید که در خلافت عثمان، با پیشروی عربان در فارس و کشتار شورشیان استخر توسّط عبدالله بن عامر کُریز، عامل بصره که با سپاهی عظیم به فتح این خطّه عازم گردیده بود (۲۹ق)، یزدگرد از اصفهان به کرمان (طبری، ج۵: ۱۹۹۸) سپس سیستان (بلاذری، ۱۳۳۷: ۴۴۳) و از آنجا به خراسان فراری شد (۳۰ق). عبدالله بن عامر که فردی پیگیر بود، احنف بن قیس، طلایه‌دار سپاهش را از میان کویر مرکزی ایران به قُهستان در جنوب خراسان اعزام

نمود.[۱۰۱] از آن سوی، چون یزدگرد در خراسان برآن شد تا به همراه اموال و گنج‌های گران خود نزد خاقان تُرک در بلخ برود، سپاهش سر به مخالفت برداشتند که تسلیم شدن به «دشمنی که هم در خاکمان بر ما فرمان می‌راند، به از دشمنی است که در درون کشورش بر ما فرمان راند» (ابن مسکویه، ۱۳۷۶، ج۱: ۳۷۰). با مخالفت شاه با تسلیم شدن به اعراب، سپاهیان از او کناره گرفتند و با واگذاری اموالش به احنف از درِ سازش برآمدند (همان: ۳۷۱).

به هر صورت، هر چند واقعهٔ مذکور و کشته شدن یزدگرد به دست آسیابانی در مرو (۳۱ق/ ۶۵۱م)، ارتباط مستقیمی با موضوع بحث ندارد امّا مقصود از طرح آن، واکاوی گزارش تواریخ محلی در عبور وی از یزد و نیز افسانه‌پردازی زرتشتیان در غیب شدن برخی از اعضای خانوادهٔ یزدگرد در کوههای پیرامون منطقه است.

نخست، احمد کاتب برآن است که به دنبال شکست جَلولا (۱۶ق)، یزدگرد که از همدان، فارس و اصفهان فراری شده بود، به یزد آمده، طی دو ماه اقامت با مشاورهٔ فرخ‌زاد، گنج‌های خود را در سه موضع از شهر پنهان نمود (کاتب: ۴۷)[۱۰۲] و راهی خراسان گردید. به رغم عدم تطبیق روایت با مستندات تاریخی،[۱۰۳] وجود گزارشی دالّ بر تعقیب یزدگرد توسّط احنف در مسیر طبس، تا حدّی دنبالهٔ روایت نخستین حضور اعراب در یزد و درگیری با زرتشتیان منطقه را قابل تأمل می‌سازد. بر اساس این روایت، با سرگردانی تنی چند از «صحابی و تابعین» سپاه عرب در بیابان، آنها به «فهرج» یزد می‌آیند و اهالی را به اسلام فرا می‌خوانند. اهالی برای پذیرفتن اسلام، چند روزی مهلّت می‌خواهند. در این فرصت فهرجیان پس از مشاوره با اهالی دو

۱۰۱. برخی منابع مبداء حرکت اَحنَف را ازاصفهان و بعضی از یزد نوشته‌اند (فرای، ۱۳۶۳: ۸۳).

۱۰۲. این مکان‌ها شامل محلهٔ میان تازیان، مزار سادات قل هو اللهی و گورستان سر پلوک است که کاتب مدعی است که گنج محلهٔ میان تازیان توسّط عزالدّین لنگر، مزار قل هو اللّهی توسّط محمّد مظفرو گورستان سرپلوک دَرزمان امیرزاده اسکندر شیخ، حاکم تیموری منطقه کشف و ضبط گردیده است (کاتب، همان: ۴۷).

۱۰۳. بنا به مستندات تاریخی، عبور یزدگرد از این مناطق مربوط به سال ۳۰ ق است که متعاقباً به قتل وی می‌انجامد و از مبنا، ادعای کاتب و دیگر مورخان محلی با واقعیّت همخوانی ندارد.

روستای مجاور فَرافِر و خَویدَک، و با توجّه به نفرات اندک اعراب، به جای پذیرش اسلام بر ایشان شبیخون می‌زنند.[۱۰۴]

تواریخ محلی برآنند که در پی حملهٔ غافلگیرانهٔ اهالی و متّحدان‌شان، زنان و بچه‌های مسلمانان خود را به درون چاهی انداختند- که این مکان تا امروز با نام «چاه چهل‌دخترون» مورد احترام مسلمانان هست- و مردان نیز همگی کشته شدند مگر دو یا سه نفر که به یزد گریختند امّا بر اثر جراحات زیاد فوت نموده، و یکی در مریم‌آباد/ مُریاباد و دو نفر دیگر در گورستان موسوم به غازیان و پیر برج دفن شدند (کاتب: ۵۱). از جزئیات این روایت که بگذریم، یادی از ورود اسلام به یزد در زمان عثمان و ذکر نام فهرج به عنوان قتلگاه اعراب درخور توجه هست. چنانکه اشاراتی بر حضور قثم بن عباس و عمرو بن مالک در یزد و «تاراج و قتل و سُبی» (همان: ۵۲) فهرجیان را می‌توان دلالت بر اهمّیت حوزهٔ فهرج از حیث تجمّع زرتشتیان دانست. به تعبیر دیگر هر چند از داده‌های موجود نمی‌توان مکان دقیق شهر را مشخص نمود، امّا بنا بر تأکید مسالک و ممالک اصطخری بر «کثه» در مقام مرکز ولایت و نیز وجود بقایای باستانی در حوزهٔ مهریز، خورمیز، هرفته و فهرج، این دو حوزه- کثه و فهرج- را می‌توان کانون عمدهٔ تجمّع زرتشتیان و محل نگهداری آتش مقدس خواند.[۱۰۵]

از دیگر سو، تأکید مورخین بر فتح فهرج و خویدک، تغییر کیش اهالی یزد پس از تعیین تکلیف این دو محل و پذیرش جزیه توسّط زرتشتیان بومی، شواهدی در اثبات همین ادعاست. چنان‌که پس از این رخداد، به احتمال، روحانیان آتش محل را به کثنویه انتقال دادند و تا قدرت‌گیری آل کاکویه همچنان در آن مکان جای داشت. در اینجا سؤال اساسی آنست که آتش مذکور در ردیف کدام‌یک از آتش‌ها قرار می‌گیرد؟ در متون زرتشتی علاوه بر آتشی که شاهان به هنگام جلوس برپا

---

۱۰۴. در فهرست اسامی مقتولین به اشخاصی چون وحشی قاتل حمزه عموی پیامبر، حویطب بن هانی خواهرزاده حضرت علی، عبدالله تمیمی صاحب رایت علی (ع) و جالب‌تر از همه عبدالله بن عامر کُریز اشاره گردیده (کاتب: ۴۹) که فاقد هرگونه سندیّتی است.

۱۰۵. همچنین شهمردان از وجود آثار دخمه‌ای قدیمی در پلنگ‌کوه مهریز خبر می‌دهد که خود دلیلی بر اهمیت این حوزه در تجمّع زرتشتیان است (شهمردان، ۱۳۳۶ی: ۲۱۸).

می‌داشتند، از سه آتش دیگر به نام‌های دادگاه یا درگاه که در خانه‌ها جای داشت؛ آدُران یا آتش معابد محلی؛ و در نهایت ورهرام نام رفته است که خاص ایالات بود. بنابراین با توجّه به اینکه یزد روزگار ساسانی در ردیف ایالات جای نداشته است و قابل قیاس با ایالت فارس نبود، می‌توان آتش این خطّه را از نوع آتش آدُران دانست.

زرتشتیان در روایتی شفاهی باور دارند که در پی یورش اعراب به استخر- تختگاه آذرفرنبغ- روحانیان برای نجات آتش ورهرام از گزند فاتحان، آن را به یزد منتقل کرده و سی سال در غار شگفت‌کوه در نزدیکی عقدا، نگهداری کردند. گرچه وقوع چنین رخدادی در اوایل ورود اسلام به ایران را نمی‌توان تأیید کرد (نک مطالب بعدی)، امّا بر مبنای رسم برپاییِ آتش معابد فرودست از آتشگاه‌های معتبر[۱۰۶] که در روزگار اسلامی نیز تداوم یافت، می‌توان باور داشت که این خطّه نیز از شعله‌های آتش استخر رونق یافته است. در این رابطه، اشارهٔ مقدسی در وصف آتش کاریان اهمیت دارد: «کاریان، کوچک ولی روستایش آباد است. آتشکده‌ای در آن هست که بسیارش گرامی دارند و آتش آن را به همه سو می‌برند» (مقدسی، ۱۳۶۱، ج۲: ۶۳۷).

پیش از ورود به بحثِ زمان احتمالی انتقال شعله‌ای از آذر فرنبغ به یزد و جهت حفظ روند وقایع، نخست باید به سراغ نوشتار رحله‌نویسان، به عنوان تنها مرجع شناسایی زرتشتیان منطقه در قرون نخستین اسلامی رفت. شاخص‌ترین این رحله‌نویسان که اثر او مبنای دیگر آثار مشابه قرار گرفته است، اصطخری، مؤلف مسالک و ممالک، است که در اثر خود اشاره‌هایی مختصر به بعضی مراکز و روستاهای زرتشتی‌نشین یزد دارد. از جمله، در ذکر منازل و فواصل ابرقو به کثه، از بنایی به نام قلعه گبران (قلعةُ المجوس) یاد می‌کند که بقایای آن همچنان موجود است.[۱۰۷] وی می‌نویسد: «از قریةالأسد (دهشیر فعلی) تا قریةالجَوز شش فرسنگ، و

---

۱۰۶. آذرفرنبغ یا آتش روحانیان واقع در کاریان فارس؛ آذرگشسب یا آتش شاهان در شیزآذربایجان؛ و آذر بُرزین‌مهر یا آتش کشاورزان که در کوه‌های ریوند در شمال غربی نیشابور جای داشت.

۱۰۷ . قلعه گبران که در تلفظ عامیانه قلعه گوری خوانده می‌شود، در دو کیلومتری روستای علی‌آباد و در کنار رشته کوه‌های میانِ خان‌خوره و ابرقو واقع گردیده که بخشی از دیوار شمالی آن که از سنگ ساخته شده، همچنان باقی است. (نک: افشار، ۱۳۷۴، ج۱: ۳۷۲-۳۷۳).

از آنجا تا قریةالمجوس شش فرسنگ و از قلعهٔ‌المجوس تا به شهر کثه که حومهٔ یزد است پنج فرسنگ» فاصله است (اصطخری، ۲۰۰۴م: ۱۳۰).

به هر حال و از اطّلاعات ناقص موجود که بگذریم، بخش روشن‌تری از حیات اجتماعی- فرهنگی زرتشتیان را می‌توان بر مبنای قدرت‌گیری آل کاکویه در یزد توصیف نمود. حکومت علاءالدوله، نه تنها آغازی بر رونق شهرنشینی در یزد بود، بلکه هم‌زمان تثبیت اسلام در منطقه را نیز پی‌ریزی کرد که مهم‌ترین نمود آن، ساخت نخستین مسجد جامع بر روی آتشکده یزد بود.

بنا به گفتهٔ تواریخ محلی، ارسلان خاتون همسر علاءالدوله در محله «درِ ده» مسجدی عالی- احتمالاً بر روی آتشکدهٔ کهن یزد- بنا نهاد و سپس در پهلوی آن، مناره‌ای بزرگ ساخت که تا ۸۳۲ق پابرجا بود (مستوفی‌بافقی، ج۱: ۷۶؛ کاتب، ۲۵۳۷: ۶۰). احداث این مسجد در «شهرستان» یعنی داخل حصار قدیم و بر روی آتشکده را می‌توان نمود بارزی از تبدیل آتشکده‌ها به مساجد دانست (کریستن‌سن، ۱۳۶۸: ۲۳۲). ظاهراً دروازه‌ای که مجاور این آتشکده بود و «دروازه ایزد» نامیده می‌شد، از این هنگام به «دروازه مسجد» شهرت یافت.[۱۰۸] البته در منابع محلی به احداث مسجد مزبور بر روی آتشکده اشاره نشده است، امّا اصطلاح «جماعت‌خانه» در مفهوم گرمخانه یا قسمت زمستانی مسجد و نیز وجود بقایای شالودهٔ آتشکده در گرمخانهٔ مسجد (افشار، ۱۳۷۴، ج۲: ۱۱۳) را می‌توان مستنداتی بر صحّت این ادعا شمرد. ضمن آنکه پیرنیا در توضیح معماری مسجد جامع عتیق، قدیمی‌ترین بخش آن را کریاس و صفّه‌ای نزدیک مسجد می‌داند که شیوهٔ طاق‌زنی و نوع مصالح، به همراه محلی با نام «تل خاکستر» در جوار آن را شاهدی بر صحت فرضیهٔ تغییر کاربری آتشکده به مسجد می‌داند (نک: همان، ۱۱۱).

---

۱۰۸. البته شهمردان، «دروازه ایزد» و «دروازه مسجد» را دو دروازهٔ جداگانه می‌داند (شهمردان، ۱۳۳۶ی: ۱۹۹).

به هرروی، اگربتوان تبدیل ابنیهٔ زرتشتی به مکان‌های اسلامی را نمادی از تثبیت اسلام به شمارآورد، تعویق این روند در یزد تا اوایل قرن ششم هجری، دلالتی بر حضور پررنگ زرتشتیان در بافت شهری دارد. موضوعی که به دنبال سیطرهٔ آل کاکویه، این اقلیّت را ناگزیر از پراکندگی در روستاهای اطراف نمود. هم‌زمان با این تحولات و در پی تشدید فشار بر زرتشتیان منطقه فارس، روحانیان، شعله‌ای از آذر فرنبغ را به این خطّه آوردند و برای پرهیز از گزند آتش، آنرا برای سالیانی در غار اشکفت یا غار شگفت‌کوه پنهان نمودند.[۱۰۹]

علاوه بر وجود بقایایی که نشان از حضور و فعالیت انسان در این غار در ایام گذشته دارد، همجواری آن با زیارتگاه پارس بانو که خود در منطقه‌ای به نام «زرجوع»/ «زرجوی» واقع شده، در بازشناسی خاستگاه این آتش مهم می‌نماید. در باب سابقهٔ نام «زرجوی»، مسعودی اشاره‌ای جالب توجّه دارد؛ وی در ذکرآتش‌های معتبرایران، از آتشی به همین نام و منسوب به «جم‌شاه» نام می‌برد که ویشتاسپ بنا به توصیهٔ زرتشت، آن را از خوارزم به دارابگرد منتقل می‌کند. وی در توصیف آن می‌نویسد: «این آتش به وقت حاضر یعنی به سال سیصد و سی و دو، آزر جوی نام دارد، یعنی آتش نهر؛ زیرا در پارسی قدیم آزر، یکی از نام‌های آتش، و جوی نام نهر است و مجوسان این آتش را بیشتر از همهٔ آتش‌ها و آتشکده‌های دیگر احترام می‌کنند ... گویند انوشیروان بود که این آتش را به کاریان برد و چون اسلام بیامد، مجوسان بیم کردند که مسلمانان این آتش را خاموش کنند و قسمتی از آن را به کاریان گذاشتند و قسمت دیگر را به نسا [فسا؟] و بیضای فارس بردند تا اگر یکی خاموش شد، دیگری به جا ماند» (مسعودی، ۱۳۷۴، ج۱: ۶۰۴). بر اساس توصیف مسعودی، تردیدی نیست که مقصود از این آتش، همان آذر فرنبغ مشهور است که در سدهٔ چهارم به آزرجوی معروف بوده و شعله‌ای از آن به منطقه‌ای از یزد که به نام این آتش زرجو/ زرجوع

---

۱۰۹. شهمردان برآنست که این آتش در هجوم اعراب به یزد، سی سال در غار شگفت کوه از نظرها پنهان نگاه داشته شد. اما نه تنها براین ادعا مستندی ارائه نمی‌کند و گویا برحافظه جمعی همکیشان تکیه دارد که در صورت پذیرش اصل واقعه، صحیح‌ترآنست که ارتباطی منطقی میان ضرورت چنین رخدادی با تثبیت اسلام برقرار نماییم.

نامیده می‌شود، انتقال می‌یابد. همچنین تشدید فشار بر زرتشتیان حوزهٔ فارس که از ماجرای شیخ ابواسحق کازرونی آغاز و با تثبیت اسلام سنّی در روزگار سلاجقه تداوم یافت، منطقاً می‌توانست منجر به مهاجرت گروه‌هایی از این اقلیّت به روستاهای دور از دسترس یزد بشود.

از نخستین موج مهاجرت زرتشتیان (فارس) به یزد که بگذریم، نکتهٔ مبهم، تخمین زمانی برای دومین موج مهاجران است که این بار از خراسان می‌آمدند.

مری بویس با اذعان به سکوت منابع و حتّی روایات زرتشتی (بویس، ۱۳۹۱: ۱۹۷)، غارت و کشتار مغولان در خراسان را عاملی بر هجرت احتمالی روحانیان و موبدان به مناطق دور از تهاجم می‌داند (همان: ۱۹۵). ادّعایی که در فقدان مستندات تاریخی و نیز مدارای دینی مغولان که چارچوبهٔ تابعیّت را فارغ از باورهای اعتقادی تعریف می‌کردند، تنها می‌توان آن را در ردیف پناه گرفتن نخبگان فرهنگی و اقتصادی مسلمان در یزد، قرار داد. با این حال اگر مبنای استدلال، مصونیّت یزد از تعرّض مغولان باشد، همین وضعیت در ارتباط با مناطق معتبری چون فارس نیز دیده می‌شود و در چنین شرایطی، گزینش روستاهای اطراف یزد چندان معقول و منطقی به نظر نمی‌رسد. به‌ویژه آنکه سابقهٔ شکل‌گیری دو روستای تُرکآباد و شریف‌آباد به روزگار آل مظفر باز می‌گردد و تا اوایل سدهٔ دهم هجری هیچ سندی بر حضور روحانیت زرتشتی در این مناطق نداریم.

به هر حال، نخستین خبر مکتوب از زرتشتیان یزد مربوط به روزگار حکومت شاه نظام عامل شاهرخ تیموری است که در قالب منظومه‌ای نحوهٔ رفتار وی با زرتشتیان ترسیم شده است. از ادبیات سست منظومه که بگذریم، شاعر، زمان وقوع ماجرا را در سال ۷۲۴ق ذکر می‌کند که با واقعیّات تاریخی همخوانی ندارد. زیرا اگر منظور از شاه نظام در این منظومه، «شاه نظام کرمانی» باشد که از سوی شاهرخ مأمور وصول مالیات ابرقو و یزد شد (۸۱۹ق) و آثاری چون احداث صفه و کاروانسرا بر مسجد جامع و تزئین و توسعهٔ چاه‌خانهٔ دارالشفا را از خود به یادگار گذاشت (کاتب، ۲۵۳۷: ۹۵-۹۶، ۱۱۵، ۲۲۳)، ماجرا به عصر تیموری و سدهٔ نهم بازمی‌گردد و ذکر سال ۷۲۴ق در منظومه ناشی از اشتباه استنساخی و یا چاپی است (افشار، ۱۳۷۴، ج۲: ۸۲۱-۸۲۲).

«به نام یکی قادر غیب‌دان	که او هست بر بندگان کامران
خدایی که در عرصهٔ کائنات	بسی خسروان را کند شاه مات
خدایی که بر صفحهٔ آسمان	نمود اینهمه انجم و اختران
خدایی که سیر ماه و نجوم	بسی سه مخفی نمود از علوم
صفاتش فراوان و ذاتش یکی	نباشد درین هیچ کس را شکی
مرو هیچ بیرون تو از دین پاک	هم از دین به، هم ز آیین پاک
که دیندار را دین چو جان در تن است	دهد جان و دین را نه بِدهَد ز دست
هر آنکس که در علم یابد کمال	بجوید حلال و نجوید محال
چنین گفت دانا در آن روزگار	که تاریخ بُد هفت‌صد و بیست چار[110]
یکی مرد در یزد دستور بود	به علم اندران دور مشهور بود
همی هیربد بود و بُندار نام	به عقل و به دانش رسیده به کام
به یزد اندران هیربد بود چند	که بودند از علم دین سودمند
بسی بود بهدین در آن روزگار	که بر دین به، بودشان اختیار
به یزد اندران بود شاهی به کام	که آن شاهرا نام بودی نظام
مسلمان بُد آن شاه فرخنده‌فر	مطیع ره و رای خیرالبشر
وزیری بُد آن شاه را در نهفت	یکی روز با شاه فیروز گفت
مجوسی بدور تو بسیار گشت	مسلمان ازین ناپدیدار گشت
مخبّر کن این قوم زراتشت را	مسلمان کن این قوم هم‌پشت را
چو بشنید این قصه را شه نظام	بفرمود در یزد کز خاص و عام
بخوانند هر جا یکی در زمان	ز دین بهی، پیر و طفل و جوان
همه یکسره سوی گاه آورند	دل مردمان را به راه آورند
زن و کودک و بچه و خُرد و پیر	هر آنکس که بودند بُرنا و پیر

۱۱۰. هشت‌صد و بیست و چهار صحیح است.

شنیدند و بر سوی گاه[111] آمدند — بفرمان او بی‌گناه آمدند
شدند جمع آن مردم پاک دین — بدیشان چنین گفت شاه گزین
که باید شما را مسلمان شدن — ز دین بَدِ خود پشیمان شدن
بهشتن به جا دین زرتشت را — به دین محمّد زدن پشت را
وگرنه تمام شما را کُشم — رگ جانتان از بدن در کَشم
چو گویید پاسخ درین دم کنون — که من می‌کنم‌تان بدین رهنمون
ازین گفتگوها وزین ماجرا — جوابی بگویید زودی مرا
همان کدخدایان بهدین تمام — جوابی بگفتند بر شه نظام
که ای صاحب حکم و زیبای تخت — نبازد به تو فرّ و اورنگ و بخت
هرآنچه که گفتی شنیدیم همه — هراسان شدیم ما ازین همهمه
نیاریم گفتن جوابت درست — ازین حاجتت بایدت دست شست
نه اندر خور ما بگفتی چنین — نه مقصود شه حاصل آید ازین
بدان ای هنرمند با فرّ و نام — که خود کیانیم و جویای نام
نداریم بردین خود هیچ ننگ — نباید کنی دل ازین گفته تنگ
که ما را سه دستور دانشور است — به علم و خرد از همه افسراست
یکی قول با ما کنی مردوار — که باشد مرآن عهد تو استوار
ز روی کرم قول با ما کنی — به شرطی که پیمان خود نشکنی
بیاری تو دستور را نزد خویش — چنان چون بخواهی به آیین و کیش
بگویی بدستور و پاسخ بَری — بلفظ دَری و تناسخ بَری
مسلمان اگر گشت دستور ما — همان ما مسلمان شویم ایدرا
مسلمان نگردند اگرآن سه کس — به اسلام هم نیست ما را هوس
بدین قول شه، عهد و پیمان ببست — طناب سخن را بدینجا گسست

---

۱۱۱. مخفف بارگاه. منظور دارالحکومه یا ارگ حکومتی است.

طلب کرد آن هر سه دستور را / مرآن هر سه دریای پرنور را
بگفتا بیایید مسلمان شوید / خدا و نبی را بفرمان شوید
خدا را شناسید و آنگه رسول / مسلمان شوید و کنید دین قبول
چنین گفت بُندار پاکیزه رای / که ای شاه نیکو دل رهنمای
خدا پرستیم ما بی‌شکی / مر او را بدانیم پاک و یکی
نیایش کنیمش بهر روز پنج / بود مهر اومان به از تاج و گنج
بدانش درین دینِ بِه رهبریم / همان کافر و کفر را منکریم
نه ما بت پرستیم در روزگار / خدا را پرستیم لیل و نهار
چو بشنید ز ایشان چنین شه نظام / بگفتا که ای مردم کار خام
ز دین مسلمانی آگه شوید / بگفتِ محمّد بدین ره شوید
وگرنه بجز کشتن و دار نیست / شما را بدین کار انکار نیست
چنین گفت بندار با شهریار / مَکُش‌مان که مائیم مردان کار
بدانش همان در جهان زنده‌ایم / خداوند را کمترین بنده‌ایم
نه جادوی و نه ساحر باطلیم / بدین بهی در جهان یکدلیم
هرآنکس که دانا کُشد غافلست / نه عاقل که در راه دین جاهلست
ز بُندار بشنید چون شه نظام / بود آن سخن هیچ او را به کام
بگفتا که ما را یکی خاتم است / که حکم نگینش درین عالم است
در اندازم آن را درین آب و گِل / بهم برزنند این گِل ای سنگدل
از آن گِل بسازند خشتی هزار / تو انگشتر از خشت جُستی برآر
اگر خاتم را بر آری ز خشت / بدانم که داری خِرد در سرشت
ره دین حقّ را بدانی درست / وزان پس تویی ایمن و تندرست
چو بشنید بُندار ازو این سخن / بگفتا که نیک است رفتار کن
فکندند خاتم به گِل در سرشت / بگردند از آن گِل هزاری ز خشت
به زندان فرستاد بُندار را / ابا آن دو دستور دین‌دار را
که تا گردد آن خشت‌ها جمله خشک / ببویند آن خشت‌ها را چو مُشک
از آن کار بگذشت چون چار روز / به تقدیر دادار گیتی فروز

ز زندان طلب کرد بُندار زود | که پیدا کند خاتم نابسود
دوان شد یکی از پی جُستنش | به زندان شد از بهر آوردنش
خبر شد بهر کس که آنجا نبود | به زندان مرآن هرسه دانا نبود
بجُستند هر سوی و بشتافتند | به خان خود آن هرسه را یافتند
ببردند آن هر سه را نزد شاه | چه شه کرد در هرسه موبد نگاه
بگفتا به جادوگری جسته‌اید | ولی با بلا جمله پیوسته‌اید
بجویید در خشت، خاتم کجاست | پویید کج و بگویید راست
پس آن هرسه نزدیک خشت آمدند | در آنجای عنبر سرشت آمدند
بکردند آن خشت‌ها چار قسم | زان چار یک را گرفتند اسم
دل از یاد حقّ لب پراز مدح شاه | به نزدیک تخت اندران جایگاه
بکردند بیرون سه بخش آنزمان | بیک بخش جُستند خاتم روان
مَرآن بخش هم کرده شد چار قسم | وزان چار یک را گرفتند اسم
چنین تا به یک خشت شد کار ختم | کشیدند خطّی برو چار قسم
بگفتند خاتم درین گوشه است | برآریم زین گوشه ای حقّ‌پرست
چو شه گفت این خشت را بشکنید | از آن گوشه خاتم به بیرون کنید
به بینیم گفتار دین‌آگهان | چه سامی برآید از ایدر نهان
چنین گفت بُندار پاکیزه دین | شکستن نه خوبست خشت چنین
گرفت آنگهی گزلکی[۱۱۲] را بدست | همان لحظه بندار یزدان‌پرست
خدا را پرستیدن آغاز کرد | خرد را به خود یار و دمساز کرد
به یک جا فرو کرد گزلک چنان | برآورد انگشتری را از آن
نظاره‌کنان جمله بر مرد دین | بدیدند خلقان بدان سرزمین
چنین گفت هر که آن شگفتی بدید | که دستور خاتم برون آورید
زمانی به حیرت بر ایشان نظر | یفکند آن شاه والاگهر

---

۱۱۲. گزلک یا گزلیک کارد کوچک دسته‌دار را گویند (عمید، ج۲: ۱۶۸۷).

چو آن حال را دید از بدخوئی   بگفتا که این هست از جادوئی
نباشم درین کار همداستان   مسلمان شوید هرسه ای گبرکان
وگرنه کشم من شما را به زار   همین است ما را و اسلام کار
بگفتند آن هرسه پاکیزه دین   که ما را بُوَد این حکایت یقین
همه بهر دین جان خواهیم داد   نخواهیم دادن شما را مراد
چو بشنید ز ایشان چنین شه نظام   ندید هیچ از آن هرسه دستور کام
بکشتن مرآن هرسه را حکم کرد   بر آن بی‌گناهان بسی ظلم کرد
یکی را بفرمود کشتن به تیغ   نخوردی بدان جان شیرین دریغ
یکی را بفرمود شاه بلند   که کردند او را جدا بند بند
چو نوبت به بُندار هیربد رسید   یکی آه سرد از جگر برکشید
بدو گفت کای شاه روی زمین   چو ایشان مرا کشت خواهی یقین
سه قطرات خون بر تو خواهد گرفت   وزان پس جهان بر تو آید شگفت
کند دیگری بر تو زینسان جفا   ز چرخ جفاپیشه نبود وفا
چهل روز دیگر یقین بیش نیست   نشانی که دارم کم و بیش نیست
بیندیش از انجام روز شمار   که پاداش خود یابی از کردگار
شنید این سخن شه بپیچید سخت   نبودش خبر زانکه برگشت بخت
پسندش نیامد بگفتار اوی   همی خیره پنداشتی راز اوی
به دژخیم گفتا که او را ببر   از اینجا ز نزدیک ما دورتر
مبادا که یابد به جان زینهار   بدانسان که گفتم دمارش برآر
چو بُندار از شاه چون این شنید   نگه کرد بهرام خود را بدید
وصیّت چنین کرد بهرام را   که چون شه ندیدی ز ما کام را
کُشد او مرا نیز چون دیگران   تو با جمع فرزند اینجا ممان
که او خود مکافات آن بیندا   بدامان سه قطرات خون بیندا
ز کردار خود وی پشیمان شود   به بند گران سوی درمان شود
هلاکش کند مر او را دیگری   ز ایوان و کاخش نماند سری
تو از یزد سوی خراسان گذر   بگیر اندر آن ملک پاکان مقر

از ایـن جایگـه ایـن زمـان دور شـو
در آنجـا سـوی خویـش و دسـتور شـو

که من جان دهم دین نه بدهم زدست
نخواهـم کـه دیـن بهـی را شکسـت

بگفت این و پس واج[۱۱۳] را در گرفت
دل از جـان بـه یکبارگـی برگرفـت

همانـگاه خصمـان زور آزمـای
ببردنـد او را از آن دور جـای

بـه ارّه بریدنـد پهلـوی او
نَـزَد دم بـر آن مـردم تندخـو

دل‌پـاک دسـتور کـردن بـرون
تـن و دسـت و پهلـوش شـد غـرق خـون

بیفتـاد بُنـدار و بیهـوش گشـت
از آن کار بهـرام پرجـوش گشـت

چـو دیـد آن پـدر را بدانسـان فـگار
نمانـدش بـدل انـدر آن دم قـرار

از آن غصّـه و درد در دم بمـرد
بـر از روزگار جوانـی نخـورد

چـو دیـد آنچنـان شـاه عالیمقـام
ندیـد انـدران کار خـود را نظـام

بدانسـان کـه از قـول هیربـد شـنید
ز دامـن سـه قطـرات خـون شـد پدیـد

پشیمان شد و هیچ سودی نداشت
وزان خـون ناحـق درودی نداشـت

زمانـی بـه فکـرت فـرو بـرد سـر
بترسیـــــــد از داور کرفه‌گـر

کـه زرتشـتیان بهـردیـن جـان دهنـد
زر و سـیم بـر جـان کـردگان دهنـد

بایسـتاده بـر قـول خـود اسـتوار
نـه آن عهـد بشکسـته در روزگار

چـو شـه دیـد آن قـوم را یکجهـت
بگفتـا کـه هسـت ایـن بسـی مرتبـت

چـو پیغمبـر مـا بِهِشـت ایـن گـروه
دیـد مـرا نیـز بـودن سـتوه

نبی چونکه این قوم بهدین بِهِشت
علی هم برین قول خطی نوشت[۱۱۴]

به احمد چواین قوم جزیه بداد
نکشـتند ایـن قـوم از راه داد[۱۱۵]

دیگـر اگـر مـن کشـم ایـن همـه
مسـلمان نگردنـد ازیـن دمدمـه

---

۱۱۳. واج یا باژ دعا و وردهای مختصر که زرتشتیان آهسته و زمزمه‌وار بر زبان می‌رانند.

۱۱۴. اشاره‌ای است به فرمانی منسوب به حضرت علی (ع) در باب نحوهٔ برخورد با زرتشتیان.

۱۱۵. اشاره به حکایت جزیه ستاندن عامل پیامبر از مجوس بحرین که عبدالرحمن بن عوف بدان استناد ورزید تا زرتشتیان را نیز در ردیف اهل ذمّه قرار دهند.

مکافات آن بینم از رستخیز / روانم نباشد به عُقبی عزیز
از این ترک‌شان کرد باید مرا / نگفتن به این قوم چون و چرا
که یزدان به‌بخشد گناهم مگر / نه‌بینم بپاداش رنج سقر[۱۱۶]
بگفت این و آن قوم آزاد کرد / یکی عدل از داد بنیاد کرد
مرخّص بفرمود یکسر بجای / که شاید گناهش به‌بخشد خدای
بگفتند شه را دعا مرد و زن / برفتند هر یک بسوی وطن
کنون گویم از شه نظام ای جوان / که چون دید آخر به چرخ روان
مراین گفته را یکدمی گوش دار / روان را به نیکی در آغوش دار
... سخن مختصر کردم از داستان / بدانسان که بنوشته در باستان
کنون لطف یزدان ستایم همی / وزان موبدان لب گشایم همی
بیارم مرآن شرح موبد به پیش / که بودند با داد و آیین و کیش
سه فرزند بهرام بندار زود / که در یزد آن هرسه را جای بود
بسوی خراسان گرفتند راه / نشد آن وصیّت از ایشان تباه
از آن سه برادر ایا کاردان / یکی نام او بود نوشیروان
دوم مرزبان بود آن نامدار / سیم بود کیخسرو بردبار
به مرز خراسان شدند دلنوان / بُنه برگرفتند شاپوریان
همه پاک بهدین کامل بُدند / به دین بهی پاک و عاقل بُدند
که شاپور بُد پاک و پاکیزه جان / همه پاک بودند شاپوریان ...»

(پندنامه ملافیروز، ۱۳۲۷: ۱۸۶-۱۹۹).

در مجموع و بنابر محتوای داستان که روایتی است از شرایط اجتماعی زرتشتیان یزد عصر تیموری، چند نکته را می‌توان استنتاج نمود:

- در سلسله مراتب متولیان دینی، سه نفر دستور و چندین هیربد نه تنها ادارهٔ امور داخلی اقلیت را عهده‌دار بودند که وابسته نمودن پذیرش اسلام توسط بهدینان به

---

۱۱۶. دوزخ

تغییرکیش آنها، نشان از وساطت روحانیان مذکور مابین جماعت با حکّام مسلمان است.

- جمعیّت زرتشتیان به حدی چشمگیر بود که وزیر شاه نظام از بیم فزونی تعدادشان بر مسلمانان، او را به تغییر دین اجباری زرتشتیان تشویق می‌کند.

- وصیت یکی از دستوران- بندار هیربد- به فرزندش بهرام مبنی بر مهاجرت به خراسان را می‌توان نشان از وجود ارتباطی میان این دو بخش زرتشتی‌نشین دانست.

- در منظومه آمده که پس از ندامت شاه نظام از قتل سه دستور یزد، زرتشتیان به حال خود رها شده و به روستاهای خود باز می‌گردند که این مطلب نیز مؤید پراکندگی آنها در دهات پیرامون است.

ب- زرتشتیان یزد در حکومت اوزون حسن آق‌قویونلو

با مرگ شاهرخ (در ذی‌حجهٔ ۸۵۰ ق) و جایگزینی ثبات با هرج و مرج ناشی از رقابت شاهزادگان، پس از دو سال جنگ داخلی، سرانجام امپراتوری تیمور به سه ناحیهٔ عراق عجم، فارس و ماوراءالنهر تقسیم شد که به ترتیب تحت کنترل محمّد بن بایسنقر، ابوالقاسم بابر و الغ بیگ قرار داشتند (سیوری، ۱۳۸۲: ۴۰). علاوه بر این، تیموریان با تهدید ترکمانانی مواجه شدند که در زمان سلاجقه به ارمنستان، بین‌النهرین علیا و آناطولی کوچ کرده و در حکومت قبایل قراقویونلو و آق‌قویونلو به سمت شرق به حرکت درآمده (لمتون، ۱۳۶۲: ۲۱۴) و تحت ریاست قرایوسف (۷۹۲-۸۲۳ق) وارد گردونهٔ سیاست شدند. حکومت جهانشاه (۸۷۲-۸۲۹ق) را می‌توان نقطهٔ اوج و در عین حال انحطاط ترکمانان قراقویونلو دانست. گرچه او توانست با تسلّط بر آذربایجان، عراق عجم، فارس، سواحل دریای عمان، کرمان، تبریز، ارمنستان، گرجستان و تمامی سرزمین‌های واقع تا حدود سوریه و روم، اقتدار ایل را به عالی‌ترین سطح برساند، امّا قادر به حفظ آنها در برابر رقیبی دیگر از ترکمانان یعنی اوزون حسن آق‌قویونلو نگردید و با شکست جهانشاه و حذف او از چرخهٔ سیاسی، اوزون حسن، گسترهٔ عظیمی از خراسان تا آناطولی شرقی را به

دست گرفت. بر این اساس، یزد نیز که به دنبال مرگ شاهرخ میان امرای تیموری و سپس حکّام قراقویونلو دست به دست می‌شد، در قلمروی اوزون حسن جای گرفت (میرجعفری، ۱۳۷۵: ۳۵۲).

از حوادث این خطّه طی حکومت اوزون حسن که بگذریم (برای اطلاعات بیشتر در این مورد نک: تشکری، ۱۳۹۲: ۵-۵۵) دربارهٔ زرتشتیان به دو منبع اطلاعاتی می‌توان استناد جست؛ یکی گزارش جوزفا باربارو،[۱۱۷] و دیگری روایت نخستین فرستادهٔ پارسیان هند به یزد جهت کسب آگاهی از وضعیّت همکیشان.[۱۱۸]

در آستانهٔ عصر صفوی از گزارش سیّاحی ونیزی با نام جوزافا باربارو به ایران خبر داریم که اندکی پیش از شروع حرکت شاه اسماعیل، در شرح سفرش به یزد- از مسیر تفت- می‌نویسد: «و چون راه خود را دنبال کنی پس از سه روز به شهر دیگری می‌رسی به نام تفت[۱۱۹] که به مسافت یک روز راه از آنجا، شهر یزد[۱۲۰] قرار دارد ... از آنجا به مروث[۱۲۱] می‌روی که شهرکی است و پس از دو روز سفر از این محل به شهری فرود می‌آیی به نام گرد[۱۲۲] که در آنجا مردمی به اسم ابراهیمی[۱۲۳] سکونت دارند که به گمان من یا از نسل ابراهیم‌اند یا کیش ابراهیم دارند و مردان همه ریش‌دراز هستند» (سفرنامه بازرگانان ونیزی در ایران، ۱۳۴۹: ۹۰-۹۱).

---

117. Josaphat Barbaro

۱۱۸. هرچند از حیث روند سنوات تاریخی صحیح‌تر آنست که نخست به اقدام پارسیان در برقراری روابط با زرتشتیان یزد پرداخته شود امّا به دلیل اهمیّت موضوع آن را در بحث جداگانه مطرح خواهیم کرد.

119. Taste (تفت)

120. Jex (یزد)

121. Meruth (میبد)

122. Guerde

123. Abraini

در ثبت اسامی شهرها، عدم آشنایی نویسنده با زبان و لهجه‌های فارسی مناطق مختلف، باعث گردیده تا همچون دیگر سفرنامه‌نویسان اروپایی، اسامی را بر سیاق برداشت خود ثبت نماید. از این رو و در جایی که تفت را به صورت Taste و میبد را Meruth می‌خواند، مقصود از گُرد (Guerde) منطقاً ده گبران یا همان عقدا است (جعفری، ۱۳۴۳: ۲۹) که نخستین آبادی بزرگ یزد از سمت نایین بود. نام ده گبران در کنار اشارهٔ باربارو به حضور جماعت ابراهیمی در آنجا، دلالت بر قدمت و حضور زرتشتیان در این آبادی، لااقل تا عصر صفوی، دارد.

چنان‌که در فصل نخست نیز آمد، با ورود و ثبات تدریجی اسلام در ایران- خاصّه طی قرون سوم و چهارم هجری- یأس از بازگشت به شرایط گذشته، روحانیان زرتشتی را برآن داشت تا از سویی با تدوین متون دینی، آثار شفاهی را از گزند فراموشی برهانند و از دیگر سو در تطبیق با شرایط زمانی و حسب تأکید اسلام بر کیش ابراهیمی، پیامبر خود را همان سردودمان ادیان ابراهیمی جلوه دهند. علاوه بر اینکه چنین ادعاهایی به‌کرّات در منابع زرتشتی آمده (نک به مطالب بعدی)، ادوارد براون هم طی دیدار خود از زرتشتیان یزد، نمونهٔ صریح‌تری از آن ارائه می‌دهد. وی می‌نویسد: «در ایران از زرتشتی‌ها نکته‌ای را شنیده‌ام که خود می‌دانم عقلانی نیست ... زرتشتی‌ها در حضور مسلمانان و بابی‌ها می‌گویند که زرتشت همان حضرت ابراهیم است که کتابی موسوم به «صحوف» آورد و زرتشت یکی از پیامبران مرسل یعنی از پیغمبران صاحب کتاب هست» (براون، ۲۵۳۶، ج۲: ۵۱۰). آنها در اثبات این ادّعا برآن بودند که از کتب پیامبران مرسل یعنی ابراهیم، داود، موسی، عیسی و محمّد، تنها کتاب ابراهیم، یعنی «صحوف»، ظاهراً در دسترس نیست و از این رو با تطبیق ابراهیم با زرتشت، صحوف را نیز همان اوستا می‌دانستند (همان: ۵۱۱).

۴- پارسیان و آغاز روابط با زرتشتیان یزد

در مقطع دوم خلافت عباسی و با تشدید فشارها بر اهل ذمّه، جماعتی از زرتشتیان خراسان با هدایت «دستور دانا» به جزیره هرمز و از آنجا با کشتی راهی

سرزمین هند شدند. آنها ابتدا در جزیره دیب[۱۲۴] لنگر انداختند و پس از اقامتی نوزده ساله و آشنایی با زبان، مذهب و آداب هندوها(Framjee, 1858: 11) ، بنا به توصیه دستور دانا که در نجوم و پیشگویی نیز کارآمد بود، بر کشتی سوار شده و پس از آنکه «ز یُمن آتش بهرام فیروز» از طوفان رهایی یافتند، در ساحل گجرات پهلو گرفتند. (روایات داراب هرمزدیار، ج۲: ۳۴۶؛Hodivala, 1920: 70-84).

به دنبال حضور تازه‌واردان، جاداو رانا[۱۲۵] راجهٔ گجرات (Framjee, 1858: 10) از دستور ایشان، «رسم دین» پرسید و او که آگاه بر اعتقادات هندوان بود، ضمن اذعان به «یزدان پرستی»، بر نیایش همه آفریدگان خداوند اعم از خورشید و ماه و آب و آتش و گاو تأکید کرد[۱۲۶] (روایات داراب هرمزدیار، ج۲، قصه سنجان: ۳۴۷).

در این میان و چنانکه سُرایندهٔ قصهٔ سنجان یادآور می‌شود، راجه اسکان آنها در قلمروی خویش را به شرایطی وابسته داشت که معرّف محدودیّت‌های زرتشتیان در سکونتگاه جدید است؛ از جمله اینکه «زبان شهر ایران دور دارند، زبان مُلک هندی را برآرند»، زنان پوشش هندی اختیار نمایند، آلات جنگی بر زمین نهند و مراسم ازدواج را بنا بر مرسوم هندوان در شامگاه برگزار کنند (همان: ۳۴۷). بدین‌ترتیب اگر زرتشتیان ایران، برتری اسلام را با پرداخت جزیه و اسکان در حوزه‌های روستایی به عنوان آخرین دژ بقا یافتند، همکیشان مهاجر به هند، گزیری جز التزام به فرهنگ پیرامون نداشته و ذکر جزئیاتی چون پوشش و برگزاری آیین ازدواج به سبک هندوان، نمادی از تنگناهای آنها در سکونتگاه جدید به شمار می‌رفت.

به هر روی، با پذیرش شرایط مذکور، راجه، ناحیه‌ای بایر بدیشان واگذاشت و مهاجران شهری بنیاد نهادند و به یاد زادگاهشان سنجان- که به احتمال همان

---

۱۲۴. Dive جزیره‌ای است کوچک در خلیج کامبای(Cambay) واقع در جنوب غربی کاتیوار (Kattiwar). این جزیره از قدیمی‌ترین نشیمن‌گاه‌های پرتغالیان در هند بود که نخستین بار توسّط آلبوکرک به عنوان بندرگاه استفاده گردید(Framjee, Ibid: 8) .

125. Jadao Rana

۱۲۶. بنا بر نصوص متعدد اوستا، حرمت نهادن به عناصر طبیعی از اصول دیانت زرتشتی به شمار می‌رفت (کریستن‌سن،۱۳۶۸ : ۲۱۱).

سنجان از توابع خواف باشد که در نزهة القلوب مستوفی بدان اشاره شده- آن را سنجان نامیدند. با اختصاص منطقه‌ای ویژهٔ مهاجران، اینک برپایی آتش بهرامی لازم بود تا هویت سنجان را به عنوان یک آبادی زرتشتی‌نشین کامل سازد. بنا به حرمتی که هندوان نیز برای آتش قائل بودند (Framjee, Ibid: 15)، راجه تقاضای پارسیان برای برپایی آتش بهرام را پذیرفت[۱۲۷] و آنها به یاد میهن، نخستین آتش بهرام در هند را «ایرانشاه» خواندند (۷۲۱م). استقرار پارسیان در سنجان و فراگیری زبان گجراتی، زمینه‌ای فراهم آورد تا گروه‌های دیگری از زرتشتیان خراسان نیز بدین سو آمده و با افزایش تدریجی جمعیّت- طی سیصد سال آتی- در سنجان، قلمروی حضور خود را به سایر نقاط گجرات نظیر نوساری،[۱۲۸] بروچ،[۱۲۹] بَریاو[۱۳۰] و انکلیسر[۱۳۱] گسترش دادند.

این مهاجرت‌ها هرچند بسط حوزهٔ پارسیان و آشنایی متعاقب آنها با دول غربی را باعث شد، امّا سکونت میان اکثریت هندو و مسلمان، گزیری جز سازش با محیط را باقی نمی‌گذاشت و دویست سال اقامت در این مناطق، به کمرنگی تقیّدات دینی انجامید.

موضوع برگزاری آیین‌ها و مناسک دینی، در دسته‌بندی روحانیان- که معیشت خود را مدیون انجام مناسک دینی بودند- نیز حائز اهمیّت خاص بود. طبق سنّت پارسی در ۵۱۱ یزدگردی/ ۱۱۴۲م «زردشت موبد» با پسرش «کامدین» به نوساری

---

۱۲۷. بنا بر روایت «قصه سنجان»، زرتشتیان مزبور آلات مورد نیاز برای برپایی آتش را با خود از خراسان آورده بودند، اما از «قصه زرتشتیان هندوستان» چنین برمی‌آید که پارسیان، موبدانی را بدین‌منظور از هند روانهٔ زادبوم خود، خراسان، کرده‌اند (قصه زرتشتیان هندوستان، همان: ۳۳-۳۴).

۱۲۸. Navosari در ۱۱۴۲م فردی پارسی به نام کامدین زرتشت از سنجان به محلی با نام ناگمندال (Nagmandal) آمده و پایگاه جدیدی برای پارسیان فراهم می‌آورد. از «آنجا که آب و هوای این ناحیه با مازندران شباهت داشت لذا پارسیان، نام محل را به نوساری یا ساری جدید تغییر دادند» (Karaka, 1884, vol1: 37).

129. Bahruch

130. Baryāv

131. Anklesar

رفتند (Murzban, 1917: 52) و مدتی بعد اخلافشان از روحانی سنجانی دیگری معروف به «هوم بهمنیار» دعوت نمودند. از آنجا که با رشد جمعیّت پارسیان، رقابت و اختلاف روحانیان هر ناحیه با یکدیگر نیز طبیعی می‌نمود، از همان آغاز، هر گروه از ایشان به تقسیم مسئولیت میان خود برآمدند. به عنوان نمونه، روحانیان نوساری برآن شدند تا انجام آداب و رسوم دینی را میان پنج «پُل» یا گروه خانوادگی- که دو تای آنها از بازماندگان زردشت موبد و سه تا از فرزندان هوم بهمنیار بودند- تقسیم و درآمد حاصل از برگزاری مراسم دینی، میان ایشان توزیع گردد. از آن پس، روحانیان نوساری خود را «بهاگریه» نامیدند که به معنای «شرکاء» بود. با وجود این، مشکل اختلاف و نزاع میان حوزه‌های تولیت دینی همچنان پابرجا ماند تا آنکه در ۶۵۹ یزدگردی/ ۱۲۹۰م برروی تقسیم گجرات به پنج حوزه دینی (آذرگشسب، ۱۳۵۲: ۶۴) یا «پنت»[۱۳۲] به توافق رسیدند:

«که جای یکدگر دخلی نسازیم   همه برجای خود بگرفته نازیم»

(قصه زرتشتیان هندوستان: ۳۵)

این پنج حوزه شامل سنجان در محدوده بین «رود پار» تا «رود دنتور»؛[۱۳۳] نوساری از «رود پار» تا «رود بَریاو»؛ «گداوره»،[۱۳۴] از «رود بَریاو» تا «انکلیسر»؛ «بروچ» از «انکلیسر» تا «کمبایت»؛[۱۳۵] و «کمبایت» یا «کمبی» بود (قصه زرتشتیان هندوستان: ۳۴؛ روایات داراب هرمزدیار، ج۲: ۳۴۹).

با آنکه در هر پنت، روحانیان، استوار بر نظام موروثی، شورایی خاص داشتند و امور داخلی همکیشان را اداره می‌کردند، به دلیل وجود آتش ورهرام در سنجان، همگی ارتباط معنوی خود با آن را حفظ کرده بودند. این روند تا استقرار اسلام بر حوزهٔ گجرات همچنان تداوم یافت و از آنجا که منابع زرتشتی، فتح سنجان و انتقال

---

۱۳۲. Panth واژه‌ای گجراتی است به معنی حوزه و گروه.

133. Dantora

134. Godavra

135. Kambayat

آتش ورهرام به نوساری را به منزله پایان مقطعی از حیات فرهنگی پارسیان دانسته و در آغاز عصر جدید شاهد تلاش آنها برای ایجاد روابط با زرتشتیان یزد هستیم، لذا برای فهم دلایل این اقدام و نیز واکاوی در تناقض تاریخ‌های مندرج در روایات، بحثی در نحوهٔ تثبیت اسلام بر گجرات ضروری می‌نماید.

طی سده‌های پس از ورود زرتشتیان به هند، علی‌رغم برتری راجه‌های هندو و اجبار پارسیان به ترک برخی از آداب و رسوم دینی که در راستای تابعیت از وضع موجود مفهوم می‌یافت، تسامح هندوئیزم در قبال پیروان دیگر ادیان، گجرات را به معتبرترین حوزهٔ زرتشتی‌گری ارتقا بخشیده بود. در روایات زرتشتی، آنچه بیش از اکثریت هندو، عاملی در تشدید مصائب پارسیان شناخته شده، چیرگی اسلام بر این منطقه و خاصّه ویرانی سنجان به عنوان کانون و قبله‌گاه معنوی پنت‌های روحانی است. دربارهٔ زمان و نحوهٔ وقوع این رخداد، روایت منظوم قصهٔ سنجان می‌گوید که در پادشاهی «محمود» است که اسلام ابتدا به «چپانیر» وارد شده و سپس وی به تحریک وزیرش «الف‌خان»،[۱۳۶] به سنجان حمله می‌برد (روایات داراب هرمزدیار، ج۲: ۳۴۹). در این بین، پارسیان با هدایت فردی به نام «اردشیر» در کنار هندوها، مقاومت سختی در برابر مسلمانان نشان می‌دهند، امّا سرانجام با قتل اردشیر و یاران او توسّط الف‌خان، سنجان تسخیر می‌شود (همان: ۳۵۰-۳۵۲). این حادثه ضربه‌ای بزرگ به پارسیان بود؛ از این حیث که منجر به پراکندگی برجسته‌ترین روحانیان زرتشتی شد وآتش ورهرام نیز معتبرترین جایگاه خود را از دست داده، و ناگزیر دوازده سال مخفیانه در کوه‌های «بهاروت»[۱۳۷] و چهارده سال در «بانسده»[۱۳۸] نگهداری

۱۳۶. در تاریخ هند عنوان «الف‌خان» (الفخان) و اُلُغ‌خان (الغخان) بعضاً به صورت لقب و یا نام فرد به کرّات به کار رفته است. چنان‌که در پادشاهی ناصرالدین محمود بن شمس‌الدین التتمش منصب وزارت به ملک غیاث‌الدین بَلبَن واگذار گردیده (تاریخ فرشته، چاپ سنگی، ج۱:۶۱) و به لقب الغ‌خان یا خان اعظم مفتخر شد (همان:۶۰) و در ۶۴۷ ق سلطان دختر او را به عقد خود درآورد.

۱۳۷. واقع در یکصد و چهل و پنج کیلومتری شرق سنجان.

۱۳۸. منطقه ای در ایالت گجرات که از شمال و غرب به سورات، در جنوب شرقی به بارودا، شرق به دنگ و در جنوب به ایالت بهامپور محدود می‌شود.

می‌شود. و در نهایت به همّت جمعی از پارسیان و راهنمایی بهدینی از اهالی نوساری به نام «چنگه آسا»، به این شهر انتقال می‌یابد (همان: ۳۵۲). گذشته از تأیید و تکیه برخی از مورخان بر صحّت محتوای این روایت، تناقض داده‌های قصّه در فتح چپانیر، وجود شخصی با نام الف‌خان، و تطبیق زمان رخداد با اطلاعات تاریخی، اختلاف آرای محقّقان را باعث شده است.

با آنکه تواریخ هند، قشون‌کشی‌های متعددی توسّط فاتحان و سلاطین دهلی به گجرات را ثبت کرده‌اند، امّا هیچ‌گونه اشاره‌ای به فتح سنجان ندارند و از حیث زمانی و یا در مقام وزارت شاه محمود، وجود فردی به نام الف‌خان قابل تأیید نیست.

تاریخ فرشته در دو مقطع تاریخی بر تصرّف گجرات توسط سپاهیان اسلام تأکید ویژه دارد. مرتبه نخست به حکومت علاءالدین خلجی (۶۹۶-۷۱۶ق/ ۱۲۹۷-۱۳۱۷م) مربوط است که یکی از سرداران خود با نام الماس‌بیک الغ‌خان را در ۶۹۷ق به فتح گجرات فرستاد (تاریخ فرشته، ج۱: ۱۰۳) و او پس از «نهب و غارتِ» «مُلک گجرات»، آن را به «حوزهٔ دیوان دهلی» درآورد (همان: ۱۰۳). دومین نوبت به تأسیس سلسلهٔ سلاطین گجراتی باز می‌گردد که با قدرت‌گیری ظفر خان (۷۹۵-۸۱۴ق/ ۱۳۹۳-۱۴۱۲م) از طرف محمّدشاه، حاکم دهلی، آغاز شده (تاریخ فرشته، ج۲: ۱۷۹-۱۸۵) و در حکومت سلطان محمود بیگره[۱۳۹] (۸۶۲-۹۱۷ق/ ۱۴۵۸- ۱۵۱۲م)[۱۴۰] به تثبیت اسلام در گجرات منجر می‌شود.

---

۱۳۹. وی ششمین پادشاه از سلاطین گجراتی بود که پس از داودشاه بن احمدشاه و به یاری «عمادالملک» از عاملین معتبر دربارش به سلطنت نائل آمد (تاریخ فرشته، ج۲: ۱۹۳). دربارهٔ عنوان و وجه تسمیه بیگره آورده‌اند که بیگرا، «گاوی با شاخ‌های برآمده و حلقه‌زده را گویند». در توضیحی دیگر آمده است که «از جمال‌الدین انجو دلیل ذکر آن برای محمود سؤال کردند. گفت: چون او دو قلعه نامی یکی کَرنال و دوم چنپانیر را گرفت او را «بیکرا» گفتند، یعنی صاحب دو قلعه و این به صواب اقرب است» (همان، ج۲: ۲۰۵).

۱۴۰. تاریخ فرشته به اشتباه، تاریخ مرگ قطب‌الدین شاه را در «ثلث و سبعین و ثمانمائه (۸۷۳ق) می‌داند که پس از او، عمویش داودخان چند روزی حکم راند و آنگاه با توطئه عمادالملک برکنار و محمود جایگزین وی شد (همان:۱۹۳). همین کتاب در ذکر وقایع زمان محمود مجدداً به اختلافات وی با محمود خلجی به تاریخ «ست و ستین و ثمانمائه» (همان: ۱۹۵) استناد می‌نماید که این همه معرّف اشتباهی در چاپ بوده و از این رو منطقاً به نظر می‌رسد که در مورد فوق نیز به جای «ستین» اشتباهاً «سبعین» آمده است.

وی پس از انتظام امور که به یاری وزیرش عمادالملک صورت پذیرفت، درصدد بسط قدرت خویش در گجرات برآمد و به رغم دشمن سرسختی چون محمود خلجی که همواره علیه محمود و دیگر سلاطین گجراتی با راجپوتان هندو ائتلاف می‌کرد، در گام نخست با فتح «قلعه بادر» و «بندردَوَن»،[۱۴۱] توانست «ولایت دَوَن که یک هزار موضع» در تحت خود داشت را تسخیر نماید (همان: ۱۹۶). سپس تسخیر دو قلعهٔ کرنال و چپانیر (دوم ذی‌قعده ۸۸۹ق/ ۳۰ نوامبر ۱۴۸۴م) محمود را به اوج درخشش رساند و البته مطابق با روایات زرتشتی، فتح چپانیر مقدمهٔ سقوط سنجان بود. بنا بر نوشتار تاریخ فرشته، محرک اصلی در این فتح عمادالملک بود که به سلطان تلقین می‌کرد که «محافظت خزانه و اهل حرم» مستلزم تسلّط بر قلعه چپانیر است. گرچه وزیر، مدتی پیش از این فتح وفات نمود، امّا تحریکات او باعث شد تا محمود شاه در سال ۸۸۸ق/ ۱۴۸۳م نخست شهر چپانیر (تاریخ فرشته، ج۲: ۲۰۲) و سپس قلعهٔ آن را فتح و با تفأل به «حضرت سید کائنات» آنجا را به «محمّدآباد» تغییر نام داده و از این هنگام شهر مذکور به مرکز سلاطین گجراتی ارتقا یابد.

در مجموع، پنجاه و پنج سال حکمرانی محمود، نقطهٔ عطفی در ثبات سلاطین گجرات به شمار می‌رفت که طی آن، اسلام بر منطقه استوار شده و پیروان ادیانی چون زرتشتی تحت فشار قرار گرفته و وادار به پرداخت جزیه شدند. بر این اساس و در مقایسهٔ متون تاریخی با روایات زرتشتی، ذکر نام الغ‌خان را می‌توان وجه اشتراک آنها دانست. با این تفاوت که الغ‌خان مذکور در حکایت تاریخ فرشته، سردار نظامی- و نه وزیر- علاءالدین خلجی است که در سال ۶۷۰ق اقدام به غارت گجرات نمود. ضمن اینکه فتح قلعهٔ چپانیر نه در این هنگام، بلکه نزدیک به دو سدهٔ بعد صورت گرفته است. بنابراین، به نظر می‌رسد که پارسیان این دو حمله را در یک روایت جمع کرده‌اند و الغ‌خان را از حمله اول گرفتند و چپانیر را از حمله دوم.

به هر حال، در روایات زرتشتی، فتح سنجان، معرّف سقوط مهم‌ترین کانون دینی بهدینان و زمینه‌ای برای انتقال آتش ورهرام به نوساری به شمار رفته است. از

---

۱۴۱. میان گجرات و کوهکن.

این رو، در نخستین نامهٔ موبدان یزد به پارسیان و از زبان نریمان هوشنگ (فرستادهٔ پارسیان) بر حضور این آتش در سال ۸۴۷ یزدگردی/ ۸۸۲ق/ ۱۴۷۷م در نوساری و نقش بهدینی با نام چانگه آسا در این امریاد می‌کنند (نک به مطالب بعدی).

اگر نامهٔ مذکور را مکمّلی بر حکایت قصه سنجان قرار دهیم، آنگاه به سهولت می‌توان دریافت که انتقال آتش بهرام به نوساری، در محدودهٔ زمان نگارش نامه و نه یک قرن و اندی پیش از آن رخ داده است. بدین‌ترتیب در حدّ تمایزی میان داستانی برآمده از آمال و ایده‌های عامیانه با روایت تاریخی، احتمال می‌رود که سُرایندهٔ قصه، الف‌خان یا الغ‌خان عهد سلاطین مملوک دهلی را با دورانی نزدیکتر یعنی محمود شاه بیگره در هم آمیخته و آن را در طرحی داستانی، به هم تلفیق کرده است.

در تلاش برای پیوند و تطبیق محتوای قصه با روایت تاریخی، محقّقان راهکارهای متنوّعی ارائه نموده‌اند. نخستین بار دستور فرامجی اسفندیارجی ریادی (۱۸۳۱م) فتح سنجان را به هنگام عزیمت محمود بیگره برای نبرد با پرتغالی‌ها (۱۵۰۷م) می‌داند و این نظرتا بیست سال به حدّی رایج بود که حتّی فرامجی، مؤلف تاریخ پارسیان، نیز بر آن صحه گذاشت (Framjee,1858:16). پس از او، بهمن‌جی بهرام‌جی پتل مدعی شد که الف‌خان (الغ‌خان) فرمانده محمود در سال ۱۴۹۶م به دلیل شورش به قتل رسیده و نمی‌توان او را فاتح سنجان خواند. لذا تاریخ این فتح را در اوان دوران محمود و بین سالهای ۱۴۵۹-۱۴۶۹م دانست. (Parsi Prakāsh: 5)

همچنین در ۱۹۰۵م، جمشید مودی به استناد اعزام سپاهیانی توسّط محمود به «دابول»[142] نزدیک «راتناگری»[143]- که به هنگام سرکوبی بهادر گیلانی رخ داد- و نیز روایت قصه زرتشتیان هندوستان که زمان انتقال آتش بهرام به نوساری را سال ۷۸۵ ی/ ۱۵۱۶م[144] می‌داند (قصه زرتشتیان هندوستان: ۴۱) و ادعای قصه سنجان مبنی بر فاصلهٔ ۲۶ ساله میان فتح مذکور با انتقال آتش به نوساری (روایات داراب

142. Dabhol

143. Ratnagri

۱۴۴. البته در متن قصه سال ۷۸۵ یزدگردی ذکر شده که مودی آن را اشتباه نگارشی دانسته و به جای هفتصد، هشتصد می‌آورد (نک: قصهٔ زرتشتیان هندوستان، همان: 244، Modi, 1905: 42-63).

هرمزدیار، ج۲: ۳۵۲)، این واقعه را مربوط به ۱۴۹۰م می‌داند. (Modi, 1905, 42-63)

نهایتاً، هودیوالا دیدگاه مودی را با تأکید بر این نکته که چرا به رغم شهرت سنجان، در دو روایت نخست- که هر دو به پیش از ۱۴۹۰م مربوط هست- از آن نامی نرفته، مردود دانسته (Hodivala, 1920: 40-46) و سال ۸۶۹ق/ ۱۴۶۵م را برای فتح سنجان پیشنهاد می‌دهد که بنابه منابع متعدّد تاریخی،[۱۴۵] در این سال محمود عازم بندر «دَوَن» و قلعه «بارود» گردیده است. وی بر این باور است که در این گزارش، مقصود از ولایت و بندر «دَوَن» همان «دَمَن» و «بارود» همان «بهاروت» است که تاریخ الغخانی نیز مجاورت این بندر با «بهاروت» را تأیید کرده است. مکمل منبع اخیر در همجواری «دَوَن» و «بهاروت»، اشارۀ کتاب «مرآت اسکندری» به همسایگی «سنجان» و «دَوَن»،[۱۴۶] هودیوالا را به این نتیجه می‌رساند که سال ۱۴۶۵م را می‌توان نزدیک‌ترین تاریخ به فتح سنجان دانست.

از واکاوی در صحّت و سقم نظرات یادشده که بگذریم، پیشنهاد مذکور با مضامین تاریخی تطابق بیشتری دارد و چنین می‌نماید که با تسلّط محمود بیگره بر حوزۀ «دَوَن» که گویا سنجان را نیز شامل می‌شد، از حدود سال ۱۴۶۵م/ ۸۳۴ی/ ۸۶۹ق این مناطق تحت سیطره اسلام قرار گرفت و زرتشتیان تداوم بقای خود را به پرداخت جزیه وابسته دیدند.

به هر حال، از این زمان تا حضور نریمان هوشنگ در یزد (۸۴۶ی/ ۸۸۱ق/ ۱۴۷۶م) و ادعای وجود آتش ورهرام در نوساری، یازده سال فاصله زمانی داریم. با آنکه در نامه دوّم (۸۵۵ی) به دلایلی، موبدان یزد ادعای نریمان هوشنگ دالّ بر انتقال آتش ورهرام به نوساری را زیر سؤال می‌برند، حتّی در صورت پذیرش چنین رخدادی، لحاظ زمان فوق‌الذّکر میان فتح سنجان تا استقرار آتش ورهرام در نوساری و بروز اختلاف میان روحانیان سنجانی و نوساری چندان غیرمعمول نمی‌نماید.

---

۱۴۵. برای نمونه نک: تاریخ فرشته، ج۲: ۳۸۵؛ نظام الدین احمد، ۳۷-۱۹۳۵: ۴۶۹؛ تتوی، ۱۳۸۲، ج۸: ۵۳۲۹؛ سکندر بن محمّد اکبر، نسخه خطی: ۹۳.

۱۴۶. مرآت اسکندری می‌نویسد: «آخرالامر چنگیزخان ولایت دَوَن و سنجان- که از مضافات گجرات بود- به فرنگیان داده، ایشان را به کومک خود طلبید» (سکندر بن محمد اکبر: ۲۹۹).

الف- اعزام نخستین فرستاده پارسیان به یزد

بنا بر اطلاعات یادشده، اقدام محمود بیگره در فتح مناطق گسترده‌ای از گجرات، نه تنها سیطرهٔ راجه‌های هندو را متزلزل نمود بلکه به سبب اتّحاد و همراهی زرتشتیان سنجان با ایشان، این سرزمین بیش از دیگر حوزه‌های تجمّع بهدینان مورد نهب و غارت قرار گرفت. به هر حال، آنگونه که قصه سنجان و قصه زرتشتیان هندوستان روایت کرده‌اند، اگر نقل مکان آتش ورهرام نوساری به مجرّد ورود اسلام رخ ننموده و یا به احتمال، این آتش بعداً در نوساری احیا شده باشد، اقدام به اعزام قاصدی از نوساری برای کسب آگاهی از وضع همکیشان ایرانی، معرّف تنزّل جایگاه روحانیت سنجان و تلاش جمعی از نخبگان غیرروحانی برای ارتقای جایگاه نوساری است.

بر اساس پیشینهٔ یادشده و تا قبل از تأسیس سلسله صفوی حداّقل از دو نامهٔ موبدان یزد به پارسیان خبر داریم:

روایت نریمان هوشنگ

در ۸۴۶ یزدگردی/ ۸۸۲ق/ ۱۴۷۷م فردی با نام نریمان هوشنگ، از اهالی بروچ (روایات داراب هرمزدیار، ج۲: ۳۸۰)، توسّط چنگه آسا از نوساری به یزد اعزام شد تا پارسیان را از احوال بهدینان ایران آگاهی دهد. حضور نریمان در یزد- و نه کرمان یا دیگر شهرهای زرتشتی‌نشین ایران- حائز اهمیّتی دوسویه بود؛ نامبرداری این خطّه و خاصّه روستای تُرک‌آباد اردکان به عنوان محّل تجمّع موبدان و کانون موبدنشینی ایران، و نیز اطلاع پارسیان از این موضوع. علی‌رغم آنکه عمدهٔ محقّقان، نامهٔ ارسالی زرتشتیان ایران به پارسیان هند توسّط نریمان هوشنگ را به گونه‌ای در مجموعهٔ روایات، فهرست کرده‌اند که گویا نریمان هوشنگ هم حامل نامه‌ای از طرف پارسیان بوده، امّا از محتوای نامه برمی‌آید که موبدان یزد صرفاً از طریق گفت و شنود با او از وضع پارسیان هند و مسائل آن‌ها آگاه شده‌اند و لزوماً مخاطب نامه‌ای خاصّ از جانب پارسیان نبوده‌اند. از این رو، در نامهٔ ایشان خطاب به پارسیان می‌خوانیم

که «معلوم دانند که از نریمان هوشنگ بروجی سؤال‌ها می‌کردیم و او حالها می‌گفت» (روایات داراب هرمزدیار، ج۲: ۳۷۸).

علاوه بر این، روحانیان یزد تأکید دارند که چون نریمان هوشنگ «زبان پارسی» نمی‌دانست، از او خواسته‌اند که «اگر می‌خواهی که یکدیگر را بشناسیم، مدت یکسال اینجا بایست» و پس از این مدّت که او در یزد با خرید و فروش «طیبی»[۱۴۷] امرار معاش می‌کرد، با او به گفت و شنود نشسته‌اند (همان: ۳۸۹). بدین‌ترتیب نریمان پس از یکسال فراگیری زبان فارسی، موبدان را از شرح ماوقع در هند خبردار می‌سازد و محتوای گفت و شنود آنها در نامه ای موسوم به «روایت نریمان هوشنگ» فراهم می‌آید. در خلال این مباحثات بر نکاتی تأکید رفته که در بازشناسی شرایط سیاسی- فرهنگی پارسیان هند و بهدینان ایران اهمیّت قابل توجهی دارد.

نامه با توصیفی از شرایط نابسامان زرتشتیان آغاز می‌شود: «و همهٔ اثورنان ارتیشتاران و واستریوشان و هُتُخشان بدانند که در روزگاری که گذشته است از کیومرث تا امروز هیچ روزگار سخت‌تر و دشوارتر ازین هزارهٔ سر هیشم نبوده است و نه از دور ضحاک تازی و نه افراسیاب و نه تور جادو و نه اسکندر یونانی که دادار اورمزد می‌گوید که این کسان، گران‌گناه‌تراند و ازین هزاره سر، که اورمزد گفته است که هشتصد و چهل و هفت سال که گذشته است بیشترین روزگار بتر نبوده است» (روایات داراب هرمزدیار، ج۲: ۳۷۹). همچنین در عبارتی، پارسیان را آگاه می‌سازند که پاک‌دینی و دقّت در رعایت ضوابط آیین به حدّی فرو افتاده که «درین زمانه کار کرفه کردن راه اورمزد دسترس اندک است و نیرنگ و بَرسَم و یوژداثرگری[۱۴۸] و پاکی و پلیدی هم اندکی به جای مانده است و باقی از دست افتاده است؛ چه از ایران و هندوستان همه بسیار پاکی و پلیدی و رسم است و کن مکن آن بسیار است» (همان: ۳۷۹). امّا در رابطه با وقایع هند و شرایط اجتماعی پارسیان، موبدان ضمن استناد به گفتار نریمان در انتقال آتش ورهرام به نوساری می‌نویسند: «درینجانب موبدان و

---

۱۴۷. منظور عطریات و مواد خوشبوکننده است.

۱۴۸. آداب و آیین تطهیر را گویند.

هیربدان سؤال کردیم و او شرح حال‌ها گفت، و گفت که در نوساری بهدین است و او را نام چنگه شاه و جزیهٔ بهدینان نوساری را دور کنانیده است» (روایات داراب هرمزدیار، ج۲: ۳۸۰). این موضوع یعنی اشاره به رفع جزیه از بهدینان- آنهم توسّط فردی غیرروحانی- در نوساری اولاً دلالتی است بر سیطرهٔ اسلام در منطقه[۱۴۹] که بقای زرتشتیان بر کیش خود را به پرداخت مالیات سرانه وابسته نموده بود و در ثانی بیانگر نقش آفرینی یک زرتشتی عامی یا بهدینِ احتمالاً برآمده از طیف نوظهور تجار است که در غیاب مرکزیت سنجان، عملاً هدایت و سالاری نوساری را در دست دارد و در نتیجهٔ تعاملاتش با حکّام مسلمان، همکیشان را از پرداخت جزیه رهانیده است.

ظاهراً موبدان یزد به دلیل فتح باب روابط با پارسیان، ادّعای نریمان مبنی بر سالاری چنگه‌آسا/ چنگه‌شاه بر آتش ورهرام را بی‌بحث می‌پذیرند و صرفاً خواهان دقت نظر او بر اجرای ضوابط دینی می‌شوند.

در همین رابطه هم چنین،از پارسیان می خواهند تا هیربدانی از هند برای تعلیم یافتن به یزد آیند (همان: ۳۸۰-۳۸۱)، که البته به نظر می‌رسد پارسیان هم در ادامه متقابلاً درخواست فرستادن هیربدانی از یزد به هند برای بهره‌مندی از دانش آن‌ها را مطرح می‌کنند، امّا روحانیان یزد به بهانهٔ خطر سفر از طریق دریا از این کار خودداری می‌ورزند (همان: ۳۸۴)[۱۵۰]. محتوای نامه همچنین از ناتوانی پارسیان و حتّی دستوران آن‌ها در فهم خط پهلوی (همان: ۳۷۸) و ضوابط کیش زرتشتی حکایت دارد. نکتهٔ جالب دیگر اینست که بخش‌هایی از نامه «به خط اوستا» نوشته شده تا مشخّصاً غیرزتشتیان امکان خواندن و اطلاع یافتن بر موضوع آن را نداشته باشند. از جمله در بحث خویدوده/ «خیتودث» یا ازدواج با خویشاوندان نزدیک که نزد مسلمانان و حتّی هندوان پذیرفتنی نبود (روایات داراب هرمزدیار، ج۲: ۳۸۱).

علی‌رغم اینکه زرتشتیان ایران فرستادن هرگونه سند و کتاب و پیام مکتوب را

---

۱۴۹. نشانه‌های دیگری نیز بر این موضوع دلالت دارند؛ از جمله در عبارتی دلیل از رسم افتادن خیتودث/ خویدوده را آن می‌داند که «پادشاه بهدین نیست» و «... اکنون مسلمانست» (روایات داراب هرمزدیار، ج۲: ۳۷۸).

۱۵۰. دربارهٔ مسیرهای ارتباطی ایران و هند نک: طباطبایی، هوخت، ۱۳۴۳، شماره ۱۱: ۶۴).

چندان به صلاح نمی‌دانستند، به همراه مکتوبی که توسّط «هوشنگ سیاوخش شهریار ورهرام خسروشاه انوشیروان» در شرف‌آباد نگارش یافته بود، «چند فصل از شایست و ناشایست» به خط «شاپور جاماسب شهریاربخت آفرین شهرام بهرام نوشیروان» از «دفتر رستم شهریار» را نیز به هند ارسال داشتند (همان: ۳۷۲). همچنین نامه، ضمیمه‌ای دارد که در روایات داراب هرمزدیار، پس از روایت دوم آمده است که به دلایلی صحیح نمی‌نماید؛ با توجه به اینکه نامهٔ دوم، هشت سال پس از نامه نخست نگارش یافته، تأکید مجدّد بر حضور نریمان و زبان‌آموزی وی، و انضمام آن به نامهٔ دوم که حاملش فردی دیگر بوده و در محتوای آن نیز ذکری از نریمان هوشنگ نرفته را غیرمعقول می‌سازد. ضمن آنکه در عبارتی، عدم اعتماد به ادّعای نریمان را تکرار می‌کند که «ما را این زمان سؤال کرد و گفت یوژداثرگری و کاری‌زِشن[۱۵۱] در نوساری و سورات و آتش بهرام هست. امّا از این زمان یکسال اندیشه کردیم و از باب نسا پرهیختن[۱۵۲] رخصت دادن تهوّر و اعتماد نداریم» (روایات داراب هرمزدیار، ج۲: ۳۸۹).

ب- دومین نامه‌نگاری زرتشتیان یزد و پارسیان

با توجه به اهمیّت و اختلاف آرای محقّقان در تاریخ دقیق دومین نامهٔ موبدان یزد به پارسیان، روایت مذکور را از دو بُعد مشخصات ظاهری و محتویات آن به بحث می‌گذاریم.

مشخصات اوّلیه

به رغم آنکه در روایات داراب هرمزدیار، این نامه «از روایت نریمان هوشنگ» عنوان گرفته (روایات داراب هرمزدیار، ج۱: ۳۲) امّا در متن، سخنی از نریمان نیست و بنابر قاعدهٔ نام‌گذاری روایات بر اساس نام حامل نامه، آن را «روایت مرزبان اسفندیار» خوانده‌اند.

---

۱۵۱. نیایش و عبادت کردن، دعا خواندن

۱۵۲. پرهیز کردن

موبدان به چنگه شاه و پسرش بهرام شاه سلام رسانده و از «هیربد هیربدان خورشید بزرگ سنجانان» (روایات داراب هرمزدیار، ج۲: ۳۸۳) یاد می‌کنند که معرّف حضور روحانیان برجسته سنجان در نوساری است. همچنین کاتب نامه «شاپور جاماسب» (همان: ۳۸۸) معرفی شده و پس از ذکر تاریخ نگارش به سال «هشتصد و پنجاه و پنج [۱۴۸۶م/ ۸۹۱ق] پس از یزدگرد شهریار» (همان: ۳۸۸) اسامی تنی چند از هیربدان و موبدان شریف‌آباد/ شرف‌آباد و ترک‌آباد ذکر می‌شود.

در این میان علی‌رغم صراحت تاریخ نگارش مکتوب در ۸۵۵ یزدگردی/ ۸۹۱ق/ ۱۴۸۶م، موبدان در نامه بعدی (۸۸۰ی/ ۹۱۶ق) که به روزگار صفوی ارسال شده است (نک به مطالب بعدی)، سابقهٔ روابط را این‌گونه می‌آورند:

«... تا قبل از سی و پنج سال ازین تاریخ[۱۵۳] بهشت‌بهر نریمان هوشنگ متوجه اینجانب شد. مکتوب از اشوروان بهرام‌شاه و چنگه‌شاه و از جماعت بهدینان و دستوران به اینجانب نوشته بودند. این فقیران جواب آن نوشته به دست نوشیروان خسرو و مرزبان اسفندیار قبل ازین از بیست و نه سال [یعنی سال ۸۵۰ی] که گذشته، فرستاده بودیم و هیچ چیزی ارسال هم نفرمودند و این فقیران را معلوم نیست که احوال بهدینان آن ولایت چونست» (روایات داراب هرمزدیار، ج۲: ۳۹۱).

در واقع مشکل آنجاست که بیست و نه سال پیش از ۸۸۰ یزدگردی، مصادف با ۸۵۰ یزدگردی می‌شود، حال آنکه نامهٔ دوم به صراحت تاریخ ۸۵۵ یزدگردی دارد. مودی معتقد است که تاریخ صحیح نامهٔ دوم ۸۵۰ یزدگردی بوده و مبنا و اساس قرائت عدد ۸۵۵ و تکرار آن، نسخه‌ای است از روایات داراب هرمزدیار (موجود در کتابخانهٔ دانشگاه بمبئی) که در آن نسخه عدد «پنج» به طور ناموجه به تاریخ اصلی الحاق شده و از این رو، تاریخ صحیح همان ۸۵۰ یزدگری است (Modi, 1905: 50). (برای بحثی در ین مورد نک به مطالب بعدی).

---

۱۵۳. یعنی ۸۸۰ یزدگردی که با کسر سی و پنج سال مصادف با ۸۴۵ ی یعنی زمان حضور نریمان هوشنگ در یزد می‌شود.

محتوای نامه

مانند دیگر نامه‌ها که پارسیان خواهان فراگرفتن آموزه‌ها و سنت‌های دینی بودند، از وَرَس[۱۵۴] و چگونگی تهیه آن سؤال می‌کنند و موبدان در پاسخ می‌نویسند:

«سالها شده است که بهدین ایران اندکی هستند، [و] بسیار در طالب و انتظار بوده‌اند که یکی در مُلکی نشانی بهدین آگه شوند که بسیار مهماتها وهیزه و وَرَس گرفتن و نیرنگ‌ها[۱۵۵] [و] یزشن‌های بزرگ و خورد معلوم کنند. چون این مهماتهای کلی از همین هزارهٔ گَنامینو[۱۵۶] از دست بهدین رفته است. دگر این ضعیفان چهار کس پنج کس هستند که اندک خط پهلوی را می‌دانند. فامّا آنچه اصلست یافت نمی‌شود به سبب آنکه داد و ستد روزگار و تن و جامه آلوده شده‌اند و روزگار پیشین که وَرَس گرفته‌اند صد و شصت سال و صد و هفتاد باشد. هیربدان غایب آمده‌اند و مهم وَرَس ساخته‌اند و دیگر رفته‌اند و دیگر هیچ کس معلوم نیست که در کدام حدود رفته‌اند و همچنین هیربدان اینجانب انتظار بوده‌اند و هیچ نوع معلوم نشده است» (روایات داراب هرمزدیار، ج۲: ۳۸۳).

ادعای موبدان مبنی بر ناآگاهی از نحوهٔ تهیه وَرَس را از دو زاویه می‌توان محل توجه قرار داد؛ یا آنکه در گفتارشان صادق بوده که در این صورت بیانگر پس‌افتادگی زرتشتیان در انجام فرائض مذهبی، آنهم در معتبرترین کانون زرتشتیگری ایران است و این موضوع با مرجعیت دینی آنها و پاسخ‌های ارائه شده به سؤالات پارسیان همخوانی ندارد. و یا آنکه همانند عدم پذیرش اعزام هیربدان، به هر دلیلی از انجام این خواهش نیز طفره رفته‌اند؛ «دیگر آنکه هیربد اینجانب نمی‌توان فرستند که در آب دریا بیم است و کشتی روزگار آلوده شده است و دستوران دین‌ورزیداران و پیشینگان رخصت نداده‌اند و به همدادستانی گناه نشده‌اند و به راه خشکان به ترس دروندان نمی‌توان آمد. و اگر به چنانکه به لطف و مرحمت شما و اعتماد دارید

---

۱۵۴. وَرَس، صافی ساخته شده از موی گاو برای تهیه نوشیدنی هوم است.

۱۵۵. نیرنگ کلمه ای پهلوی بوده و به معنای مراسم دینی است.

۱۵۶. مقصود اهریمن است.

که دو هیربد مستعد بفرستند تا همینقدر خط پهلوی که معلوم است بیاموزد و تعلیم دادن برین بابت هیچ مانع و دریغ نیست» (روایات داراب هرمزدیار: ۳۸۴).

از دیگر سو، موبدان به‌رغم آنچه از نریمان هوشنگ شنیده‌اند، در این نامه خبردار می‌شوند که «در نوساری آتش بهرام سرد شده» و «کاریزشن دو سال» است که «منع کرده باشد» (روایات داراب هرمزدیار: ۳۸۴). همراه با چنین اخباری، پارسیان از چگونگی احیای آتش سؤال می‌کنند که «آتش بهرام که نو بکنند و کدام جای آتش بیارند؟ تمام کارخانها در دست جُددینان رفته است» (همان: ۳۸۶). در پاسخ به این خبرهای متعارض با دعاوی فرستادهٔ پیشین و پرسش تأمل برانگیز از نحوهٔ تهیهٔ آتش، موبدان ابتدا با احتیاط پاسخ می‌دهند که «مهمّات آتش بهرام نشستن وگر چنانچه نبشتهٔ پارسی دارند و هیربدان و دانایان مطالع (مطالعه) نمایند و کتاب بخوانند و مهمّات بجا آرند و گر اصلاً نسخه نباشد دو مرد مستعدشدهٔ داناتر بفرستند» (همان: ۳۸۶). امّا چند سطر بعد با ابراز تردید به اصل موضوع گویند: «دیگر معلوم نیست که آتش ورهرام از کجا آورده‌اند و کی نشانده‌اند؟ معلوم فرمایند» (همان: ۳۸۴).

به هر حال، ارائه چنین پاسخ‌هایی از عمق بی‌اعتمادی موبدان یزد حکایت داشت که به رغم دعاوی گذشته، با ناباوری از سرد شدن آتش آگاه شده و از درخواست آن‌ها مبنی بر نحوهٔ تجدید و برپایی آتش بهرام نو خبر می‌یافتند. در تحلیلی بر این موضوع، اگر بپذیریم تنزّل جایگاه سنجان، جمعی از نخبگان غیرروحانی نوساری را به تغییر در وضع موجود برانگیخته، آنگاه دور از انتظار نخواهد بود که این جمع به ریاست و هدایت چنگه آسا، فردی را جهت کسب آگاهی از وضع همکیشان به یزد اعزام نمایند. در این میان، دو فرض می‌توان در ارتباط با ادعای نریمان هوشنگ مطرح نمود؛ عدم وابستگی او به طیف روحانیان و نداشتن سفارشنامه‌ای از پارسیان- که در نظر موبدان غیر معمول بود- او را بر آن داشت تا جهت کسب اعتبار در مهم‌ترین کانون تجمّع روحانیت زرتشتی، خود را نماینده‌ای از محل نگهداری آتش ورهرام خواند. و فرض دوم آنکه به دنبال واقعه سنجان، آتش انتقال یافته به نوساری نیز خاموش شده و عدم همیاری احتمالی

دستوران با مدعیان تازهٔ پیشوایی جامعهٔ زرتشتی، آنها را بر آن داشت تا ضمن کسب آگاهی از همکیشان خود در یزد، از نحوهٔ برپایی آتش ورهرام سؤال کنند. در این میان آنچه فرض دوم را تقویت می‌کند، سؤالی است که بهدینان پارسی از شرایط و امکان سیاست هیربد گناهکار به دست بهدین، می‌پرسند و چنین پاسخ می‌گیرند: «چون هیربد توبه خدای گناه بکند بهدین که سالار باشد سؤال از هیربدان داناتر و هوشیارتر و زیرکتر و پسندیده‌تر پرسش کند و رخصت دهند و پس سیاست نمایند» (روایات داراب هرمزدیار، ج۲: ۳۸۸).

فصل چهارم

زرتشتیان در یزد عصر صفوی

به دنبال هرج و مرج اواخر دورهٔ آق‌قویونلو، ظهور شاه اسماعیل در عرصهٔ سیاسی ایران و استقرار وی بر مقام قدرت، از یک‌سو- در وجهی مشترک با آغاز دیگر سلسله‌ها- ثبات را جایگزین ناامنی و آشوب کرد و از دیگرسو رسمیّت تشیّع امامیه را به مهم‌ترین شاخصه سلسله صفوی ارتقا بخشید.

در شرایطی که تصوف، تشیّع و پادشاهی (سیوری، ۱۳۶۶: ۲۴) مبانی مشروعیّت صفویه به شمار می‌آمدند، سلاطین با تکیه بر قدیمی‌ترین ساختار سیاسی ایران، به دو مقولهٔ تصوّف و تشیّع رویکردی از تعامل تا تقابل داشتند. بر این اساس، چنانکه مرجعیّت خاندان صفوی در تصوّف و اتکای بدان در جذب ایلات ترکمان، ارائه نگرشی صوفیانه از تشیّع را، حداقل در ظهور سلسله، دور از انتظار نمی‌ساخت، در گذار از استقرار به تثبیت نیز مهار قزلباشان از طریق جایگزینی تشیّع فقاهتی صورت پذیرفت. با این همه و تأثیر شگرف صفویه بر حیات فکری ایرانیان، سیطرهٔ افغان‌ها سرآغاز دورانی گردید که طی سدهٔ هیجدهم میلادی و تا ظهور قاجاریه با مشخصه‌هایی چون ناتوانی حکومت مرکزی، حاکمیت رهبران قبایل، و تنزّل اقتصادی همراه بود (کدی، ۱۳۶۹: ۴۴).

مبتنی بر این تصویر کلی از حیات سیاسی ایران، یزد که از زمان مرگ شاهرخ تیموری (۸۵۰ق/ ۱۴۴۶م)، جز در حکومت اوزون حسن (۸۵۷-۸۸۵ق)، میان

امرای دو قبیلهٔ ترکمان قره‌قویونلو و آق‌قویونلو دست به دست می‌شد، در آستانهٔ ظهور شاه اسماعیل بخشی از حوزه مرادبیک آق‌قویونلو بود (تشکری، ۱۳۹۲: ۶۰-۶۱).

به دنبال حضور شاه اسماعیل در یزد (۹۰۹ق) که به هدف سرکوبی شورش محمّد کَره ابرقویی رخ نمود، اعلام حمایت عبدالباقی میرزا[۱۵۷] از وی، فرصتی به نعمت‌اللّهی‌ها داد تا دعاوی ولایت‌مدارانهٔ سر دودمان خود را با پذیرش برتری خاندان رقیب جبران کنند. چنان‌که نتیجهٔ این ائتلاف و تداوم آن با عقد پیوندهای خویشی با خاندان سلطنتی، سیطرهٔ سیاسی و معنوی آنها بر یزد را تضمین نمود. این اقتدار که در زمان غیاث‌الدّین میرمیران (۹۸۱-۹۹۹ق) به عالی‌ترین سطح خود رسید، به دلیل همیاری او با افشارهای کرمان، دیگر ادامه نیافت و در واقع با سرکوب آنها توسّط شاه عباس اول، حضور سیاسی این خاندان در یزد به پایان خود رسید.

پس از این تا سقوط صفویه، یزد که در ردیف ولایات خاصّه جای داشت عملاً اعتباری در عرصهٔ سیاسی نیافت. هم چنین، در پایان عصر صفوی، پنج سال مقاومت اهالی در برابر اشرف افغان و در ادامه، تشکیل سلسله‌ای محلی موسوم به خوانین،[۱۵۸] مهم‌ترین رخدادهای سیاسی یزد به شمار می‌رفتند.

۱- علما و فقهای شیعیِ عصر صفوی در مواجهه با اهل ذمّه

با آنکه برتری تشیّع فقاهتی بر تصوّف در پیوند با مقتضیات سیاسی (سیوری، ۱۳۸۰: ۱۳۶) معنا یافت، امّا در روند نهادینگی شیعه، سطح اثرگذاری هر یک از دو قطب مذهبی- سیاسی به فراز و فرود قدرت سلاطین وابسته بود. جای داشتن اهل ذمّه در حوزهٔ صلاحیّت متولیان دینی، میزان قدرتمندی سلاطین در کنترل نهاد مذهب، لحاظ ملاحظات سیاسی و نظرگاه‌های شخصی شاهان، از جمله مهم‌ترین

---

۱۵۷. از بازماندگان شاه نعمت‌الله ولی که با سفروی به یزد در عصر تیموری در این خطّه ساکن شدند.

۱۵۸. حکومت محمّدتقی‌خان بافقی (۱۱۶۱-۱۲۱۳ق) . پایه‌گذار سلسله خوانین که از حکومت عادلشاه افشار تا اوایل عهد قاجاریه زمام امور منطقه را در اختیار داشت و فرزندانش ثبات و امنیتی نسبتاً پایدار بر منطقه را باعث شد.

عناصر تأثیرگذار بر حیات اجتماعی- فرهنگی اقلّیت‌ها به شمار می‌رفتند. در نمونهٔ بارزی از برتری قدرت و مقتضیات سیاسی بر دیدگاه متولیان مذهب، به روابط حکومت مرکزی با ارامنه در اوج اقتدار صفوی می‌توان استناد جست. چنان‌که با کوچ اجباری این اقلیت به اصفهان، تعلّق خاطر شاه عباس بدیشان تا حدّی وسیع بود که «همیشه مراقب بود از جانب مسلمانان متعصّب یا بدخواه به آنها توهین و تجاوزی نشود» (فلسفی، ۱۳۶۹، ج۳: ۱۱۳۸). این موضوع که ریشه در روابط تجاری- سیاسی صفویه با غرب مسیحی داشت، نه تنها در قیاس با دو اقلیّت دیگر، به ارامنه وجاهت بیشتری نزد حاکمیت می‌داد که برخلاف دیدگاه متولیان دینی، امکان حیات اهل کتاب را سهل‌تر می‌نمود. به هر حال و علی‌رغم آنکه علما و فقها نظرگاه‌هایی برآمده از شریعت و بعضاً مغایر با ضروریات حکومتی داشتند، امّا کاربرد عملی این نظریات به ملاحظات سیاسی و سطح توانمندی سلاطین صفوی در اعمال قدرت وابسته بود.

گرچه دعوت از علمای جبل عامل ریشه در مقتضیات سیاسی صفویه داشت و راهی در تثبیت تشیّع گشود، امّا ضعف تدریجی سلاطین، نه تنها دعوی فقها بر نیابت امام غایب را تجدید نمود که دامنهٔ وجاهت و نفوذ اجتماعی آنها را روزافزون ساخت. از این رو چندان دور از انتظار نمی‌نمود که همپای تأثیرگذاری بر وجوه مختلف حیات فکری جامعه، نگرش آنها نسبت به اهل ذمّه نیز الگو و ملاکی معتبر برای تودهٔ مردم فراهم آورد.

بر این مبنا و نقش راهبردی روحانیت شیعی در جامعه و تعامل و تقابل آنها با قدرت سیاسی، به نظرگاه تنی چند از برجسته‌ترین علما دربارهٔ نحوهٔ رفتار با اهل ذمّه می‌پردازیم.

شیخ بهایی

محمّد بن حسین عاملی معروف به شیخ بهایی، حکیم، فقیه، عارف، عالم، و منجمی، زادهٔ بعلبک لبنان بود که در پی دعوت از علمای جبل عامل، در سیزده سالگی به همراه پدر عازم ایران گردید. او پس از کسب تعلیمات اولیّه در قزوین-

پایتخت وقت- و فراگیری زبان فارسی، در ۴۳ سالگی مقام شیخ‌الاسلامی پایتخت را در اختیار گرفت و با انتقال پایتخت به اصفهان (۱۰۰۶ق)، همچنان این مقام را تا پایان عمرخود در ۷۵ سالگی عهده‌دار بود.

وی در یکی از مهّم‌ترین تألیفاتش با نام جامع عباسی- که به نام شاه عباس اول نگارش یافته است- جهاد با سه «طایفه» را واجب می‌داند. کفّار حربی، اهل کتاب که «بردو قومند: قوم اول جماعتی‌اند که کتابی در دست دارند و پیغمبری داشتند چون جهودان ... و نصاری که انجیل کتاب ایشانست» و «قوم دوم؛ آن که کتابی ندارند و پیغمبری نداشته‌اند امّا به شبه کتابی و پیغمبری قایل‌اند، چون مجوسان که می‌گویند کتابی موسوم به ژند و پاژند دارند....». و طایفه سوم هم«چون باغیان و خوارج. و ایشان طایفه‌اند که از امام زمان رویگردان و یاغی شده باشند».

بهایی ضمن تأکید بر وجوب جهاد با طایفه دوم تا پذیرش اسلام و یا تقبل پرداخت جزیه، احکام آن را بر دوازده شرط استوار می‌سازد:

«اوّل: قبول کردن جزیه و آن مقداری است که امام یا نایب امام هر ساله در آخر سال بر سرهای مردان عاقل بالغ این دو طایفه، اگرچه پیر و لنگ و زمین‌گیر باشند یا بر زنهای ایشان مقرّر فرماید و میانه مجتهدین خلافست که آیا بنده جزیه می‌دهد یا نه؟ اقرب آنست که نمی‌دهد و برخی مجتهدین فرق کرده‌اند میانهٔ بندهٔ جهودی که مِلک مسلمان باشد و میانهٔ بندهٔ جهودی که مِلک جهودی باشد. پس بر اوّل واجب نمی‌دانند و بر دوم واجب می‌دانند. و خلافست میانهٔ مجتهدین که آیا جزیه را مقداری معین است؟ چنانچه در حدیث وارد شده که حضرت امیرالمؤمنین (ع) مقرّر کرده بود که فقرای ایشان هر سال دوازده درهم بدهند و متوسط ایشان بیست و چهار درهم بدهند، و مالدار ایشان چهل و هشت درهم یا آنکه مقدار جزیه غیرمعین است و تعیین آن منوط به امامست. و اصحّ قول امام است. چه، او مناسب است با مذلّت و خواری ایشان و آنچه در حدیث مذکور از تعیین آن وارد شده، معمول است بر آنکه رأی شریف حضرت امیرالمؤمنین (ع) در آنوقت به جهت مصلحتی بر آن قرار گرفته بود و اگر در اثنای سالی، جمعی از این دو طایفه مسلمان شوند جزیه از ایشان ساقط می‌شود.

شرط دوم: التزام نمودن احکام مسلمانان است.

شرط سیّم: آنکه آنچه منافات با امان دارد؛ نکنند مثل عزم کردن بر حرب مسلمانان و معاونت و امداد مشرکان و با این سه شرط اگر خلل رسانند حربی می‌شوند؛ خواه در عقد جزیه اینها را با امام شرط کرده باشند و خواه نکرده باشند و خواه عمداً کرده باشند و خواه سهواً.

شرط چهارم: آنکه زنا با زنان مسلمان نکنند و همچنین ایشان را نکاح ننمایند.

شرط پنجم: آنکه ترک فتنه کردن کنند به اینکه مسلمانان را از راه نبرند.

شرط ششم: آنکه ترک راه زدن مسلمانان کنند.

شرط هفتم: آنکه جاسوسان کفّار را در خانه خود راه ندهند و کفّار را بر اسرار مسلمانان عالم نسازند و خبری از اخبار مسلمانان به ایشان ننویسند.

شرط هشتم: آنکه مردان و زنان مسلمانان را نکشند.

این هشت شرط[۱۵۹] را اگر امام در عقد جزیه با ایشان شرط کرده باشد و ایشان عمل به آن نکنند حربی می‌شوند.

شرط نهم: آنکه سَبّ حقّ سبحانه و تعالی و رسول صلّ الله علیه نکنند و استخفاف دین و کتاب مسلمانان ننمایند. چه اگر عیاذاً بالله سبّ از ایشان واقع شود، واجب‌القتل می‌شوند و ترک استخفاف دین را اگر در جزیه شرط کرده باشند و برخلاف آن کنند حربی می‌شوند.

شرط دهم: آنکه اظهار منکرات در شهر اسلام نکنند چون شراب و گوشت خوک خوردن و نکاح مادر و خواهر و غیر اینها کردن.

شرط یازدهم: آنکه احداث عبادتخانه در دارالاسلام نکنند و آواز خود را در خواندن کتاب‌های خود بلند نسازند و ناقوس نزنند و خانه‌های خود را بلندتر یا برابر خانه‌های مسلمانان نسازند، بلکه پست بسازند و به این شروط اگر خلل برسانند و در عقد جزیه شرط کرده باشند که آنها را نکنند، حربی می‌شوند.

شرط دوازدهم: آنکه به طریقی بگردند که از مسلمانان متمایز شوند به اینکه

---

۱۵۹. در اصل پنج شرط آمده که اشتباه می‌باشد.

لباس ایشان غیرلباس مسلمانان باشد یا چاروای سواری ایشان غیر چاروای سواری مسلمانان باشد و بر یک طرف سوار شوند. یعنی هر دو پای خود را بر یک جانب آویزند و براسب سوار نشوند و برزمین ننشینند و شمشیر و سلاح نبندند و نصاری زُنّار برمیان بندند و زنان ایشان نیزبه نوعی بگردند که از زنان مسلمان متمایز شوند و در جادّه راه نروند بلکه از جاده منحرف شوند و لقب و کنیت بر مولود خود نگذارند و این شرط دوازدهم را مجتهدین ذکر کرده‌اند امّا در حدیث نیست. و جایز نیست ذمّی که در حجاز توطن کند. و جایز نیست ایشان را مصحف[۱۶۰] خریدن و اگر بخرند مالک آن نمی‌شوند و بعضی از مجتهدین، کتب احادیث را به آن ملحق ساخته‌اند و بعضی از مجتهدین آن را مکروه می‌دانند» (بهایی، بی‌تا: ۱۵۳-۱۵۵).

هر چند بسیاری از مقرّرات نام‌رفته[۱۶۱] در احکام فقهای پیشین نیزآمده (نک به فصل اول) امّا شاید مهم‌ترین وجه تمایزآنها را بتوان در تفاوت شرایط زمانی دانست. بدین معنی که شیخ بهایی در اوج تثبیت سلسله صفوی نحوهٔ برخورد با اهل ذمّه را مطرح می‌سازد، حال آنکه پیش از این، نظریه‌پردازان اسلامی یا متعلق به اهل سنّت بودند و برای امّتِ اکثریت سنّی حکم فقاهتی می‌دادند و یا آنکه علمای شیعی در عدم تفوق سیاسی تشیّع امامیه، دیدگاه فقهی خود در رابطه با اهل کتاب را بیان می‌داشتند.

---

۱۶۰. قرآن

۱۶۱. همچنین بهایی در مورد قصاص، تساوی طرفین از لحاظ دینی را مطرح می‌سازد و ضمن تأکید بر عدم قصاص مسلمان در قتل کافر، عکس آن را جایز و حتّی مال و فرزندان کوچک قاتل را متعلق به خانوادهٔ مقتول مسلمان می‌داند (بهایی، همان: ۴۳۱-۴۳۲).

مجلسی اول

محمّدتقی مجلسی، در اصفهان دیده به جهان گشود (۱۰۰۳ق). وی پس از گذران ایام کودکی و جوانی و فراگیری علوم دینی نزد علمای مشهوری نظیر ملاعبدالله شوشتری و شیخ بهایی (خوانساری‌اصفهانی، ۲۵۳۷، ج۳: ۱۱۸-۱۲۳) خود از سرآمدان روزگار، خاصّه در علم حدیث شد و نهایتاً در یازدهم شعبان ۱۰۷۰ق در اصفهان فوت کرد. او در رسالهٔ کوچکی با نام «جهادیه» دیدگاه‌های شرعی خود دربارهٔ اهل ذمّه را چنین متذکر می‌شود:

«کمترین مخلصان معروض می‌گرداند که حقّ سبحانه و تعالی امر فرموده است در قرآن مجید که جهاد کنید با کسانی که ایمان به خدا و روز قیامت ندارند و آنچه حقّ سبحانه و تعالی حرام کرده است، حرام نمی‌دانند و به دین حقّ که اسلام است ایمان نمی‌آورند و اینها جمعی‌اند که ما کتاب‌ها به سوی ایشان فرستاده‌ایم، که آن یهود و نصاری و مجوس باشند، یعنی با اهل کتاب جهاد کنید تا مسلمان شوند یا به دست خود جزیه بدهند، در حالتی که ذلیل و خوار باشند[۱۶۲] و در حدیث صحیح از حضرت امام جعفر صادق (ع) منقول است که فرمودند که هر مولودی که متولد می‌شود، بر فطرت اسلام متولد می‌شود؛ البته پدر و مادر ایشان، ایشان را یهودی و نصرانی و مجوسی می‌کنند و اگر ایشان فرزندان را به حال خود گذارند و ترغیب ننمایند ادیان باطله خود را، هر آینه دین اسلام را اختیار خواهند نمود، چنانکه مسلمانان بی‌آنکه پدران و مادران ایشان به ایشان القا کنند دین اسلام را، مسلمان می‌شوند و خدا و رسول و ائمه هدی (ص) را اعتقاد می‌کنند و دوست می‌دانند، خصوصاً هرگاه اندک عقلی به هم رسانند، خود به خود می‌یابند که خداوندی دارند که ایشان و عالمیان را ایجاد فرموده است و پیغمبری به ایشان فرستاده است و بعد از آن حضرت، پیشوایان دین که ائمه معصومین‌اند (ص)، امامان ایشانند و به گفته ایشان عمل می‌باید کرد. پس حضرت فرمودند که حضرت سیدالمرسلین (ص) امان

---

۱۶۲. سوره توبه (۹)، ۲۹: «قاتِلوا الّذینَ لایؤمنونَ باللهِ وَ بالیَومِ الآخِرِ وَ لا یُحرِّمونَ ما حَرَّمَ اللهُ وَ رَسُولُهُ وَ لا یَدینُونَ دینَ الحقّ مِنَ الّذینَ اُوتوُا الکتابَ حتّی یُعطُوا الجِزیَه عَن یَدٍ وَ هُم صاغِرونَ.

دادند یهود و نصاری و مجوس را به این شرط که اولاد خود را به مذهب باطل خود ترغیب ننمایند و یهودی و نصرانی و مجوس نکنند.

و امّا این جماعتی که امروز هستند از اهل امان نیستند و چون به شرط آن حضرت وفا نکردند و به اسانید صحیحه و حسنه نیز از آن حضرت منقول است که حضرت سید المرسلین (ص) جزیه را از اهل ذمّه قبول کردند به این شرط که ربا نخورند و شراب و گوشت خوک نخورند ظاهراً، و خواهر و دختر و برادر و دختر خواهر را به عقد خود در نیاورند. و هر که یکی از این افعال را به جا آورد خدا و رسول از او بیزارند و از امان ایشان بیرون می‌روند و چون ایشان مخالفت کردند شروط را، الیوم امان ندارند و از اهل ذمّه نیستند و به اسانید صحیحه منقول است از آن حضرت (ص) که چون حقّ سبحانه و تعالی از ایشان طلبیده است جزیه بدهند تا کشته نشوند و به بندگی درنیایند می‌باید که از ایشان به قدر وسع و طاقت جزیه بگیرند و چون فرموده است که ذلیل باشند می‌باید که مقرّر نسازند بر ایشان که هر سال چه چیز بدهند تا ذلّت و خواری ایشان بیشتر باشد.

و از این بابت اخبار بسیار است و آنچه علما ذکر کرده‌اند آن است که در امان ایشان شرط است که جزیه بدهند و گردن نهند احکام اسلام را، مثل آنکه اگر کسی از ایشان بمیرد و وارث مسلمان داشته باشد و فرزندان داشته باشد پسر عمهٔ پدرشان میراث می‌برد که مسلمان است و فرزندان میراث نمی‌برند و اگر یهودی یا نصرانی یا مجوس خواهند که محاکمه داشته باشند به نزد حاکم مسلمان آورند و مدّعی علیه نخواهد که بیاید، از ذمّه بیرون می‌رود، و اگر از ایشان زنا کرده باشد و محصن باشد- به آنکه اگر مرد باشد، زن داشته باشد و یا زن باشد و شوهر حاضر داشته باشد- و نزد حاکم مسلمان ثابت شود که زنا کرده است و حاکم خواهد که او را سنگسار کند و آن جماعت نگذارند [پس] هر که داخل است در آن نگذاشتن، از ذمّه بیرون می‌روند و همه را می‌توان کشت و زنان و فرزندان ایشان را اسیر می‌توان کرد.

مجملاً شرط است در صحّت امان ایشان که جزیه قرار دهند به نحوی که خواهد آمد و با خود قرار دهند که احکام مسلمانان بر ایشان جاری باشد.

و شرط است در صحّت امان ایشان که با مسلمان در مقام غدر نباشند به آنکه

احوال مسلمانان ایشان به کفّار ننویسند و جاسوس کفّار را نزد خود جا ندهند و با مسلمانان حرب نکنند، و مدد کفّار بر حرب مسلمانان نکنند و در این سه چیز خلافی نیست که اگر مخالفت کنند، از امان بیرون می‌روند. و امّا شروط دیگر مثل آنکه فرزندان خود را ترغیب به دین خود ننمایند و منع نکنند مسلمانان را از هدایت کردن بزرگ و کوچک ایشان، و شبهات باطلهٔ خود را به احدی از مسلمانان نقل نکنند؛ خصوصاً به عوام ایشان، و زن مسلمانان را نخواهند، و با زنان مسلمانان زنا نکنند، و با اولاد ایشان لواط نکنند، و شراب را ظاهر نسازند، و خوک را ظاهر نگردانند، و هر دو را نخورند ظاهراً، و مجوس، مادر و خواهر و دختر برادر و دختر را نخواهند، که چون بر مسلمانان یا حاکم ایشان ظاهر شود از امان بیرون می‌روند.

و در بلاد اسلام احداث کنیسه که معبد ایشان است و یا معبد نصاری است و بیعه که معبد یهود است و خانه آتش که معبد مجوس است نسازند و اگر بسازند واجب است که همه را خراب کنند؛ مگر آنکه حاکم مسلمان مصلحت داند که آن را مسجد کنند. و صورت مسیح را که ساخته‌اند بر مسلمانان ظاهر نسازند، و نسبت به حضرت سید المرسلین (ص) و نسبت به ائمه معصومین (ص) حرف رکیکی نگویند و نسبت به قرآن مجید سخن ناخوش نگویند، و بر والی مسلمانان لازم است که جمیع اینها را بر ایشان مقرّر فرمایند و بعد از آن اگر کسی مخالفت کند از امان بیرون است، و اگر دشنام دهند به حضرت سید المرسلین (ص) هر که بشنود او را می باید بکشد؛ اگر چه بر ایشان شرط نکرده باشد. هر که سَبّ نبی کنند [کذا] واجب القتل است.

دیگر می‌باید که ناقوس نزنند به نحوی که مسلمانی آواز ناقوس ایشان بشنود، و آواز خود را بلند نکنند به خواندن تورات یا انجیل و غیر آن از کتب محرّفه، و خانه‌های خود را بلندتر از خانه‌های مسلمانان نسازند. و خلافی نیست در آنکه واجب است بر ایشان که این اعمال نکنند، خواه شرط کنیم یا نکنیم. امّا اگر شرط کرده باشیم که نکنند، از امان بیرون می‌روند. علی الاشهر تعزیر می‌کنند و ظاهر احادیث صحیحه آن است که اگر تظاهر نیز نکرده باشند، از امان بیرون می‌روند و اگر شرط نکرده باشیم حدّ و تعزیز می‌کنند؛ به آنکه هر جا که حدّ باشد، حدّ می‌زنند

مثل خوردن شراب، و هر چه حدّ نداشته باشد مثل خوردن گوشت خوک و اکثر اصحاب، تأویل کرده‌اند بظاهره.

و التزام احکام اسلام که از لوازم امان است مقتضای آن است که هر حرامی که در دین اسلام حرام است به جای نیاورند؛ چنانکه در آیه (و) حدیث صحیح نیز وارد شده است. پس بنابراین نمی‌باید پوست به مسلمانان بفروشند، چنانکه متعارف است و مکرّر منع کردند ایشان را و ممتنع نشدند، بلکه به کرّات و مرّات حکم شاهی ظل اللهی وارد شد و تمرّد کردند از تظاهر فروختن خمر به مسلمان چه جای کفار. و جمعی از علما گفتند که مستحب است که والی مسلمانان بر ایشان مقرّر سازد که محل عُبّاد مطلقاً نداشته باشند ظاهر، مانند دیر و صومعه و اگر خراب شده باشد، تجدید نکنند، یعنی سنّت است که اینها را شرط کنند با شروط سابقه اگرچه حرام است گردن سنّت است شرط نمودن که اگر مخالفت کنند از امان به در روند و شرط کنند که منع نکنند مسلمانان را از نزول [در] کنیسه‌های ایشان و ظاهراً سابقاً چنین بوده است که مانند رباط، مردمان قافله در آنجا نزول می کرده‌اند، در شب و روز شرط کنند بر ایشان که منع نکنند و درهای آن را فراخ کنند که حیوانات با بار داخل توانند شد و اگر مطلع شوند که جمعی با مسلمانان در مقام غدرند، ظاهر سازند و کتمان آن نکنند ... و آواز خود را در کنیسه‌های خود بلند نکنند نه در نماز و نه در خواندن کتاب‌های خود که مسلمانی بشنود، و به طلب باران بیرون نروند و عید خود را ظاهر نسازند مانند خواجه‌شویان، و چون مردگان خود را برند آواز خود را به ذکر و غیر آن بلند نکنند و تورات و انجیل و زند و پازند به مسلمانان خریدن اینها مگر به علمای ایشان که از جهت نقض و حجّت جمعی تحریر نموده‌اند امّا ایشان نمی‌باید که به بازار آورند از جهت فروختن و غیر آن.

و اظهار نکنند که ما عُزیر را خدا می‌دانیم یا عیسی را خدا می‌دانیم یا پسر خدا می‌دانیم، نه چنانکه الحال شایع است که زندیقی از نصاری آمده است و در خانه راه دارد و دو سه کلمه از ریاض می‌داند و با هرکس القای شبهات می‌کند و می‌گوید که آمده‌ام و (کذا) مردمان را هدایت کنم و کسی نیست که این ملعون را بکشد و بی‌دغدغه واجب‌القتل است. دیگر، با اموات خود آتش را ظاهر نسازند، اگرچه

جمعی از جُهال مسلمانان نیز می‌کردند و اکثر ترک کردند و بعضی [همچنان] می‌کنند. دیگر بنده از مسلمانان نخرند، قرآن هدیه نکنند. و اگر بنده از ایشان مسلمان شود برایشان جبراً بیع نماید به مسلمانان، همچنین قرآن را به ایشان ندهند که ریزه ریزه کنند ....

و اگر کسی خواهد مسلمان شود خویشان او مضایقه نکنند. و شبیه به مسلمانان نباشند در لباس مانند عمامه و نعلین مسلمانان. و اگر موی سر گذارند فرق نکنند که بشکافند و دو حصّه کنند، نه مردان و نه زنان ایشان. و مانند مسلمانان سخن نگویند، و مانند ایشان بر اسب عربی سوار نشوند و احوط آن است که بر یابو نیز سوار نشوند و اگر سوار شوند بر زین سوار نشوند؛ بلکه استر و الاغ سوار شوند، پالان‌دار و بر یک طرف سوار شوند و پاها را نیز از یک طرف آویزند و پیش سرهای خود را نتراشند و روز باران بیرون نیایند که در بازارها راه روند و مسلمانان را نجس کنند و در مجالس، تعظیم مسلمانان بکنند و بر مسلمانان مقدّم ننشینند.

... و نظر به خانه‌های مسلمانان از دریچه‌ها و پشت‌بام‌ها نکنند و با مسلمانان در تجارت شریک نشوند و مسلمانان را نوکر نکنند و بنّا و نجّار و فعله از مسلمانان از جهت ایشان کار نکنند، و ضیافت نکنند مسلمانان را. اگر بر ایشان وارد شوند سه روز یا آنکه اقامت به جهت ایشان بیاورند از نان و مرغ و تخم مرغ و اگر بَدَل از نان آرد بیاورند بهتر است. و اگر نان آورند و مسلمانان بخرند و بیاورند. و شمشیر را حمایل نکنند در گردن. و لباسشان مخالف مسلمانان باشد چنانکه کِران لباس ایشان امتیاز دارد، و نصاری کبود پوشند؛ چنانکه اکثر به این عمل می‌کنند و یهودان نیز رنگ روناس و امثال آن نپوشند و یهودان کلاه کبود لاجوردی بر سر می‌گذاشتند، چند سال است که بر طرف کرده‌اند و اولی آنست که او را بر سر گذارند و اگر آنکه بر مندیل خود خرقهٔ رنگی بیاویزند و زنان بر بالای رخت‌ها بر میان بندند و زنگی بر پا بندند که در حمامات نیز ایشان داشته باشند، و کفش‌های زنان ایشان دو رنگ باشد، یک لنگ سرخ یا زرد، و لنگ دیگر به رنگ دیگر باشد، و در گردن مردان و زنان ایشان انگشتر آهن یا مس یا برنج بیاویزند.

و اگر زمینی از مسلمانان بخرند خمس قیمت زمین را بدهند و اگر مسلمانی

ایشان را بکشد مسلمان را در عوض نمی‌کشند، و دیه می‌دهند، مرد را پنجاه دینار، و زن را بیست و پنج دینار می‌دهند، و اگر زنی بمیرد و وارث نداشته باشد میراثش از امام است، و اگر به خطا کسی را بکشد و خویشان نداشته باشد، دیه‌اش با امام است و احکام ایشان بسیار است. براین اختصار شد و نقیضش بروجه کمال در لوامع صاحبقرانی است و بروجه وسط در لمعات شاهنشاهی است و الحمدالله رب العالمین و الصلوة علی سید الانبیاء و اشرف المرسلین و عترته النجباء الاصفیاء الطیبین الطاهرین المعصومین (ص) مادامت السموات و الارضین و الله تعالی یعلم حقائق الاحکامه.

و جمعی گفته‌اند که آنچه حضرت امیرالمؤمنین (ع) برای آن مقرّر فرموده همان را می‌دهند به جزیه و آن به حساب زمان حضرت، از اغنیا پنج اشرفی به خمسی کم یا چهار اشرفی و چهار خمس اشرفی بوده است، و تجار و متوسط نصف این و فقرا رُبع این را مقرّر فرمودند و به عنوان قیمت نقره، حال تقریباً نصف این مبلغ می‌شود و چون نقره ارزان شده است و طلاگران شده است و شیخ مفید علیه الرحمه فرموده است که هر چه مقدور باشد که تواند داد می‌گیرند ... تا بزودی مسلمان شود. و جمعی گفته‌اند: که از طرف قلّت یک اشرفی است و از طرف کثرت هر چه برای امام اقتضا کند و از وقت گرفتن مستوفی که می‌باید جزیه می‌گیرد که نشسته باشد و ذمّی ایستاده، دست خود را از گریبان پیراهن درآورد و زر را در نزد او بریزد تا امام گوید که بس و مستوفی که اخذ می‌کند ریش ذمّی را می‌گیرد و بعد از آن سیلی محکمی بر بناگوش او می‌زند. و قولی هست که از پشت سر نیز شخصی گردنی می‌زند و تفسیر کلام الهی براین نحو کرده‌اند که در وقتِ دادن ذلیل باشند.

و در راه رفتن راه را بر ایشان تنگ می‌کنند؛ به آنکه از وسط جاده راه نروند و [صرفاً] از کنارهای راه بروند، و اگر ازدحام مسلمانان باشد، نروند و چون ازدحام تخفیف یابد، ذمّی برود، و اگر در حمام باشند اوّل مسلمانان غسل بکنند، دیگر ذمّی، و همه جا مسلمانان را بر خود مقدّم دارند. و نزد قاضی که روند مسلمان نشسته باشد و ذمّی ایستاده باشد، و زنان ایشان به منزلهٔ کنیزانند؛ روی ایشان را می‌توان دیدن از روی لذّت. و زنان ذمّی زنان مسلمان را برهنه نبینند؛ بنابراین می‌باید به

حمام مسلمانان نروند تا زنان مسلمانان را درنیابند، و احکام ذلّت ایشان بسیار است، مجمل در این عرضه مذکور شد و مفصلی نیز انشاءالله به عرض خواهد رسید.

به فضل‌الله تعالی و عونه، و دیگر دوستی با ایشان حرام است، و ایشان را امین کردن؛ مگر دست و مصافحه کردن. بر ایشان سلام کردن خلاف است و مشهور تحریم است؛ مگر در ضرورت، و اگر ایشان سلام کنند علیک می‌باید گفت، ... و اگر علما ایشان را اخراج نمایند، اسلام ایشان به زودی حاصل می‌شود. و ظاهراً اگر شاه عالم‌پناه ظل‌الله فی الارضین هر که مسلمان بشود نوکر کنند، همه بزودی مسلمان می شوند؛ بلکه همین شروط را هرگاه بر ایشان مقرّر فرمایند. و جزیه را به جمعی می‌باید داد که جهاد کنند و در حالت غیبت امام نیز جهاد واجب است؛ وقتی که کفّار بر سر مسلمانان آیند و امثال این اعمال سبب رفعت شأن است در دنیا و عُقبی و ثواب اینها را نهایت نیست.

بدان که بر پادشاه اسلام واجب است که جمیع شعایر اسلام را افادت فرمایند و شعایر کفر را زایل گردانند و نام نیک ایشان تا قیامت برپا باشد و ضرری به ایشان نمی‌رسد بلکه نفع به کافه عالمیان می‌رسد» (مجلسی، رساله جهادیه، نسخه خطی، ش. ۹۲۰۶).

مجلسی دوم

محمّدباقر مجلسی فرزند محمّدتقی و معروف به علامه و مجلسی ثانی، فقیه و ملاباشی معروف زمان شاه سلیمان و نیز شاه سلطان حسین، در ۱۰۲۷ق به دنیا آمد و در ۱۱۱۰ق در زادگاهش اصفهان وفات نمود. او علاوه بر مجموعه عظیم بحارالانوار، صاحب کتبی چون حلیة‌المتّقین و صواعق الیهود است و مطالب قابل توجهی دربارهٔ اهل ذمّه مطرح می‌سازد. در حلیة‌المتّقین با تأکید بر پرهیز مسلمانان از شراکت با ذمّیان، به حدیثی از امام موسی کاظم ارجاع می‌دهد که «مسلمان نباید با گبر در یک کاسه چیزی بخورد یا با او در یک فرش بنشیند یا با او مصاحبت کند». همچنین با استناد به حدیث دیگری از پیامبر، می‌نویسد: «هر که جهود یا ترسا یا گبری را ببیند بگوید: «الحمدلله الّذی فَضَّلنی علیکَ باالاسلام دیناً و بِاالقرآنَ کتاباً به

محمّد نبیاً و به علی اماماً و بالمؤمنین اخواناً و بالکعبة قبلةً» (مجلسی، بی‌تا: ۲۳۳).

او همچنین در رسالهٔ صواعق الیهود، ضمن تکرار مطالب پدر دربارهٔ نحوهٔ رفتار با ذمّیان، موارد چندی بدانها می افزاید:

«بسم الله الرحمن الرحیم

الحمدلله الذی اعزالاسلام و المسلمین و اذلّ الکفر و آتی بالدین المبین والصلوة علی من بعثة رحمة للعالمین محمد و اهل بیتة الاطهرین. بدانکه حق تعالی جزیه را برای اهل کتاب مقرر فرموده است به سبب آنکه ایشان به هدایت نزدیکترند از سایر کافران زیرا که اطوار و آثار انبیا علیهم السلام را شنیده‌اند و اوصاف آن حضرت را در کتب خود دیده‌اند. هرگاه مدتی در میان مسلمانان بمانند و آیات قرآنی و احادیث نبوی و اخبار اهل بیت عصمت علیهم السلام را بشنوند و شرایع حقه و عبادات کامله اهل اسلام را مشاهده نمایند، اگر تعصب نورزند، زود علم به حقیقت دین اسلام بهم می‌رسانند و هرگاه شرایط جزیه را در حق ایشان رعایت نمایند و به خواری و مذلّت در میان مسلمانان زندگانی کنند تعصب، ایشان را مانع از قبول دین حق نخواهد گردید و بزودی قبول دین اسلام خواهند نمود. چنانچه حق تعالی در قرآن مجید فرموده است که «قاتلوا الذین لا یؤمنون بالله و لا بالیوم الاخره ولا یحرّمون ما حرم الله و رسوله و لا یدینون دین الحق من الذین اوتوا الکتاب حتی یعطوا الجزیه عن ید وهم صاغرون». یعنی مقاتله کنید با آنها که ایمان نمی آورند به خداوند روز قیامت و حرام نمی‌دانند چیزهایی را که حرام گردانیده است آنها را خدا و رسول او مانند شراب و گوشت خوک و اعتقاد نمی‌کنند بدین حق از آنها که کتاب بایشان داده شده است تا بدهند جزیه را از دست خود در حالتی که خوار و ذلیل باشند.

احکام جزیه. باید دانست که باتفاق علمای امامیه رضوان الله علیهم، جزیه مخصوص اهل کتاب است یعنی یهود که توریهٔ دارند و نصاری که انجیل دارند و گبران که شبه کتاب دارند و پیغمبری بر ایشان مبعوث شد و کتابی دارد که در دوازده هزار پوست گاو نوشته می‌شد. پیغمبر خود را کشتند و کتاب خود را سوختند. پس زردشت بعوض کتاب ایشان زند و پازند را برای ایشان نوشت و آن شبه کتاب

است که گمان می‌کنند که کتاب خداست و کتاب اصل ایشان با سایر کتب انبیاء نزد حضرت صاحب الامر صلوات الله علیه است و از غیر این سه فرقه از بت‌پرستان و سایر کفار قبول جزیه نمی‌توان نمود. و اگر حاکم مسلمانان مصلحت داند در آنکه بعضی از ایشان را امان دهد که داخل بلاد مسلمانان شود خواه بر ایشان عوضی قرار کنند که بدهند و خواه نکنند، مشهور آنست که جایز است. و جزیه به وجودان بالغ و عاقل می‌باشد و از اطفال نابالغ جزیه نمیگیرند و بر دیوانه که همیشه دیوانه باشد جزیه نیست و بر زنان جزیه نمی باشد و مشهور آن است که جزیه بر او هست و از آقای او می‌گیرند جزیه او را. و ایضاً مشهور میان علما آنست که از فقیر و پریشان جزیه می‌گیرند و اگر نداشته باشد مهلت می‌دهند تا بهم رسانند؛ اگر چه به گدائی باشد. و مشهور آنست که جزیه مقداری ندارد. آنچه امام یا نایب او مصلحت داند مقرر می‌گرداند و جایز است جزیه را بر سر ایشان قرار کنند که مثلاً هر جریبی چند بدهند و اختلافست در آنکه آیا بر هر دو قرار می‌توان کرد یا نه و روایتی وارد شده است که نمی‌توان کرد و این احوط است و جائز است فرق میانه ایشان قرار کنند. چنانکه حضرت امیرالمؤمنین هم بر فقیر دوازده درهم قرار داد و بر متوسط الحال بیست و چهار درهم و بر غنی و مالدار چهل و هشت درهم که به حساب آن زمان نزدیک به پنج اشرفی بوده است و آنچه البته ضرور است در تحقق [یک واژه ناخوانا] که قبول جزیه بکنند و کاری منافی امان باشد مثل جنگ کردن با مسلمانان و مدد کردن کافران در جنگ، ایشان بعمل نیاورند و بعضی گفته‌اند که باید التزام احکام مسلمانان بکنند و حکمی که حاکم مسلمان موافق شرع بر ایشان کند امتناع نکنند و گفته‌اند آنچه سزاوار است بر ایشان شرط کند هفت چیز است: اوّل آنکه زنا با زنان مسلمانان نکنند و متعرض عِرض اطفال ایشان نشوند. دوم آنکه زنان مسلمانان را نکاح نکنند. سیم آنکه وسوسه مسلمانان نکنند که ایشان را از دین برگردانند. چهارم آنکه راه زنی مسلمانان نکنند. پنجم آنکه جاسوس کافران را راه ندهند. ششم آنکه معاونت کافران بر مسلمانان نکنند که ایشان را راهنمایی بر راه غلبه بر مسلمانان کند و احوال مسلمانان را بایشان نویسند. هفتم آنکه مردان و زنان و اطفال مسلمانان را نکشند. اگر این هفت چیز را بر ایشان شرط کرده باشند، مخالفت کنند از امان

بدر می روند و اگر شرط کرده باشند حدود تعزیری که بر ایشان لازم می شود موافق شریعت اسلام بعمل می آورند و از امان بدر نمی روند و اکثر علما گفته اند که باید بعمل نیاورند امری را که موجب منقصت دین اسلام باشد بآنکه جناب مقدس الهی یا حضرت رسول یا یکی از ائمه معصومین صلوات الله علیهم را به بدی یاد کنند و باید که این شرط بر ایشان بشود و اگر خلاف این شرط بکنند از امان بدر می روند و اگر العیاذ بالله به خدا و رسول و ائمه (ع) دشنام دهند هر که از ایشان بشنود و ایمن از ضرر باشد واجبست که او را بکشد و از جمله اموری که ایشان را منع از آن باید کرد و با وجود شرط اگر خلاف آن کنند از امان بدر می روند و اگر شرط نشده باشد از امان بدر نمی روند، چند چیز است: اوّل آنکه امری چند که در شرع اسلام حرام است و ایشان حلال می دانند و ضرری از آن به مسلمانان نمی رسد علانیه واقع نسازند. مانند شراب و گوشت خوک خوردن و محارم را عقد کردن و امثال آن. دویم: آنکه احداث کلیسا و معابد خود و آتشکده در بلاد اسلام نکنند و اگر داشته باشند و محتاج به تعمیر شود تعمیر می توانند کرد و اگر خراب شود اختلافست که بار دیگر در همان موضع می توانند ساخت یا نه؟ سیّم: آنکه صدا بلند نکنند بخواندن کتاب های خود و ناقوس ننوازند و بعضی گفته اند آهسته می توانند نواخت به نحوی که مسلمانان نشنوند. چهارم آنکه خانه های خود را بلندتر از خانهٔ مسلمانی که همسایه ایشان یا در خانهٔ ایشان باشد نسازند و بعضی گفته اند که مساوی نیز نباید بسازند بلکه باید پست تر باشد. پنجم آنکه اکثر علما گفته اند که سزاوار است که حاکم مسلمانان بر ایشان شرط کند که در لباس خود ممتاز باشند از مسلمانان که مشتبه به مسلمانان نشوند. چنانچه متعارف بوده است که یهودان جامهٔ عسلی می پوشیده اند و نصاری جامهای سیاه و کبود می پوشیده اند و نصاری زُنار بر کمر بندند و یهودان پارچه به رنگ دیگر بر روی جامه بدوزند که نمایان باشند و بعضی گفته اند که مخالف کفش متعارف مسلمانان باشد بپوشند یا آنکه یکتای کفش به رنگی و تای دیگر به رنگ دیگر. مثل آنکه یکی زرد باشد و دیگری سرخ و انگشتر آهن یا سرب یا مس در گردن به بندند و در حمام زنگی بر پا بندند که از مسلمانان ممتاز باشند و همچنین زنان ایشان باید که در لباس از زنان مسلمانان ممتاز باشند به آنها که مذکور شد یا

غیرآنها. شیشم آنکه بر اسب عربی سوار نشوند یا مطلقاً بر اسب سوار نشوند بلکه بر استر و درازگوش سوار شوند و بر زین سوار نشوند بلکه بر پالان سوار شوند و پاها را از یکطرف بیاویزند و شمشیر و خنجر و سلاح با خود برندارند بلکه در خانه‌های خود نیزنگاه ندارند و براکثراین امور مستندی ندیده‌ام اما اگرحاکم مسلمانان مصلحت داند و اینها را بر ایشان شرط کند انسب خواهد بود و بعضی گفته‌اند باید قدر جزیه معلوم ایشان نباشد تا پیوسته در عرض سال در تشویش و اضطراب بوده باشند و در وقت ادای جزیه باید بر روی زمین نزد گیرندهٔ جزیه بایستند، و بگویند بشمار و او بشمارد تا وقتیکه بگوید بس است و بعضی گفته‌اند که باید سر را به زیر اندازد در وقت دادن و چون ادا کند گیرندهٔ جزیه بر ریشش چسبد و طپانچه بر رویش بزند و براینها مستندی ندیده‌ام و گفته‌اند مستحب است که اگر مسلمان با ایشان در راهی روند ایشان را در میان جاده راه ندهند در کنار راه بروند و در حمام چون مسلمان در حوض باشد ایشان داخل حوض نشوند و در مجالس ایشان را بالا ننشانند و ابتدا به سلام نکنند بر ایشان و اگر ایشان سلام کنند در جواب علیک بگوید و با ایشان شرکت نکنند و مضاربه به ایشان ندهند. و واجب است که مأکولاتی که قابل تطهیر نباشد مانند روغن و عرقها که ایشان ملاقات کرده باشند از ایشان نگیرند. اگر چیزی باشد که قابل تطهیر باشد مانند جامها اگر خشک از ایشان گیرند، پاکست و اگر ملاقات بر رطوبت کرده باشند بعد از گرفتن آب کشند و پوست و از آنچه از پوست بعمل میآید مانند کفش و چکمه و گوشت و چیزهایی که در طهارت و حلّیّت آنها تزکیه شرط است از ایشان نمی‌توان گرفت و همچنین مایعاتی که در میان پوست جا کرده باشند مانند روغن و دوشاب و شیرهٔ اَمله و هلیله و امثال اینها که در میان دبه یا مشک کرده باشند از ایشان نمی‌توان گرفت و درین احکام سایر کفار از هنود و غیر ایشان با ایشان شریکند بلکه بدترند و ایضاً بهتر آنست که حاکم مسلمانان مقرر فرماید که جمیع کفار در روز برف و باران از جاهای خود حرکت نکنند که مسلمانان را نجس می‌کنند و اگر بشنوند که ایشان به مسلمانی دشنام داده‌اند یا اهانت رسانیده، منع و زجر و تأدیب کنند و ایشان را بر مسلمانان مسلط نگردانند و مسلمانان را نیز تأکید کنند که به عبث اهانت بایشان نرسانند و اگر میان ایشان و مسلمانان

منازعه باشد باید حکم شرع مسلمانان میان ایشان حکم کند و اگر با یکدیگر نزاعی داشته باشند مشهور آنست که حاکم مسلمانان مخیّر است میان آنکه به شرع اسلام میان ایشان حکم کند یا حواله به احکام ایشان بکند و اگر خود حکم کند بهتر است» (مجلسی، نسخه خطی، کتابخانه مرکزی دانشگاه تهران، ش فیلم ۸۶۰۷).

در جمع‌بندی نگرش علمای فوق نسبت به اهل ذمّه، تأکید بر چند نکته حائز اهمّیت می‌نماید:

- به رغم روزگاران اوّلیه اسلامی که میان اهل کتاب و مشرکان بت‌پرست تفاوت آشکاری وجود داشت، در دوره‌های بعد، فقهای اسلامی، مسیحیان و یهودیان و زرتشتیان را گروه خاصّی از مشرکان به شمار می‌آوردند و مستحقّ عنوان مشرک می‌دانستند (پطروشفسکی، ۱۳۵۴: ۱۰۷).

- مجلسی‌ها بر مبنای تفوّق اسلام شیعی در جنبه‌های مختلف حیات جامعهٔ ایران، بر آن هستند تا به استناد احکام اسلامی و احادیث شیعی، تخفیف و تحقیر اقلیّت‌های غیر اسلامی را- حتّی به رغم نفوذ بخشی از ایشان در ساختار اقتصادی ایران- مشروعیت بخشند.

- الفاظ علامه محمّدتقی مجلسی در بیان اصول مذکور، بر بایدها استوار است و بیش از بیان هست‌ها، از دیدگاه فقهی به موضوع می‌نگرد. به تعبیر دیگر، از یک سو حدّاقل تا اواخر صفوی نمی‌توان بر اجرای دقیق این ضوابط در متن جامعه و به‌ویژه در مواقعی که سلاطین بر جوانب مختلف امور دست بالا را داشتند، صحّه گذاشت، و از دیگر سو با توجه به گستردگی نفوذ کلام فقهای شیعی در اواخر سلسله، نمی‌توان به تداوم این بایدها در سطح صرفاً توصیه‌های اعتقادی تأکید نمود.

- از محتوای رساله جهادیه می‌توان چنین برداشت نمود که مجلسی با ذکر شواهدی از رفتار اقلیّت‌های زمانه خود، آنها را خارج از قواعد اهل ذمّه می‌داند. این مسأله ضمن بیان نارضایتی علما، معرّف آزادی‌هایی است که اهل کتاب به‌ویژه در زمان اقتدار سلاطین از آن بهره‌مند بودند.

البته در کنار نگرش‌های نسبتاً تند علمای فوق‌الذّکر که بسته به توانمندی

سلاطین از نظر تا عمل نوسان داشت، بایسته است تا گذری نیز بر دیدگاه دو چهره میانه‌رو، یعنی محقّق سبزواری و ملامحسن فیض کاشانی، داشته باشیم که در رابطه با مسائل مختلف و از جمله نحوهٔ مواجهه با اهل ذمّه، تلقّی دیگری داشتند.

محقّق سبزواری

ملامحمدباقر معروف به محقّق سبزواری (۱۰۱۷–۱۰۹۰ق) نزد علمایی همچون محمّدتقی مجلسی، میرفندرسکی و شیخ بهایی تعلیم یافت و در زمان شاه عباس دوم به امامّت جمعه و شیخ‌الاسلامی اصفهان منصوب شد. وی در رابطه با مسائل فرهنگی جامعه دیدگاه‌هایی متفاوت از اساتید خود یعنی بهایی و مجلسی داشت که از جمله می‌توان به این موارد اشاره نمود: جواز غنا (موسیقی) در شرایطی خاصّ که با مخالفت شدید دیگر علما مواجه گردید (جعفریان، ۱۳۷۰: ۲۰۳)، عدم استقلال علما در انجام امر به معروف و نهی از منکر و جای دادن آن در حیطه اختیارات حکومت (همان)، امنیت تجّار حتّی تاجران بیگانهٔ غیرمسلمان (لک‌زایی، ۱۳۷۶، حکومت اسلامی، ش ۵: ۱۵۵) و در نهایت طهارت اهل ذمّه به رغم حکم مشهور بر نجاست آن‌ها. سبزواری همچنین به دلیل تمایل به تصوّف، مورد غضب عده‌ای دیگر از علما بود (جعفریان، ۱۳۷۰: ۲۷۳). وی علما را بر سه گروه می‌دانست: «صاحبان علم ظاهر که فقه می‌دانند، اهل عرفان و علوم باطنی، و سوم گروهی که جامع هر دو هستند» (جعفریان، ۱۳۷۸: ۳۸۶).

ملا محسن فیض کاشانی

ملا محسن در کاشان متولد شد (۱۰۰۷ق) و ایام حیاتش با پادشاهی عباس اول، صفی، عباس دوم و سلیمان مصادف بود. به رغم آنکه دعوت شاه صفی در عزیمت به اصفهان را نپذیرفت، لیکن در زمان عباس دوم و بنا به تجدید دعوت از طرف او، برای یک سال منصب امامّت جمعه اصفهان را پذیرفت وسپس از آن به کاشان بازگشت. وی در نظریه‌پردازی سیاسی، ضمن تقسیم سیاست به دو بُعد عرفی یا «ضروریه» و

شرعی یا «دنیویه» برآن بود که سیاست گاه از شرع حکم می‌گیرد و گاه با آن همگون و هماهنگ نیست. (برای اطلاعات بیشتر نک: خالقی، ۱۳۸۷، مقاله اندیشه سیاسی فیض کاشانی). علاوه بر این، کاشانی نیز چون سبزواری بر طهارت اهل ذمّه حکم می‌داد که هر چند در میان اکثریت علمای مخالف دیدگاه‌شان چندان تأثیرگذار نبود، با این حال معرّف عدم یکدستی نظرات متفکران صاحب‌نام به شمار می‌رفت.

۲- حیات اجتماعی زرتشتیان یزد تا پایان پادشاهی شاه عباس اول

با وجود فقدان اطلاعات در منابع تاریخی دربارهٔ زمان ارتقای یزد به کانون زرتشتی‌گری ایران، در حدّ فاصل حکومت آل مظفّر تا شکل‌گیری سلسله صفوی، شواهدی هر چند اندک از مهاجرت تدریجی روحانیان خراسان به حوزه‌های روستایی این خطّه حکایت دارند. از جملهٔ این قرائن می‌توان به عزیمت نخستین فرستادهٔ پارسیان- در حکومت اوزون حسن آق‌قویونلو- به ترک‌آباد استناد جست که معرّف شهرت این روستا در مقام محل اسکان عالی‌رتبه‌ترین موبدان هست.

الف- جمعیت زرتشتیان

با توجّه به آنکه محقّقان در ارائهٔ آماری از جمعیت ایران در عصر صفوی، چاره‌ای جز اتّکا به حدس و گمان ندارند، بالطّبع سخن گفتن از تعداد اقلیتی پراکنده در روستاها در این مقطع چندان معقول نمی‌نماید.

اُشیدری، از پژوهشگران معاصر زرتشتی، با استناد به نظر برخی نویسندگان نامعلوم، تعداد همکیشان خود در آغاز عصر صفوی را بین سه تا پنج میلیون نفر برآورد می‌کند (اشیدری، ۲۵۳۵: ۲۲۷) که به رغم جذابیت ادعا، بنابه دلایلی صحّت آن قابل تأیید نیست.

با اینکه تا اوایل قرن پنجم هجری، آثار جغرافیایی بر وجود جماعاتی به هم پیوسته از زرتشتیان خاصّه در فارس اشاره دارند، از این هنگام به بعد سکوت منابع نه تنها بیانگر پراکندگی آنها در مناطق دور از دسترس هست بلکه در بسط

و نهادینگی روزافزون اسلام، اصولاً پیوستن به کیش اکثریّت چندان دور از انتظار نمی‌نماید. بنابراین از آنجا که در خوشبینانه‌ترین برآورد، جمعیّت ایران صفوی- با وجود اختلاف آراء محقّقان که بعضاً در آماری دور از ذهن، عدد یک میلیون نفر را نیز مطرح ساخته‌اند(فوران، ۱۳۸۳ :۶۰) - از ده میلیون نفر فراتر نمی‌رفت (لاکهارت، ۱۳۴۴: ۱۴-۱۵)، پس ادّعای اشیدری به مفهوم زرتشتی بودن حدوداً نیمی از جمعیت ایران در آغاز عصر صفوی است. از دیگر سو، در جایی که شاردن جمعیت زرتشتیان معاصر خود را تخمیناً هشتاد هزار نفر ذکر می‌کند (به نقل از فوران: ۶۵۴)، این سؤال پیش می‌آید که چگونه و تحت چه شرایطی، سه تا پنج میلیون زرتشتی به یکباره به این سطح تنزّل کرده‌اند؟

به هر روی، گرچه در میان اقلیت‌های دینی، زرتشتیان بیشترین جمعیت را داشتند (تاورینه، ۱۳۶۳: ۴۰۹)، امّا مبتنی بر آمارِ مندرج در نامه‌های موجود و گزارش سیاحان از نفوس زرتشتی ساکن اصفهان، جمعیّت این اقلیّت در ایران را می‌توان بین ۱۵ الی ۲۰ هزار نفر تخمین زد. نامه‌های زرتشتیان یزد به پارسیان، نه تنها بیانگر حضور همکیشان درکرمان، خراسان، سیستان و اصفهان است (بنگرید به مطالب بعدی) که بر خلاف ادعای بویس مبنی بر تأثیر هجوم تیمور در تخلیهٔ صفحات شمالی و خراسان از زرتشتیان و اسکان آنها در یزد و کرمان (بویس، ۱۳۴۸: ۱۳۴-۱۳۵)، چنین برمی‌آید که تا اوایل صفوی، یزد پس از سیستان و خراسان حائزرتبه سوم از حیث تعداد نفوس زرتشتی بوده است. لذا صحیح‌تر آنست که تشدید ناآرامی‌های خراسان، موبدان و دیگر روحانیان زرتشتی را بدین سو جلب کرده است. موضوعی که در اواسط عصر صفوی و با گسترش مهاجرت بهدینان از خراسان به یزد تکوین یافته و این خطّه را به معتبرترین کانون زرتشتی‌گری ایران ارتقا بخشید. مروری بر آمارهای موجود، شاخص مطلوبی برای تخمین جمعیت بهدینان یزد هست.

در اولین نامهٔ ارسالی (۸۸۰ی/ ۱۵۱۰م/ ۹۱۶ق) به وجود چهارصد نفر دلیر در روستاهای شریف‌آباد و تُرک‌آباد و پانصد نفر در حوزهٔ داخلی یزد اشاره می‌شود که گویا پیران، زنان و کودکان را به شمار نیاورده‌اند. (روایات داراب هرمزدیار، ج۲: ۳۹۶). همچنین کرمان از دستور و بهدین «هفتصد نفر»، سیستان «دو هزار و هفتصد

نفر» و خراسان «یکهزار و هفتصد نفر» زرتشتی در خود جای داده بود (همان:۳۹۷).

این آمار در پنجاه سال بعد روندی معکوس به خود می‌گیرد و از آن زمان علاوه بر موبدان، دیگر بهدینان هم روی به کرمان و خاصّه یزد می‌آورند. در نامهٔ مورخ ۹۲۸ی/ ۱۰۲۶م/ ۹۶۶ق تعداد زرتشتیان ساکن در مناطق مختلف چنین ذکر می‌شود: در روستای شریف‌آباد و ترک‌آباد، ۵۴۰۰ نفر؛ خراسان، ۵۰۰ نفر؛ قزوین، ۳۰۰ نفر؛ و نکتهٔ جالب اینکه «جماعت بهدینان ملک خراسان که ساکنند در این جانب [= یزد] سه هزار نفرند» (همان: ۴۶۱). دربارهٔ علّت گستردگی مهاجرت، با سکوت مطلق منابع مواجهیم امّا به عنوان یک فرض شاید بتوان ارتباطی میان این رویداد با نهادینگی تشیّع و ترقّی اعتبار مقبرهٔ علی ابن موسی در مشهد برقرار نمود. موضوعی که خاصّه از زمان حکومت عباس اول اوج گرفت و مشهدالرّضا به عنوان نماد برجستهٔ ایران شیعی از بیشترین اقبال سیاسی و مردمی برخوردار شد. با لحاظ فضای موجود و نیز غارتگری‌های ازبکان که هر از چندگاه بر ناامنی‌ها دامن می‌زد، گسترش موج هجرت بهدینان به مراکزی همچون یزد- که از پیش به تجمّع دستوران و موبدان شهرت داشت و در قیاس با مناطق بحران‌زده از ثبات و ارامش برخوردار بود- چندان دور از ذهن نمی‌نماید.

در مجموع، از یک‌سو در اوج ثبات صفویه، جمعیت یزد را نمی‌توان فراتر از پنجاه هزار نفر برآورد نمود (برای اطلاعات بیشتر نک: تشکری، ۱۳۹۲: ۱۶۹-۱۷۰) و از دیگر سو، طبق آمارهای فوق، تعداد زرتشتیان کلّ ایران به فراتر از ده هزار نفر نمی‌رسید، لذا حضور قریب هفت هزار نفر در معتبرترین کانون کیش زرتشتی در ایران، معرّف عالی‌ترین سطح تجمّع این اقلیّت به شمار می‌رود.

ب- حوزه‌های سکونت زرتشتیان در یزد

بر اساس پراکندگی حدود هفت هزار زرتشتی در حوزهٔ شهری و روستایی یزد و ارجحیّت روستاهای پیرامون در سکونت موبدان و هیربدان، به برجسته‌ترین دهات و محلات زرتشتی‌نشین می‌پردازیم.

تُرک‌آباد/ تُرکآباد

روستای تُرک‌آباد واقع در پنج کیلومتری غرب شهرستان اردکان و در مسیر یزد-نایین جای دارد. بنا به روایت تواریخ محلی، قدمت این روستا به دوران آل مظفر باز می‌گردد که خانزاده خاتون و مختوم‌زاده خاتون، دختران امیرمبارزالدین محمّد به احداث آن سعی و همّت گماردند (مستوفی‌بافقی، ج۳: ۷۲۰؛ جعفری: ۵۲؛ کاتب: ۸۵). البته این منابع، نام روستا را به صورت «تُرکان‌آباد» ضبط کرده‌اند و مستوفی بافقی صرفاً قنات جاری در روستا را از اقدامات دختران امیر مبارزالدین محمّد می‌داند (مستوفی‌بافقی، ج۱: ۱۲۱)، و هیچ مستندی بروجه تسمیه و یا اطلاع بیشتری از آن در دست نیست. به هر حال و در عدم آگاهی از زمان انتقال آتش ورهرام و نیز اسکان و تجمّع موبدان و روحانیان زرتشتی مهاجر از فارس و خراسان به این آبادی، عزیمت نخستین فرستادهٔ پارسیان به ترک‌آباد نشان از نامبرداری این روستا در روزگار پیش از صفوی است.

شریف‌آباد/ شرفآباد

این آبادی واقع در ۶۰ کیلومتری شمال یزد است که پس از تُرک‌آباد مهّم‌ترین روستای زرتشتی‌نشین یزد بوده و توسّط شرف‌الدین مظفّر پسر امیر مبارزالدین محمّد احداث شده است (مستوفی‌بافقی، ج۳: ۷۱۹). به رغم ترک‌آباد که تقریباً هیچ‌گونه بنای زرتشتی در آن باقی نمانده، در شریف‌آباد همچنان آثار و بقایای آیین زرتشتی دیده می‌شود؛ از جمله، آتشگاه شریف‌آباد که محقّقان قدمت آن را به روزگار صفوی می‌رسانند (گدار، سیرو و دیگران، ۱۳۷۱، ج۱-۲: ۸۶). در واقع، وجود چندین جایگاه متبرک زرتشتی مانند پیر اشتاد ایزد، پیر شاه تیشتر ایزد، پیر شاه مهر ایزد، پیر شاه آدرخوره (شهمردان، ۱۳۳۶ی: ۱۶۹) و پیر سبز بیانگر آنست که با کاهش اعتبار ترک‌آباد، این روستا نقش جایگزین آن را ایفا نموده است. به هر حال، در عصر صفوی نیز در نامه‌های ارسالی موبدان به هند، پس از ترک‌آباد، شریف‌آباد جایگاه دوم را داراست.

فتح‌آباد و نعیم‌آباد

این دو آبادی از آثار شاه یحیی مظفری به شمار می‌روند. احمد کاتب در مورد فتح‌آباد می‌نویسد: «ده فتح‌آباد مشهور به ده‌نو، از استحداث اوست و باغ و قصر و دریاچهٔ نیکو در آن باغ ساز کرد» (کاتب: ۸۷).

در نعیم‌آباد، وزیرش «خواجه نظام‌الدین امیرشاه» نیز عماراتی بنا نمود (همان: ۲۰۹). بنابر گزارش جامع مفیدی به هنگام تألیف کتاب (۱۰۸۲-۱۰۹۰ق) این دو روستا از «مشاهیر قُرای یزد» محسوب شده (مستوفی بافقی، ج۳: ۷۳۸) و اکثریت «رعایای هردو دیه زرتشتی بودند» (همان: ۷۰۹). در حوزهٔ شهری نیز از محلّه‌ای با نام «محلهٔ گبران» خبر داریم که در ردیف بزرگترین محلات معرفی می‌شود (افوشته‌ای نطنزی، ۱۳۷۳: 531) و در تواریخ محلی سدهٔ نهم هجری نیز از آن با عنوان «محله مجوسیان» یاد شده که در کنار محلهٔ «پشت خان عُمَری» جای داشت که آن نیز دارای جمعیّت زرتشتی بود (جعفری: ۱۷۹؛ کاتب: ۲۲۰).

ناگفته نماند، مناطق یادشده به دلیل تعداد سکنهٔ زرتشتی و یا سکونت موبدان و روحانیان برجسته، اعتبار خاص داشتند و در نامه های متبادله با پارسیان از محله‌های دیگری نظیر کوچه بیوک و محمودآباد نیز یاد شده است که در آن‌ها، علی‌رغم محله گبری و پشت خانعلی،[۱۶۳] زرتشتیان در اکثریت نبودند (نک به مطالب بعدی).

۳- معیشت و حیات فرهنگی زرتشتیان

در نگاه اوّل شاید چنین تصور شود که گسترهٔ حضور و اسکان این اقلیّت در یزد به انضمام توسعهٔ روابطشان با هند معرّف وجود اجتماعی منسجم بود که در میان مسلمانان با مدارا و تعامل ایام می‌گذرانیدند. حال آنکه منهای لحاظ بافت و نگرش ذهنی اکثریت شیعی در برداشت از دینداری و تعیین حدّ فاصل خود از نامسلمانان،

---

۱۶۳. محله پشت خانعلی یا خلف خانعلی یا خلف خانهٔ علی، در اصل احتمالاً همان محلهٔ پشت خانه عمری فوق‌الذکر است (نک: افشار، ۱۳۷۴، ج۲: ۷۸۴).

بازتاب مقتضیات سیاسی بر نحوهٔ رفتار حکومتگران با اهل ذمّه و تأثیر دیدگاه‌های متولیان دینی بر شکل‌دهی عملکرد جامعه، هرگونه تلاش در ارائه تصویری از حیات اجتماعی آنها، ناممکن می‌نماید. از این رو و متأثر از عوامل مذکور، در معتبرترین کانون تجمّع موبدان و هیربدان، فرودستان به پیروی از روحانیان که مجالی برای آموزش و تحصیل داشتند، به انجام آداب و اعمال دینی قناعت می‌کردند. از این گذشته، دیگر ولایت زرتشتی‌نشین، یعنی کرمان که پس از یزد جمعیت قابل توجهی از بهدینان را در خود جای داده بود، آتش مقدس و پیشوایان خاص خود را داشت (بویس، ۱۳۴۸: ۱۳۵) و در اسناد موجود نشانه‌های پررنگی از روابط این دو مرکز زرتشتی‌گری عصر صفوی نمی‌توان یافت.

از حیث شیوهٔ معیشت، به عکس حضور فعّال ارامنه در اقتصاد تجاری ایران، زرتشتیان عموماً به کشاورزی و پس از آن بافندگی مشغول بودند (فیگوئروا، ۱۳۶۳: ۲۰۶؛ شاردن، ۱۳۴۵، ج۸: ۹۵- ۹۶). شاهدی بر این ادعا را می‌توان بافت نوعی پارچهٔ ترمه دانست که گویا زرتشتیان برای تهیّهٔ شلوارهایی موسوم به «گبری» از آن استفاده می‌کردند (اشرافیان، ۱۳۷۸-۱۳۷۹: ۲۹-۳۰). بر پایهٔ گزارش سفرنامه‌نویسان اروپایی از معاش زرتشتیان اصفهان که معیاری در سنجهٔ حیات اقتصادی آنها در یزد نیز هست، این اقلیّت عمدتاً با «کدّ یمین و عرق جبین» (دلاواله، ۱۳۸۰، ج۱: ۵۱۱) روزگار می‌گذرانیدند. امّا در بُعد فرهنگی و ضوابط درون‌گروهی، داده‌های سیّاحان اروپایی از جماعت زرتشتی اصفهان- که در حکومت شاه عباس اوّل به اجبار از یزد بدانجا کوچانیده شدند- نمونه‌ای از وضعیت داخلی این اقلیت به شمار می‌رود.

شاردن ضمن تأکید بر سماجت ایشان بر اعتقادات و آداب و رسوم دینی خود می‌نویسد: «آنان شراب می‌نوشند و همه نوع گوشت می‌خورند ... ولی از جهات دیگر آدم‌های بسیار خاصی هستند و با مردمان دیگر به خصوص مسلمانان چندان در نمی‌آمیزند» (بویس، ۱۳۹۱: ۲۱۱ به نقل از Chardin, 1735, II, 180). در واقع همین موضوع، یعنی عدم آمیزش با محیط پیرامون- برعکس پارسیان که راه درآمیختگی با فرهنگ میزبانان هندوی خود را در پیش گرفتند- باعث حفظ بهتر آیین‌های زرتشتی شد. البته دستوران و روحانیان، هر فرصتی را برای جلب مشروعیت در

جامعه شیعی غنیمت می‌شمردند. از بارزترین جلوه‌های چنین تلاشی در تطبیق اَشو زرتشت با حضرت ابراهیم که در قرآن بارها از او نام رفته، نمود یافت.

تاورنیه، سیاح فرانسوی در سفر چند روزهٔ خود به یزد اطلاعی از زرتشتیان نمی‌دهد، امّا در شرح دیدارش از کرمان، ضمن توصیف گوشه‌هایی از اعمال عبادی بهدینان بومی در زمینهٔ دخمه‌گذاری، نیایش آتش، ازدواج و امثالهم، با تفصیل بیشتری به دعاوی آنها در تلفیق حکایات مربوط به موسی و ابراهیم و تطبیق آن با زرتشت می‌پردازد. بدین معنی که زرتشتیان افسانه‌ای ساخته و ضمن انطباق شرایط زمان ابراهیم با زرتشت، داستان ستم نمرود را با کمی دخل و تصرّف، مربوط به پیامبر خویش می‌دانستند. براساس این روایت، زرتشت که هنگام تولد به رغم دیگر نوزادان، می‌خندید، خشم نمرود را برانگیخت و چون قصد کشتن او نمود، دستش خشک شد. لذا فرمان داد آتشی برافروزند و کودک را در آن بسوزانند، امّا این بار نیز با فرمان الهی آتش به بستری از گل سرخ تبدیل شد. این حادثه تا حدّی اثرگذار بود که برخی افراد به احترام پیامبر، قدری آتش را به یادگار نگهداری نمودند و از روی اعجاز تاکنون آتش را تقدیس می‌کنند (تاورینه، ۱۳۶۳: ۴۱۹–۴۲۰).

گذشته از حیات اعجازگونهٔ زرتشت، از جمله دیگر موارد قابل توجه در نظر سیاحان اروپایی، پوشش زنان زرتشتی اصفهان بود که با توجه به سکونتگاه اولیّه این جماعت در یزد، نوشتار آنها را می‌توان به زرتشتیان یزد نیز تسرّی بخشید.

فیگوئروا در این مورد می‌نویسد: «لباس زنانشان هیچ‌گونه مشابهتی با ملبوس دیگر زنان ایران ندارد. با اینکه اینان نیز نوعی شلوار نازک بر پا دارند، بالاپوش یا قبایی بسیار گشاد می‌پوشند که تا قوزک پای آنها می‌رسد. آستین‌های این بالاپوش، بسیار دراز و شبیه لباس زن‌های عرب است و آستین لباس‌شان به قدری بلند است که برای گرفتن بازوی یکدیگر، قادر نیستند دست را از آستین به در آورند. زن‌های گبر، سر و مو و گردن خود را طوری می‌پوشانند که جز صورتشان پیدا نیست و روسری‌های آنها بی‌شباهت به سربندهای زنان سالمند اسپانیایی نیست. جز اینکه کلاه یا سربند زنان گبر چین‌دار نیست ... رنگ مویشان کم‌وبیش روشن امّا بیشتر مایل به حنایی و قهوه‌ای است. رنگ پارچه‌ای را که روی روپوش خود می‌اندازند، متناسب با رنگ

موی خود عوض می‌کنند و همواره کمی روشن‌تر از رنگ روپوش یا قبای آنهاست» (فیگوئروا: ۲۰۶).

در مجموع و گذشته از اطلاعات سفرنامه‌نویسان دربارهٔ زرتشتیان اصفهان و یا گزارشی که تاورنیه از این اقلیّت در کرمان فراهم آورده، تنها شاردن است که با وجودی که در یزد حضور نداشته است، توصیفی مختصر از ترک‌آباد ارائه می‌دهد:

«پرستشگاه اصلی‌شان در نزدیکی یزد است ... این، بزرگ‌ترین آتشکده ایشان و نیز پرستشگاه و مرکز آموزش آنان است. در آنجاست که ایشان، دین، اندرزها و امیدهایشان را اظهار می‌دارند. روحانی بزرگشان همواره در آنجا به سر می‌برد و آن را ترک نمی‌کند. او را دستوران دستور می‌نامند. این روحانی بزرگ چند روحانی و چندین طلبه هم دارد که نوعی مدرسهٔ دینی را تشکیل می‌دهند. مسلمانان این را جایز می‌شمارند، چه پنهانی است. هدایای سخاوتمندانه‌ای هم به آنان (روحانیان) داده می‌شود» (بویس، ۱۳۸۱: ۱۹۶ به نقل از Chardin, 1735, II, 183).

الف- حکایت زرتشتیان و میرمیران

سرآغاز بحث ذکر شد که حکومت غیاث‌الدین میرمیران (۹۸۱-۹۸۸ق) را می‌توان اوج قدرت خاندان نعمت‌اللهی یزد دانست. روایتی شفاهی از تنگناهای زرتشتیان وجود دارد که بنا بر آن در محلهٔ نرسی‌آباد، به منظور برگزاری مراسم «پنچه وه» و به یادمان درگذشتگان بر بام‌ها آتش افروخته و بوی سیر و سداب که بخشی از تشریفات جشن به شمار می‌رفت، فضای محله را پر کرده بود. در این بین میرمیران که به تازگی از سفری زیارتی بازگشته بود، ضمن آگاهی از مراسم و بوی ناخوشایند سداب، در غضب شده و دستور داد تا منازل زرتشتیان را تخریب و آنها را به ترک محل وادارند. چون اهالی گزیری جز اطاعت نیافتند، بزرگان خود را به شفاعت فرستادند و در نهایت موفق شدند تا او را از تخریب آتشگاه که اتاقکی جهت نگهداری آتش بود، منصرف سازند (شهمردان، ۱۳۳۶ی: ۵۴-۵۵).

ب- شاه عباس اوّل و زرتشتیان

در حالی که استبداد و کفایت شاه عباس (۹۹۶-۱۰۳۸ق)، او را به نماد عالی قدرت و مرجع نهایی امور ترقّی بخشید، بالطّبع وابستگی حیات اجتماعی- فرهنگی اقلیّت‌های دینی به مقتضیات سیاسی و خصایص شخصی سلطان چندان نیز غیر معمول نبود. لذا در حالی که اختلاف با عثمانی، مشروعیّت فشار بر اهل تسنّن را افزون می‌ساخت، اقلیّت‌های غیراسلامی مانند ارامنه و در سطحی نازل‌تر زرتشتیان از تسهیلات و امنیّت بیشتری در انجام آداب دینی خود برخوردار شدند (تاج بخش، ۱۳۷۳، ج۱: ۳۱۵). البته بنا بر ضروریات قدرت، جایگاه ارامنه با زرتشتیان از وجوه افتراق و اشتراکی نیز برخوردار بود. رشد اقتصاد تجاری و موقعیّت برتر ارامنه در مبادلات ارزی و انتقال ابریشم ایران به اروپا (تاورنیه، ۱۳۶۳: ۵۶)، به همراه ضرورت گسترش روابط سیاسی- تجاری با غرب مسیحی، جایگاه برتری به ایشان در نظر حکومت می‌داد، حال آنکه در فقدان چنین بسترهایی، زرتشتیان صرفاً به چشم یادگارانی از گذشته دیده می‌شدند. از آن سو پرداخت جزیه و کوچ اجباری به اصفهان، از جمله وجوه مشترک آن دو از حیث نوع رفتار متولیان دینی و حکومت بود که بُعد نخست ریشه در مباحث فقاهتی داشت (نک به فصل اول) و موضوع دوم را در گفتارهای آتی به بحث می‌گذاریم.

زرتشتیان و منصب داروغگی

در ساختار دیوانسالاری عهد صفوی، وظیفۀ داروغۀ[۱۶۴] اصفهان، تحت نظر دیوان‌بیگی، جلوگیری از اعمال خلاف شرع و دیگر امور ناپسند تعریف می‌شد (میرزا سمیعا، ۱۳۶۸: ۱۵۲-۱۵۳؛ نک: کمپفر، ۱۳۶۰: ۱۰۴). و از این رو، اقدام شاه عباس بزرگ در تعیین داروغه‌ای مسلمان برای زرتشتیان یزد، چارچوبۀ وظایف این منصب را مبهم ساخت.

---

۱۶۴. واژۀ «داروغه که از لغت «دَرو» (Darv) مغولی و به معنای فشار دادن و مهر کردن گرفته شده است، برای نخستین بار در روزگار ایلخانان وارد تاریخ ایران شد (لمبتون، ۱۳۶۳: ۱۵۳).

بنا بر اطلاعات جامع مفیدی، برای نخستین بار فردی به نام میرزا خلیل‌الله در حکومت علی‌قلی‌خان شاملو بر یزد، به تصدی امور «مجوسیان» گمارده شد و چون در ۱۰۳۴ق به مقام وزارت رسید، ضمن دریافت «وزارت و کرکراقی[۱۶۵] و تصدی خالصه»، همچنان «حکومت مجوسیان و مهم استیفای دارالعباده» (مستوفی‌بافقی، ج۲: ۱۹۰) را در اختیار داشت. بدین‌ترتیب گویا داروغه در مقام «دریافت مالیات از جامعهٔ زرتشتیان و اجرای ترتیبات ویژه مربوط به آن جامعه بوده است» (لمبتون، ۱۳۶۳: ۱۵۷).

از این ابهام که بگذریم، تعیین داروغه‌ای مسلمان برای رسیدگی به امور زرتشتیان، از ابعادی چند حائزاهمیت می‌نمود. با آنکه در قیاس با ارامنه، داروغگان مسلمان جایگزین کلانترانِ منتخب جماعت شدند، در همین سطح نیز تعیین افرادی از میان صاحب‌منصبان سیاسی و یا وابسته به قدرت- که در جنب سایر مناصب، ناگزیر به پاسخگویی در نحوهٔ رفتار با زرتشتیان بودند- ضمن تشخّص اجتماعی زرتشتیان، نشان از تمایل شاه به انسجام امور این اقلیت داشت. به تعبیر دیگر این اقدام از سویی کنترل حکومت مرکزی بر اقلیّتی دور از دسترس را باعث گردیده و از دیگرسو آنها را که تحت تکفّل سلطان قرار داشتند، از آزار و اذیّت دیگر گروه‌های اجتماعی و یا اقشار دینی محفوظ می‌داشت.

به هر حال این ابتکار، الگویی برای دیگرسلاطین در تداوم داروغگی مسلمانان بر زرتشتیان گردید و جامع مفیدی تا سال ۱۰۵۴ق اسامی سه داروغهٔ دیگربه نام‌های الله‌قلی بیک، صفی‌قلی بیک و پسرش محمّدخلیل بیک (مستوفی‌بافقی، ج۲: ۲۰۶، ۲۲۶ و ج۳: ۷۵۸) را ثبت کرده است.[۱۶۶]

---

۱۶۵. کرکراقی یا کِرک یراقی، لغتی ترکی است. در دورهٔ صفوی منصبی است که گویا حوزهٔ وسیعی از تهیه و تدارک احتیاجات نظامی تا تهیهٔ پارچه و ساز و برگ چرمینهٔ قشون را در بر می‌گرفته است.

۱۶۶. لمبتون با تکیه بر اطلاعات جامع مفیدی، تعیین نخستین داروغهٔ خاص زرتشتیان را مربوط به سال ۱۰۵۴ق/ ۱۶۴۴م می‌داند (لمبتون، ۱۳۶۳: ۱۵۷). حال آنکه مطابق با نوشتار منبع فوق‌الذکر، سالها قبل از این زمان، در حکومت شاه عباس اول، میرزا خلیل‌الله (۱۰۳۴ق) پیش از دریافت مقام وزارت یزد به این منصب گمارده شده بود.

کوچ اجباری به اصفهان

با توجّه به آسیب‌پذیری اقلیت‌های دینی از بحران‌ها و آشفتگی‌های سیاسی، ثبات و امنیّت عصر شاه عباس، حداقل به طور نسبی، سوء رفتار حکّام و بدنهٔ جامعه را می‌کاست، امّا هم‌زمان حیات اجتماعی آنها را به منش فردی و ضروریات سیاسی حکومت مرکزی وابسته می‌نمود. از این رو شاه عباس در رویکردی دو سویه هم مبتکر تعیین داروغگانی مسلمان برای زرتشتیان یزد بود و هم از دیگر سو، در راستای مصالح قدرت و ویژگی‌های شخصی، درصدد کوچ اجباری جمعی از ایشان به اصفهان و در ادامه، فشار بر موبدان برای تحویل آثار دینی خود برآمد.

در مورد نخست، پیش‌تر از کوچ جمعی از زرتشتیان یزد به اصفهان، به عنوان وجه تشابه رفتار حکومت در قبال ارامنه و زرتشتیان یاد کردیم. حال با دو موضوع اساسی دربارهٔ زمان و دلیل چنین اقدامی مواجه هستیم. در مورد زمان وقوع کوچ اجباری زرتشتیان، جامع مفیدی- به عنوان تنها تاریخ محلی یزد عصر صفوی که به روزگار شاه سلیمان و در هند نگارش یافته- هیچ‌گونه گزارشی ارائه نمی‌دهد. لذا گزارش‌های موجود از این اقلیّت در اصفهان را مدیون سفرنامه‌های اروپاییان هستیم. فیگوئروا [۱۶۷] بدون ذکری از اصل واقعه، دربارهٔ گبرآباد می‌نویسد: «با اینکه بیش از ده سال نبود که به فرمان شاه و به منظور توسعهٔ اصفهان، این مردم را از زادگاه‌شان کوچانیده و در این ناحیه اسکان داده بودند، مع ذلک این مجموعه می‌توانست محله‌ای بزرگ و زیبا از حومه شهر و حتّی شهری زیبا به حساب آید» (فیگوئروا، ۱۳۶۳: ۲۰۷). بدین‌ترتیب اگر نویسنده گزارش خود را از سال ۱۰۲۶ق/ ۱۶۱۷م به بعد تهیه کرده باشد و ده سال از این هنگام کسر کنیم، وقوع رخداد را می‌توان به سال ۱۰۱۷-۱۰۱۸ق/ ۱۶۰۸-۱۶۰۹م مربوط دانست. با وجود تشابه رفتار شاه عباس با ارامنه، تفاوت کارآیی این دو اقلیّت در اقتصاد تجاری و مناسبات سیاسی، دلیل اقدام او دربارهٔ زرتشتیان یزد را مبهم می‌سازد. چنان‌که سیطرهٔ مسیحیت بر غرب، شاه

---

۱۶۷. دُن گارسیا دسیلوا فیگوئروا در سال ۱۰۲۳ق/ ۱۶۱۴م از سوی فیلیپ سوم پادشاه اسپانیا به دربار شاه عباس اعزام گردید و سه سال بعد به ایران رسید.

عبّاس را بر آن داشت تا از وجود ارامنه در تحکیم روابط سیاسی- اقتصادی با غرب بهره گیرد، امّا زرتشتیان همانند یهودیان فاقد چنین پشتوانه‌هایی بودند. بنابراین در واکاوی موضوع شاید بتوان بر انگیزه‌های شاه عباس در ارائه چهره‌ای ممتاز از اصفهان نزد دولت‌های اروپایی تأکید نهاد؛ بدین معنا که شاه صفوی در مهم‌ترین مرکز تشیّع امامیه در جهان، با چنان مدارایی حکم می‌راند- همانند دربار بابری‌ها در هند و خاصّه اکبرشاه که معاصر شاه عباس بود- که پیروان ادیان مختلف چون مسیحیان در «جلفا نو»، یهودیان در «جوباره»، و زرتشتیان در محله‌ای موسوم به «گبرآباد یا گبرستان»[۱۶۸] به آرامش و آزادی روزگار می‌گذراندند. علی‌رغم توصیفات سفرنامه‌ها از زیبایی‌های گبرآباد، در اواخر حکومت شاه عباس، زرتشتیان به شهر اصفهان انتقال یافته و این محله را به مهاجران تازه‌رسیدهٔ ارمنی سپردند که به دلیل مهارت‌شان در حرفهٔ سنگتراشی، گبرآباد هم به محلهٔ سنگتراشان تغییر نام داد (فلسفی، ج۳: ۱۱۲۶).

آزار و قتل روحانیان زرتشتی

همپای کوچ یادشده به اصفهان، اسناد موجود از آزار و قتل دو تن از روحانیان یزد به دلیل خودداری از تحویل آثار دینی و بویژه کتاب جاماسب‌نامه خبر می‌دهند.

با توجه به اعتبار و اهمیت اثر مذکور نزد زرتشتیان و نیز انتظار آنها به ظهور شاه بهرام در انتهای هزارهٔ یزدگردی، پیش از بررسی دلایل احتمالی این رخداد،

---

۱۶۸. سفرنامه‌نویسان غربی در آثار خود توصیف قابل توجهی از این محله دارند. دلاواله می‌نویسد: «این محله بسیار خوب ساخته شده، خیابان های عریض و مستقیمی دارد که از خیابان های جلفا زیباتر است، چون بعد از جلفا و با طرح های بهتر و رعایت اصول معماری بیشتری ساخته شده است ولی تمام خانه‌هایش کوتاه و یک طبقه‌اند و متناسب با فقر ساکنان آن عاری از هرگونه تزئین هستند. از این بابت با خانه های بسیار زیبا و متناسب جلفا تفاوت دارند» (دلاواله، ۱۳۸۰، ج۱: ۵۱۱).
همچنین فیگوئروا ضمن تمجید از زیبایی شهرک گبرها و ارامنه تا بدان حدّ که حتّی خانه‌های آن را به مراتب بزرگتر و زیباتر از خانه‌های شهر قدیمی اصفهان می‌داند، جمعیت آنها را بر روی هم ده هزار نفر تخمین می‌زند که «باغ و تاکستان‌هایی که آنها را احاطه کرده است، فضایی وسیع را در برمی‌گیرد؛ بطوری که جمعیت آنها بیش از آنچه واقعاً هست، به نظر می‌آید» (فیگوئروا، ۱۳۶۳: ۲۲۵).

توضیحی دربارهٔ محتویات جاماسب‌نامه ضروری می‌نماید.

مطابق با بحث آغازین کتاب، به دنبال ورود اسلام به ایران و تنزّل تدریجی اعتبار زرتشتی‌گری از کیش رسمی به آیینی معرّف عصر باستان، روحانیت زرتشتی تدابیر مختلفی برای حفظ جماعت از گزند پراکندگی و تغییر کیش اتخاذ کردند که از جمله می‌توان به طرح مسأله ظهور شاه بهرام ورجاوند اشاره نمود. این موضوع تا بدان حدّ در آثار زرتشتی محل توجه قرار گرفت که در قالب «ادبیات نجات‌بخشی» به جزئی لاینفک از حیات فرهنگی زرتشتیان ارتقا یافت. اساس این باور بر آن بود که «شاه بهرام ورجاوند شخص بزرگواری است که آشکار خواهد شد و ایران را مانند روزگار پیشدادیان و کیانیان رشک بهشت خواهد کرد» (شهمردان، ۱۳۶۳: ۲۶۸-۲۶۹). تداوم چنین باوری در قرون متمادی و به‌ویژه انتظار به ظهور وی در اواخر هزارهٔ یزدگردی، مصادف با واپسین ایام حکومت شاه عباس اول گردید و این مهم نه تنها شور و اشتیاقی در زرتشتیان را باعث شد، بلکه حساسیت شاه را نیز برانگیخت. لذا شاه که در عین کفایت، شدیداً باورمند به احکام نجومی بود، در پی دستیابی به جاماسب‌نامه به عنوان مرجع پیشگویی مذکور برآمد.

بنا بر روایات زرتشتی، جاماسب که از اعضای خاندان هوگو (همان: ۱۲۹) وزیر کی‌گشتاسب و همسر پوروچیستا- جوان‌ترین دختر زرتشت- بود (اشیدری، ۲۵۳۵: ۲۲۷) بنا به درخواست گشتاسب از زرتشت در تعلیم آینده‌نگری به وی (سروشیان، ۱۳۷۰: ۱۷۲-۱۷۳)، با نوشیدن پیاله‌ای شیر از دست پیامبر، دانای علوم اوّلین و آخرین گردید و مراتب اشراق را از آغاز تا انتها طی کرد. جاماسب با کسب چنین مدارجی آنگاه کتابی نگاشت با عنوان «جاماسب‌نامه» که گویا حاوی مشاهدات اشراقی و پیشگویی‌های او تا رستاخیز بود و در کتب زیج و نجوم نیز اشاراتی به اهمیّت آن گردیده است (شهمردان، ۱۳۶۰: ۳۴۰).

به هر حال تلفیقی از انتظار ظهور شاه بهرام و رواج شایعهٔ پیشگویی‌های دقیق

مندرج در جاماسب‌نامه، شاهِ باورمند به احکام نجومی را[۱۶۹] (فلسفی، ج۲: ۷۳۱) به تحصیل آن در مهم‌ترین مرکز تجمّع موبدان برانگیخت. موضوعی که گویا با مقاومت روحانیان یزد مواجه شد و قتل دو تن از ایشان را باعث شد. موبدان یزد در خلال نامه‌ای که مصادف با حکومت شاه صفی به پارسیان (۱۰۰۵ی/ ۱۰۴۵ق) نوشتند، واقعه را چنین تشریح می‌کنند: «در ۹۹۷ یزدگردی [۱۰۳۶ق/ ۱۶۲۶م]، در زمان شاه جنّت‌مقام شاه عباس، آن قدر آزار و جفا و زیان به دستوران ایران رسید که شرح آن به قلم و زبان بیان نمی‌توان کرد و کار به جایی رسید که دو نفر از مایان کشته و ضایع شدند و از جهت طلب کتاب‌های دینی، چند و چند نسخه که از جاماسب نامه بود، گرفتند و باز طلب‌جوی زیادتی کردند و نبود. این آزارها و جفاها به ما رسید. خدا عوض نیکی به نیکان رساناد» (نک. شهمردان، ۱۳۶۳: ۲۸۹).

در جمع‌بندی مطلب گفتنی است، با وجود آسیب‌پذیری زرتشتیان در اوج ثبات صفوی و پیوند حیات‌شان به تمایلات شخصی شاه، در قیاس با هرج و مرج اواخر سلسله، این اقلیّت در این مقطع از وضع مناسب‌تری برخوردار بودند. موضوعی که در منظومه‌ای متعلق به سال ۹۹۶ یزدجردی (روایات داراب هرمزدیار، ج۲: ۱۴۹-۱۵۷) چنین توصیف شده است:

«شهنشاه عباس سال دویست — بماند که او دوستدار بهیست
به دور شهنشاه با عدل و داد — همه مرد بهدین شدستند شاد
... زعدل شهنشاه با زور و فرّ — ندارند دروند بیدین هنر
شهنشه بود دوستدار بهان — ندارد پسند او بد و گمرهان
... به دور شهنشاه ما مرد دین — شدستند افزون بر روی زمین ...»

(همان: ۱۵۲)

---

۱۶۹. شاهد بر این ادعا را می‌توان از ارادت خاص شاه عباس به ملامحمدطاهر منجم یزدی اردکانی، بزرگترین منجم باشی دربار دریافت.

۴- پارسیان و گسترش روابط با زرتشتیان یزد

پیش‌تر در مروری بر حیات اجتماعی پارسیان هند گفته شد که به دنبال احیای آتش ورهرام در نوساری و ترقّی این شهر به مرکزیت دینی بهدینان گجرات، همچنان موبدان اصالتاً سنجانی، تولیت آتش را عهده‌دار بودند و روحانیان نوساری انجام سایر مراسم و آیین‌های رایج را بر عهده داشتند (بویس، ۱۳۴۸: ۱۴۰).

در اواخر قرن ۱۶میلادی، الحاق گجرات به امپراتوری مغول در دورهٔ اکبرشاه، نه تنها منجر به بهبود ملموس زندگی بهدینان شد، بلکه متعاقب با حضور پرتغالی‌ها در هند و اعتبار بندر سورات برای تجارت با غربی‌ها، زمینه برای آشنایی پارسیان با فرهنگ غربی و قدرت نوظهور اروپا فراهم گردید.

در واقع مدارای دینی اکبرشاه و شهرت دربارش به مهم‌ترین کانون تجمّع متفکّران ادیان مختلف، باعث شد تا در ۱۵۷۸م دستور «مهرجی رانا» از نوساری برای معرفی و توضیح سنن زرتشتی به قصر فراخوانده شود و با حمایت اکبرشاه به دستوریِ انجمن موبدان نایل آید(Palsetia, 2001: 11) . همچنین دعوت از دستور اردشیر نوشیروان از کرمان به منظور تألیف فرهنگ جهانگیری، استقبال و پذیرش برخی از جشن‌ها و نیز تقویم زرتشتی به همراه اهدای زمینی به پارسیان در دهلی، از دو سو نامبرداری آنها را فراهم آورد؛ برای نخستین مرتبه زمینه‌ساز ورود ایشان به ساختار قدرت و کسب مناصبی برجسته در سپاه و دیوانسالاری شد و از دیگر سو، در جایگزینی بعدی اقتصاد و معیشت کشاورزی با صنعت و تجارت، حضور آنها در بندر سورات، زمینه آشنایی و گسترش روابط با اروپائیان و خاصّه انگلیسیها- در قرون بعدی- را موجب شد.

بر این اساس و در پیگیری نامه‌نگاری‌های دوجانبه با موبدان یزد، این روند را از تأسیس سلسله تا پایان شاه عباس اول دنبال می‌کنیم. چنان‌که از مجموع بیست و سه نامهٔ مربوط به عهد صفوی، دوازده عدد مربوط به این مقطع است. هودیوالا در جدولی، ۲۶ نامه از این مکاتبات را به همراه تاریخ نگارش آنها فهرست نموده که ذیلاً می‌آید.

نام حامل یا مخاطب روایت	تاریخ نامه **یزدگردی**	تاریخ نامه **هجری**	تاریخ نامه **میلادی**
نریمان هوشنگ	۸۴۷	۸۸۲	۱۴۷۸
نوشیروان خسرو و مرزبان اسفندیار	۸۵۵	۸۹۱	۱۴۸۶
بهدین فرّخ‌بخش نوروز، فریبرز و دو نفر تاجر دیگر	۸۸۰	۹۱۶	۱۵۱۱
روایت جاسا	۸۸۵	۹۲۲	۱۵۱۶
اسفندیار سهراب	ح ۸۸۹	ح ۹۲۶	ح ۱۵۲۰
شاپور آسا (یا روایت کامه بهره)	۸۹۶	۹۳۳	۱۵۲۷
اسفندیار یزدیار و رستم کمبای‌تی	۹۰۴	۹۴۱	۱۵۳۵
هیربدزاده کامدین	۹۲۸	۹۶۶	۱۵۵۸
کاوس کامدی‌ن	ح ۹۳۹	ح ۹۷۸	ح ۱۵۷۰
فریدون مرزبان	ح ۹۴۹	ح ۹۸۸	ح ۱۵۸۰
نامه به دستوران بروچ	ح ۹۴۹	ح ۹۸۸	ح ۱۵۸۰
نامه به دستور کامدین پَدَم	۹۶۷	۱۰۰۵	۱۵۹۷
کاوس ماهیار	ح ۹۷۰	ح ۱۰۰۸	ح ۱۶۰۰
بهمن اسفندیار	۹۹۶	۱۰۳۶	۱۶۲۶-۷
نامه به دستور کامدین پَدَم و بهدین آسا جمشید.	۱۰۰۵	۱۰۴۵	۱۶۳۵
نامه اسفندیار رستم کرمانی به بهدینان سورات، بروچ و نوساری.	۱۰۰۵	۱۰۴۵	۱۶۳۵
نامه به دستور برزو کامدین که توسط شهریار رستم صَندَل آورده شده.	۱۰۱۹	۱۰۵۹	۱۶۴۹
نامه‌ای دیگر به دستور برزو کامدین	ح ۱۰۲۲	ح ۱۰۶۳	ح ۱۶۵۳
نامه به دستور رستم پشوتن و دیگران در باب ساختن دخمه‌ای جدید.	ح ۱۰۳۷	ح ۱۰۷۹	ح ۱۶۶۸
نامه به روحانیان سورات.	۱۰۳۹	۱۰۸۱	۱۶۷۰
نامه به دستوران بروچ، نوساری و کمبایت	۱۰۵۰	۱۰۹۲	۱۶۸۱
نامه به دستور جاماسب آسا اهل نوساری	۱۰۹۰	۱۱۳۳	۱۷۲۱
نامه به موبد کاووس و دستور داراب سهراب	۱۱۱۳	۱۱۵۶	۱۷۴۳
نامه به مانکجی نوروزجی رستم‌جی سی‌ت	ح ۱۱۱۷	ح ۱۱۶۱	ح ۱۷۴۸
نامه به دستور داراب سهراب و دیگران از سورات	۱۱۳۸	۱۱۸۲	۱۷۶۸
روایت ایتهوتر (۷۸ پرسش)	۱۱۴۲	۱۱۸۶	۱۷۷۳

(Hodivala, 1920: 343-345)

نخستین مکتوب- و در واقع سومین روایت- با یادی از «اشوروان بهرام‌شاه و چنگه‌شاه» و نیز «اشوروان و بهشت‌بهر» نریمان هوشنگ آغاز می‌شود (روایات داراب هرمزدیار، ج۲: ۳۹۱) که بیانگر وفات این دو در هنگام نگارش نامه است.

یکی از نکاتی که اختلاف آرای محقّقان دربارهٔ سابقه ارتباط با پارسیان را باعث شد، گلایهٔ روحانیان یزد از بی‌توجهی پارسیان در پاسخ‌گویی به نامه‌های ایشان است؛ «قبل از سی و پنج سال ازین تاریخ، بهشت‌بهر نریمان هوشنگ متوجه اینجانب شد. مکتوب از اشوروان بهرام‌شاه و چنگه‌شاه و از جماعت بهدینان و دستوران بدینجانب نوشته بودند. این فقیران جواب آن، نوشته به دست نوشیروان خسرو و مرزبان اسفندیار قبل ازین از بیست و نه سال که گذشته، فرستاده بودیم و هیچ چیزی ارسال هم نفرمودند و این فقیران را معلوم نیست که احوال بهدینان آن ولایت چونست» (روایات داراب هرمزدیار، ج۲: ۳۹۲).

مطابق با این ادعا، اگر ۳۵ سال از زمان نگارش نامه- یعنی سال ۸۸۰ یزدگردی- کسر نمائیم، به تاریخ ۸۴۵ یزدگردی می‌رسیم که تقریباً مصادف با ایام حضور نریمان هوشنگ در یزد می‌شود. در این میان، نکته مبهم، اشاره به نامه‌ای است که یزدیان «بیست و نه سال» پیش‌تر فرستاده بودند که زمانی نزدیک به ۸۵۰/ ۸۵۱ یزدگردی می‌شود، حال آنکه تاریخ مندرج در دومین نامهٔ موجود (نک به مطالب پیشین) ۸۵۵ یزدگردی است.

علاوه بر این، از متن برداشت می‌شود که گویا در حد فاصل ۸۴۵ یزدگردی (زمان حضور نریمان در یزد) تا ۸۵۱ یزدگردی، نریمان در یزد به سر می‌برده و یا آنکه سفری دوباره بدانجا داشته است که البته بر هیچ یک نمی‌توان مُهر تأیید زد؛ چرا که نامهٔ نخست به صراحت تاریخ ۸۴۷ یزدگردی دارد و روایت دوم را نیز توسّط نوشیروان خسرو و مرزبان اسفندیار نزد پارسیان فرستاده‌اند. بدین ترتیب، نه تنها زمان‌های مذکور با یکدیگر هم‌خوانی ندارند بلکه با محتویات نامه‌های پیشین هم در تعارض است. به تعبیر دیگر چگونه می‌توان تصور نمود موبدان یزد پس از یکسال اقامت نریمان هوشنگ در یزد و کسب اطلاعات از وی، نامه‌ای خطاب به پارسیان نگاشته و شش سال بعد، آن را توسّط فردی دیگر ارسال داشته باشند؟

در تلاشی برای رفع این تناقض محقّقان راهکارهای چندی ارائه نموده‌اند. جمشید مودی می‌گوید که در نسخه دیگری از روایت دوم به جای ۸۵۵ یزدگردی سال ۸۵۱ یزدگردی درج گردیده و در مجموعهٔ روایات داراب هرمزدیار به اشتباه این تاریخ ۸۵۵ یزدگردی آمده است. هودیوالا چنین استدلالی را نمی‌پذیرد امّا او نیز بدون ذکر دلایلی و گویا جهت انطباق محتوای نامه با واقعیات، تاریخ دومین نامه را ۸۵۰ یزدگردی می‌داند.[۱۷۰]

به هر حال و در کنار پیشنهادهای یادشده، این احتمال را نیز نمی‌توان از نظر دور داشت که نویسندگان به نامه‌ای اشاره داشته‌اند که اینک در دسترس نیست. این احتمال بر مبنای اختلاف در تعداد کل نامه‌ها[۱۷۱]- که برخی ۲۲ و تعدادی از محقّقان آنها را تا ۲۶ نامه می‌دانند، ناممکن نیست. امّا همچنان سؤال بی‌پاسخ آنست که چرا در نامهٔ ۸۸۰ یزدگردی هیچ اشاره‌ای به روایت ۸۵۵ یزدگردی نگردیده و به گونه‌ای سخن رفته است که بعد از نامهٔ ۸۵۱ یزدگردی، همکیشان از یکدیگر بی‌خبر مانده‌اند؟ گذشته از این موضوع، فحوای نامه نمایانگر آنست که پس از سالها بی‌خبری، موبدان یزد پیشقدم شده و «یکسال و کسری» قبل از نگارش این نامه، یکی از زرتشتیان محل به نام یزدیار را که عازم هند بوده، مأمور کسب اخبار از پارسیان می‌نمایند و او که تا «خطهٔ کنبایت بیشتر جلو نمی‌رود»، به هنگام بازگشت، «کتاب مبارک آن عزیزان» را با خود می‌آورد (روایات داراب هرمزدیار، ج۲: ۳۹۱).

از دیگر نکات حائز اهمیّت این نامه، ذکر وظایف روحانیان تراز اول زرتشتی در سه طیف دستوران، هیربدان و موبدان است: «دستور آن باشد که اوستا و زند و پازند داند. یعنی معنی اوستا داند که چه می‌گفت دادار اورمزد به اشو زرتشت و دیگر معنی خط پهلوی داند و بر حکم او کار دین کردن واجب است» (همان: ۳۹۲). اما به رغم انتظاری که از دستور می‌رفت، «نبشته بودند که در میان [ما] کسی خط پهلوی نمی‌تواند خواندن و معنی این سخن‌ها در خط پهلویست و کسی که خط پهلوی

---

۱۷۰. البته در این تطابق باز یکسال اختلاف است که برای رفع مشکل، آن را تقریبی لحاظ می‌کنند.

۱۷۱. برای نمونه هودیوالا و شهمردان از ۶۲ نامه سخن می‌گویند، حال آنکه خان بهادرجی پتل از ۲۲ نامه. (نک: شهمردان، ۱۳۶۳: ۳۰۲.۳۰۳؛ Hodivala,1920: 343-345)

نداند دستور و هیچ معجزهٔ دین نتواند» (همان: ۳۹۴).

مطابق با توصیف موبدان مبنی بر ضرورت توانمند بودن دستوران در خواندن متون پهلوی، این سؤال مطرح می‌گردد که اگر در میان پارسیان چنین دانشی وجود نداشته است، پس چگونه در سرآغاز تمامی نامه‌ها از دستوران ولایات مختلف گجرات یاد شده و بدیشان عرض سلام و تحیّات شده است؟ به دیگر روی یا باید بپذیریم این عناوین صرفاً تشریفاتی بوده و دستوران مزبور، به طور سنتی با این عنوان خوانده می‌شدند، یا آنکه بنا بر اطلاعات پیش‌گفته، به اختلافی میان طیف برآمده از تجارت با متولیان دینی قائل باشیم. از میان دو مفروض، مورد نخست چندان با واقعیت سنجان در مقام قبله‌گاه دینی پارسیان و محل تجمّع موبدان و دستوران خوانایی ندارد. خاصّه آنکه از همین منطقه، پنت‌ها شکل گرفته و با وجود استقلال از یکدیگر، همگی در برتری سنجان اشتراک نظر داشتند. آنچه احتمال فرض دوم را بیشتر می‌نماید، در تشکیل انجمنی به ریاست چنگه‌آسا است که هر چند در نامه‌های خود از وجود دستوران یاد می‌کنند امّا در صورت همراهی طیف روحانی با ایشان، اولاً اعزام نماینده‌ای به ایران برای کسب آگاهی بر مسائل دینی- که بعضاً در نظر موبدان یزد از امور بدیهی به شمار می‌رفتند- بی‌مفهوم بود و در ثانی پرسش از وظایف روحانیان تراز اول و یا چنانکه پیشتر دیدیم نحوهٔ تهیهٔ آتش ورهرام مصداق نمی‌یافت. ضمن آنکه در اکثر نامه‌ها، همواره به تکرار درخواست از موبدان یزد به اعزام دستوران و هیربدان جهت آموزش مبانی دینی اصرار می‌ورزند. این موضوع گویا به حدّی برای پارسیان حیاتی می‌نمود که در نامهٔ حاضر نیز بر آن پافشاری می‌کنند و موبدان یزد بدین شرط می‌پذیرند که نخست دو هیربد یا بهدین به ایران آیند و آنها در مقابل، پس از تعالیم لازم، «دو نفر دستور به همراه ایشان متوجه کشور هندوستان» نمایند (روایات داراب هرمزدیار، ج۲: ۳۹۵).

موبدان یزد همچنین به منظور کسب آگاهی از میزان دسترسی پارسیان به آثار و متون دینی، از ایشان می‌خواهند تا بخش‌هایی از کتبی که «آنجانب هست، اوستا و پهلوی از اول هر کتاب و از میان هر کتاب و از آخر هر کتاب چند رقعه نوشته باز نمایند تا معلوم شود که چه کتاب در آن جانب هست» (همان: ۳۹۵). امّا جدا از

مطالبی که بیانگر شرایط فرهنگی و اجتماعی پارسیان است، محتوای نامه در دو موضوع حاوی اطلاعات قابل توجهی دربارهٔ زرتشتیان یزد هست؛

نخست: باور زرتشتیان ایران به ظهور شاه بهرام و تطبیق شرایط زمانهٔ ظهور با شاه اسماعیل صفوی است. از این رو می‌نویسند: «دیگر آنکه در آمدن اوشیدرِ زرتشت و پشوتن وشتاسپان و بهرام هماوند و در دین چند نشانه گفته بودند. جمله نشانه‌های یک نشانه تحقیق واقع شد که پادشاه از کوهستان ترکستان خروج کند و نشانه او تاج سرخ بود و به مذهب حقّ مدد فرماید و تا برزمین بابل برسد اکنون قبل از این تاریخ تا غایت نُه سالست که با دولت و سعادت این پادشاه خروج کرده است و دربارهٔ این فقیران شفقت تمام امداد نموده و در دین چنان می‌نماید که این ورجاوند از شهر تبت بیرون آید و کینکان شهر نیز گویند. تحقیق آنکه این شهر میانهٔ خطا و هند است. التماس آنکه پیش آن عزیزان آنچه معلوم است نوشته باز نمایند» (روایات داراب هرمزدیار، ج۲: ۳۹۵-۳۹۶). در واقع مطلب فوق ضمن اشاره به انتظار زرتشتیان در ظهور شاه بهرام از حوزهٔ میان هند و چین، بیانگر تلقّی آنها از وقایع و رخدادهای مهم به عنوان نشانه‌هایی بر ظهور منجی است.

دوم: در پایان نامه و پس از ذکر اسامی تنی چند از دستوران و بهدینان، آماری از جمعیت زرتشتیانِ مناطق مختلف ایران ارائه می‌دهد که به‌ویژه در مورد خراسان، خلاف دیدگاهی است که هجوم تیمور را عاملی در تخلیه این حوزه از زرتشتیان و هجرت ایشان به یزد و کرمان می‌داند. بنا بر این آمار، در شریف‌آباد و ترک‌آباد، دستوران و بهدینان مجموعاً «چهارصد نفر دلیر» هستند؛ بهدینان یزد، «جماعت پانصد نفراند»؛[۱۷۲] کرمان، دستور و بهدین «هفتصد نفراند»؛ سیستان، «این جماعت دو هزار و هفتصد نفراند»؛ خراسان، «یکهزار و هفتصد نفراند» (همان: ۳۹۶- ۳۹۷).

بدین‌ترتیب هر چند آمار یادشده بدون تفکیک میان زنان، مردان، کودکان و سالخوردگان فراهم آمده ولی از همین مقدار نیز می‌توان دریافت که از مجموع

---

۱۷۲. اینکه در مورد خود شهر یزد در کنار بهدینان، اسمی از دستوران و هیربدان نیست، گویای حضور عمدهٔ رؤسای روحانی در روستاهای ترک‌آباد و شرف‌آباد/ شریف‌آباد است.

زرتشتیان ساکن در چهار حوزهٔ یزد و توابع، کرمان، سیستان و خراسان، تعداد زرتشتیان یزد پس از سیستان و خراسان در ردیف سوم جای داشته است.

حال این پرسش مطرح می‌شود که اگر تا این هنگام مراکزی چون سیستان و خراسان بیشترین تعداد زرتشتیان را در خود جای داده‌اند، پس به چه دلیل پارسیان نخستین فرستادهٔ خود جهت کسب آگاهی از همکیشان را به یزد اعزام داشته و اساساً در نامه‌های موجود هیچ سخنی از صدرنشینی خراسان و سیستان به میان نیامده است؟ در پاسخ به این پرسش ناگزیر باید تمایزی میان جمعیت بهدینان و مرکزیت روحانیّت آنها قائل گردید. به تعبیر دیگر حتّی با وجود گستردگی حضور زرتشتیان در مناطقی چون سیستان و خراسان، آنچه نامبرداری یزد را باعث شد، مهاجرت روحانیان تراز اول زرتشتی به روستاهای ترک‌آباد و شریف‌آباد است که این خطّه را به قبله‌گاه دینی زرتشتیان ارتقا بخشید.

دومین روایت از مجموعه مکتوبات عصر صفوی موسوم به «روایت جاسا»، نسخه‌ای است که هودیوالا آن را در اختیار داشته امّا در روایات داراب هرمزدیار و یا فهرست «پارسی پراکش»[۱۷۳] و «وست»[۱۷۴] بدان اشاره‌ای نرفته است. این روایت، تاریخ «روز دی به‌آدر، ماه آبان، سال بر هشتصد و هشتاد و پنج یزدگرد شاهان‌شاه بن خسرو هرمزدان» (Hodivala, 1858: 289) دارد و به احتمال قوی از یزد ارسال شده و مخاطبانش نیز دستوران و بهدینان نوساری، سورات، انکلیسر، بروچ و کمبایت هستند (Ibid: 290). همچنین در نامه، ضمن پرسش دربارهٔ وجود بهدینان در مناطق خارج از حوزهٔ گجرات، مجدداً از ظهور شاه بهرام در شهری میانهٔ هند و چین می‌پرسند.

روایت سوم که موسوم به روایت «کامه بُهره یا شاپور آسا» است، نیز چنین تاریخ‌گذاری شده است: «پرچپت به درود شاد و رومشنی، اندر روز دی به‌آدر و ماه وهمن و سال هشتصد و نود و شش پس از سال من به اوی یزدگرد شاهان‌شاه

---

173. Pārsi Prakāsh

174. West

شهریاران اواج به اوی خسرو شاهان‌شاه اورمزدان» (Hodivala, 1858: 297). این نامه در روایات داراب هرمزدیار با عبارت «از روایت کامه بُهره» ذکر شده امّا در خلال متن از حامل مکتوب چنین نام رفته است: «دیگر آنکه دربارۀ بهدین شاپور آسا تقصیر نکنند؛ از هر باب هر نیکی که به او می‌کنند، چنانست که به این بهدینان ایران کرده‌اند» (Ibid: 297).

یکی از نکات حائز اهمیت آنکه گویا برای نخستین مرتبه، موبدان یزد اقدام به ارسال چندین رسالۀ دینی- به زبان پارسی نو- به همکیشان هند نموده‌اند که از این مجموعه، هم‌اینک یک نسخه شایست ناشایست فارسی، یک نسخه اردویراف‌نامه و تعدادی پرسش و پاسخ در کتابخانه «مهرجی رانا» در نوساری نگهداری می‌شود (Ibid: 301-303). در مقطع زمانی یادشده، مکتوب دیگری نیز از یزد به پارسیان نوساری نگارش یافته که از مجموع هجده هیربد پارسی مخاطب نامه، لااقلّ چهار نفر اصالتاً سنجانی بوده‌اند. این روایت فاقد تاریخ است، امّا از متن چنین برمی‌آید- به رغم نظر هودیوالا در جای دادن آن پیش از روایت شاپور آسا- که روایت مذکور پس از مکتوب شاپور آسا بوده باشد. زیرا در آن چنین می‌خوانیم که «در محلی که بهدین شاپور در مُلک ایران آمده بودند کتابتی در باب دین و پرسش و پاسخ و شایست و ناشایست وجره داور و پنجه که در راه دین می‌بایست، تمامی نوشته شد [و] فرستاده شد. هر چه در آن کتاب هست عمل کنند» (روایات داراب هرمزدیار، ج۲: ۴۴۹).

به هر روی، مکتوب توسّط تاجری به نام «اسفندیار سهراب» ارسال می‌شود که واسطه دریافت و انتقال اطلاعات از پارسیان به موبدان یزد بود و سفرهای تجاری به «حبرون»- واقع در کرانه باختری رود اردن- داشت. او که بنا بر روال دیگر مکتوبات، نامش بر روایت ثبت گردیده، در بازگشت با «دو هیربد» ایرانی، راهی هند می‌شود (روایات داراب هرمزدیار، ج۲: ۴۵۰).

از نامۀ پنجم موسوم به «روایت اسفندیار یزدیار و رستم کمبای»، در مجموعۀ روایات داراب ذکری به میان نیامده است. دابار[۱۷۵] در فهرست خود از آن با عنوان

---

175. Dhabar

«مکتوب مانک چانگا» یاد می‌کند(Dhabar, 1932, 630). در متن نامه، تاریخ نگارش آن چنین آمده است: «فرجپد بدرود شادی و رامشنی اندر روز خورداد از ماه خورداد سال بر نهصد و چهار پس از سال من به اوی یزدگرد شاهنشاه» (Ibid: 630).

مکتوب که توسّط اسفندیار یزدیار و رستم آورده شده بود از ساخت «دخمه از سنگ» در کمبایت یاد می‌کند و در پایان، اسامی دستوران ترک‌آباد، شریف‌آباد و یزد را می‌آورد. ترک‌آباد با هفت دستور و «دستور دستوران، دستور نوشیروان» در صدر جای داشت، و در شریف‌آباد از دو دستور و در خود یزد از یک دستور، یک هیربد و چند بهدین نام می‌رود (Hodivala: 308).

در روایت موسوم به «روایت هیربدزاده کامدین»، یزدیان از ارسال «وَرَس و کتاب‌های دینی» و «چند ورق دینی از هر باب شایست ناشایست و باب آتش ورهرام را نشاندن و ...» خبر می‌دهند (روایات داراب هرمزدیار، ج۲: ۴۵۹-۴۶۰). نامه تاریخ «روز بهمن و خردادماه قدیم سال بر نهصد و بیست و هشت یزدجرد شاهنشاه و در روز چهارشنبه به تاریخ هجدهم ماه ربیع‌الاول سنه نهصد و شصت و شش هجری» (همان: ۴۶۰) دارد و از فحوای متن چنین برمی‌آید که حامل نامه یعنی کامدین، مرتبه‌ای پیش از این نیز سفری به یزد آمده بود. اشارهٔ نامه به آنکه در سفر نخست با «صندوق خالی و یک قلم و یک طومار کاغذ در صندوق» (همان: ۴۶۰) به یزد رسیده را می‌توان دلالت بر آن دانست که احتمالاً موبدان یزد انتظار دریافت هدایایی را داشته‌اند و چون انتظارشان برآورده نشده، نسبت به کامدین و سوء استفادهٔ احتمالی او بدگمان شده‌اند.

نکته حائز اهمیت دیگر به بخش پایانی نامه باز می‌گردد که پس از ذکر اسامی دستوران ترک‌آباد و شریف‌آباد از بهدینان خراسان، سیستان و کرمان، چنین می‌نویسد: «جماعت بهدینان ملک خراسان که ساکنند درین جانب [یزد] سه هزار نفرند» (همان: ۴۶۱). بدین ترتیب عبارت فوق، ضمن اذعان به پراکندگی روزافزون دستوران خراسان در یزد و کرمان از حضور پررنگ‌تر بهدینان در یزد- در قیاس با کرمان که سخن از حضور سه دستور و هجده بهدین خراسانی در آنجا است- حکایت دارد.

به دنبال این نامه، نامه‌ای موسوم به «روایت کاوس ماهیار» در دست است که در

پاسخ نامه‌ای از کمبایت به موبدان یزد، ارسال شده و به رغم آنکه در متن اشاره‌ای به تاریخ نگارش نامه نگردیده، هودیوالا بر مبنای نیامدن نام «قیام پدم» در آن، تاریخ ۹۷۰ی/ حدود ۱۶۰۰م را برای آن پیشنهاد می‌کند (Hodivala, 1920: 321-323). همچنین متن از ارسال کتاب شایست ناشایست به پارسیان و تشویق آنها به برپایی آتش‌های آدران در کنار آتش بهرام خبر می‌دهد: «دیگر آنکه معلوم شد که به غیر از آتش ورهرام که به نوساری ساکن است، دیگر آتش در میان ایشان نیست، بسیار بد است. البته می‌باید که به هر حلقهٔ بهدین گنبد آتش‌خانه بسازند و آتش آدُران بنهند و یک خدمتکار مواجب بدهند که آتش خدمت کند و هر خانه‌ای که سه روز خوردنی بپزند، آتش را برگیرند و به نزد آتش آدُران برند» (روایات داراب هرمزدیار، ج۲: ۴۵۴).

پس از این مکتوب، سه نامهٔ بدون تاریخ از یزد موجود است. اوّلی در روایات داراب نیامده و هودیوالا با مقایسه اسامی بهدینان و دستوران نوساری، تاریخ آن را حدود ۹۲۲ی/ ۱۵۷۰م/ ۹۷۶ق می‌داند (Hodivala: 312-315) و برای نامه دوّم نیز ضمن قیاسی مشابه، زمان تقریبی ۱۵۸۰م را حدس می‌زند (برای استدلال وی نک: Ibid: 317).

در مکتوب اخیر ضمن اشاره به وقوع قحطی و تشدید ظلم و ستم در ایران، بار دیگر از پارسیان می‌خواهند تا آنها را دربارهٔ ظهور شاه بهرام از هند خبر دهند: «احوال ایران زمین در غایت پریشانی و آشفتگی و گرانی و تنگی طعام و ظلم و تعدی، آن چنانست که شرح درین طومار نمی‌گنجد، مگر که پادشاه دین و دنیاپناهی به ظهور رسد. به همه حال آوازه آمد که شخصی پیدا شد، قیران شده چیزی می‌شود و از جملهٔ اخبار و آثار درست در جانب هند خواهد آمد. التماس است که از آن جهت اینجانب را اعلام بخشند» (روایات داراب هرمزدیار: ۳۹۸).

امّا در سومین نامه، بدون ذکر تاریخ که بنا به تخمین هودیوالا مربوط به «حدود ۱۵۸۰م» است و با عنوان «نامه به دستوران بروچ» خوانده می‌شود، موبدان یزد ضمن ابراز تأسف از خبر فوت دستور «پدم رام»، در پاسخ به سؤال تأمل‌برانگیز پارسیان دربارهٔ نحوهٔ تعیین جانشین او می‌نویسند: «میانهٔ خود نشینند، آنکس که لایق‌تر

باشد مقام دانید. بفرمان او باشید. امید که اورمزد و امشاسفندان قبول کنند. اگر صورت نیابد به پیش دستوران نوساری روند، هر کس که اوشان تعیین کنند به فرمان او باشند و تقریر نکنند» (روایات داراب هرمزدیار، ج۲: ۴۶۲).

پس از این روایت، مکتوبی از دستور اردشیر نوشیروان کرمانی خطاب به «قیام دین پدم» داریم که نگارنده به هنگام حضورش در دربار اکبرشاه نگاشته و در آن، ضمن دعوت از قیام پدم به دیدار از یزد و کرمان، به امنیّت راهها و روابط حسنهٔ شاه صفوی با سلاطین هند اشاره می‌نماید: «در این ولا راهها ایمن و ازبکیهٔ شومیّه ناپایدار شده و میانه پادشاه هند و ایران آمد و رفتست. اندیشه به خاطر نرسانند» (همان: ۴۵۶). این مکتوب که در «روز دین ماه فروادین دین قدیم ۹۶۷ یزدجرد شاهنشاه» (همان: ۴۵۸) تنظیم گردیده، ارتباط مستقیمی با روحانیان زرتشتی یزد ندارد، امّا ضمن دعوت از قیام دین پدم به مسافرت ایران، بر حضور «دستور اعظم» در یزد اشاره رفته است (همان: ۴۵۶).

در نهایت، آخرین روایتی که تا پایان حکومت شاه عباس اول را در برمی‌گیرد مجموعه‌ای از سه نامه هست که با عنوان «روایت بهمن اسفندیار» تنظیم شده و مربوط به سال ۹۹۶ یزدگردی/ ۱۰۳۵ق/ ۱۶۲۶م است. از این مجموعه، دو نامه ارسالی از دستوران کرمان و دیگری از موبدان ترک‌آباد است.

در نامه دستوران کرمان چند نکته حائز اهمیت به چشم می‌خورد؛ یکی تأکید روحانیان کرمان به مرجعیّت یزد است و به همین دلیل می‌نویسند: «چون دستوران مقدّم یزد سؤال و جواب چند نوشته‌اند، این فقیران غیر آن نمی‌دانیم» (روایات داراب هرمزدیار: ج۱، ۱۵۰). دیگری، اطلاع‌رسانی از ارسال کتاب «وشتاسف یشت» و در نهایت، در خلال منظومه‌ای در وصف عمران و آبادانی و امنیّت زرتشتیان به روزگار شاه عباس، آمار زرتشتیان یزد را «چهارصد نفر بود با دو هزار» (۲۴۰۰ نفر) دانسته و از تداوم مهاجرت و تخلیه خراسان از زرتشتیان خبر می‌دهد (همان: ۱۵۳):

«ز کرمانیان و خراسانیان — نبود پنج پانصد ز ساسانیان
به مُلک خراسان دگر پنج صد — که هستند از دین یزدان بجد»

(همان: ۱۵۴)

امّا محتوای نامهٔ ارسالی از ترک‌آباد حائز نگرش فرهنگی- دینی زرتشتیان یزد به انضمام همراهی آن‌ها با پارسیان در فهم مباحث مذهبی و آیینی است. همچنین از برگزاری آیین‌های دینی در حقّ بهمنِ اسفندیار به هنگام حضورش در ترک‌آباد سخن گفته و می‌نویسند: «چند روزی به خدمت بود و چون به راه کشتی و تران دریا آمده بود، او را توجشن لازم بود و آنچه قاعدهٔ دین زرتشتی بود او را توجش فرمودیم قبول کرد و تمام بجای رساند و او را برشنوم کردیم و نُه‌شَوَه داشت» (روایات داراب هرمزدیار، ج۲: ۱۵۸-۱۶۰).

علاوه بر این از دیگر ابعاد اهمیّت نامه، ذکری از زیارتگاه پارس بانوست که برای نخستین مرتبه در متون زرتشتی بدان اشاره می‌شود. «دیگر معلوم بوده باشد که [بهمن اسفندیار] خدمت خاتون بانوپارس که زیارتگاهیست هم کرده» (همان، ج۱: ۱۵۹).

همچنین نگارنده دربارهٔ ظهور منجی و تقارن آن در آخر هزارهٔ یزدگردی با زمانهٔ خود، نکته‌ای جالب را مطرح می‌سازد که در واکاوی دلایل اقدام شاه عباس به کسب اطلاع از زمان ظهور و حوادث مربوط به قتل روحانیان زرتشتی یزد اهمیت دارد: «دیگر در ضمیر منیر دستوران و هیربدان و موبدان جانب هندوستان روشن گردد که هزارهٔ آهریمنی آخر شده و هزارهٔ اورمزدی نزدیک شده، امید به دیدار ورجاوند شهی فیروزگر است و هشیدر و پشوتن بی‌شک و بی‌شبهه باشند و یقین و بی‌گمان که خورهٔ ورجاوند دیده شود» (روایات داراب هرمزدیار، ج۲: ۱۵۹-۱۶۰).

در پایان نیز با آگاهی دادن از ارسال کتاب «وندیداد» (همان: ۱۶۰) اسامی شماری از دستوران و بهدینان یزد همراه با محل سکونت‌شان می‌آید؛ از جمله، «رئیس اسفندیار مهربان عاشق ساکن کوچه بیوک[۱۷۶]، رئیس بهرام بُندار ساکن محلهٔ خلف[۱۷۷] خانعلی، رئیس اسفندیار ساکن نعیم‌آباد، بهدین گشتاسب اسفندیار ساکن محمودآباد، بهدین مهربان رستم ساکن محلهٔ یزد» (همان: ۱۶۲).

---

۱۷۶. در اصل سوراک آمده است.

۱۷۷. در اصل نامه: حلق

۵- زرتشتیان از شاه صفی تا سقوط سلسلهٔ صفوی

حکومت شاه عباس اول در عین ثبات و شکوه و درخشش، سرمنشاء افت تدریجی سلسله صفوی نیز به شمار می‌رفت. گرچه تجمیع قدرت در رأس هرم سیاسی، دور نگه داشتن شاهزادگان از امور مملکت‌داری با تکیه بر توسعه کارآیی حرمسرا و قتل و کور کردن فرزندان، دستاویزهای معتبری در نامبرداری شاهانه داشت، امّا در خلاء جانشینانی به کفایت شاه عباس، گسترش نفوذ خواجه‌سرایان و دیگر اعضای حرم، همراه با سیطرهٔ تدریجی نگرش فقها بر مصالح حکومتی، افول تدریجی سلسله را به دنبال داشتند.

این روند طی ۹۷ سال از مرگ شاه عباس اول تا تصرّف اصفهان (۱۰۳۸-۱۱۳۵ق) به طول انجامید و در نهایت به سقوط دولتی شیعی به نفع حاکمیت افاغنه و تفوّق هرچند گذرای اهل سنّت ختم شد.

در این میان، شاه صفی (۱۰۳۸-۱۰۵۲ق) با ریشه‌کن کردن خاندان امام قلی‌خان (۱۰۴۲ق) و تبدیل گستردهٔ ولایات و ایالات ممالک به خاصّه[۱۷۸]- که خود عاملی بر رخنهٔ افغانان به کرمان و خراسان گردید- نقشی اساسی در افول و سقوط سلسله داشت (سیوری، ۱۳۶۶: ۲۰۵). با وجود این، نزدیکی دورهٔ وی به عصر طلایی شاه عباس و بازتاب ثبات پیشین، فرصت‌هایی ولوگذرا در تداوم سلسله فراهم آورد.

---

۱۷۸. اراضی ممالک تحت امارت و فرمانروایی رهبران قبایلی قرارداشت که هرچند در ظاهر فاقد حقّ امارت موروثی بودند امّا در عمل این اراضی به صورت وراثتی انتقال می‌یافتند (نویدی، ۱۳۸۶: ۶۹). تأدیه مالیات از تجار و دهقانان و پیشه‌وران نظراً تحت اداره حکومت مرکزی بود، ولی عملاً حکومت ایالتی جمع‌آوری آن را بر عهده داشت که بخشی از آن را به صورت مواجب و حقوق کارگزاران خود برداشته و مابقی را به نزد حکومت مرکزی می‌فرستاد. اراضی خاصّه به ملک شخصی شاه در مقابل اراضی دولتی اطلاق می‌شد. این اراضی تحت ارادهٔ وزیر یا ناظر بوده و درآمد آن مستقیماً برای شاه ارسال می‌شد (شاردن، ۱۳۴۵، ج۸: ۱۷۱- ۱۷۸).

البته بنا به اذعان منابع، شاه صفی در عرصهٔ سیاست، فرهنگ و روابط خارجی،[۱۷۹] اعتباری بیش از جانشینانش داشت. پس از او پسرش، عباس دوم (۱۰۵۲- ۱۰۷۷ق) به پادشاهی نشست (شاملو، ۱۳۷۴، ج۲: ۲۳) که گذشته از صفات شخصی چون جاه‌طلبی، تهوّر، زیرکی و احترام به بیگانگان در قیاس با نوع رفتار نسبت به رعایا (کمپفر، ۱۳۶۰: ۳۹)، از حیث فرهنگی، دوران او را می‌توان نمادی از نوسان میان مدارا و تعصّب دینی دانست که مبتنی بر سطح اعتبار هر یک از دو طیف علمای میانه‌رو و متعصّب در ساختار قدرت، فرصت بروز می‌یافت.

به دنبال عباس دوم، پسرش سلیمان در ۱۰۷۷ق بر تخت جلوس کرد و تا ۱۱۰۵ق بر این مقام بود. منابع از او چهره‌ای خرافه‌پرست، شهوتران، زود خشم، سفّاک[۱۸۰] و معتقد به سعد و نحس ایام تصویر می‌کنند (برای اطلاعات بیشتر نک: همان: ۵۹-۶۸). او که چون سلاطین اخیر تا کسب قدرت جز معاشرت با زنان و خواجه‌سرایان تعلیمی نیافته بود، به هنگام سلطنت، با واگذاری امور به درباریان، وزراء و خواجه‌سرایان، ایام را عمدتاً به شکار و سرگرمی با زنان حرمسرا می‌گذراند (تاورنیه، ۱۳۶۳: ۵۱۲).

تشدید فشار بر اقلیت‌ها

به هر صورت، بنا بر روایات و داده‌های موجود، در این مقطع از سلسلهٔ صفوی و هم‌زمان با بروز نخستین علائم ضعف در ساختار سیاسی صفویه، فشار بر اقلیت‌ها نیز رو به افزایش نهاد و این امر حتّی شامل حال ارامنه هم می‌شد که

---

۱۷۹. برای نمونه می‌توان در رابطه با عثمانی به انعقاد معاهده قصر شیرین/ زُهاب (۱۰۴۹ق) اشاره نمود که بنا بر آن بغداد و بصره و بخشی از غرب کردستان به عثمانی و در مقابل، آذربایجان شرقی و رواندوز و ارمنستان و گرجستان به ایران واگذار گردید. با این عهدنامه تکلیف آن دسته از اراضی که سال‌ها مورد اختلاف دو کشور بود، تعیین و منجر به آرامش در مرزهای غربی ایران شد که تا پایان عصر صفوی دوام آورد (شاملو، ۱۳۷۱، ج۱: ۲۵۵).

۱۸۰. برای نمونه می‌توان به قتل فرزندش صفی میرزا و یا کشتار امرای خانه‌نشین به احتمال تلاش برای توطئه استناد جست (ابوالحسن قزوینی، ۱۳۶۷: ۷۶؛ مستوفی، ۱۳۷۵:۱۱۴).

معمولاً ملاحظات سیاسی صفویان در حفظ روابط حسنه با متحدین اروپایی و نیز ملاحظات اقتصادی - از این حیث که ایشان مهم‌ترین واسطه تجاری ایران با شرکای غربی به شمار می‌رفتند- تأثیر خاصی در تعامل و مدارا با آن‌ها داشت.

با وجود این، رفتار مداراجویانهٔ شاه عباس اول و تداوم آن در زمان حکومت شاه صفی که عمدتاً بر تفوّق ملاحظات سیاسی- اقتصادی استوار بود، در زمان شاه عباس دوم به مدارای توأم با تشدید فشار بر ایشان تبدیل گشت؛ چنان‌که انتقال اجباری ارامنه از داخل شهر به نزدیکی جلفا را می‌توان مهم‌ترین اقدام وی در رابطه با این اقلیّت به شمار آورد. بنا بر اطلاعات موجود، فرمان شاه عباس دوم در منع فروش مسکرات در اصفهان، فرصتی مغتنم در اختیار متدّینین قرار داد تا علیه ارامنه زبان به شکایت بگشایند که «اینها قومی می‌خواره‌اند و آب را نجس می‌کنند. چون هر وقت انگور می‌فشارند و آب آن را شراب می‌کنند، تفاله‌هایش را در آب می‌ریزند و آب نجس می‌شود. هر وقت هم می‌خواهند خمره‌های شراب را بشویند، می‌آورند و آن‌ها را در وسط مادی،[۱۸۱] یکی دو روز می‌خیسانند و می‌شویند و آب شستشوی خمره در آب ریخته می‌شود و [لاجرم] آب نجس می‌شود» (درهوهانیان، ۱۳۷۸: ۶۱-۶۲). با این همه و در قیاس با زمان شاه سلیمان که همراه با آغاز روند انحطاط سلسله (رویمر، ۱۳۸۰: ۳۹۸)، فشار بر اقلیّت‌های دینی و از جمله ارامنه نیز فزونی یافت، عباس دوم رفتار ملایم‌تری با ایشان داشت.

لاکهارت در کتاب «انقراض سلسله صفوی» ضمن تأکید بر نقش علما و خواجه‌سرایان در توسعه و یکپارچگی تشیّع (لاکهارت، ۱۳۴۴: ۳۷)، دربارهٔ شیوع آزار و اذیت دینی ارامنه، به نامهٔ یکی از راهبان کارمِلی (۱۰۸۳ق/ ۱۶۷۲م) استناد می‌کند که تصویر روشنی از حیات اجتماعی ایشان به دست می‌دهد:

«از ابتدای سلطنت این پادشاه [شاه سلیمان]، عیسویان گرفتار ظلم و ستم و تعقیب شده‌اند. ای کاش این عمل در نتیجه دشمنی با آیین عیسویت باشد،

۱۸۱. از زاینده رود، پنج شاخه بزرگ جدا شده که در گویش اصفهان به آنها مادی می‌گویند.

ولی بیشتر به علّت حرص و طمع آنان و همچنین به عقیدهٔ آنها علیه ناپاکی ماست، بی‌آنکه تحقیق کنند که چرا ناپاکیم. رؤسای مذهبی ارامنه به زندان افکنده شده‌اند و غل و زنجیر بر پای دارند و کلیساهای جلفا مجبورند هر ساله چهارصد تومان بپردازند»[۱۸۲] (لاکهارت، ۱۳۴۴: ۳۶ به نقل از: A Chronicle of the Carmelites in Persia, Vol. I: 406-7).

در شرایطی که ارامنه علی‌رغم همهٔ ملاحظات سیاسی و اقتصادی، از فشارها در امان نماندند، به خوبی می‌توان وضعیّت دو اقلیّت دیگر یهودی و زرتشتی را تشخیص داد.

در وجهی مشترک با ارامنه، شاه عباس دوم بنا به تحریک وزیراعظمش محمّد بیک اعتمادالدّوله[۱۸۳] حکمی صادر نمود (۱۰۶۶ق) که بنا بر آن، یهودیان مجبور به ترک کیش و یا تبعید به ناحیه‌ای دور افتاده از شهر بودند.

در ضرورت صدور چنین حکمی، مؤلف عباسنامه با اشاره به ناتوانی سلاطین سلف در تغییر کیش یهودیان، این امر را افتخاری برای شاه عباس دوم دانسته و بر جلوگیری از مجاورت آنها با مسلمانان تأکید می‌کند: «در ملبوس علامتی که بدان نشان از اهل اسلام ممتاز گردند، نداشتند و این معنی موجب عدم اجتناب مسلمانان و سرایت نجاست ایشان می‌گردید» (وحید قزوینی، ۱۳۲۹: ۲۱۸). و هم‌زمان برای

۱۸۲. تاریخ ارامنه جلفا، گروش خلیفه هوهان به اسلام را زمینه‌ساز اجبار کلیساها به پرداخت مالیات می‌داند. خلیفهٔ مذکور با نامه‌نگاری پنهانی در ۱۰۸۲ق از جاثلیق هاکوب مقیم استانبول درجه اسقفی دریافت نمود، امّا در بازگشت به اصفهان، خلیفهٔ کلیسای وانک عنوان او را تأیید نکرد و او به اسلام تغییر کیش داد. پس نزد شاه به فتنه‌انگیزی علیه کلیسای وانک پرداخت و مدّعی شد که این کلیسا و دیگر کلیساها اشیای قیمتی فراوانی از طلا و نقره دارند و شاه را به اخذ مالیات از آن‌ها تحریک نمود (درهوهانیان، ۱۳۷۸: ۱۴۴).

۱۸۳. محمّد بیک اعتمادالدوله از اهالی تبریز و پسر خیاطی بود که پدرش او را به تحصیل تشویق نموده و پس از آن به ریاست ضرابخانه سلطنتی گماشته شد. با مرگ خلیفه سلطان- صدراعظم وقت- وی که ناظر بیوتات بود به این مقام رسید و هفت سال (۱۰۶۴-۱۰۷۱ق) صدارت را در اختیار داشت.

تشویق آن‌ها به تغییر دین، با گرویدن به اسلام نه تنها از جزیه معاف می‌شدند بلکه از سرکار خاصّه شریفه مبلغ دو تومان انعام دریافت کرده و در منازل پیشین باقی می‌ماندند (همان: ۲۱۸).

در این واقعه که با مخالفت صریح صدر صورت پذیرفت،[۱۸۴] از یهودیان اصفهان و هجده شهر ایران، «قریب بیست هزار خانوار» اسلام آورده و «در هر بلدی معلّمی برای تعلیم اسلام آن‌ها مأموریت یافت» (همان: ۲۱۹).

در رویدادی دیگر، کاشان به عنوان یکی از مراکز عمده یهودی‌نشین به حدّی در فشار قرار گرفت که طی هفت سال، یهودیان سه بار به اسلام فراخوانده شده و چون هر نوبت به ظاهر اسلام آورده و در باطن بر کیش خود باقی می‌ماندند، تعدادی از ایشان به قتل رسیده و کنیسه‌هاشان ویران شد[۱۸۵] (نراقی، ۱۳۴۵: ۱۴۰).

دربارهٔ زرتشتیان یزد دورهٔ مذکور، جز مطالبی که از خلال نامه‌های ایشان با پارسیان به دست می‌آید، اطلاعات بیشتری در منابع موجود نیست. دلیل این امر از سویی به فقدان وجاهت سیاسی این منطقه باز می‌گردد که از زمان پادشاهی شاه طهماسب عمدتاً در ردیف اراضی خاصّه جای گرفت، و از دیگر سو پس از مهم‌ترین رخداد سیاسی منطقه، یعنی دفع شورش بکتاش خان افشار و میر میران توسّط شاه عباس اول، اعتبار یزد به عنوان قطب دودمان نعمت‌اللهی فروکش نمود (برای اطلاعات بیشتر نک: تشکری، ۱۳۹۲: ۱۱۶-۱۵۲). از این رو و تابع افول یادشده، دستیابی به شرایط اجتماعی- فرهنگی اقلیّت زرتشتی بسیار دشوار است. با وجود این، صرفاً بر پایه داده‌های منابع از وضعیت زرتشتیان اصفهان و کرمان می‌توان تصویری کلّی از حیات اجتماعی ایشان ترسیم نمود.

---

۱۸۴. آراکل مورخ ارمنی در مورد درخواست اعتمادالدوله از صدر می‌نویسد: «من هر چه کوشش کردم، یهودیان نمی‌خواهند به مذهب اسلام درآیند. آیا می‌توانیم آنها را مجبور به این کار کنیم؟» و او پاسخ می‌گوید: «مذهب ما این اجازه را نمی‌دهد که کسی را مجبور به تغییر دین کنیم»
(See: The history of Vardapet Arakel of Tabriz, 2010, 367-347).

۱۸۵. البته در واقعهٔ تغییر کیش اجباری به اسلام که باعث قتل ۱۵۰ نفر از یهودیان کاشان گردید، میرزا شریف‌خان- حاکم محل- و ملا محمد محسن فیض کاشانی نقش بسزایی در یاری یهودیان داشته و نهایتاً نیز به وساطت ملا، تعقیب و آزار یهودیان لغو شد (نراقی، ۱۳۴۵: ۱۴۰).

با جدّی شدن طرح تفکیک سکونتگاه‌های ارامنه و یهودیان از مسلمانان، زرتشتیان اصفهان نیز از این موضوع بی‌نصیب نماندند. مطابق با نوشتار عباسنامه در ۱۰۷۰ق شاه عباس دوم برآن شد تا «دولتخانهٔ مبارکه» را به باغی مشرف بر دریاچهٔ «زنده‌رود» منتقل سازد و چون این مکان در جوار «گبرآباد» واقع بود، زرتشتیان را مجبور به ترک محلهٔ خود کردند و گبرآباد به «سعادت‌آباد» تغییرنام یافت. دربارهٔ این محله و کوچ اجباری جمعی از زرتشتیان یزد، پیش‌تر سخن رفت. لازم به ذکر است که از میان محلات ارمنی‌نشین اصفهان به محله‌ای با نام «کوچرا» اشاره می‌رود که با توجّه به شغل سنگ‌تراشی اغلب سکنهٔ آن، فارس‌زبان‌ها آنجا را با عنوان «محلهٔ سنگ‌تراش‌ها» می‌شناختند. این محله گویا پیش از کوچ اجباری ارامنه از جلفا، زرتشتی‌نشین بود تا آنکه در زمان شاه صفی و به پیروی از سیاست شاه عباس اول در کوچاندن و اسکان ارامنه، دویست خانوار از سکنهٔ زرتشتی آن به اصفهان انتقال (۱۰۴۹ق) و در منازل خالی گبرآباد اسکان یافتند[۱۸۶] (درهوهانیان، ۱۳۷۸: ۶۰۷).

شاه عباس دوم علاوه بر جابجایی زرتشتیان، حکم تخریب دخمهٔ آن‌ها را نیز صادر نمود. کمپفر ضمن توصیفی از تفرّج‌گاه تابستانی شاه سلیمان در «آن سوی هزار جریب» واقع در سمت چپ گورستان ارامنه، در مورد این تخریب می‌نویسد: «از باغ هزار جریب با گلوله توپ [آن را] ویران کرد زیرا نمی‌خواست ناظر اجرای مناسک غیراسلامی در نزدیک باغ خود باشد» (کمپفر، ۱۳۶۰: ۲۱۸).

در وضعیتی نسبتاً مشابه، زرتشتیان کرمان نیز صدماتی چند متحمل شدند. با توجه به پراکندگی آنها در شهر و مناطق روستایی، تشدید حساسیّت روحانیان شیعی خاصّه در ایام ضعف حکومت مرکزی و یا برتری متولّیان دینی بر ساختار

---

۱۸۶. در حکمی از شاه صفی، آمده است که «حکم جهان‌مطاع شد آنکه سیاست و وزارت‌پناه آصفی میرمحمد طاهرا وزیر دارالسلطنه اصفهان چون بر مضمون حکم اشرف مطلع گردد، موازی دویست باب خانه از خانه‌های مجوسان گبرآباد دارالسلطنه مذکور را که خالی است، به تصرّف عمدهٔ‌المسیحیه خواجه سرافرازی مسیحی ریش‌سفید ارامنه جولاه دهد که مشارالیه به هر یک از ارامنه که مسکن نداشته باشد، دهد که ساکن گردند و در عهده داند. تحریراً فی ۲۰ شهر محرم الحرام سنه ۱۰۴۹» (درهوهانیان، ۱۳۷۸: ۶۰۷).

قدرت، چندان بعید نمی‌نمود. همپای آن، مهم‌ترین مشخصه اهل ذمّه در پرداخت جزیه، کارگزاران دیوانی را در فقدان نظارت دقیق، به اخذ بی‌رویه این مالیات تشویق می‌کرد. چنان‌که در حکومت عباس دوم، تعدّی غلامان حاکم کرمان- که عمدتاً جمع‌آوری مالیات را به اجاره می‌گرفتند- در اخذ جزیه چنان تحمل‌ناپذیر شد که «قریب پانصد نفر مجوس در سرراه شاه [که گویا برای اعتراض به اصفهان رفته بودند (۱۰۶۸ق)] شکوه کردند». و چون شاه حکم به رسیدگی کرد، «هر روز در خانهٔ خان،[۱۸۷] دیوان مجوسیان در میان بود» (مشیزی، ۱۳۶۹: ۲۵۱). در اواخر همین سال، با تشدید زیاده‌خواهی‌های عمّال دیوانی، زرتشتیان «جمعیت عظیمی نموده، پنجره و حظیره[ای] که بر دور تالار عمارتِ نظر بود، شکسته و از ایشان انواع فضیحت نسبت به ملازمان خان به ظهور آمد» (همان: ۲۵۲). به نظر می‌رسد تداوم تشدید فشار بر اقلیّت‌های دینی در زمان شاه سلیمان باعث شد تا جمعی از زرتشتیان اصفهان به کرمان و احتمالاً یزد پناه آورند که بعید نیست همزمان در میان آن‌ها، جمعی از بومیان این مناطق که پیشتر توسّط شاه عباس اول به اصفهان کوچانیده شدند، نیز به موطن خود بازگشته باشند.

در این زمان، منابع همچنان از اخاذی عمّال حکومتی کرمان از بابت جزیه حکایت دارند (همان: ۴۹۶ و ۵۷۸) و در عین حال، بنا به گفتهٔ احمدعلی خان وزیری، علما هم حکم به اخراج «مجوسیه ساکن بلده» دادند تا با «مسلمانان محشور نباشند». لذا آن‌ها را در خارج شهر به «سمت شمال، جنب دروازه گبری سکنی دادند و خانه‌ها و آتشکده ساختند و مدتی زیست کردند» (وزیری، ۱۳۷۶: ۲۸).

گذشته از وقایع یادشده، از جمله مواردی که در فقدان اطلاعات از حیات اجتماعی زرتشتیان یزد می‌توان به صورت اصلی فراگیر دربارهٔ اقلیّت‌های دینی بدان استناد جست، قاعدهٔ ارث‌بری نومسلمانان از همکیشان سابق بود که خاصّه در ایام فترت سلطنت نمود بسیار می‌یافت. مطابق این قاعده، اگر فردی از اقلیّت‌های دینی به اسلام می‌گروید، با فوت یکی از بستگان سابقاً همکیش او، تمامی ماتَرَک

---

۱۸۷. منظور حاکم کرمان است.

متوفّی به او تعلّق می‌گرفت و دیگروارثان دور و نزدیک سهمی نمی‌بردند. این موضوع باعث می‌شد تا جماعتی به طمع افتاده و با تغییر کیش، ولو ظاهری، منفعت‌طلبی نمایند. هرچند در مواجهه با چنین تعدّیاتی، حکومت‌ها فرامینی صادر می‌کردند،[۱۸۸] امّا در عمل کارساز نمی‌افتاد و اهل کتاب ناچار با ترفندهایی برای حفظ اموال خود می‌کوشیدند. بدین معنا که بنا بر اختیار صاحب مال در صلح اموال به فرزندان و یا دیگران، از تصرّف بعدی آن جلوگیری می‌شد که البته در این صورت نیز چنان‌که بر مجتهدان محرز می‌شد این اقدام برای فرار از تقسیم ارث میان نومسلمانان بوده، از تأیید صلح‌نامه طفره می‌رفتند. بنابراین، صاحب مال برای پرهیز از وقوع چنین پیشامدهایی، اموالش را با تنظیم چند صلح‌نامهٔ پی‌درپی به شخص یا اشخاص مورد نظر منتقل می‌نمود. مثلاً دارایی خود را به یکی از نوکران خود صلح نموده، او به یکی از همکیشان می‌داد و به همین منوال تا چندین نفر دیگر این عمل دنبال می‌شد تا به هنگام رسیدگی اموال متوفّی، امکان تصرّف آن حتّی‌المقدور غیرممکن گردد.

۶- تداوم روابط پارسیان و زرتشتیان یزد

بالاتر تا پایان حکومت شاه عباس اول به واکاوی در شانزده نامه پرداختیم که علاوه بر مضامین دینی، حاوی اطلاعات ذی‌قیمتی از حیات اجتماعی و فرهنگی زرتشتیان در یزد و هند بود. از این زمان تا آمدن افغانان نیز از هفت نامه‌نگاری و روایت دیگر آگاه هستیم که عمدتاً با محوریت روحانیان یزد بوده است.

نخست، روایت موسوم به «روایت دستور کامدین پَدَم و بهدین آسا جمشید» که در روایات داراب هرمزدیار به چشم نمی‌خورد امّا هودیوالا آن را در میان دست‌نوشته‌های دستور بُرزو کامدین یافته است (Hodivala, Ibid: 329-330). این روایت، در واقع نامه‌ای از دستوران ایران خطاب به دستور کامدین (قوام‌الدّین)

---

۱۸۸. از جمله می‌توان به وجود بیست فرمان در کلیسای وانک اشاره نمود که آخرین آنها مربوط به عهد ناصری است که خطاب به میرزاتقی خان امیرکبیر صادر شده و بنابرآن کارگزاران محاکم مقیّد می‌شوند تا شکایات مرتبط با این مسأله را جهت صدور حکم قطعی به دیوانخانه دولتی تهران ارجاع دهند.

بن پدم بن رامیار و بهدین آسا جمشید از اهالی بروچ و دیگر زرتشتیان نوساری و سورات، و در پاسخ به نامهٔ دو سال قبلِ هیربد بهرام پسر دستور قوام‌الدین مذکور است. البته در ضمن آن، از نامهٔ دیگری هم به قلم فریدون جمشید- دخترزادهٔ دستور قوام‌الدین- سخن به میان آمده که توسط دو بهدین به نام رستم سرخاب و ماه‌ونداد اسفندیار فرستاده شده بود. ایرانیان دریافت این دو نامه را تأیید کرده و در قالب روایت فوق و «به تاریخ ۴ اردیبهشت‌ماه قدیم سنهٔ ۱۰۰۵ یزدجردی، موافق دوشنبه شهرجمادی‌الثانی ۱۰۴۵ هجریه» آن‌ها را پاسخ داده‌اند.

این روایت که مصادف با حکومت شاه صفی است از حیث خبردادن از وقوع قحطی و نیز آزار و اذیت زرتشتیان یزد توسّط شاه عباس اول، حائز اهمیت است. در اینجا، موبدان یزد خبر می‌دهند که «در تاریخ هزار و چهل و یک هجریه، گرانی [و قحطی] در ملک ایران اوفتاد که دو سال اثرآن بود، و دیگر به بیماری و مرگی کشیده و بسیار مردم وفات نمودند». همچنین مطابق با گفتارهای پیشین دربارهٔ انگیزه‌های احتمالی شاه عباس اول برای به دست آوردن متن پیشگویانهٔ جاماسب‌نامه، در این نامه برای نخستین بار به حادثه قتل دو تن از موبدان اشاره می‌شود که «شرح آن به قلم و به زبان بیان نمی‌توان کرد» (Hodivala: 330-331 و نیز نک: شهمردان، ۱۳۶۳: ۲۸۸-۲۸۹).

نویسندگان روایت همچنین دریافت نذورات ارسالی پارسیان برای آتش بهرام را تأیید نموده و می‌نویسند که «مبلغ یکهزار دینار از نثار آتش ورهرام» را که دستور زمان به توسّط بهدینی به نام مهرنوش از گجرات به شیراز فرستاده بود، دریافت داشته‌اند.

نکته حائز اهمیت دیگر اشاره‌ای به تفاوت تقویم نزد زرتشتیان ایران و پارسیان است؛ «دیگر پرسیده بودند در باب ماه قدیم که یک ماه در میان ایران و هند تفاوت است. اگر ایشان را بخاطر است که در این مدّت‌ها بخاطر رفته و ماه را سهو کرده‌اند، حال به طریق ایران ماه نگه دارند و اگر از قدیم الایام به ایشان رسیده همچنان نگاه دارند تا آمدن ورجاوند» (Hodivala: 331).

در رابطه با موضوع تقویم پس از این بیشتر سخن خواهیم گفت، امّا هودیوالا دربارهٔ این اختلاف به درستی اشاره می‌کند که علی‌رغم دیدگاه رایج که بروز اختلاف

در تقویم را مربوط به حضور دستور جاماسب ولایتی در هند (۱۰۹۱ی/ ۱۷۲۲م) می‌دانند، از فحوای نامه مذکور کاملاً آشکار است که روحانیان بروچ پیش از سال ۱۶۳۲م، یعنی لااقل ۸۶ سال قبل از حضور جاماسب ولایتی در هند، از تفاوت تقویم خود با ایرانیان آگاهی داشتند. و در مقابل، موبدان و دستوران یزدی به ریاست دستور بهرام اردشیر، رئیس دستوران ایران‌زمین، به منظور حفظ اتحاد، دامن زدن به چنین اختلافی را صلاح ندانسته بودند.

روایت بعدی که آن نیز تاریخ ۱۰۰۵یزدگردی را دارد، خطاب به زرتشتیان سورات، بروچ و نوساری، و نویسندهٔ آن، اسفندیار رستم کرمانی است. از این نامه در روایات داراب هرمزدیار نشانی نیست، امّا نسخه‌ای از آن در یک کتاب خطی موجود در کتابخانهٔ مهرجی رانا در نوساری آمده است. نویسنده دریافتِ نامه‌ای از پارسیان را که بهدینی به نام پشوتن با خود آورده بود، تأیید می‌کند. بنا بر محتوای این روایت، چندی قبل از این هنگام، در گجرات قحطی رخ داده و بیماری و مرگ و میر شایع شده بود. ظاهراً یک تن پارسیِ به نام، از هند به فارس رفته و در آنجا به بردگی مسلمانان درآمده و چشمانش را نیز نابینا ساخته بودند. پشوتن مزبور با پرداخت هفت تومان آزادی او را می‌خرد و او را به پسرخواندگی می‌پذیرد. به هر حال، در این روایت نیز بر اختلاف میان تقویم ایرانیان و پارسیان اشاره می‌رود: «در تاریخ ماها درینجانب در سال نوروز قدیم گذشت اورمزد روز اول روز قدیم سنه ۱۰۰۵ و خورداد روز آخر نوروز به تاریخ عربیه که در تقویم جلالی قید است آبان ماه جلالی و روز جمعه و هفتم شهر جمادی‌الاول سنه ۱۰۴۵ عرض اگر تفاوت دارد پیروی نمایند» (Ibid: 333-334).

به‌دنبال این دو روایت، روایت دیگری داریم که حامل آن بهدینی به نام شهریار رستم صندل (یا جندل)، و مخاطب آن دستور برزو کامدین کیقباد است. تاریخ نامه روز بهرام، ماه اردیبهشت ۱۰۱۹ یزدگردی است و در آن باز به ماجرای قحطی و مرگ و میری که در سال ۱۰۴۱ هجری در ایران اتّفاق افتاده و دو سال به طول انجامیده بود، اشاره رفته است (Ibid: 335).

روایت فوق تنها روایتی نیست که خطاب به دستور برزو کامدین فرستاده شده

است، بلکه روایت دیگری نیز در مجموعهٔ روایات داراب هرمزدیار(ج۲: ۴۳۰-۴۴۶) خطاب به همین دستور وجود دارد که «از بهر پاسخِ نامه‌ای [است] که دستور برزو در سال هزار و پانزده یزدجردی از کشور هندوستان از شهر گجرات به مقام ده نوساری رقم نموده، به جهت دستوران ایران‌زمین ساکن یزد و ساکن کرمان و اصفهان ارسال داشته‌اند» (روایات داراب هرمزدیار، ج۲: ۴۳۱). چون این روایت «قریب به هفت و هشت سال» بعد از نامهٔ مذکور دستور برزو نگارش یافته است (همان: ۴۴۵)، پس تاریخ نگارش آن حدود ۱۰۲۲ یزدگردی برابر با ۱۰۶۳ هجری و ۱۶۵۳ میلادی است. به هر صورت، در این روایت مفصل، به موضوعات مختلفی اعمّ از نحوهٔ برگزاری آیین‌های عبادی، گاهنبارها، پاکی و نجاست، ارث و میراث، زناشویی، دخمه‌گذاری، شرایط و نحوهٔ امرار معاش هیربدان و غیره می‌پردازد. پاسخ‌ها با هدایت و نظارت «دستور زمان، دستور دستوران، دستور ماونداد دستور بهرام دستور اردشیر» نوشته شده است و البته نامه، امضای تنی چند از دیگر دستوران یزد را نیز بر خود دارد.

روایت شناخته‌شدهٔ بعدی، مدیون بحث‌هایی هست که دربارهٔ دخمهٔ تازه احداث‌شدهٔ سورات و مسائل حاشیه‌ای آن پدید آمده بود. در واقع، بهدینی ثروتمند به نام نانابهائی پونجیا بنای این دخمه را متقبّل شده و وصیت نموده بود که پس از مرگش، جسد او را در این دخمه بگذارند. اما قبل از پایان کار دخمه، بهدین مذکور فوت می‌کند و ناچار جسد او را در دخمهٔ کهنه به امانت می‌گذراند و بعد از دو ماه، بقایای کالبد او را به دخمهٔ نو می‌برند. این موضوع اعتراض برخی را برمی‌انگیزد که معتقد بودند این کار خلاف دین است (روایات داراب هرمزدیار، ج۲، ۴۷۲). طبق معمول، این مسأله نیز به دستوران ایران ارجاع داده می‌شود. پاسخ دستوران کرمان (همان: ۴۷۰-۴۷۶)- که مشخّصاً خطاب به «دستور معظّم نامدار رستم پشوتن، و بهدین فرزانه کوبَرچی، و بهدین هوشیار هیرچی، و هیربد گرانمایه برزو بن آذرباد» است- تاریخ ندارد، امّا از آنجا که نانابهائی یادشده در روز هرمزد، ماهِ خرداد ۱۰۳۶ یزدگردی (۹ ژانویه ۱۶۶۷) درگذشته است(Hodivala: 338) ، قاعدتاً این روایت نیز مربوط به پس از این زمان است، و با توجّه به محتوای روایت بعدی که تاریخ ۱۰۳۹ یزدگردی دارد، قبل از این زمان نوشته و ارسال شده است.

در واقع، در روایت اخیر (نک: روایات داراب هرمزدیار، ج۲: ۴۷۵-۴۸۰) که پاسخ دستوران کرمان به برخی پرسش‌های دینی پارسیان و مشخّصاً خطاب به «دستور برزو بن قوام‌الدّین، هیربد پالهَن بن فریدون، با دستور رستم بن خورشید، با هیربد رستم بن پشوتن» و چند تن دیگر است، نویسندگان تأکید دارند که پیش از این زمان، به مسائل مرتبط با دخمهٔ جدید پاسخ داده‌اند (همان: ۴۷۷) و چون این روایت «به تاریخ روز دی‌به‌دین فیروزگر ماه فرّخ دی قدیمیه سنه ۱۰۳۹ فارسی» مطابق با «شهر ربیع‌الاول سنه ۱۰۸۱ هجری» نوشته شده، پس لاجرم تاریخ روایت قبلی مربوط به زمانی پیش از این تاریخ است.

جز اینها، هودیوالا در خلال تحقیقاتش از وجود نامه‌ای دیگر آگاهی یافت که در سایر مجموعه‌ها به چشم نمی‌خورد. این مکتوب که تاریخ «روز بهرام، ماه مهر ۱۰۵۰» دارد، متضمن پاسخ دستوران ترک‌آباد، شریف‌آباد و اصفهان به نُه پرسش در موضوعات دینی و عبادی است. در پایان نامه از دستور بهرامِ دستور ماونداد رستم انوشیروان ترک‌آبادی که احتمالاً ریاست دستوران ترک‌آباد را بر عهده داشت، نام می‌رود (Hodivala: 340).

۷- شاه سلطان حسین و سقوط سلسله

بنا بر اصلی فراگیر که هر سلسله پس از مقطع تثبیت و شکوفایی در مسیر افول قرار گرفته و سرانجام، پیوستگی ضعف‌ها با عدم کفایت سلطان، نقطه ختمی بر حیات سیاسی آن می‌گذارد، آمیزشی از سلطهٔ خواجه‌سرایان و برتری طیف تندروی متولّیان دینی با خوی آرام و بی‌تدبیری شاه سلطان حسین، صفویه را گرفتار بلای محمود افغان نمود.

فوران در تحلیلی بر سقوط صفوی، ضمن تأکید بر بی‌کفایتی سلاطین پس از شاه عباس اول، گسترش ضعف دیوانسالاری و برتری نخبگان دینی تا سرحدّ تسلّط بر دو پادشاه اخیر صفوی را از جمله مهم‌ترین این عوامل برمی‌شمرد (فوران، ۱۳۸۳: ۱۰۶). دعوی مجتهدین در احیاء حقّ خود بر جانشینی امام غایب و ترویج و تثبیت تشیّع در مفهوم فشار بر اقلیّت‌های مذهبی- دینی، با انتصاب ملامحمدباقر مجلسی

به عنوان شیخ‌الاسلام اصفهان شدت یافت. او که نماد برتری علما بر ساختار سیاسی به شمار می‌رفت، همگام با فزون‌خواهی خواجه‌سرایان، سخت‌گیری بر اهل سنّت و اقلیّت‌های دینی[۱۸۹] را تدبیری جهت حفظ وحدت در جامعهٔ شیعه می‌دانست و این امر توأم با بی‌کفایتی شاه، نتیجه‌ای جز تحریک افغانان سنّی‌مذهب به قشون‌کشی به اصفهان و همراهی اقلیّت‌هایی چون زرتشتیان و ارامنه با ایشان نداشت. برای ارائه تصویری گویا از چگونگی ادارهٔ امور در دربار سلطان به دو حکایت از زبدةالتواریخ و رستم التواریخ بسنده می‌کنیم.

محمّد محسن مستوفی- مؤلف زبدةالتواریخ- در بیان رقابت‌های درباری و شخصیّت شاه سلطان حسین می‌نویسد: «بسیاری از خواجه‌سرایان و اهل حرم در ایام سلطنت آن حضرت به زیارت کعبهٔ معظمه و عتبات عالیات و مشهد مقدس مشرف شده، به هم‌چشمی یکدیگر هر یک مبلغ‌های کلی اخراجات اسفار مزبور نموده، علما و فضلا و سادات و خواجه‌سرایان در ایام سلطنت آن حضرت بسیار مستقل بودند و مصدر و منشاء امور کلیه می‌شدند و اکثر اوقات با فضلا و سادات و حکیم‌باشی صحبت می‌داشتند و مشغول صحبت کتاب و شعر و ترکیب ادویه و اغذیه بودند و متوجه نظام امور سلطنت و مملکت نبودند و مهام را برای امرا گذاشته، امرا نیز با یکدیگر در مقام نفاق بودند» (مستوفی، ۱۳۷۵: ۱۱۵).

رستم التواریخ نیز در اشاره به نحوهٔ ادارهٔ امور، حکایتی از تجاوز به عنف محمدعلی بیک، بیل‌دار باشی کاخ می‌آورد که چون اخبار آن به شاه می‌رسد حکم به تشکیل جلسه‌ای از بزرگان برای مشورت می‌دهد (آصف، ۱۳۵۲: ۱۰۹-۱۱۱). در این جلسه، ملاباشی- محمدباقر مجلسی- از جرم خاطی سؤال می‌کند و آنکه زن مورد تجاوز از چه قوم و قبیله است؟ و چون پاسخ می‌دهند که «از اکابر سنّت» هست، خندیده و می‌گوید: «از قراری که محمّدعلی بیک معروض می‌دارد در حالت بی‌شعوری و بیهوشی و عدم عقل، این غلط و این خطا از او صادر شده و دیوانه و بیهوش را تکلیفی نیست و حَرَجی بر دیوانه و بیهوش نیست چنانکه خدا

---

۱۸۹. همچنین دربارهٔ صوفی‌ستیزی وی نک: قزوینی، ۱۳۶۷: ۷۸-۷۹.

فرموده: لَیسَ عَلی المَجنون حَرَج» (همان: ۱۰۹-۱۱۱).

حکیم‌باشی هم تأیید می‌کند که خاطی «مزاجش دَمَوی [است] و تولید منی در مزاجش بسیار می‌شود، و اگر دیر اخراج مواد مَنَوی از خود نماید مواد منی زاید شود و طغیان نماید و بخاراتش متصاعد به دماغش می‌شود و از هوش و خرد بیگانه و بدتر از دیوانه می‌شود». منجّم‌باشی، با استناد به اجرام آسمانی تشخیص می‌دهد که ستاره وی زهره است و «زهره از باب عیش و عشرت و طرب و لذت می‌نماید»، و از این جهت، وی در عیش و عشرت بی‌اختیار بوده و «از اینگونه لذت‌های غریبه و عجیبه بسیار به این پهلوان خواهد رسید از تأثیرات فلکی».

سرانجام در پایان جلسه مشورتی، وزیراعظم ضمن تأکید بر پهلوانی محمدعلی بیک اظهار می‌دارد که «به سبب این گناه جزئی، او را روا نیست آزردن»، و چون در صدد رفع رنجش او برآمدند، «یک دست خلعت فاخر سراپا» مطالبه نمود، و شاه هم فرمود تا «او را مُخلّع نمودند و زبانهٔ بیلش را از فولاد جوهری ساختند و دسته بیلش مرصّع به جواهر نمودند» (همان: ۱۰۹-۱۱۱).

با توجه به نمونه‌های مثالی یادشده که معرّف نابسامانی اوضاع ایران در دورهٔ شاه سلطان حسین است، اکنون بایسته است تا به منظور یافتنِ پاسخی به دلیل و یا دلایل احتمالیِ همیاری زرتشتیان و ارامنه با محمود افغان، مروری گذرا بر شرایط اجتماعی اقلیّت‌های این دوره داشته باشیم.

چنانکه پیشتر نیز آمد، برتری گفتمان توسعه و تثبیت تشیّع بر رعایت مصالح سیاسی که در جایگزینی تعصّب با مدارا نمودار گردید، به همراه عدم کفایت شاه در ادارهٔ امور، تداوم حیات پیروان دیگر ادیان و باورمندان غیرشیعی را با مشکلات بیشتری مواجه ساخت. این سختگیری‌ها حتّی ارامنه را نیز شامل شده و در کنار مواردی نظیر واگذاری ارثیه متوفّی به نوکیشان مسلمان (درهوهانیان، ۱۳۷۸: ۱۴۸-۱۴۹) و مالیات بر کلیساها، بر تنگناهای اجتماعی ایشان افزود. چنانکه بنا بر حکمی از شاه سلطان حسین، ارامنه مجبور شدند تا برای تشخیص از مسلمانان چاک گریبان از پشت ببندند و بر شانه‌های خود گلیم کهنه اندازند و کلاه پاره بر سر بگذارند، و در ایام بارانی به بازار و دکان نروند، تابوت معدومان را حمل نمایند و

هزینه دانهٔ مرغان دربار را بپردازند (همان: ۱۴۷-۱۴۸).

محدودیّت‌های یهودیان از آنچه ذکر شد هم بیشتر بود و حتّی ایشان در قیاس با اقلیّت زرتشتی فشار بیشتری را متحمّل شدند. در واقع هرچند در نظر مسلمانان، الهیات یهودی نسبت به معارف زرتشتی اعتبار بیشتری داشت، امّا در عرصهٔ اجتماعی پیروان آیین زرتشت از دو مزیّت برخوردار بودند؛ نخست اینکه برخلاف یهودیان که از تساهل و تسامح خلافت عثمانی- که سلاطین صفوی آن را بزرگ‌ترین دشمن خود می‌دانستند- بهره‌مند بودند، زرتشتیان ارتباطی با دولت متخاصم عثمانی نداشتند و لاجرم از این حیث خصومت کمتری متوجّه آن‌ها بود. بدین‌ترتیب زرتشتیان اگر تکیّه‌گاهی چون غرب مسیحی نداشتند، در گردونهٔ تعارض‌های سیاسی و اقتصادی نیز گرفتار نبودند. و دوم اینکه در قیاس با یهودیان، پیروان آیین زرتشتی، بازماندگان کیش باستانی ایران به شمار می‌آمدند.

الف- زرتشتیان و حکومت شاه سلطان حسین

تناسب میان ثبات یا ضعف حکومت با مدارا یا تعصّب نسبت به اقلیّت‌ها، از شاه عباس اول تا سقوط سلسله نمود بارزتری یافت؛ چنان‌که ضعف سلاطین و تفوق تدریجی متولّیان دینی بر ساختار قدرت به حدّی بر تنگناهای اجتماعی اقلیّت‌ها افزود که همراهی آن‌ها با محمود افغان را در پی داشت.

یکی از مُبلغان مسیحی در نامه‌ای که گویا در اواخر سلسله نوشته شده، ضمن اشاره به قدمت زرتشتیان و پایداری آن‌ها بر کیش باستانی خود، دربارهٔ شرایط دشوار اجتماعی و فرهنگی ایشان می‌نویسد: «آنان در حالت بردگی مشقّت‌باری می‌نالند و اغلب، کشاورز و یا باغبان و یا باربر هستند. اغلب، آن‌ها را به بدترین و سخت‌ترین کارهای عمومی می‌گمارند. این حالت بردگی، آنان را خجول، ساده و نادان و در رفتار خشن گردانیده است ... کسان اندکی در میان آنان می‌توانند بخوانند و بنویسند ... تمام سعی آنها مبتنی بر پنهان نگاه داشتن [کتب دینی‌شان] است و پنهان داشتن آنها را یکی از نکات مذهبی می‌پندارند. کسی چیزی از آداب و رسوم آنها نمی‌داند، مگر آنکه چیزی از موبدان آن‌ها فراگرفته باشد و این موبدان نیز داناتر

از خود آن‌ها نیستند» (نامه‌های شگفت‌انگیز از کشیشان فرانسوی در دوران صفویه و افشاریه، ۱۳۷۰: ۱۰۸).

یکی از مشکلات زرتشتیان- مانند دو اقلیّت دیگر ارمنی و یهودی- به تلاش حکومت و کارگزاران دینی در تغییر کیش آن‌ها باز می‌گشت که این موضوع همپای آزادی عمل دولتمردان در زیاده‌ستانی‌های رایج، از تعداد ایشان می‌کاست. از سوی دیگر، برخی از نو مسلمانان آشنا به کم و کیف درونی اقلیّت، خود عاملی در آزار و ایذای همکیشان سابق بودند و این همه در نهایت باعث می‌شد تا اولویت حفظ بقا، کسب معارف دینی را به روحانیان محدود ساخته و گسترش بی‌سوادی در میان عوام و فقدان انگیزهٔ تعلیم و تربیت، تمایز دستوران و موبدان از اکثریت بی‌سواد را بر دریافت موروثی مناصب دینی معطوف سازد. چنان‌که در رابطه با تغییر کیش به اسلام، بنا بر حکمی از شاه سلطان حسین- که بازتاب دیدگاه‌های ملاباشی یا همان محمدباقر مجلسی است- ۲۰۰ خانوار از زرتشتیان گبرآباد از روی ترس و یا با تشویق و به سبب منافع ناشی از تغییر کیش، به اسلام گرویده و محله ایشان به حسین‌آباد تغییرنام داد (درهوهانیان، ۱۳۷۸: ۱۴۷).

اسقف اعظم آنقره که در۱۱۱۰ق/ ۱۶۶۹م، شاهد بر رفتار کارگزاران حکومتی در اجبار زرتشتیان به اسلام آوردن بوده، دربارهٔ تخریب آتشکده آن‌ها می‌نویسد: «آتشکده آن‌ها ویران و به جای آن مدرسه و مسجدی برپا شد. ولی زرتشتیان قبل از این عمل موفق شدند که از بی‌احترامی مسلمانان نسبت به آتش مقدّس جلوگیری کنند و آن را به کرمان ببرند، زیرا در آنجا دربارهٔ مذهب آن‌ها کمتر سخت‌گیری می‌شد» (لاکهارت، ۱۳۴۴: ۸۳).

مبتنی بر آسیب‌پذیری اقلیّت‌ها در آشوب‌های اجتماعی، تلقّی لاکهارت از بخت بیشتر زرتشتیان در کرمان معقول می‌نماید، امّا از این نکته نیز نمی‌توان غافل بود که عمدتاً در مناطق دور از مراکز قدرت، غلبه تعصّب بر مدارا امری بدیهی می‌نمود. موضوعی که نهایتاً در همراهی زرتشتیان کرمان و یزد با افغانان بروز یافته و سقوط صفوی را در قالب تعارض اقلیّت‌های دینی- مذهبی با شرایط موجود نمودار ساخت.

ب- زرتشتیان و همیاری با محمود افغان

یکی از مسائلی که از سقوط صفوی تأثیرات نابهنجاری بر حیات اجتماعی- فرهنگی زرتشتیان یزد نهاد، همراهی این اقلیت با محمود افغان است. در گریزی به مطالب پیشین گفتنی است که صفویه با قریب دویست و سی سال حکومت بر ایران نه تنها تشیّع امامیه را به رسمیّت رساند که با نهادینگی آن، خود نیز به عنوان پایه‌گذاران بنیان مذکور، وجاهت قابل توجهی در جامعهٔ اکثریت شیعی یافت. با آنکه سقوط این خاندان توسّط افاغنهٔ سنّی‌مسلک از جایگزینی مدارا با تعصّب ناشی گردید، در تمایزی با دیگر سلسله‌های تاریخی پس از اسلام، سقوط صفوی و سیطرهٔ محمود افغان، به مفهوم غلبهٔ تسنّن بر مذهب شیعه معنا گرفت. این موضوع به همراه کشتار و غارتگری‌های افغانان- خاصّه در اصفهان- نه تنها بر سنّی‌ستیزی دامن زد بلکه همراهی با این مهاجمان، به منزلهٔ تلاش در حذف نظام فرهنگی حاکم یا به تعبیری ضدیت با اعتقادات مردم معنا یافت. با این مقدمه، پرسش اساسی این است که علی‌رغم تخریب و غارت «گبر محله» کرمان در اولین مرحله از هجوم محمود، به چه دلیل یا دلایلی، زرتشتیان بدون لحاظ عواقب احتمالی، با افاغنه از در سازش و همراهی درآمدند؟ دستیابی به پاسخ، از آن رو مهم است که در قیاس با عصر صفوی و علی‌رغم تمامی محدویت‌ها، گزارش‌های موجود از تشدید مصائب آنها در روزگار پسین، حکایت دارند.

در اواخر سلسله، چیرگی تعصّب و نومیدی از بهبود اوضاع به حدّی گسترده بود که گویا موفقیّت محمود افغان در به هم ریختن مناسبات جاری، روزنهٔ امیدی به روی اقلیت‌های دینی گشود و از این رو در نظر زرتشتیان و تا حدّی ارامنه، همراهی با افغانان با وجود عواقب سوء احتمالی آن، به نفع ایشان تلقی گردید. این تحلیل گرچه در فقدان اطلاعات جامع از دیگر انگیزه‌ها و دلایل ناقص است، با این حال چندان دور از انتظار نیست که به سبب گستردگی تنگناهای موجود، زرتشتیان بخت خویش را در همراهی با سرسخت‌ترین دشمن صفویان- که در عین حال حائز موفقیت‌های چشمگیری نیز بود- به آزمون گذارند.

بر این اساس و جهت پیگیری روند تحولات، لازم است مروری بر وقایع مربوط

به حمله محمود به کرمان و اصفهان داشته، و از خلال آن به واکاوی نقش زرتشتیان بپردازیم.

قندهار به عنوان سکونتگاه طایفهٔ غلزائی همواره محل اختلاف ایران با مغولان هند بود.[۱۹۰] گرچه به دنبال تسلّط غلزائیان بر این منطقه، تسامح سلاطین صفوی- در قیاس با بابری‌ها- عاملی مؤثر در گرایش بومیان به ایران بود، امّا برتری روزافزون تعصّب، اوضاع را به شورش اهل تسنّن به فرماندهی میرویس (۱۱۲۱ق) سوق داد. این واکنش علیه حکومت مرکزی، در زمان محمود پسر و جانشین او تا بدان حدّ موفقیّت‌آمیز بود که سرانجام سقوط صفوی را در پی داشت (فلور، ۱۳۶۵: ۱۹). در این میان موقعیت کرمان و یزد، از دو سو در روند آتی تحولات حائز اهمیت می‌نمود؛ کرمان مکانی برای آزمون قدرت و میزان توانمندی حکومت در واکنش به اقدام افغانان بود و یزد محلی مناسب برای پشتیبانی و تدارک قوا به شمار می‌رفت. از دیگرسو با توجه به تشدید آزار و اذیت اقلیت‌های دینی در زمان شاه سلطان حسین، احتمال همراهی زرتشتیان این دو کانون معتبر زرتشتی‌نشین با سرسخت‌ترین دشمن وضع موجود چندان بعید نمی‌نمود. موضوعی که دربارهٔ ارامنه اصفهان نیز صادق بود که متهم به همراهی با افغانان در تسلیم جلفا نو بودند (نک مطالب بعدی).

به هر روی، محمود پس از تدارک نیرو در قندهار (۲۴ ذیقعده ۱۱۳۱ق) با سپاهیانی به تخمین دو هزار نفر (فلور، ۱۳۶۵: ۴۳) به سمت غرب حرکت نمود و کرمان را تحت محاصره گرفت. محمّدقلی میرزا بیگلربیگی، حاکم کرمان، با دریافت خبر، دستور به استحکام شهر داد و حتّی «زرتشتیان» را نیز بدین کار گمارد. بنا بر گزارش شاهدان کمپانی هند شرقی هلند (VOC)[۱۹۱] در ۴ نوامبر ۱۷۱۹م/ ۲۱ ذی حجه ۱۱۳۱ق، طلایه‌داران سپاه محمود، تحت فرماندهی داراب شاه به دروازه شهر

---

۱۹۰. این منطقه را شاه طهماسب اول در سال ۶۵۵۱م از مغولان گرفت ولی اکبرشاه در ۱۵۹۴م آن را مجدداً متصرف شد. شاه عباس اول، در ۱۶۶۲م قندهار را از چنگ جهانگیربیرون آورد و شانزده سال بعد باز به تصرّف مغولان درآمد. تا آنکه در زمان عباس دوم (۱۶۴۸) این شهر به طور قطعی جزئی از ایران گردید (لاکهارت: ۹۵).

191. Verenig de Oost-Indische Compagnie

رسیده و در همان گام اول با گروگان گرفتن دو تن از بزرگان زرتشتی و دیگر نام آوران شهر، زرتشتیان را مجبور به تهیه لوازم و سیورسات سپاه نمود (همان: ۴۶). محمود ابتدا رفتار مناسبی با اهالی داشت و حتّی «یکی از دو زرتشتی گروگان‌گرفته را به مقام ناظراعظم و دیگری را به مقام وکیل خود منصوب نموده، دیگر بزرگان را به مقامات گوناگون در نقاط مختلف شهر برگماشت» (فلور، ۱۳۶۵: ۴۷).

او، به‌رغم تصمیم اولیه‌اش در اجبار اهالی به تغییر مذهب، بعداً این تصمیم را به جریمهٔ ده هزار تومانی و تقسیم آن در میان عموم مردم تغییر داد؛ به طوری که از «مسلمانان پنج هزار تومان، زرتشتیان مسلمان شده سه هزار تومان و زرتشتیان دو هزار تومان» (همان: ۵۱) گرفت. بنا بر اطلاع همین شاهدان عینی و علی‌رغم دیگر منابع که عمدتاً همراهی زرتشتیان و افاغنه را مربوط به دومین مرحله از قشون‌کشی به کرمان دانسته‌اند، در ژانویه ۱۷۲۰م/ صفر ۱۱۳۲ق با رسیدن خبر عزیمت سپاه صفوی به شیراز و لار، داراب شاه به همراه «۵۰۰ تن زرتشتی و شمار کثیری از مردم کرمان که توسّط افغانان به زور مسلح شده بودند» (فلور، ۱۳۶۵: ۵۲) برای مقابله عازم می‌گردد.

همچنین در این مرحله از هجوم افاغنه، که با حضور لطفعلی‌خان از اصفهان خاتمه یافت و محمود را مجبور به بازگشت قندهار نمود، به دستور وی- محمود- در غارت شهر، «پانصد زرتشتی که به خدمت افغانان درآمده بودند، بر مسلمانان تاختند و بیشترشان را در باغ نصر کشتند» (همان: ۵۳). در جریان این رخداد، گرچه از غارت اموال و یا قتل زرتشتیان گزارشی نداریم، طی تخریب خانه‌ها، کاروانسراها، باغات و بازار شهر، گبر محله نیز ویران و به آتش کشیده شد.

میزان ویرانی و کشتار اهالی بدان حدّ وسیع بود که یکی از شاهدان هلندی می‌نویسد: «شرارت افغان چنان عظیم بوده که خامه‌های ما توان توصیف آن را ندارد. ما فقط می‌گوییم که در طول حیات جهان هیچ شهری مانند کرمان نابود نشده است، حتّی در زمان نمرود» (همان: ۵۳).

در پی عقب‌نشینی افغانان به قندهار و بازگشت موقتی آرامش، فراریان شهر به امید ختم یورش بازگشتند، امّا پس از قریب یکسال، مجدداً در ۱۸ ذیحجه ۱۱۳۳ق/ ۱۰ اکتبر ۱۷۲۱م بار دیگر، محمود بم را تسخیر کرده و در نزدیکی کرمان اردو زد. در

این هنگام کارکنان دو کمپانی هند شرقی هلند و انگلیس گویا به دلیل امنیتی که زرتشتیان و محله آنها در قیاس با محلات مسلمانان و دیگر نقاط شهر داشتند، در گبر محله ساکن شدند. نکته جالب آنکه لیسپنسر[۱۹۲] مدیر امور کمپانی هند شرقی هلند که این زمان در گبر محله به سر می‌برد، به دلیل تنفر شدید زرتشتیان از حکومت مرکزی، «ماندن در میان جماعتی از مردم ناراضی که در اثر اخاذی‌های پی در پی مأموران حکومتی، تشنهٔ تغییر» بودند را صلاح ندانست (فلور، ۱۳۶۵: ۷۶).

بدین ترتیب و بنا بر گزارش شاهدان هلندی، بعید نمی‌نماید در پی خروج اولیّه افغانان و سیطرهٔ مجدد حکومت مرکزی بر شهر، فشار پیشین بر زرتشتیان، این بار با نوعی حس انتقام ناشی از همراهی با دشمن، درآمیخته و در دومین مرحله از تهاجم محمود، آنها را به جانبداری از وی تا سرحد حضور فعال در سپاه جلب نمود. از این رو در دومین مرحله از هجوم (۱۹ ذیحجه ۱۱۳۳ق/۲۹ اکتبر ۱۷۲۱م) به کرمان و در حالی که برای اکثر جمعیت، قلعه و مسجد تنها مکان امن به شمار می‌رفت، زرتشتیان به دلیل ناخشنودی از وضع موجود (همان: ۷۶) و البته با اطمینان خاطر از محمود، نه تنها در محلهٔ خود باقی ماندند که در فتح شهر نیز یاریگر او شدند (لاکهارت، ۱۳۴۴: ۱۲۹). در این مورد، جونس هنوی- از معاصران سقوط صفوی- می‌نویسد: «زرتشتیان و هندوهای مقیم آنجا از جنگیدن با لشکری که قسمت اعظم آن از ملت‌های خود آنها تشکیل یافته بود، امتناع ورزیدند و باقی ساکنان شهر را که حاضر به مقاومت نبودند مجبور کردند [تا] دروازه‌های شهر را به روی دشمن بگشایند» (هنوی، ۱۳۶۷: ۹۵).

در کنار گزارش شاهدان هلندی، نوشتار سایر منابع معاصر نیز از همراهی وسیع زرتشتیان با سپاه محمود در همان نخستین مراحل اولیه ورود به شهر حکایت دارد. ناظری دیگر در این مورد برآنست: «شهر از دو بخش تشکیل می‌شد، علیا و سفلی. بخش علیا از خود پایداری نشان نداد و فوراً توسّط همان زرتشتیانی که نخستین بار آن را تسلیم کرده بودند، از نو تسلیم افغانان شد. ولی بخش علیا که لطفعلی خان در آن

---

192. Lispensier

وی ریاست voc در کرمان را طی سالهای ۱۷۲۲-۱۷۲۰م برعهده داشت.

استحکامات زیادی برپاساخته بود، این بارپایداری کاملی کرد» (دوسرسو، ۱۳۶۴:۱۷۱).

ناگفته نماند در شرایطی که تشدید تنگناهای زرتشتیان بر همنوایی ایشان با افغانان مؤثر بود، در قیاس با وضع موجود، رفتار مداراجویانهٔ محمود عاملی دیگر در جذب اقلیت‌ها به شمار می‌رفت. از این رو، در حالی که فهرست‌های موجود معرّف دریافت جزیه بر پایهٔ سکونت سیصد هزار تن زرتشتی در منطقه هستند- حال آنکه یک سوم این تعداد نیز در کرمان نمی‌زیستند- (مشیزی، ۱۳۶۹: ۴۳)، نه تنها سخنی از دریافت جزیه توسّط افغانان نیست که به رغم فرامین شاه سلطان حسین به تغییر کیش اجباری اقلیت‌های دینی و از جمله زرتشتیان، محمود آنها را در بازگشت به دین قبلی و انجام مراسم عبادی آزاد گذاشت (گیلاننتز، ۱۳۴۴: ۱۰۱-۱۰۲). بدین ترتیب چنین می‌نماید که ناامیدی از بهبود اوضاع، تشدید فشارها، ناکامی‌های مکرّر حکومت مرکزی در مواجه با افغانان و امتیازاتی که محمود برای اقلیت‌های دینی قائل گردید، زرتشتیان را به حمایت و همیاری با وی رهنمون ساخت.

گبر سلطان سیستانی، فرمانده برجسته سپاه محمود

نصرالله خان سیستانی[۱۹۳] که باستانی پاریزی نام زرتشتی وی را «پیروز» می‌داند (نک: وزیری، ۱۳۸۵، ج۲: ۶۵۰) مطابق با توصیف اروپاییان معاصرش فردی بلندقد و بدون تناسب اندام بود که چون یک چشم خود را بسته نگه می‌داشت، مردم او را «کور سلطان» می‌خواندند (دوسرسو:۲۵۰). نصرالله، پیش از برآمدن محمود، به راهزنی کاروان‌های مسیر قندهار و حتّی حوالی اصفهان شهرت داشت و از آنجا که در جوانی به فنون نظامی خو گرفته بود، با پیوستن به سپاه محمود چنان ارتقاء یافت که فرماندهی بخشی از سپاه به او واگذار گشت. برخی به واسطهٔ پیروزی‌های مکرّر او در جنگ‌ها[۱۹۴] بر آن بودند که شاید از هندی‌ها جادوگری آموخته و شکست ناپذیر

۱۹۳. عبدالرزاق دُنبلی در باب زادگاه و اصل وی می‌نویسد: «اصل نصرالله خان از طایفهٔ کعب هندوستان و در میان عجم بزرگ شده و به دلاوری و بهادری و شجاعت شهرت یافته، درمیان افاغنه بختی مساعد داشت» (دُنبلی، بی‌تا: ۱۰۴).

۱۹۴. این پیروزی‌ها به حدّی در نظر افاغنه مهم می‌نمود که او را «ایلدروم خان» یعنی خان شکست ناپذیر می‌خواندند.

باشد (هنوی، ۱۳۶۷: ۱۹۵). وی در قیاس با دیگر سرداران سپاه افغان، از حیث شخصیت و رفتار ملایم با زیردستان شاخص بود و در وفای به عهد چنان شهرتی داشت که «هرگاه قولی به شکست‌خوردگان می‌داد، آن را کاملاً محترم می‌شمرد» (همان: ۱۹۵).

به هر حال، محمود پس از فتح مجدد کرمان و متعاقباً ناکامی در تصرّف یزد (همان: ۹۶) درصدد برآمد تا مستقیماً به اصفهان بتازد. پس، سپاه خود را به چهار قسمت غیرمساوی تقسیم نمود و فرماندهی هر بخشی را به یکی از سرداران خود واگذار نمود. جناح راست (میمنه) را که اهمیّت بیشتری داشت، به امان‌الله خان سپرد، خود در قلب سپاه ایستاد، فرماندهی جناح چپ (میسره) را به نصرالله زرتشتی وعقبه را که از اهمیت کمتری برخوردار بود، به پهلوانان یا نَسَق‌چیان سپرد (همان: ۱۰۱).

علاوه براین، درقیاس با دیگراقلیت‌های سپاه محمود، حضورزرتشتیان پررنگ‌تر بودند. سرکیس گیلاننتز(مؤلف کتاب سقوط اصفهان) در گزارش خود، ترکیب سپاه او را شامل«افغانان اصلی: ۶۰۰۰ نفر، تفنگچیان ایرانی: ۲۰۰۰ نفر، زرتشتیان: ۱۰۰۰نفر، تفنگچیان ارمنی: ۶۰۰ نفر، گرجیان: ۳۰ نفر، ترکها: ۶۰ نفر، مولتانی: ۵۰ نفر» (گیلاننتز: ۱۰۰) می داند. فسایی نیز سپاه محمود در محاصره اصفهان را «بیست هزار و بعضاً چهل هزار نفر» ذکر می کند که در آن «فوجی از گبران یزد و کرمان» به امید رهایی از «جور قزلباش» حضور داشتند (فسایی، ۱۳۸۲، ج۱: ۴۹۷). از همین روست که محمود در جریان محاصرهٔ اصفهان، ایشان را چنین تشویق می‌کرد: «هنگام آن رسیده است که از دست ستمگران آزاد شوند و اگر نشان دهند که جانشینان نیاکان دلیر خود هستند، می‌توانند آزادی را به آسانی به دست آورند» (هنوی: ۱۰۲).

همچنین بنا بر موقعیّت کلیدی جلفانو در تسخیر شهر، منابع برآنند که یکی از زرتشتیان با نقبی در زیر دیوار، راه ورودی پدید آورد و چون ارامنه با ورود ناگهانی افغانان گزیری جز تابعیت نیافتند، با فرستادن نمایندگانی نزد نصرالله، امان خواسته و او پذیرش درخواست را منوط به پرداخت هفتاد هزار تومان دانست (همان: ۱۱۶). البته زرتشتیان با چنین خدماتی از پاداش محمود بی‌بهره نماندند. چنان‌که پس از

تصرّف اصفهان و علی‌رغم مالیاتهای گزاف بر گروه‌های مختلف، دو اقلیّت زرتشتی و یهودی از این باج‌خواهی معاف شدند. فهرست مالیاتی گیلاننتز بهترین شاهد بر اهمیت چنین معافیتی است:

- هفتاد هزار تومان بر ارامنه که هفده هزار تومان آن را نقد دریافت کرد و باقی را سند گرفت، و چون نتوانستند در مدت مقرر هفتاد هزار تومان را بپردازند، چهار تن از بزرگان ایشان را گردن زد.
- تاوان و غرامّت هندیان را به ۲۵ هزار تومان رسانید که از این مبلغ ۲۰ هزار تومان را بپرداختند و پنج هزار تومان دیگر را قادر به پرداخت نشدند. «بر این‌ها، کار به طوری سخت شد که برخی زهر خوردند و خود را بکشتند، و برخی دیگر از اندوه و غصه هلاک شدند یا راه گریز در پیش گرفتند».
- غرامت و جریمه بالغ بر بیست هزار تومان بر حکیم‌باشی شاه سابق.[۱۹۵]
- رئیس هلندیان علاوه بر جرمانه و برخی پیشکش‌ها، مجبور شد تا گوهرهایی به ارزش ۲۵۰۰۰ تومان که شاه سلطان حسین در ازای دریافت ۵۵۰۰۰ تومان وام در گروِ هلندی‌ها نهاده بود را به محمود تسلیم کند.
- از انگلیسی‌ها ۴۰۰۰۰ تومان نقد و پنجاه عدل پارچه.
- از فرانسویان ۶۰ تومان جرمانه گرفتند و قس علی هذا (گیلاننتز، ۱۳۴۴: ۹۱-۹۷).

نصرالله سیستانی که نماد حضور و نقش‌آفرینی زرتشتیان در سقوط اصفهان بود، بعد از کامیابی در قشون‌کشی به درگزین همدان و انتقال جمعی از اهل سنّت آنجا به اصفهان (هنوی: ۱۴۲-۱۴۴)، نهایتاً در جریان محاصرهٔ شیراز به قتل رسید (برای اطلاعات بیشتر نک: فسائی، ج۱: ۵۰۱-۵۰۵). بنا به اطلاعات منابع موجود، نام نصرالله چنان وحشتی در میان مدافعان شیراز ایجاد کرده بود که اهالی دهکده‌ها و شهرهای بین راهی، بدون هیچ مقاومتی تسلیم می‌شدند. قتل نصرالله در محاصرهٔ

---

۱۹۵. نام وی رحیم خان بود.

نهایی شهر، نه تنها زرتشتیان را در غم از دست دادن بزرگترین حامی و تکیه‌گاه خود در میان افغانان محزون ساخت، که به واسطهٔ عدم تعصّب و رأفت قلب او، دیگر ایرانی‌ها را نیز متأثر نمود (لاکهارت: ۲۳۷). توصیف هنوی از مراسم سوگواری افغانان بر پیکر نصرالله، بیانگر حرمت فوق‌العاده‌ای است که برای وی قائل بودند: «پس از آنکه تمام سربازان به دور جنازه‌اش رژه رفتند و پرچم‌ها را روی زمین به دنبال خود کشیدند، غلامان و اسیران را مجبور کردند که همان تشریفات را انجام دهند و سپس بر طبق عادت موهوم و وحشیانه‌ای که از هندی‌ها فرا گرفته بودند، آنها را در مقابل پاهای نصرالله به قتل رساندند. همچنین زیباترین اسبان او را کشتند و گوشت آنها را بر طبق رسم افغانها در مجلس سوگواری میان سربازان تقسیم کردند» (هنوی: ۱۹۵).

علاوه بر این، محمود در مجاورت گورستان ارامنه اصفهان بنای مجللی برای وی برافراشت و «دو موبد را مأمور کرد که آتش مقدس را نزدیک آرامگاه او همیشه روشن نگاه دارند» (همان: ۱۹۵).

زرتشتیان یزد در همراهی با محمود

در نگرشی کلی، اهمیت موقعیّت جغرافیایی کرمان در زمینه‌سازی فتح اصفهان و حضور کارگزاران کمپانی هند شرقی هلند در منطقه- که از جایگاه اقتصادی آن ناشی می‌شد- از اصلی‌ترین منابع کسب اطلاعات مرتبط با عملکرد محمود افغان در آن شهر و به‌ویژه از منظر ارتباط با زرتشتیان به‌شمار می‌رود.

در مورد یزد، به‌رغم اهمّیت این شهر در پشتیبانی نیروی اعزامی از قندهار (لاکهارت: ۲۴۰)، فقدان گزارش‌هایی از ناظران کمپانی‌های غربی و نیز اطلاعات ناقص کتاب جامع جعفری، پژوهشگر را از رهیافتی جامع به حوادث منطقه باز می‌دارد. با این حال، چنان‌که از گزارش های جسته و گریختهٔ منابع برمی‌آید، اهالی یزد به ریاست میرزا عنایت‌سلطان بافقی، با قتل دو هزار سرباز محمود در اواخر ۱۱۳۵ق و پیش از آن، دفع حمله وی در ۱۱۳۴ق سخت‌ترین شکست را بر سپاه افغان وارد ساختند. چنین حملات نافرجامی، محمود را برآن داشت تا متّکی بر تجربه کرمان، همراهی زرتشتیان منطقه را پشتوانه کسب موفقیّت قرار دهد. این طرح

گرچه در نگاه اوّل قابل اجرا و امیدبخش می‌نمود، امّا در عمل، اهالی یزد با آگاهی از احتمال این همدستی، زرتشتیان را تحت نظر گرفتند و چون به رغم انتظار محمود، حمایتی از داخل شهر از وی صورت نپذیرفت، با تلفات سنگین (۱۱۳۵ق) مجبور به عقب‌نشینی شد (لاکهارت: ۲۴۰).

در یادداشت‌های نماینده کمپانی هند شرقی هلند (۱۶ سپتامبر ۱۷۲۴م) چنین می‌خوانیم: «نیرویی مرکّب از پانصد افغان به یزد آمده، پس از مواضعهٔ با زرتشتیان محل، قلعهٔ شهر را محاصره کردند، امّا مین‌باشی فرمانده قلعه [منظور میرزا عنایت سلطان بافقی است]، آنها را شکست داده، تار و مار ساخت. اینان پیش از فرار، زرتشتیانی را که در شهر بودند قتل عام کردند» (فلور، ۱۳۶۵: ۲۷۱).

مطابق با گزارش فوق، دو احتمال دربارهٔ قتل عام زرتشتیان به نظر می‌رسد؛ نخست اینکه پس از عدم موفقیّت محمود در فتح شهر یزد و بازگشت وی، اهالی به فرمان مین‌باشی اقدام به قتل زرتشتیان کرده باشند. دوم؛ احتمال دارد محمود به انتقام ناکامی در تصرّف شهر، دست به کشتار زرتشتیان روستاهای پیرامون شهر زده باشد.

به هر حال در تکمیل بحث حاضر، گفتنی است تشدید فشار بر اقلیّت‌های دینی نه تنها زرتشتیان بلکه واکنش ارامنه را نیز در همراهی با افغانان و سپس روس‌ها باعث گردید.

منابع اطلاعاتی دربارهٔ همراهی احتمالی ارامنه با افغانان را صرفاً نوشتار ناظران اروپایی هم‌مسلک با ایشان و یا گزارش کشیشان ارمنی تشکیل می‌دهد، که عمدتاً یا چنین مسأله‌ای را مردود می‌دانند و یا بر اجبار ایشان به همراهی تأکید می‌ورزند. در یادداشت‌های روزانهٔ نماینده کمپانی هند شرقی هلند، در ایّام محاصره اصفهان (۹ جمادی الاول ۱۱۳۴ق /۲۵ فوریه ۱۷۲۲م) به فراخواندن او نزد شاهزاده صفی میرزا اشاره رفته است. در این دیدار، شاهزاده از دلیل همراهی آنها با ارامنه و پیشنهاد تسلیم جلفانو به افغانان می‌پرسد که در پاسخ، نماینده کمپانی وجود چنین ارتباطی را رد می‌کند (فلور، ۱۳۶۵: ۱۱۹). البته در خلال دیگر گزارش‌ها می‌توان شواهدی از این همدستی را یافت؛ همچون اطلاع دادن ارامنه به افاغنه از وجود دو توپ بزرگ در فرح‌آباد (۶ جمادی الثانی ۱۱۳۴/ ۲۴ مارس ۱۷۲۲م) و یا گزارشی از دستگیری

خبرچینان ارمنیِ محمود (همان: ۱۲۸).

چنین نمونه‌هایی، به انضمام اعتراف کلانتر ارامنه که پس از دستگیری یکی از جاسوسان محمود صورت پذیرفت، بی‌اعتمادی مردم به ایشان را دو چندان ساخت؛ کلانتر ارامنه زیر شکنجه به ارسال نامه‌ای به محمود با این مضمون که «هر چه زودتر حمله همه‌جانبه‌ای را به شهر آغاز کن زیرا هنوز فرصت داری که به اهداف خود برسی ولی اگر پیش از این به انتظار بمانی این فرصت از دست می‌رود» اعتراف نمود (همان: ۱۴۶، گزارش ۲۳ آوریل ۱۷۲۲م/ ۷ رجب ۱۱۳۴ق). هم‌زمانی دستگیری جاسوسان و اعتراف کلانتر، به حدّی شرایط اصفهان را علیه این اقلیّت برانگیخت که در گزارش یومیه ۲۴ آوریل می‌خوانیم: «هیچ یک از ارمنیان جرأت ندارند که در شهر آفتابی شوند و ناچارند که در کاروانسراهای خود بمانند. این هراس است که خیانت مزبور موجب کشتارهای بسیار شود» (فلور: ۱۴۷).

گیلاننتز نیز در نامه‌ای به جاثلیق ارامنه- در زمان اشرف افغان- از همدستی این اقلیّت با روسها و افغانان در جریان تصرّف ایران خبر می‌دهد: «باور فرمایید که ارمنیان به دلایل و علل چند خانه‌خراب و تباه‌روزگار گشته‌اند. از یک طرف می‌گویند باید همه قتل عام شوند زیرا که آنان [ایرانیان] مدعی هستند که ارمنیان با کشانیدن روسیان به ایران و آوردن افغانان به اصفهان و گرد آوردن ۶۰۰۰ تن سپاهی ارمنی که به روسیان بپیوندند و ایران را تباه کنند، این کشور را ویران ساخته‌اند. پدر بزرگوار، آن ارمنیان که به دور هم گرد آمدند، اینکار را به نام شاه بزرگ امپراطور [پطر کبیر] به انجام آورده‌اند» (گیلاننتز: ۱۴۳). همچنین نویسنده دربارهٔ شرایط نابسامان ارامنه و تلقّی منفی عمومی نسبت به ایشان متذکر می‌شود که «سخت موجب تأسف است که در سرتاسر ایران و ترکیه از ما به عنوان غلامان پادشاه روسیان یاد می‌کنند. اگر خدای نکرده ما را شما بر کاری نگمارید و از خدمت برانید دیگر ما را آن توان نخواهد بود که حتّی در این کشور روز به سر بریم، اگر به دست دشمنان افتیم بی‌شک همچون سگان و نه چون ارمنیان به خاک هلاکمان خواهند افکند» (همان: ۱۴۹).

در مجموع و علی‌رغم افزایش تنگناهایی چون رفتار تبعیض‌آمیز اکثریت که

در اواخر صفوی دو اقلیّت دینی مذکور را به همیاری با افغانان هدایت نمود، بنا بر
اصلی معتبر در میان جامعه‌شناسان مبنی بر همبستگی درون‌گروهی ناشی از ضعف
موقعیّت اجتماعی و جدایی فیزیکی- اجتماعی از جامعهٔ غالب (گیدنز، ۱۳۶۱:
۲۶۱)، چنین برمی‌آید که زرتشتیان ایران و خاصّه یزد در روزگار صفوی در قیاس با
پس از این دوران، از شرایط مناسب‌تری برخوردار بودند. در کنار کارآیی مقرّرات
اهل ذمّه در جامعهٔ دینی ایران و نیز مبانی مذهبی حکومت صفوی که مبارزه با هرگونه
آرای مخالف با مذهب رسمی را سرلوحه خود داشت (میراحمدی، ۱۳۶۹: ۱۰۰)،
اقلیت‌های دینی بویژه در دوران ثبات ساختار سیاسی از آزادی‌های نسبی بهره‌مند
بودند. داشتن آتشکده در شهرهای زرتشتی‌نشینِ یزد، کرمان و اصفهان، آزادی در
انجام مراسم و مناسک دینی، حفظ پوشش سنّتی و پوشش متفاوت زنان آنها با
اکثریت جامعه، از جملهٔ این آزادی‌ها بودند.

در واقع هر چند نهادینگی تشیّع نقطه عطفی در نگارش و تدوین دیدگاه‌های
علمای شیعی- و از جمله در ارتباط با نحوهٔ برخورد با اقلیت های دینی- به شمار
می‌رود، امّا از سقوط صفویان و به‌ویژه در روزگار قاجار این نگرش‌ها بستر و زمینه
ملموس‌تری در بدنهٔ اجتماعی یافته و از منظر ساکنان مسلمانِ مهم‌ترین منطقهٔ
زرتشتی‌نشین ایران، یعنی یزد، رعایت فاصله از کفّار ذمّی نماد بارزتری از شرایط و
علائم دینداری گردید.

فصل پنجم
زرتشتیان از سقوط صفوی تا برآمدن قاجار

جدای از دلیل یا دلایلی که زرتشتیان در همراهی با محمود افغان داشتند، بازماندگان آنها تاوان سختی را پرداختند. چنان‌که در حکومت نادر و جانشینانش گویا جز تغییر کیش به اسلام و یا پذیرش تنگناهای روزافزون اجتماعی و پرداخت بی‌رویهٔ جزیه راه دیگری پیش روی نداشتند. یکی از منابع معتبر در این زمینه، کتابی است با نام «مثنوی احوال زندگی مُلافیروز بن کاوس» که در قالبی منظوم به شرح سفارت مُلاکاوس از سوی پارسیان هند نزد زرتشتیان ایران- به منظور اطلاع بر مسائل تقویمی (نک مطالب بعدی)- پرداخته است و در آن گوشه‌هایی از وضعیت اجتماعی زرتشتیان را توصیف می‌نماید.

ملا کاوس که همزمان با حکومت کریم‌خان زند به ایران آمد، علاوه بر یزد، سفرهایی نیز به اصفهان، کرمان و شیراز داشت و در خلال آن اطلاعاتی دربارهٔ وضعیت همکیشان فراهم آورد. از جملهٔ موارد حائز اهمیت، اشاره‌هایی به کاهش جمعیت زرتشتیان اصفهان، و کشتار زرتشتیان کرمان است که در فقدان دیگر مدارک و اسناد، تصویری ولو مبهم از شرایط اجتماعی این اقلیّت ارائه می‌دهد. وی در بازدید از اصفهان، به حدّی شهر را از همکیشان خالی یافت که:

«... ز زرتشتی ولی آنجا نَبُد کس   ز بهدینان همین بودیم ما بس»
(ملافیروز، ۱۹۹۹م: ۷۲).

همچنین پرسش حاکم وقت اصفهان دربارهٔ محل سکونت زرتشتیان، بیانگر فقدان جمعیّت زرتشتی در شهری است که به روزگار صفویه، محلهٔ گبرآباد را داشت:

«کسی همدین، شما را نیست اینجا کدامین جا گرفتید مأوا؟»

(همان: ۷۵).

در رابطه با زمان و دلیل تخلیه شهر از زرتشتیان هیچ نشانی در منابع یافت نمی‌شود، با این همه و در برآیندی از کلیت حوادث دو احتمال به نظر می‌رسد؛ در گسترش آرام و رو به رشد فشار بر اقلیّت‌های دینی از زمان شاه عباس دوم، اعضای جماعت که عمدتاً از مهاجران اجباری یزد و بعضاً کرمان بودند، اصفهان را به مقصد اقامتگاه اولیهٔ خود ترک کردند که اشاراتی به حضور افرادی از اصفهان در یزد و کرمان بر این ادعا گواهی می‌دهد.[۱۹۶] احتمال دوم که در پیوند با فرض نخست مفهوم می‌یابد، فرار بخش عمده‌ای از آنان پس از برافتادن افاغنه توسّط نادر است که پناه گرفتن در مناطق پیشین و البته دور از دسترسِ تحولات دمادم را شرط بقا یافتند.

امّا در کنار این موضوع، قسمت دیگری از مثنوی به حضور ملا کاوس نزد کریم‌خان زند اختصاص دارد که گویا به واسطهٔ پیشگویی او دالّ بر فتح بصره توسّط سپاه ایران، و تحقّق این پیشگویی و برتری ایران در این نبرد، از اعتبار و جایگاه خاصی برخوردار گشته، و از اصفهان به شیراز فراخوانده می‌شود. ارتقای وجاهت وی نزد وکیل‌الرّعایا و درباریان باعث شد تا در جریان اعتراض دو تن از زرتشتیان کرمان به اخذ بی‌رویهٔ جزیه- که گویا از عصر افشار حتّی مردگان را هم در اخذ جزیه به شمار می‌آوردند- به وساطت نزد وکیل بپردازد:

---

۱۹۶. در نمونه‌ای از این مهاجرت‌ها، شهمردان از حضور دستوری در یزد زمان قاجار با نام کاوس یاد می‌کند که از «پشت چهارم هیربد خدابخش مشاور و همیار موبد کیخسرو» بوده و فرد اخیر هم ابتدا مقام دستوری زرتشتیان اصفهان را داشت و به‌دنبال تشدید فشارها در زمان شاه سلطان حسین به یزد آمد (شهمردان، ۱۳۶۰: ۱۵۷).

«...به کرمان ظلم بُد بر قوم بهدین   نمی‌شـد رفـع از دسـت کسـی ایـن
گرفتنـدی از ایشان جزیه بسیار   بـر آن بیچـارگان دشـوار بـدکار
سبب آن بُد که در هنگام پیشین   بـه کرمـان بُد فـراوان مـرد بهدیـن
شمار آن نوشته بُد به دفتر   گرفتنـدی ز ایشـان آن مقـرر
به کرمان قتل عامی گشت یکره   بسی بهدیـن در آن گردیـد کشته
هزاران مـرد بهدیـن کشته گردید   ز ایشان زندگی برگشته گردید
نماند از ده یکی کس زنده برجا   فتاد هـرجا تـن و دسـت و سـروپا
ولی آن جزیه بُد بـر حـال اوّل   نکردنـد انـدران چیـزی مبـدل
ز بعـد قتـل مـردم را شـمردند   حسابـش را بـه دفتـر جملـه بردنـد
بـر ایشـان جزیـه را کردنـد قسمت   نهادنـد آنچنانـی زشت بدعـت
به ضـرب و شتـم بگرفتنـد تـا چنـد   خدا بگشـاد نـاگه آنچنـان بنـد
... به شیراز آمد از کرمان دو بهدین   زبـان چـرب و پرگفتـار شیـرین»

(ملافیروز: ۹۷-۹۸).

به هرحال، ایشان پس از مدتی سرگردانی در شیراز، با وساطت ملاکاوس موفّق به
دریافت حکمی از کریم‌خان، دالّ بر رعایت ضوابط قانونی در اخذ جزیه می‌شوند:

«بیامـد منشی و بنوشت فرمـان   ابـر عمّـال و بـر والی کرمـان
که بنیـاد ظلـم از پـا فگندیـم   ز هر جـا و ز هـر مأوا فگندیـم
... از ایـن پس آنچـه می‌باشد مقرر   بگیـرد مجتنـب شـو از مکـرر
نبایـد کـه از آن گیـری زیـاده   برابـر کی یکـی گردیـده بـا ده؟
... مـران بیچـارگان را داد فرمـان   ز حـق درد دل‌شان یافت درمـان
ز ایـزد آرزوهاشـــــان برآمـد   غـم و ظلـم و ستـم جملـه سـرآمد»

(همان: ۱۰۰-۱۰۱).

در جمع‌بندی مطلب و به عنوان تحلیلی بر اطلاعات ملا فیروز از شرایط
اجتماعی زرتشتیان اصفهان و کرمان، تأکید بر چند نکته ضروری می‌نماید:

- در روایت، بدون ذکر زمانی مشخص، از کشتار وسیع زرتشتیان یاد می‌شود و مورخان زرتشتی بدون ارائه اسنادی، آنرا به حکومت شاه سلطان حسین منسوب می‌دارند، حال آنکه سندی در قتل عام این اقلیّت در دورهٔ مزبور نمی‌توان یافت. لذا چنین می‌نماید که به دنبال دفع افغانان توسّط نادر، این کشتار به انتقام همراهی با محمود افغان و به احتمال، توسّط اهالی و یا حکومت صورت پذیرفته باشد.

- افزایش جزیه تا بدان حدّ که مردگان را نیز شامل ساختند، نشان از گستردگی فشار بر زرتشتیان از سقوط صفوی تا زندیه هست که گویا اعضای جماعت گزیری جز تغییر کیش به اسلام و یا پذیرش انواع مصائب نداشتند.

۱- سلسله خوانین و زرتشتیان

پیش‌تر و در بحثی مقدماتی از ثبات و رونق سیاسی- اقتصادی یزد یاد گشت که در حدّ فاصل افشاریه تا استقرار قاجار، زمامداری این خطّه و در مواقعی کرمان را سلسله‌ای محلی با نام «خوانین» در اختیار داشتند. بنا بر روایاتی از تشدید آزار زرتشتیان طی حکومت چهل سالهٔ محمّدتقی خان- بنیانگذار سلسله- توضیحی دربارهٔ زمینه‌های بروز چنین رفتاری ضروری است.

با توجّه به موقعیت جغرافیایی یزد و اهمیّت آن در تأمین امنیّت سپاه افغان، محمود تلاش‌های متعدّدی برای تصرّف شهر نمود امّا هر بار ناموفّق ماند و حتّی این ناکامی‌ها او را تا سرحدّ جنون رساند. در واقع عامل اصلی این شکست‌ها مقاومت اهالی تحت فرمان یکی از چهره‌های برجسته و خوشنام بافقی به نام میرزا عنایت‌سلطان بود که اواخر عهد صفوی به مقام مین‌باشی‌گری دربار شاه سلطان حسین نائل شده بود (نایینی، ۱۳۵۳: ۲۳۹). این ماجرا هر چند سرانجام در زمان اشرف افغان و با قتل میرزا عنایت‌سلطان و کشتار اهالی به پایان آمد، امّا دو خواهرزادهٔ وی به نام‌های میرزا مؤمن و محمّدتقی به دلیل خردسالی نجات یافتند و به اصفهان فرستاده شدند. در عصر افشار و به هنگام حکومت عادلشاه، محمّدتقی خان که بر مبنای سابقه و اعتبار خانوادگی در میان اهالی جایگاهی داشت، به یزد

آمد و با عزل حاکم وقت- عَلَم خان- در ۱۱۶۱ق سلسله خوانین را پی‌ریزی نمود. محمّدتقی خان معروف به خان بزرگ نه تنها در امنیّت و آبادانی شهر کوشید بلکه به واسطهٔ همراهی با آقامحمّدخان در فتح کرمان و یا به عبارتی سقوط زندیه، حکومت بر این شهر را نیز به پاداش دریافت نمود.

از شرح رخدادهای سیاسی و نیز جوانب حکومت خوانین بر یزد و کرمان که بگذریم، در رابطه با شرایط اجتماعی زرتشتیان، روایات زرتشتی بر تشدید فشارها تأکید دارند.

با آنکه از حیث اقتصادی، زرتشتیان یزد و کرمان عمدتاً به کشاورزی اشتغال داشتند، امّا در باغ‌داری و کار ساختمانی نیز شهرتی به هم زده بودند. چنان‌که با توسعه‌ی قلمرو محمّدتقی خان به کرمان، پسرش علی‌نقی خان- که از جانب پدر به حکومت آنجا منصوب شده بود (۱۲۱۰ق)- از معماران یزدی و «افراد طایفه مجوسیه که بیشتر مهم چینه‌کشی حیطان و جُدران به کفایت آنها مکتفی می‌گردد» برای بازسازی دیوار شهر بهره برد (نایینی: ۴۷۵).

همچنین، خان بزرگ، در احداث باغ دولت‌آباد یزد (حدود سال ۱۱۷۰ ق.) چنان زرتشتیان را به بیگاری گرفت که حتّی «خشت‌های به کار رفته بر بامها، بر پشت زنان حامله زرتشتی نرسی‌آباد و کسنویه به بالا حمل می‌گردید تا شاید بدین طریق جنین آنها سقط گردد» (شهمردان، ۱۳۶۰: ۱۹۷).

مطابق با روایات شفاهی زرتشتیان، یکی از بنّایان زرتشتی عمارت، به نام جمشید خسرو داراب خرمشاهی که در شعر نیز دستی داشت، روزی حین کار فی‌البداهه غزل ذیل را می‌سراید و چون محمّدتقی خان در بازدید از بنا، آن را می‌شنود، دستور آزادی کارگران زرتشتی و پرداخت مواجب ایشان را می‌دهد:

«ای که هستی بندهٔ یزدان، هم از یزدان بترس
ای که دیوان می‌کنی، از صاحب دیوان بترس
ای که یزدان را به یکتایی شناسی، مرحبا
حقّ‌شناسی پیشه کن از کفرنشناسان بترس

ای که می‌ترســـی ز یزدان و نمی‌ترسی زکس
زیردستان را مترسان از زبردســـــتان بترس
ای که از زور دو بـازو غـرّه‌ای، ایمن مبـاش
روزگارت بفکند از گـــــردش دوران بترس
ای که داری حرص دنیایی، مروّت پیشه گیر
مال دنیا آتش اســــت از آتش دوران بترس
ای که گویی لذّت شیرینی ازدندان خوش است
لذّت از دندان مجو، از کندن دندان بترس
ای که چون جمشید غمخواری نداری درجهان
هرکجا که میرســـی از این بترس وزآن بترس»

(شهمردان، ۱۳۶۳: ۴۴۷-۴۴۸).

۲- پارسیان: اختلاف در تقویم و عزیمت ملاکاوس به ایران

در واکاوی دلایل عزیمت ملا کاوس به یزد که مصادف با حکومت محمّدتقی خان بود، ابتدا ضروری است تا نگاهی هر چند گذرا به اختلاف پارسیان در نحوهٔ گاهشماری داشته باشیم.

یکی از نتایج اقامت درازمدت پارسیان در هند و عدم ارتباط با همکیشان ایرانی، بروز اختلافی در باب نحوهٔ محاسبهٔ تقویم بود. عمدهٔ آنها ظاهراً به تبعیت از گذشتگانِ خود که یک‌بار در زمانی نامشخص، کبیسه را اعمال نموده و سال را سیزده ماه به شمار آورده بودند، در گاهشماری یکماه از همکیشان ایرانی خود جلوتر بودند. این موضوع هنگامی از اهمیّت خاص برخوردار می‌شد که بدانیم تقویم در کیش زرتشتی نه صرفاً از حیث تنظیم زمان بلکه در ارتباط تنگاتنگ با انجام مراسم دینی بود. لذا در اختلاف یک‌ماهه، زمان آغاز سال متفاوت و برگزاری گهنبارهای شش‌گانه دچار تغییر اساسی می‌شد.

در توصیفی دقیق‌تر از موضوع گفتنی است، در میان ملل جهان، ایرانی‌ها یکی

از قدیمی‌ترین گاهشماری‌ها را داشتند که اصطلاحاً «تقویم عرفی» خوانده می‌شد. با وجود تشابه تقویم عرفی با گاهشماری خورشیدی (= فصلی) در محاسبه بر مبنای حرکت ظاهری خورشید به دور زمین، در تقویم عرفی درازای سال را ۳۶۵ روز می‌گرفتند، حال آنکه طول سال خورشیدی برابر با ۳۶۵ روز و تقریباً یک چهارم روز (معادل ۵ ساعت و ۴۸ دقیقه و ۴۶ ثانیه) است. برای رفع چنین اختلافی، از روزگار باستان، حکومت درصدد برآمد تا در یک دورهٔ صد و بیست ساله، مجموع یک چهارم روزها را که برابر با یک ماه کامل می‌شد، به آخر سال صد و بیستم اضافه نموده، به این یک‌ماه اصطلاحاً «وهیژک»، به معنی مبارک، می‌گفتند.

با وجود رسمیّت «وهیژک»- یا همان «کبیسه» در زبان عربی- از پادشاهی فیروز، این تقویم مورد پذیرش تمام زرتشتیان قرار نگرفت و بعضاً بر همان شیوهٔ سابق باقی ماندند. به هر روی، در گاهشماری «وهیژکی»، سال کبیسه شامل سیزده ماه می‌شد و پنجهٔ دزدیده یا اندرگاه[۱۹۷]، از پایان دوازدهمین ماه سال به پایان ماه سیزدهم همان سال انتقال می‌یافت (عبداللهی، ۱۳۶۶: ۱۸۴).

ذکر این نکته ضروری است که مبنای اختلاف یک‌ماههٔ پارسیان و زرتشتیان ایران، به‌رغم ادعاهای دو گروه قدیمی و شاهنشاهی در تخطئه یکدیگر (نک مطالب بعدی)، هیچ زمینه و ریشه‌ای در الهیات زرتشتی مبنی بر مجاز بودن یا نبودن اعمال کبیسه نداشت. با این حال و چنانکه در مباحث پیشین نیز گفته شد گرچه برخی از محقّقان حضور جاماسب ولایتی در هند را سرآغازی بر آشکار شدن اختلاف تقویم پارسیان با گاهشماری زرتشتیان ایران می‌دانند، مطابق با محتوای

---

۱۹۷. پنجهٔ دزدیده یا اندرگاه یا خمسهٔ مسترقه. این پنجه در سالشمار مصر و ایران باستان وجود داشته است. نزد مصریان هر سال شامل۱۲ ماه سی روزه بود اما به‌تدریج ایشان متوجه تغییر فصل در روزهای غیرمشابه سال شدند و از این رو حدود ۴۰۰۰ سال پیش از میلاد درصدد برآمدند تا با افزودن پنج روز در پایان هر سال، مشکل را حل نمایند. این پنج روز جزء روزهای جشن و تعطیلات محسوب می‌گشت. در تقویم ایرانی نیز این پنج روز که اصطلاحاً «پنجهٔ دزدیده» (خمسهٔ مسترقه) خوانده می‌شد را به آخر ماه دوازدهم (اسفند) افزوده و هر روز را به نام یکی از سرودهای گاهانی می‌خواندند. در تقویم زرتشتی کنونی اگر سال کبیسه باشد این پنج روز به شش روز کشیده می‌شود و در این صورت آن سال را «اندرگاهی- کبیسه» می‌خوانند (برای اطلاعات بیشتر نک: پورداود، ۱۳۴۷: ۷۱).

روایات، مدتها پیش از سفر اخیر، این موضوع دغدغه‌ای برای پارسیان بوده است. در واقع، در «روایت دستور کامدین پدم و بهدین آسا جمشید» که خطاب به دو شخص اخیر و دیگر اهالی بروچ و نیز دیگر ساکنان زرتشتی نوساری و سورات نگارش یافته بود (۱۰۰۵ی/ ۱۰۴۵ق/ ۱۶۳۵م)، موبدان یزد با پاسخی مبهم سعی داشتند تا این موضوع را کم‌اهمیت جلوه داده و نحوهٔ محاسبه تقویم را به عهدهٔ شیوهٔ مرسوم در میان پارسیان واگذارند که «اگر ایشان را به خاطر است که در این مدتها به خاطر رفته و ماه را سهو کرده‌اند حال به‌طریق ایران ماه نگه دارند و اگر از قدیم‌الایام به ایشان رسیده همچنان نگاه دارند تا آمدن ورجاوند» (Hodivala: 331).

ناگفته نماند که علی‌رغم تلاش موبدان یزد برای ارائه پاسخ‌های محتاطانه و پرهیز از تفرقه‌جویی، در جوابیه‌های روحانیان کرمان چنین ملاحظه‌کاری‌هایی دیده نمی‌شود.[۱۹۸] بدین معنا که علی‌رغم عاقبت‌نگری موبدان یزد در بروز اختلاف و تنش، دستور اسفندیار رستم کرمانی در پاسخ به نامه‌ای با درخواست مشابه که هم‌زمان به کرمان نیز ارسال شده بود، خطاب به پارسیان سورات و بروچ و نوساری، از آنها می‌خواهد تا مانند گاهشماری ایرانیان رفتار نمایند (Ibid: 333).

به هر حال و با وجود نظرات دوگانهٔ روحانیان ایران در پاسخ به استفتائات پارسیان، این موضوع تا زمان حضور دستور جاماسب ولایتی[۱۹۹] در سورات (۱۰۹۰یزدگردی/ ۱۷۲۰م/ ۱۱۳۶ق)، به چالش و اختلاف شدیدی نینجامید. اساساً در اوایل سدهٔ ۱۸میلادی/ ۱۱هجری دو موضوع دینی جدال و بحث بسیاری میان

---

۱۹۸. به عنوان نمونه‌ای دیگر از تفاوت راهکارهای روحانی‌ان یزد و کرمان دربارهٔ مسائل مورد نظر پارسیان می‌توان به تفاوت توصیه آنها به همکیشان پارسی در برپایی آتش آدُران و بهرام اشاره نمود. چنان‌که دستور اردشیر نوشیروان کرمانی، علی‌رغم نظر موبدان یزد در نامه‌ای به دستور کامدین (قیام‌الدین) پدم بروچی‌ها، کمبایتی‌ها و سوراتی‌ها را تشویق به احداث آتش ورهرام جدای از نوساری می‌نماید (روایات داراب هرمزدیار، ج۲: ۴۵۷).

۱۹۹. وی در پهلوی، اوستا و نجوم مهارتی خاص داشت.

پارسیان را باعث شده بود؛ یکی پَنام[۲۰۰] نهادن بر صورت جنازه، و دیگری باز گذاشتن پاهای میّت یا روی هم انداختن آن‌ها، که در هر دو مورد، اختلاف تا روزگار معاصر تداوم یافت (شهمردان، ۱۳۳۹، هوخت، ش ۱: ۱۳).

علاوه بر این دو اختلاف که سر منشاء تنش‌های داخلی دنباله‌داری بود، جاماسب ولایتی متوجه تفاوت یک‌ماههٔ تقویم پارسیان با سالشمار زرتشتیان ایران شد. به‌رغم تلاش‌های پیش‌گفتهٔ موبدان یزد حضور وی در منطقه از دو سو جدال و تفرقه بر روی پنام و تقویم را دامن زد. در مورد نخست او بنا به دیدگاه همکیشان کرمانی به «پنام بستن» رأی داد و اختلاف نهفته را به جدال علنی تبدیل کرد (شهمردان، ۱۳۶۳: ۴۲۸). دربارهٔ تقویم هم گرچه در فضای متشنج موجود، ابراز عقیده را صلاح ندانست، لکن درصدد برآمد تا با انتقال نظرات زرتشتیان ایران به سه تن از دستوران پارسی، از طریق ایشان به تبلیغ دیدگاه خود بپردازد. همزمان، بنا به تشویق و تحریک او، فردی به نام مانکجی ایدلجی که برای ارامنه دلالی می‌کرد، تقویم ایرانی را به کار بست. اقدام مانکجی ایدلجی، مباحثات شدیدی راجع به تقویم بین پارسیان ایجاد کرد که سال‌ها تداوم یافت (همان: ۴۲۹).

چهارده سال پس از جاماسب، حضور یکی دیگر از بهدینان ماهر در نجوم با نام «جمشید ایرانی» در هند بار دیگر شعلهٔ اختلاف را برافروخت. پارسیان که از گفتار ضمنی جاماسب دربارهٔ تفاوت یک‌ماههٔ تقویم خود با زرتشتیان ایران دچار تردید شده بودند، این بار از جمشید راهکار طلبیدند. امّا وی نیز به جای پاسخی روشن، یکی از موبدان به نام کاوس پور فریدون را علم نجوم آموخته و کاوس حکم علنی به حقانیّت جاماسب داد (شهمردان، هوخت، ۱۳۵۱، ش ۸: ۲۹). بدین‌ترتیب این دو، علی‌رغم اظهار آشکار به صحّت تقویم ایرانی، در خفا مروّج آن شدند. چنانکه موبدی به نام شهریارجی نوروزدر نامه‌ای به تاریخ ۱۱ نوامبر ۱۷۴۰م/۲۱شعبان ۱۱۵۳ق

---

۲۰۰. پنام، در اصل به پارچهٔ سفیدی گفته می‌شود که موبدان در هنگام اجرای مراسم دینی بر روی بینی و دهان می‌بستند تا مبادا آتش با بازدم آلوده شود. لازم به ذکر است که اختلاف یادشده همچنان تا دوره معاصر دوام آورد؛ چنانکه زرتشتیان سورات و نوساری و روستاهای هم‌جوار به رغم دیگر مناطق همچنان بر رعایت آن اصرار می‌ورزند.

به نوساری خطاب به خورشیدجی تهمورجی می‌نویسد: «جمشید ایرانی از سورات به بمبئی وارد و در ترغیب پارسیان به تقویم قدیمی کوشاست و امیدوارست آنها را با خود هم عقیده سازد» (شهمردان، ۱۳۳۹، هوخت، ش ۱: ۱۳).

به هر حال، با شکل‌گیری و توسعه این اختلافات، در سال ۱۷۴۶م/ ۱۱۵۹ق جمعی از روحانیان و بهدینان سورات بر اعتبار و اصالت گاهشماری ایرانی صحّه می‌گذارند و نام «قدیمی» به خود می‌گیرند. در مقابل، اغلب پارسیان ضمن تأکید بر شیوه و دیدگاه پیشینیان خود در هند، با نام «رسمی» یا صورت عام‌تر «شارشایی» یا «شَنشایی» و اصطلاحاً «سنت‌گرایان» شناخته شدند. این عنوان گرچه بعدها به «شهنشاهی» یا «شاهنشاهی» ترجمه و رواج عام یافت، امّا چنانکه بویس نیز اشاره می‌کند، تعیین خاستگاه آن نامشخص و ظاهراً تلفظ «شاهنشاهی» به دلیل رواج آن بوده و فاقد اصالت است (بویس، ۱۳۹۱: ۲۲۴).

در واقع هر چند نمی‌توان ریشه اختلاف یک‌ماهه را در چارچوب کبیسه و یا عدم ضرورت اعمال آن جستجو نمود، با این حال دو گروه یادشده، محور تمایز را بر آن استوار ساخته و هریک اصالت خود را به آموزه‌های زرتشتی پیوند می‌زد. چنانکه قدیمی‌ها با حذف ماه آبان از سال مذکور، هرگونه کبیسه را مغایر با معارف زرتشتی دانستند و در مقابل، طیف شَنشایی بر آن بودند که لحاظ یک‌ماه به عنوان کبیسه در هر ۱۲۰سال، مجاز و از آنجا که منجمین زرتشتی پیش از ترک خراسان آن را اعمال کرده‌اند، لذا ایشان طبق دستورالعمل زرتشتیان خراسانی عمل نموده‌اند. به هر حال، کبیسهٔ مزبور ظاهراً به هر دلیلی در میان دیگر زرتشتیان ایران مقبول نیفتاده و اصولاً ادامه هم نیافت. ضمن آنکه پارسیان مهاجر به هند نیز به دلیل مشکلات مربوط به سکونت در مناطق گجرات و از جمله تطبیق با فرهنگ پیرامون، از تداوم این مهم بازماندند. در جناح مقابل، قدیمی‌ها که مدافع دنباله‌روی از گاهشماری زرتشتیان ایرانی بودند، هرگونه مجوزی بر کبیسه در الهیات زرتشتی را مردود و به فرض محال، انجام چنین امری توسّط منجّمین زرتشتی در زمان سکونت‌شان در خراسان را به دلایل مالی و سیاسی می‌دانستند (Vitalone, 1996: 12).

به دنبال گروه‌بندی و صف‌آرایی پارسیان در مقابل هم، ریاست هر دو گروه

را بهدینانی در اختیار گرفتند که به دنبال حضور کمپانی‌های اروپایی در هند، از تحوّلات جدید اقتصاد تجاری سربرآورده بودند. چنان‌که دو تاجر پرنفوذ و ثروتمند سوراتی به نام‌های «منوچهرجی خورشید ست»، از کارگزاران کمپانی هند شرقی هلند، ریاست شنشایی‌ها و «دهنجی‌شاه مانچرجی‌شاه» از عاملان کمپانی هند شرقی انگلیس ریاست قدیمی‌ها را به دست گرفتند.

به هر روی و در پیوند با زرتشتیان ایران، پس از بازگشت جاماسب ولایتی از سورات، قدیمی‌ها سه نامه به ایران فرستادند و در تکمیل آن به سال ۱۱۸۱ق /۱۷۶۸م یعنی تقریباً بیست و پنج سال بعد، دهنجی‌شاه بر آن شد تا به منظور دریافت پاسخی قطعی دربارهٔ تقویم، فردی به نام ملا کاوس جلالی را با مجموعهٔ ۷۸ سؤالی که توسّط دستوران بروچ و سورات فراهم آمده بود، به ایران اعزام دارد (Ibid: 13).

در واقع، قدیمی‌ها گرچه با فرستادن ملا کاوس به ایران درصدد دریافت پاسخ‌هایی مستدل از ایرانیان برای اثبات حقّانیت خود در مقابل شنشایی‌ها بودند، امّا به دلیل عدم پاسخ‌گویی صریح روحانیان یزد به مقصود دست نیافتند. با این حال جدال آنها با رقیب، همچنان ادامه و در واقع به حدّی گسترش یافت که در جریان مباحثه‌ای در بروچ (حدود سال ۱۱۵۱ی/ ۱۷۸۲م/ ۱۱۹۶ق) به یکدیگر حمله‌ور شده و زنی ازقدیمی‌ها به قتل رسید. قاتل در دادگاه به مرگ محکوم شد، اما آتش اختلاف همچنان پایدار ماند و به نزاع خانواده ها انجامید؛ تا حدّی که علاوه بر اتهام زنی و آسیب‌رسانی کودکان به یکدیگر، ازدواج با خانواده‌های رقیب ممنوع شد.

در سال ۱۱۵۴ یزدگردی/ ۱۷۸۵م/ ۱۱۹۹ق اقدام قدیمی‌ها در برپایی اولین آتش بهرام در بمبئی، پارسیان را به تقویت آموزش و پژوهش در تاریخ دینی برانگیخت. در ۱۱۸۸ یزدگردی/ ۱۸۱۹م هریک از دو گروه جداگانه در سورات نسبت به برپایی آتش بهرام اقدام نمودند و با نزاع متعاقب برسرعدم مشروعیّت آتش طرف مقابل، دادگاه نیز به توقف هر دو، حکم نمود. دادگاه مدّعیان، چهار ماه به طول انجامید و پس از تحقیق از گواهان متعدد، بر مبنای کتاب‌های اوستا، زرتشت‌نامه، سکندرنامه، برهان قاطع و غیره، دادگاه به تأیید قدیمی‌ها حکم داد (۴ نوامبر ۱۸۲۲م/ ۱۸ صفر ۱۲۳۸ق) و در نهایت برای آشتی دو طرف مقرّر نمود تا نخست شنشایی‌ها و سپس

قدیمی‌ها اقدام به ساختمان نمایند. با وجود مصالحه مذکور، اختلاف این بار به تألیف آثاری از هر دو سو جهت اثبات دعوی خود و رد طرف مقابل انجامید. دستور اسفندیارجی کامدین مقیم بروچ در حقانیت شنشایی‌ها رساله‌ای به گجراتی تحت عنوان «حقیقت کبیسه در تاریخ پارسیان» (۱۸۲۶م/ ۱۲۴۱ق) نگاشت و بیست سال بعد که کتاب به بمبئی رسید، ملا فیروز بن ملا کاوس- پسر ملا کاوس، فرستاده دهنجی‌شاه به یزد- در پاسخ، به چاپ مقالاتی در روزنامه «بمبئی سَماچار» اقدام نمود (۱۸۲۸م/ ۱۱۹۷یزدگردی/ ۱۲۴۳ق). به هرروی، این روند همچنان تداوم داشت تا آنکه هریک از دو جناح در اثبات حقّانیت خود به منجّمان مسلمان روی نمودند. چنان‌که حاجی هاشم اصفهانی به حمایت گروه شنشایی و آقامحمد شوشتری در جانبداری از قدیمی‌ها شهرت خاص داشتند. علاوه بر این، هر یک با تقبل هزینه‌های گزاف چاپ و تبلیغ آثار و تقویم مورد نظر، درصدد اثبات و تبلیغ دیدگاه خویش برآمدند.[۲۰۱] با این همه و آن‌گونه که از آمار نفوس پارسیان در اواخر سدهٔ ۱۹م. بر می‌آید، تقلیل نفرات قدیمی‌ها به ۷۲۰۶ نفر از مجموع ۹۱۳۶۱ پارسی مقیم بمبئی، معرّف اقبال جماعت به شنشایی‌ها بود (شهمردان، ۱۳۳۹، هوخت، ش ۱: ۲۶-۲۹).

گفتنی است با آنکه پارسیان تا پیش از آگاهی دربارهٔ تفاوت سالشمار خود با همکیشان ایرانی، وحدت رویه داشتند، امّا چه به هنگام اوج‌گیری اختلافات و چه پیش از این، ظاهراً آنها فاقد هرگونه دانش نجومی بودند. چنانکه پرسش از موبدان یزد و کرمان، اعزام قاصدی به یزد و یاری گرفتن هر دو فرقه از منجّمان مسلمان، نشان از عدم آشنایی با ضوابط نجومی به عنوان مبنای محاسبهٔ سالشمار داشت. در قدیمی‌ترین کتاب دربارهٔ کبیسه به فارسی «رسالهٔ شواهد النفیسه فی اثبات الکبیسه» که با حمایت گروه شنشایی و توسّط حاج محمدهاشم اصفهانی در ۱۲۴۶ق/ ۱۸۲۷م تألیف یافت و ردّیه آن، «رسالهٔ موسومه به ادلهٔ قویّه بر عدم جواز کبیسه در شریعت زرتشتیه» که ملا فیروز نگاشت (۱۱۹۷ یزدگردی/ ۱۸۲۷م/ ۱۲۴۳ق) هر دو نویسنده با

---

۲۰۱. بنا بر آمار موجود کمیته تقویم شنشایی و قدیمی هر یک هزینه‌ای معادل چهل هزار روپیه را متقبل شدند.

استناد به گفتار علمای شیعی چون ملامحمدباقر مجلسی و آمیزش آن با برداشت‌های شخصی و بعضاً تعصّب و جعل آثار دیگران، درصدد اثبات حقانیّت خود برآمدند. از دیگر سو، علی‌رغم ادعاهای بی‌اساس هریک از دو گروه چه در ضرورت کبیسه و یا مغایرت آن با مبانی دینی، بنا به تاریخ‌های مندرج در روایات، معلوم می‌شود که زرتشتیان ایران و پارسیان هیچ‌یک در مقام اعمال کبیسه نبوده‌اند. چنانکه در مطالب پیشین و به هنگام بحث از نامه‌های پارسیان و جوابیه روحانیان یزد آمد، از ذکر تاریخ یزدگردی و معادل قمری آن در برخی از روایات می‌توان به سرنخ‌هایی قابل توجه دست یافت؛ تاریخ مندرج در روایت‌های سوم و شانزدهم که در آن‌ها برای اولین بار از اختلاف تقویم سخن رفته، شاهدی است بر این ادّعا.

در مورد زمان نگارش روایت سوم، در این روایت چنین آمده است: «روز هرمزد، ماه خورداد، سال هشتصد و هشتاد یزدجردی» (= اول خرداد ۸۸۰ ی) برابر با «یوم تاسع شهر شوال سنهٔ ست و عشر و تسعمأئه» (= نهم شوال ۹۱۶ ق) (روایات داراب هرمزدیار، ج۲: ۳۹۶). از آنجا که ۹ شوال ۹۱۶ ق/ ۱۹ ژانویه ۱۵۱۱م تقریباً مصادف با بهمن ماه سال ۸۸۹ تقویم جلالی است، لذا معلوم می‌شود که گاهشماری زرتشتیان یزد در اوایل سدهٔ دهم هجری، حدود چهار ماه از تقویم فصلی (یا جلالی) جلوتر بوده است. به عبارت بهتر در تقویم خورشیدی- فارغ از اِعمال کبیسه یا عدم رعایت آن- نوروز همواره با اول فروردین تطبیق داشته است و از آنجا که در این زمان تا برگزاری نوروز دو ماه فاصله بوده است، پس مطابق با گاهشماری زرتشتیان، آنها چهارماه زودتر از اعتدال بهاری، یعنی در اوایل آذرماه جلالی، نوروز را جشن گرفته‌اند.

مندرجات روایت شانزدهم (See: Hodivala, 1920: 333)، این موضوع را بیش از پیش تأیید می‌کند. بر اساس این روایت، آغاز سال ۱۰۰۵ یزدگردی مصادف با هفتم شهر جمادی‌الاول سنه ۱۰۴۵ ق/ ۱۹ اکتبر ۱۶۳۵م، و سه روز مانده به اوّل آبان‌ماه جلالی بوده که بدین ترتیب حدود پنج ماه قبل از اعتدال بهاری، زرتشتیان ایران نوروز را برگزار می‌کردند.

در واقع اگر در قیاس با زمان نگارش روایت سوم قضاوت کنیم، با توجه به عدم رعایت کبیسه، افزایش یک‌ماههٔ عقب‌افتادگی از اعتدال بهاری منطقی است. به

عبارت بهتر از آنجا که حدّ فاصل روایت سوم و شانزدهم، حدود ۱۲۴ سال فاصله است، لذا کاملاً بدیهی خواهد بود که نوروز ۱۰۰۵ یزدگردی (روایت شانزدهم) یک ماه عقب‌تر از نوروز ۸۸۰ یزدگردی (روایت سوم) باشد.

به هر حال منظور آنست که علی‌رغم اصلاح تقویم عرفی زرتشتی به وهیزکی که توسّط حکومت نیز رسمیت یافته و نوروز در اول فروردین ثابت می‌شد- و البته آخرین مرتبه‌ای که از اِعمال این تقویم خبر داریم مربوط به پادشاهی فیروز است که کبیسه مضاعف گرفت و یکصد و بیست سال دوره خود را با یکصد و بیست سال بعدی تلفیق نموده و دو ماه کبیسه کرد- بخشی از روحانیان زرتشتی آن را نپذیرفته و به رویهٔ تقویم پیشین رفتار کردند. این وضعیت با ورود اسلام به ایران و انتقال تولیت زرتشتیان از حکومت مرکزی به روحانیان باعث گردید تا بر مبنای بر تخت‌نشینی یزدگرد سوم، مجدداً گاهشماری بدون لحاظ کبیسه رواج پذیرد. به‌رغم گاهشماری وهیزکی که وجود خبرگان آشنا به دقایق ضوابط دینی و منجمان ماهر از ملزومات آن به شمار می‌رفت، در سالشمار یزدگردی نیازی به چنین شورای تخصصی و پشتوانه مالی آن نبود و چنانکه این موضوع را با شرایط اجتماعی- فرهنگی زرتشتیان پس از اسلام محل توجه قرار دهیم، آنگاه چندان دور از انتظار نخواهد بود که به تدریج دقت لازم در محاسبات نجومی جای خود را به تکرار و تقلید میراثی داد. بدین ترتیب چون عدم رعایت کبیسه به صورت سنّتی پایدار به روزگار صفوی و پس از آن نیز راه یافت، لذا فرقهٔ قدیمی پارسیان با محوریت و الگوپذیری از ایشان- به عنوان قطب دینی- کبیسه را منافی با کیش زرتشتی می‌دانستند.

ملا کاوس و زرتشتیان یزد

گفته شد که با شدت‌گیری اختلافات دو فرقهٔ قدیمی و شنشایی، یکی از تجار معتبر پارسی به نام دهنجی‌شاه متقبل پرداخت هزینه عزیمت فردی به ایران جهت کسب اطلاعات دقیق از دلایل موبدان یزد در صحّت تقویم ایرانی گشت. فرد مزبور ملا کاوس بود که پسر خردسالش ملا فیروز را نیز در این سفر همراه داشت و او که پس از پدر، نقشی معتبر در هدایت فرقهٔ قدیمی عهده‌دار گردید، بعدها در منظومه‌ای با

نام «مثنوی شرح احوال ملا فیروز بن ملا کاوس» به شرح سفر مزبور پرداخت.

وی دربارهٔ تأثیر اختلاف گاهشماری بر انجام مراسم دینی و ضرورت صوابدید از دستوران ایرانی گوید:

«...نه گاهنبار برجا بود و پنجه — از آن بودند دانا چند رنجه
... بحدی قال و قیل اندر میان رفت — که چندین را در آن گفتار جان رفت
به آخر از دو جانب شد برین راست — که در ایران بسی دستور داناست
بپرسیم و شک از دل دور داریم — جوابش را به جان منظور داریم»

(ملافیروز، ۱۹۹۹: ۵۴)

در واقع ملا فیروز که همچون پدر، معرّف و تابع گاهشماری زرتشتیان ایران به شمار می‌رفت، دلیل تفاوت تقویم پارسیان را اقامت درازمدت در هند و تأثیرپذیری از آیین هندویی می‌داند:

«نه آگاه بُد کسی از دین و از راه — همه بر دین هندو بوده گمراه
ندانستی کسی از زند و از دست — همه بر راه بیراهی بدو چیست»

(ملافیروز، ۵۴)

به هرروی چون دو گروه در اقناع یکدیگر راه بجایی نبردند، قرار بر اعزام افرادی به ایران جهت اطلاع از حقیقت شدند؛ ولی شنشایی‌ها- که ملا فیروز ایشان را «جاهلان» می‌نامد- از این اقدام طفره رفتند (همان: ۵۵) و از میان قدیمی‌ها نیز تنها ملا کاوس حاضر به سفر گردید و در شهریور ۱۱۳۸ یزدگردی با کشتی به مسقط و از آنجا به بندرعباس آمد (همان: ۶۰-۵۷). در این سفر که مصادف با حکومت کریم خان زند بر ایران بود، ملا کاوس پسر ده سالهٔ خود یعنی ملا فیروز را نیز به همراه آورد و در بندرعباس مورد عنایت و لطف حاکم محلی قرارگرفت. پدر و پسر، راهی یزد می‌شوند و با تحمّل مشقّات راه، پس از چهارماه و چهارده روز سفر، به یزد می‌رسند:

«...مه دی بود مارسپند از روز — چو بر زد سر ز خاور گیتی‌افروز
که شهر یزد را از دور دیدیم — بسی بهدین، بسی دستور دیدیم»

(همان: ۶۳)

زرتشتیان یزد با آگاه شدن از رسیدن ملاکاوس، به استقبال او می‌آیند و با نهایت احترام در منازل خود از آن‌ها پذیرایی می‌کنند:

«از آنجا پس به صد اعزاز و اکرام   به مسکن رفته بگرفتیم آرام
ز بهر مسکنت کردند خالی   سرای پرفضا و خوب و عالی»

(ملافیروز: ۶۳)

در این هنگام، گویا کلانتری زرتشتیان با ملابهرام اردشیر خرمشاهی بود که از چندی پیش از حضور ایشان، جهت رسیدگی به امور دیوانی در شیراز به سر می‌برد. ملا فیروز در وصف او می‌گوید:

«در آنجا بود او سردار و آسیم   به یزد اندر فراوانش زر و سیم
با رام و بُهش بهرام نامش   زمی خالی نبودی هیچ جامش»

(همان: ۶۴)

خلاصه مسافرین پس از دو ماه انتظار، با حضور ملابهرام در شهر، دو مکتوب از سوی پارسیان را به وی تقدیم داشته و او دستور به تشکیل انجمنی برای تصمیم‌گیری و ارائه پاسخ می‌دهد. انجمن برپا می‌شود و

«به آواز بلند آنگاه خواندند   شنیدند و بر آن گوهر فشاندند
زمانی گفتگو کردند با هم   بُدیم آنجا نشسته نیز ما هم
ز بعد گفتگو پاسخ نمودند   جوابی بس خوش و فرخ نمودند»

(همان: ۶۴)

با آنکه روحانیان انجمن به اکثر سؤالات با نهایت دقت پاسخ دادند امّا همانند قبل، در مورد مهم‌ترین بخش سؤالات که هدف اصلی مأموریت ملاکاوس نیز بود، یعنی اعلام نظر پیرامون تفاوت سالشمار طفره رفتند. ملا فیروز دستاویز روحانیان را

چنین می‌آورد:

«ولی مکتوب ماه اختلافی / جوابش نانوشتن هست کافی
جواب ماه چندین ره نوشتیم / ز شک باقی در آن چیزی بهشتیم
بود بس یک جواب از هر مسایل / مکرّر شد نوشته با دلایل
ولی در هند از دستور و بهدین / تعصّب می‌کنند اندر پی دین
قبول نار بهر عار دارند / نه با دین و به آیین کار دارند
سخن‌پرور ز دین بیگانه هستند / دروغ و کذب را همخانه هستند
نمی‌دانند جز دعوی باطل / ز علم و عقل می‌باشند عاطل
ز یزدان غافل از زرتشت عاری / نمی‌دانند غیر از جهل کاری
اگر نی کارشان از روی جهل است / حساب آن بسی آسان و سهلست
ضلالت را هدایت می‌شمارند / حساب مهر را باور ندارند
به ظاهر پاک بهر خودستایی / به باطن گشته از دین خدایی
گزاف و خودپرستی پیشه دارند / ز حق در دل کجا اندیشه دارند
دم از معقول وز منقول رانند / ولی معنی لفظیش ندانند»

(ملافیروز: ۶۵)

اگر ادعای ملا فیروز را بپذیریم که موبدان یزد، جهل دستوران هند را مانع اعلام نظر دانسته و این موضوع زاییدهٔ نگرش خصمانه شاعر نسبت به رقبای پارسی نباشد، موضع‌گیری بی‌سابقهٔ موبدان از دو سو حائز اهمیت بود. از یک بُعد، احتمال می‌رود روحانیان یزد که تاکنون خود را مرجع پاسخ‌گویی به مسائل و مشکلات دینی پارسیان می‌دیدند، همانند گذشته دامن زدن به این مسئله ویژه را نه تنها عاملی بر گسترش تفرقهٔ درونی پارسیان می‌دانستند، بلکه هرگونه تأیید دیدگاه قدیمی‌ها- ولو آنکه گویای دیدگاه زرتشتیان ایران باشد- را به منزلهٔ کاستن از وجاهت و محوریّت موبدان یزد نزد طیف دیگر یعنی شنشایی می‌دیدند. از این رو، پرهیز روحانیان از پاسخ به مهم‌ترین وجه اختلاف‌انگیز، و اعلام نظر دربارهٔ دیگر مسائل را می‌توان به منزله تلاشی در راستای حفظ اقبال هر دو جناح به خود دانست. از دیگر سو مبتنی بر اطلاعات منابع موجود، در روزگار باستان که زرتشتی‌گری پشتوانهٔ قدرت مرکزی را

داشت، تنظیم گاهشماری در شورایی متشکل از روحانیان و منجّمان چیره‌دست صورت می‌پذیرفت، حال آنکه با ورود اسلام به ایران و پراکندگی زرتشتیان در قالب جماعت‌های ساکن در روستاها، طبیعی بود که اولویت حفظ حیات در چارچوب رعایت ضوابط اکثریت مسلمان، و فقدان پشتوانه سیاسی- مالی باعث شود تا به مرور از تعلیم و آموزش دینی فاصله گرفته و متولّیان دینی نیز با دریافت موروثی مناصب، برتری خود را صرفاً به حفظ سنّتی تعالیم و آموزه‌های گذشتگان مستند سازند.

بدین‌ترتیب همان‌گونه که سکونت پارسیان در هند، آنها را از ضوابط دینی و فرهنگ هندوان متأثر ساخت و به همان اندازه ادعای رعایت گاهشماری توسّط بخش شنشایی غیرمعقول می‌نمود، دربارهٔ ایرانیان نیز نمی‌توان مدعی وجود جمعی منسجم و ماهر در این زمینه گردید. شاهد ادعا، گفتهٔ ملا فیروز است که در ذکر دلیل مسافرت پدرش به کرمان، تأکید دارد که زرتشتیان یزد از نجوم بهره‌ای نداشتند و جالب‌تر آنکه در کرمان نیز او به اجبار این فن را نزد منجّمی مسلمان می‌آموزد. گویا ملا کاوس که در عدم پاسخ صریح و روشن روحانیان یزد از رسیدن به مقصود اصلی سفر بازمانده بود،[۲۰۲] درصدد آموختن علم نجوم برمی‌آید تا خود بتواند نزد پارسیان، ادعای گروه قدیمی را اثبات نماید:

«ولی در یزد این فن بود معدوم نَبُد کس را ازین فن هیچ معلوم»

(ملافیروز: ۶۸)

بنابراین، فرزند را جهت تعلیم اصول و ضوابط دینی نزد دستور یزد سپرده و خود عازم کرمان می‌شود:

۲۰۲. در کنار مقصود یادشده مبنی بر کشف دلیل اختلاف یک‌ماهه در تقویم ملاکاوس در پاسخ به حاکم بندرعباس که جویای دلیل سفر به ایران شد، دربارهٔ وضعیت پارسیان می‌گوید:

«چو باشد تیر گویند هست خرداد قوام دین شده زین شبهه بر باد
پی تحقیق این مطلب از سورت به ایران می‌روم من بالضرورت»

(همان: ۶۰).

«به کرمان ماند قرب یازده ماه   به‌صد محنت شد از تنجیم آگاه»

(ملافیروز: ۶۹)

پس از آموختن نجوم نزد منجّمان مسلمان، ملاکاوس به یزد برمی‌گردد و اقدام به محاسبه طول و عرض جغرافیایی شهر می‌نماید:

«به طول یزد بابم کرد تقویم   چنان چون بُد سزا از روی تنجیم»

(همان: ۷۰)

چون حاصل کار را به حکمران وقت یزد- یعنی محمدتقی خان- ارائه داد، مورد نوازش او قرار گرفت و «... بسی فرمود و خلعت داد و انعام» (همان: ۷۰).

البته با توجّه به اذعان ملافیروز به عدم آشنایی زرتشتیان یزد با نجوم، پدرش پس از بازگشت به شهر درصدد تعلیم این فن به دو تن از بهدینان یزد برمی‌آید:

«چون بابم دید کاندر قوم زرتشت   از این فن نیست‌شان غیرباد درمشت
دو کس را داد تعلیم و بیاموخت   چراغ مرده باز از نو برافروخت»

(همان: ۷۰)

به هرحال ملاکاوس که اینک یکسال و اندی بود که در ایران به سر می‌برد، در بازگشت از کرمان نتوانست جواب روشنی از موبدان دربارهٔ تقویم دریافت دارد:

«جواب ماه را چیزی نگفتند   درین دریای دانش دُر نسفتند
همان گفتار را تکرار کردند   که در آتشکده اظهار کردند
بگفتیم از کرم یکبار دیگر   نویسید ارچه بد باشد مکرّر
بسی گفتیم گفته کم شنودند   چو زاهل جهل بس بیزار بودند»

(همان: ۷۱)

و بدین ترتیب او که خود را در انجام مأموریت اصلی ناکام می دید، پس از چندی به اصفهان، شیراز و از آنجا از مسیر بصره به سورات بازگشت.

۳- روحانیت و انتقال اجباری از تُرک‌آباد به حوزه شهری یزد

چنان‌که در سرآغاز بحث روابط پارسیان با زرتشتیان یزد (در سدهٔ ۱۴میلادی) گفته شد، همواره تُرک‌آباد مقصد نهایی قاصدان پارسی به شمار می‌رفت و اکثر قریب به اتّفاق روایات نیز در این مهم‌ترین مرکز موبدنشینی ایران فراهم آمد. دورافتادگی این روستا از مرزها و کانون‌های درگیری و قدرت، و وجود پیرانگاهی موسوم به پارس بانو در مجاورت آن، منجر به جلب نظر دستوران دستور یا پیشوای دینی زرتشتیان گردیده و در گریز از آشفتگی‌های زمانه، این روستا را برای سده‌ها، اقامتگاه و پناهگاه خویش و موبدان وابسته به خود قرار می‌دهد. (Boyce, 1977: 2).

در جنوب ترک‌آباد نیز روستای شریف‌آباد قرار داشت که بویس با تکیه بر روایات شفاهی (و در واقع در توضیح آن‌ها)، مدّعی است که این روستا در زمان ورود دستوران دستور به ترک‌آباد، آتش بهرام استخر را- که آتش مقدّس دودمان ساسانی بود و در سدهٔ نهم میلادی در پی فشارهای مسلمانان ناچاراً از استخر منتقل گشت- در خود پناه داده بود و از این حیث کانونی معتبر به شمار می‌رفت. بویس همچنین بر آن است که دستوران دستور به هنگام ورود به ترک‌آباد با خود آذر فرنبغ[۲۰۳] که اهالی آن را آذر خره می‌نامیدند، به همراه داشته است که آن نیز در ردیف آتش‌های بهرام قرار داشت. در این میان، نکتهٔ تعجب‌برانگیز اینست که گرچه دستوران دستور و موبدان وابسته در ترک‌آباد اقامت گزیدند، اما آتشِ آن‌ها در شریف‌آباد بر تخت نشست و در واقع بنا به ادعای بویس، همزمان در روستای شریف‌آباد برای مدّت‌ها دو آتش بهرام برپا بود تا اینکه ظاهراً سرانجام در سدهٔ بیستم این دو آتش در آتش بهرام یزد ادغام شدند (Ibid: 2-6). طبیعتاً در اینجا پرسش‌هایی مطرح می‌شود؛ نخست اینکه چرا آذر فرنبغ همراه دستوران دستور، در همان ترک‌آباد، که اقامتگاه جدید دستوران دستور بود، بر تخت نشانده نشد؟ دوم، به حکم اینکه «دو پادشاه در اقلیمی نگنجند»، چگونه همزمان دو آتش بهرام در یک حوزه و حتّی در یک

---

۲۰۳ . آذر فرنبغ به همراه آذر گشنسب و آذر برزین‌مهر، سه آتش اصلی و معتبر روزگار ساسانی به شمار می‌رفتند.

روستا برپا بوده‌اند؟ همچنین بویس معتقد است که زمانی که بعدها دستوران دستور و موبدان وابسته به او بالاجبار به یزد آمدند (پایین‌تر را بنگرید)، بنا به مسائل امنیتی از آوردن آتش‌های بهرام فوق به یزد و به محلهٔ دستوران خودداری کرده و در واقع آتش بهرام یزد در اواخر سدهٔ هجدهم و به کمک پارسیان هند برپا شده است (Ibid: 6)؛ به عبارتی در یک مقطع زمانی، سه آتش بهرام در حوزهٔ یزد فروزان بوده است!

به هر حال، روستاهای مذکور بنا بر اسناد موجود- و به‌ویژه روایاتی که حاصل مکاتبات پارسیان هند با زرتشتیان ایران است- مدّت‌ها قبله‌گاه زرتشیان بوده و چندین نسل از دستوران (از پایان سدهٔ ۱۵ تا پایان سدهٔ ۱۷میلادی) به طور وراثتی ریاست جماعت زرتشتیان را از این دو کانون عهده‌دار بودند. در این میان آخرین روایتِ حاوی نام دستوران دستورترک‌آباد مربوط به ۱۶۸۱م، یعنی حدود نیم قرن پس از گزارش شاردن از حضور زرتشتیان در روستاهای اطراف یزد است (Boyce: 5). پس از آن، پیشوایان دینی زرتشتیان را نه در ترک‌آباد، بلکه در شهر یزد می‌یابیم.

از زمان دقیق و یا دلایل مهاجرت دستور دستوران به حوزه شهری یزد، اطلاع دقیقی نداریم، و از روایات شفاهی زرتشتیان همین قدر می‌توان دریافت که این مهم به اجبار و گویا با هدف نظارت مستقیم حکّام و متولّیان دینی مسلمانان براین جماعت صورت پذیرفته است. با انتقال دستوران دستور، موبدان وابسته هم به شهر می‌آیند و در محله‌ای که به نام ایشان «محله دستوران»، نامیده می‌شود، سکنی می‌گیرند[۲۰۴] (Ibid: 5).

البته با تکیه برآمیزه‌ای از روایات منقول و اشاره‌هایی که در منظومهٔ مثنوی شرح احوال ملافیروز آمده، می‌توان زمانی هر چند تقریبی از مهاجرت دستوران و دیگر روحانیان زرتشتی به شهر یزد ارائه نماییم. با آنکه از وضعیت ترک‌آباد و شریف‌آباد طی قرون ۱۸ و ۱۹م اطلاع موثقی در دست نیست، از سنّت شفاهی زرتشتیان چنین برمی‌آید که مصادف با ایام حکومت محمّدتقی‌خان بافقی بر یزد، حادثه‌ای در ترک‌آباد رخ داده که به دنبال آن روحانیان به شهر می‌آیند و دیگر اعضای جماعت،

---

۲۰۴. چنین به نظر می‌رسد که با سکونت دستور دستوران در شهر و احداث منازلی در محله دستوران، اعتبار ترک‌آباد و شریف‌آباد نیز به سطح روستاهایی با پیشینهٔ زرتشتی تنزّل یافت و صرفاً در مقاطعی و جهت امور تبلیغی، روحانیان بدانجا فرستاده می‌شدند.

مجبور به تغییرآیین می‌شوند. مطابق با این روایت، در روزی پاییزی، خبرقتل یکی از ساکنان مسلمان روستا، مسلمانان را به خشم آورده و اهالی ترک‌آباد خود را در محاصرهٔ مسلمانان خشمگین می‌بینند. وحشت و هراس از قتل عامِ زرتشتیان به حدّی وسیع بود که تا پایان روز اکثر زرتشتیان اسلام آوردند و با تخریب آتشکده، ترک‌آباد یکباره اعتبار دیرینهٔ خویش را از دست داد (Boyce: 7) .

ناگفته نماند، با توجّه به حضور زرتشتیان در دیگر روستاها و یا اسکان تعدادی از ایشان در حوزه شهری، تحمیل این سطح از فشار بر زرتشتیان ترک‌آباد چندان معمول نمی‌نمود. در شرایطی که وجود حکّام قدرتمند تا حدی بر آزار و ایذای دائمی زرتشتیان افسار می‌زد، شاید بتوان اقدام اخیر را همچنان در پیوند با انتقام از همراهی زرتشتیان با افغانان دانست. این فرض زمانی تقویت می‌شود که به یاد داشته باشیم میرزا عنایت‌سلطان بافقی- رهبر مقاومت محلی یزد در مواجهه با افغانان- که از وجاهت بسیار بالایی نزد مردم یزد برخوردار بود، پس از دستگیری با وضعی اسفناک به قتل می‌رسد و اینک یکی از دو خواهرزادهٔ وی، یعنی محمّدتقی خان، زمام امور یزد را در اختیار داشت. موضوع انتقام‌گیری از زرتشتیان با اجبار به تغییر کیش، و یا کوچ دستوران به شهر در راستای نظارت مستقیم بر رفتار ایشان هر چند جامع و مانع نیست، اما محتمل می‌نماید.

به هر حال، از دلایل این رویداد که بگذریم، در رابطه با زمان وقوع آن نیز مدارکی جز اشارات منظومهٔ ملا فیروز به حضور وی و پدرش در شهر یزد نداریم. علاوه بر اینکه تأکید بر استقبال اهالی یزد- و نه مثل قبل، ترک‌آباد- از ایشان (بالاتر را بنگرید) و نیز تشکیل انجمن در آتشکده بهرام و تعلیم ملا فیروز توسّط دستور زرتشتیان، بر آن دلالت دارند که در زمان کریم‌خان زند، روحانیان زرتشتی به همراه دیگر اعضای جماعت در حوزهٔ شهر اسکان یافته بودند که در اینصورت می‌توان حدس زد کوچِ اجباری از ترک‌آباد احتمالاً در اوایل زندیه صورت پذیرفته باشد.

فصل ششم
دورنمایی از تحولات هند در سدهٔ نوزدهم و بازتاب آن بر پارسیان

پیشتازی و برتری غرب برآمده از فناوری‌های نوین بر شرق سنّتی، جای گرفتن هند در کانون سیاستگذاری دول ابرقدرت، تنزّل وجاهت سیاسی ایران از کشوری تأثیرگذار در منطقه به دروازهٔ ورود به هند و یا حفاظت از آن، و ارتقای جایگاه پارسیان در طی حکومت انگلیسیان بر هند، از جمله مهم‌ترین بسترهای لازم برای واکاوی شرایط اجتماعی و فرهنگی زرتشتیان ایران عصر قاجار محسوب می‌شود. بر این اساس، در فصل جاری نخست مروری اولیه بر رئوس تحوّلات ایران خواهیم داشت و سپس به دلیل جایگاه پارسیان در حمایت از همکیشان ایرانی که ریشه در سیطرهٔ انگلیس بر هند و در اصل بازتابی از تحولات اروپای نوین بود، به مبانی شکل‌گیری تمدّن جدید و روند شکوفایی پارسیان پرداخته و این همه را زمینه‌ای جهت بازشناسی مصائب و مسائل زرتشتیان یزد قرار می‌دهیم.

با سقوط زندیه، قاجارها در چرخهٔ جایگزینی ایلات در قدرت، زمام امور ایران را به دست گرفتند. آنچه این دوره را از گذشته متمایز می‌ساخت، نه در نحوهٔ قدرت‌گیری و یا نظام‌مندی سیاسی، بلکه ناتوانی در رقابت با غربِ برآمده از تحولات فکری، اقتصادی و خاصه صنعتی پس از رنسانس بود.

با تجهیز رقیب دیرینهٔ شرق به فناوری‌های نوین، قدرت‌های سنتی پیشین جای خود را به ابرقدرت‌هایی چون روس و انگلیس و فرانسه دادند که برتری‌شان را در

گستردگی حوزهٔ مستعمرات و ملل تحت‌الحمایه می‌دیدند. در همین راستا، با پیروزی انگلیس در هند و حذف رقبا، این سرزمین به مهم‌ترین کانون توجه قدرت‌های جهانی در شرق تبدیل شد، و هم‌زمان جایگاه ایران از گرانی‌گاه منطقه به دروازهٔ هند افول یافت. این موضوع همراه با تعارضِ سنّت با مدرنیسم، دو عنصر مهم در بازشناسی تحولات عصر قاجار گردید.

در مباحث آتی و بنابه اقتضای مطلب، تصویر روشن‌تری از حیات سیاسی، اقتصادی و فرهنگی ایران عصر قاجار ارائه خواهیم کرد. امّا در این گفتار مقدماتی و در حدّ توصیفی از روح حاکم بر زمانه، گفتنی است ناتوانی ایران در رقابت با دستاوردهای نوین غرب، منجر به عقب‌ماندگی تدریجی از قافلهٔ تمدن جدید شد. در کنار این موضوع، عصر قاجار از حیث ورود اندیشه‌های نو به ایران و تعارض آن با ساختارهای سنتی نیز حائز اهمیّت می‌نمود. چنان‌که ظهور مصلحانی همچون قائم مقام فراهانی، میرزا تقی خان امیرکبیر و میرزاحسین خان سپهسالار در طیف وابسته به حاکمیت سیاسی، همراه با جریان روشنفکری خارج از ایران و نیز چالش‌های سیاسی و اقتصادی، سرانجام زمینه‌ساز جنبش مشروطه‌خواهی شد. این نهضت هر چند در برقراری ثبات سیاسی و نظم اجتماعی چندان موفّق نبود امّا در راستای تلاش جهت محدودیت قدرت شاهانه با ایجاد نظام پارلمانی، و نیز توسعه مدارس به سبک نوین و روزنامه‌نگاری، زمینه‌ساز تحرکی در بافت ذهنی و فرهنگی جامعه گردید. موضوعی که بالطبع زرتشتیان را نیز متأثر ساخت و بدون در نظر گرفتن آن، ارائه تصویری از حیات اجتماعی این اقلیت ناممکن می‌نماید. با این حال و در قیاس با دوران پیشین که جستجوی پاسخِ مسائل دینی، یزد را قبله‌گاه پارسیان نموده بود، همزمان با افت و انحطاط تدریجی زرتشتیان ایران پس از عصر صفوی، سیطرهٔ انگلیس و برتری دستاوردهای غربی بر ساختارهای سنتی هند تا بدان حدّ پارسیان هند را ترقی بخشید که بازتاب آن در حمایت‌های بی‌دریغ از همکیشان ایرانی دیده می‌شود. مبتنی بر پیوند برجستگی پارسیان با شرایط هند تحت استعمار انگلیس و نقشی که مظاهر تمدن جدید در نوسازی شبه قارهٔ هند ایفا نمود، لازم است تا در نگاهی گذرا بر تحولات غرب، بازتاب آن در هند را پیگیری نموده و از خلال آن

روند ترقی پارسیان به عنوان مهم‌ترین پشتوانهٔ مالی- فرهنگی همکیشان ایرانی را به بحث گذاریم.

۱- اروپای عصر جدید و شکل‌گیری هند نوین

در نگرشی کلّی بر زمینه‌های شکل‌گیری اروپای نوین، بدیهی است که اکتشافات جغرافیایی ضمن گشودن افق‌های نو بر روی بازرگانان و تولیدکنندگان غربی، زورآزمایی طبقهٔ بورژوا با کلیسای کاتولیک را نیز به همراه آورد. گرچه در اواخر قرون وسطی اشرافیت فئودال به اتّکای کلیسا که بازرگانی و تمایل به ثروت را منشاء همه بدی‌ها می‌خواند (برانیت، ۱۳۵۴: ۲۰۶)، از احترام والایی برخوردار بود، امّا سرانجام، چالش با کلیسا که در برابر رکن اصلی اقتصاد جدید- یعنی تجارت و ربا- مقاومت می‌کرد، بورژوازی را به نهضت اصلاح دینی و پیراستن آن از خرافات هدایت نمود.

بر خلاف عصر کلیسایی که هرگونه تلاش برای کسب منافع فراتر از تأمین مایحتاج زندگی را نکوهش و بر دلال مُهر «انگل»، «رباخور» و «دزد» می‌زد، مذهب پروتستان و خاصه کالوَنیزم[۲۰۵] صراحتاً سرمایه، بانکداری و تجارت گسترده را قابل ستایش یافت. همپای آن رشد شهرنشینی و ظهور و توسعه مدارس و دانشگاه‌هایی چون ناپل، بولونی، پاریس و غیره نیز نقش برجسته‌ای در تولید اندیشه‌ورزان جدید داشتند. این متفکرین که همگام با تولیدکنندگان و بازرگانان، موتور محرکه تمدن بورژوازی به‌شمار می‌رفتند، در اواخر قرون وسطی به تعاریفی جدید و یا بازتعریف مفاهیم کهن اقدام نمودند که از جمله مهم‌ترین آن‌ها اومانیسم بود. چنانکه نتیجهٔ تمرکز این مکتب بر انسان، در انقلاب فرانسه به شکل اعلامیه حقوق بشر تبلور یافت.

با توجه به نقش اکتشافات جغرافیایی در غلبه تجارت بر زمینداری، گفتنی

---

۲۰۵. کالون به صراحت می‌گفت: «به چه دلیل درآمدهای حاصل از تجارت نباید کلان‌تراز درآمد حاصل از زمینداری باشد؟ مگر سودهای بازرگانان از جایی جز کار و تلاش و پشتکار بدست می‌آید؟» (تاونی، ۱۳۷۷: ۱۹۰).

است که از اواخر سدهٔ ۱۵م، دو ابرقدرت پرتغال و سپس اسپانیا امنیّت داخلی و همجواری با قارهٔ آفریقا را فرصتی مغتنم برای پژوهش‌های گسترده بر روی ساخت کشتی‌های مقاوم، تهیه قطب‌نما و نیز اعزام جاسوسانی در لباس اسلام به شرق یافتند. چنانکه آشنایی درازمدت این دو کشور با مسلمانان در شبه جزیرهٔ اسپانیا و نیز حمایت کلیسا از توسعه عیسویت در تقابل با اسلام، تبلیغ دین با میل به کشفیات درهم آمیخت.[۲۰۶] به پشتوانه‌ی چنین انگیزه‌هایی نخستین‌بار بارتلمی دیاز[۲۰۷] با دور زدن دماغه طوفان‌ها[۲۰۸](۱۴۸۷م)- که بعدها به امید نیک[۲۰۹] شهرت یافت- و سپس واسکودوگاما به کالیکوت[۲۱۰] در جنوب غرب هند وارد شدند (۱۴۹۸م).

در واقع این اقدام نه تنها تجارت مستقیم غرب با شرق را باعث شد، بلکه با کمرنگ شدن نقش مسلمانان در تجارت جهانی، نخستین امپراتوری‌های استعماری اروپا در شرق پی‌ریزی گردید(Darper, 2003: 15) .

الف- کمپانی هند شرقی انگلیس

با توجه به پیروزی اوّلیه بورژوازی بر فئودالیته، از اواخر سدهٔ ۱۶م طبقهٔ سرمایه‌دار با اتکاء بر بازرگانی و جلب حمایت حکومتگران بر آن شد تا از طریق تشکیل کمپانی‌های تجاری، نظم و ترتیبی به سرمایه داده و مخاطرات تجارت را بکاهند. بر این مبنا، از ابتدای سده ۱۷م در هلند، فرانسه و انگلیس کمپانی‌هایی با نام هند شرقی ظهور می‌کنند. در این میان هر چند جنگ‌های صدساله میان انگلستان و فرانسه (در اواخر سدهٔ ۱۵م)، حضور انگلستان در عرصهٔ کشفیات جغرافیایی را به تعویق انداخت، امّا پایان این جنگ‌ها به طبقهٔ نوظهور بورژوا فرصت داد تا به

---

۲۰۶. برای اطلاعات بیشتر نک: فرمان پاپ نیکلای پنجم به هانری لوناریگاتور (نک: لوئیس، ۳۴:۱۳۷۱)

207. Bartolomeu Diaz

208 .Cape of Storms

209. Cape of Good Hope

210. Calicut

اتّکای سابقهٔ درازمدّت تجاری، پیوند نزدیک با سلطنت، و گرفتاری فئودال‌ها با یکدیگر، جنگ موسوم به «جنگ گل‌ها» را دستمایهٔ جبران عقب‌افتادگی پیشین نماید. چنان‌که از دیگرسو فرآیند ضدیت با کلیسا در عصر خاندان تئودور[۲۱۱] همراه با استبداد توأم با نظم و حذف مالیاتهای عصر فئودالیسم، زمینه‌های مناسبی را برای بانکداری، بورس‌بازی و دلالی فراهم آورد (بیگدلی، ۱۳۸۴: ۱۹۱).

وجود چنین زمینه‌هایی به همراه شور جبران عقب‌ماندگی از دیگر رقبای اروپایی، دو بازرگان لندنی به نام ریچارد استاپر[۲۱۲] و سرتوماس اسمیت[۲۱۳] را بر آن داشت تا شرکتی با نام «کمپانی هند شرقی»[۲۱۴] را در سال ۱۶۰۰م به ثبت برسانند. ملکه الیزابت در حکمی تاریخی، انحصار تجارت شرق را به کمپانی واگذار نمود (گاردنر، ۱۳۸۳: ۲۹) و در مقابل کمپانی متعهّد گردید تا پس از تحصیل و سیطره بر اراضی و قلمروهای جدید، آن را به پادشاهی انگلیس واگذار نماید؛ تعهدی که به‌مرور رنگ باخت و در واقع، کمپانی ضمن کنترل تدریجی بر اراضی، با دریافت امتیاز حقّ اعلام جنگ و صلح، ضرب سکه (۱۶۸۶م)، برپایی دادگاه نظامی و نگهداری ارتش و ناوگان دریایی در قلمرو خویش، موقعیّت خود را ارتقاء داد (همان: ۱۰۷).

در کنار توسعه اختیارات، شیوهٔ رفتار پرتغالیان در هند نیز خود عامل مؤثری در جایگزینی قدرت‌ها محسوب می‌شد؛ با آنکه پرتغالی‌ها نخستین اروپائیانی بودند که در هند حضور یافتند، امّا جمعیت اندک، خشونت با ملل تابعه و تعصب دینی، مانع عمده‌ای در تجارت و به تبع آن ماندگاری ایشان در هند بود. بدین‌ترتیب، آسیب دیدن پرتغالی‌ها از تعصب دینی و آمیزش تجارت با راهزنی، تجربهٔ ارزشمندی

---

۲۱۱. دربارهٔ اهمیّتی که این خاندان برای جذب سرمایه قائل بودند، همان بس که در عصر ملکه الیزابت حتی سرقت کشتی‌های اسپانیایی نیز اخلاقی تلقی می‌شد و همین موضوع انگلیس را به «جزیره دزدان» در اروپا مشهور ساخت.

212. Richard Staper

213. Sir Thomas Smyth

۲۱۴. عنوان دقیق کمپانی هند شرقی «شرکت تجاری و حکمرانی بازرگانان لندن در هند شرقی» بود: The Governor and Company of Merchants of London Trading into the East Indies.

در اختیار هلند و انگلیس نهاد که ضمن عدم دخالت در امور بازرگانی، حمایت از منافع تجار خود در مستعمرات را بر اخذ عوارض و مالیات ترجیح داده و سرآغازی بر اقتصاد آزاد شوند. این امر در رابطه با کمپانی هند شرقی انگلیس، نمودِ بارزتری یافت و این شرکت از اواخر سدهٔ ۱۸میلادی، با ایجاد ارتش محلی در بمبئی، بنگال (۱۷۵۴م) و مَدرَس (۱۷۶۴م) به شکل یک حکومت سیار و متحرّک انگلیسی درآمد.

کمپانی هند شرقی و نفوذ تدریجی در شبه قاره هند

گذشته از جزئیات ماجرا، حکم جهانگیر- امپراتور مغول- به جواز تجارت کمپانی در سراسر قلمرو خود را می‌توان سرآغازی بر نفوذ تدریجی آن در هند دانست (دُلاقوز، ۱۳۱۶: ۱۵۲). در واقع، تمایل سلاطین بابری به بهره‌گیری از انگلیسی‌ها برای کاهشِ قدرت کارگزاران پرتغالی را می‌توان زمینه‌ساز نفوذ تدریجی کمپانی دانست. پس از آن نیز ایجاد پایگاه‌هایی در سَنت جورج[۲۱۵]- که بعداً به مَدرَس شهرت یافت- و سورات که برای مدت‌ها برجسته‌ترین مقّر ایشان در مشرق بود، و کسب امتیاز معافیت حقوق گمرگی در سواحل بنگال و اوریسا[۲۱۶] (۱۶۵۳م) گام‌های معتبری در تحکیم موقعیّت کمپانی شد. امّا یکی از برجسته‌ترین موفقیت‌های آن، تحصیل مالکیت بمبئی از سوی حکومت انگلیس بود. این خطه که پیش از سدهٔ ۱۷میلادی هفت جزیره بسیار کوچک را شامل می‌شد، تا ۱۶۶۲م جزئی از مستعمرات شرقی دولت پرتغال به‌شمار می‌رفت (شهمردان، ۱۳۶۰: ۲۲۸)، امّا با ازدواج چارلز دوم پادشاه انگلیس با کاترین براگانز[۲۱۷] شاهزاده‌خانم پرتغالی به عنوان جهیزیه عروس به انگلیس واگذار شد و پس از مدتی کمپانی با خرید آن (Hodgson, 1893: 4) کلیه تشکیلات اداری و تجاری خود را از سورات به بمبئی انتقال داد.

---

215. St. George

216. Orissa

217. Kathryn Braganza

به‌هرحال کمپانی تا پایان سدهٔ ۱۷م و مبتنی بر شیوهٔ خزنده تجاری نه تنها موفق به ایجاد مراکز فعّال دیگری در کلکته و مدرس شد که در سرآغاز سدهٔ ۱۸م با حذف پرتغال، زمینهٔ کنار زدن رقیب دیگر خود یعنی هلند را نیز فراهم آورد.

در واقع سازگاری و خوش‌رفتاری با ساکنان بومی به‌عنوان ضامنی بر حفظ و توسعه نفوذ تجاری (گاردنر، ۱۳۸۳: ۹۸)، رشد سرمایه‌داری مورد حمایت دولتمردان، رفتار محتاطانه و توأم با احترام نسبت به باورهای دینی بومیان،[۲۱۸] بخشش‌های سخاوتمندانه میان رؤسای امور، عدم تعصّب دینی، تکیه بر رهاوردهای تمدن نوین، و اولویت تجارت[۲۱۹] باعث شد تا به دنبال پیروزی در جنگ هفت‌ساله با فرانسه معروف به جنگ بکسر[۲۲۰] (۱۷۵۶-۱۷۶۳م)، آخرین رقیب نیز مجبور به واگذاری میدان شود (Dutt, 2001: 4).

از بُعدی دیگر، کسب امتیاز حاکمیت سیاسی و امور دیوانی بنگال، بیهار و اوریسا که در میانهٔ دو نبرد پلاسی[۲۲۱] و بُکسِررخ داد، تصویرتازه‌ای از وظایف کمپانی در زمینه بازرگانی، مدیریت سیاسی و قضایی مناطق تحت امر ارائه نمود (Riddik, 2006: 7). چنانکه این روند با روی کار آمدن هستینگز[۲۲۲]- نخستین فرمانروای انگلیسی هند- جنبهٔ رسمی به خود گرفته و زمینه آشنایی روزافزون گروه‌های مختلف نژادی و دینی و از جمله پارسیان با دستاوردهای نوین غربی را فراهم آورد (تاریخ پیشرفت علمی و فرهنگی بشر، ۱۳۵۹، ج۱: ۵۶۹).

---

۲۱۸. نمونه بارز این رفتار، در رابطه با مسلمانان بنگال است که پس از تسلط بر آن، امور تعزیه‌خانهٔ مشهور این ایالت را کمپانی بدست گرفته و هر ساله از محل درآمد موقوفات آن، مراسم عاشورا را با شکوه بسیار برگزار می‌کرد.

۲۱۹. تجارت به عنوان شاخصهٔ اصلی عصر سرمایه‌داری، به اندازه‌ای در تحولات غرب حائزاهمیت می‌نمود که در این ضرب‌المثل معروف اروپایی جلوهٔ بارز یافت: «روغن تجارت باعث روشنایی فرهنگ می‌شود».

220. The Boxer War

221. The Battle of Palace

222. Warren Hastings (1732-1818)

ب- ساختارهای نوین در هند
نظام قضایی- حقوقی

شاید بتوان یکی از برجسته‌ترین نمادهای حضور و تسلّط انگلیس بر هند را تفکیک قوانین دینی از عرفی دانست. گرچه در برخی از دوره‌های تاریخ اسلام قوانین عرفی از دینی مجزا می‌شد (ولو به شکلی کمرنگ)، امّا شبه قاره عمدتاً تحت قوانین برآمده از فقه حنفی بود. با آنکه در تدوین قوانینی جامع، نگاه چندجانبه و بعضاً تلفیقی به احکام ارث، ازدواج، کاست و غیره در ضوابط اسلامی، هندی و انگلیسی، ناهمگونی قوانین جاری را باعث شد، در ۱۸۶۰م مشاوره و همکاری قضات انگلیسی، مسلمان و هندو در تلاش برای یکپارچگی به بار نشست و از نیمهٔ دوم قرن ۱۹م، هند در میان نادر کشورهایی قرار گرفت که در آن مساوات عمومی از جایگاه برجسته‌ای برخوردار بود. همچنین با ایجاد بسترهایی در تغییر قوانین اسلامی به انگلو- اسلامی، زمینهٔ تفاسیر نوین و قابل انطباق با دنیای مدرن فراهم آمده و بومیان به‌تدریج با رویهٔ قضایی جدید، مراحل دادرسی، تنظیم دادخواست، وکالت و امثالهم آشنا شدند. به‌رغم چالش حقوق عرفی با ضوابط دینی اقوام مختلف، این قوانین حتّی نظر مسلمانان را به خود جلب نمود. دولتمردان انگلیسی همراه با تعیین مأموران مالیاتی، در ایالات دادگاه و برای حوزه‌های کوچک، مسئول قضایی می‌گماشتند (میرزا ابوطالب‌خان، ۱۳۶۳: ۲۴۱).

برای ارائه تصویر روشن‌تری از نظام قضایی هند و فهم تمایز آن با ضوابط رایج در شرق سنتی، کتاب «مکالمه سیاح ایرانی با یک هندی» توصیف دقیق‌تری از این دو گونه ساختار بدست می‌دهد. در این گفتگو سخنان فرد هندی بازتابندهٔ نظام قضایی هند تحت حکومت انگلیس است، و دعاوی ایرانی دلالت بر شیوه سنتی دارد که هم‌چنان در ایران سدهٔ ۱۹م پایداری داشت. در اینجا و برای پرهیز از اطالهٔ کلام، به خلاصه‌ای از گفتگوی آن دو دربارهٔ نحوهٔ کسب مقام وکالت بسنده می‌کنیم. فرد ایرانی در پاسخ به مخاطب هندی که «وکلای ایران مردمان فاضل، قانوندان، امتحان‌داده [و] سَنَد یافته‌ای هستند؟» می‌گوید:

«خیر مُلک ما قانون ندارد تا برسد به قانوندان ... وکیل اگر بنا بود فاضل باشد خود دارالشرع افتتاح کرده قضاوت می‌کرد. وکیل باید بیسواد، بیکار، ورشکسته، دزد، متقلب، زبان‌آور، حرّاف، فحّاش، بی‌تدیّن و ... باشد. مردمان باناموس، باعزّت حتّی حکّام دارالشّرع، از بدزبانی او بترسند تا بتواند کاری از پیش ببرد. نه فضل در کار است و نه امتحان و نه کسی این مراتب را سؤال می‌کند. معنی ندارد که شما در هرچیز، قانون قانون را ورد زبان خود نموده‌اید» (کاشانی، ۱۳۸۰: ۷۴).

نقطهٔ مقابل گفتهٔ شخص ایرانی، اشارهٔ جالب فرد هندی به سلسله مراتب دریافتِ وکالت در هند است:

«جناب آقا هر کس بخواهد در هند وکیل دعاوی شده، در عدالت اعم از جنایات یا حقوق ایستاده، در مقابل قضات صحبت دارد، بعد از آنی که دورهٔ تعلیمات مدارس رشدیه را ختم نمود و اقلاً در امتحان درجه اف. ای یعنی درجهٔ اوّل ادب که آخرین امتحان مدارس رشدیه است، کامیاب شد و سند حاصل نمود چند سال در مدارسی که مخصوص به تحصیل و تعلیم قانون است درس خوانده، سپس امتحان داده، [و] در صورت کامیابی و حصول سند لیاقت، سه سال نیز در زیردست وکلای کهنه‌کار مجرب کار کرده، تا مِن‌بعد بلأصاله بتواند در عدالات خفیفه (عدالات کوچک) در برابر جُج (قضات) ایستاده صحبت دارد، و اگر تعالی مقام و مرتبهٔ خویش را خواستگار باشد، یعنی بخواهد درهای کورت (عدالت العالیه) در حضور جُج بزرگ طرف دعوی شده صحبت بدارد لازم است چند سال دیگر در مدارس قانونی تحصیل کرده، امتحان وکالت بزرگ عدالت العالیه را داده سند قابلیت حاصل نموده آنگاه اسم خود را به وکالت عَلَم نماید. ... کسی که دارای قابلیت وکالت نباشد لیاقت قضاوت ندارد. یعنی اول شرط قضاوت حاصل کردن لیاقت وکالت است. بعد از این درجهٔ مقننی است که در زبان انگلیسی «باریستر» می‌گویند. نه اینکه باریستر اختیار داشته باشد از پیش خود قانونی وضع نموده رواج دهد، یعنی کسی که تعلیمات قانونی را به درجه‌ای حاصل

نموده که در امتحان باریستری کامیاب شد لیاقت آن را دارد که جزء مقننین به شمار آید. امتحان باریستری را انگلیسیان محض اهمیت در هند قرار نداده و هر کس این امتحان را بخواهد بدهد باید پس از یافتن سندِ امتحان مدارس هند، چند سالی در لندن تحصیل نموده [و در همانجا] امتحان باریستری را داده، در صورت کامیابی، سند لیاقت حاصل نموده خواه در عدالت‌های لندن مشغول به وکالت شود یا در هندوستان آمده به شغل وکالت اشتغال ورزد ...» (کاشانی، ۱۳۸۰: ۷۵-۷۷).

رشد صنایع و گسترش فرهنگ غربی در هند

انگلیسی‌ها در کنار تلاش‌های موفقیت‌آمیز در تغییر ساختار کهن قضایی به نظام عرفی، در زمینه برقراری امنیّت، ایجاد مؤسسات نوین نظیر راه آهن، مدارس، احداث راه‌ها و غیره نیز فعالیت چشمگیری داشتند. عصارهٔ این اقدامات را تیلاک[۲۲۳] از چهره‌های نامدار هند در اواخر سدهٔ ۱۹میلادی چنین بیان می‌دارد: «مردم نخست از انضباط بریتانیایی‌ها خیره شدند. راه آهن، تلگراف، جاده‌ها، مدارس، مردم را گیج کرد و شورش‌ها متوقّف شد و [پس] آن‌ها توانستند از صلح و آرامش بهره گیرند. مردم شروع به گفتن آن کردند که حتی شخص نابینا نیز می‌تواند طلا به چوبدستی بندد و از بنارس به رامشوار برود» (Chandra, 1966: 2).

علاوه بر این، یکی از دلایل گسترش فرهنگ غربی در هند به حضور پررنگ انگلیسی‌ها در بافت اجتماعی آن باز می‌گشت. چنانکه بین سال‌های ۱۸۰۰-۱۹۰۰م بیش از بیست میلیون نفر از انگلستان به دلیل بیکاری، کمبود زمین و دیگر دلایل، به مناطق مختلف جهان مهاجرت کردند و در این میان، هند حدود پنج درصد از این تعداد را به خود جذب نمود (Karen Leonard, 2000: 21).

در واقع حضور این حجم از مهاجران و خانواده‌هایشان، و نیز افسران و سربازان و کارمندان کمپانی و تجار، به هم‌تنیدگی مناسبات روزمره اهالی با اروپاییان را بسیار فزونی بخشید. بومیان نه تنها از سبک و سیاق زندگی و آداب و رسوم انگلیسی تقلید

223. Tilac

می‌کردند که در سایه احترام به باورهای بومیان و مشارکت در جشن‌های متداول ادیان مختلف، مواقعی این روابط به ازدواج نیز می‌انجامید. بدین‌ترتیب، پیوند اهالی با اروپاییان بویژه در سدهٔ ۱۹م به حدّی فزونی یافت که جلوه‌های آن در توسعه تماشاخانه‌ها، سالن‌های تئاتر، موسیقی، پارک‌ها، مراکز تفریحی، سینما و غیره قابل مشاهده بود.[۲۲۴]

بمبئی جلوه‌ای از شهرنشینی و تأثیرپذیری از رهاوردهای تمدن غرب

از سال ۱۶۶۹م که جرالد اونییر[۲۲۵] حکومت بمبئی را- که نخستین سکنه‌اش صیادان بومی بودند- عهده‌دار شد، بر مبنای اصل آزادی دینی، عمران و آبادانی این جزیره را محل توجه خاص قرار داد (مک‌کری، ۱۳۷۸، فصلنامه هستی: ۱۷). تدریجاً جمعیت شهر چنان روبه فزونی نهاد که طی سدهٔ ۱۹م با استقرار کارخانجات متعدّد چلواربافی، چیت‌سازی، ذوب‌آهن و کشتی‌سازی به صورت شهری صنعتی- تجاری نامبردار گردید و روزانه حدود یکصد کشتی تجاری از اطراف جهان در بندرگاه آن لنگر می‌انداختند.

توصیف یک نویسندهٔ مسلمان از جلوه‌های متعدد فرهنگ و تمدن غربی، خود گویای رونق و شکوفایی اقتصادی آن بندر است: «شب، چراغ‌های گاز بمبئی را چون روز روشن می‌کند و سالن‌های تئاتر مختلف به فعالیت مشغول می‌شوند. تماشاخانه‌های متعدد مشتریان خود را پذیرا هستند. از دو ساعت مانده به غروب زنهای رقاصه که خودشان را هزار قلم زینت و آرایش کرده مثل طاووس مست، چتر زده بر گذرها پرسه می‌زنند. خیابان‌ها تماماً از سنگ شسته و جاروب کشیده مثل آینه، پارک‌های سبز و خرم و دلگشا که با هزارها چراغ گاز به طرزهای قشنگ روشن

۲۲۴. میزان تأثیرپذیری پارسیان از انگلیسیان بسیار بیشتر از دیگر قومیّت‌های هند بود. چنانکه فرامجی طی آماری در زمینه بهداشت می‌گوید که در طی ۶۰ سال، مرگ و میر کودکان در این اقلیّت ۲۰٪ کمتر از دیگر اقوام بوده و در حالی که ۲۰٪ از جمعیت بمبئی را شامل می شدند، نرخ فوت آن‌ها ۴/۷۱ بوده است (Framjee,1858:55).

225. Gerald Aunieir

است و دسته‌های موسیقی انگلیسی به نغمات دلفریب مشغول[اند] و در هر گوشهٔ پارک هرحریفی با رفیقی در گوشه‌ای نشسته و پنج هزار خلق مشغول تفریح و سرگرمی هستند» (حجازی، ۱۳۷۹: ۱۷).

نظام آموزشی و مطبوعات

چنان‌که آمد، حکومت هستینگز را می‌توان سرآغازی بر تحول هند در عرصه‌های مختلف دانست. در زمینه آموزش، او نخستین بار با ایجاد «کالج محمدان» (۱۷۸۲م) مبانی آموزش به سبک جدید را پی‌ریزی کرد. دربارهٔ ضرورت تأسیس دانشگاه‌هایی چون فورت ویلیام[۲۲۶] و دیگر مراکز علمی برگرفته از سبک و شیوهٔ آموزشی آکسفورد و کمبریج، کارگزاران انگلیسی برآن بودند که ایجاد نظام قضایی برای میلیون‌ها انسان با عادات و مذاهب متعدد به‌همراه ساختار پیچیده مالیاتی و برقراری نظم، بدون شناخت دقیق فرهنگ هند امکان‌پذیر نیست (Sen, 2002: 45).

بر این مبنا، مطابق با قانون‌نامهٔ مصوّب ۱۸۱۱م، فرماندار کل انگلیس مجوّز یافت تا باقیماندهٔ مال‌الاجاره و درآمد حاصله از موارد مختلف را صرف ارتقای علمی و تشویق تحصیل و دانش میان هندیان و انگلیسی‌های ساکن نماید. در ۱۸۳۵م و در فرمانداری لرد پنتیک، نظام آموزشی هندوستان وارد مرحلهٔ جدیدی شد. وی به همراه مشاورانش، نظیر مکولی،[۲۲۷] آموزش علوم جدید غربی را بخشی از برنامه‌های دولت بریتانیا قرار داد (Adam, 1838: 197).

علاوه بر ترویج نظام آموزشی نوین، بُعد دیگر ناشی از حکمرانی انگلیس و توسعه فرهنگ غرب، رشد روزنامه‌نگاری بود.

هرچند گزارش‌هایی از سابقهٔ فن چاپ در سدهٔ ۱۷م و نیمه اول سدهٔ ۱۸م خبر می‌دهند، امّا به طور رسمی نخستین چاپخانه توسط هستینگز در کلکته تأسیس شد و این مهم در سدهٔ ۱۹م به چاپ و انتشار یازده روزنامه انجامید.

---

226. University of Fort William

227. Macaulay

در واقع هند از نیمه دوم سدهٔ ۱۹م کشمکش مربوط به آزادی مطبوعات را پشت سر نهاده و در اوایل سدهٔ ۲۰م یکی از کشورهای منحصربه فرد آسیا و جهان در زمینهٔ روزنامه‌نگاری به شمار می‌رفت.

در جمع‌بندی گفتار حاضر از کارکرد دورویهٔ استعمار، قابل ذکر است که هم‌زمان با حضور گسترده نظامی، سیاسی و اقتصادی انگلیس، در عرصهٔ فرهنگی نیز جدال بورژوازی با ساختارهای دینی، بر حیات فکری و اجتماعی شبه قاره تأثیر نهاد. این مهم نه تنها به سیطرهٔ مسلمانان بر هند پایان داد که در مواجهه با امواج خروشان مدرنیسم، برای نخبگان ادیانی چون زرتشتی، هندو، بودائی، و اسلام گزیری جز انجام اصلاحات دینی متناسب با شرایط زمانه باقی نگذاشت.

۲- پارسیان در هند نوین

چنانکه از نخستین صحنهٔ حضور پارسیان در گجرات دیدیم، یکی از برجسته‌ترین ویژگی‌های آن‌ها تعامل و تطابق با محیط فرهنگی پیرامون بود. این مهم که رمز بقای پارسیان در سرزمینی با فرهنگ و آداب دیگرگونه بود، همچنین به صورت خصیصهٔ بارز آن‌ها در برخورد با حکّام متنوع، از هندو و مسلمان درآمده، و همپای آن معتبرترین وجه تمایز از همکیشان‌شان در ایران شد. بر خلاف تنوع وسیع ادیان در هند، اسلام در ایران کیشی رسمی بود که ساختار سیاسی، تابع و ضامن اجرای آن به شمار می‌رفت و لاجرم گسترهٔ نفوذ اصل فقاهتی اهل ذمه، حصاری میان زرتشتیان با مسلمانان کشیده بود. این حصار نه تنها بر فشارهای اجتماعی و مصائب ناشی از تمایز و برتری اکثریت بر اقلیتی فاقد پشتوانه می‌افزود بلکه از سوی دیگر، درونگرایی زرتشتیان را موجب شده و از امتزاج و درآمیختگی فرهنگی ایشان با مسلمانان- در سطحی مشابه پارسیان هند- می‌کاست. این امر، البته ایران را دژی در حفظ آداب و مناسک اصیل زرتشتی ساخته و روحانیان یزد را هم به قبله‌گاه پارسیان ارتقا داده بود، امّا در مقابل پارسیان نیز به‌رغم تأثیرپذیری عمیق از فرهنگ هندویی خاصّه در زبان، احکام طهارت، لباس، ازدواج کودکان، و منع دو همسری (Palsetia, 2001: 13)، فرصت‌های بهتری پیش روی خود داشتند.

با وجودی که در ایران قوانین طهارت زرتشتی و نیز اسلامی، عملاً زرتشتیان را از تماس نزدیک اجتماعی با اکثریت مسلمان بازمی‌داشت و بر انزوای ایشان می‌افزود، پارسیان در تعریف مفهوم هویت گروهی خود واهمه‌ای از فشار بیرونی نداشتند (Ibid: 18). ساخت کاستی هند از حیث نظری، پارسیان را به ازدواج درون‌گروهی مقیّد می‌ساخت و درون‌همسری نه تنها تضمینی بر حفظ موجودیّت و هویت آن‌ها در مقام جماعتی غیرتبلیغی به شمار می‌رفت، بلکه به مرور زمان شاخصهٔ دینی و هویت نژادی با یکدیگر مترادف شدند (Ibid: 18). در این میان هر چند در مواقعی سیطرهٔ حکومت‌های اسلامی، پرداخت جزیه را بر ایشان تحمیل می‌کرد، با این حال نبود فرهنگ برتر دینی و مدارای حکومتگران- حتی مسلمان- از گسترهٔ فشار بر ایشان می‌کاست. انضمام این موارد، هم‌زمان با فراز و فرود اقلیّت‌های دینی عصر صفوی، قدرت‌گیری سلاطینی نظیر اکبرشاه در هند و تسامح دینی وی باعث شد تا پارسیان به مناصبی در قدرت نائل آمده و حتی برخی از مشخصه‌های آئین زرتشتی در کیش نوبنیاد وی پذیرفته شود.

به عبارتی دیگر، حکومت بابریان بسترآشنایی و همکاری پارسیان با اروپاییان را فراهم نمود. در واقع، حضور تجّار اروپایی در هند سرآغازِ سوق یافتن پارسیان به سوی تجارت شد (آواری، ۱۳۸۳: ۱۱۲)، و این موقعیت آنگاه رو به اوج نهاد که جانشینان ایشان یعنی کمپانی‌های هند شرقی هلند و خاصه انگلیس که تعصب و خشونت را منافی با تجارت می‌دیدند، زمینه مناسبی برای جذب و خودنمایی روزافزون پارسیان فراهم آوردند. از نخستین نمودهای چنین روابطی را می‌توان وساطت فردی پارسی به نام رستم مانک (۱۶۳۵-۱۷۲۱)- از کارگزاران پارسی در سورات- میان کارگزاران انگلیسی با اورنگ‌زیب دانست که در اختلافی میان یک تبعهٔ انگلیس با عامل اورنگ‌زیب، نزد امپراتور در دهلی فرستاده شد (۱۶۶۰م). او که از سال ۱۶۹۱ تا ۱۷۰۹م به عنوان واسطه و نمایندهٔ نایب‌السلطنهٔ پرتغالی گوآ در سورات عمل می‌کرد، از ۱۷۰۰ تا ۱۷۰۶م همین نقش را برای کمپانی هند شرقی انگلیس عهده‌دار شد و الگویی برای دیگر پارسیان در جلب نظر مخدومان نوظهور شد. همین روابط و نیز توسعهٔ آن در قالب حضور پررنگ‌تر پارسیان در عرصهٔ مستقیم

تجارت و دلالی، در عین حال باعث شد تا به تدریج عاملان و سوداگران این اقلیت با موازین تجاری- مالی و فراتر از آن با روش‌های تمدن جدید آشنا شوند (آواری: ۱۱۲).

الف- پارسیان و کمپانی هند شرقی انگلیس

در اینجا و پیش از ورود به بحث اصلی خود، یعنی ابعاد همراهی و همکاری پارسیان با کارگزاران انگلیسی، لازم است تا نگاهی هرچند گذرا به دلایل برقراری روابط این اقلیت با حاکمان جدید داشته باشیم. با توجّه به سابقهٔ دیرینه پارسیان در هند، روحیهٔ سازش‌پذیری آن‌ها با محیط پیرامون و پذیرش حکّام مختلف، که همزمان با حفظ هویت ولو ظاهری در باورمندی به آیین باستانی توأم بود، نشان از ظرفیت این اقلیت داشت. با چنین روحیه‌ای، حضور اروپاییان بستر مناسبی در دستیابی پارسیان به مناصب عالی و مشارکت در فعالیت‌های تجاری فراهم آورد. این موضوع که البته با نگرش کارگزاران اروپایی- خاصه انگلیس- در احترام به باورها و نژادهای تابعان همراه بود، اقبال پارسیان را فزونی بخشید. در عین حال شاید بتوان یکی از مهم‌ترین دلایل جذب این اقلیت به کارگزاران نوظهور را بر مبنای خصیصهٔ اروپای جدید جستجو کرد. در قیاسی با همکیشان ایرانی، هر چند فرهنگ‌های رایج و مسلّط در هندوستان، تعامل و مدارای بیشتری در قبال پیروان سایر ادیان داشتند، با این وجود آشکار است که در غلبه فرهنگ‌های بومی و ساختارهای سیاسیِ معرّف آن‌ها، انتظار ترقی اقلیتی پارسی به مناصب عالی و یا ایجاد زمینه‌هایی برای انتقال ایشان از معیشت مبتنی بر کشاورزی به اقتصاد تجاری چندان معمول نمی‌نمود. در چنین شرایطی سیطره تدریجی اروپاییان بر هند نه تنها حائز ابعاد سیاسی بود که در عین حال کارگزاران آنها معرف فرهنگ و تمدنی بودند که در آن، نگرش دینی جای خود را به عرفی‌شدن داده و این مهم خاصه در بُعد حقوقی- قضایی جلوه یافت. این امر به انضمام اهداف تجاری که در ورای باور و نژاد دست‌یافتنی بود، باعث شد تا اقلیت و اکثریت از حقوقی مساوی برخوردار شوند. در راستای همین رویکرد تجاری، نیازمندی انگلیس و خاصه کمپانی هند شرقی در ایجاد رابطه با بومیان باعث شد تا پارسیان که ضمن دیرینگی حضور در

هند و بویژه روابط نسبتاً مطلوب با سلاطین بابری، آشنای به محل بودند از کارآیی بالایی برخوردار شوند. لذا در همان نخستین گام‌های جایگزینی انگلیس با پرتغال، فردی پارسی چون رستم مانک به وساطت نزد اورنگ‌زیب فرستاده شد. اعتبار و اهمیت این موضوع آنگاه بیشتر می‌گردد که دریابیم در قیاس با هندوها و مسلمانان، پارسیان اقلیتی فاقد حقوق اکثریت بودند. از این رو، در حالی که مسلمانان و هندوها حضور قدرت‌های غربی را به منزله رقیبی خطرناک در تغییر وضع موجود می‌دیدند، پارسیان آن را فرصتی در برابری با اکثریت و یا در حداقل کلام ارتقای وجاهت اجتماعی- اقتصادی خود یافته، تابعیت و همیاری با کارگزاران کمپانی هند شرقی را پذیرا شدند.

ب- پارسیان در راه تجارت

بالاتر ذکر شد که با فروریزی اعتبار سنجان در مقام قبله‌گاه دینی پارسیان، انتقال این مرکزیت به نوساری و تشکیل انجمنی به ریاست عوام غیرروحانی، زمینه‌ساز رویه‌ای در تضعیف متولیان امور دینی در مقام تنها مفسّرین و واضعین ضوابط کیش زرتشتی گردید. به دنبال این جابجایی، مرحلهٔ بعدی از تحولات را باید از حوزهٔ سورات پیگیری نمود که رشد و غنای تجاری این بندرگاه از نیمهٔ دوم سدهٔ شانزده میلادی، در گرایش پارسیان به تجارت و واسطه‌گری نقش اساسی داشت. موقعیت بندرگاهی سورات و حضور اولیهٔ تجار اروپایی، شرایط مناسبی در گذار پارسیان از معیشت کشاورزی به واسطه‌گری و تجارت فراهم نمود. در واقع، رویکرد مثبت به صنعت و بازرگانی نه تنها تمایز آنها را از دیگر بومیان باعث شد(Framjee: 140) ، بلکه روزنه‌ای برای توانمندی اقتصادی و حضور پررنگ‌تر در ساختار اجتماعی و فرهنگی گردید. در سورات از سویی پارسیان تنها رابط اروپاییان و بومیان بودند و از دیگر سو، رشد و توسعهٔ تجاری آن و برآمدن طیفی از تجار و ثروتمندان، نوساری را از رونق انداخت.

بدنبال حضور انگلیسی‌ها در سورات و ایجاد پایگاه و قلعه‌ای که مدت‌ها مهم‌ترین مقرّ ایشان در شرق شبه قاره به شمار می‌رفت، کمپانی هند شرقی موفق

به دریافت امتیاز معافیت گمرگی در ساحل بنگال و اوریسا از امپراتوری مغول شد. متعاقب این رویداد، انتقال مالکیت بمبئی به انگلیس و سپس خرید آن جزیره توسط کمپانی هند شرقی فصل نوینی را در حیات اجتماعی، فرهنگی و اقتصادی پارسیان گشود.

دربارهٔ تاریخ دقیق حضور پارسیان در بمبئی مدارک معتبری در دست نیست و نمی‌توان به اطلاعات درخور توجهی در رابطه با دلایل این هجرت دست یافت. این احتمال وجود دارد که تجار انگلیسی سورات بنا بر اهداف تجاری خود، آنها را به سکونت در بمبئی تحریک کرده باشند (Framjee: 25). از این گذشته شاید بتوان نخستین مرحله از سکونت پارسیان در بمبئی را مربوط به کمی قبل‌تر و یا در حدود زمان واگذاری آن به انگلستان دانست. در واقع، بنا بر نوشتار فریر[۲۲۸] که در بازدید خود از بمبئی (۱۶۷۱م) به وجود دخمهٔ پارسیان در تپه مالابار هم اشاره می‌کند، می‌توان بر عدم حضور گستردهٔ آن‌ها تا پیش از تسلط انگلیسیان پی برد. گویا نخستین فرد پارسی که به هنگام انتقال بمبئی از پرتغال به انگلیس در آنجا حضور یافت، دارابجی ناناباهایی[۲۲۹] نام داشت که به‌دلیل عدم آشنایی کارگزاران انگلیسی با آداب و رسوم و زبان بومیان، از وی در مقام مشاور و واسطه بهره جستند. به هر حال از روند روزافزون سکونت پارسیان در بمبئی که بگذریم، بنا بر آمار موجود، در ۱۸۵۱م جمعیت آنها در این جزیره به ۱۱۰۵۴۴ می‌رسید که از این تعداد ۶۸۷۵۸ نفر مرد و ۴۱۷۹۰ زن بودند (Framjee: 53).

---

228. Fryer

۲۲۹. دارابجی پور ناناباهایی از اهالی قریه موراسوماری از توابع سورات بود که حدود ۱۰۰۹ یزدگردی/ ۱۰۴۹ق/۱۶۴۰ م با خانواده به بمبئی هجرت و در آن جزیره باتلاقی که آن هنگام به نام «هپتانسیا» شناخته و سکنه‌اش جز ماهی‌گیران بومی، چند خانواده پرتغالی بودند، ساکن شد. وی پس از چندی وارد خدمت پرتغالی‌ها شد و اداره بخش مهمی از جزیره بدو واگذار گردید. پس از انتقال مدیریت بمبئی به انگلیس، بنابه سفارش پرتغالی‌ها وی همچنان بر منصب خود باقی ماند. پس از مرگ دارابجی، پسرش رستم‌جی از سوی انگلیسی‌ها جانشین پدر شد که این موضوع هم‌زمان با واگذاری جزیره به کمپانی هند شرقی بود. رشادت رستم در دفاع از بمبئی در مقابل دزدان جنجیره باعث شد تا زمان ورود فرماندار جدید از سوی کمپانی به مدت دو سال و نیم مقام پتل (کلانتر) بمبئی را عهده‌دار باشد و سپس به منصب مستوفی‌گری برگزیده شد و محل رفع و رجوع امور مردم و دادرسی قضایی شد (شهمردان، ۱۳۶۰: ۲۲۸).

ج- ساختارهای نوین در میان پارسیان
تعلیم و تربیت نوین

در توصیف مقدماتی فوق‌الذکر از نقش انگلیسیان در شکل‌گیری هند نوین، دیدیم که از میان گروه‌های نژادی و دینی متعدد در هند، پارسیان تمایل غیرقابل وصفی به تعلیمات اروپایی نشان دادند. چنانکه در پی اقدام حکمران انگلیسی، یعنی مانتسوارت الفنستن،[۲۳۰] در ایجاد انجمنی جهت تعلیم و تربیت جوانان بمبئی (۱۸۲۰م)، پارسیان در ردیف نخستین کسانی بودند که آن را با شوق پذیرا شدند. این استقبال بدان حدّ بود که پس از بازنشستگی او، پارسیان جهت ادامهٔ راه وی، مبالغی هنگفت گردآوری و با تأسیس صندوقی، کالجی را جهت تعلیمات اروپایی به همکیشان پی‌ریزی کردند. بدین ترتیب مدرسهٔ الفنستن الگویی برای احداث دیگر مدارس خصوصی با آموزگاران اروپایی شد. برای نمونه، یکی از ناموران پارسی به نام سِر جمشیدجی جی‌جی‌بهای صندوقی با سرمایهٔ۳۰۰ هزار روپیه راه‌اندازی کرد تا کودکان بی‌نوای جماعت هم از آموزش رایگان بهره‌مند شوند (Ibid: 186-193).

روزنامه‌نگاری

با رشد روزنامه‌نگاری در هند، اصلاح‌گران پارسی نیز درصدد برآمدند تا از طریق این رسانهٔ تأثیرگذار، در مسیر اطلاع‌رسانی و نیز تطبیق ضوابط دینی با شرایط فرهنگی نوین گام بردارند. در این روزنامه‌ها، نویسندگان در دو طیف اعتدالی و تندرو، مسائل خانوادگی مانند ازدواج کودکان و ازدواج مجدّد بیوه‌ها را به نقد و بحث می‌گذاشتند. از جمله مهم‌ترین این روزنامه‌ها، عبارت بودند از: ایندین اسپکتیتور[۲۳۱] به سردبیری بهرام‌جی ملباری که مقالات تندی در زمینهٔ موضوعات فوق‌الذکر منتشر می‌نمود. روزنامهٔ بمبئی سماچار توسط فریدون‌جی مرزبان‌جی منتشر می‌شد و از قدیمی‌ترین روزنامه‌های هند به شمار می‌رفت (بالسارا، هوخت، ۱۳۴۸، ش ۹: ۲۳).

---

230. Mountstuart Elphinston
231. Indian Spectator

علاوه بر این دو روزنامه، فرامجی در فهرستی از روزنامه‌های موجود در نیمهٔ اول سدهٔ ۱۹م بمبئی به پانزده روزنامه اشاره دارد که همگی به گجراتی منتشر و اکثراً در میان پارسیان هوادار بسیار داشت. چنانکه از میان این تعداد، سه روزنامه به‌طور روزانه، یکی سه هفته یکبار، سه تا دو هفته یکبار، شش تا هفتگی و یکی دو هفتگی بود. روزنامه «راست گفتار»، هفتگی بود که تحت نظارت جمعی از نخبگان جماعت قرار داشت و با ترویج افکار آموزشی و ایده‌های آزادی‌خواهانه، الگوی روشنفکران پارسی به شمار می‌رفت (Framjee: 214).

ازدواج و نظام نوین خانواده

در راستای تأثیرپذیری گستردهٔ پارسیان از آداب و مناسک هندویی، از قبیل شیوهٔ خوردن، پوشیدن و سخن گفتن، در زمینهٔ ازدواج هم بنا بر رسوم هندوها، دختران خود را قبل از سن نُه‌سالگی شوهر می‌دادند (Framjee: 75-76). امّا تحت تأثیر فرهنگ غربی، سن ازدواج تدریجاً افزایش یافت. ضمن اینکه ممنوعیت ازدواج بیوه‌زنان و نیز ازدواج مجدّد مردان- در شرایطی که همسر اوّل ایشان در قید حیات بود- به طور فزاینده‌ای نادیده گرفته می‌شد. پس پنچایت در سال ۱۸۱۸م اقدام به تشکیل مجمع عمومی ساکنان پارسی بمبئی نمود و کوشید تا محدودیت‌ها و موانع بیشتری بر سر راه ازدواج مجدّد مردان بنهد (Ibid: 90-93).[۲۳۲]

بر اساس مصوّبهٔ این مجمع، صرفاً در صورت تحقّق شرایطی، و با ارجاع موضوع به پنچایت امکان ازدواج مجدد میسّر می‌گشت. چون این مصوّبه در ماه ژوئن همان

---

۲۳۲. مهم‌ترین تصمیم این جلسه، این بود که «درصورتی که مردی حس کند که مجبور به اختیار نمودن همسر دوم است، باید درخواست خود را کتباً به اطلاع پنچایت برسد تا پس از شنودن دعاوی خواهان و مشورت با یکدیگر، حکم دهند ... اگر فردی بدون کسب اجازه از پنچایت تصمیم به ازدواج مجدّد گیرد، از جماعت طرد می‌شود ... مردی که فرزند ندارد اما سن همسرش هنوز از بچه‌داری نگذشته، نمی‌تواند مجدداً ازدواج نماید ولو اینکه رضایت همسر اول را هم جلب کرده باشد ... هر مردی که مجوز پنچایت برای گرفتن زن دوم (به‌رغم زنده بودن زن اول) را بگیرد، باید مبلغی را که پنجات بسته به توان او تعیین می‌کند، جهت امور خیریه بپردازد. پس از پرداخت این مبلغ است که پنچایت می‌تواند به او اجازهٔ ازدواج مجدّد را بدهد» (Framjee: 90-93).

سال توسط فردی پارسی به نام جمشیدجی نادیده گرفته شد، وی و پدرش، علی‌رغم داشتن ثروت بسیار و پایگاه اجتماعی معتبر- با واکنش تند پنچایت مواجه شده و تکفیر و از اجتماع طرد شدند، و صرفاً پس از التماس و درخواست‌های فراوان و پشت سر نهادن آیین‌های تطهیر و پرداخت هزینهٔ زندگی همسر اول و برخی تنبیهات دیگر، توانست به جامعه بازگردد. به هر حال، این قبیل رفتارها نه تنها حکم پنچایت در باب ازدواج مجدّد را سست می‌ساخت، بلکه تدریجاً وجاهت روحانیان در تفسیر شریعت را زیر سؤال برده و زمینه‌ساز کاهش اعتبار ایشان می‌گشت.[۲۳۳]

د- تزلزل مشروعیت پنچایت

از سابقه پارسیان چنین برمی‌آید که پس از اسکان در گجرات، تحت ریاست پنچایت یا کمیته‌ای پنج‌نفره از فرزانگان جماعت بودند. گرچه از آغاز شکل‌گیری پنچایت اطلاعی در دست نیست، امّا بدیهی است که در رفع اختلافاتِ جماعت نقش اساسی داشته است. احکام پنچایت لازم‌الاجرا بوده و تخطی از آن، باعث اخراج خطاکار از جماعت، محرومیّت او از حضور در آتشکده و شرکت در جشن‌ها، و نیز خودداری از دخمه‌گذاری وی می‌گردید. اقتدار پنچایت‌ها تا حدود اواسط قرن ۱۸م دوام آورد و از این هنگام به بعد، به‌واسطهٔ سیطره تدریجی ساختار قضایی بریتانیا، متولیان دینی جماعت دریافتند که احکام صادرهٔ آن‌ها و مجازات خاطیان- که گاه با کوبیدن کفش برسرآن‌ها انجام می‌شد- دیگر کارایی و ضمانت اجرایی لازم را ندارد. لذا در ۱۷۷۸م پنچایت از حاکم انگلیسی بمبئی، یعنی ویلیام

---

۲۳۳. با توجه تحولات اجتماعی هند، گویا پارسیان در نهایت بر مبنای پیمان‌نامهٔ ازدواج و طلاق (دستورالعمل شماره ۵۱ مصوب ۱۸۶۵م) عمل می‌کردند که شرایط طلاق را موارد ذیل می‌دانست:
- جنون یا اختلال مشاعر در زمان ازدواج که طرف مقابل از آن آگاهی نداشته باشد.
- ناتوانی جنسی.
- غیبت متوالی یکی از زوجین به مدت بیش از ۷ سال بدون دریافت اخباری از حیات او.
- زنای زن.
- تعدّد زوجات همراه با بدرفتاری با همسر، زنا همراه با ترک زن برای بیش از دو سال، تجاوز به عنف یا تعرض غیرمعمول.

هورنبی،[234] خواستار مجوز رسمی برای اِعمال احکام بر جماعت گشت. با آنکه حاکم انگلیسی درخواست مذکور را پذیرفت امّا هشت سال بعد و به‌دنبال بروز اختلافات شدید میان پنچایت با گروه‌های نوظهور متأثر از فرهنگ غربی، روند تنزل پنچایت رو به شدّت نهاد و از آنجا که مبنای اقتدار پنچایت‌ها، روحانیانی بودند که سرچشمهٔ اقتدار خود را اهورامزدا و زرتشت دانسته و خود را تنها مرجع قضاوت و متولی تشریفات دینی می‌دانستند، لذا هرگونه تنزّل پنچایت به مفهوم تزلزل مبانی اقتدار روحانیان هم بود.

در واقع و چنانکه پیشتر نیز ذکر شد، گرچه به‌واسطهٔ حضور زرتشتیان ایران در حوزه‌های روستایی، پنچایت قالبی محلی و شناخته‌شده داشت، ولی پارسیان این انجمن را در گسترهٔ شهرها به کار گرفتند و با اشتراک روحانیان و افراد عادی در تولیت امور جماعت- که نخستین جلوهٔ آن را در نوساری و با اقدام چنگه‌آسا دیدیم- عملاً نخستین ضربه به اقتدار روحانیان وارد شد. پس از این و با رشد سورات نه تنها نوساری از اعتبار پیشین فرو افتاد، بلکه با توجه به موقعیت بندرگاهی و کارکرد تجاری آن، بالطبع پنچایت ها نیز بیش از پیش در حیطه نفوذ تجار و دلالان قرار گرفتند. چنانکه غنای مالی پارسیان به پیدایی طبقهٔ جدیدی با نام «شتیاها»[235] منجر گشت که به‌طور مؤثری رقیب و جایگزین روحانیون شدند. در ادامه این روند و با انتقال پارسیان به بمبئی، نقش محوری کمپانی هند شرقی انگلیس در عرصهٔ دستاوردهای نوین غربی، خاصه با استحکام قوانین و ضوابط حقوقی عرفی، باعث شد تا شتیاها به عالی‌ترین سطح از اقتدار خود دست یابند (Palesta: 26).

بدین‌ترتیب، شتیاها نه تنها پرچمدار پارسیان در تعامل و بهره‌گیری از تماس با بریتانیا شدند بلکه الگویی برای اصلاح‌طلبان آتی فراهم آوردند. البته در راستای تقویت نخبگان تاجرپیشه که هم‌اینک ریاست جماعت را از روحانیان گرفته بودند، کارگزاران کمپانی هند شرقی نیز غیرمستقیم و با حمایت از اصلاحات داخلی و تقویت اقتدار جماعت، عامل معتبری در شناسایی آنها در بافت شهری گردیدند

---

234. William Hornby

235. Shetias

(Ibid: 29). این ضربات مداوم به‌حدّی از اقتدار پنچایت‌ها و روحانیان کاست که در مقابل امواج جدید تغییرات، پنچایت به حاشیه رانده شد و سپس در اواسط سدهٔ ۱۹م نسل جدیدی از مصلحان پارسی، پنچایت را این بار به‌عنوان نمادی از اقتدار طبقهٔ شتیاها بازآفریدند (Ibid: 29). در واقع تأثیرپذیری از رهاوردهای نوین فرهنگی سبب گردید تا پارسیان نیز مانند دیگر قومیت‌ها در تقابل با سلسله‌مراتب سنتی، اصلاح ساختار اجتماعی دینی را محل توجّه قرار دهند. چنانکه به‌دنبال فعالیت چشمگیر مصلحان پارسی، طبقه‌ای تعلیم‌یافته شکل پذیرفت که نه تنها از پشتیبانی حکومت بریتانیایی هند در لغو رسمیت پنچایت‌ها (۱۸۳۰م)، برخوردار بودند بلکه با تشدید حملات به روحانیان، باز تعریفی از هویت پارسی ارائه کردند که در آن تعامل با شرایط جدید جایگاه والایی داشت (Palesta: 30).

در کنار چنین موفقیّتی، توسعه‌ی کارکرد قوانین حقوقی بریتانیا گام دیگری در حذف ضرورت وجود روحانیون بعنوان تنها مفسرین و مجریان ضوابط شرعی به‌شمار می‌رفت. عمدتاً تا ۱۸۲۴م مجموعه‌های متفاوت و بعضاً متناقضی از قوانین بر جماعت شهری پارسیان غرب هند حکمفرما بود. امّا با تمایل روزافزون به قوانین عرفی، اصلاح‌طلبان پارسی از اواسط سدهٔ نوزده میلادی درصدد تدوین آیین‌نامه‌هایی نو برای جماعت برآمدند. در عین حال، فرامین کارگزاران بریتانیایی به حدّی کارکرد سنتی احکام پارسی را زیر سؤال برده و ضرورت هماهنگ‌سازی آنها با ضوابط جدید را مؤکد ساخت که سرانجام منجر به غلبهٔ غرب‌گرایی و ارزش‌های اجتماعی آن شد(Ibid: 30) .

در این میان و علاوه بر موارد یادشده، علاقه‌مندی بعضی از اعضای کمپانی هند شرقی به فرهنگ و ادبیات دینی زرتشتی نیز بُعد دیگری از تزلزل وجاهت روحانیان را فراهم آورد. این مهم نه تنها به فراگیری و انتقال تعدادی از متون دینی به اروپا و پی‌ریزی مبانی مطالعات زرتشتی در دانشگاه‌های غربی انجامید، بلکه انگیزه‌ای در پارسیان جهت ترجمه آن‌ها به زبانهای رایج در هند و به‌ویژه زبان گجراتی ایجاد نمود. این آثار گرچه توسط طیفی از روحانیان به گجراتی ترجمه شد، امّا در این میان دو نکتهٔ مهم وجود دارد: اوّل اینکه سفارش‌دهندگان از بهدینانِ برآمده از اقتصاد تجاری

بودند،[۲۳۶] و دیگراینکه با ترجمهٔ متون دینی، مهم‌ترین ابزار روحانیان و به‌ویژه دستوران- که تسلط انحصاری بر زبان پهلوی و فهم و استخراج مفاهیم دینی از طریق متون پهلوی بود- از دست‌شان خارج شد، و این همه در شرایطی بود که با پیشرفت مطالعات زرتشتی‌شناسی در غرب، روحانیون سنتی- که مقام خود را مدیون وراثت بودند تا تعمّق در مفاهیم دینی- توان مواجهه با پژوهش‌های نوین و دانشگاهی را نداشتند.

در جمع‌بندی تحوّلات فرهنگی مذکور و در میدان جدال روحانیان- به مثابهٔ شاخص سنّت پارسی و انعطاف‌ناپذیر نسبت به شرایط نوین- با مصلحان برآمده از تجارت و متأثر از دستاوردهای نوین، مقام و وجاهت روحانیان به حدّی تنزل نمود که فرامجی، پژوهشگر پارسی، در اشاره به وضعیت آن‌ها در نیمه دوم سدهٔ ۱۹م می‌نویسد: «گرچه طوطی‌وار تمامی فصول مورد نیاز مراسم‌های دینی را می‌دانند اما بر تعداد کمی از عبادات اشراف دارند. آنها شغل میراثی دارند و موقعیّت خود را از طریق گذراندن سلسله‌مراتب دینی و آموزشی به دست نمی‌آورند. رسمی که صرفاً از منفعت برآمده و درخور احترام عامه نیست. در نتیجه، تعدادی از ایشان در سالهای اخیر تغییر شغل داده و به صنعت و پیمانکاری راه آهن بمبئی روی آورده‌اند» (Framjee: 278-277).

هـ- ارتقای وجاهت و گسترهٔ فعالیت اقتصادی پارسیان

به دنبال توسعه سطح روابط و پیوند پارسیان با حکمرانان انگلیسی، طیف وسیعی از ایشان تابعیت بریتانیایی یافتند، و علی‌رغم نگاه تبعیض‌آمیز حکّام پیشین، قوانین و حقوق عرفی جدید فرصتی در غنای مالی و ارتقای وجاهت اجتماعی اقلیّت‌ها فراهم آورد. این موضوع نه تنها در مقایسهٔ شرایط پارسیان با همکیشان ایرانی خود در سده‌های ۲۰-۱۹م حائز اهمیت می‌نمود بلکه هم‌زمان، غنای مالی

---

۲۳۶. برای نمونه‌ای از ترجمه‌های مذکور می‌توان به ترجمه خرده‌اوستا به زبان گجراتی در سال ۱۷۳۳م توسط دستور داراب باهایی مقیم نوساری برای شیت دادا باهایی فرامجی رستم‌جی شیت مقیم سورات، خرده‌اوستا به گجراتی در ۱۷۶۰م توسط موبد بهمن‌جی دادا باهایی رستم ختانیا مقیم سورات برای بهدین جی‌جی پورماکا پتل مقیم سنگاپور و... اشاره نمود (شهمردان، هوخت، ۱۳۳۹، ش ۱: ۱۲).

و ارتقاء به شهروند درجهٔ اول، پشتوانه محکمی در شکل‌گیری مؤسسات خیریه و کمک به زرتشتیان ایران گردید (نک: مطالب بعدی). کارنامهٔ جی‌جی‌بهای و خانوادهٔ او شاهدی بر این ادّعاست.

جمشیدجی جی جی‌بهای در بمبئی به دنیا آمد (۱۷۸۳م). وی در ۱۲ سالگی به‌دلیل فقر خانواده تحت سرپرستی شوهرخاله‌اش فرامجی نوشیروانجی که بطری‌فروشی داشت، قرار گرفت. زبان‌های گجراتی و انگلیسی را در نوجوانی آموخت و به‌دلیل اشتغال به پیشهٔ بطری‌فروشی به «بطل واله» شهرت یافت. با توجه به حمایت کارگزاران بریتانیایی از تجارت و ایجاد زمینه‌های مناسب برای اتباع هندی، در ۱۸۰۳م تجارت‌خانه‌ای تأسیس کرده و به واردات و صادرات به دیگر کشورها مشغول شد. به چین سفرهایی نمود و پس از غارت اموالش توسط راهزنان فرانسوی، این بار به کار کشتی و کشتی‌داری رغبت نمود (۱۸۲۸م). در ۱۸۳۴م به پاس اقدامات و تلاش هایش، القاب و امتیازاتی از انگلیسی‌ها تحصیل نمود. در سال ۱۸۲۳م به عضویت پنچایت پارسیان پذیرفته شد و از حیث ثروت، او که در آغاز و از محل بطری‌فروشی تنها ۱۳۰ روپیه سرمایه داشت، پس از سی سال سرمایه‌اش متجاوز از ۷۰/۰۰۰/۰۰۰ روپیه گردید (شهمردان، ۱۳۶۳: ۱۸-۲۰).

در مروری بر کارنامهٔ اجتماعی او، قابل ذکر است که جمشیدجی جی جی‌بهای در تجارت چنان شهرتی یافت که در سفر به انگلیس، روزنامه‌ها دربارهٔ او نوشتند: «به‌واسطه صحّت و درستی و امانت در کارهای تجارتی، یکی از عالی‌ترین و برجسته‌ترین رعیت امپراتوری انگلیسی و یکی از تجار هند به‌شمار می‌رفت» (آبادانی، ۱۳۳۸، هوخت، ش۲: ۲۰).

حوزه فعالیت و گسترهٔ نقش‌های او به اندازه‌ای وسیع بود که به‌ناچار ذیلاً رئوس آن‌ها را به ترتیب زمانی می‌آوریم:

- در سیطره انگلیسی‌ها بر مناصب مهم دادگستری، به عنوان نخستین هندی به عضویت هیئت قضاوت درآمد (۱۸۲۷م).
- نخستین هندی عضو هیئت مدیرهٔ بانک.
- از اعضاء مؤسس روزنامهٔ «بمبئی تایمز» در کنار یازده عضو اروپایی دیگر این

روزنامه (۱۸۳۸م).

- دریافت بزرگترین درجه افتخار از طرف دولت بریتانیا یعنی لقب شوالیه[۲۳۷] (۱۸۴۲م) که یک روی مدال اهدایی، تصویر ملکه انگلیس حک شده و طرف دیگر این عبارت درج شده بود: «سِرجمشیدجی جی جی‌بهای به پاس میهن‌دوستی و خدمات اجتماعی و ملی‌اش از طرف دولت بریتانیا به لقب شوالیه مفتخر می‌شود» (همان: ۳۱).
- ریاست بانک (۱۸۴۳م).
- ریاست افتخاری «جمعیت بمبئی» و نخستین فرد هندی که به ریاست جامعه سیاسی رسید (۱۸۵۲م).
- یکی از پنج عضو مؤسس دانشگاه بمبئی (۱۸۵۷م).
- دریافت لقب و خلعت «بارونت» و شهرت به «بارونت اول» (۱۸۵۷م) (شهمردان، ۱۳۶۳: ۲۰).
- مؤسس مریضخانه ۳۰۰ تختخوابی در بمبئی با هزینه ۱۵۰۰۰ روپیه (۱۸۴۵م).
- ایجاد نخستین مریضخانهٔ زنان (۱۸۵۱م).

البته ناگفته نماند که لقب بارونی جمشیدجی جی جی‌بهای به پاس خدمات او و فرزندانش همچنان در خانواده‌اش دوام آورد و چهار پسر او به عناوین بارون دوم تا پنجم دست یافتند (شهمردان، ۱۳۶۳: ۲۴-۳۱).

علاوه بر این خانواده و ده‌ها چهرهٔ اقتصادی دیگر که بخش قابل توجهی از درآمدهای سرشار خود را به خدمات اجتماعی، تأمین نیازهای مهاجران به هند و فراتر از آن، ارتقای بمبئی به قطبی صنعتی اختصاص دادند، روح سرمایه‌داریِ حاکم و انگیزه و تحرّک اجتماعی، باعث راهیابی پارسیان به وجوه عمدهٔ صنعتی و مالی شبه قاره و از آن جمله راه آهن،[۲۳۸] ذوب آهن، امور بانکی وغیره گردید.

---

237. Knight

۲۳۸. یکی از پارسیان به نام دارابجی، قدیمی‌ترین هندی فعال در ساخت راه آهن هند شناخته می‌شود (Framjee: 149).

فهرستی از مشاغل این اقلیت در بمبئی در نیمه سدهٔ ۱۹م که ۱۱۰۵۴۴ نفر از کلّ سکنه را شامل می‌شدند (Framjee: 151) گویای گستردگی حضور ایشان در مشاغل گوناگون این ایالت است:

شغل	نفرات	شغل	نفرات
حقوق بگیران	۲۶۵۷	فروشندگان دوره‌گرد	۳۴۷
دلالان	۱۲۸	اسب فروش و گاریچی	۲۰۲۵
نانوایان و قنادان	۱۴۱۷	آهن فروشان	۸
گاوچرانان	۹۷	جواهرفروش و ساعت سازان	۱۱۲۵
کارگران نیشکر	۴۷۴	کارگران	۴۱
پارچه فروش و بزاز	۳۲۸	مشروب فروشان و مشروب سازان	۵۲۲۷
خرده فروشان یا کارگران پنبه	۱۲۴	فروشنده لوازم دریانوردی	۳۷
خدمتکاران خانگی	۵۴۶۸	پزشکان مرد	۵۷۷
ماهیگیران	۱۳	روحانی	۵۶۵۶
تجار، بانکدار و کارگزاران مالی	۶۱۲۹۸	چاپخانه دار، فروشنده نوشت افزار، صحاف	۶۱۶
صراف	۱۵۳۵	معلمان	۲۰۵۶
نفت فروش	۱۶۳	خیاط، قلابدوز، خیمه دوز	۱۷۲
بازنشستگان	۱۲۷۴	میخانه دار	۸۲۶
پلیس	۱	سَقایان یا آب برها	۱۵۸۴
بیکاره و ولگرد	۱۲۷	نویسنده و حسابدار	۱۱۰۲۸
کارگران و فروشندگان چوب	۴۱۰۱	بذرفروش	۵
جمع کل		**۱۱۰۵۴۴**	

چنانکه از جدول بالا برمی‌آید، بخش قابل توجّهی از پارسیان، به امور تجاری و بانکداری مشغول بودند. همچنین در این فهرست، ۱۱۰۲۸ نفر با امور حسابداری سر و کار داشتند که از این تعداد، نیمی هم در خدمت حکومت بودند.

۳- نخستین گزارش‌ها از مهاجرت زرتشتیان یزد به هند

همانگونه که در مطالب پیشین دیدیم، به‌دنبال گشایش روابط پارسیان با همکیشان یزدی که برمحوریت کسب اطلاعات دینی استوار بود، در منابع به آمد و شدهای برخی از زرتشتیان تاجرپیشهٔ ایرانی به هند نیز اشاره شده است. امّا پس از سقوط صفوی و با گسترش آشفتگی‌های زمانه، فشار بر این اقلیت بدان حدّ وسیع گردید که خروج از حوزه سکونت‌شان را نیز با محدویت‌هایی مواجه ساخته و در نتیجه روابط آن‌ها با پارسیان به پایین‌ترین سطح خود تنزل یافت. بدین‌ترتیب در شرایطی که تشدید آزار زرتشتیان در ایران، تنگناهای اجتماعی آن‌ها را فزونی می‌داد، در بمبئی پارسیان با استفاده از امکانات جدید و به‌عنوان برجسته‌ترین اقلیّت دینی هند در مسیر رشد و ترقی بودند. پیشرفت پارسیان و عقب‌ماندگی همکیشان ایرانی، فصل نوینی را در روابط آن‌ها رقم زد و این مهم با مهاجرت نخستین خانوادهٔ زرتشتی از یزد به هند آغاز شد که حضورشان نه تنها سرآغازی بر آگاهی پارسیان از فلاکت همکیشان ایرانی شد، بلکه در عین حال اخلاف همین خانواده نقش به‌سزایی در یاری هموطنان خود برعهده گرفتند.

با این مقدمه و در توصیفی از زمینهٔ مهاجرت، گفتنی است به‌دنبال سکونت دارابجی ناناباهایی در بمبئی (۱۶۴۰م)، به‌تدریج دیگر پارسیان نیز به انگیزه‌های تجاری بدانجا آمدند. چنانکه ۲۶ سال پس از این (۱۶۶۶م) و مصادف با انتقال حاکمیت جزیره به انگلستان، یکی از پارسیان بروچی به نام خورشیدجی پور پوچاچی درآنجا مقیم گردیده، و در سایهٔ همکاری با کمپانی هند شرقی در ایجاد استحکامات دفاعی، موقعیّت ممتازی نزد ایشان یافت. از او سه پسر به نام‌های بیکاجی و خورشیدجی و کارابایی به یادگار ماندند که از میان آن‌ها، بیکاجی روابط مناسب‌تری با سران کمپانی داشت و از جمله اعضای امنای انجمن پارسی پنچایت بود. به عکس ترقّی روزافزون پارسیان، با افزایش فشار بر زرتشتیان ایران در جهت تغییر کیش اجباری، یکی از بهدینان کرمانی به نام سیاوخش بن دینیار، که دو دخترش را از ترس مسلمانان پنهان داشته بود، آن‌ها را در خفا به همراه سیاحی آلمانی راهی هندوستان کرد (۱۷۴۲م/ ۱۱۵۵ق). این سیاح در هند با یکی از دو

خواهر ازدواج و دیگری به نام پیروزه بانو را به عقد ازدواج رستم‌جی پسر دارابجی ناناباهایی درآورد.

بعد از گذشت حدود ۲۵ سال (۱۱۸۰ق) و مصادف با حکومت محمدتقی خان بافقی بریزد که روایات موجود از تشدید مصائب زرتشتیان حکایت دارند، دو تن از بهدینان کرمانی به نام‌های ایزدیار و آدرباد، پنهانی از کرمان به یزد آمدند که این سفر مصادف با حضور ملاکاوس فرستادهٔ پارسیان (نک مطالب پیشین)- در شهر گردید. به احتمال قریب به یقین، نُه سال حضور ملاکاوس در ایران هرچند در دستیابی به مقصود اصلی موفقیت‌آمیز نبود امّا زمینهٔ مناسبی در آشنایی زرتشتیان ایران- خاصه طبقات فرودست- با وضعیت همکیشان هندی و راهنما و مشوّق سفر به آن دیار گردید. به هر روی، بنا بر اطلاعات موجود، گویا کیخسرو پسر ایزدیار در یزد با دختر آدرباد- به نام گلنار- ازدواج کرده (اشیدری، ۲۵۳۵: ۴۲۴) و صاحب چند فرزند، از جمله دختری زیباروی به نام گلستان‌بانو گردید که پدرش از بیم طمع مسلمانان، او را با خود به بمبئی آورد. این مهاجرت که با قتل عام اهالی کرمان توسط آقامحمدخان مصادف بود، در واقع دومین صحنه از حضور زرتشتیان ایرانی در بمبئی به شمار می‌رفت (۱۲۰۸ق/۱۷۹۵ م). کیخسرو در بمبئی با یکی از پارسیان با نام ایدلجی پور دارابجی آشنا و او گلستان‌بانو را به فرزندی می‌پذیرد. گلستان‌بانو در دوازده سالگی با فرامجی بیکاجی پاندی ازدواج نموده (شهمردان، ۱۳۳۱، هوخت، ش۱: ۱۲) و این خانواده بعدها نقش شگرفی در تشکیل انجمن‌های خیریه و یاری‌رسانی به همکیشان ایرانی خود ایفا کردند(نک به مطالب بعدی).

فصل هفتم

ساختار و حیات اجتماعی و فرهنگی زرتشتیان یزد از تأسیس قاجاریه تا حضور مانکجی در ایران

به عنوان مقدمه‌ای بر حیات اجتماعی- فرهنگی زرتشتیان یزد، شایسته است تا در تصویری هر چند کلّی، روند تحولات این خطّه را به بحث گذاریم.

سیاسی: بنا بر تقسیم عهد قاجار به دو برههٔ تأسیس تا مشروطیت (۱۲۱۰-۱۳۲۴ق) و از این هنگام تا بر آمدن پهلوی اول (۱۳۲۴- ۱۳۴۴ق)، در مقطع نخست، یزد به‌سان مراحل پیشین خود روندی آرام و کند را در سیر حوادث سیاسی دنبال می‌نمود. این ولایت در کنار بُعد مسافت از پایتخت، عمدتاً وزیرنشین بوده و در اکثر ایام عهد ناصری به عنوان بخشی از قلمرو ظل‌السّلطان- پسر ناصرالدین شاه- از اصفهان اداره می‌شد و این روند تا مشروطیت همچنان تداوم یافت. بدین‌ترتیب تا وقایع مشروطه‌خواهی، رویدادهایی نظیر شورش عبدالرّضاخان بافقی در سلطنت فتحعلی‌شاه (برای اطلاعات بیشتر نک: تشکری، ۱۳۸۸، تاریخ ایران، ش۶۰/۵: ۱۷-۳۸)، یاغیگری محمد عبدالله، گزارش‌هایی جسته گریخته از قیام تنباکو و چندین مرتبه بلوای قتل بابیان و بهائیان، مهم‌ترین حوادث منطقه به شمار می‌رفتند. به دنبال شدت یافتن تحولات سیاسی ایران از نهضت مشروطیت، نزاع دو طیف مشروطه‌خواه و مستبد و درگیری ناخواستهٔ ایران در جنگ اول جهانی، بر ضرب‌آهنگ رخدادهای یزد، مانند دیگر مناطق ایران،

افزود و ثبات نسبی پیشین جای خود را به بی‌ثباتی داد. این تزلزل نه تنها در تغییر سریع حکّام که عمدتاً از برگزیدگان ایلات فاتحِ پایتخت بودند، نمود یافت بلکه ناتوانی حکومت مرکزی در نظارت و کنترل اوضاع، فرصتی به حکّام داد تا با تفسیر دلبخواهانه از مشروطیت، آن هم در ولایتی نسبتاً دور از دسترس، منافع شخصی را به عنوان قانون مستقر مطرح سازند (برای اطلاعات بیشتر نک: تشکری، ۱۳۷۸: ۳۵-۱۳۵).

اقتصادی: در فقدان شرایط زیست‌محیطی مطلوب و عدم کفایت آب در تکیه بر اقتصاد کشاورزی، موقعیّت مواصلاتی یزد، تجارت و صنعت را به دو بهانهٔ ماندن در کویر تبدیل می‌ساخت. از عهد ناصری و با گرایش اقتصاد ایران به بازرگانی، یزد نیز به عنوان یکی از گلوگاه‌های ارتباطی جنوب- شمال از رونق چشمگیری برخوردار گردید. علاوه بر این، توسعهٔ نفوذ روس و انگلیس در ساختار قدرت و تقسیم ایران به دو قلمروی نفوذ، بازار و تجارت یزد را محل توجه هر دو قدرت سیاسی قرار داد و این موضوع در احداث مؤسسات تمدنی چون بانک شاهی، تلگرافخانه، گمرگ، ایجاد نمایندگی شرکت‌های زیگلر و منچستر بازتاب یافت.

این شرایط همچنین باعث شد تا گذشته از جذب تجّار دیگر شهرها، زرتشتیان منطقه هم با استفاده از حضور و نقش پررنگ پارسیان در بمبئی و حمایت بی‌شائبه آن‌ها از همکیشان ایرانی (نک به مطالب بعدی)، تجارت و صرافی را بر کشاورزی ترجیح داده و حتّی تجار و صرافان زرتشتی، به شهرتی چشمگیر نایل آیند.

فرهنگی- اجتماعی: با آنکه موقعیّت مواصلاتی یزد تا حدّی خلاء دوری از پایتخت و رخدادهای سیاسی را پر می‌کرد و آن را به ولایتی تجاری- صنعتی ارتقا می‌داد، امّا در بُعدی دیگر، انزوای محیطی مانع از گسترش ارتباطات شده و آن را به یکی از متعصب‌ترین شهرهای ایران تنزل داد.

بدین‌ترتیب یزد با دو شاخصهٔ تعصّب عمدتاً برآمده از انزوای سیاسی و فرهنگی، و آسودگی خاطر حکّام و کارگزارانشان در انجام رفتارهای دلبخواهانه که به پشتوانه خویشی با دربار و نیز بعد مسافت منطقه از پایتخت صورت می‌پذیرفت، به

تحولات مشروطیت پای گذاشت. این نهضت گرچه در نهادینگی سیاسی موفقیتی چشمگیر نداشت و ثبات نسبی پیشین با ناامنی جاده‌های بین شهری، تغییر سریع حکّام و آشفتگی اجتماعی جایگزین شد، امّا در زمینه فرهنگی سرمنشاء اقدامات قابل توجهی بود؛ از جمله همچون دیگر ولایات، افزایش یافتن احداث مدارس نوین و روزنامه‌نگاری دو عامل معتبر در ارتقای آگاهی اجتماعی مردم یزد به شمار می‌رفتند.

براین مبنا و مطابق با گسترهٔ اطلاعاتی که از زرتشتیان یزد در روایات و منابع راه یافته، ترکیب‌بندی درونی این اقلیت را می‌توان از تأسیس قاجاریه تا تشکیل انجمن ناصری یزد به بحث گذاشت.

۱- حیات اجتماعی- فرهنگی زرتشتیان از تأسیس قاجاریه تا عهد ناصری

الف- جمعیت

اساساً یکی از مشکلات عمده در پژوهش‌های اجتماعی، فقدان آمار دقیق از نفوس و جمعیت است. عمدهٔ منابع ارائه اطلاعات از تعداد نفوس انسانی- همچون آثار سفرنامه‌نویسان داخلی و خارجی- با معیارِ خانه‌شمار از میزان جمعیت مناطق سخن می‌گویند. در این شمارش نه تنها تعداد خانه‌ها تخمینی است بلکه در مورد نفرات موجود در هر خانوار هم نمی‌توان با قطعیّت نظر داد. از همین روست که جمعیت ایران در سدهٔ نوزده و اوایل سدهٔ بیستم با اختلاف زیاد بین چهار تا هشت میلیون نفر تخمین زده می‌شود. به هرروی و در این چارچوبهٔ کلی، جمعیت یزد را در این مقطع با احتساب شهر و روستاهای پیرامون بین پنجاه تا شصت هزار نفر تخمین زده‌اند (مالکوم، ۱۳۹۴: ۶۳) که احتمالاً تا ده هزار نفر از این تعداد را زرتشتیان به خود اختصاص می‌دادند.

مانکجی- اولین نمایندهٔ انجمن اکابر پارسیان (نک به مطالب بعدی)- در طی تلاش دامنه‌داری که برای لغو جزیه داشت، در نامه‌هایی به کارگزاران سیاسی و

متولیان دینی به گزارش‌هایی دربارهٔ زرتشتیان یزد در نیمهٔ نخست عصر قاجار اشاره دارد و از جمله در نامه‌ای خطاب به فرّخ‌خان امین‌الدوله[۲۳۹] می‌نویسد: «در زمان حضرت خاقان مبرور تقریب شش‌هزار خانوار بوده‌ایم»[۲۴۰] (مکتوبات و گزارش‌های مانکجی، ۱۸۶۵: ۳۳).

بر این اساس اگر ادعای فوق در وجود شش هزار خانوار زرتشتی را بپذیریم و آن را با برآورد پیشین از جمعیت پنجاه هزار نفری یزد و اطراف مطابقت دهیم، آنگاه می‌توان به حضور حدود ده تا پانزده هزار نفری زرتشتیان در حوزه شهری و حومه اشاره نمود. البته ناگفته نماند که چه بسا آمار مانکجی بیش از بیان واقعیت، برای مقصودی دیگر و آن اثبات عدم تناسب نفرات جمعیت با افزایش مبلغ جزیه باشد. چنانکه علی‌رغم ادعای مانکجی، شیروانی در بازدید خود از یزد در روزگار فتحعلی‌شاه، جمعیت آن را پنجاه هزار نفر تخمین می‌زند و ساکنان زرتشتی آن را دو هزار خانوار زرتشتی می‌داند (شیروانی، ۱۳۴۸: ۵۷۹). این تعداد در زمان محمدشاه به دلایلی همچون تشدید فزایندهٔ فشارهای اجتماعی، تغییر کیش، مرگ و میر و مهاجرت همچنان رو به کاهش داشته است. بدین‌ترتیب گرچه حضور زرتشتیان در یزد، در کنار جماعت کوچک‌تر یهودیان، زمینه‌های مستعدّی برای متولّیان شرع برای گرم نگه داشتن تنور حفظ جامعه از کفّار ذمّی و افزودن بر محدودیت‌های

---

۲۳۹. فرخ خان کاشی ملقب به امین‌الملک، وزیر حضور، و امین‌الدوله. خانواده‌اش از زمان فتحعلی شاه به دستگاه حکومتی راه یافته بودند. او در صدارت میرزاآقاخان نوری ملقب به امین‌الملک شد و ریاست اداره صندوقخانه مبارکه را داشت و در انعقاد معاهدهٔ پاریس (۱۸۷۵م/ ۱۲۷۳ق) دست داشت. پس از عزل میرزاآقاخان در ربیع‌الاول ۱۲۷۵ به سمت وزارت حضور، یعنی وزیر دربار، و ریاست عمله خلوت شاه رسید. در ۱۲۷۶ عضو مجلس شورای وزراء یا مجلس شورای دولتی شد. در ۵۷۲۱ مدتی میرزاصادق نوری به لقب امین‌الدوله دست یافت و وزارت کشور را که آن زمان مهم‌ترین وزارتخانه‌ها بود، برعهده گرفت. اما پس از مدتی به دلیل تمایلات میرزا صادق به اصلاح امور مملکتی، از کار برکنار و لقبش به فرخ خان واگذار شد. در همین سال شاه دستور داد تا از این به بعد عزل و نصب تمام حکّام ایالات و ولایات باید با مشورت امین‌الدوله صورت گیرد. در ۱۲۸۳ق و بنا به هوس شاهانه در ایجاد تشکیلاتی جدید برای مملکت، فرخ خان پست‌های جدیدی گرفت: وزارت حضور، اداره امور حکومتی کاشان، نطنز، اصفهان، فارس، تمام گمرکات مملکت، وزارت حضور، مشیر خاص و حضور همایون. وی در ۱۲۸۸ ق درگذشت (بامداد، ۱۳۴۷، ج ۳: ۸۰-۸۵).

۲۴۰. منظور زمان فتحعلی‌شاه است.

اجتماعی‌شان فراهم می‌کرد، واقع آنست که جمعیت رو به تنزّل و نداشتن جایگاه معتبری در عرصه اقتصادی (Amighi, 1990: 89)، این اقلیت را از تهدیدی برای اکثریت مسلمان، به جماعتی فرودست و قانع در حفظ حیات تنزّل داد.

ب- نظام‌بندی اجتماعی- فرهنگی

گذشته از موضوع جمعیت، توصیفی هر چند کلی از ساختار درون‌گروهی زرتشتیان، در فهم شرایط اجتماعی و کارکرد اصلاحی انجمن اکابر پارسیان اهمیّت ویژه دارد. به‌سان نظام اجتماعی حاکم بر ایران، مردسالاری و هیرارشی، جماعت زرتشتیان را به چهار طبقهٔ روحانی، بزرگان، کشاورزان و افزارمندان تقسیم می‌کرد (Palestia: 18). ضمن آنکه از حیث دینی نیز آنها در دو طیف روحانی و مؤمنین یا بهدینان قابل شناسایی بودند (بویس، ۱۳۴۸: ۱۴۹). بهدینان عمدتاً بی‌سواد و از تعالیم دینی صرفاً به انجام مراسم عبادی قانع بودند. حال آنکه روحانیان در مقام متولیان آیین، در مقام مفسّر و مجری احکام، بر دیگر جنبه‌های حیات جماعت نیز تسلّط داشته، و ریاست بر بهدینان را حقّ موروثی خویش تلقّی می‌کردند. در کنار چنین مرزبندی‌هایی، حضور در شهر و یا روستا نیز عاملی دیگر در ادعای وجاهت به شمار می‌رفت. این موضوع که معرّف گذار رؤسای زرتشتی از روستانشینی به سکونت در شهر بود، همپای رشد و توسعه شهرنشینی در سدهٔ ۱۹ میلادی، به عاملی در احساس برتری شهرنشینان بر همکیشان روستایی تبدیل شد و گسست درونی جماعت را فزونی بخشید.

در شرایطی که فشارهای اکثریّت از بیرون، جماعت را آسیب‌پذیر می‌ساخت، از درون نیز محافظه‌کاری نخبگان سنتی، که عدم تحرّک بهدینان به‌ویژه در حوزهٔ تعلیم و تربیت از لوازم آن به شمار می‌رفت، از یک‌سو عوام یا بهدینان زرتشتی را به جمعی اکثراً بی‌سواد تنزّل می‌بخشید، و از دیگر سو دستوران و موبدان را که در روزگاران پیشین قبله‌گاه پارسیان به شمار می‌رفتند، به متولیان جماعتی فرودست تنزّل می‌داد که در پس‌افتادگی زیردستان، مناصب دینی را به وراثت دریافت می‌داشتند.

اساساً فقر عمومی زرتشتیان نه تنها عوام را از کسب معارف دینی و تحصیل،

به تلاش برای بقا و انجام مراسم آیینی تنزّل می‌داد، بلکه همواره جایگاه موبدان را در مقام مفسّر شریعت و متخصص زبان و ادبیات پهلوی- به عنوان زبان تفسیر- مستحکم می‌ساخت. البته با وجود برتری دستوران، همهٔ زرتشتیان ایران بر روی پذیرش دستور خاصّی اتّفاق نظر نداشتند و مشخّصاً یزد و کرمان در مقام دو پایگاه معتبر زرتشتی‌گری، هر کدام با داشتن آتش ورهرام و پیشوای دینی یا دستور بزرگ خود، از یکدیگر مجزا بودند (بویس: ۱۳۷).

در یزد، با آنکه دستور دستوران از حرمتی نزد حکومت برخوردار بود امّا برتری او بر جماعت فراتر از ریاست دینی نمی‌رفت. حتّی در این عرصه نیز تولیت رسمی اقلیّت، حائز خطراتی برای او بوده و حیطهٔ قدرتش توسّط متولیان دینی و حکّام و کارگزاران محلی مسلمان محدود می‌شد. با این حال و تحت سیطرهٔ جامعه و حاکمیت اسلامی، زرتشتیان نیز به‌سان دیگر اقلیّت‌ها از سطحی از آزادی و استقلال داخلی برخوردار بودند. به عبارت بهتر آنها ضمن انقیاد به ضوابط جامعه‌ی اکثریت، در حل و فصل مسائل داخلی تابع مقرّرات درون‌ساختاری بودند. از حیث پیکره‌بندی اجتماعی، جماعت با سه معیار اصلی قشربندی می‌شد: اجتماعی- جغرافیایی، اجتماعی- اقتصادی، و دینی.

در بُعد نخست هر چند تا دورهٔ حکومت خوانین، حضور زرتشتیان در روستاها بیشتر از حوزهٔ شهری بود و روستاهای ترک‌آباد و شریف‌آباد به دلیل سکونت موبدان و دستوران اعتبار ویژه‌ای داشتند، امّا پس از این و با اقامت دستوران در گبر محله و به دنبال آن مهاجرت تدریجی بهدینان به حوزهٔ شهری، یکی از ملاک‌های تمایز و تشخص اجتماعی، اقامت در شهر یا روستا شد. این امر همچنین از حیث سکونت در محله و یا روستاهای اطراف شهر[۲۴۱] بر شکاف درونی دامن می‌زد. علاوه بر این، گرایش اقتصاد یزد به بازرگانی و رونق شهرنشینی، نقش پارسیان در غنای مالی همکیشان و ظهور طیفی از تجار زرتشتی نیز بر احساس برتری شهریان می‌افزود. از

---

۲۴۱. لازم به ذکر است که یزد مانند دیگر شهرهای ایران تا شکل‌گیری شهرسازی نوین در عهد پهلوی اول بر همان محور سنتی بوده و شهر به دو بخش اصل و ظاهر تقسیم می‌شد. چنانکه بسیاری از محلات کنونی به عنوان روستا مطرح بوده و در ظاهر شهر جای داشتند.

زاویهٔ دینی، طبقه‌بندی اجتماعی افراد برمبنای درجهٔ پاکی ایشان در تعیین پایگاه اجتماعی روحانیان حائز اهمیّت می‌نمود. چنانکه ایشان خود را در عالی‌ترین سطح از پاکی دانسته و بنا بر سنّت‌های عهد ساسانی در انتقال موروثی مناصب دینی، ازدواج درون‌گروهی را عاملی بر حفظ و دوام پاکیزگی تلقی می‌کردند. علاوه بر پیوندهای درونی، سکونتگاه روحانیان نیز در سطح اعتبار و تمایز اجتماعی ایشان از مابقی جماعت تأثیرگذار بود.

استوار بر سطح پاکی افراد، پس از روحانیان، بهدینان بنا بر پیشه و حرفه درجه‌بندی می‌شدند. چنانکه پایین‌ترین سطوح متعلق به مشاغلی بود که مستقیماً با آلودن آتش یا تماس با چیزهای آلوده سر و کار داشتند. از این رو زرتشتیان کمتر به شغل آهنگری متمایل بوده، و افراد مرتبط با آماده‌سازی و انتقال جسد مردگان و دخمه‌گذاری نیز در پایین‌ترین سطح از وجاهت اجتماعی جای می‌گرفتند. ارتباط دیگر زرتشتیان با این گروه تنها در حدّ دریافت خدمات مذکور بود و حتّی به هنگام گهنبارها، بیرون می‌ایستادند و مقداری خوراک دریافت می‌کردند.

گرچه در نگاه نخست انتظار بر آنست که زرتشتیان به عنوان اقلیتی دینی، برای بقای خود در جامعه‌ای با اکثریت شیعه، از انسجام درونی برخوردار بوده و بافتی منسجم داشته باشند، امّا علاوه بر آسیب‌پذیری ناشی از قشربندی اجتماعی، از حیث درونی نیز در پایین‌ترین سطح از همگرایی بودند. چنانکه تنها در مواقع برگزاری آیین‌های دینی گرد می‌آمدند و در این سطح نیز بسیاری از مراسم آیینی همچون آداب عریض و طویل جماعت در تولد اَشو زرتشت یا مجالس مربوط به تغییر فصول که در عهد ساسانی با شکوه خاص برگزار می‌شد، رو به فراموشی گذاشتند. خانواده‌های مرفّه آیین‌های مربوط به درگذشتگان را در منازل‌شان برگزار می‌کردند. خویشان و تمامی اعضای مذکّر جماعت بدان دعوت می‌شدند و تهیه غذا و توزیع آن میان مستحقّانی که امکان حضور نداشتند، بر عهدهٔ زنان بود. موبد بر تخته‌سنگی پاک نشسته و پس از خواندن ادعیه در حقّ متوفّی، سهم خود از خوراکی‌ها را به عنوان داشتن پاکی برتر از دیگران مجزّا دریافت می‌داشت. آتشکده‌ها به رغم تقدّس بالا، محلی برای گردهمایی رسمی نبود و تنها افرادی که برای دعا و نیایش می‌آمدند، یکدیگر

را ملاقات می‌کردند (Amighi: 108-112). به هر حال گرچه زرتشتیان در تمایز با مسلمانان تا حدّی آداب و رسوم پیشینیان را ادامه دادند، امّا چه به دلیل عقب‌ماندگی فرهنگی که از تنزّل به اقلیتی پراکنده و درگیر در مسألهٔ بقا ناشی می‌شد و چه به دلیل فشارهای اجتماعی اکثریت که تأثیری جدّی بر گسست درونی آن‌ها داشت، در زمینهٔ رعایت ضوابط دینی تا آنجا از همکیشان پارسی خود متمایز و دچار اُفت شده بودند که بنا به اظهار مانکجی از زرتشتی‌گری جز نام نداشتند (نک به مطالب بعدی).

کارکرد روحانیان سنتی را بعداً و بنا به اقتضای مطلب به بحث می‌گذاریم، امّا به منظور تکمله‌ای بر شرایط فرهنگی، به ذکر اسامی دستوران و موبدان یزد که پس از سقوط صفوی در منابع از آن‌ها نام رفته است، می‌پردازیم.

پیش‌تر تنی چند از موبدان و روحانیان برجسته ساکن در روستاهای ترک‌آباد و شریف‌آباد را ذکر کردیم که در پاسخ به سؤالات پارسیان نقش داشتند. پس از سقوط صفوی و در زمان زندیه که ملاکاوس به یزد آمد (۱۱۸۶ق) بنا به اظهار پندنامهٔ ملا فیروز، دستور مرزبان پورِ دستور هوشنگ، مقام دستور دستوران ایران را داشت. او و پسرش ظُهراب تا ۱۲۳۶ق بر این مقام بودند تا آنکه بنا بر فحوای «رسالهٔ دین مسئله» اعتماد جماعت را از دست می‌دهند (نک به مطالب بعدی). لذا، علمای یزد در پی گزینش جایگزین ایشان برآمده و با طرح چند پرسش دینی به آزمون داوطلبان این مقام می‌پردازند که عبارت بودند از: موبد کیخسرو پورِ موبد خدابخش، موبد خدابخش پورِ موبد فرود، هیربد خدابخش پورِ هیربد جاماسب، و نوشیروان جاماسب پورِ دستور کاوس.

از روایت برمی‌آید که چون موبد کیخسرو در مضامین دینی و پاسخ منطقی به سؤالات شایستگی بیشتری داشت، او را به «دستوران دستوری ایران» برگزیده و خانوادهٔ دستور مرزبان هوشنگ از این مقام خلع گردید. با انتخاب ملاکیخسرو، حکومت مرکزی نیز طی حکمی (صفر ۱۲۴۰ق) سالیانه بیست تومان مستمری مادام‌العمر برای وی تعیین و سپس فرزندش جایگزین او در این مقام می‌شود (شهمردان، ۱۳۶۰: ۱۵۸).

در عهد ناصری همچنان مقام دستوری در خاندان کیخسرو دوام آورد. چنانکه در مجموعه احکام امیرکبیر، فرمانی به تاریخ ذی‌حجه ۱۲۶۵ق وجود دارد که مطابق

با آن، صدراعظم به کارگزاران خود امر می‌کند با «نامدار»، پسر و جانشین کیخسرو، جهت رسیدگی به امور زرتشتیان محل همکاری نمایند. همچنین از او در نخستین سفر مانکجی به یزد (۱۲۷۲ق) خبر داریم که نامش در رأس اعضای پنچایت جای داشت. با مرگ دستور نامدار (۱۲۷۹ق) پسر بزرگش، دستور شهریار، به اتفاق آرا به دستوری برگزیده شد و وزارت خارجه نیز طی فرمانی (جمادی‌الآخر ۱۲۸۰ق/ نوامبر ۱۸۶۳م) مقام او را به رسمیّت شناخته و یک شال ترمهٔ خلیل‌خانی به رسم خلعت به او اهدا نمود (همان: ۱۵۸). شهریار در اواخر عمر به علت دردپا از رسیدگی به امور جماعت بازماند و دستور تیرانداز پورِ موبد اردشیر مسئولیت امور همکیشان و ارتباط آن‌ها با حکومت را عهده‌دار شد. آن گونه که از اسناد برمی‌آید وی روابط مطلوبی با حاکم وقت یعنی شاهزاده جلال‌الدّوله داشته است. با مرگ شهریار، پسر بزرگش دستور نامدار به مقام دستوران دستوری دست یافت (۱۳۰۹ق). وی تا پایان عمر بر این مقام باقی ماند و پس از او، این منصب در سال ۱۲۸۴ یزدگردی از حالت فردی خارج شده و به صورت شورایی درآمد.

در باب نحوهٔ معیشت روحانیان، گفتنی است که آنها جز پرداختن به مسائل دینی جماعت مشغلهٔ دیگری نداشتند و از همین طریق امرار معاش می‌کردند. بهدینان هم خود را مکلّف می‌داستند تا بخشی از اموالشان را به عنوان زکات جهت معاش روحانیت پرداخت نمایند. در «رسالهٔ دین مسئله» در جواب سؤالی دربارهٔ نحوهٔ خمس و زکات در کیش زرتشتی چنین آمده است:

«...بفرموده به ما پروردگارا   یکی و از همه آن کردگارا
دهیم از مال خود ده یک به دستور   کیانرا اینچنین دستور معمور
ولی دستور باید با نیایش   همیشه با نماز و با ستایش
نگردد وز پی شغل دگر فرض   خداگوی و خداجو باشدش فرض
بخواند یشت و وندیداد و وستا   بود پاک و ننوشد چیز پستا
به ذکر حق بدارد قلب خود پاس   بود خالص به حق مخلص ز وسواس
اگر دستور بدکردار باشد   خدا و خلق از او بیزار باشد»

(ملافیروز، ۱۳۲۷: ۱۶۱)

کلانتران

در عصر صفوی گفته شد که شاه عباس اول به رغم ارامنه- که کلانترانی از جماعت خود را برای رتق و فتق امور داخلی برمی‌گزیدند- برای زرتشتیان یزد، داروغگانی مسلمان را منصوب کرد، امّا در حکومت کریم‌خان زند از عنوان «کلانتران زرتشتی» خبر داریم؛ افرادی زرتشتی که اولاً مسئول جمع‌آوری جزیه و حلقهٔ واسط میان همکیشان خود و حکومت بودند و ثانیاً به رغم داروغگان که از مسلمانان گزینش می‌شدند، از میان اعضای جماعت و البته با نظارت حکومت بدین مقام می‌رسیدند.

در دورهٔ قاجار، منصب جدیدی از سوی حکومت مرکزی به نام «حکومت مجوسیان» دایر گردید که کلانتران دربارهٔ امور جماعت با وی مشاوره می‌کردند و در این میان مهم‌ترین وظیفهٔ کلانتر جمع آوری جزیه و پرداخت آن به خزانه بود. (شهمردان، ۱۳۶۰: ۱۳۶). در میان آنها، از ملابهرام اردشیر خرمشاهی به روزگار زندیه خبر داریم که همزمان با حضور ملاکاوس در یزد، مقام کلانتری زرتشتیان ولایت را عهده‌دار بود. دیگر کلانتران مذکور در روایات زرتشتی و یا اسناد تاریخی، مربوط به عهد ناصری هستند که در مطالب آتی بدان‌ها اشاره خواهد شد.

ج- نماهایی از زندگی زرتشتیان

در تکمیل اطلاعات مربوط به ساز و کارهای درونی زرتشتیان منطقه لازم است تا نگاهی دقیق‌تر به نظام‌بندی اجتماعی آنها داشته باشیم. پایهٔ این داده‌ها از گزارش مانکجی فراهم آمده که با افزوده‌های دیگر، در کتابی تحت عنوان «اظهار سیاحت ایران» و به زبان گجراتی در بمبئی چاپ گردید (۱۸۶۵م).[۲۴۲] نویسنده در فصل هشتم که یکی از طولانی‌ترین فصول کتاب است، شاکلهٔ اجتماعی- فرهنگی جماعت همکیشان یزدی را در زیر مجموعه‌هایی چون ازدواج، تشکیل خانواده،

---

۲۴۲. این کتاب توسّط Marzban Giara و Ramiyar p. Karanji و Micheal Stausberg به انگلیسی ترجمه شده که در ادامه برگردان فارسی بخش‌هایی از آن را می‌آوریم.

ضوابط مربوط به بارداری، تولد و مراسم تدفین توصیف و بررسی می‌کند.

در قیاس با آثاری که اروپاییان از آداب و رسوم زرتشتیان نگاشته‌اند، نوشتار مانکجی حائز اعتبار به مراتب بیشتری است. او، به رغم آنکه از هند آمده و آشنایی با خرده‌فرهنگ‌های همکیشان ندارد، امّا زرتشتی است و در توصیف و تحلیلش می‌توان تمایز آیین‌های پارسی و زرتشتیان ایرانی را شاهد بود. به عبارت بهتر او را می‌توان بیننده‌ای برون‌نگر– درون‌نگر دانست که در مقام مسافری پارسی به آداب و نحوهٔ معاشرت و معیشت همکیشان خود در ایران با علاقه‌مندی و دقت نگریسته و برآنست تا از طریق گزارشی جامع، تصویری روشن در اختیار دیگر پارسیان بمبئی قرار دهد. از دیگر سو، نویسنده به گزارش مشاهدات اکتفا نمی‌کند و بنا به اقتضای مطلب در کنار توصیف، به زمینه‌های اجتماعی نیز می‌پردازد و در مواردی آنها را از آداب معاشرت پارسیان برتر می‌داند. متّکی بر این ویژگی‌ها، خلاصه و ویراسته‌ای از مشاهدات مانکجی را می‌آوریم.

خواستگاری، نامزدی و ازدواج

هم پسر و هم دختر باید به سن ازدواج رسیده باشند که این سنّ برای دختران بین ۱۵ تا ۲۰ سال و برای پسران ۲۰ تا ۳۰ سال است. در عین حال، پسر باید توانایی تأمین معیشت خود و همسرش را داشته باشد. اگر والدین پسر وضع مالی مطلوبی داشته باشند امّا پسر فردی بیکاره و فاقد مهارت باشد، هیچ دختری حاضر به ازدواج با وی نمی‌شود. به همین ترتیب، دختر نیز به هنگام ازدواج باید در خانه‌داری و اموری چون گلدوزی، و دوخت و دوز تبحر داشته باشد. در صورت موافقت والدین با ازدواج فرزندان، قبل از هر چیز نظر خودشان را جویا می‌شوند و فرزندانِ خود را از این حیث تحت فشار نمی‌گذارند. در مواردی که عشقی پنهان میان پسر و دختری پدید آید، از رفت و آمدهای پسر در نزدیکی خانهٔ دختر و طرز رفتار و نگاه‌های آن دو به یکدیگر، موضوع بر همسایگان و خویشاوندان‌شان آشکار می‌شود. پس زمانی که مشخص شد پسر و دختری به هم راغب هستند، خانواده‌ها به تحقیق دربارهٔ یکدیگر می‌پردازند و در صورت عدم تناسب، طرفین دلایل عدم موافقت خود را به فرزندان توضیح

می‌دهند و پسر یا دختر هم معمولاً به احترام والدین از خواستهٔ خویش صرف نظر می‌نماید. در صورتی که دو خانواده با یکدیگر متناسب باشند، با خواست فرزندان موافقت می‌نمایند (Giara, Karanjia, and Stausberg, 2004: 487).

البته اگر در میان بستگان نزدیک، گزینهٔ مطلوبی وجود داشته باشد، معمولاً سراغ دیگران نمی‌روند. به هر حال، در تحقیقات خانوادگی، چند موضوع اهمیت ویژه دارد. نخست از همه، نام و شهرت خانوادگی است؛ هیچ‌کس حاضر به وصلت با خانواده‌های بی‌اعتبار و لکه‌دار نیست. دوم: شغل پدر خانواده و خاصّه آنکه او بدهکار یا بستانکار است. این بدان دلیل است که در ایران قرض پدر باید توسّط پسرانش تأدیه شود، وبالطّبع خویشاوند مقروض، بستگان را به دردسر می‌اندازد. سوم: شهرت دوستان پسر و دختر اهمیّت دارد، چرا که رفتار آدمی متأثر از جمع دوستان است. چهارم: شغل و حرفهٔ پسر است، چرا که از این طریق زندگی آتی را اداره و کودکانش را تربیت می‌کند. به همین ترتیب، خانواده پسر نیز دربارهٔ اخلاق و رفتار دختر تحقیق می‌نمایند، چرا که او باید دوست‌دار خانواده، طالب آرامش و کوشا در تربیت کودک باشد. پنجم: اینکه فردی از هر دو خانواده تغییر کیش نداده باشد که در چنین صورتی ناشایست تلقّی شده و رنج و عذاب دیگر اعضای خانواده را باعث می‌شود. ششم: دربارهٔ وضع سلامتی طرفین نیز تحقیق می‌شود، چرا که خانواده‌ها خواهان آوردن بچه‌های سالم و قوی هستند (Ibid: 488).

در صورتی که شرایط فوق‌الذکر فراهم بود و طرفین موافقت اولیهٔ خود برای وصلت با یکدیگر را اعلام کردند، نوبت به خواستگاری رسمی می‌رسد. بدین‌منظور ۵ تا ۹ نفر بانوی متأهل از طرف خانوادهٔ پسر با بشقاب‌هایی حاوی هدایایی همچون کله‌قند، شیرینی، خرما و کشمش و دیگر میوه‌های خشک که همگی با دستمال ابریشمی سبزرنگ پوشانده شده‌اند، به خانهٔ دختر می‌روند و هدایا را میان عروس و خانوادهٔ او توزیع کرده و رسماً خواستگاری می‌کنند. یکی دو هفته بعد، خانوادهٔ دختر هم در پاسخ، یک کلاه، دستمال، کیف و یک جفت پتاوه (جوراب ساق‌کوتاه که تا قوزک پا را می‌پوشاند) به خانهٔ پسر می‌فرستند و رسماً موافقت خود با وصلت را اعلام می‌نمایند. در همین روز، دختر با توزیع شیرینی

و میوه‌های خشک و امثالهم بین دوستان و نزدیکان، نامزدیش را اعلام می‌کند و خانواده‌های دو طرف نیز با پیشکش نمودن کله‌قند به مردان روستا و کدخدا و دستور، موضوع نامزدی را عمومی می‌کنند (Ibid: 489).

روز بعد، پسر در یک انار شیارهایی ایجاد نموده و چند عدد سکه در آن تعبیه نموده و به همراه دستمالی پر از شیرینی، یک جفت کفش و زنجیری نقره، به اتّفاق پدر، عمو، برادر و دیگر خویشان از مرد و زن که تعدادشان به حدود هفت تا پانزده نفر می‌رسد، به خانهٔ دختر می‌رود. زن‌ها و مردها از هم جدا می‌نشینند، و عروس هم کمی دورتر از مابقی نشسته و یا می‌ایستد. پس پسر به کنارش رفته و در حضور همگان، انار تزئین‌شده و شیرینی را به وی تقدیم می‌دارد. آنگاه زنان از طرف پسر، کفش به پای دختر و حلقه به انگشتش می‌کنند. در این هنگام، اصطلاحاً گفته می‌شود که فلان دختر پایش را در کفش‌های بهمان بهدین کرده و به همسری او درآمده است. سپس مردها شادمانه برخاسته و یکدیگر را در آغوش می‌گیرند. مردان خانوادهٔ دختر هم کلاهی بر سر پسر می‌گذارند و آنگاه نوبت به صرف غذا می‌رسد. اکنون مراسم نامزدی پایان یافته است و داماد از این به بعد مجاز به رفت و آمد با خانوادهٔ عروس و بستگان اوست. در این میان، تا برگزاری جشن عروسی، طرفین از هر فرصتی برای تبادل هدایا استفاده می‌کنند (Ibid: 489-490).

معمولاً حدود یک سال پس از مراسم نامزدی، جشن عروسی برپا می‌شود. امّا در مورد خانواده‌هایی که وضع زندگی مناسبی ندارند، فاصلهٔ این دو مراسم به ده تا دوازده روز کاهش می‌یابد. البته ممکن است به دلایلی چون وقوع حوادث غیرمترقبه و ناگوار و یا موانعی دیگر، برگزاری مراسم ازدواج بین پنج تا هفت سال به تعویق افتد. وقتی شرایط برگزاری جشن عروسی فراهم شد، پسر بنا به توان مالی خانواده‌اش، خانه‌ای خریده یا اجاره می‌کند. در صورتی که تک پسر باشد، عروس و داماد در خانهٔ پدری پسر ساکن می شوند، با این حال تهیهٔ خانهٔ جداگانه را ترجیح می‌دهند. روز برگزاری جشن عروسی، با توافق خانوادهٔ دو طرف مشخص شده و تابع مقرّراتی است. چنانکه فصل بهار و روز سوم ماه را مناسب‌ترین زمان برای این جشن می‌دادند. گذشته از این ایام، در سه ماههٔ تابستان نیز می‌توان عروسی گرفت، ولی

در فصل پاییز ممنوع است. در موارد ضروری، سه ماههٔ آخر فصل زمستان هم می‌توان عروسی گرفت (Ibid: 491).

به هر حال، در غروب روز عروسی، مهمانان در خانهٔ پدری داماد گرد می‌آیند و با رسیدن دهموبد، به اتّفاق او و پنج تا هفت نفر از طرف داماد، به خانهٔ دختر می‌روند. در این هنگام دختر لباس عروسی پوشیده و محجوبانه و در حالی که روپوشی بر سر و صورت دارد، میان زن‌ها نشسته است. پس دهموبد او را به نام صدا می‌زند؛ امّا در نوبت اول دختر از روی حجب و حیا جواب نمی‌دهد. پس از اینکه دهموبد چند بار او را صدا زد، سرانجام دختر با صدایی آرام پاسخ می‌دهد. پس دهموبد از او می‌خواهد که بلندتر سخن گوید. آنگاه می‌گوید که فلانی خواستار وصلت با شماست و از او می‌خواهد که موافقت یا مخالفت خود را آشکارا اعلام کند و در صورت موافقت، شخصی را به عنوان وکیل خود معرفی نماید. پس دختر یکی از بستگان مرد خود را نام می‌برد و او را به وکالت برمی‌گزینند و جمع نیز بر این امر شهادت می‌دهند. پس پسر سمت راست سپس، با دعای زوجین توسّط بزرگترها و دستور، وکیلی که توسّط دهموبد مشخص شده را فرا می‌خوانند که فلانی وکالت متعلقهٔ بهدین فلانی را بر عهده گرفته است و حاضرین بر این امر شهادت می‌دهند (Ibid: 491-492).

پس به همراه وکیل به خانهٔ داماد بازمی‌گردند و در آنجا دهموبد خطاب به بزرگ‌ترها و دستور که برای تقدیس و تبرک زوجین آمده است، می‌گوید که دوشیزه فلانی، بهدین فلانی را به عنوان وکیل خود انتخاب نموده است و حاضرین هم بر این امر شاهد هستند. پس داماد و وکیل دختر کُستی پادیاب می‌کنند و داماد در سمت راست دستور و وکیل دختر در سمت چپ او می‌نشینند. در دست راست وکیل دختر، هفت قلم میوهٔ خشک گذاشته می‌شود و داماد هم در دست راست خود پیمان‌نامه را نگاه می‌دارد. آنگاه دستور به بیان سخنانی پندآمیز و نصیحت‌گونه خطاب به عروس (در واقع، وکیل او) و داماد می‌پردازد که بخشی جنبهٔ صرفاً دینی و اعتقادی دارند و برخی نیز به کار زندگی روزمره می‌آیند (Ibid: 492-496).

سپس دستور از ایشان می‌خواهد که از گناهانی که احتمالاً در گذشته مرتکب

شده‌اند، توبه نمایند. پس داماد و وکیل دختر پتیت (دعای توبه و استغفار) می‌گویند. آنگاه داماد اقرار می‌کند که عروس را به عقد ازدواج خود درآورده و او را به همسری پذیرفته است و سوگند می‌خورد که همیشه از جسم و جان او محافظت نماید و آرزوها و خواسته‌هایش را حتّی‌الامکان برآورده سازد و حاضران را در این رابطه به گواه می‌گیرد. متعاقباً وکیل دختر هم سخنانی به همین مضمون ادا می‌کند و نهایتاً سه بار می‌گوید: «من دادم». پس داماد هم سه بار پاسخ می‌دهد: «من پذیرفتم». آنگاه دستور ادعیه و نیایش‌هایی از اوستا می‌خواند و در پایان، در حق عروس و داماد دعای خیری می‌کند و بدین ترتیب، وصلت رسماً و شرعاً انجام شده است (Ibid: 496-497).

در ادامه یک دست لباس و مقداری زینت‌آلات از خانهٔ داماد می‌برند و بر تن عروس می‌کنند. خانوادهٔ دختر نیز به کسانی که این لباس را آورده‌اند، مقداری میوهٔ خشک و شیرینی و جرعه‌ای شراب می‌دهند. سپس همگی با شمعی روشن در دست به همراه عروس رهسپار خانهٔ داماد می‌شوند و با خود لباس، اسباب و لوازم آشپزخانه، رختخواب و غیره را که والدین عروس با توجّه به توانمندی‌شان تهیه کرده‌اند (جهیزیه)، به خانه داماد می‌برند. به محض رسیدن به خانهٔ داماد، عروس در ظرفی مناسب آتش روشن می‌کند و مردان در یک سو و زنان در سوی دیگر می‌ایستند و آنگاه داماد در حضور همگان دستان عروس را گرفته و همراه با هم سه تا هفت دور بر گرد آتش می‌چرخند و حاضران بدیشان تهنیت می‌گویند. بعد از انجام این مراسم، داماد با دست عروس را به اتاقی در خانه می‌برد و پس از نشاندن عروس، بازمی‌گردد و با بستگان و میهمانان خداحافظی می‌کند و عروس و داماد در خانه تنها می‌مانند (Ibid: 497-498).

در چند روز آینده (معمولاً تا یک هفته)، بستگان عروس و داماد به میهمانی ایشان می‌روند و با نهار یا شام پذیرایی می‌شوند و آنگاه نوبت به بستگان نزدیک است که عروس و داماد را به خانهٔ خود میهمان کنند (Ibid: 498).

آنچه بیش از هر چیز تحسین مانکجی را نسبت به مراسم ازدواج در میان همکیشان ایرانی خود باعث می‌شود، یکی سادگی و کم‌هزینه بودن مراسم بود که در این هزینهٔ اندک نیز هر دو خانواده مشارکت داشتند، و دیگر اینکه عروس و داماد

ایرانی معمولاً به خانهٔ خودشان می‌رفتند و عروس مجبور نبود که در کنار والدین شوهرش زندگی کند. و این به‌ویژه در قیاس با هند که عروس ناگزیر به زندگی در کنار مادر شوهرِ معمولاً بداخلاق و بهانه‌جو بود، قابل تحسین می‌آمد (Ibid: 498-499) .

نکتهٔ دیگر، مرسوم بودن وصلت میان خانواده‌های روحانی و بهدین است. زرتشتیان کرمان هیچ اشکالی در این باره نمی‌بینند، اما بعضی از موبدان یزد وصلت دختران یا خواهرانشان را با بهدینان خیلی نمی‌پسندند؛ گرچه آن را کاملاً هم رد نمی‌کنند (Ibid: 503) .

حقّ عروس و داماد از دارایی والدین.

وقتی پسری ازدواج می‌کند و از پدرش جدا می‌شود، پدر سهم‌الارث او را می‌دهد و بعد از این سهمی از سرمایه و دارایی پدر نمی‌برد. بدین‌ترتیب اگر فردی بیش از یک پسر داشته باشد، هر یک از آن‌ها در زمان ازدواج سهم‌الارث خود را می‌گیرند. آخرین پسر خانواده در خانهٔ پدری ساکن شده و وارث مابقی سرمایه و دارایی پدر می‌شود؛ زیرا اوست که در خانهٔ پدری باقی می‌ماند و مسئول اجرای مراسم دینی برای مردگان و زندگان این خانواده است (Ibid: 499).

وقتی دختری ازدواج می‌کند، والدین و برادرانش بایستی هزینه مراسم ازدواج را بسته به وُسع مالی خود متقبل شوند و او جز جهیزیه که در این زمان می‌گیرد، از دارایی پدر سهم دیگری نمی برد. امّا هر آنچه مادر از زینت‌آلات، پول نقد، لباس، باغ، مزرعه دارد و نیز مهریه‌اش پس از فوت، متعلق به دختر است. اگر بیش از یک دختر داشته باشد، دارایی مادر میان آنها توزیع می‌شود. در عین حال اگر دختر از شوهر یا بستگان سببی و نسبی‌اش چیزی دریافت داشته باشد یا بدو رسیده باشد، تا زنده است تعلّق به او دارد و هیچ‌کس نمی‌تواند به زور آن را از او بستاند؛ نه والدین، برادر، همسر، خواهر و نه هیچ‌کس دیگر (Ibid: 499-500).

انواع و اقسام ازدواج و القاب عروس

دختری که با رضایت و موافقت والدین و بستگانش ازدواج کند، پس از ازدواج

او را «پادشاه زن» می‌خوانند و چنین ازدواجی را ازدواج «پادشاه زنی»می‌گویند. در صورتی که دختر بدون رضایت والدین یا سرپرست خود، با کسی وصلت کند، وی را «خودرأی زن» می‌خوانند و احترامی برایش قائل نمی‌شوند.

زن بیوه را چون ازدواج مجدد نماید، «چکرزن» می‌خوانند. اگر زنی از همسر اول اولادی نداشته باشد یا همگی مرده باشند، و در صورت ازدواج مجدد بیش از یک فرزند بیاورد، نیمی از فرزندان او تعلق به همسر اوّل دارند و به نام او نامیده می‌شوند و نیمی دیگر متعلق به همسر دوم هستند.

دختری که پدرش پسر نداشته باشد، ازدواجش از نوع «ستور زنی» است و پس از ازدواج «ستور زن» خوانده می‌شود و چنانکه نخستین فرزندش پسر باشد، او را با نام پدر بزرگ مادریش می‌نامند. به عبارتی دیگر، شرعاً و قانوناً فرزند پدربزرگ خود محسوب شده و پدر طبیعی وی هیچ حقّی بر او ندارد و طبیعتاً ارثی هم از پدر طبیعی‌اش نمی‌برد.

زنی که از همسر خود جدا شود و سپس با مردی دیگر ازدواج کند، او را «ایوکی زن» می‌نامند و چنین وصلتی را «ایوکی زنی» (Ibid: 500-501).

طلاق

طلاق در میان زرتشتیان ایران امری ناپسند بود و شکستن پیمان زناشویی، معصیتی بزرگ به شمار می‌رفت. بنابراین در صورتی که به هر دلیلی و مشخصاً اختلافات زن و شوهر، تصمیم به طلاق بگیرنند، همهٔ نزدیکان و دوستان درصدد پادرمیانی و منصرف ساختن ایشان از جدایی از یکدیگر برمی‌آیند. چنانکه وساطت و پند و اندرز به جایی نرسید، و پس از چندی همچنان اصرار به طلاق داشتند، سراغ دستور می‌روند و درخواست متارکه می‌کنند. دستور هم آخرین نصیحت‌ها را به ایشان می‌کند و از آن‌ها می‌خواهد که چند روز دیگر در این باره بیندیشند. امّا اگر این فرصت نیز کارساز نیفتاد، ناچار درصدد ختم ماجرا برمی‌آید. پس از اینکه مهریهٔ زن پرداخت شد، هر دو به آتش بهرام رفته و کُستی پادیاب می‌کنند و دستور در حضور

شاهدان جدایی آنها از یکدیگر را اعلام میکند. و از این پس این دو حقّ و حقوقی نسبت به یکدیگر ندارند و هریک در پی کار خود میرود (Ibid: 501-502) .

ضوابط دو همسری

در زمان حضور مانکجی در ایران، تعداد قابل توجّهی از مردان زرتشتی، دو همسر داشتند. مانکجی که در میان پارسیان هند، کمتر با این پدیده روبرو شده بود، معتقد است که این رسم ناشی از تماس با مسلمانان بوده و در واقع از مسلمانان در میان زرتشتیان ایران رسوخ کرده است (Ibid, 503) .

به هر حال، اگر مردی با وجود داشتن زن اوّل خود، قصد گرفتن زن دوم را داشت، باید به هر طریقی رضایت همسر اوّل را جلب میکرد و در واقع زن نخست باید به صورت شفاهی در حضور دستور و دیگر بزرگان روستا شهادت میداد که «من خودم به همسرم برای اختیار کردن زن دوم، اجازه دادهام». در مواردی ممکن بود که زن اول از دیگران درخواست کند که شوهرش را در یافتن زن دوم یاری کنند. یا گاه، زن اول رضایت خود را مکتوب ساخته و خودش دست به کار یافتن همسر دوم برای شوهرش میشد. به هر حال، این دو زن چه در یک خانه و چه در خانههای جدا میزیستند، اهل فحاشی و نزاع با یکدیگر نبوده و فرزندانی هم که از ایشان زاده میشدند، توجّه و عشق و علاقه یکسانی دریافت میداشتند و در میراث نیز از حقوق برابر برخوردار بودند و از این رو، محلی برای نزاع و مناقشه باقی نمیماند. از نگاه مانکجی- و احتمالاً در قیاس با همسر خودش!- زنان زرتشتی ایرانی در مجموع زنانی فهمیده، صبور، وفادار و مطیع شوهرانشان بوده که در هر شرایطی در پی جلب رضایت و خرسندی مردان خود هستند (Ibid, 503).

بارداری، تولد نوزاد، کودکی و ضوابط قاعدگی

از نگاه مانکجی زنان ایرانی علیرغم زنان پارسی در هند، اهل کاهلی و سستی نیستند و با تنبلی و نازپرودگی عمر نمیگذرانند و حتّی در وقت حاملگی همچنان

کارهای روزمرهٔ خود را انجام می‌دهند. در چهار ماههٔ ابتدایی حاملگی، اقوام زن لباس‌های رنگارنگ برای طفلی که در راه است، دوخته و همراه با هدایی به زن باردار می‌دهند. چون وقت زایمان فرا رسد، یکی از اتاق‌های خانه را تمیز و جاروب نموده و آتش یا چراغی در آن روشن می‌کنند. تنی چند از زنان بالغ خویشاوند یا همسایه که خوش‌رو و مهربان هستند، بر بالین زائو حاضر می‌شوند و از ایشان یکی که خبره‌تر است، مسئولیت زایمان مادر و پرستاری نوزاد را برعهده می‌گیرد. با تولد نوزاد، ابتدا به او کمی شکر یا شیر خِش یا عسل می‌خورانند، و یکی از زنان کُستی‌-پادیاب به جای آورده و ضمن خواندن نیایش‌هایی از اوستا، طفل را تمیز و قنداق می‌کند (Ibid, 507-508) .

مادر در روز دهم پس از زایمان، خود را شستشو داده و پس از پوشیدن لباس‌های تمیز می‌تواند در خانه یا هر جای دیگر آزادانه رفت و آمد کند. امّا تا چهل روز پس از زایمان باید از آتش و آب و غذا دوری نموده و آب و غذای خود را جدای از دیگران بخورد. در روز چهلم زنی از طبقهٔ روحانیان، در حقّ او مناسک تطهیر انجام داده و از این پس می‌توان به زندگی خود به شکل عادی ادامه دهد. همچنین بعد از زایمان، به جای آوردن آیین برشنوم هم توصیه می‌شود (Ibid, 508).

برای نام‌گذاری نوزاد، مادر، پدر، پدربزرگ، و دیگر خویشان نزدیک، هر یک نامی را در نظر می‌گیرند و در روز ششم تا دهم تولد، طی جلسه‌ای با حضور همه، اسم مورد نظر خود را اعلام می‌کنند و نهایتاً با موافقت مادر یکی از این اسامی برگزیده می‌شود. معمولاً چنانچه فرزند، پسر باشد نام پدربزرگ پدری و اگر دختر باشد، نام مادربزرگ پدری یا مادربزرگ مادری را روی او می‌گذارند. اگر هنگام حاملگی مادر، شوهرش بمیرد، در صورت پسر بودن فرزند نام پدر را بر او می‌نهند. مثلاً اگر نام پدر، کاوسِ بهرام باشد، پسر هم کاوس بهرام نامیده می‌شود (Ibid: 508).

اگر مادر به اندازهٔ کافی شیر نداشته باشد، ترجیح می‌دهد که به طبیب مراجعه کند تا اینکه شیر زن دیگری را به فرزندش دهد. اگر مادر نوزاد بیمار شده و یا فوت کند، طفل را به زنی از خویشان نزدیک که شیر دارد، می‌سپارند و ابداً شیرِ زنی از فرودستان زرتشتی یا زن غیرِ زرتشتی را به نوزاد نمی‌دهند؛ چرا که معتقدند کودک

خلق و خوی کسی را که بدو شیر داده به خود می‌گیرد. کسی که زنی او را در کودکی شیر داده، باید همیشه او را چون مادر خود احترام بگذارد (Ibid, 509).

زنان زرتشتی ایرانی در هنگام حیض نیز همچون ایّام پس از زایمان، گوشهٔ عزلت می‌گیرند و خود را مقیّد به فاصله گرفتن از جمع می‌دانند و حتّی‌الامکان چیزی را لمس نمی‌کنند. غذای خود را با قاشق و در ظروفی می‌خورند که ویژهٔ این اوقات هستند و دور از ظروف و اشیاء دیگر نگه داشته می‌شوند. از خیره شدن به آتش و آب و نیز مرد پارسا پرهیز می‌کنند. البته برای اینکه از گوشه‌نشینی خسته نشوند، به دید و بازدید دیگران می‌روند امّا این ملاقات‌ها در مکانی ویژه صورت می‌گیرد و حتّی المقدور از تماس با آجر و خشت و چوب و یا ایستادن روی آن‌ها اجتناب می‌ورزند و مراقب هستند تا این دید و بازدیدها بیش از اندازه طولانی نشده و زود به خانه بازگردند. رعایت این ضوابط تا پایان دوران حیض و شستشوی همه جای بدن- از سر تا پا- ضرورت دارد. لباس های این ایام را با آب و نیرنگ (بول گاو تقدیس شده) شسته و برای استفادهٔ مجدّد نگه می‌دارند (Ibid: 509).

آیین‌های تدفین

جسد مرد متوفّی را مردان و زن متوفّی را زنان با نیرنگ و آب می‌شویند. اگر نساخانه در نزدیکی باشد، چهار نفر که دو به دو با یکدیگر پیوند نگاه می‌دارند، جسد را، قبل از انتقال به دخمه، بدانجا می‌برند. و اگر نساخانه در دسترس نباشد، جسد را داخل خانه و در محلی که بدین‌منظور آماده شده، قرار می‌دهند. این فضا را با شیارهایی از سایر نقاط جدا می‌کنند و در آنجا به مدّت سه روز (حتّی پس از انتقال جسد به دخمه) چراغی روشن نگاه می‌دارند. در این هنگام آیین سگ‌دید انجام می‌شود و آنگاه دو موبد یا بیشتر (تعدادشان باید زوج باشد تا دو به دو با یکدیگر پیوند نگاه دارند)، طی مراسمی گه‌سَرنا می‌خوانند و بهدینان نیز آن‌ها را همراهی می‌کنند. بعد از آن نساسالاران، تابوت یا اصطلاحاً گاهان را پیش آورده و جسد را در آن گذاشته و آن را به مرده‌بَرها (خاندیاها) می‌سپارند

تا به دخمه ببرند. خویشان نزدیک متوفی هم دو به دو و ضمن خواندن برخی ادعیه، تابوت را تا مسافتی بدرقه می‌کنند. چون به خارج از روستا می‌رسند، اندکی توقف نموده و عدّه‌ای از همینجا بازمی‌گردند و در بازگشت کُستی پادیاب می‌کنند. مابقی تا دخمه جسد را همراهی می‌کنند. بعد از آنکه جسد در دخمه گذاشته شد، سایرین هم به خانه‌هایشان باز می‌گردند و کُستی پادیاب کرده یا خودشان را می‌شویند. برخی نیز در خیله‌های نزدیک دخمه می‌مانند و کستی پادیاب کرده و به خواندن اوستا مشغول می‌شوند. البته فقط تا هنگام عصر می‌توان کنار دخمه ماند و عزاداری کرد و بعد از آن باید محل را ترک کرد، ضمن اینکه هیچ‌کس- به غیر از اهل خانه- مجاز به رفتن به خانهٔ متوفّی نیست (Ibid, 510).

بعد از اینکه نساسالاران جسد را در دخمه گذاشتند، به خانه‌هایشان می‌روند و حمام کرده و لباس‌شان را عوض می‌کنند و شرابی هم می‌نوشند، امّا باید از بهدینان و موبدان دوری کنند و مجاز به حضور در عبادت‌خانه و جشن‌ها نیستند. به همین ترتیب، مرده‌بَرها (خاندیاها) نیز به خانه‌هایشان رفته و خود را می‌شویند و لباس عوض می‌کنند و لباس‌هایی را که در حین جابجایی جسد به تن داشته‌اند را با نیرنگ و آنگاه آب می‌شویند و خشک کرده و کنار می‌گذارند تا مجدّداً استفاده کنند. وقتی کسی می‌میرد، بستگان نزدیک او تابوتش را حمل می‌کنند،[۲۴۳] امّا تنها نساسالاران مجاز به رفتن به داخل دخمه و انتقال جسد بدانجا هستند (Ibid, 510).

پس از انتقال متوفّی به دخمه، فردی از افراد ذکور خانواده مقداری شراب و خوردنی برای مردمی که در اطراف دخمه جمع شده‌اند، آورده و از آنها می‌خواهد به خانه بروند. شیون و زاری روا نیست و بستگان نزدیک، حداکثر مجاز هستند که آهسته و بی‌صدا اشک بریزند (Ibid, 510-511) .

در روز سوم یا چهارم پس از مرگ، دوستان و آشنایان و بستگان با گل و میوه و گیاهان سبز به خانهٔ متوفّی رفته و آن‌ها را در کنار چراغی که در محل واقع شدن جسد فروزان است، قرار داده و پس از اظهار همدردی با خانوادهٔ متوفی بازمی‌گردند. برخی

---

۲۴۳. به حاملان تابوت اصطلاحاً خاندیا گفته می‌شود.

نیز کُستی پادیاب کرده و پتیت می‌خوانند و در عصر روز سوم در اوزیرین‌گاه (بعد از ظهر تا هنگام غروب خورشید) خویشان نزدیک با چند موبد جمع شده و اوستا و پتیت مربوطه را خوانده و هر یک در پی کار خود می‌روند. هیچ مراسم و اجتماع دیگری در خانهٔ متوفّی و یا هر جای دیگر انجام نمی‌شود. هر آیینی که برای آمرزش روان متوفّی ضرورت دارد، در خانهٔ موبد برگزار شده و هیچ مراسمی در آدریان برگزار نمی‌شود (Ibid, 511) .

در روز چهارم پس از مرگ متوفّی، مراسمی به نام چهارم برگزار می‌شود که معمولاً عموم آشنایان و بستگان از پیر و جوان و زن و مرد در آن شرکت می‌کنند. چون نوبت به قرائت آفرینگان می‌رسد، چربی حیوانی به آتش تقدیم می‌دارند و معمولاً برای این کار از چربی خشک‌شده و آمیخته با بوی خوشی که برای استفاده در چنین مواقعی در خانهٔ روحانیان نگهداری می‌شود، استفاده می‌کنند. حاضرین به یاد متوفّی، اوستا و پتیت می‌خوانند و آنگاه چاشنی تقدیس‌شده‌ای میان ایشان توزیع می‌شود که ترکیبی است از تربچه، پیاز، دانه‌های انار، میوه‌های خشک و تخم مرغ آب‌پز است (Ibid, 511) .

بعد از چهارم، در روز دهم صرفاً یک آفرینگان می‌خوانند و هیچ مراسم دیگری برگزار نمی‌شود. آنگاه در روز سی‌ام، آیین‌هایی طی دو روز برگزار شده، و از جمله بزغاله‌ای را قربانی کرده و افراد بسیاری را طعام می‌دهد. در سی‌روزه‌های بعدی، صرفاً نیم سیر (۲۵۰ گرم) گندم، یک عدد تخم مرغ، مقداری پول به همراه مقداری میوه خشک به موبد می‌دهند تا برای روان متوفّی یک آفرینگان بخواند. چون سال متوفّی فرا می‌رسد، باز مانند سی‌روزهٔ اول، بزغاله‌ای را قربانی می‌کنند. در سالمرگ‌های بعدی صرفاً مقداری گندم، تخم مرغ، و کمی پول و میوهٔ خشک به موبد می‌دهند تا در خانهٔ خود آفرینگان و درون برگزار کند. جالب اینجاست که مانکجی تحت تأثیر اندیشه‌های آذرکیوانی، معتقد است که قربانی کردن بزغاله و چربی نثار آتش کردن، ریشهٔ دینی ندارد بلکه برآمده از سودجویی برخی افراد و مشخصاً روحانیان است (Ibid: 511).

بنا به ادعای مانکجی، زرتشتیان ایران معتقد بودند که اگر متوفّی، گوشتخوار

بوده باشد، تا سی سال باید آیین‌های دینی در حقّ او برگزار کرد بلکه روانش از بار گناه گوشتخواری رهایی یابد؛ اما برای مرد و زنی که گوشتخوار نبوده‌اند، دوازده سال کفایت می‌کند(Ibid, 512) .

هرفرد مجرد یا متأهلی که در سن بالای ۱۵ سالگی بمیرد و پسری از خود برجای نگذارد، باید پسری از بستگان نزدیکش را به فرزندی او بردارند. این پسربه جای نام پدر اصلی‌اش، نام پدرخوانده‌اش را به دنبال اسم خود می‌آورد و موظّف است که آیین‌های دینی لازم را در حقّ پدرخواندهٔ متوفّایش برگزار نماید (Ibid, 512).

برای شادی و خرسندی روان درگذشتگان، مراسمی به نام موکتاد به مدّت ده روز از اَشتاد روز از اسفند ماه (۲۶ اسفند) تا پایان پنجهٔ دزدیده، برگزار می‌شود. بدین‌منظور از میان اتاق‌های خانه، اتاقی باز و رو به فضای آزاد که از آن می‌توان به عنوان اتاق نشیمن استفاده نمود و گنجه‌ای نیز در دیوارش تعبیه شده است، انتخاب می‌شود. دیوارها و سقف آن را با گچ هموار و اندود کرده و فرشی در آن می‌گسترانند و در تمام شبانه‌روز گل و میوه و برگ سبز در گنجه و نیز روی فرش نگه می‌دارند و به مناسبت بازگشت روان درگذشتگان به زمین پنج یا شش مرتبه در روز، تمامی افراد خانواده از کوچک و بزرگ، دعاهایی از اوستا می‌خوانند(Ibid, 512) .

د- محمد ولی میرزا و زرتشتیان

از روزگار فتحعلی شاه تا اوایل عهد ناصری، از زرتشتیان یزد در خلال دو رخداد- یکی مربوط به حکومت محمّد ولی میرزا در اوایل سلسله، و دیگری در سرآغاز عهد ناصرالدین شاه- یادشده است. شاهزاده محمّد ولی میرزا، چهارمین پسر فتحعلی شاه از سال ۱۲۳۶تا ۱۲۴۳ق، زمام امور یزد را به دست داشت (در مورد عملکرد وی در یزد، نک: تشکری، ۱۳۸۹، تاریخ ایران، ش ۵: ۱۹-۲۲) و در کتابی موسوم به «رسالهٔ دین مسئله» که نگارندگان زرتشتی تنظیم نموده‌اند، به تقابل او با زرتشتیان- که بنا به تحریک جمعی از مسلمانان متعصّب صورت گرفته- اشاره شده است:

«...به پیش او بسی دروند رفتند / که خُبث دینِ به، بسیار گفتند
که اینها جملگی گبرند و بی‌دین / نه حقّ را می‌شناسند و نه آیین
علی را با محمّد هیچ مقبول / ندارند و روند از راه باطل»

(ملا فیروز، ۱۳۲۷: ۱۴۵).

اصرار و ابرام این جماعت بدطینت، شاهزاده را بر آن داشت تا با همدستی روحانیان مسلمان، پرسش‌هایی را مطرح و نزد زرتشتیان بفرستد تا در صورت ناتوانی ایشان در پاسخ دادن،

«...چو اندر راه حقّ مغرور باشند / به نزدم جملگی معذور باشند
کنم‌شان اهل ایمان و مسلمان / به زور و کشتن و قتلست فرمان»

(همان: ۱۴۵-۱۴۶).

پس، سی و سه پرسش در زمینه‌های مختلف مطرح می‌شود؛ از جمله دربارهٔ نحوهٔ عبادت‌شان، روزه گرفتن، پیر مصلحت‌بین یا همان جاماسب، نحوهٔ طهارت، غسل جنابت، استحمام، حایض شدن زنان، در باب حلال و حرام، خمس مال، زیارتگاه‌های زرتشتیان، وقفیات گهنبار، میراث در کیش زرتشتی، حیوانات اهلی و وحشی و حلال و حرام آن‌ها، عهد و پیمان، وصلت و پیوند زناشویی، خواستگاری، طلاق، قسم دادن برای رفع بدگمانی، غسل و کفن کردن میت، دربارهٔ دزدان، الواط، قاتل، زنا کردن، کُشتی بستن، خواب دیدن، چهار ستون دنیا و فرود آمدن ارواح درگذشتگان در پنجه وه.[۲۴۴]

شاهزاده این پرسش‌ها را نزد دستور کیخسرو می‌فرستد:

«خجسته نام دستوری پر از بخش / خودش کیخسرو و بابش خدابخش»

(همان: ۱۴۷).

---

۲۴۴. پنج روز اول فرودین را گویند که معتقدند در این ایام- و نیز در پنجهٔ دزدیده که پیش از آن است- ارواح درگذشتگان نزد بستگانشان فرود می‌آیند و طبیعتاً انتظار خیرات دارند.

دستور کیخسرو نیز پدر راوی و موبد «خدابخش فرود» را فرامی‌خواند و درصدد تهیه پاسخ برمی‌آید. از آنجا که پاسخ برخی از این پرسش‌ها، در فهم نگرش و تلقّی دستوران حائز اهمیت است، ناگزیر به تعدادی ازپرسش و پاسخ‌ها در همین‌جا می‌پردازیم و برخی دیگررا بنا به اقتضای مطلب بعداً می‌آوریم.

در رابطه با پرسش نخست که دربارهٔ ماهیت کیش زرتشتی و پیامبرآن هست، دستوران بنا برقاعدهٔ پیش‌گفته مبنی برکسب وجاهت در جامعه اسلامی از طریق انتساب زرتشت به ابراهیم (ع) می‌گویند:

«...مبارک پی خجسته نام زرتشت — که از برهان و معجز دیو را کشت
عرب خوانند ابراهیم نامش — به نزد حقّ روا گشته است کامش»

(همان: ۱۴۹).

دربارهٔ نحوهٔ وضو گرفتن در کیش زرتشتی، پاسخ می‌دهند:

«به پاسخ اینکه دست از بهر وضو — بباید شست از کف تا به بازو
دگر رخ را بشستن تا بناگوش — دو پا تا زنگها ای مرد پرهوش»

(همان: ۱۵۴).

همچنین در پاسخ به نحوهٔ تقسیم ارث میان وارثان یک متوفّای زرتشتی، ضمن تأکید برعدم تفاوت میان فرزندان دختر و پسر، برآن هستند که:

«بهر فرزند دادن دو رسد چیز — به زن باید که دادن یک رسد نیز
اگر فرزند کج‌رفتار باشد — ازو مام و پدر بیزار باشد
ورا مال پدر حقی نباشد — ابا دیوان ورا فرقی نباشد
نبرده زن اگر فرمان شوهر — نباید داد اگر ملکست اگر زر
پدر را گر نباشد هیچ اولاد — گهنباری بباید کرد بنیاد
بباید وقف کردن گهنبار — چنین فرمان بود از دین دادار»

(همان: ۱۶۵-۱۶۶).

به هر حال، پاسخ‌گویی به پرسش‌ها سه روز به طول می‌انجامد. پدر راوی که بازمی‌گردد، جزئیات ماجرا و پرسش و پاسخ‌ها را برای فرزند ذکر می‌کند، و او هم آن‌ها را به نظم در می‌آورد امّا گویا در آشوب‌هایی که بعدها یزد را در بر می‌گیرد، دفتر شعر مزبور ناپدید می‌شود:

«در ایامی که یزد آشوب برخواست — به هر جایی صدای توپ برخواست
سپاه و لشکر افشار بی‌باک — ز ما بردن آن با دفتران پاک»

(همان: ۱۸۴).

مدّتی پس از ناپدید شدن دفتر شعر در آشوب مذکور، شخصی دربارهٔ موضوع از راوی سؤال می‌کند و چون در یافتن اصل دفتر باز می‌ماند، با تکیّه بر حافظه، مجدداً سؤال و جواب‌ها را به رشته نظم می‌کشد. هر چند به این بحران در دیگر منابع اشاره‌ای نشده است، امّا در پایان رساله، شاعر از خود و زمان سرودن اثرش، چنین یاد می‌کند:

«...نوشتم تا که باشد یادگاری — خدابخش است نامم یاد داری
بود جاماسب بابم ای نکوکار — خدامُرزی بده ای نام بُردار
... بگویم سال تاریخش ایا دوست — مه دیماه و روز مهر نیکوست
به یزدجردی دو ششصد بود هفتسال — که این اشعار گفتم اندرین حال
ازین بس کین سخن‌ها نظم کردم — به روز و ماه و سالش ختم کردم
ز هجری بود تاریخش درین حال — هزار و دو صد و پنجاه و سه سال»

(همان: ۱۸۶).قف

۲- حیات اجتماعی- فرهنگی زرتشتیان در عهد ناصرالدین شاه

الف- شورش محمّد عبدالله و غارت اموال زرتشتیان

مطابق طرح کلی نظام سیاسی ایران که در آن تزلزل حکومت مرکزی بر دامنهٔ بحران‌های اجتماعی می‌افزود، به دنبال فوت محمّدشاه تا استقرار ناصرالدین شاه، در یزد از شورش فردی با نام محمّد عبدالله خبر داریم که بر بنیان لوطی‌گری استوار بود (فلور، ۱۳۶۵، ج۱: ۲۵۶). بنا به نقل منابع، با شیوع خبر مرگ محمدشاه در شهر، جماعتی از اشرار و اوباش به دروازه‌های شهر هجوم آورده و با خلع سلاح محافظان، ارگ حکومتی را در محاصره گرفتند. با فرار حاکم- دوستعلی خان معیّر- به تهران، شهر سقوط کرد و اشرار طی جلسه‌ای در محلهٔ گازرگاه، یکی از لوطیان محل با نام محمّد عبدالله را که در شجاعت نامبردار بود، به ریاست خود برگزیدند و زمام امور را کاملاً در اختیار گرفتند.

محمّد عبدالله هم در مقام سرکرده لوطیان، در گام نخست به اخّاذی از تاجری زرتشتی پرداخته و سه هزار ریال از او ستانده و میان یاران تقسیم نمود (سپهر، ۱۳۵۳، ج۳: ۶۴). با این اقدام «مردمان دوستدار او شدند و او بر جمیع اشرار غلبه جسته و تمامت محلات شهر را تحت فرمان کرد و در یک وقت، تاجران و مالداران به رضای خود هر کس به او سیم و زر به هدیه می‌فرستاد و او به اشرار بذل می‌کرد» (همان: ۶۴). در واقع، اقدام محمّد عبدالله که در بستری از رضایت‌مندی و سکوت اجتماعی رخ داد، الگویی برای دیگر اشرار فراهم آورد تا ضمن یورش به خانهٔ برخی از زرتشتیان، اموال آنها را به غارت برند (براون، ۱۳۵۰، ج۲: ۴۸۳).

طبق داده‌های منابع، همزمان با شورش مذکور، سیدیحیی دارابی، یکی از مبلغان علی محمّد باب، به یزد آمد و با مشاهدهٔ فضای موجود علیه حکومت مرکزی، با محمّد عبدالله به ائتلاف رسید. این پیوند سیاسی هر چند با سرکوبی محمّد عبدالله سرانجامی نیافت و سیدیحیی به اجبار یزد را به سوی نیریز ترک کرد، امّا درآمدی بر حضور آتی مبلغان بابی و سپس بهایی در منطقه گردید.

ب- جمعیت و سکونت‌گاه‌های زرتشتیان

اگر تا پیش از عهد ناصری، اطلاعات جسته و گریخته حکایت از افت تدریجی نفوس زرتشتی منطقه داشت و تأکید افرادی چون مانکجی بر آمار هم صرفاً برای اثبات عدم انطباق تعداد زرتشتیان با سطح جزیه بود، امّا در این دوران به واسطهٔ حضور سفرنامه‌نویسان متعدّد اروپایی و نیز اهتمام نمایندگان انجمن اکابر پارسیان در گردآوری آمار دقیق همکیشان، امکان فراهم آوردن آماری نسبتاً مستند، بر پایهٔ شاخص‌هایی چون سکونت‌گاه، جنسیت، وضعیت تأهل و غیره میسر است. به هر حال، نخستین روایت از آمار جمعیت زرتشتیان یزد مربوط به سفر دوم مانکجی به ایران است که در نامه‌ای فاقد تاریخ به پنچایت یزد، ضمن طرح دوازده پرسش (نک مطالب بعدی) از تعداد همکیشان نیز سؤال می‌کند. پنچایت در پاسخ، حدود تقریبی آن‌ها را هزار خانوار می‌داند که به مراتب زیر تقسیم شده بودند:

دختر بی‌شوهر	بیوه	پسر یتیم	ضعیف و عاجز	زن شوهردار	پسر	دختر یتیم	جمع
۱۱۵۸	۵۸۴	۷۸۷	۷۲۵	۱۲۷۶	۱۷۳۶	۳۳۰	۶۵۹۶

همچنین، بنا به اعلام پنچایت، از میان این تعداد، ۶۶۳ نفر بدون وارث و فقیر و عاجز بودند، ۴۰۰ نفر به سختی امرار معاش داشتند و ۲۲۳ نفر بسیار مفلوک بودند (اشیدری، ۲۵۳۵: ۲۶۹).

پس از این سرشماری، اطلاعات بعدی از نفوس زرتشتیان و محل اسکان آنها در حوزهٔ شهر و توابع یزد را کیخسرو خانصاحب، دومین فرستادهٔ انجمن اکابر و جانشین مانکجی فراهم آورده است. در این آمار که متعلّق به سال ۱۳۰۹ق است، جمعیت بر مبنای تعداد موبدان و بهدینان، مردان و پسران، باسواد و بی‌سواد، و نیز زن و دختر تقسیم شده‌اند:

محل		تعداد خانوار	مردان			پسران			بانوان			دوشیزگان			جمع کل
			سرجمع	باسواد	علیل	سرجمع	باسواد	علیل	سرجمع	بیوه	علیل	سرجمع	عروس شده	علیل	
یزد	موبد	۶۳	۳۵	۲۳	۲	۶۲	۳۶	–	۸۷	۴۱	۶	۳۶	۹	–	۲۲۰ نفر
	بهدین	۲۸۰	۱۸۱	۱۲۴	۴	۲۰۳	۴۸	۲	۳۴۹	۱۱۲	۸	۲۰۲	۳۸	۱	۹۳۵
نرسی‌آباد (نصرآباد)		۱۴۵	۱۴۲	۱۷	۲	۱۵۴	۷	۱	۱۹۱	۵۵	۳	۱۲۳	۱۴	۱	۶۱۰
خرمشاه		۱۵۶	۱۱۵	۶	۱	۱۷۸	۳۰	۲	۱۷۰	۳۶	۲	۱۱۵	۷	۱	۵۷۸
مُریاباد		۱۳۵	۱۰۹	۱۴	۱	۱۵۸	۱۷	۱	۱۵۴	۴۸	۹	۱۳۴	۱۹	۱	۵۵۵
تفت		۱۰۸	۱۰۲	۲	۱	۱۲۶	۱۲	–	۱۳۹	۳۵	۵	۸۸	۵	–	۴۵۵
کوچه بیوک		۹۹	۸۹	۷	–	۱۰۹	۲۱	–	۱۰۹	۲۲	۲	۹۲	۱۱	–	۳۹۹
مزرعه قاسم آباد		۶۳	۷۰	۱۸	۲	۱۲۳	۱۱	–	۷۳	۱۰	۱	۸۸	۷	–	۳۵۴
اهرستان		۷۷	۶۷	۱۲	۳	۹۸	۲۱	۱	۹۰	۲۶	۳	۶۸	۴	۱	۳۲۳
شریف‌آباد		۷۹	۶۸	۲	۳	۹۵	۳	–	۹۴	۲۰	۵	۶۶	۸	۲	۳۲۳
مزرعه کلانتر		۷۳	۶۴	۲۱	۱	۱۰۲	۱	۲	۷۴	۱۸	۳	۵۸	–	۱	۲۹۸
کسنویه		۶۳	۴۸	۳	۲	۶۵	۴	۲	۷۷	۳۱	۳	۷۱	۲	۱	۲۶۱
اله آباد		۴۷	۴۲	۴	۱	۵۷	۳	–	۵۴	۱۳	۳	۴۳	۲	۲	۱۹۶
زین‌آباد		۴۳	۳۹	–	۱	۵۴	–	۴	۵۱	۱۴	۵	۴۸	۶	۲	۱۹۲
رحمت‌آباد		۴۱	۳۸	۳	–	۵۶	–	۱	۵۳	۱۲	–	۴۳	۱	–	۱۹۰
مبارکه		۴۲	۳۶	۵	۱	۴۸	–	–	۵۲	۱۱	۱	۳۸	۲	–	۱۷۴
خیرآباد		۳۷	۳۳	۴	–	۴۸	۴	–	۴۲	۱۲	–	۳۲	۲	–	۱۵۵
جعفرآباد		۳۵	۲۷	۱	–	۴۶	–	–	۳۹	۱۱	–	۳۴	–	–	۱۴۶
چم		۳۳	۲۷	–	–	۳۲	–	–	۳۰	۸	–	۳۸	۲	۱	۱۲۷
حسینی		۲۸	۲۱	۱	۱	۳۹	–	–	۲۹	۹	–	۲۸	–	–	۱۱۷
حسین‌آباد		۲۳	۲۱	۱	–	۲۳	–	–	۲۳	۲	–	۲۰	۱	–	۸۷
مزرعه صدری		۱۸	۱۸	–	۱	۲۹	–	–	۲۰	۱	۱	۱۶	–	–	۸۳
آبشاهی		۱۳	۱۱	–	۱	۱۴	–	–	۱۵	۵	۳	۱۰	–	–	۵۰
محمدآباد		۱۱	۱۱	۱	–	۱۴	۱	–	۱۴	۴	۲	۷	–	–	۴۶
نصرت‌آباد		۶	۸	–	–	۹	–	–	۹	۳	–	۸	۱	–	۳۴
سرجمع		۱۷۱۸	۱۴۲۲	۲۶۹	۲۸	۱۹۴۲	۲۱۹	۱۶	۲۰۳۸	۵۵۹	۶۵	۱۵۰۶	۱۴۱	۱۴	۶۹۰۸

(شهمردان، ۱۳۶۳: ۱۵؛ و نیز نک: آذرگشسب، ۱۳۵۸: ۱۱۰).

چند نکتهٔ حائز اهمیت، از آمار و جدول فوق برمی‌آید:

– در آن هنگام، از زنان زرتشتی جز چند نفر، مابقی بی‌سواد بودند. با ذکر این نکته که در این سرشماری، باسواد به افرادی با قابلیت خواندن و نوشتن اطلاق می‌شود.

– اکثریت باسوادان زرتشتی در حوزهٔ شهر سکونت داشتند و قریب به اتّفاق همهٔ روستانشینان بی‌سواد بودند. درصد مردان و پسران باسواد در شهر یزد به ۴۸٪ می‌رسید، امّا در دهات این آمار به ۸٪ کاهش می‌یافت.

– مجموع باسوادان حوزهٔ شهری– با شمول دوشیزگان و بانوان– بین شش تا هفت درصد بود (شهمردان، ۱۳۶۰: ۲۰۵-۲۰۴).

– موبدان صرفاً در شهر یزد سکونت داشتند که ۶۳ خانوار را شامل شده و مجموعاً ۲۲۰ نفر بودند. ضمناً بیشترین آمار بهدینان نیز مربوط به شهر یزد بود که ۹۳۵ نفر را در برمی‌گرفت و در مجموع ۱۱۵۵ نفر از کل جمعیت ۶۹۰۸ نفری زرتشتیان منطقه در آنجا ساکن بودند.

– به‌رغم آنکه طیف روحانیان و خاصّه موبدان ظاهراً در ردیف طبقات باسواد جای داشتند، امّا از ۹۷ مرد و پسر در این طبقه، گرچه ۵۹ نفر باسواد بودند، تعداد قابل توجّهی هم (یعنی ۳۸ نفر) بی‌سواد بودند.

– در خانواده‌های زرتشتی ساکن یزد و توابع، عموماً جمعیت زنان بسیار بیشتر از مردان بود.

– به رغم ادعای بعضی از پژوهشگران زرتشتی که آمار کل زرتشتیان منطقه را به هزار خانوار تقلیل داده‌اند، سرشماری مذکور از حضور ۱۷۱۸ خانوار در یزد و توابع حکایت دارد. در واقع محقّقان مزبور در این مورد به گفتار و نوشتار مانکجی استناد نموده‌اند، بدون آنکه توجّه کنند که مانکجی عامدانه تعداد زرتشتیان را کمتر از واقعیت جلوه داده است تا عدم توازن مبلغ جزیه با جمعیت زرتشتیان را به اثبات برساند.

– سرانجام آنکه علاوه بر حوزهٔ شهر، زرتشتیان در ۲۳ روستای پیرامون یزد هم سکونت داشتند که در این میان نرسی‌آباد بیشترین تعداد و نصرت‌آباد کمترین تعداد زرتشتی را در خود جای داده بود.

بدین‌ترتیب زرتشتیان ولایت یزد، پس از شهر یزد، در روستاهای نرسی‌آباد
(نصرآباد)، خرمشاه، مُریاباد (مریم‌آباد)، تفت، کوچه بیوک، قاسم‌آباد،
اهرستان، شریف‌آباد، مزرعه کلانتری، کسنویه، اله آباد، زین‌آباد، رحمت‌آباد،
مبارکه، خیرآباد، جعفرآباد، چم، حسینی، حسین‌آباد، مزرعه صدری، آبشاهی،
محمدآباد و نصرت‌آباد، ساکن بودند. البته علاوه بر آمار زرتشتیان ولایت یزد، در
فهرست کیخسرو خانصاحب، از زرتشتیان کرمان نیز به تفکیک سکونت در شهر
و روستاهای اطراف یاد شده که مطابق با آن ۱۵۷۲ نفر از زن و مرد در حوزه شهر
و ۴۰۱ نفر در توابع یعنی قنات غسان، جوپار، اسمعیل‌آباد، رفسنجان، بم، باغین،
راور، سیرجان و بیاض می‌زیستند و در مجموع تعداد آن‌ها به ۱۹۷۳ نفر می‌رسید
(آذرگشسب: ۱۱۱).

همچنین ساکنین زرتشتی در تهران ۲۹۵ نفر اعلام گردیده که به کار باغبانی
در باغات شاه، شاهزادگان، سفرا و نیز تجارت در سرای مشیر خلوت و امین‌الملک
اشتغال داشتند (همان: ۱۱۱).

در تداوم اهتمام نخبگان زرتشتی در آمارگیری از همکیشان، دو سال پس از
اقدام کیخسرو خانصاحب، فردی به نام کیومرث وفادار، که از بنیان‌گذاران انجمن
ناصری یزد (نک به مطالب بعدی) و از فعالین جماعت بود، در سرشماری از نفوس
همکیشان که در ۱۳۱۱ق انجام داده، ارقام قابل توجهی از سکونت آن‌ها در پانزده
محله و روستای اطراف یزد ارائه می‌دهد:

نام محل	خانوار	مرد	زن	پسر	دختر
خلف خانعلی	۳۴۴	۳۰۱	۴۴۶	۴۸۳	۳۸۵
نرسی‌آباد	۱۱۴	۱۳۸	۱۳۵	۱۴۵	۱۵۵
کسنویه	۲۴	۳۶	۳۶	۲۱	۳۸
نصرت‌آباد	۲۰	۱۷	۲۱	۲۶	۱۷
علی‌آباد و کریم‌آباد	۲۲	۱۸	۲۲	۳۲	۳۲
مهدی‌آباد رستاق	۸	۸	۹	۱۴	۱۵
حسن‌آباد قطب‌آباد	۲۰	۲۰	۲۰	۳۰	۲۹
شرف‌آباد	۶۸	۷۵	۱۰۳	۸۶	۸۴
کوچه بُیُک (بیوک)	۶۵	۷۱	۱۰۲	۱۲۵	۷۲
خرمشاه	۱۳۹	۱۰۴	۱۶۹	۱۶۶	۱۱۸
مبارکه	۳۸	۳۷	۴۳	۶۰	۴۴
تفت	۱۱۳	۹۰	۱۲۴	۱۰۹	۹۲
قاسم‌آباد	۵۷	۶۷	۸۳	۸۸	۷۶
حسینی	۱۹	۱۲	۱۸	۹	۱۷
خلیل‌آباد	۴	۴	۵	۸	۳

در بیان تفاوت میان این دو سرشماری، این نکته گفتنی است که در آمار کیخسرو خانصاحب، مناطق علی‌آباد، کریم‌آباد، خلیل‌آباد، مهدی‌آباد رستاق نیامده و در سرشماری مذکور از نفوس مریاباد، اهرستان، مزرعه کلانتر، اله آباد، زین‌آباد، رحمت‌آباد، خیرآباد، جعفرآباد چم، آبشاهی و مزرعه صدری ذکری نشده است (شهمردان، ۱۳۶۰: ۱۵۱).

ج- امیرکبیر و زرتشتیان

در واکاوی روند اصلاح‌طلبی عصر قاجار، پس از قائم مقام فراهانی، میرزاتقی‌خان امیرکبیر را می‌توان دومین حلقه از این جریان دانست. از تلاش‌های اصلاحی وی در ابعاد سیاسی، اقتصادی و فرهنگی که بگذریم یکی از شاخصه‌های اقدامات امیر در ارتباط با بهبود شرایط اجتماعی اقلیت‌های دینی بود.

چنان‌که از فحوای مطالب پیشین نیز برمی‌آید، اساساً یکی از مشکلات عمده اقلیت‌ها به ساختار قضایی ایران و بستر و خاستگاه شرعی آن بازمی‌گشت که خاصّه در محاکم ولایات، تساوی حقوق مسلمان با غیرمسلم، محلی از اعراب نداشت. با آنکه از روزگاران پیش از رسمیّت و نهادینگی تشیّع امامیه در ایران محاکم به دو سطح عرفی و شرعی تقسیم می‌شدند و محاکم عرفی با طیف گسترده‌تری از دعاوی عمومی مواجه بودند، امّا در عدم هم‌ترازی اقلیت‌های دینی با مسلمانان، احکام قضات عمدتاً به نفع طرف مسلمان سوق می‌یافت (آدمیت، ۱۳۶۱: ۳۱۱).

بنا بر معیار «لاَ یَتَوَارَثُ أَهْلُ مِلَّتَیْنِ یَرِثُ هَذَا هَذَا وَ یَرِثُ هَذَا هَذَا إِلاَّ أَنَّ اَلْمُسْلِمَ یَرِثُ اَلْکَافِرَ وَ اَلْکَافِرَ لاَ یَرِثُ اَلْمُسْلِمَ» که تنها مسلم از کافر ارث می‌برد و عکس آن ناممکن است، با فوت فرد ذمّی، تمام اموالش به وارث تازه‌مسلمان او- ولو اینکه از بستگان دور او باشد- می‌رسید و دیگر خویشاوندان نزدیک امّا همکیش متوفی، از ارث محروم بودند. از این رو، امیرکبیر در نخستین گام از اصلاحات خود در رابطه با وضعیت اقلیت‌ها، ضمن محدود ساختن حوزهٔ عمل محاکم محلی و احالهٔ رسیدگی به اختلاف اقلیّت‌ها با مسلمانان در باب میراث متوفّای نامسلمان به دیوان‌خانهٔ عدالت تهران، راهی در نظارت بر عملکرد این محاکم گشود. به دنبال این تصمیم، خبر ارجاع دعاوی مربوط به توزیع میراث متوفای ذمّی در روزنامه وقایع اتفاقیه مورخ «پنج‌شنبه سیّم شهر صفرالمظفر مطابق تنگوزئیل سنه ۱۲۶۸» چنین آمد:

«چون اکثر اوقات فیمابین جدیدالاسلام ارامنه و یهود و گبر در باب اموال متوفی گفتگو بود تا در شهر رمضان المبارک ۱۲۶۷ که موکب همایون در اصفهان نزول اجلال داشت، اعلیحضرت شاهنشاهی محض رأفت و عدالت که به عموم رعایای خود دارند امر و مقرّر فرمودند که اگر بعد از این در هر یک از ولایات ممالک محروسهٔ

پادشاهی فیمابین جدیدالاسلام و ملل مزبوره در باب اموال متوفی نزاعی اتفاق بیفتد، حکّام شرع و عرف آن ولایت رجوع نداشته باشند و طرفین را به دارالخلافه طهران بفرستند که در دیوانخانه بزرگ پادشاهی به حقیقت رسیده موافق عدالت رفتار نمایند که جدیدالاسلام به این لباس جدیدالاسلامی جعلی نامعلوم نتواند مال آن متوفی را به عنف ببرد» (روزنامه وقایع اتفاقیه، ۱۲۶۸ق، نمره۴۳: ۱).

این موضوع در رابطه با زرتشتیان که عمدتاً مناطق دور از دسترسِ تحولات زمانه و مراکز قدرت را برای سکونت برگزیده بودند، اهمیتی ویژه داشت. به تعبیر دیگر، هر چند ناتوانی حکومت مرکزی در اِعمال قدرت بر سراسر قلمروی خود، فرصتی در اختیار نیروهای مختلف برای قانون‌گریزی می‌داد و در این میان اقلیت‌های دینی هم بهترین طعمه برای سوءرفتارهای مختلف به شمار می‌رفتند، با این حال حتّی در سطح همین حکم و فرمان نیز، این موضوع برای نخستین بار در روزگار اسلامی رخ می‌داد و در حداقل کلام بیانگر عزمی در بدنهٔ قدرت سیاسی برای اصلاح امور اقلیت‌ها به عنوان بخشی از اتباع ایران به شمار می‌رفت.

به هر روی، در تلاش برای حفظ حقوق اهل ذمّه، توجه امیرکبیر نسبت به زرتشتیان بیش از پیروان دیگر ادیان بود. این امر که شاید به ریشه‌های ایرانی و قدمت تاریخی کیش زرتشت بازمی‌گشت، از نخستین سالهای صدارت وی آشکار شد؛ چنان‌که میرزا حسین‌خان- که بعدها عنوان سپهسالار یافت و در مقام جانشین امیر، اصلاحات وی را پیگیری نمود- در سفارت به بمبئی، از جانب امیرکبیر به همراهی با پارسیان و تشویق ایشان به بازگشت به وطن مأمور شد و در نتیجه هفت خانوار از مهاجران زرتشتی یزد به ایران بازگشتند[۲۴۵] (اشیدری، ۱۳۴۱، هوخت، ش ۱۰: ۲۸).

همپای اقداماتی از این دست و تلاش برای ایجاد نخستین بسترهای سیاسی در اهتمام حکومت به رعایت حال اتباع خود، فارغ از تمایزات عقیدتی، بُعد دیگر از

---

۲۴۵. همچنین میرزا حسین‌خان با سفارش امیر درصدد تهیه آماری دقیق و جامع از ایرانیان مقیم هند و صدور تذکره برای ایشان برآمد (اشیدری:۲۸).

تلاش امیرکبیر به جلوگیری از بی‌رویه‌کاری حکّام در دریافت جزیه استوار بود.

همان‌گونه که پیشتر نیز گفته شد، اقبال موبدان و مهاجرت گستردهٔ بهدینان به یزد و اسکان عمدهٔ جمعیت زرتشتیان در روستاهای پیرامون، گرچه در راستای کسب آرامش در مناطق دور از آشوب‌های دمادم معنی می‌یافت، اما در عین حال، بُعد مسافت منطقه از مراکز قدرت و عدم گستردگی تبادلات فرهنگی، بر دامنه تعصّب دینی می‌افزود و فرصتی مغتنم به کارگزاران و دیوانسالاران حکومتی و دیگر طیف‌های اجتماعی می‌داد تا عدم تساوی زرتشتیان در حقوق شهروندی- دینی را پشتوانه مستحکمی برای دست‌درازی به اموال آنها قرار دهند.

به تعبیر دیگر گذشته از محدودیت‌های حکومت مرکزی در نظارت دقیق بر رفتار حکّام- و در پیوند با این معضل، پیوندهای خویشاوندی کارگزاران با دربار- عدم وجاهت شرعی و اجتماعی اقلیت‌ها باعث می‌شد تا در سکوت و رضامندی عمومی، عمال دیوانی بنا به منافع شخصی، مبالغی بسیار فراتر از میزان معین‌شده را تأدیه نمایند و در این میان، زرتشتیان برای حفظ بقا و حیات خود چاره‌ای جز پذیرش چنین تحمیلاتی نداشته باشند. از این رو و مبتنی بر فشارهایی مشابه است که پیگیری امیرکبیر در رسیدگی به شکایات زرتشتیان یزد، از اهمیتی درخور توجه برخوردار می‌گردد.

برای واکاوی بیشتر موضوع و در بازگشت به بلوای محمّد عبدالله، دیدیم که به دنبال اخراج حاکم و سقوط شهر که در ائتلاف لوطیان و سیدیحیی- مبلغ بابی- فراهم آمد، دولتمردان مرکز جهت اعادهٔ نظم، «محمّدحسن خان سردار ایروانی» را به حکومت یزد برگزیدند (بامداد، ۱۳۴۷، ج۱: ۳۳۲) و او آقاخان ایروانی، عموزاده‌اش را به نیابت از خود به یزد عازم نمود. در بلبشوی فتنه مذکور گفته شد که جمعی از لوطیان با الگوبرداری از سرکردهٔ خود به غارت اموال و خانه‌های زرتشتیان دست زدند و همین موضع باعث شد تا ملارستم، برادر ملابهرام کلانتر (نک به مطالب پیشین) طی نامه‌ای، شرح ماجرا را به صدراعظم گزارش نموده و در پاسخ، وی به نایب‌الحکومه یزد فرمان دهد تا «کمال رعایت و حمایت دربارهٔ او و طایفهٔ مجوسیه به عمل آورده، جزیهٔ آنها را از قرار فرمان مبارک که مقرّر شده است، ملابهرام کلانتر

در دارالخلافه به مقرّب‌الخاقان محمّدحسن خان سردار برساند. از آن قرار معمول داشته، آن عالی‌جاه مطالبه ننماید و متعرض آنها نشود. می‌باید آن عالی‌جاه از قرار نوشته عمل نموده، طوری با مشارالیه و طایفه مزبور رفتار کرده که در کمال آسودگی و فراغت مشغول رعیتی خود بوده، به دعاگویی دوام دولت قاهره اشتغال نمایند. ذی‌حجه ۱۲۶۵» (اشیدری، ۲۵۳۵: ۲۳۲).

در کنار اهمیت صدور چنین احکامی که از زمان کریم خان زند به این سو بی‌بدیل می‌نمود، اقدام امیرکبیر به گسترش نظارت بر رفتار متولیان امور دینی، خود معرّف نفوذ وی بر شاه بود. در همین هنگام است که محمّدحسن خان طی نامه‌ای به آقاخان نایب‌الحکومهٔ خود در یزد، (ربیع‌الاول ۱۲۶۶ق) با اشاره به منشور شاهانه، به پرداخت ۳۶ تومان مستمری سالیانه به موبد موبدان از محل جزیهٔ اخذشده زرتشتیان تأکید می‌نماید:[۲۴۶]

«... برحسب فرمان واجب‌الاذعان همایون، مبلغ سی و شش تومان تبریزی نقد بدین موجب از بابت جزیهٔ طایفه گبر ساکن دارالعبادهٔ یزد در حقّ زبدة‌الفضلاء و المجوسیه، موبد موبدان نامدار، مستمر و برقرار است که از هذه السنه تخاقوی ئیل و مابعدها همه ساله دریافت نموده صرف معیشت خود کند و آسوده خاطر به دعای بقای دولت قاهره اقدام نماید.

بنابراین به آن عالی‌جاه قلمی و اظهار می‌شود که پس از زیارت منشور مبارک، مبلغ مزبور را از هذه السنه و مابعدها همه ساله از بابت جزیهٔ جماعت مجوس در وجه مشارالیه کارسازی داشته قبض الوصول بگیرید که دیوانیان عظام به خرج محسوب خواهند فرمود. از قراری که مذکور شد جزیهٔ طایفه گبر از بابت معاملهٔ هذه السنه بکلی پرداخته شده و شما گرفته‌اید. هرگاه جماعت مزبوره بدهی نداشته باشند،

---

۲۴۶. لازم به ذکر است که اطلاعات موجود بر مبنای تحلیل اسنادی نویافته استوار است که نگارنده آنها را در مقاله‌ای با عنوان «رویکرد حکومت به زرتشتیان در عهد ناصری» به چاپ رسانیده و بر خود فرض می‌داند از آقای دکتر محمدحسن میرحسینی برای اجازهٔ رونوشت‌برداری از اسناد مذکور تشکر کند.

مواجب مشارالیه از جای دیگر عاید و مهم‌سازی دارید و حسب‌المسطور معمول داشته مسامحه و کوتاهی ننمایید».

با این همه، گرچه عزم امیر به اصلاح امور زرتشتیان حتّی در منشور شاهانه نیز تبلور یافت و می‌توانست سرآغازی بر رعایت حقوق این اقلیت باشد، در عمل به سطحی فراتر از توصیه‌نامه نینجامید.

از دیگر سو، تمرکز حکمرانان بر دفع آشوب‌ها و احتمال تبانی و همکاری داعیان علی محمّد باب با اشرار محلی، نه تنها از ضمانت اجرایی چنین احکامی می‌کاست بلکه دوام حکّام را به کاردانی در برقراری نظم پیشین منوط می‌ساخت. در واقع، ائتلاف این اشرار و بابیان، به حدّی منطقه را دچار بحران کرده بود که رسیدگی به حقوق زرتشتیان به مسئله‌ای حاشیه‌ای تنزّل یافت و تکرار نامه‌های محمّدحسن خان به نایب‌الحکومگان خود با مضمون مسامحه با زرتشتیان، صرفاً ناشی از واهمهٔ او از صدراعظم بود و نه بیانگر علاقه و دل‌مشغولی به امور زرتشتیان.

به عبارتی دیگر، حاکم یزد که در این زمان در تهران به سر می‌برد و ادارهٔ امور منطقه را به خویشان خود سپرده بود، گرچه بی‌تفاوتی به خواستهٔ صدراعظم را در توان خود نمی‌دید، امّا دل‌مشغولی حکومت به دفع بابی‌ها مانع از آن می‌شد که فراتر از ارسال مکتوب به نایب‌الحکومه و حتّی تمنا از وی در رعایت حقوق موبدانِ شاکی، اقدامی انجام دهد. چنان‌که در نامه‌ای بی‌تاریخ به نایب‌الحکومه یزد (آقاخان) می‌نویسد:

«مخدوما مهربانا، رستم برادر ملابهرام روانه شد. لازم آمد که سفارشی دربارهٔ ایشان نگارش آید؛ این طایفه رعیت خاص شاهنشاه دین‌پناه روحی‌فدا هستند و سرکار [یک واژه ناخوانا] اجل اکرم اتابک اعظم- دام اقباله- هم کمال محبت به این طایفه فرموده‌اند، و اینجانب هم به ایشان میل کامل دارم، خاصّه ملابهرام و بستگان او. از شما خواهش دارم که در امورات رستم و این طایفه بهتر و پاکیزه‌تر مراقب باشید. کمال رفتار و منتهای مهربانی از جانب شما به ایشان ظاهرِ شود که

آسودگی و رضای خاطر از شما داشته، مشغول رعیتی و بیچارگی خود باشند. کار ایشان را از اینجانب دانسته اقدام به انجام آن کنید. ان‌شاءالله که مضایقه نخواهید فرمود. همواره سلامتی را مرقوم دارد».

همچنین در حاشیه نامه نیزیکی از برادران آقاخان به خط سردستی، ضمن گلایه از او که «اخوی رفتی یزد مرا فراموش کردی، وقتی که آدم برای قشون فرستاده بودی، دو روزه سه هزار قشون، سی عراده توپ برایت [فرستادم] سرانجام [یک واژه ناخوانا] کردم گویا به عرض سرکارت نرسید که هیچ کاغذ نمی‌نویسی. از من این کارها صورت می‌گیرد، گر نمی‌دانی بدان. زیاده مطلبی ندارم والسّلام»، در پایان چنین اضافه می‌کند که «ملابهرام آدم فقیر حقیری است، قرار شد همه به کسان او محبت کنند و اذیت نکنند. رستم برادر او در آن جاست. التفاتی به او بفرمایید».

بدین‌ترتیب از سیاق مکتوبات برمی‌آید که هرچند پیگیری‌های ملابهرام و پافشاری امیرکبیر به جلب رضایت وی، گزیری برای محمّدحسن خان جز انتقال فرمان‌ها به نایب‌الحکومه باقی نمی‌گذارد، امّا در عمل ارسال چندین نامه با مضامینی مشترک، نه تنها نشان‌دهندهٔ اهمال آقاخان در اجرای احکام مرکز است بلکه در سند فوق، نگاه ترحّم‌آمیزیکی از برادران او به فقر و حقارت ملابهرام، نشان از شکافی عمیق میان انتظارات امیرکبیر با عالَم واقع دارد.

از دیگر سو و در شرایطی که بحران یزد فرصتی به نایب‌الحکومه می‌داد تا رسیدگی به وضعیت زرتشتیان را با اغماض بگذراند، مکتوبی از محمدحسن خان به تاریخ ربیع‌الاول ۱۲۶۶ موجود است که با تکرار مضامین پیشین، در حاشیه آن بر مطالبهٔ وجوهی از زرتشتیان برای مخارج سادات و نیز زیاده‌ستانی مباشران با همدستی نایب‌الحکومه اشاره شده است:

«... در ثانی زحمت می‌دهد که در باب جزیهٔ طایفه زردشتیه هرگاه این فقره به خاکپای مبارک معروض گردد که با وجود فرمان جهان‌مطاع، این و آن درصدد مطالبه وجهی از وجوه برمی‌آیند، به اسم سادات مطالبهٔ جزیه می‌کنند، قطع بدهند

که زیاده از حدّ مایهٔ تغییر مزاج مبارک خواهد شد. شما خود جویا شوید ببینید این طایفه را که در عوض مواجب [دو کلمه ناخوانا] از تیول مرحمت فرموده‌اند دیناری از آن‌ها علاوه بر مبلغی که در فرمان همایون معین شده مطالبه نکنید. دیگران هم درصدد این مطلب برآیند والا در صورتی که خود طمعی از آن‌ها نداشته باشیم چرا می‌باید مباشرین و غیرمباشرین در مقام اذیت برآیند. البته قدغن خواهید نمود که احدی به خلاف حساب متعرض آن‌ها نشود. زیاده مطلبی ندارم».

با تشدید اوضاع ناآرام یزد و عدم توانایی آقاخان در برقراری نظم، محمّدحسن خان پسر خود، شیخ علی خان، را جایگزین او نمود (بامداد، ۱۳۶۳: ۱: ۳۳۲). شیخ علی خان طی دو سال نیابت حکومت بر یزد (۱۲۶۶–۱۲۶۸ق) با قتل محمّد عبدالله و دفع سیدیحیی، ثبات را به منطقه بازگرداند و با این کار اعتباری نزد دولتمردان یافت. امّا رسیدگی به امور و شکایات زرتشتیان همچنان مسکوت ماند، و این در حالی بود که محمّدحسن خان طی یک ماه، سه مکتوب با مضامینی مشترک در این زمینه به شیخ علی خان فرستاد و که خود گواهی است بر اینکه حکّام محلی تا چه اندازه بی‌اعتنا به فرمان‌ها و خواسته‌های مرکز بودند. در نامهٔ نخست به تاریخ جمادی‌الاول ۱۲۶۶ق، محمّدحسن خان به فرزندش چنین یادآور می‌شود:

«چون برحسب فرمان مهرلمعان مبارک [یک واژه ناخوانا] اجلّ اعظم افخم اتابک اعظم- مدّ ظلّه العالی- [یک واژه ناخوانا] سرکار [دو واژه ناخوانا] مبلغ سی و شش تومان [سیاق] تبریزی نو بدین جهت [یک واژه ناخوانا] زبدةالفضلاء المجوسیه، موبد موبدان نامدار دستور طایفهٔ مجوسیهٔ ساکن دارالعباده یزد و از بابت جزیهٔ طایفه مزبوره مستمرّ و برقرار است، لهذا مرقوم می‌شود که مطیع‌الاسلام خدابخش تیرانداز مباشر و کدخدای طایفه مزبور، همه ساله مبلغ مزبور را در حقّ مشارالیه مستمر و برقرار دانسته، مهم‌سازی نماید تا صرف معاش خود ساخته به لوازم دعاگویی دولت جاویدمدت قاهره پردازد. عالی‌شأنان مستوفیان ثبت، [و] نوشته را ضبط نمایند».

در نامه دیگری که در همین ماه نوشته شده ، محمّدحسن خان مجدداً بر درخواست پیشین همچنان تأکید می‌نماید: «عالی‌جاها! مجدت و نجدت‌همراها! نورچشما! قبل از مأموریت شما چند طغرا نوشتجات در باب بعضی امورات طایفهٔ مجوس و مواجب موبد موبدان و بهرام کلانتر در پاره‌ای فقرات دیگر به عهدهٔ عالی‌جاه اخوی آقاخان مرقوم شده که نوشتجات مزبور در دست آن‌هاست. به آن نور چشم اظهار می‌شود که همان نوشتجات را ملاحظه بکند و حسب‌المسطور معمول داشته تخلف و تجاوز از مضمون هر یک از آن کاغذها ننماید که مجمل و ممضی است و نسبت به طایفه مزبوره کمال رفتار و سلوک را مسلوک داشته موجب خرسندی خاطر اینجانب بودند. رستم مجوسی براتی از من در دست دارد که البته تا به حال پیش آن نور چشم آورده است. از قراری که مذکور شد وجه برات به او عاید نشده است. مراقب باشید که تنخواه طلب او به موجب برات زود عاید بشود که مشارالیه خدمت کرده است و مواجب سنهٔ ماضیهٔ موبد موبدان هم [یک کلمه ناخوانا] مواجب سنهٔ ماضیه ملابهرام کلانتر از قرار مذکور نرسیده است. البته موافق نوشتهٔ سابق مواجب آن‌ها برسانید و کمال محبت نسبت به آنها نموده و تقویت و جانبداری آنها را مرعی بدارید».

سرانجام در سومین نامه به نایب‌الحکومهٔ خود، محمّدحسن خان همچنان خواهان پیگیری درخواست های قبلی شده که گویا هنوزبه مرحله اجرا درنیامده بودند:

«... ملارستم برادر عالی‌شأن صداقت‌نشان ملابهرام کلانتر طایفهٔ مجوس را از دارالخلافه طهران مرخص کردم که به دارالعبادهٔ یزد بیاید. این مختصر را در باب سفارش او به شما می‌نویسم که عالی‌شأن ملابهرام خدمت‌کار و صداقت [دو کلمه ناخوانا] است و اینجانب را کمال محبت به او هست. شما نیز رعایت احوال و حمایت جانب او را در هر باب ملاحظه بکنید و تقویت از کسان و اقوام او بنمایید. هر مطلبی و هر مهمی که داشته باشند و به شما عرض کنند به انجام رسانید. در هر مورد مراقب و مواظب احوال آنها باشید و هر قدر محبت که به برادر

و کسان او بکنید موجب استرضای خاطر و خشنودی من بدانید. در باب وجه مواجب عالی‌شأن ملابهرام که در کاغذ جداگانه اعلام و اظهار داشته‌ام که از قرار فرمان مبارک کارسازی دارید. مزیداً للتأکید می‌نویسم که عاید و مهم‌سازی او بدارید و مسامحه و تعلل ننمایید. از قراری که خود او مذکور می‌دارد مالیات و جزیه هذه السنه تخاقوی ئیل طایفهٔ مجوس را پرداخته‌اند و چیزی در محل باقی نیست که مواجب خود را دریافت نماید. اگر احیاناً پرداخته شده باشد وجه مواجب او را از جای دیگر به او بدهید که باید وجه مواجب [پنج کلمه ناخوانا] بشود. جمادی‌الاولی سنه ۱۲۶۶».

در جمع‌بندی مکتوبات یادشده و با توجّه به فحوای نامه‌ها، می‌توان گفت که تأکید مکرّر به رعایت حال و حقوق بزرگان زرتشتی از قبیل ملابهرام و ملاکلانتر، وجه مشترک آنها را تشکیل می‌دهد. به عبارت بهتر، در این اسناد نه سخنی از مصائب فرودستان زرتشتی رفته و نه حتّی به جبران خسارات زرتشتیان در غائله محمّد عبدالله اشاره‌ای شده است. وانگهی چنانکه از مضامین تکراری نامه‌ها برمی‌آید، قصد امیرکبیر به اصلاح وضعیت زرتشتیان در عمل به حدّی تنزّل یافت که گویی اختصاص بخشی از جزیه به ملابهرام «فقیر و حقیر» به مفهوم اجرای منویات صدراعظم بود و البته در همین سطح نیز تضمینی در تقّید عمّال به چشم نمی‌خورد.

د- مشکلات درون‌گروهی زرتشتیان

در تلاش برای ارائه تصویری از شرایط زندگی زرتشتیان منطقه، تعداد نفوس، نشیمن‌گاه‌ها و در پیوند با اقدامات اصلاحی نظام سیاسی به بررسی مکتوبات و فرمان‌های امیرکبیر و کارگزاران وی در رعایت حقوق کلانتر زرتشتیان یزد پرداختیم. ناگفته پیداست که اقتضای موضوع، مانع از حفظ تسلسل وقایع گردیده و بعضاً ضرورت ایجاب می‌نماید تا زیر توصیف کلی از رویدادها، مجدداً به جزئیات بپردازیم. لذا در ادامه، مصائب و تنگناهای اجتماعی و فرهنگی زرتشتیان را از دو بُعد فشارهای اکثریت مسلمان و مسائل درونی این اقلیت پی‌گیری می‌کنیم. دلیل این نگاه هم‌زمان از آنروست که عمدهٔ محقّقان، در پژوهش‌های خود با تأکید بر

گسترش مصائب اقلیت توسّط مسلمانان، شکاف و پس‌افتادگی درون‌ساختاریِ جماعت را یا نادیده گرفته‌اند و یا صرفاً ناشی از عامل نخست دانسته‌اند. حال آنکه بنا بر مطالب پیش رو دربارهٔ اقدامات نمایندگان انجمن اکابر پارسیان خواهیم دید که همپای تلاش در جلب حمایت متولیان سیاسی- مذهبی جامعه اسلامی، بُعد معتبری از فعالیت آنها به احیای تعالیم دینی و بازنگری در ساختار درونی جماعت زرتشتی یزد و کرمان معطوف بود. در همین راستا، ضرورت دارد در سرآغاز بحث، به واکاوی در مظاهر و عوامل پس‌افتادگی درونی این اقلیت بپردازیم.

اهمال روحانیان و نابسامانی داخلی

در گستره‌ای از تشدید روزافزون تنگناهای اکثریت که تا حدّ بسیاری از انزوای محیط و بُعد مسافت یزد از مراکز قدرت ناشی می‌شد و عملاً فرصت‌های مطلوبی در اختیار کارگزاران دیوانی و طیف‌هایی از اجتماع در سوءاستفاده‌های شخصی قرار می‌داد، از حیث داخلی نیز به رغم انتظار به همگونی و پیوستگی درونی، منفعت‌طلبی، فقدان انگیزه و امکانات در کسب معارف دینی و تعلیم و تربیت و به‌طور خاص ریاست روحانیتی که در پس‌افتادگی گستردهٔ جماعت، نخبگی خود را نه از شایستگی، بلکه مدیون وراثت و گاه همدستی با رؤسای مسلمانان در حفظ وضع موجود جماعت بودند، همگی باعث شده بود تا از زرتشتی‌گری جز نام، چیزی باقی نماند.

در واقع روحانیان عمدتاً به دلیل شرایط فرهنگی پیرامون خود، محافظه‌کاری و حفظ وضع موجود را ضامن بقای خود و جماعت زیردست می‌دیدند و در واقع، با دریافت مواجب از بهدینان از بابت انجام مراسم عبادی و نیز سهم‌بری از جزیه، درک چندانی از فقر و مشکلات جماعت نداشتند. نامهٔ دستور نامدار، موبد موبدان به بزرگان یزد گواهی است بر این امر:

«استشهاد و استعلام و استخبار می‌نماید از مخادیم عظام کرام و صاحبان ذوالعزّ و الاحترام و مؤمنین و مسلمانان سعادت‌فرجام دارالعبادهٔ یزد که هر کس علیم و

خبیر و مطلع باشد با این که به نظر رسیده باشد که از قرار و حسب‌الحکم و فرمان قضاجریان همایون پادشاه گیتی‌پناه که در دست کم‌ترین- مطیع‌الاسلام نامدار ابن دستور کیخسرو- است که هر ساله حکّام یزد باید مبلغ سی تومان [بعداً افزوده شده] کارسازی کم‌ترین نمایند. با وجودی که مراتب تعلیقهٔ سرکار صاحب‌اختیار هم در دست کم‌ترین است از پارساله، کارگزاران دیوان اعلی مبلغ بیست و هفت تومان داده‌اند که در سنه ...[۲۴۷] [یک کلمه ناخوانا] پیلائیل مشارالیه را نداده‌اند و در این اوقات که شهر ذی‌قعده و سنه حاضر و [یک کلمه ناخوانا] ئیل است، عالی‌جاه علی ولی خان، چند فراش بر کم‌ترین گماشته است که مبلغ سی تومان پارساله را از کم‌ترین بگیرند و کم‌ترین فرمان مبارک شهریاری را نشان دادم و تعلیقهٔ صاحب‌اختیار به حضور مشارالیه رسانیدم. از هیچ‌یک سودی نبخشید. کم‌ترین از چنگ فراش‌ها خود را به مَحکمهٔ مُحکمه عالی‌جناب مقدس‌القاب فضایل و کمالات‌مآب مجتهد العصری و الزمانی، آقامیرزا علی کشیده و در بست می‌باشم. استدعا این که در این خصوصیات هر کس به هر نوعی شهادت داشته باشد یا دانسته و آگاه باشد در صدر و حواشی این صفحه قلمی و به امهار شریف خود مزیّن بفرمایند که در حاجت، حجت کم‌ترین باشد تحریر فی ۱۲ شهر ذی‌قعده الحرام [یک کلمه ناخوانا] ئیل ۱۲۶۲».

پیگیری‌های دستور نامدار در سال‌های بعد نیز ادامه می‌یابد و گویا در پاسخ به این درخواست است که محمّدحسن خان، حاکم یزد در دورهٔ صدارت امیرکبیر، در نامه‌ای به تاریخ ۱۲۶۶ق، خطاب به آقاخان نایب‌الحکومهٔ خود در یزد، می‌نویسد:

«... برحسب فرمان واجب‌الاذعان همایون، مبلغ سی و شش تومان تبریزی نقد بدین موجب از بابت جزیهٔ طایفه گبر ساکن دارالعبادهٔ یزد در حقّ زبدة‌الفضلاء المجوسیه، موبد موبدان، نامدار مستمر و برقرار است که از هذه السنه تخاقوی‌ئیل و مابعدها همه ساله دریافت نموده، صرف معیشت خود کند و آسوده‌خاطر به دعای بقای دولت قاهره اقدام نماید. بنابراین به آن عالی‌جاه قلمی و اظهار می‌شود که پس

---

۲۴۷. سال مربوطه ذکر نشده است.

از زیارت منشور مبارک مبلغ مزبور را از هذه السنه و مابعدها همه ساله از بابت جزیهٔ جماعت مجوس در وجه مشارالیه کارسازی داشته [و] قبض‌الوصول بگیرند که دیوانیان عظام به خرج محسوب خواهند فرمود. از قراری که مذکور شد جزیه طایفه گبر از بابت معاملهٔ هذه السنه به کلی پرداخت شده و شما گرفته‌اید. هرگاه جماعت مزبوره بدهی نداشته باشند، مواجب مشارالیه از جای دیگر عاید و مهم‌سازی دارید و حسب‌المسطور معمول داشته مسامحه و کوتاهی ننمایید» (نک تشکری، ۱۳۹۱، تحقیقات تاریخ اجتماعی، ش ۱: ۳۸-۳۹).

از نحوهٔ معیشت روحانیان که بگذریم، چنانکه از اسناد و گزارش‌های موجود برمی‌آید، اینان به عنوان متولیان امور جماعت، با ایجاد مانع در تعلیم بهدینان، خود عاملی بر سکون و بی‌تحرّکی جماعت به شمار می‌رفتند. مانکجی که بعداً از اقداماتش به تفصیل سخن خواهیم گفت، در خلال نامه‌های خود به موارد متعددی از بی‌مبالاتی روحانیّت اشاره می‌نماید. او که خود محصول برتری نخبگان پارسی برآمده از تجارت بر روحانیان سنتی هند بود، در کتابش اشاره می‌کند که گویا از سوی نظام‌الدوله- حاکم یزد در دورهٔ محمدشاه- «مقرر شده بود از طرف دیوان دو تومان بدهند تا برای از دست نرفتن زبان پهلوی چند تن از دستوران، آن را به دیگران تعلیم دهند، امّا تا چند ماه بلکه از یکسال پیش‌تر دو تومان را موبدین و دستوران دریافت داشتند ولی کسی الف و بای تنهای آن زبان را در دسترس نگردید» (مانکجی، www. farvahr.org: 82-83)

وی همچنین در تقریظی راجع به حیف و میل اموال ارسالی برای ساخت دخمهٔ یزد می‌گوید: «سی و یکسال پیش بزرگان صاحبان هندوستان پولی به یزد برای ساخت دخمه فرستادند ولی برای نبودن دانایی و آگاهی در کارها از آن پول آنچنان آغاز بنیادی نهادند که به سی هزار تومان آن کار انجام پذیر نمی‌گشت» (همان: ۸۳).

علاوه بر این، گزارش‌های زیر نیز شاهدی بر میزان پس‌افتادگی دینی زرتشتیان و روحانیان یزد هستند.

پروفسور وسترگارد[248] دانمارکی در توصیف مشاهدات خود از وضعیت زرتشتیان یزد (اواخر عهد محمدشاه) به ژان ویلسون سردبیر روزنامه اورینتال کریستین اسپکتیتور[249] برآن است تنها هزار خانوار زرتشتی در یزد سکنی داشتند که از حیث مالی در سطحی پایین‌تر از فقرای هند بودند. در کنار فقر مالی، آن‌ها «از مذهبشان هیچ چیز نمی‌دانند. در آتشکده تنها برای ساعات اولیّه شب آتش را روشن می‌کنند. استعمال دخانیات را برای دستور ناپسند می‌دانند؛ در حالی که دستور در خانه‌اش به من چپق داد». وسترگارد همچنین متذکر می‌شود که بیشتر متون دینی از بین رفته و روحانیان از چند متن موجود نیز چیز چندانی نمی‌فهمند (Ringer, 2009: 549) .

همچنین در گزارش سفر دوم مانکجی به یزد، از دیدار با فردی ملبّس به لباس روحانیان مسلمان اشاره رفته که در شرح احوال خود به مانکجی، می‌گوید: «آیا نشنیده‌ای که این روزها یکی از دستوران آیین زرتشتی پیرو اسلام گردیده؟ ... من همانم!». مانکجی که از این ادعا شگفت زده شده بود، دلیل چنین اقدامی را می‌پرسد و او در پاسخ نکاتی درخور توجه را متذکر می‌شود: «من از دستوران این آیین بودم و از روش [و] آیین این گروه چیزی نخوانده و نمی‌دانستم. موبدان و دستوران دیگر، از من نادان‌تر و نابیناتراند. از آن گذشته، جوانانی که از ایران به هندوستان رفته و از راه نیک و بد، چند پولی به دست آورده و برمی‌گردند و کسانی که در خود ایران مالدار هستند به ضعیفان این گروه پیش‌دستی و بزرگواری نموده و خود، خواهان خودنمایی و فرمانروایی هستند. چون کارها و دنیاداری هریک از این گروه را سنجیده و به مردی و مردمی برابر و یکسان ندیدم، ناچار به مسلمانان پناه آوردم. اکنون پندار آن دارم که سزای بدیهایی را که هر یک از کسان این گروه به من و دیگران نموده است بدهم و به پاداش کردارهای ناشایست خودشان برسانم» (مانکجی، www. farvahr.org: 87-88) .

248. Westergard

249. Oriental Christian Spectator

در نهایت گزارش جکسن قابل استناد است که در بازدید از یزد در آستانه قرن بیستم، بخشی از مشکلات اقلیت زرتشتی را مربوط به موقعیت نابهنجار اجتماعی آن‌ها در میان اکثریت شیعی دانسته امّا در عین حال گوشزد می‌کند که زعمای روحانی ایشان- که آن‌ها را به دستور و موبد و هیربد دسته‌بندی می‌کند- نیز از تخصص در متون دینی، به اجرای مراسم معمول آیینی تنزّل کرده‌اند.

البته ناگفته نماند که در سایه گسترش فشار بر زرتشتیان و در عین حال، مشوّق‌هایی که در تغییر کیش به اسلام وجود داشت، بسیاری از جماعت زرتشتی، ترک آیین و یا مهاجرت را ترجیح دادند. بدیهی است که هر بهدین در صورت عدم تمایل و یا به هر دلیل و بهانه‌ای به سادگی می‌توانست احکام و فرامین موبدان را زیرپا نهاده و بنا برقاعده و رسم مسلمانان عمل نماید (جکسن، ۱۳۵۷: ۴۲۴- ۴۲۵)؛ موضوعی که علاوه بر مشروعیت همرنگی زرتشتیان با مسلمانان، عاملی نیز در تضعیف روحانیان بود. همگام با این موضوع، کاهش چشمگیر متون دینی از دیگر عوامل تشتّت درونی اقلیت، خاصّه در رویارویی با امواج تشویق یا اجبار به تغییر کیش به شمار می‌رفت. در این باره، قبلاً به گزارش‌هایی از سفرنامه‌نویسان اوایل عهد قاجار اشاره شد که از کمبود متون دینی در معتبرترین مرکز زرتشتی‌گری ایران سخن می‌گفتند. جالب آنکه این روند حتّی به رغم اصلاحات درونی که مانکجی پس از این به نمایندگی از انجمن اکابر پارسیان انجام داد (نک به مطالب بعدی)، همچنان تا اواخر سلسله قاجار دوام آورد؛ چنانکه جکسن چند سالی پیش از مشروطیت تنها به وجود سه نسخه کتاب یعنی وندیداد، یسنا و رونوشت ناقصی از ویشتاسب یشت در یزد اشاره می‌کند (جکسن: ۴۱۰).

بدین ترتیب مجموعه‌ای از عوامل همچون فقر و جهل عمومی بهدینان، فقدان آثار دینی معتبر و افت روحانیان به سطح دریافت‌کنندگان مقام موروثی، نمود خاص یافته و این مهم در ملاقات جکسن با موبدان و دستوران چنین تصویر می‌شود که «برای متخصصان فن، اعجاب و شگفتی ندارد بپردازم که دستور و بیشتر علمای حاضر در مجمع نمی‌دانستند که قسمت زیادی از اوستای متأخر به شعر است. موضوع شعر بودن و مشخصه شعری داشتن اوستا کاملاً برای آن‌ها تازگی داشت و

هنگامی که من قطعه‌ای از هوم‌یشت را با وزن به شیوه‌هایی که محقّقین مغرب‌زمین با آن آشنا هستند، برایشان خواندم تعجب کردند. در همه این موارد آشکار است که قرن‌ها تعقیب و تفتیش و به غفلت سپرده شدن دانش دینی، در معلومات فنی آنها بدون تأثیر فاحش نبوده است» (همان: ۴۱۵-۴۱۶).

در پایان سخن لازم به ذکر است جکسن که سالیانی پس از حضور مانکجی و دیگر نمایندگان انجمن اکابر و اقدامات گسترده آنها در احیای ضوابط درونی جماعت به یزد سفر نمود، پس‌افتادگی روحانیان را تا آنجا گزارش می‌نماید که آنها حتّی از فهم متون دینی که خود را تنها متخصصان در آنها می‌دانستند نیز عاجز بودند. و بدین ترتیب اگر تقریباً یک دهه پس از حضور مانکجی در یزد، شرایط و وضعیت روحانیان تراز اول چنین بوده است، پس‌گفتار مانکجی پس از نخستین بازدیدش از یزد چندان دور از ذهن نیست که می‌گوید: «پارسیان ایران در آن دمان، سررشتهٔ دین خود را از دست داده و آرون،[۲۵۰] و آئین مردمی را فراموش کرده و سند دین مزدیسنان را که سدره پوشیدن و کشتی بستن و با آدمیّت یک پند یاد داشتن است از چشم انداخته و کارهای دین را از بایسته و نبایسته و شایسته و نشایسته درهم کردند، هر کس سر خود به دلخواه خویش رفتار می‌کردند» (مانکجی، www. farvahr. Org: 85-86).

گستردگی جهل و عدم همدلی جماعت

بنا برآمارهایی که از جمعیت زرتشتیان ساکن در شهر و روستاهای پیرامون یزد ارائه گردید، یکی از شاخصه‌های مشترک، گسترهٔ بی‌سوادی جماعت بود. این مهم هر چند در قیاس با حوزه شهر، در مناطق روستایی وسیع‌تر می‌نمود، با این حال نمی‌توان منکر وسعت بی‌سوادی حتّی در میان قشر مدعی تحصیلات دینی، یعنی روحانیان و خاصّه موبدان گردید.

---

۲۵۰. آرون: صفت نیک، خصلت حمیده.

در عین حال، یکی از مهم‌ترین منابع دستیابی به سطح گسست در جماعت زرتشتیان یزد، گزارش و نامه‌های مانکجی است که در مناسبت‌های مختلف از پریشانی و آشفتگی همکیشان ایرانی خبر می‌دهد. وی دربارهٔ تشتّت و تنگ‌نظری بزرگان زرتشتی یزد می‌نویسد: «نمی‌خواهند ده کس از آنها فراهم آمده و یک نان به بینوا و همکیشان خود دستگیری و یاری نمایند ... در هر کاری سستی و تنبلی را پیشه خود ساخته و مایهٔ پیشرفت کار خویش می‌دانند» (همان: ۸۲).

همچنین در گزارش به انجمن اکابر پارسیان با تأکید مجدد بر بی‌مبالاتی زعمای قوم، تفرّق درونی جماعت را به حدّی آشکار می‌داند که «وقتی یکی از این گروه با یکی از بزرگان نزدیک و دوست می‌شود، دیگران به جای شادی و سرافرازی، به عکس، ضدّیت می‌نمایند و رشته دوستی را از هم می‌گسلند ... نیز کسانی که از این گروه پنج شاهی به دست آورده و توانگر می‌شوند، برای نگهداری بزرگواری خود با هرزه‌کاران دست به یکی شده و ناتوان‌های این گروه را که دشمنی و یا اینکه پندار بزرگی به آنها دارند، آزار و صدمه می‌رسانند» (اشیدری، ۲۵۳۵: ۴۴۸).

عدم تقّید به ضوابط دینی

یکی دیگر از جمله نشانه‌های افت زرتشتیان یزد از اقلیتی همگون به جماعتی پراکنده، عدم تقّید به رعایت آیین‌های عبادی و از جمله بارزترین آنها کنار نهادن رسم کُشتی بستن و سدره‌پوشی بود. همچنین استعمال چپق و قلیان،[۲۵۱] قتل زندبار[۲۵۲] که در ایامی خاص به اسم نذر و قربانی، بی‌محابا گاو و شتر ذبح می‌کردند، حمل میّت بدون غسل، «طرب کردن اندر قفای اموات و ساز و چنگ زدن و رقصیدن در

۲۵۱. چنانکه در بخش اصلاحات درونی مانکجی خواهیم دید حتّی با وجود تلاش‌های او در منع استعمال چپق و قلیان، زرتشتیان به هنگام حضور جکسن در یزد، به دلیل ممنوعیت توتون و تنباکو، از «انفیه» استفاده می‌کردند و این طریقهٔ استفاده از دخانیات را مشروع می‌دانستند (جکسن، ۱۳۵۷: ۴۱۰).

۲۵۲. از اصطلاحات دساتیری به معنی حیوانات و چهارپایان سودمند.

آن اوقات»،[۲۵۳] و تقلید از مسلمانان در اموری چون «ریش و ناخن و دست و پا را حنا و رنگ نهادن» از حمله دیگر از این تحریفات بود (شهمردان، ۱۳۶۳: ۳۹۱).

اما آنچه بیش از دیگر موارد از عدم رعایت مقرّرات دینی حکایت داشت، اختیار نمودن همسر دوم و طلاق بود که به شکلی بی‌قاعده و با مجوز شرعی روحانیان زرتشتی انجام می‌پذیرفت (Amighi, 1990: 132). در این رابطه، نامه‌ای از بهدینی به نام اردشیر، از کرمان، خطاب به مانکجی موجود است که بر تقلید زرتشتیان از رسم مسلمانان در ازدواج مجدّد اشاره دارد. وی می‌نویسد: «اینکه هرگاه به شما عرض کردند که حقیر دو زن گرفتم؛ اول اینکه از قدیم تا حال اینکار در میان بهدینان بلکه میان موبدان عام بوده و بعضی می‌رفتند و عقد مسلمانی می‌بستند و دو زن هم می‌گرفتند». سپس با ذکر تنی چند از این افراد بر آن است که «اگر عقد مسلمانی بستن در میان بهدینان عام بوده و هیچ کس نمی‌دانست که اینکار خلاف است، به جهت آنکه آنها که بزرگان دین و دستوران بوده‌اند چنین کارها کرده‌اند که الحال هستند و ثابت است و هرگاه دو زن گرفتن خلاف است چرا بزرگان ما دو زن گرفته‌اند؟ ... امّا چون تا به حال نمی‌دانستم که در شریعت زرتشتی دو زن گرفتن و عقد مسلمانی بستن خلاف است، گناهِ ندانسته و تقصیر گذشته را خداوند می‌بخشد» (اشیدری، ۲۵۳۵: ۲۶۴-۲۶۵).

به هر حال و در جمع‌بندی بحث، تذکر مانکجی به پنچایت یزد در عدم تقیّد زرتشتیان محل به انجام مناسک دینی، و ساخت و نگهداری ابنیه دینی را نیز می‌توان تصویری از ضعف عملکرد درونی جماعت دانست:

---

۲۵۳. در فرهنگ زرتشتی با هرگونه شیون و مویه شدیداً مخالفت می‌شود. تأکید بسیاری که در این رابطه در متون مختلف زرتشتی و از جمله در خود اوستا آمده است، این احتمال را مطرح می‌سازد که گویی متولیان آیین زرتشتی با مخالفت با شیون و مویه، درواقع در پی مخالفت و از میدان به در کردن آیینی ریشه‌دار هستند که آن را به چشم رقیب می‌نگریسته‌اند و این آیین احتمالاً سوگ سیاوش بوده که زمانی جلوه‌های مختلف آن در سراسر آسیای غربی معمول و متداول بوده است. لذا می‌توان نتیجه گرفت که «طرب کردن در قفای اموات و ساز و چنگ زدن و رقصیدن در آن اوقات» نیز راهکاری برای جایگزین کردن و مقابله با شیون و مویه‌های معمول در مراسم تدفین بوده که چه بسا از نگاه زرتشتیان راست‌کیش، جلوه‌گر آیین‌های سیاوشی بوده است.

«اگر خانه یکی از ارامنه یا یهود را کسی بخواهد اجاره کند و خُم شراب بگذارد، همه متّفق و راضی می‌شوند و همه روزه می‌روند و چنانچه کسی اظهار دارد که عبادتخانه باید ساخت، هریک به عذری متعذّر می‌شود؛ یکی می‌گوید من اجیرم و اختیار با ارباب است. جوان‌ها عذر می‌آورند که اختیار با ریش‌سفیدان است. پیرمردها متعذّر می‌شوند که ما اهل این بَلَد نیستیم و دخمه و عبادتخانه لازم نداریم. زیرا که اعتقاداتشان اینست که اینجا نمی‌میرند بلکه گویا چنین می‌دانند که هیچ نمی‌میرند و حکم مذهبی که هر جا کسی می‌میرد، به نزدیکی دخمه باید برای روشنی روان سه شبانه‌روز چراغ روشن باشد، [ولیکن] روشنی را ترک کرده و تاریکی را برای روح خود می‌پسندند...» (امینی، ۱۳۸۰: ۱۹-۲۰).

ه - محدودیت‌ها و تنگناهای زرتشتیان در جامعهٔ اسلامی

بنا بر اطلاعات موجود، بخش قابل توجهی از مصائب زرتشتیان یزد به شرایط فرهنگی منطقه و شهرت آن به یکی از متعصّب‌ترین شهرهای ایران باز می‌گشت که در عدم تساوی حقوق پیروان دیگر ادیان با اکثریت، افزودن بر تنگناهای ایشان به مفهوم تلاش در کاهش از نفوس کفّار مفهوم می‌یافت و امری پسندیده قلمداد می‌گشت. در رابطه با موانع ارتباط مسلمانان با زرتشتیان - مانند دو اقلیت دیگر یهودی و ارمنی - طهارت و پرهیز از تماس با ناپاکی و نجاست، جایگاه برجسته‌ای داشت. در شرایطی که زرتشتیان برخی گروه‌ها را نجس می‌دانستند (Amighi,1990: 89)، مسلمانان - با لحاظ تفاوت دیدگاه‌های فقهای شیعی و سنی (نک به فصل اول) - عمدتاً عموم اهل ذمّه را ناپاک تلقّی می‌کردند. برای توضیح بیشتر نگاهی به نقاط اشتراک و افتراق زرتشتیان و مسلمانان در رابطه با مسأله طهارت و ناپاکی ضرورت دارد.

با توجه به سیطرهٔ دین اسلام در اجزاء حیاتی جامعه، بدیهی است که مسلمانان یزد رعایت ضوابط اسلامی در ناپاکی اهل ذمّه را بر دیگر عناصر پیوند اجتماعی برتر دارند. بر این اساس، مسلمانان با اتکا به اصل برتری اسلام و داشتن عالی‌ترین معیارها در تمامی عرصه‌های زندگی، معیارهای بهداشتی زرتشتیان و دیگر

ادیان را قبول نداشتند. با وجود تحولات اقتصادی اواخر سده ۱۹م در برتری تجارت و توسعهٔ روابط با غرب که بالطّبع تحرکاتی در زمینه اجتماعی را ایجاب می‌کرد، باور به ناپاکی زرتشتیان حتّی نزد طیف تاجر و برآمده از تحولات نوین همچنان باقی ماند و قاعدهٔ شرعی حفظ پاکیزگی در عدم مشارکت با زرتشتیان در مشاغل مستلزم تماس فیزیکی، محل توجه خاص بود. مالکوم در رابطه با اهمیّت حفظ این معیارها نزد مسلمانان می‌نویسد: «شیعیان به‌ویژه دربارهٔ طهارت وسواس دارند و فکر می‌کنم که این حساسیّت، تقریباً بیش از هر مورد دیگری، همپای دقتی است که در ادای نمازهای خود دارند ... مسلمان چنین تربیت یافته که پاکی را در خوردن انواع خاصی از غذا، تماس با حیواناتی خاص و نیز ارتباط با آن دسته از افراد اجتماع لحاظ نماید که از حیث شرعی پاک تلقّی شده‌اند» (مالکوم، ۱۳۹۴: ۱۵۱). از دیگر سو، زرتشتیان هم بنا بر ضوابط آیینی خود، معیارهای پاکیزگی مسلمانان را مردود می‌دانستند و این موضوع نیز خود مانعی در ارتباط با مسلمانان به شمار می‌رفت.

به هر حال از نگاه مسلمانان، کل جماعت زرتشتی بدون لحاظ موقعیت‌شان در سلسله‌مراتب اقتصادی و یا اجتماعی، ناپاک بودند و از تماس با آن‌ها باید پرهیز کرد. البته ملاحظات اقتصادی و سیاسی از کارآیی همه‌جانبهٔ چنین حدّ و مرزهایی می‌کاست. برای مثال، شواهدی از زراعت توأمان رعایای زرتشتی و مسلمان فقیر در اراضی مالکان مسلمان و یا ظهور طیفی از تجار و صرّافان زرتشتی در چرخش اقتصادی یزد به اقتصاد بازرگانی (در نیمه دوم قرن ۱۹ م)، بیانگر جایگزینی سطحی از تعصّب با مدارا بود. علاوه بر این، تمایل نظام سیاسی به رعایت نسبی حقوق زرتشتیان که عمدتاً از اِعمال نفوذ کارگزاران اروپایی (خاصه انگلیس) و حمایت‌های مالی پارسیان هند نشأت می‌گرفت، در شکستن محدوده‌های یادشده تأثیرگذار گردیدند (نک به مطالب بعدی).

به هر حال، محدودیت‌های زرتشتیان در یزد صرفاً ناشی از ناپاک دانستنِ آن‌ها نبود و تا حدّ بسیاری هم به تلاش برای حفظ یکپارچگی جامعهٔ شیعه با کاستن از جمعیت کفّار برمی‌گشت و از همین رو، کفار یا باید به اسلام تغییر کیش بدهند و از پاداش و امتیازات تشویقی بهره‌مند شوند و یا به عنوان ذمی، پذیرای هر گونه

تخفیف و خواری باشند. در میان این فشارها، پرداخت جزیه و بی‌رویه‌کاری عُمّال دیوانی و کارگزاران حکومتی در تأدیه آن، نماد بارزی از سطح فشار بر زرتشتیان به شمار می‌رفت که البته تأثیر چشمگیری نیز بر تغییر کیش و یا مهاجرت آنها از منطقه داشت.

محدودیت در پوشش و در آمد و شد

در فصل نخست و در بحث از دیدگاه فقهای مسلمان دربارهٔ اهل ذمّه گفته شد که بر روی الصاق علائم و مشخصه‌هایی بر روی لباس ذمّیان در میان فقها اتّفاق نظر وجود داشت. بر این اساس بعید نمی‌نماید که در شهری مشهور به تعصب، تنگناهای اجتماعی زرتشتیان تعدّد و تنوّع بسیاری- خاصّه در آنچه که به حضورشان در مکان‌های عمومی مربوط می‌شد- داشته باشد. ناپیر ملکوم نمونه‌های بارزی از محدویت‌های پوشش آنها را ذکر می‌کند:

«تا سال ۱۸۹۵م/ ۱۳۱۲ق هیچ فرد زرتشتی مجاز به حمل چتر نبود ... شال کمرشان بایستی از کرباس زمخت باشد، هر چند بعد از این سال، استفاده از هر نوع پارچه سفیدرنگی مجاز شده بود. تا ۱۸۹۶م/ ۱۳۱۳ق آنها مجبور بودند به جای تا زدن عمامه‌هایشان، آن را مانند ریسمانی تاب داده و بر گرد سر بپیچند. گرچه تا حدود ۱۸۹۸م/ ۱۳۱۵ق تنها مجاز به پوشیدن قبا یا ارخالقی به رنگ قهوه‌ای، خاکستری و زرد بودند با این حال پس از این تاریخ به جز رنگ‌های آبی، مشکی، قرمز روشن و یا سبز استفاده از سایر رنگها بلامانع گردید.

چنین ممنوعیتی در پوشیدن جوراب‌های ساق‌بلند نیز به چشم می‌خورد. آن‌ها تا حدود ۱۸۸۰م/ ۱۲۹۷ق مجبور به پوشیدن نوعی خاص از کفشی زشت و زمخت بودند که در پنجه پهن می‌شد. تا ۱۸۸۵م/ ۱۳۰۲ق باید کلاهی پاره بر سر می‌گذاشتند. تا حدود ۱۸۸۰م/ ۱۲۹۷ق به جای شلوار مجبور به پوشیدن چاقشوری خودرنگ و تنگ بودند» (مالکوم: ۶۹-۷۰).

در واقع تخطی از رعایت مقرّرات مربوط به پوشش به حدّی با واکنش تند اجتماعی مواجه می‌گردید که بنا به نوشتار مالکوم، «حوالی سال ۱۸۹۱م/ ۱۳۰۸ق در یکی از میادین شهر، مجتهدی، تاجری زرتشتی را به جرم پوشیدن جوراب‌های سفیدرنگ گرفته، دستور داد او را مضروب و جوراب‌هایش را از پایش بکنند. حدود سال ۱۸۶۰م/ ۱۲۷۶ق مردی هفتادساله با شلواری سفیدرنگ از جنس کرباس زمخت به بازار رفت و مردم با دیدن چنین خطایی او را به شدت کتک زده، شلوارش را بیرون آورده، زیر بغلش گذاشتند و به خانه‌اش فرستادند» (همان: ۷۱).

علاوه بر دقت در رنگ و حتّی نوع پارچه مورد استفاده در تهیه لباس، مطابق با رسمی کهن که گویا سابقه آن به روزگار خلافت عمر باز می‌گشت، مقرّر بود تا ذمّیان جهت تشخیص از مسلمانان پارچه‌ای از رنگ دیگر را بر روی لباس خود تعبیه کنند تا از مسلمانان قابل تمیز باشند. تا آنجا که از اسناد موجود برمی‌آید، تا دورهٔ قاجار و عهد ناصری گزارش صریحی از رعایت این ضابطه توسّط زرتشتیان در دست نیست. امّا در این زمان و آنگونه که ناپیر مالکوم در توضیحی بر تصمیم زعمای دینی شهر به توسعه این محدویت از یهودیان به زرتشتیان شهر می‌نویسد، گویا از ۱۸۸۰م/ ۱۲۹۷ق مجتهدان مقرّر داشتند که آنها نیز پارچه‌ای بر روی قبای خود بدوزند. تدبیر زرتشتیان در مواجهه با این فرمان شرعی، خواندنی است: «در این هنگام حکومت با محمّدحسن خان بود و یکی از زرتشتیان به نام ملابهرام خرّمشاهی برای همکیشانش، جهت تدارک آن، سه روز مهلت خواست. پس طی این سه روز، زنان زرتشتی به کار مشغول شدند و قلاب‌دوزی شکیلی را در حاشیه دور گردن و چاک پیراهن تعبیه کردند. پارچه مورد نظر به نحوی در معرض دید و بر روی پیراهن قرار داده شده بود که جای هیچ ایرادی نماند» (مالکوم: ۷۱-۷۲).

گذشته از ضرورت پذیرش و رعایت چنین محدودیت‌هایی، بنا بر اصل عدم استفاده از هرگونه نشانه و علائمی که می‌توانست نمادی از تفوّق و یا برابری زرتشتیان با مسلمانان باشد، حقّ سواری در شهر نیز معرّف مسلمانی به شمار می‌رفت. از این حیث تا سال ۱۸۹۱م/ ۱۳۰۸ق زرتشتیان یزد در شهر باید پیاده آمد و شد می‌کردند و حتّی در صحرا و بیابان نیز اگر به مسلمانی، با هر سطح از اعتبار و وجاهت

برمی‌خوردند، بایستی از مرکب به زیر آیند. البته این محرومیت در اوایل ظهور مشروطیت تا حدّی تعدیل گردید و زرتشتیان با تخفیف، در صحرا و بیابان مجاز به سواری شدند و در این مواقع، تنها به هنگام مواجهه با مسلمانی صاحب‌احترام باید پیاده می‌شدند (همان: ۷۰).

رعایت موضوع اخیر از چنان اهمیتی برخوردار بوده است که بخشی از خاطرات و اسناد به جای مانده، به این موضوع اختصاص یافته است. برای مثال، اردشیر زارع در یادی از ایام طفولیتش می‌نویسد، روزی سوار بر الاغ از بازار شهر عبور می‌کرد که ناگهان یکی از روحانیان مسلمان، کشیدهٔ محکمی بدو می‌زند و او را از مرکب به زیر می‌کشد. در این میان تنی چند به وساطت می‌آیند و ضمن عذرخواهی از شیخ، به طفل تذکر می‌دهند: «چرا جلو آقا پیاده نشدی و نسبت به آخوند بی‌احترامی کردی؟». وی، برای خلاصی از معرکه، افسار الاغ را به دست گرفته و پیاده به راه خود ادامه می‌دهد که ناگاه، بقالی که جلوی دکان خود را آب‌پاشی کرده بود، سیلی دیگری به او می‌زند؛ «چرا سوار نشدی مگر چشمت کور است که درِ دکان آب‌پاشی کرده‌اند. زمین و دکان را نجس کردی و مرا بغل کرد و گذاشت روی الاغ و یکی دیگر هم زدند پس گردنم. به خودم گریه‌کنان گفتم: خدایا این چه بساطی است که یکی مرا می‌زند که چرا سوار شدی و بی‌احترامی کردی، یکی دیگر می‌زند که چرا پیاده راه می‌روی و زمین را نجس کردی!» (زارع، نسخه تایپی: ۶۸).

علاوه بر این، نامه‌ای از دستور شهریار خطاب به علمای مسلمان وجود دارد که دربارهٔ سواری در شهر کسب اجازه می‌کند:

«خدمت ذی‌رفعت علمای امامیه و فقهای مذهب اثنی‌عشریه کثّر الله امثالهم عرض می‌نماید که هرگاه بر آن عالی‌جنابان ظاهر بوده باشد که این کم‌ترین مطیع‌الاسلام دستور شهریار که از رؤسای جماعت زرتشتی می‌باشم همیشه مطیع و منقاد اسلام بوده و عمل به شرایط ذمّه نموده و می‌نمایم و هرگز هیچ خلافی که افادهٔ خارج از ذمّه بودن نماید از این کم‌ترین به ظهور نرسیده است و چون امورات طایفه به عهدهٔ این کم‌ترین است و گاهی مرافعه و اتفاقی واقع می‌شود که لازم می‌آید که

در عالی محکمهٔ شرع مطاع لازم‌الاتباع و محضر سرکار حکومت مشرّف گردیده به جهت اصلاح امورات عرایض و حوایج را به معرض ظهور و بروز برسانم. [امّا] به سبب عارضهٔ درد پا که چندی است اشتداد یافته است که قادر بر پیاده رفتن و طی نمودن راه قریبه و بعیده نیستم، اگر گاهی لازم به شرف‌یابی در محکمهٔ شرع مطهره و محضر حکومت بشود، مأذون و مرخص می‌باشم که سواره در محضر و کوچه و بازار تردد نمایم یا خیر؟ مستدعی از مراحم بی‌کران جنابان مستطاب عالی‌جنابانم که تصدیق مراتب معروضه را در صدر هذه العریضه مرقوم به خاتم شریف مزیّن و مختوم فرمایند که عندالله و الحاجت حجت بوده باشد. الباقی امرکم مطاع مطاع».

در حاشیه بالای این درخواست، صدرالعلما از روحانیان متنفذ یزدی می‌آورد:

«بلی اینجانب هرگز خلافی از شما ندیده و نشنیده‌ام که خلاف شرایط ذمیه بوده باشید، بلکه آنچه دیده و شنیده‌ام، همیشه مطیع‌الاسلام بوده‌اید و عمل بر شرایط ذمّه نموده و می‌نمایید. در باب ناخوشی درد پا هم چندین سال است که شما گرفتار می‌باشید و نمی‌توانید پیاده جایی بروید و حاضر شوید. البته سوار شوید. البته سوار شوید. کسی را با شما کاری نخواهد بود» (تشکری، ۱۳۹۱، تحقیقات تاریخ اجتماعی، ش ۱: ۴۷-۴۸).

تعدّد و تنوّع محدودیت‌های شرعی- اجتماعی

مطابق با ضوابط فقهای شیعی و سنی دربارهٔ تمایز اهل ذمّه از مسلمانان در زمینه قصاص، دیات و ارث، شواهد موجود بر رعایت دقیق این ضوابط در یزد عصر قاجار حکایت دارند.

از آنجا که در چارچوبه‌ای به نام «امّت اسلامی» ملاک برابری افراد بر دین و مذهب مشترک استوار بود، قاعدتاً ذمّی تنها در حقّ حیات از کافر حربی امتیاز می‌گرفت و تداوم حیاتش به رعایت ضوابط اکثریت بود. در این میان، چون عموماً

اسلام آوردن نامسلمانان از طریق تحمیل انواع تنگناها صورت می‌پذیرفت، تعدّد و تنوع محدودیت‌ها، خاصّه در مباحث شرعی عینیّت بیشتری می‌یافت. برای نمونه، طبق ضوابط اسلامی در قتل ذمّی توسّط مسلمان، دیه با قصاص جایگزین می‌شد امّا در همین سطح نیز اخذ دیه به کفایت مالی قاتل و خانواده وی وابسته بود. ناپیر مالکوم در تقریظی بر این موضوع، به قتل یکی از زرتشتیان یزد به هنگام حضور مانکجی اشاره می‌نماید (۱۲۸۶ق/ ۱۸۰۷م) که طی آن دو مسلمان، دو نفر زرتشتی را در خارج از شهر مورد حمله قرار داده و یکی را به قتل رسانده و دیگری را شدیداً مصدوم می‌نمایند. قاتلان دستگیر شدند، امّا حاکم از قصاص طفره رفت، و مانکجی ناگزیر قاتلان را با خود به تهران برد امّا صدراعظم گفت: «نمی‌توان مسلمان را به خاطر قتل زرتشتی کشت و تنها باید فلک شوند». همچنین صدراعظم در پاسخ به سؤال مانکجی تأیید می‌کند که خونبهای زرتشتی کمی بیش از هفت تومان هست (مالکوم: ۷۳).[۲۵۴] ناگفته نماند که هر چند بنا بر احکام فقهی، تدابیری در پرهیز از قتل نابجای غیرمسلمانان اندیشیده شده بود و فقها حتّی عادت به قتل غیرمسلمان را مستوجب مرگ می‌دیدند،[۲۵۵] با وجود این، در محاکم شرعی، دیهٔ غیرمسلمان همیشه بسیار کمتر از یک مسلمان بود. برای مثال، در یک مورد که یک یهودی در جریان نزاع با بدهکار مسلمان خود، ناخواسته موجب مرگ او شده بود، به پرداخت هزار تومان دیه و تحمل زندان محکوم گشت، امّا مسلمانی که عامدانه یک ذمّی را به قتل می‌رساند، بیش از هفت یا هشت تومان دیه- آن هم در صورت توانایی- به

۲۵۴. فرامجی نیز در تاریخ پارسیان می‌نویسد که یکی از سکنهٔ ارمنی تبریز توسّط مسلمانی به قتل رسید و قاتل تنها هفت تومان (معادل سه پوند و ده شیلینگ) جریمه شد (Karaka,1884: 65).

۲۵۵. نمونه‌ای از قصاص قاتل یک ذمّی را ادوارد براون در سفر خود به یزد از دستور تیرانداز نقل می‌کند که سالیان پیش اهالی یزد درصدد قتل زرتشتیان در صورت عدم پذیرش اسلام برآمدند و قتل مسلمانی توسّط فردی زرتشتی را بهانه کردند. حال آنکه ماجرا عکس آن بود و در واقع در این میان، فردی زرتشتی به قتل رسیده بود. اما حاکم که ظاهراً خود را قادر به حمایت از زرتشتیان نمی‌دید، طی نامه‌ای از ایشان خواست تا در صورت وقوع هر حادثه‌ای او را مبرّا دارند. اما چون گبرها در قصاص قاتل پافشاری کردند، در نهایت حاکم هم مجبور به اجرای حکم قصاص مسلمان گردید (براون، ج۲: ۴۸۳).

خانوادهٔ مقتول غیرمسلمان نمی‌پرداخت (Framjee, 45).

به هر حال و گذشته از این مورد، بُعد دیگر از عدم تساوی ذمّی با مسلمان، واگذاری ارثیه متوفی به خویشان- ولو دور- نومسلمان وی و احکام محاکم شرعی به نفع طرف دعوای مسلمان با ذمّی مربوط بود که دربارهٔ شرایط آن خوانندگان را به فصل نخستین کتاب ارجاع می‌دهیم.

محدویت‌های ساخت خانه و نحوهٔ معیشت

بخش دیگر از محدودیت‌های زرتشتیان یزد به ضوابط خاصّ خانه‌سازی اهل ذمّه بازمی گشت. در راستای عدم استیلا و یا برابری کافر ذمّی با مسلمان، آنها مجاز به ساخت منازلی مشابه با اکثریت جامعه نبودند. البته با وجود چنین محدودیت‌هایی که ریشه در ضوابط فقهی داشت و ناگزیر جامعهٔ مسلمان، اجرای آن را جزئی از دینداری و ایمان خود به شمار می‌آورد، در مواقعی حکومت مرکزی با صدور احکام و یا انتصاب حکّام قدرتمند، تا حدّی مانع از اجرایی شدن آنها می‌شد؛ امّا حتّی چنین موارد استثنایی نیز با مداخلهٔ متولیان شرعی به چالش با حکومت انجامیده و در عمل چندان کارایی نداشت. به هر روی، دربارهٔ ساخت خانه، باور عمومیِ برآمده از مفاهیم دینی، برآن بود که ذمّی نباید عمارتی در دو طبقه بسازد و یا به گونه‌ای احداث نماید که ارتفاعش از زمین، بالاتر از قامت انسانی با دست‌های افراشته باشد (جکسن، ۱۳۵۷ : ۴۲۴). لذا دو اقلیت یهودی و زرتشتی در یزد، پای دیوارهای خود را گود می‌کردند تا ورود آسان مسلمانان را مانع شوند. همچنین «به دیوارهای اطراف در خانهٔ خود نیز باید رنگ سفید می‌پاشیدند. استفاده از درهای دو لنگه که شکل معمول درهای ایران بودند، ساخت اتاق‌هایی با سه پنجره یا بیشتر و نیز بالاخانه قدغن بود» (مالکوم: ۷۰).

امّا بُعد دیگر از تنگناهای زرتشتیان به دعاوی حقوقی نزد مقامات و محاکم شرعی مربوط بود. مانکجی می‌نویسد: «اگر یکی از مسلمانان مدیون شخصی از مطیع‌الاسلامیان می‌شد، خود را مفلس قلمداد و به هنگام رجوع نزد صاحب فتوا،

او بدون رسیدگی، ادعای مسلمان را بر غیرمسلم ارجح می‌داشت. از سوی دیگر، در رجوع به محاکم شرعی، فرد مسلمان خود را مجاز به انواع افترا به دین و پیامبر زرتشتی می‌دانست حال آنکه طرف مقابل با کوچکترین بالا بردن صدا، منع و تنبیه می‌شد» (مانکجی، ۱۲۸۰ق: ۴۳).

گذشته از تنگناهای اجتماعی، زرتشتیان در زمینه اقتصادی و نحوهٔ معیشت نیز شرایط نامطلوبی داشتند. بنا به اقتضای سکونت در روستاهای پیرامون، شغل عمدهٔ ایشان، زراعت و باغبانی بود که مورد تأیید و تشویق کیش زرتشتی هم بود.

در قیاس با حوزه شهری که زراعت جای خود را به داد و ستد و بعضاً تجارت و پیشه‌وری می‌داد، زرتشتیان در روستاها با تنگناهای کمتری دست به گریبان بودند. در واقع در محافل شهری، از حیث اقتصادی نیز همچون عرصه‌های اجتماعی و فرهنگی، با مشکلات عدیده‌ای مواجه بودند. برای مثال، از دارایی آنها خمس اخذ می‌شد (همان: ۴۸-۵۳) و تا ۱۲۷۶ق/ ۱۸۶۰م از امتیاز کسب و پیشه محروم بوده و به اجبار کالاهای خود را در سردابه‌ها پنهان و در خفا می‌فروختند. به قول مالکوم، «با آنکه در پی اقدامات مانکجی و تلاش انجمن اکابر پارسیان، حکومت مرکزی با لغو ممنوعیت داد و ستد ایشان در کاروانسراها و مسافرخانه‌ها موافقت نمود امّا بنا بر اصل عدم تساوی با اکثریت مسلمان، آنها همچنان مجاز به کسب و کار در بازارهای شهر نبودند» (مالکوم: ۷۱). ضمن اینکه به دلیل نجس بودن از دیدگاه مسلمانان، جواز فروش مواد غذایی هم نداشتند (جکسن: ۴۲۳).

مانکجی در بخشی از استفتائات خود از شیخ مرتضی انصاری به دو نمونه دیگر از محدویت همکیشان خود در حوزهٔ کسب و کار اشاره می‌نماید: «در ایران، اهل ذمّی را از هر کار و کاسبی منع، و نمی‌گذارند بنّایی و نجاری و خیاطی و جولایی و خشت‌مالی و چاروداری و دالانداری نموده یا از باغات و زراعات خود میوه و سبزیجات آورده و در بازار به فروش رساند. بلکه گاهی اذیت و آزار هم می‌رسانند...» (مانکجی، ۱۲۸۰ق: ۴۱).

او همچنین در سؤالی دربارهٔ دریافت انواع مالیاتهای نابجا از زرتشتیان و دیگر اهل ذمّه می‌گوید: «از مطیع‌الاسلامان حین مسافرت از شهری به شهر دیگر گذشته از

گمرگ و باج و راهداری معمولی، گذربانان و راهداران در هر شهر و بلدی آنها را بر سر راه معطل داشته، به مثل گوسفند سرشمار کرده، مجبوراً از هر آدمی مبلغی می‌گیرند که این بدعت به هیچ‌وجه دربارهٔ مسلمانان جاری نبوده و نیست» (همان: ۵۰).

در اثبات ادعای مانکجی دربارهٔ اخذ بی‌رویهٔ مالیات‌های مضاعف از زرتشتیان، نامه‌ای از وزیر یزد به حاکم انارک موجود است که به تاریخ ۱۲۶۲ق نگارش یافته و در آن ضمن اشاره به دریافت وجه از بابت ذبح دام، خواهان رسیدگی و رعایت حقوق ایشان می‌گردد:

«آنکه عالی‌جاه عزت‌همراه میرزاعبدالکریم بداند که در این وقت، مطیع‌الاسلامی ملاخسرو و چند نفری از جماعت مجوس آمده اظهار داشتند که قربانی که در انارک ذبح می‌نمایند مطالبهٔ وجوهی نموده‌اند و از این عمل شکایت داشتند. لهذا به جهت رسیدگی این مطلب اسماعیل‌بیک فرّاش را مأمور و روانه نمودم که به آن عالی‌جاه اظهار و اعلام نماید که هرگاه در سنوات سابقه متداول بوده و مستمر هر ساله چیزی می‌داده‌اند و این قاعده و قانون بوده است و ضُباط سابق هم می‌گرفته‌اند مطالبه را موقوف دارید و ایشان را ساکت نمایید و هرگاه متعارف نبوده است و عالی‌شأن میرزا علی‌رضا امسال باعث بدعت شده، خلاف و خطای کلی است. چرا که پیشکار شوکت‌مدار میرزا محمّد وزیر صاحب‌اختیار، هرگز راضی به امری که بدعت شود نبوده‌اند. فوری رسیدگی کرده، جماعت مذکور را ساکت که حرفی نداشته باشند و خلاف قاعدهٔ سابقه رفتاری شود، از قرار مسطور معمول شود» (تشکری، تحقیقات اجتماعی، ۱۳۹۱: ۳۷-۳۸).

در پایان بحث و در مقام جمع‌بندی مطالب، ذکر چند نکته تکمیلی ضروری است:

– در تفاوتی میان رفتار طیف‌های مختلف اجتماعی، عملکرد عوام با حکومت و کارگزاران وی یکسان نبود. در قیاس با تودهٔ عوام و خاصّه آشوبگرانی چون

لوطیان- که در مواقع ضعف قدرت حاکم، فرصتی برای تعدّی به اموال و نوامیس عمومی می‌یافتند- که عدم پشتوانه اجتماعی و سیاسی دو اقلیت یهودی و زرتشتی را زمینه مناسبی در غارت اموال آنها می‌دیدند، رفتار حکومت مرکزی رگه‌هایی از مدارا و مسامحه را به نمایش می‌گذارد. این مدارا که بویژه در اقدامات امیرکبیر و سپهسالار نمود یافت و نشان از عزم بخش‌هایی از هیئت حاکمه برای رعایت حقوق اقلیّت‌ها به عنوان تبعه ایران را داشت، در عمل با مشکلاتی مواجه و ضمانت اجرایی خود را از دست می‌داد. سیطرهٔ متولیان مذهب بر جامعه که نابرابری حقوق مسلمان و نامسلمان را از بدیهیات انگاشته و تلاش در نقض آن را منافی با تعالیم دینی می‌دانستند، به همراه بُعد مسافت یزد از پایتخت که دست کارگزاران و دیوانسالاران محل را در هرگونه اقدامی باز می‌گذاشت، دو مانع جدی در اعمال عینی و عملی مدارا بودند. با این حال، وجود حاکمی قدرتمند در محل می‌توانست نویدبخش آرامشی برای زرتشتیان باشد. چنانکه ادوارد براون از حاکم وقت- یعنی عمادالدوله- به عنوان شخصی یاد می‌کند که به دلیل قدرتمندی و تمایل فردی او به مدارا، در زمان او زرتشتیان «از تعصبات خشک مردم در امان بودند» (براون، ۲۵۳۶، ج۲: ۴۸۴).

- به رغم ارامنه که ملاحظات سیاسی دولتمردان ایران در حفظ روابط مطلوب با غرب- و در سدهٔ ۱۹م حمایت از انجمن‌های مسیحی- مانع از تشدید بیش از اندازهٔ محدودیّت‌ها بر ایشان بود، محرومیت دو اقلیت یهودی و زرتشتی از چنین پشتوانهٔ سیاسی، زمینه به دست گروه‌های فرصت‌طلب می‌داد تا در سکوت حاکمیّت، عرصه را بیش از پیش بر آنها تنگ نمایند.

- و نکته آخر آنکه در گسترهٔ وسیعی از فشارهای اجتماعی بر زرتشتیان که بازتاب قابل توجهی نیز در نابسامانی درونی جماعت داشت، ترک آیین، کوچ و مهاجرت به دیگر مناطق و یا پذیرش یکسویه شرایط موجود از جمله راهکارهای آنها برای تداوم بقا به شمار می‌رفت. شرایطی که هر چند به واسطه تدابیر انجمن اکابر پارسیان هند و نمایندگانشان تا حدّی تعدیل شد، امّا در عمل تا پایان عصر قاجار کمابیش پایدار ماند.

فصل هشتم

مانکجی در ایران

جهت پیگیری حیات اجتماعی زرتشتیان در عهد ناصری ضرورت دارد که اقدامات مانکجی به عنوان نخستین نماینده انجمن اکابر پارسیان را محل توجه قرار دهیم؛ امّا فهم این اقدامات و گسترهٔ فعالیت وی، مستلزم گریزی به نحوهٔ شکل‌گیری انجمن اکابر در هندوستان است.

۱- پارسیان و تشکیل انجمن بهبود حال زرتشتیان ایران

بعد از سفر ملا کاوس و پسرش فیروز که برای حل مسأله تقویم از سوی جماعت قدیمی‌های پارسی به ایران و یزد آمدند، ارتباط پارسیان با همکیشان یزدی بسیار کاهش یافت و از این هنگام تا یک سده بعد، زرتشتیان یزد به دلایلی همچون تشدید فشارهای اجتماعی، فقر مالی و عقب‌افتادگی فرهنگی، به جماعتی عمدتاً درگیر مسائل روزمره برای حفظ حیات افت کردند. با این حال، پارسیان و خاصّه قدیمی‌ها در استدلال برتری تقویم خود، ایرانیان را الگو داشتند و همچنان یزد را قبله‌گاه آیینی خود به شمار می‌آوردند. تا آنکه هفتاد سال پس از مسافرت آن دو، انتشار گزارش وسترگارد از یزد و جهل روحانیان یزد (بالاتر را بنگرید)، هنگامه‌ای در پارسیان فراهم آورد. چنانکه شنشایی‌ها فرصت را مغتنم دانسته و قدیمی‌ها را متهم

می‌کردند اگر زرتشتیان ایران بدین سطح از فقر دانش و عملکرد دینی تنزّل نموده‌اند، پس چگونه می‌توان همچنان آنها را قبله‌گاه عبادی دانسته و در مسأله تقویم از آنان پیروی کرد؟ این موضوع نه تنها ایدهٔ ختم برتری زرتشتیان ایران را تقویت نمود بلکه در گرایش پارسیان به محقّقان اروپایی نیز اثر نهاد (Ringer, 2009: 552). به هر حال، جدای از اختلافات دو گروه مزبور، گزارش‌هایی از فقر و فلاکت همکیشان ایرانی، پارسیان را بر آن داشت تا به جای کسب اطلاعات دینی، این بار کمک به آن‌ها را محور روابط خود قرار دهند و این موضوع، آغازی شد برای کمک به زرتشتیان مهاجر از ایران و سپس تسرّی آن به همکیشان در یزد، که در این رابطه، خانواده گلستان بانو نقشی برجسته ایفا نمود.

بالاتر در بیان تنگناهای اجتماعی زرتشتیان، به مهاجرت گلستان بانو و خانواده‌اش از یزد به بمبئی (۱۲۰۶ق/۱۷۹۵م) و ازدواج او با یکی از ناموران پارسی به نام فرامجی پسر بیکاجی بهرام از نخستین مهاجران زرتشتی این شهر اشاره کردیم. گلستان بانو به دلیل زیبایی و نیز اقدامات مجدّانه‌ای که در حمایت از مهاجران به بمبئی داشت، همانند گلبای ولاتن[۲۵۶]ـ از بانوان سرشناس بمبئی (بویس، چیستا، ۱۳۶۴، ش ۲۶: ۴۲۵)ـ در میان پارسیان شهر به «گل ولایت» یعنی گل میهن شهرت یافت. او به همراه همسرش که به دلیل کمک‌های بی‌دریغ به مهاجران زرتشتی، مستحقّ لقب «پدر زرتشتیان مهاجر به هند» گردیده بود، سنگ بنای اولیه بنیادی خیریه را نهادند که اندکی بعد به شهرتی فراگیر در ایران و هند دست یافت. چنانکه در ۱۸۳۴م به ابتکار پسر بزرگ آنها به نام بورجورجی فرامجی و همیاری دیگر برادران یعنی برزو، پشوتن جی و مهربانجی، صندوق خیریه‌ای به نام «زرتشتیان بی‌نوای ایران» بنیان گرفت که مقصود از آن رسیدگی به امور زرتشتیان مهاجر از ایران به هند بود. با تأسیس این صندوق و دعوت از نوادگان کیخسرو ایزدیار و پیروزه بانو، همسر رستم جی پتل، به حمایت مالی از این صندوق، به‌تدریج دیگر پارسیان نیز بخشش‌هایی نموده و با افزایش اعانه‌ها، در اوت ۱۸۳۹م با دعوت از کلیهٔ خیّرین، تحت سرپرستی افراد

---

256. Gulbai Velatan

ذیل، اساسنامه «صندوق خیریه زرتشتیان ایرانی»[257] تصویب شد:

- فرامجی بیکاجی پانده؛ شوهر گلستان بانو و پدر مؤسس (رئیس)
- فرامجی نوشیروانجی پتل؛ نسل چهارم پیروزه بانو (متولی)
- پستن‌جی رستم‌جی پانده؛ برادرزاده فرامجی بیکاجی (متولی)
- منوچهرجی فرامجی کاما؛ (متولی)
- پشوتن‌جی فرامجی پانده؛ فرزند گلستان بانو (دبیر)
- مهربانجی فرامجی پانده؛ فرزند گلستان بانو (دبیر)

(شهمردان، ۱۳۶۳: ۲۸۶)

البته گرچه مقصود خیرخواهانهٔ خانواده پانده و ابتکار عمل‌شان در جمع‌آوری و سرمایه‌گذاری دهش‌های پارسیان با هدف حمایت از همکیشان ایرانی قابل انکار نبود، امّا در عین حال نمی‌توان منکر نقش بارز کارگزاران انگلیسی در تشویق و هدایت عمومی پارسیان گردید. به عبارت بهتر، پارسیان که غنای اقتصادی و وجاهت اجتماعی خود را مدیون شرایط نوین ناشی از حضور و سلطهٔ انگلیس بودند، به پیشنهاد یکی از سیاست‌گزاران بریتانیایی هند به نام «سر جورج بردو» درصدد ایجاد بنیاد نام‌رفته جهت همراهی و حمایت از همکیشان ایرانی برآمدند. وی در نطقی به سال ۱۹۰۹م در این باره می‌گوید:

«وقتی که در ۱۸۵۵ در هندوستان بودم به پارسیان گفتم اگر می‌خواهید بنمائید که از بودن تحت حکومت انگیس فایده برده‌اید باید کاری برای ایران بکنید. برای پارسیان تربیت‌شده فرصت‌های بزرگی در ایران هست ... پارسیان خوب پیش می‌رفتند و باعث این عدم اقدام در ایران، بی‌خیالی و بی‌ملاحظگی پارسیان بمبئی بود. زیرا که آن‌ها خیلی راحت و راضی از روزگار خود بودند. من خیلی اصرار به

257. Destitute Irani Charity Funds

پارسیان کردم که بروند به ایران و ببینند برادران زرتشتی آنها عقب مانده‌اند نسبت به گذشته‌شان و بروند و یک کاری برای پارسیان ایران بکنند، به شکرانه فوایدی که از حکومت انگلیس برده‌اند» (روزنامه حبل‌المتین کلکته، شوال ۱۳۲۸: ۱۹).

جالب آنکه مانکجی نیز در سخنانی با هدف جلب حمایت انجمن اکابر، همین مضمون را نزد ایشان تکرار می‌کند: «شماها طایفه پارسیان هندوستانی می‌باید هر ساعت و هر آن، شکرگزار باشید که مانند همکیشان خویش در ایران خفّت و خواری حاصل ندارید، و این که آباء و اجداد شمایان در هزار و دویست سال قبل، از عقل و دوراندیشی که داشته‌اند جلاء وطن نموده، فرار اختیار و صدمه غربت را بر خود هموار نموده‌اند، به ملاحظهٔ چنین ایام بوده است که الحمدلله از برای شماها جهت اسباب آسودگی و فراغت حاصل گردیده، جان و مال و عیال خود را محفوظ می‌دارید. بنابراین لازم می‌آید که شمایان هم به جهت آباء و اجداد خود هر ساعت طلب آمرزش و مغفرت نمائید [زیرا] که از ابتدا آن‌ها از دست عرب فراراً به هندوستان آمده، در زیر سایه پادشاهان بامروّت هنود غنوده‌اند که اکنون شمایان بیشتر از صد هزار نفوس شده‌اید و همچنان که در زیر سایه سلطنت بهیّه در هر حال مرفه‌الحال هستید» (مانکجی، ۱۲۸۰ق:۲۱).

از این موضوع و نقش مؤثر کارگزاران انگلیسی که بگذریم، تجارت پیشگی فرزندان گلستان بانو نیز در حمایت مالی انجمن نقش بسزایی داشت. خاصّه آنکه مهربانجی پانده- دومین پسر گلستان بانو- با اهدای اعانات برجسته، پنج سال دبیری افتخاری انجمن را به عهده داشت. بدین ترتیب با حمایت‌های این خانواده، نظر دیگر پارسیان نیزبه آن جلب شده و به هنگام ثبت نخستین اساسنامه رسمی صندوق (۱۸۴۹م)، سرمایه آن به ۲۹۴۷۶ روپیه بالغ گردید.

در تداوم این روند و به دلیل حمایت پارسیان صاحب سرمایه، در ۱۸۵۴م، مهربانجی این بار به منظور کمک مستقیم به زرتشتیان مقیم ایران، درصدد تأسیس انجمنی مجزا برآمد. پس با حمایت مانکجی نسروانجی و پس از مرگ او (۱۸۵۹م) با همراهی پسرش دینشاه پتیت- بازرگان ثروتمند پنبه در بمبئی- «انجمن بهبود حال

زرتشتیان ایران»[258] را ایجاد نمود. این انجمن با استفاده از نفوذ خانواده پتیت و نیز شور دینی پارسیان توانست سرمایه هنگفتی برای شروع و ادامه کار به دست آورده و هیئت ویژه‌ای مأمور رسیدگی به امور همکیشان ایرانی نمود. در واقع آنگونه که از شرح مأموریت آتی مانکجی به ایران برمی‌آید، اولین اقدام انجمن در حمایت از زرتشتیان، ارسال مبلغ قابل توجهی وجه نقد برای ساخت دخمه یزد بود که گویا در فقدان نظارت کافی حیف و میل گردید (تاریخ کرمان، نسخه خطی).

در گام بعدی و همزمان با تحقق آرزوی مانکجی در سفر به ایران (نک به مطالب بعدی) انجمن بر آن شد تا او را مأمور تهیه گزارشی جامع از وضعیت اجتماعی- فرهنگی همکیشان ایرانی نماید (۳۱ مارس ۱۸۵۴). علاوه بر این، وجهی نیز در اختیار او نهاد تا پیرو هدف ناموفق پیشین در ساخت دخمه یزد، این مهم را به انجام رساند (همان).

ماحصل نخستین سال از سفر مانکجی به یزد، ارسال گزارشی از وضعیت زرتشتیان منطقه بود که به دستور مانکجی نسروانجی پتیت در جلسه اول ژانویه ۱۸۵۵م قرائت گردید (Karaka, VII: 72).

گوشه‌هایی از گزارش مذکور را در توصیف شرایط نابهنجار زرتشتیان، پیشتر آوردیم و بنا به اقتضای مطالب، پس از این نیز بدان خواهیم پرداخت. این گزارش در فلاکت همکیشان در قبله‌گاه زرتشتیان ایران به حدّی مخاطبین پارسی را متأثر نمود که به پیشنهاد رئیس انجمن و با اتّفاق آرا، اکثریت حاضرین با ایجاد صندوقی مجزا برای بهبود حال زرتشتیان ایران موافقت نمودند. در این جلسه، همچنین مقرّر شد تا نسبت به تعیین کمیته مدیریت امور، گردآوری حقّ اشتراک جهت اهداف و مقاصد صندوق مانند تکمیل دخمه یزد، تأمین جزئی از جزیه، کمک مالی به سالمندان و فقرا، ایجاد امکانات آموزشی و تعلیمی برای جوانان و تعمیر و حفاظت از آتشگاه‌ها اقدامات سریعی صورت پذیرد (Ibid: 72).

258. The Persian Zoroastrain Amelioration Fund

علاوه بر این، به منظور تربیت و تعلیم اطفال زرتشتی، انجمن در ۱۸۵۷م سالانه ۶۰۰ استرلینگ جهت ایجاد و نگهداری مؤسسات تحصیلی در یازده محل از یزد و کرمان سرمایه‌گذاری نمود. در همین زمینه از طرف رئیس هیئت امنای صندوق یعنی نسروانجی مانچرجی کامه، سالیانه ۵۰۰ استرلینگ اختصاص یافت که از کمک‌های مالی پالانجی نسروانجی پتل که با چین مراودات تجاری داشت، تأمین می‌شد (Ibid: 82).

در پایان این گفتار و برای پرهیز از اطاله کلام، اساسنامهٔ انجمن را می‌آوریم:

«اساسنامه «انجمن کاهش آلام و بهبود وضعیت زرتشتیان ساکن در ایران»

این سند در تاریخ ۲۶ مارس ۱۸۵۱ مسیحی، میان فرامجی نوشیروانجی پتل، خورشیدجی نوشیروانجی کاماجی، مهربانجی فرامجی پانده، و بهمن‌جی فرامجی کاماجی و دینشاه مانکجی پیتی، همگی اهل بمبئی، از اکابر پارسیان و در مقام متولیان کنونی از یک طرف، و فرامجی نوشیروانجی، خورشیدجی نوشیروانجی کاماجی، بیرامجی جی‌جی بهایی، رستمجی روتنجی وادیا، مهربانجی فرامجی، بهمن‌جی فرامجی کاماجی، جمشیدجی پشوتن‌جی پانده، دانجیبای فرامجی، اردشیر دوسابای منشی، نوروزجی فریدون‌جی، منوچهرجی شاپورجی لانگدا و دینشاه مانکجی پیتی، همگی اهل بمبئی، از اکابر پارسیان و در مقام هیئت مدیرهٔ وجوهاتی که در سطور بعد یاد می‌شوند، در طرف دیگر تنظیم گشت. نظر به اینکه مدتی است که مبالغ متعددی پول برای مقاصد خیریّه- که در سطور بعد دقیقاً ذکر می‌شوند- اهدا شده است، و در مجمع خیّرین که در خانهٔ مرحوم ارباب مانکجی نوشیروانجی پیتی، در ۱۱ ژانویه ۱۸۵۵ مسیحی برگزار گشت، مقرّر شد تا صندوقی تأسیس شود و انجمنی برای کاهش آلام و بهبود وضعیّت زرتشتیان ایران شکل بگیرد، و همچنین مقرّر شد تا به منظور جامهٔ عمل پوشاندن به اهداف انجمن فوق، هیئت مدیره‌ای تعیین شود، و مقرّر شد که این هیئت مدیره، مدیریّت صندوق مزبور را در اختیار داشته باشد، و همچنین مقرّر شد تا صندوقی که قبلاً برای احداث یک برج خاموشی در ایران تأسیس و پذیره‌نویسی شده بود نیز به این هیئت مدیره سپرده

شود، و همچنین مقرّر شد تا اظهارنامه‌ای به منظور تودیع وجوه امانی یادشده تنظیم شود.

و نظر به اینکه در مجمعی از اعضاء و خیرین انجمن یادشده که در ۱۰ اکتبر ۱۸۵۸ مسیحی برگزار شد، مقرّر گشت که مانکجی نوشیروانجی پیتی، خورشیدجی نوشیروانجی کاماجی، مهربانجی فرامجی پانده، بهمنجی فرامجی کاماجی، نخستین متولّیان این وجوهات و دارایی انجمن مزبور باشند و افراد مختلفی که در طرف دوّم سند حاضر نام برده شدند، به عنوان هیئت مدیره این وجوهات تعیین و منصوب شدند.

و نظر به اینکه هنوز هیچ سند تودیع امانتی به دنبال مصوّبه فوق‌الذکر، مجمعی که در ۱۱ ژانویه ۱۸۵۵ برگزار شد، تنظیم نشده، با وجود این، انجمن مزبور به کار خود ادامه داده و مبالغ متعدّدی از سوی هیئت مدیره انجمن در راستای جامهٔ عمل پوشاندن به اهداف انجمن عجالتاً هزینه شده و در حال حاضر، وجوهات متعلق به انجمن، مشتمل است بر اوراق بهادار دولتی، یک سهم از بانک بمبئی، سی سهم از شرکت بزرگ راه‌آهن شبه جزیره هند، و ۲۷۱۰ روپیه و ۱۱ آنه و ۹ پی وجه نقد که جزئیات دقیق آن‌ها به پیوست در جدول الف آمده است. و نظر به اینکه افراد مختلفی که مایل هستند اعانه‌هایشان جدا از وجوهات عمومی نگهداری شده و به اهدافی خاصّ اختصاص یابد، در عین حال به متولیان انجمن سپرده شوند و توسّط هیئت مدیرهٔ انجمن، اداره و هزینه شده و به کار گرفته شوند، مبالغ زیادی پول اهدا کرده‌اند که جزو اوراق بهادار دولتی، سهم بانک، سهام راه آهن یادشده و پول‌هایی که در جدول پیوست الف مشخص شده، نیستند. و نظر به اینکه اسامی این دسته از خیّرین، در کنار مبالغی که هر یک اهدا کرده‌اند و اهدافی که مدّ نظرشان است تا این هدایا و اعانات صرف آن‌ها شوند، دقیقاً در جدول پیوست ب آمده است. و نظر به اینکه این دسته از خیّرین می‌خواهند که بخشی از درآمد سالیانه‌ی وجوهاتی که اعطاء کرده‌اند، یا سود سهام یا اوراق بهاداری که ممکن است روی آن‌ها سرمایه‌گذاری شده باشد، پس از جامهٔ عمل پوشاندن به اهداف مدّنظر خودشان، اضافه شود، در پایان هر سال به حساب عمومی منتقل شده و به

مقاصد عمومی انجمن اختصاص یابند. و نظر به اینکه مانکجی نوشیروانجی پیتی فوق‌الذکر در ۱۲ می ۱۸۵۹ درگذشت، و ارباب فرامجی نوشیروانجی از بمبئی، در مقام جانشین او به عنوان متولّی وجوهات و دارایی مزبور گماشته شده‌اند. و نظر به اینکه در مجمعی عمومی از خیّرینِ انجمن، که حسب اعلان در روزنامه‌ی گجراتی بمبئی گرد هم آمدند تا یک متولّی اضافه بر وجوهات انجمن منصوب کنند، و همچنین این سند را تصویب کنند، و در تاریخ ۳ ژانویه ۱۸۶۱ در خانه‌ی ییلاقی مرحوم مانکجی نوشیروانجی پیتی فوق‌الذکر برگزار شد، ارباب دینشاه مانکجی پیتی فوق‌الذکر به عنوان متولی اضافه منصوب شد و این سند خوانده و تشریح گشت و به تصویب مجمع مزبور و به امضاء رئیس جلسه رسید که یک نسخه از آن در ادامه می‌آید: «به اتفاق آراء تصویب شد که ارباب دینشاه مانکجی پیتی به عنوان متولی اضافه وجوهات این انجمن گماشته شود. و اساسنامه که خوانده شده و در این مجمع تشریح گشت، تصویب شد و فرامجی نوشیروانجی پتل، خورشیدجی نوشیروانجی کاماجی، مهربانجی فرامجی پانده، بهمنجی فرامجی کاماجی و دینشاه مانکجی پیتی، به عنوان متولّی و فرامجی نوشیروانجی پتل، خورشیدجی نوشیروانجی کاماجی، جمشیدجی پشوتن‌جی پانده، دانجیبای فرامجی، اردشیر دوسابای منشی، نوروزجی فریدون‌جی، منوچهرجی شاپورجی لانگدا، و دینشاه مانکجی پیتی، به عنوان اعضاء هیئت مدیره‌ی مذکور در اساسنامه به عنوان طرفین اول و دوم بدین‌وسیله تنفیذ می‌شوند و از ایشان تقاضا می‌شود که اساسنامه مزبور را اجرا کنند و وجوهات مذکور در آن را طبق بندها و شروط اساسنامه متصرّف شده و به کار ببندند.

اکنون این سند گواهی است بر اینکه در راستای مصوّبات فوق‌الذکر، فرامجی نوشیروانجی، خورشیدجی نوشیروانجی کاماجی، مهربانجی فرامجی پانده، بهمنجی فرامجی کاماجی و دینشاه مانکجی پیتی، خودشان و جانشینان و کارگزاران و مدیرانشان- و البته که هریک مسئول رفتار و اعمال خودش است- بدین‌وسیله متعهّد می‌شوند و می‌پذیرند که اوراق بهادار دولتی مزبور، سهم بانک، سهام راه آهن، و پول‌های تصریح شده در جدول الف، و نیز هر وجه دیگری که بعداً در هر زمانی ممکن است به آن افزوده شود، و همه‌ی اعانات و صدقات و ماترکی که در راستای

اهداف عمومی انجمن هستند، یا دقیقاً در جدول ب قرار نمی‌گیرند، و اوراق بهادار دولتی و پول‌هایی که در جدول ب ذکر شده‌اند، یا هر اوراق بهادار یا وجه نقدی که مبلغ آن کمتر از ۱۰۰۰ روپیه نباشد و چه بسا شخص یا اشخاصی به منظور و مقصود خاصّی اعطا کنند و نخواهند که صرف مقاصد عمومی انجمن شوند و البته در اختیار هیئت مدیره‌ی مزبور قرار می‌گیرند تا مطابق وجوه امانی جدول الف مشتمل بر اوراق بهادار دولتی، سهم بانک، سهام بانک و پول‌های مصرّح در این جدول، مدیریت و هزینه شوند، و هر وجه دیگری که بعداً در هر زمانی ممکن است به آن افزوده شود، و همهٔ اعانات و ماترک و صدقاتی که در راستای اهداف عمومی انجمن هستند و بعدها وقف و واگذار می‌شوند، یا دقیقاً ذیلِ جدول ب قرار نمی‌گیرند (در صورتی که این صدقات و اعانات و ماترک و اضافات واقعاً به افراد طرف نخست این سند واگذار شده باشد) را متصرّف شده و مسئولیت آن را بر عهده بگیرند.

و این سند علاوه بر این، شهادت می‌دهد که فرامجی نوشیروانجی، خورشیدجی نوشیروانجی کاماجی، بیرامجی جی جی بهایی، رستم‌جی روتنجی وادیا، مهربانجی فرامجی، بهمنجی فرامجی کاماجی، جمشیدجی پشوتن جی پانده، دانجیبای فرامجی، اردشیر دوسابای منشی، نوروزجی فریدون‌جی، منوچهرجی شاپورجی لانگدا، و دینشاه مانکجی پیتی و جانشینان و کارگزاران و مدیران آن‌ها، بدین‌وسیله پیمان می‌بندند و قول می‌دهند و اعلام می‌کنند و موافقت می‌کنند که به عنوان هیئت مدیره برای اداره و به کارگیری همه‌ی وجوه امانی که قبلاً ذکر شد یا به آن اشاره شد، و با تقیّد به قوانین ذیل خدمت کنند:

۱. هیئت مدیره باید به منظور مذاکرات کاری، چند وقت یکبار در محلی که بر سر آن توافق شده، تشکیل جلسه دهند.

۲. هیئت مدیره می‌تواند برای جلسات خود، یک رئیس جلسه برگزینند و مدت ریاست وی را معیّن سازد، امّا اگر رئیس جلسه‌ای انتخاب نشود، یا در جلسه‌ای رئیس جلسه حاضر نباشد، اعضاء حاضر هیئت مدیره باید یکی را از میان خودشان به عنوان رئیس جلسهٔ مزبور برگزینند.

۳. شرحِ همه‌ی مذاکرات هیئت مدیره باید در دفاتری ثبت شود و صورتجلسهٔ

مذاکرات هر جلسه باید به امضای رئیس جلسه برسد.

۴. برای به حدّ نصاب رسیدن و رسمیّت یافتن هیئت مدیره، حضور لااقل چهار تن از اعضاء ضرورت دارد.

۵. رئیس جلسهٔ هیئت مدیره، اداره‌ی جلسات را برعهده دارد و در صورت لزوم از رأی تعیین‌کننده برخوردار است.

۶. هر عضو هیئت مدیره حاضر در یک جلسه، صرفاً یک حقّ رأی دارد و مصوّبات کمیته باید به تأیید اکثریت آراء حاضر برسد.

۷. هر سال باید مجمع عمومی خیّرینِ انجمن فوق‌الذکر در مکانی مناسب واقع در بمبئی یا کولابا برگزار شود و زمان برگزاری آن نیز باید در روزی از روزهای اکتبر هر سال باشد یا در اولین فرصتی که عملی است، و یک هفته قبل از آن، زمان و محل برگزاری این مجمع باید از طرف هیئت مدیره در روزنامهٔ عمومی اعلام شود.

۸. اهدافی که برای آن‌ها مجمع عمومی سالیانه‌ی فوق‌الذکر برگزار می‌شود، عبارتند از ارائه گزارش مذاکرات هیئت مدیره سال قبل و همچنین دفاتری که در ماده پانزدهم این سند به آن اشاره می‌شود و نیز در مواقعی که ضروری است تا اعضاء هیئت مدیره در راستای اجرای مواد و شروط این اساسنامه منصوب شوند.

۹. حضور دست‌کم هشت نفر که مقدار کمک و اعانهٔ آن‌ها به صندوق انجمن فوق‌الذکر ۲۵ روپیه به بالا باشد، برای رسمیّت یافتن جلسه‌ی مجمعی عمومی به جهت مقاصد مذکور در ماده‌ی قبل ضرورت دارد.

۱۰. هر مجمع عمومی قبل از آغاز مذاکرات باید رئیس جلسه‌ی خود را برگزیند، و این رئیس جلسه برخوردار از حقّ رأی تعیین‌کننده است.

۱۱. اعضاء کنونی هیئت مدیره به مسئولیت خود ادامه می‌دهند تا مجمع عمومی خیّرینِ انجمن، طبق آنچه گفته شد برگزار شود- که در ۱۸۶۳ برگزار می‌شود- و در مجمع عمومی مزبور و در مجامع عمومی سالیانه در هر سه سال یک‌بار که از آن پس برگزار خواهد شد، سه عضو هیئت مدیره به نوبت بازنشسته شده و سه فرد دیگر از سوی مجمع انتخاب می‌شوند تا جای آن‌ها را بگیرند، و اعضاء هیئت مدیره باید بین خودشان مشخص کنند که چه کسانی در مجامع عمومی سالیانه‌ای که در سال

۱۸۶۳ و ۱۸۶۶ و ۱۸۶۹ و ۱۸۷۲ برگزار می‌شوند باید کنار گذاشته شوند. امّا هیچ منعی در انتخاب دوباره‌ی این دسته از اعضاء هیئت مدیره که دوره‌ی مسئولیتشان به سر رسیده است، وجود ندارد.

۱۲. انتخاب اعضاء هیئت مدیره در مجمع عمومی سالیانه باید با اکثریت آراء اشخاص حاضر در مجمع که زمانی مبلغ ۲۵ روپیه به بالا به صندوق انجمن اعانه داده‌اند، صورت گیرد و کسانی که کمتر از ۲۵ روپیه کمک کرده‌اند، حقّ رأی ندارند.

۱۳. در مواردی که به هر دلیلی، مجمع عمومی سالیانه، اعضای جدید هیئت مدیره را به جای کسانی که دورهٔ مسئولیتشان به سر آمده، برنگزینند یا در موردی که افرادی که نام آن‌ها در این سند به عنوان هیئت مدیره‌ی انجمن مزبور آمده، یا یکی از آن‌ها، یا هر کس که مطابق مقدمه‌ی این سند منصوب شده است، یا در این بند ذکر شده، در حین مسئولیت بمیرد یا استعفا کند یا خواهان کناره‌گیری باشد، یا این مسئولیت را نپذیرد و رد کند یا توانایی انجام وظیفه در مقام عضو هیئت مدیره را از دست بدهد، آنگاه در این موارد، دیگر اعضاء هیئت مدیره طی جلسه‌ای، مصوبه‌ای می‌گذرانند که به امضاء رئیس جلسهٔ مزبور می‌رسد و بر اساس آن موقتاً شخص یا اشخاصی را به عنوان عضو یا اعضاء جدید هیئت مدیره و جانشین کسانی که دوره‌ی مسئولیتشان به سر آمده یا فوت کرده‌اند، استعفا داده‌اند، خواهان کناره‌گیری هستند، یا از قبول مسئولیت سرباز می‌زنند یا در انجام وظایف ناتوان شده‌اند، برمی‌گزینند تا مجمع عمومی سالیانهٔ بعدی که در آن جالی خالی یا جاهای خالی که به دلایل فوق‌الذکر پدید آمده، به شیوه‌ای که قبلاً مقرّر شد، پُر شود امّا در مواردی که این جای یا جاهای خالی در چنین مجمع عمومی سالیانه‌ای پر نشود، اعضایی که توسّط هیئت مدیره و طبق این ماده به جای کسانی که دوره‌ی مسئولیتشان به سر آمده، انتخاب شده‌اند از تاریخی که بدین سمت گماشته شده‌اند انتصابشان رسمیّت می‌یابد و در این مسئولیت باقی می‌مانند برای مدّت زمانی که اگر مجمع عمومی سالیانه هم آنها را بر این کار می‌گماشت همین مقدار بود.

۱۴. هیئت مدیره باید گزارش‌های سالیانهٔ مذاکرات هیئت مدیره را تهیّه کند و در میان جامعهٔ پارسیان بمبئی منتشر و توزیع کند.

۱۵. خزانه‌دار باید تحت نظارت هیئت مدیره، دفاتر مالی مربوطه را که مشتمل بر همهٔ درآمدها و هزینه‌هاست، نگهداری کند و این دفاتر هر سال باید به تأیید و تصدیق هیئت مدیره برسند و مهر و موم شده و به مجمع عمومی سالیانهٔ خیّرین که در مقدمه سند پیش‌بینی شده است، تقدیم شوند و در میان جامعهٔ پارسیان بمبئی منتشر و توزیع کند.

۱۶. هیئت مدیره باید در دفاترشان یک صورتحساب کلّی تحت عنوان «صورتحساب وجوهات مربوط به بهبود شرایط زرتشتیان تهیدست ایران» بگشاید و همه‌ی وجوهات امانی، سهام یا اوراق بهادار، سود سهام، بهره‌ی پول، و عوایدی که از متولیان فوق‌الذکر دریافت کرده و صرف مقاصد کلّی انجمن نموده است را در آن صورتحساب وارد کند.

۱۷. تمام اعانات و صدقاتی که هیئت مدیره در آینده و در راستای اهداف عمومی انجمن دریافت می‌دارند نیز باید در این صورتحساب کلّی اخیرالذکر وارد شوند.

۱۸. همچنین هیئت مدیره باید در دفاتر مالی، صورتحساب‌های جداگانه‌ای در مورد مبالغ یا اوراق بهاداری که در جدول ب ذکر شده است و در مورد دیگر مبالغی که کمتر از ۱۰۰۰ روپیه نیستند و ممکن است بعداً شخص یا اشخاصی با هدف معیّنی اهدا کند، ترتیب دهد و این صورتحساب‌ها باید به اسم یا اسامی اعانه‌دهنده یا اعانه‌دهندگان این مبالغ باشند، و بهره‌ی سالیانهٔ این مبالغ یا سهام یا اوراق بهادار که از محل آن‌ها هیئت مدیره ممکن است گاهی اوقات سرمایه‌گذاری صورت بدهد یا از متولیان دریافت دارد، باید توسّط هیئت مدیره در صورتحساب سالیانه‌ی خاصّ این موارد وارد شوند.

۱۹. تمام صورتحساب‌های اخیرالذکر باید سالیانه متوازن شوند و اگر تتمه حسابی بلااستفاده باقی ماند، باید به حساب عمومی مذکور در ماده شانزدهم این سند واریز شود.

۲۰. هیئت مدیره می‌تواند مبالغی که ممکن است از نظر آن‌ها برای پرداخت دستمزد دبیر، کارمندان، تحصیل‌داران یا دیگر افرادی که فکر می‌کنند به کارگیری

آن‌ها برای مدیریّت وجوه امانی در بمبئی سودمند است، لازم است، هزینه کند و همچنین هیئت مدیره می‌تواند چنین مبالغی را از باب دستمزد و هزینه‌ها به آن‌هایی هم بپردازد که لازم می‌یابد آن‌ها را برای مدیریت وجوه امانی در ایران به کار گیرد.

۲۱. تا زمانی که وجوهات امانی سپرده شده به متولی یا متولیان و قابل مصرف برای مقاصد عمومی انجمن، به ۱۵۰ هزار روپیه نرسد، مبلغی که هیئت مدیره به صلاحدید خود، برای پرداختن هزینه‌هایی که در ماده بیستم این سند مقرّر شده، و تعمیر و نگهداری دخمه‌ها یا برج‌های خاموشی و آتشکده‌های ایران، تهیه‌ی سوخت برای آتش‌های مقدّس، آتش بهرام و آدریان در ایران، تأمین نیازهای زرتشتیان ساکن در ایران از قبیل صدقه، غذا، پوشاک یا مسکن، و تهیه‌ی لوازم دینی و غیردینی، تأمین هزینه‌های ازدواج پسران و دختران فقیر و تهی‌دست و درمانده، پرداخت تمام یا بخشی از مالیات سرانه یا جزیه که دولت ایران بر زرتشتیان یا ساکنان پارسی ایران تحمیل کرده است، می‌تواند هزینه کند، نباید سالیانه بیش از مجموعاً ۱۲۰۰۰ روپیه باشد. و البته در این موارد آموزه‌های دین زردشتی را باید مدّنظر داشت.

۲۲. تا زمانی که وجوهات امانی سپرده شده به خزانه‌دار یا خزانه‌داران و قابل مصرف برای مقاصد عمومی انجمن، به صد و پنجاه هزار روپیه نرسد، هیئت مدیره عجالتاً باید وجوه مازاد بر هزینهٔ سالیانه دوازده هزار روپیه‌ای را به نام متولیان سرمایه‌گذاری کند و این سرمایه‌گذاری‌ها را متولیان مزبور طبق شرایط این سند و همچون وجوهات مذکور در جدول الف نگهداری می‌کنند.

۲۳. به محض اینکه مقدار مبالغ سرمایه‌گذاری شدهٔ فوق‌الذکر و قابل استفاده برای مقاصد عمومی انجمن به یکصد و پنجاه هزار روپیه بالغ شد، هیئت مدیره مجاز است که بنا بر صلاحدید خود، تمام سود و بهره و درآمد سالیانه‌ی وجوهات امانی اخیرالذکر و همچنین تمام اعانات و صدقات بیشتری که دریافت می‌کنند و نیز مبلغ مازاد و استفاده نشده از حساب‌های متعدّد و مستقل ذکر شده در بند ۱۸ این سند را به یکی یا تمام مقاصد یاد شده در بند بیست و یکم این سند اختصاص دهد. هیئت مدیره مجاز است که چند وقت یکبار و پس از اینکه وجوهات سرمایه‌گذاری شده به ارزش یکصد و پنجاه هزار روپیه برسند، بنا بر صلاحدید خود و به نام متولی

یا متولیان، سود و بهره و درآمد سالیانهٔ وجوهات امانی مذکور یا هر اعانه‌ای که ممکن است دریافت دارند، یا هرگونه مبلغ مازاد بر ترازنامه‌ی صورتحساب‌های مستقل فوق‌الذکر که چه بسا حاصل شوند را سرمایه‌گذاری کند و این سرمایه‌گذاری‌های مازاد توسّط متولی یا متولیان و به مانند وجوهاتی که در جدول الف آمده‌اند، نگهداری شود.

۲۴. هیئت مدیره می‌تواند آن مقدار از سود و بهره و درآمد سالیانه‌ی وجوه امانی مذکور در جدول ب که لازم می‌داند و هر مبلغ دیگری که کمتر از ۱۰۰۰ روپیه نباشد و احتمالاً شخص یا اشخاصی برای هدفی مشخّص اهدا کرده باشند را به جهت اهداف خاصّی که برای آنها، مبالغ مزبور اهدا شده را سرمایه‌گذاری کند.

۲۵. هرزمانی که وجوه موضوع این سند یا بخشی از آن‌ها برای مقاصد و اهدافی که در این سند توصیف شده‌اند، به سبب نابودی جمعیّت زرتشتی ایران یا به هر دلیلی دیگر ضرورت نداشته باشند، باید یک مجمع عمومی از زرتشتیان در بمبئی یا هر شهر دیگری که هیئت مدیره عجالتاً برمی‌گزینند، برگزار شود تا درباره‌ی بهترین شیوه‌ی مصرف این وجوهات مشورت کنند و این وجوهات باید به شیوه‌ای هزینه شوند که اکثر زرتشتیان حاضر در مجمع تعیین می‌کنند؛ مشروط بر اینکه وجوهات مزبور در راهی به غیر از کاهش آلام و بهبود شرایط زرتشتیان فقیر هزینه نشوند. همچنین از متولی یا متولیان در برابر هر مبلغ پرداختی به آن‌ها یا به انجمن به جهت بهبود شرایط زرتشتیان تهیدست ساکن ایران (که فلسفه‌ی وجودی این انجمن هستند) و البته به موجب این اساسنامه، و یا به منظور به کار انداختن آن، باید رسید اخذ کرد و در این رسیدها باید تأیید کند که فلان مقدار را دریافت کرده است و مفاصا حساب کافی و دقیق ارائه دهد و شخصی که این مبلغ به او یا جانشینان و کارگزاران و کارپردازان و مدیران او داده شده است پس از آن دیگر به هیچ وجه دین و تعهّدی راجع به نحوه‌ی کاربرد پولی ندارد که در آن ذکر شده و تأیید شده که دریافت شده است. همچنین همه‌ی ماترکی که برای هر هدف مشخصی وقف شده (هرچقدر که مبلغش باشد) باید هم چون موارد جدول ب با آن‌ها برخورد شود و از همان قرار نگهداری شود و به کار برده شود. همچنین بدین‌وسیله اعلام می‌شود که اگر متولیان یادشده

و نامزد شده در این سند- خواه یکی از آن‌ها یا یکی از متولیان آتی که بعد از این گماشته می‌شوند- بمیرد یا تمایلی به انجام وظیفه نداشته باشد یا خواهان استعفا باشد یا از انجام مسئولیت خود ناتوان شود، آنگاه در چنین مواردی و در موارد مشابه هیئت مدیره مجاز است که در یکی از جلسات خود عجالتاً مصوّبه‌ای بگذراند (یادداشتی هم در باب این تصمیم باید بر این سند ظهرنویسی شود و به امضاء رئیس جلسه مزبور برسد) و شخص یا اشخاصی را (که لازم است زرتشتی باشند) به جای متولی یا متولی‌هایی که مرده‌اند یا مایل به کناره‌گیری هستند یا از پذیرش مسئولیت سرباز می‌زنند یا در انجام وظیفه ناتوان هستند برگزینند. امّا هیچگاه همزمان نباید بیشتر از پنج یا کمتر از سه متولی باشند، و متولی‌ای که بدین‌ترتیب نامزد و گماشته می‌شود نیز باید پذیرش این مسئولیت را به صورت کتبی بر ظهر این سند گواهی دهد، و همه‌ی وجوه امانی، دارایی‌های غیرمنقول، پول نقد، و سایر متعلقاتی که به متولی متوفّی یا مستعفی یا ناتوان سپرده شده بود، چه به صورت انفرادی و چه به صورت مشترک با دیگر متولیان، اعم از متولیان بازمانده یا جانشینان و کارگزاران آن‌ها، در اسرع وقت و به شکل قانونی و مؤثّر باید به متولی جدید و متولیانی که در قید حیات هستند و به شکل مستمّر عهده‌دار مسئولیت هستند، واگذار شده و یا انتقال یابد، یا اگر هیچ متولی مستمّری نبود، آنگاه فقط این متولی یا متولیان جدید، تولیت وجوهی که مقدمتاً ذکر شد (اعمّ از وجوه امانی و زمین و پول نقد و دیگر متعلّقات) را دارند، و بدین‌وسیله اعلام می‌شود که متولی یا متولیانی که بدین‌ترتیب انتخاب و منصوب شده‌اند، باید در همه‌ی امور و از جمله در مدیریت و به کار انداختن وجوه امانی به همراه دیگر متولیان در قید حیات یا مستمر مشارکت کنند- اگر وجود داشته باشند- و اگر چنین متولیانی در کار نباشند، خودش یا خودشان رأساً اقدام نمایند و در همه‌ی امور و مقاصد و اهداف، دارای اختیار و اقتدار مطلق هست یا هستند، همچنان که اگر بدواً و طبق همین سند به تولیت گماشته شده بودند نیز این اختیارات را داشتند. همچنین بدین‌وسیله اعلام می‌شود که متولیانی که به موجب این سند نام برده شده و منصوب شده‌اند یا به موجب تبصره‌ای که قبلاً ذکر شد، منصوب می‌شوند، و هر یک از آن‌ها و جانشینان و مجریان و کارگزاران آن‌ها، هر کدام فقط در برابر پول هایی

مسئولیت دارد که در عمل دریافت داشته و هیچ‌کس مسئول و پاسخگوی دیگران و اعمال آن‌ها و رسیدها وغفلت‌ها و اشتباهات آن‌ها نیست بلکه هر یک فقط در برابر عملکرد خود و رسیدها و غفلت‌ها و اشتباهات خویش مسئول است و هیچ یک از آن‌ها پاسخگو و مسئول در برابر بانکدارها و کارگزاران یا دیگر اشخاصی نیست که بخشی از پول‌های امانی به جهت سرمایه‌گذاری یا از باب امانت یا شکلی دیگر از به کار انداختن وجوه امانی- که قبلاً هم ذکر گردید- در دست آن‌هاست و هیچ یک از متولی‌ها جوابگو و مسئول نابسندگی و کاستی اوراق بهادار، سهام یا اوراق قرضه‌ای که از محلّ پول‌های امانی خریداری شده‌اند و بر روی آن‌ها سرمایه‌گذاری شده‌اند، نیستند و همچنین مسئول و جوابگوی دیگر اشتباهات و کاستی‌ها و ضرر و زیان‌ها که ممکن است در به کار انداختن وجوهات امانی فوق‌الذکر یا در ارتباط با آن رخ بدهد، نیستند؛ مگر اینکه اشتباهشان عمدی باشد. و همچنین متولیانی که در این سند از ایشان نام رفته است و متولی‌های آتی که به طریق یادشده منصوب می‌شوند، و جانشینان و کارپردازان و مدیران آن‌ها مجاز هستند پول‌هایی که از محل وجوه امانی به دستشان می‌رسد، نگهداری یا هزینه کنند و نیز از همکاران متولی خود تمام مخارج و هزینه‌ها و تعهّدات و ضرر و زیان‌ها را که ممکن است به سبب به کار انداختن وجوه امانی فوق‌الذکر یا در ارتباط با آن، یکی از آن‌ها متحمّل و دچار شود، و هزینه و خرج کند، بپذیرند.

برای گواهی مراتب بالا، طرفین این سند بدین‌وسیله به تاریخ روز و سالی که بالاتر نوشته شد، این سند را مهر و امضاء می‌کنند»

(Deed of Settlement of the Association Formed for ...: 1865: 5-15).

۲- مروری بر زندگینامه مانکجی؛ نخستین نماینده انجمن اکابر پارسیان در ایران

بنا بر زمینه‌ای که از شرایط اجتماعی- فرهنگی زرتشتیان در معتبرترین مرکز تجمّع آنها ارائه نمودیم، اقدام پارسیان بمبئی و بویژه خانوادهٔ گلستان‌بانو به ایجاد بنیاد خیریه‌ای انجامید که بعداً در ایران به «انجمن اکابر پارسیان هند» شهرت یافت.

به شرح اقدامات مانکجی پس از این خواهیم پرداخت امّا ارائه تصویری از حیات اولیّه وی، تا حدّی راهگشای فهم تلاش‌های آتی او در بهبود حال زرتشتیان سرزمین مادری است.

در رابطه با زندگی‌نامه مانکجی تاکنون مطالب چندی نگارش یافته که عمدتاً برمبنای شهرت واپسین او در لغو جزیه از همکیشان ایرانی است. در میان آثاری که به این مهم پرداخته‌اند، به دو منبع استناد می‌جوییم؛ یکی تاریخ کرمان اثر مؤلفی ناشناخته (نگاشته ۱۲۸۶ق که اینک در مؤسسه کاما نگهداری می‌شود)، و دیگری نوشتهٔ خود مانکجی که دربارهٔ زندگی و دلبستگی‌اش به ایران است.

تاریخ کرمان، در باب نسب و ولادت مانکجی می‌نویسد: «مانکجی‌صاحب خلف مرحوم لیمجی بن مرحوم هوشنگ بن مرحوم نوروز بن مرحوم بایجی بن مرحوم مهرجی بن هیرجی بن کاوس بن ویراب بن رَتَن‌جی بن جمشیدان بن رام پوچا در ۱۲۳۰ق آذرماه قدیم [۱۸۱۲م] در قصبه موراسومالی[۲۵۹] از توابع بندر سورات که در هشت فرسخی بمبئی است متولد شد». در واقع بنا بر اطلاعات موجود، اصل و تبار مانکجی از مهاجران زرتشتی ایران عهد صفوی به هند بود (شهمردان، ۱۳۶۳: ۶۱۸) و خانواده‌اش به دنبال انتقال کارگزاران انگلیسی از سورات به بمبئی، همراه با دیگر پارسیان بدانجا رهسپار شدند. (اشیدری، ۲۵۳۵: ۴۲۵)

نخستین صحنه از زندگی مانکجی به حضورش در سپاه انگلیس برمی‌گردد که در ۱۵ سالگی (۱۸۲۸م) همراه با وزیرمختار انگلیس و به عنوان تحویلدار ارتش راهی سند گردید (شهمردان، ۱۳۶۳: ۶۹۱). پس از این سفر نظامی، به بمبئی بازگشت و سه سال بعد مجدداً در مقام صندوقدار سپاه به لکبوج افغانستان راهی شد (۱۲۵۰ق). در این اردوکشی، مانکجی با سِر هنری پاتینجر و سِر جانکین، که فرماندهی جنگ را عهده‌دار بودند، همراه بود و با توجه به قصد سپاه به تسخیر کابل (۱۲۵۲ق) در نگرتنه مستقر گردید. میزان اعتماد فرماندهان به مانکجی تا بدان حدّ بود که در این مأموریت نظامی ۲۵۰ میلیون مسکوک و غیرمسکوک طلا و نقره سپاه را در اختیار

259. Morasomali

داشت (همان: ۶۲۰-۶۲۱). پس از این مأموریت سه ساله و به دنبال جنگ‌های انگلیس و افاغنه و تسخیر سند، مانکجی بدانجا رفت و هفت سال را در فیروزپور گذرانید. بدین‌ترتیب و علی‌رغم دیدگاه برخی از محققّان زرتشتی که صرفاً بر سابقه تجاری وی تأکید دارند، بخشی از کارنامه مانکجی تا هنگام سفر به ایران را فعالیت در واحدهای نظامی انگلیس شکل می‌داد. (مانکجی، www. farvahr. org: 77-78)

از حیث علاقمندی به فرهنگ ایران، منابع بر اشتیاق او از اوان نوجوانی اشاره می‌نمایند و آنکه در طی سفرهای نظامی، همواره از افراد مطلع دربارهٔ نحوه سفر به ایران سؤال می‌کرد. چنانکه در سِند با فردی به نام سید زین‌العابدین شاه که اصالتاً ایرانی و از ارکان حکومتی بود، آشنا شد و با وساطت او با فرد دیگری به نام میرزا خسرو مراوداتی یافت. این شخص گرجی‌الاصل که در حکومت آقامحمّدخان به اسارت قوای ایران درآمده بود، در زمان فتحعلی‌شاه به عنوان هدیه نزد امیر کرمعلی حاکم سند فرستاده شد و چون درایتی داشت، به وزارت امیر کرمعلی دست یافت. خلاصه آنکه این دو تن نقش بسزایی در آشنایی و آگاهی مانکجی از ایران داشتند (همان: ۷۷-۷۸).

علاوه بر این، روابط مطلوب با کارگزاران انگلیس از دو سو بر آینده سیاسی مانکجی اثر نهاد؛ نخست، کسب تابعیت انگلستان و دیگری، مسافرت به مناطقی که به دلیل وجود افرادی آشنا با ایران در آن مناطق، اطلاعات قابل توجهی از سرزمین مادری برایش فراهم نمودند. بنابراین در بستری از سفرهای متعدّد، تابعیت انگلیس و معاشرت با افراد مطلع، تحقق آرزوی دیرینه در سفر به ایران برای او در عهد حکومت ناصرالدین شاه فراهم آمد. لذا پس از چهار مرتبه ناکامی (مانکجی، www. farvahr.org: 77-79)، به هنگام سفارت میرزا حسین‌خان مشیرالدوله- که بعدها به صدارت دست یافت و در ردیف چهره‌های اصلاح‌طلب قرار داشت- در بمبئی، فرصتی در دستیابی به مقصود یافت. در واقع میرزا حسین‌خان که نماینده افکار پیشروانه میرزا تقی‌خان امیرکبیر در رعایت حقوق اقلیت‌های دینی بود، به واسطه آقاخان محلاتی با مانکجی آشنا گردید (همان: ۷۹). در جریان این روابط، مانکجی قصد خود برای سفر به ایران را با میرزا حسین‌خان در میان گذاشت و

چون در سفرهای تجاری به مناطقی از شبه قاره مهارتی یافته بود، با مشورت با مستر ژاردین- از کارگزاران انگلیسی بمبئی- مقداری امتعهٔ گرانبها و مورد نیاز و پسند ایرانیان را تهیّه و پیش از عزیمت، آن‌ها را به قصد فروش نزد مالکوم که گویا از تجّار یا کارفرمایان انگلیسی در بوشهر بود، ارسال داشت. به هر حال و همزمان با تحقق آرزوی مانکجی در سفر به ایران، انجمن نیز که پیش از این بدون نتیجه، مبالغی هنگفت را به قصد ساخت دخمه یزد نزد موبدان فرستاده بود، درصدد برآمد تا از این فرصت جهت پیگیری امور و نیز آگاهی دقیق از وضعیت همکیشان ایرانی بهره گیرد.

مانکجی در این باره، با اشاره به نقش مهربانجی فرامجی پانده، رییس انجمن، می‌نویسد: «[وی] سعی بسیار در حمایت از فراریان از ایران و سابقه دوستی با من داشت. او محرّک من گردیده و صاحبان همنشینان خود را نیز در این باره با خود انباز نموده برای سرپرستی ایرانیان سپارش فرموده و از پول موقوفات بنا نهادن چندین کارهای شایسته را در ایران فرمان داد» (مانکجی، www. farvahr.org: 80)

در واقع مانکجی که ظاهراً در ابتدا قصدی جز سفر به ایران نداشت، اینک با دو مأموریت، یکی از طرف انجمن و دیگری گلستان بانو، به ایران می‌آمد. بنا بر اظهار نویسنده تاریخ کرمان، انجمن علاوه بر درخواست ارائه گزارش از وضع زرتشتیان ایران، از او خواست تا «دخمه خوب و مرغوبی» در یزد بنا نهاده و مبلغی «به قدر ساختن دخمه از موقوفات، به گماشتگان صاحب سپردند» (تاریخ کرمان: نسخه خطی).

همچنین بنا به مطالب پیش‌گفته در تعلّق خاطر گلستان بانو به یزد و پیرانگاه‌های آن، بنا به توصیه وی، پسرش مهربانجی به منظور ساخت خیله‌ای بزرگ در زیارتگاه پارس‌بانوی عقدا و احداث گنبدی بر زیارتگاه پیر سبز، مبالغی در اختیار مانکجی نهاد (شهمردان، ۱۳۶۰: ۲۹۱).

بدین‌ترتیب در مجموعه‌ای از عوامل چون نقش مؤثر انگلیسی‌ها در ترغیب پارسیان به یاری همکیشان در ایران و آشنایی آنها با مانکجی به واسطه سابقه خدمات نظامی باعث شد تا چهار سفارش‌نامه به کارگزاران خود در بوشهر، بغداد، اسلامبول و تهران نگاشته، خواهان رفتاری توأم با احترام و همراهی با او شدند

(اشیدری: ۴۲۶؛ شهمردان، ۱۳۶۳: ۶۲۲).

پس با چنین تدابیری، مانکجی در ۳۱ مارس ۱۸۵۴م/ جمادی‌الثانی ۱۲۷۰ق و در همان کشتی که میرزا حسین‌خان مشیرالدوله سوار بود، راهیِ ایران شد. روابط این دو چنان صمیمانه بود که در صدارت میرزا حسین‌خان نیز همچنان دوام آورد و به هنگام مرگ وی، مانکجی او را به عنوان حامی طایفه زرتشتی یاد کرد: «معروض می‌دارد که اگرچه عموم افراد و اشخاص این مملکت از بزرگ و کوچک در واقعهٔ رحلت مرحمت‌پناه علیین‌آرامگاه حضرت اجلّ اکرم افخم سپهسالار اعظم- طیّب الله ثراه- قرین اندوه و جلیس احزانند؛ زیرا که مراتب جلالت قدر و بزرگواری و مراسم عاطفت و رعیت‌داری و زحماتی که در حفظ مُلک و ملت و ترقّی سلطنت اظهار فرمودند به حدّی موجب جلب نفوس و جذب قلوب عموم اهالی گشت که همه مردم به ذکر محاسن اطوار و محامد اخلاق آن حضرت پیوسته احزان و شریک مصایب بستگان آن حضرت می‌دانند. به خصوص عموم طایفه زرتشتی که از سال‌های بسیار از زمانی که در بندر معموره بمبئی تشریف داشتند و اکابر این ملت که ساکن هندوستانند، شرفیاب حضورشان می‌شدند الی کنون، عموم این طایفه در پناه لطف و مرحمتشان آرمیده و همواره به عروهٔ‌الوثقای بندگی و بستگی به عاکفان آستان عدالت‌بنیان آن حضرت متمسّک و متوسّل بودند. به خصوص خود دعاگو که مراتب ارادت‌کیشی و عبودیت و بستگیش به ملازمان حضرت اجلّ اکرم مبرور و مغفور- طیّب الله ثراه- خود مستغنی از عرض و جسارت است و بدون شایبه اغراق توان گفت که از بدبختی اهالی این ملک بود که از ظلّ مرحمت و عنایتش محروم و از انوار لطف و افاضاتش ممنوع شدند...» (امینی: ۴۷-۴۸).

به هر حال، با توجه به وسعت اقدامات مانکجی، برای حفظ تسلسل مطالب، نخست مروری بر دو سفر و دیدارهای او داشته و سپس بنا به اقتضای موضوع، به شرح اقدامات و طرح دیدگاه‌هایش می‌پردازیم.

۳- نخستین سفر مانکجی؛ گزارشِ وضع زرتشتیان و دفاع از تداوم حضور ایشان در ایران

مطابق با آنچه گذشت، مانکجی در ۳۱ مارس ۱۸۵۴م/ ۲ رجب ۱۲۷۰ق با سفارشی از سوی انجمن اکابر پارسیان، راهی ایران شد و در آوریل/ شعبان همین سال وارد بندر بوشهر گردید. بنا بر گزارش تاریخ کرمان، او در این سفر پس از بیست روز سیاحت در اطراف شیراز، دو ماه نیز به گشت و گذار در مکان‌های تاریخی فیروزآباد و داراب پرداخته و پس از بازدید از تخت جمشید به یزد آمد (تاریخ کرمان، نسخه خطی).

مبتنی بر نامه‌ای از پنچایت یزد به تاریخ «روز خرداد و فروردین ماه ۱۲۲۴ی/ ۱۲۷۲ق»، وی در «روز وهمن و اسفندماه قدیم سنه ۱۲۷۱ق/ ۱۲۲۳ی» به یزد وارد شد (شهمردان، ۱۳۶۳: ۶۱۷) و یکسال و دو ماه از نخستین سفرش را در یزد سپری نمود. در این مدت، ضمن تهیه و ارسال گزارشی از شرایط نابهنجار زرتشتیان محل (Karaka, volII: 72) به ساماندهی وضع پریشان جماعت مشغول گردید (نک به مطالب بعدی) و پس از آن طی مسافرتی دو ماهه به کرمان، احیای انسجام درونی همکیشان را در اولویت اقدام خود قرار داد.

در قیاس با یزد، بُعد دیگر از رهاورد سفر مانکجی به کرمان را دیدار با رحمت‌علی‌شاه، قطب وقت صوفیان نعمت‌اللهی، و دریافت لقب درویش فانی از او شکل می‌داد. در این زمان (۱۲۷۲ق) حاجی‌میرزا کوچک شیرازی ملقب به رحمت‌علی‌شاه از شیراز به کرمان آمده و به وساطت حاجی میرزا ابوالحسن کلانتر از بزرگان کرمان، ملاقاتی میان آن دو صورت پذیرفت و به دنبال سفر ماهان «ملاقات کامل شده، صحبت‌های خفی و جلی نمودند و رحمت‌علی‌شاه لقب صاحب را درویش فانی نمود» (تاریخ کرمان، نسخه خطی).

البته با توجه به موقعیت سیاسی مانکجی- به‌عنوان تبعه انگلیس و بالطّبع مورد حمایت کارگزاران ایشان در ایران- دریافت لقب از قطب وقت صوفیان نامعمول نبود. اما در وجهی مشابه با آنچه بعدها بهائیان در گرایش وی به بهائیت مدعی شدند، بعضی از اعضای سلسله نعمت‌اللهی از این روابط صمیمانه، جذب مانکجی به طریقت خود را برداشت نمودند.

پس از این سفر، دو ماهی را مجدداً در یزد گذرانید و سپس، از طریق اصفهان به تهران آمد و پنج سال و شش ماه آخر از سفر اوّلش را در پایتخت سپری نمود. در تهران، مانکجی با تمهیداتی جزیه زرتشتیان را تیول عباسقلی‌خان معتمدالدوله ساخت (نک به مطالب بعدی)، دخمه‌ای در سمت شرق تهران احداث نمود، و منزلی هم در نزدیکی سفارت انگلیس موسوم به خانهٔ زن تاجر را خریده و وقف نمود (شهمردان، ۱۳۶۳: ۶۲۴). او در نهایت از تهران به آذربایجان و کردستان رفته و پس از بازگشت به تهران، این بار از مسیر ساوه، ملایر، و کرمانشاه از ایران خارج شد و یک سالی را نیز در بغداد متوقف و آنگاه به بصره و نجف آمد و پس از دیدار با شیخ مرتضی انصاری، از او استفتائاتی دربارهٔ نحوه رفتار مسلمانان با زرتشتیان در ایران نمود و سپس راهی بمبئی شد.

هرچند پس از نه سال اقامت- که با یک سال سکونت در بغداد، مدّت مأموریت اول او را مجموعاً ده ساله نمود- و باقی گذاشتن پسرش هرمز در ایران، دلیل دقیق این بازگشت نابهنگام و بدون اطلاع قبلی انجمن، مشخص نیست؛ امّا با توجه به گزارشی که از اقداماتش در بمبئی ارائه داد، به احتمال زیاد، مخالفت بخشی از پارسیان به نحوهٔ حمایت از همکیشان ایرانی- که به واسطهٔ اطلاعات نادرست برخی از ایرانیان مهاجر به بمبئی و یا نامه‌های ارسال‌شده از یزد که گویا بنا به تحریک روحانیان محل، دربارهٔ حیف و میل اموال پارسیان توسّط مانکجی و اعضای پنچایت فراهم آمده بود- عامل مؤثری در بازگشت او بوده است.[۲۶۰] در تأیید ادعای بالا، مانکجی ضمن بیان اقدامات خود در ساخت دخمهٔ جدید یزد، نمونه‌ای از خصومت روحانیان را گزارش کرده است: «چند موبد بدسگال، تعدادی روستاییِ بی‌نزاکت را تحریک نموده و گفتند که

۲۶۰. لازم به ذکر است که با شدت یافتن اختلافات پارسیان دربارهٔ مأموریت مانکجی و نحوهٔ کمک‌رسانی به همکیشان ایرانی، در ۲۰ مارس ۱۸۶۴ با دعوت خورشیدجی نوشیروانجی کاما و حمایت دهنجی فرامجی پتل، از اعضای برجسته انجمن، دیداری با حضور نود نفر از پارسیان برگزیده صورت می پذیرد که در آن مانکجی گزارش خود را در ۸۱ فصل و خطاب به حاضرین ارائه می‌نماید. این گزارش نه تنها شرح جامعی از اقدامات وی و انواع حمایت‌های پارسیان خیرخواه در بهبود شرایط زرتشتیان ایران است بلکه ضمناً اشکالات و پرسش‌های مخالفین را مطرح نموده و پاسخ‌های درخور توجهی بدانها می‌دهد.

این نویسندهٔ مسافر با تنی چند از اعضای پنچایت، همدست شده و عامدانه و از روی خصومت، اجساد ایرانیان را در زندان انداخته‌اند.[261] پس خواهان آن هستند که مردگان خود را فقط در دخمه قدیمی [که سگ و شغال بدان راه دارند] بگذارند» (Report of the Journey to Iran, 1865: 69).[۲۶۲] همراه با چنین مخالفت‌هایی از طرف رؤسای سنتی جماعت که نامه‌هایشان به اعضای انجمن و پارسیان، پر از بدگویی از مانکجی و ذکر تعرّض او به اموال ارسالی و حیف و میل آن‌ها بود، تعدادی از زرتشتیان تازه‌مهاجر به بمبئی نیز در شعله‌ور نمودن آتش اتهامات نقش داشتند. چنانکه وی در بخشی دیگر از گزارش خود با بیان حکایتی از تأثیر مخرب جهل بر جماعت، از پارسیان شکوه می‌کند که «چرا می‌کوشید تا مسافری چون مرا متقلبی شیّاد در میان جماعتی گمنام معرفی کنید. همانطور که این مسافر سختی‌ها را تحمل می‌کند و انگیزه و ممارست خود در خیرخواهی را از دست نمی‌دهد، رؤسای مؤمن و فرزانهٔ انجمن مزدیسنی خیرخواه هند، چنانچه با برخی از ایرانیانی که به هند آمده‌اند و افکار پلید و گستاخانه ایشان مواجه شدند، در مقام چشم‌پوشی خطاهایشان برآمده، آنها را به لطف خود ببخشایند؛ چرا که ایشان محصول عدم تعلیم و آموزش مناسب در ایران هستند» (Ibid:72). به هر صورت، اختلاف آرا در مورد نحوهٔ عملکرد مانکجی و فراتر از آن، شیوهٔ حمایت از همکیشان ایرانی چنان گسترده می‌نمود که دربارهٔ مورد نخست حتّی تلاش‌هایی برای جایگزینی فردی دیگر صورت می‌پذیرد و در روزنامه‌های معتبر آگهی می‌نمایند، امّا در نهایت با عدم استقبال دیگران، ناچار با ادامه مأموریت وی موافقت شد (Giara, karanjia, Stausberg, 2004: 482).

همچنین برخی از پارسیان که صرف هزینه در ایران را اتلاف سرمایه دانسته و در شیوه‌ای جایگزین، بر آن بودند که انتقال کل جماعت همکیشان به بمبئی و

---

۲۶۱. از این حیث که با محصور کردن و بستن درب دخمه، لاشخورانی چون سگ و شغال و کفتار، دیگر دسترسی به اجساد نداشتند.

۲۶۲. متن این گزارش با عنوان «Report of The Journey to Iran» توسّط مرزبان جمشیدجی گیارا به انگلیسی ترجمه و در بمبئی به چاپ رسیده که در پژوهش حاضر، بنا به اقتضای مطلب برگردان فارسی قسمت‌هایی از آن را می آوریم. ضمناً صفحات بر مبنای اصل گزارش مانکجی است.

حمایت و نگهداری از آن‌ها در آنجا، هزینهٔ کمتری خواهد داشت، چهار سؤال را مطرح می‌نمایند که مانکجی در گزارش خود با اشاره بدانها، در مقام پاسخگویی برمی‌آید. با این همه و حتّی به رغم پرسش و پاسخ‌های یادشده، همچنان مخالفت‌ها ادامه یافت. چنانکه مانکجی در سرآغاز مطلب می‌نویسد: «هرچند پاسخ‌هایی که من بنا بر تجارب شخصی خود به یکایک رؤسا ارائه دادم، ایشان را اقناع نمود، امّا تعداد زیادی اشخاص بی‌نام و نشان، هنوز ملتفت و آگاه نیستند و در نتیجه، در جمع‌های مختلف و یا در روزنامه‌ها، بحث و گفتگو در این باره را ادامه می‌دهند، لذا وظیفهٔ خود می‌دانم آنچه را که می‌دانم، تشریح نموده و بنویسم و از طریق این مقاله به اطلاع عموم برسانم» (Report of The Journey to Iran: 145).

«سؤال اوّل

در سراسر ایران فقط حدود ۱۰۰۰ خانوار فارسی، مشتمل بر صرفاً هشت هزار نفر وجود دارد. انجمن محترم بهبود، این مأموریت را برعهده گرفته و هم از حیث جسمی و هم فکری و مالی، در این رابطه در حال تلاش است. امّا برخی ندانسته و عده‌ای هم از روی عمد، برای ایجاد شک و تردید در کسانی که این عمل پارسایانه و خیرخواهانه را انجام می‌دهند و همچنین سردرگم کردن دیگران، چنین اظهار می‌دارند که اگر به عوض اتلاف پول و سرمایه در یک نظام استبدادی، همهٔ ایرانیان [زرتشتی] را به بمبئی فراخوانیم به‌مراتب سودمندتر خواهد بود، پس چرا چنین نکنیم؟ و می‌گویند که در غیراین صورت، هروجهی که به ایران فرستاده شده و هزینه شود، به هدر رفته است. کسان زیادی نیز این سخنان را که از دیگران شنیده‌اند، بدون هرگونه تأملی بازگو می‌کنند.

در پاسخ به چنین پرسش‌هایی، اولین چیز این است که نه تمام فارسیان ایران،[۲۶۳] بلکه حتّی اگر پنج نفر از هر خانواده، خانه را ترک کرده و بخواهند که در بمبئی ساکن شوند، حکومت آنجا به هیچ‌کس اجازهٔ مهاجرت نمی‌دهد و در این

---

۲۶۳. مانکجی در تمامی گزارش‌های خود زرتشتیان را با عنوان پارسی یاد می‌کند.

رابطه، هیچ حکومت دیگری هم حقّ مداخله و وساطت جهت تحصیل موافقت [دولتمردان ایران] با هجرت و زیستن برخی از اتباع ایران در کشوری دیگر را ندارد. فعلاً نیز اندک فارسیانی که به بمبئی آمده‌اند، ابتدا تغییر لباس داده و خود را مسلمان وانمود می‌کنند، و به بهانهٔ رفتن به حج یا زیارت یا تجارت، یا به عنوان دستفروش دوره‌گرد یا نوکر اربابشان یا در زیر عنوان قاصد و نامه‌بر، اقدام به مهاجرت کرده‌اند. با این حال، در اکثر جاها بدون پرداخت رشوه به مأموران قادر به انجام کاری نیستند. علی‌رغم این موارد، بارها اتفاق افتاده که برخی افراد پس از خروج از یزد و کرمان، چون به شیراز یا بوشهر و بندرعباس می‌رسند، توقیف شده و به یزد و کرمان عودت داده می‌شوند و بدین ترتیب، هم هزینه‌هایی که در سفر کرده‌اند به هدر می‌روند و هم آزار و اذیت می‌شوند. در این ارتباط، حاکم شیراز و بوشهر و بندرعباس هم چهار پنج مرتبه به شاه گزارش داده است و این تصوّر ایجاده شده که من (مانکجی هاتریا) فارسیان ایرانی را به فرار تشویق می‌کنم و بنده برای رفع این اتّهام مجبور به تلاش بسیاری شدم. در ۱۸۵۹-۱۸۶۰ نامه‌هایی در این باره، از تهران به انجمن نگاشته بودم که مسلماً در دفترشان ثبت است... بر این اساس، همه باید بفهمند در جایی که چنین حکومت مراقب و گوش به زنگی دارد، چگونه می‌توان همکیشان را به بمبئی آورد؟

اگر زمانی از طرف حکومت اجازه یابیم و ترتیب هزینه‌های آوردن تمام فارسیان ایران به بمبئی را هم فراهم آوریم، هنوز این مسأله قابل تأمل باقی می‌ماند که آیا همهٔ فارسیان ایران راضی به ترک ایران و آمدن به بمبئی هستند یا نه؟ اوّل اینکه ایشان معتقدند هر کس که به هند می‌رود، نه پولی به دست می‌آورد و نه ایمانی در قلبش باقی می‌ماند، و عمرش هم کوتاه می‌شود و نمونه‌های بسیاری را هم در اثبات این ادعا ذکر می‌کنند. وقتی چنین شک و تردیدی دارند، چگونه همهٔ آن‌ها راضی به آمدن به بمبئی خواهند شد؟ و اگر هم همهٔ آن‌ها مایل به ترک کشورشان و آمدن به ایران باشند، از کجا که دچار سرنوشت دیگرانی که آمده‌اند نشوند؟ امّا در نظر آن‌ها ترک ایران و رفتن به غربت، مانند چاقو زدن به زندگی‌شان [و بریدن بخشی از آن] است...

بنا به اعتقاد فارسیان ایران، خانه‌ای که در آن آباء و اجدادشان درگذشته‌اند، چراغش باید روشن باشد و آیین‌های مهرگان، گهنبار، جشن سده و نوروز جمشیدی، همان جایی باید برگزار شود که نیاکانشان برگزار می‌نموده‌اند؛ تنها در این صورت است که آیین‌های مزبور، مؤثر و کارآمد خواهند بود و به همین خاطر، هرگز راضی نیستند که این آیین‌ها را به جای خانهٔ خودشان در خانهٔ دیگری، یا به جای روستای خودشان در روستایی دیگر برگزار کنند. به همین ترتیب، وقتی اختلافی دربارهٔ سهم‌الارث یا بدهکاری وجود دارد، خانه‌شان را ناچاراً از دست می‌دهند؛ بستگان نزدیک از یکدیگر پشتیبانی نموده و فرصت نمی‌دهند تا ایشان خانه را برای خود نگهدارند. بر این اساس، اگر نیک بیندیشیم چگونه ممکن است همهٔ ایرانیان راضی به ترک خانه‌هایشان و آمدن به بمبئی شوند، در حالی که می‌دانند باید مصیبتِ از دست رفتن تأثیر و کارآمدی آیین‌های سال‌مرگ اجدادشان و دیگر مراسم دینی را تحمل نمایند؟

فارسیان ایرانی، از زن و مرد، بنا بر رسم قدیم، برگزاری گهنبار به نام مردگان‌شان را وظیفهٔ بزرگ و مهمّی می‌دانند. بنابراین، هر مردی اعم از فقیر و غنی بنا بر توان مالی‌اش، زمینی بزرگ یا کوچک، باغ یا حقّابه یا ساختمانی خریده و آن را به برگزاری گهنبار اختصاص داده و وقف می‌کند. چنانکه هم‌اینک در اینجا بیش از ۲۰۰۰ موقوفه وجود دارد که درآمد سالانه‌اش تقریباً به ۴۰ تا ۵۰ هزار روپیه بالغ می‌شود. تمامی این مبلغ برای فقرا هزینه می‌شود امّا اصل سرمایه را نمی‌توان فروخت یا با چیز دیگری مبادله و معامله کرد. حال تصوّر کنید که چطور می‌توانند این اموال و موقوفات را رها کنند و بیایند؛ زیرا حتّی اگر کسی بخواهد سوگندی که آن‌ها را از فروش این اموال منع می‌کند را نادیده گرفته و قصد فروش کند، هیچ خریداری آن را نمی‌خرد. پس کسی هست که بخواهد از چنین اموال و مایملک بزرگی چشم بپوشد و به فکر مهاجرت باشد؟

فارسیان ایرانی، هر کجا که باشند، ناگزیر با همسایگان مسلمان‌شان بده بستان دارند. چنانکه مایل به آمدن [به هند] و ترک کشورشان باشند، تمامی طلبکاران طلب خود را مطالبه می‌کنند. پس اگر چنین فردی توان بازپرداخت بدهی خود را

نداشته باشد، طلبکاران ساکت و آرام نمی‌نشینند...

اکابر کنونی [پارسیان] شاید با کمک و پشتیبانی مؤسسات خیریه‌شان، قادر به حل تمامی مشکلات و موانع فوق‌الذکر باشند و مایل به آوردن همهٔ ایرانیان در قالب یک گروه باشند و مانعی در این را نبینند، امّا باید توجّه کرد که برای هر فرد لااقل ۵۰ روپیه نیاز است و لذا برای آوردن همهٔ ۸۰۰۰ نفر ایشان، مبلغی معادل ۴۰۰۰۰۰ روپیه نقد لازم است. همچنین نگهداری از هر نفر ماهیانه حداقل ۱۲/۵۰ روپیه هزینه دارد که از این حیث هر ماه باید ۱۰۰۰۰۰ روپیه صرف ایشان شود. حال چه کسی چنین سرمایهٔ عظیمی در اختیار دارد و چه کسی درآمد سالیانه‌اش به ۱۲ لک روپیه می‌رسد؟ ضمن اینکه کجا را داریم که همهٔ ایشان را در آنجا سکونت دهیم؟ آن‌ها هم که هم‌اینک در بمبئی زندگی می‌کنند، به واسطهٔ اجارهٔ ظالمانه ملاکین سخت تحت فشارند ... و علی‌رغم صرفه‌جویی در خوراک، پوشاک و در جشن و عزاداری، باز هم قادر به پرداخت این اجاره‌ها نیستند، و با وجود این نرخ‌ها، کسانی هم اصولاً قادر به یافتن جایی نیستند. پس لاجرم برای تأمین زندگی آسوده برای هشت هزار ایرانی بینوا، ثروتمندان پارسی باید در پی خرید اقامتگاهی مناسب برای ایشان باشند. با در نظر گرفتن موارد فوق‌الذکر، به وضوح قابل درک است که طرح اسکان همهٔ فارسیان ایرانی را باید کنار گذاشت، بلکه حتّی فکر آوردن تعداد کمتری از ایشان به بمبئی هم به دردسرش نمی‌ارزد.

سؤال دوم

چیزهای زیادی دربارهٔ فارسیان ایرانی که اینجا به بمبئی می‌آیند، گفته می‌شود. از جمله برخی برآن هستند که آنها نباید با دریافت جنس مجانی روزگار بگذرانند و لذا نباید آنها را در نواخانه اسکان داد و برخی دیگر می‌گویند که باید به آنها در نواخانه‌ها غذای مکفی و مناسب بدهند تا در بیرون پرسه نزنند. بعضی از بزرگان هم می‌خواهند فراخوان بدهند و اعانه و کمک جمع کنند و فکر می‌کنند که جمع‌آوری پول و راه‌اندازی صندق‌های خیریه، کار خوبی است. اما دیگران این کار را نمی‌پسندند، و بعضی نسبت به آن‌ها مهربان هستند و بعضی هم این کار

را دوست ندارند و ازآن‌ها متنفر هستند. با مشاهدهٔ وضع ایرانیان فقیر پس از آمدن به بمبئی، شخصاً احساس خیلی بدی دارم.

لذا ضروری است آنچه از حضور فارسیان ایرانی مهاجر به بمبئی می‌دانم را به شما بگویم. زمانی که در ایران کسی بدهکار و ناتوان می‌شود، و گاه برای حفظ آبرو، چیزی که وقف گاهنبار بوده است را پنهانی به گرو مسلمانان می‌دهد و پول قرض می‌کند و خود را دچار مخمصه و گرفتار طلبکاران ستمگری می‌کند که مترصّد هستند تا در ازای بدهی‌شان فرزندانش را گرفته و به تغییر دین وادارند، و یا بنا به دلایلی خود او مجبور به تغییر دین می‌شود. معمولاً ... این قبیل افراد هستند که به بمبئی می‌آیند و بعضی از ایشان درصدد کسب درآمد و ماندن در بمبئی هستند و بعضی هم می‌خواهند که ثروتی بیندوزند و بازگردند، اما زمانی که به بمبئی می‌آیند، دو سه نفری که مدّتی نسبتاً طولانی در بمبئی زندگی می‌کنند و آگاه از همهٔ مسائل هستند و در تحصیل تسهیلات رایگان کامیاب بوده‌اند، به تازه‌واردان یاد می‌دهند تا به جای کار و کسب، گدایی پیشهٔ خود کنند ... و شرم و حیا را کنار نهاده و به سائلی از منزلی به منزل دیگر بروند. نه فقط این مورد، بلکه اگر تازه‌واردان در جایی مناسب به کار گماشته شوند، ایشان را در راستای منافع خود به انجام کارهای منکر ترغیب نموده و بدین‌ترتیب، آن فقرا قربانی شده و به کارهای شرم‌آور وادار می‌شوند ... البته آن‌ها که از ایران گریخته‌اند، اکثرشان ذاتاً درستکار، شجاع، سختکوش و باحیا هستند؛ شکی در این باره نیست، و در واقع اینقدر که من از بدی‌های فارسیان ایرانی در بمبئی شنیده‌ام، در ده سال اقامتم در ایران ندیده‌ام.

ایرانیانی که به بمبئی می‌آیند، عمدتاً به ایران برمی‌گردند؛ به این دلیل که در کشورشان در مزارع و باغات عمر می‌گذرانند و در هوای آزاد و با غذای ساده و میوه‌های خشک سالم و شراب باکیفیّت بزرگ می‌شوند، و چون در بمبئی و در مکانی محدود و شلوغ می‌مانند، ضعیف شده و در نتیجهٔ استفاده از غذاهای نامطلوب، سلامت‌شان رو به زوال می‌رود، و لذا اگر مزایایی هم در بمبئی باشد، باز به بازگشت به ایران تمایل دارند. اگر اکابر نوع‌دوست بتوانند برای آن چاره‌ای بیابند، هیچ کس رؤیای آشفتهٔ دعوت از همهٔ ایرانیان و تغذیه و نگهداری از آن‌ها

را نخواهد داشت.

این فارسیان ایرانی که به بمبئی می‌آیند، ممکن است در شرایط بدی بدینجا بیایند؛ اما در کشور و جامعهٔ خودشان عمدتاً مردانی محترم و مالک مزارع و باغاتی هستند، در حالی که در بمبئی به مشاغل پستی چون آب آوردن، شستن ظروف، بازی با کودکان، جاروکشی، آشپزی و غیره می‌پردازند. در واقع، کار خوب پیدا نمی‌کنند و در نتیجه، نومید شده و درصدد بازگشت به کشورشان برمی‌آیند، بنابراین اگر از حمایت کامل بزرگان و نجبا بهره‌مند شوند، بدون شک به ماندن در بمبئی رضایت می‌دهند.

آن دسته از ایرانیان که سست‌اعتقاد یا تغییر کیش داده هستند هم به هروسیله‌ای شده پولی فراهم می‌آورند و در بازگشت به ایران درنگ نمی‌کنند. چون در اینجا مجبورند با بدنامی سر کنند، امّا به مجرد بازگشت به ایران، بهدینان فقیر را به دام خود می‌اندازند و هیچ مجازاتی هم در کار نیست؛ لذا چنانکه این افراد تغییر کیش داده و به فریبکار نتوانند در بمبئی آسایشی بیابند، بهتر خواهد بود. اما به خاطر این جماعت نالایق، نباید دیگر افراد بی‌گناه متحمل رنج و سختی شوند. بدین‌ترتیب همهٔ اکابر نوع‌دوست، ضمن فراهم آوردن پول باید در خرج و هزینه‌کرد آن تحقیق و دقت کند تا این نیکوکاری‌ها نصیب مستحقّان‌شان بشود.

پرسش سوم

اندیشهٔ کمک به فارسیان ایران با فرستادن پول؛ چه نوع تعلیم و تربیتی خواهند دید و چگونه و چه نفعی خواهد داشت؟ بنابراین همهٔ ایرانیان باید به بمبئی آورده شوند و تعلیماتی ببینند تا در آینده بتوانند زندگی خود را بهبود ببخشند. من در نامه مورخ ۲۴ نوامبر ۱۸۶۴ به انجمن، مفصلاً به این موضوع پاسخ داده و پیشنهادهایی کرده بودم که در اینجا مجدّداً عرض می‌شود تا همهٔ اکابر فرزانه مطلع شوند. ...۲۶۴

---

۲۶۴. در ادامه بحث ساخت مدارس شبانه‌روزی و ساختار و محتوای دروس آن‌ها را مطرح می‌سازد.

پرسش چهارم

چرا انجمن باید متحمل این هزینه‌های گزاف در ایران شده و چه نفعی از این هزینه‌ها عاید خواهد شد؟ پاسخ به این سؤال را مفصلاً در نامهٔ مورخ ۲۴ نوامبر ۱۸۶۴ به انجمن داده‌ام که بندهایی از آن در اینجا ذکر می‌شود.

«البته انجمن باید در نظر داشته باشد کاری که بر عهده گرفته‌اند را همیشه ادامه دهند، و بدین‌منظور در نبود یک نفر، کس دیگری را بیابند و اگر می‌خواهند به وقت ضرورت چنین اشخاصی را در دسترس داشته باشند، باید افراد لایق و توانمند بنا بر میزان سعی و تلاش و قابلیّتی که دارند، تشویق شده و پاداش گیرند؛ در اینصورت مسلماً کسی پیدا می‌شود. لذا اکابر باید اندیشه نموده و آنگاه که چنین مرد معتقد، عاقل و شجاعی را یافتند، او را به ایران فرستند تا زمانی که من در اینجا هستم می‌توانم او را با راه و روش‌های اینجا آگاه سازم ...» (Report of the Journey to Iran:146-156) .

پس از این سخنان و یا دقیق‌تر بگوئیم دفاعیه، دوسابایی فرامجی کاراکا، واکنش اعضای انجمن را چنین توصیف می‌نماید: «آیا درست است که کاری برای همکیشان بیچارهٔ خود در ایران نکنیم؟ جماعت ما [در هند] دارای وزن و اهمیت قابل‌توجهی است و در میان آنها اشخاصی هستند که به دلیل کارهای بشردوستانه و بهبود وضعیت هموطنان‌شان شهرت جهانی دارند. بنابراین باید یک هیئت نمایندگی از هم‌نژادان خود و تحت حمایت سفیر بریتانیا در تهران به دربار ایران اعزام کنیم، بلکه بتوانیم در برابر ظلم و ستمی که بر برادران زرتشتی ما در ایران روا می‌رود، کاری بکنیم. مالیاتی که تحت عنوان جزیه بر همکیشان وضع شده، ظالمانه است ... و شاید فرستادهٔ شایسته‌ای از سوی پارسیان قادر به لغو آن بشود» (See: Deboo, www.zoroastrian.org.uk).

بنا بر فحوای گزارش که عمده مشکل بهدینان یزد و کرمان را پرداخت جزیه و نابسامانی داخلی جماعت می‌دید، انجمن دو هدف را فرا روی خود قرار داد؛ نخست تلاش در لغو جزیه که تحقّق آن، زمان و تمهیدات درازمدتی می‌طلبید و جلب نظر موافق حداقل طیفی از علما، و نیز بهره‌مندی از نفوذ سیاسی انگلیس در ساختار قدرت از جمله شرایط لازم در رهیافت به مقصود بود. دوم تا دستیابی به

این هدف، اعضای انجمن با تأسیس صندوقی مجزا درصدد بهبود وضع عمومی زرتشتیان ایرانی برآمدند (Karaka,volI:73). این صندوق نقش بسیار حائز اهمیتی در فعالیت‌ها و موفقیت‌های آتی مانکجی داشت.

رهنمودهای مانکجی به انجمن در نحوهٔ پیشبرد مقصود

مانکجی در بخشی دیگر از گزارش خود ضمن دفاع از عملکردش در نحوهٔ مصرف اموال اهدایی پارسیان به زرتشتیان ایران، بودجهٔ موجود را برای اقدامات بیشتر ناکافی دانسته و طی یادداشتی، توصیه‌هایی به اعضای انجمن دارد که به دلیل اهمیّت و تأثیری که در اقدامات آتی پارسیان داشت، بدانها می‌پردازیم.

«نخست: درخواستی به دربار ملکه ویکتوریا صورت پذیرد که چنانکه فارسیان ایران تحت حمایت سفیر بریتانیا در ایران قرار گیرند، از بلایای آتی در امان خواهند بود.

دوم: رؤسای ما باید روابط خود با دربار خجستهٔ ناصرالدین شاه را حفظ کرده و ارسال پیام‌های نرم و درخواست‌های خاضعانه و مؤدبانه را ادامه دهند تا مأموران و گماشتگان آن‌ها برادران زرتشتی ما را با نظر مثبت و مساعد بنگرند.

سوم: رهبران ما باید با سفیر بریتانیا در تهران در تماس بوده و در همهٔ اقدامات‌مان با او مشورت نموده و موافقت و رضایت او را جلب نمایند. پرداخت جزیه و دیگر هزینه‌ها هم تحت نظارت وی صورت پذیرد تا در آینده همهٔ کارها با اطمینان انجام شده و از این طریق برادران فارسی ما با آسودگی و آرامش به زندگی خود ادامه دهند.

چهارم: انجمن محترم که مسئولیت بهبود شرایط ایرانیان را عهده‌دار گردیده، باید نماینده‌ای اصیل‌زاده، محترم و توانمند را به همراه دو تن نایب که تحت نظر او بر تمامی اقدامات خیرخواهانه نظارت نمایند، به ایران گسیل دارد و نیز فارسیان باقیمانده در ایران را سرشماری کنند تا همچون ارامنه و کلدانیان و نیز مسیحیان نسطوری، آن‌ها نیز در مسیر ترقی و رشد قرار گیرند بلکه از خطر نابودی نجات یابند.

پنجم: در خیابانی که آتش بهرام یزد در آن واقع گردیده، مکانی خالی و افتاده

به نام «گاوپوجه»[۲۶۵] که کاروان‌ها و بازرگانان در آن توقف می‌نمایند. نگارنده آن را اجارهٔ نود ساله نموده و لازم است در آن خوابگاه و مدرسه‌ای برای یتیمان و بینوایان، و نیز ساختمانی برای استراحت و توقف مسافران احداث شود. ضمن اینکه اگر این مکان از افتادن به چنگ افراد بدطینت مصون بماند، آتش بهرام هم بهتر حفاظت شده و تهدیدات موجود کاهش می‌یابد.

ششم: دخمهٔ قدیمی کرمان مخروبه شده و نیاز به تعمیرات دایم و مکرّر دارد؛ بنابراین لازم است که دخمه‌ای جدید روی تپه‌ای مجزا ساخته شود، و این آسودگی بهدینان آنجا را فراهم می‌آورد.

هفتم: دخمهٔ قنات غسان دیوارهای گلی دارد که هر دو یا سه سال [در اثر آب باران] شسته می‌شوند؛ و بنابراین، اغلب احتیاج به مرمّت دارند، لذا اگر بتوان دخمه‌ای کوچک با دیوارهای سنگی ساخت، دردسر و زحمت اهالی آنجا از این حیث پایان می‌یابد.

هشتم: در کرمان، مسلمانی در جوار آتش بهرام خانه دارد. می‌توان خانهٔ او را خرید و آن را بخشی از پرستشگاه ساخت، و از دردسر فعلی و تهدیداتی که در آینده از آن جانب ممکن است پدید آید، جلوگیری کرد. می‌توان از این خانه به عنوان مدرسه یا استراحتگاه زائران استفاده کرد.

نهم: در ایران دو آتش بهرام و هفده آدریان هست که به درستی نگهداری نمی‌شوند. لذا ضروری است تا افراد توانمند هر محل، دست به کار شده و وجوهی گرد آورند و از آنها خواهان آموزش اوستا در مدارس شوند تا ضمن تقویت ایمان مردمان باسواد، تمام اطفال نیز تحصیل دانش نمایند و آداب و مناسک دینی را درست و بنا بر قوانین مذهب مزدیسنا به جا بیاورند.

دهم: مسلمانان به بهانهٔ عزاداری برای امام خود درصدد تصاحب میدان مجاور آدریان روستای خرمشاه هستند. لذا در صورت احداث ساختمانی در آنجا و الحاق به آدریان، ساختمان آدریان را می‌توان حفظ نمود و نجات داد. علاوه بر این، با

265. Gavpuja

وجود جمعیت زیاد روستا، اهالی از داشتن مکانی برای برگزاری مراسم جشن و عزا محروم هستند و از ساختمان یادشده می‌توان در راستای چنین اهداف خیری هم بهره جست.

(یازدهم در متن اصلی ذکر نشده و احتمالاً از قلم افتاده است.)

دوازدهم: موبدان متولیان دین ما هستند. اما حتّی نسبت به روستاییان کم‌اطلاع‌تر هستند و هر روز که می‌گذرد از خدمات دینی کنار می‌کشند، لذا ایجاد یک نظام آموزشی نوین ضروری است تا این ستون‌های دین [موبدان] یکباره فرو نریزند.

سیزدهم: در تهران به یک نساخانه و بیمارستان برای استفاده مسافران مریض، و همچنین یک آدریان به عنوان محل عبادت و امثالهم، احتیاج است. ساختن یک استراحتگاه نیز ضرورت دارد که می‌تواند چندمنظوره باشد. بنابراین در صورت احداث چنین بنایی، بهدینان سرگردان هم می‌توانند به آنجا بیایند و کار و کسب و امورات‌شان را پی گیرند.

چهاردهم: افراد سالمند، بینوا، کور و معلول نیاز به مراقبت دارند و بنابراین باید ترتیبی اتّخاذ شود که ماه به ماه، و سال به سال برای ایشان غذا و خوراک و لباس فرستاده شود بلکه این مردمان درمانده، تا اندازه‌ای آسوده شوند.

پانزدهم: شهر [یزد] از قدیم پرستشگاه‌هایی داشته و حالا هم ساختمان‌های جدیدی توسّط انجمن در آنجا احداث گردیده است. همهٔ این ساختمان‌ها نیاز به مراقبت و نگهداری دارند تا برای مدّتی دراز دوام بیاورند.

شانزدهم: در آنجا باید درمانگاهی برای ملت ما احداث شود و خدمات پزشکی رایگان ارائه دهد. همچنین به برخی از مسلمانان نیز می‌توان خدمات پزشکی رایگان داد، و این کار باعث اشتهار جامعهٔ ما به نیکنامی می‌شود و در نتیجه، بهترین شیوه برای نرم ساختن قلوب مردمان بی‌رحم آنجاست.

هفدهم: نهایتاً باید گفت آنچه که بیشترین اولویت و اهمیت را دارد، اینست که مزدیسنان باقیمانده در ایران که هم به لحاظ دینی و هم به لحاظ دانش و مهارت دنیوی عقب‌مانده هستند، تعلیم و آموزش داده شوند. اگر چند سالی در این رابطه

تلاش کنیم، آنها خودشان دانا شده و قادر می‌شوند تا وضعیت اجتماع‌شان را به دست خود بهبود بخشند» (Report of The Journey to Iran:60-64).

۴- سفر دوم مانکجی به ایران؛ مبانی فکری و کارنامهٔ اقدامات او

به دنبال نخستین سفر مانکجی و پی‌ریزی مبنایی در روابط با گروه‌های ذی‌نفوذ سیاسی در ایران (نک به مطالب بعدی)، انجمن که بنا بر گزارش و تأکید مانکجی، مهم‌ترین مصیبت زرتشتیان ایران را فشار بی‌رویه کارگزاران در اخذ جزیه می‌دید، با هدف لغو آن، نمایندهٔ خود را مجدداً رهسپار ایران نمود. بدین‌ترتیب، مانکجی بار دیگر در سال ۱۲۸۲ق از بندر بمبئی به قصد کرمان، راهی شده و پس از توقفی در بندرعباس و استقبال زرتشتیان و صاحب‌منصبان محلی، به کرمان آمد. او در توقف سه ماهه در کرمان، اقدام به ساخت دو دخمه یکی در شمال شهر و دیگری در سمت قنات غسان نمود و پس از آن به یزد و تهران آمد و عمدهٔ تلاش و اهتمام خود را معطوف به لغو جزیه نمود. پیش از پرداختن به اقدامات مانکجی، ضرورت دارد نگاهی بر باورها و مبانی اعتقادی وی داشته باشیم.

الف- مانکجی و آذرکیوانیه

گرچه مانکجی عمدتاً به عنوان منجی زرتشتیان ایران شناخته شده و این مهم نشان از وسعت اقدامات او در بهبود شرایط فرهنگی- اجتماعی زرتشتیان داشت، امّا بُعد دیگر از کارنامه وی به روابطش با طیفی از روشنفکران، بزرگان صوفیه و نیز پایه‌گذار فرقهٔ بهایی، یعنی میرزا حسینعلی نوری، بازمی‌گردد. در گفتارهای پیش رو دربارهٔ هر یک از موارد یادشده سخن خواهیم گفت، امّا پیش از آن ضروری است تا پرتوی بر باورها و تعلّق خاطرش به فرقهٔ آذرکیوانیه داشته باشیم؛ گروهی که در زرتشتی‌گری قدمتشان به عهد صفوی بازمی‌گشت و مروری بر مبانی باورشان، در فهم زمینه‌های اعتقادی مانکجی اهمیت دارد.

بهرام بن فرهاد معروف به آذرکیوان از روحانیان مشهور زرتشتیِ فارس، حدود

سال ۹۷۸ ق به همراه جمعی از یاران به هند مهاجرت و در شهر پتنه ساکن شد. بنا به نقل نویسنده دبستان مذاهب، وی موبدی پرهیزکار و ریاضت جو بود که پس از هشتاد و پنج سال عمر، در ۲۷–۱۰۲۶ق فوت کرد (کیخسرو اسفندیار، ۱۳۶۲، ج۲: ۳۱).

آذرکیوان ظاهراً علاوه بر معارف زرتشتی، با فلسفه و عرفان اسلامی نیز آشنا و علی‌رغم همکیشان به تناسخ معتقد بود (ذکاوتی قراگوزلو، ۱۳۷۹، معارف، ش ۵۰: ۶۵). همچنین در نوشته‌های پیروان این فرقه، کرامات بسیاری به او نسبت داده شده و خود نیز صاحب منظومه‌ای با نام مکاشفات است.

تنگناهای ناشی از تمایل شاهان به فقهای شیعی در ضدیت با اهل تصوّف و نیز فشارهای وارده بر اقلیّت‌های دینیِ فاقد پشتوانه سیاسی همچون زرتشتیان، باعث شد تا آذرکیوان نیز همانند بسیاری از دیگر کسان، به دربار اکبرشاه بابری روی آورد. به تعبیر دیگر فردی چون آذرکیوان که در ذهن خود به‌دنبال احیای فرهنگ باستانی ایران در تلفیقی از آموزه‌های زرتشتی با حکمت اشراقی بود شرایط فکری حاکم بر دربار سلاطین صفوی را مستعد برای بروز چنین افکاری نمی‌دید (معین، ۱۳۳۶، دانشکده ادبیات دانشگاه تهران، ش ۲۹: ۲۵). برخلاف ایران، اکبرشاه که با ایجاد دین جدیدی به نام «دین الهی» کانون تمامی ادیان را امری مینوی می‌دانست، فضای بازتری در اختیار آذرکیوانیان برای ابراز باورهای تلفیقی خود می‌نهاد.

از ذکر جزئیات که بگذریم، شاید بتوان آذرکیوانیان را به عنوان نقطه عطفی در رویکرد شعوبی‌گری ایران به شمار آورد (امینی، ۱۳۷۸: ۸) که احتمالاً تولد و بالندگی مؤسس آن در شیراز و تماشای عظمت از دست رفتهٔ باستانی در استخر، او را به تکاپو انداخت تا در آمیزشی میان میراث گذشته و حال ایران، روح تازه‌ای در کالبد فرهنگی زمانه بدمد.

در واقع یکی از دعاوی این جنبش فکری تلاش برای احیای سنت‌های ایران باستان و باز تولید نمادهای باستانی در سایه یاری گرفتن از سرمایه‌های حکمت اشراقی بود. چنانکه متون منتسب به ایشان مانند شارستان چهار چمن، دساتیر و دبستان مذاهب سرشار از اشارات عرفانی و بیانات اشراقی است که در پرتو آمیزش با ادبیات رمزآلود و خودساخته، کوشش تازه‌ای را برای بازآفرینی فضای آرمانی-

اسطوره‌ای ایران اواخر عصر ساسانی به بعد فراهم می‌آورد (احمدی و خیراندیش، ۱۳۹۱، تاریخ ایران، ش ۲: ۸).

در این جهان آرمانی همه شخصیت‌های اسطوره‌ای و پادشاهان پیشدادی و کیانی مانند کیخسرو و کیقباد و کیکاوس تا شاهان تاریخی مانند شاپور و اردشیر و یزدگرد و فرزانگان اسلامی از قبیل پیامبر اسلام، علی، فاطمه، حسن، حسین و دیگر ائمه شیعه امامیه تا حسن صباح و ابن‌سینا و عین‌القضاة همدانی و مولانا و سعدی و حافظ و شیخ اشراق و غیره حضور دارند تا با کردار و گفتار خود، روزنهٔ تازه‌ای در افق جهان‌بینی انسان ایرانی بگشایند. چنین تلفیقی از افکار مختلف، مواقعی نیز به متهم شدن ایشان به الحاد و التقاط می‌انجامید و درک افکارشان حتّی برای نخبگان بی‌معنا می‌شد. البته این کوشش، جلوه‌ای تازه از مجاهدت عاشقانه شیخ اشراق برای تشریح فلسفه نورالانوار بود که از سویی به فلسفه مشایی ابن‌سینا نظر داشت و از دیگر سو برای تأویل جنبه‌های رمزی نور و ظلمت و فرشته‌شناسی به تعالیم زرتشت متوسل می‌شد و باز به حکمای یونانی قبل از ارسطو مانند فیثاغورث و افلاطون بازمی‌گشت و در سیر اندیشه خود تحت تأثیر سنّت هرمسی قرار می‌گرفت که از سنّت قدیم مصر و عقاید صابئین الهام می‌یافت (نصر، ۱۳۶۲، ج۱: ۵۳۲).

به نظر می‌رسد جنبش آذرکیوانی به رغم تفاوت‌های بسیار با دیگر اقطاب صوفیانه مانند صفویه، حروفیه و نقطویه، با انتخاب مکتب اشراقی که از یک‌سو با ایران باستان مرتبط و از دیگر سو با مبانی تصوّف پیوند داشت، در پی احیاء و بازآفرینی نمادهای باستانی در ایران اسلامی بوده است (امینی، ۱۳۷۸: ۳۷). آن‌ها همانند رویکرد همه‌جانبه‌گری شیخ اشراق، در آثاری چون دبستان مذاهب، برای بیشتر شاهان تاریخی ایران مقام نبوی قائل شدند تا از این طریق به یک نوع تسامح دینی دست یابند و حقانیت دینی را در همه ادیان الهی و غیرالهی جاری نمایند (همان: ۳۵-۳۶). با وجود تأثیرپذیری آذرکیوانیان از شیخ اشراق، نمی‌توان آموزه‌های آن‌ها را عیناً بازتعریفی از این حکمت دانست؛ چرا که انگیزه و هدفشان نه ترویج مبانی عرفانی و اشراقی که نشر آموزه‌های خاص خود برای رسیدن به مقصودی دیگر، یعنی برجسته نمودن تاریخ باستانی و اسطوره‌ای و جدا کردن تاریخ ایران از

اعراب بود که در این میان عقب‌ماندگی جامعه ایران را به برتری فرهنگ عربی منسوب دانسته و راه نجات را در زدودن گرد و غبار از فرهنگ باستانی می‌دانستند (احمدی و خیراندیش: ۱۲).

بنا بر شرح مختصر یادشده، آنها مجموعه اندیشه‌های خود را در سه ردیف از کتب چون باستان‌نامه، اندرز جمشید به‌آیین، سهمرادنامه کامکار، طهمورث‌نامه، شکوه‌افزا و فرّ آزادگان با کتب نگارش یافته توسّط شاگردان آذرکیوان و پیروانش نظیر جشن سده و نهایتاً کتب دساتیر، شارستان چهار چمن یا شارستان دانش و گلستان بینش، جام کیخسرو، زردشت افشار، زنده‌رود، خویشتاب، دبستان مذاهب و فرازستان به یادگار گذاشتند.

از آنجا که در میان آثار مذکور، دساتیر جایگاه برتری داشته و بازتاب بیشتری در افکار مانکجی دارد، در ادامه به اختصار آن را معرفی می‌کنیم.

آنگونه که در مبحثِ سفر ملاکاوس به اصفهان یاد شد، گویا وی در این شهر دستنویس منحصر به فردی از دساتیر را به هند برده، و در بمبئی اقدام به چاپ و نشر آن می‌کند.[۲۶۶] متن دساتیر مشتمل بر ۱۵ نامه است که بنا به ادعای آذرکیوانیان، خطاب به شانزده پیامبر ایرانی است که نخستین ایشان «حضرت مه‌آباد و آخرین‌شان ساسان پنجم» است. البته تعدادی از شخصیت‌های اساطیری و غیراساطیری چون اسکندر نیز در زمرهٔ این پیام‌آوران جای گرفته‌اند.

بنا بر روایت دساتیر، نخستین پیامبر موسوم به «مه‌آباد» صدهزار سال پیش از کیومرث- یا به زبان دساتیر، «فرزینسار»- می‌زیست و آخرین آن‌ها یعنی ساسان هم به فرمان ایزد مأمور شد تا آن را به زبان پارسی سره ترجمه نموده و در اختیار مردمان قرار دهد (حسینی آصف، ۱۳۸۶، هفت آسمان، ش ۳۳: ۲۲۲). در مورد مؤلف، هدف و زمان و مکان نگارش دساتیر میان محقّقان اختلاف است و با آنکه از فحوای کتاب چنین برمی‌آید که گویا در عصر ساسانی نگارش یافته و حتّی در تفسیر آن ادعا شده

---

۲۶۶. کمی بعد دساتیر توسّط دهونجی بهوی جمشیدجی مدهورا به انگلیسی ترجمه و در همان بمبئی منتشر می‌شود. این کتاب در ایران توسّط علی‌اصغر مصطفوی و بر اساس نسخه مورخ ۱۲۵۷ یزدگردی که در هند چاپ شده، به نام ترفند پیغمبرسازان و دساتیر آسمانی منتشر گردید.

که این نوشته را ساسان پنجم به رشته تحریر آورده، ولی بنا بر نظر پورداود بررسی اجمالی کتاب بیانگر آنست که اثر مذکور در عصر صفوی تنظیم شده و با تأمل در پیشگوییهای نامهٔ ساسان پنجم در فقرات ۱۸-۱۹، ۲۴-۲۵ و ۳۱ چنین برمی‌آید که نویسنده حداقل هزار سال بعد از ورود اسلام به ایران می‌زیسته است. وی سپس در جمع‌بندی به این نکته می‌رسد که تألیف دساتیر در هند صورت یافته و به احتمال قوی آن را در پادشاهی اکبرشاه که اوج مدارا در هند بود نگاشته‌اند[۲۶۷] (پورداود، ۱۳۸۰: ۲۹).

در این کتاب همچنین تناسخ و ریاضت جسم اهمیت برجسته‌ای دارند (همان: ۴۲) و پیروان از کشتن چهارپایان و خوردن گوشت آنها منع شده‌اند و لذا می‌توان تأثیرپذیری نویسندهٔ آن از فرهنگ هندویی را متصوّر بود.

بدین‌ترتیب، آنگونه که پورداود اشاره می‌نماید: «نویسنده دساتیر از دین برهمنی و زرتشتی و اسلام و از دین‌های دیگر که چیزی شنیده یا خوانده بود، دینی نوساخته به نام خدایی که او را «مزدام» می‌نامد و او به دستیاری شانزده پیامبرش مردم را به آیین نو می‌خواند. دین برهمنی بیش از دیگر ادیان در دساتیر نفوذ دارد. اثراتی هم از تصوّف که در دورهٔ اکبرشاه رونقی داشت، در آن دیده می‌شود» (پورداود: ۴۳).

از دیگر وجوه ممیزه آذرکیوانیان که شگرد منحصر به فرد ایشان در بازسازی گذشته‌های کهن به شمار می‌رفت، تقسیم تاریخ باستان به دوره‌های پنج‌گانه بود که چهار دوره آن پیش از ظهور کیومرث گلشاهی- که در قیاس با روایات و اسطوره‌های کتب مقدّس ابراهیمی و قرآن جایگزین آدم بود- قرار می‌گرفت و نخستین آفریده هم مه‌آباد به شمار می‌رفت که میلیون‌ها سال پیش از کیومرث پدیدار شده بود، و از این حیث، بسیار کهن‌تر از آدم جلوه می‌یافت و این گامی دیگر در برتری دادن عجم

---

۲۶۷. مانکجی در مقدمه خود بر کتاب فرازستان آن را اثر «وخشور وخشوران مه‌آباد» دانسته و او را چنین توصیف می‌نماید «... که تخم مذهب و کیش مازدیسنانی در جهان افشاند و از مضامین و احکام حکمت آیینش طریق راست خداپرستی و قوانین سلطنت و جهان‌داری برپا شد و علم و دانش و هنر و بینش هویدا گشت و چندین هزار هزار هزار دوره آسمانی تمام، خلق در جهان از راه محبت و مروّت و اتحاد و یگانگی و فراغت در ظل وخشوران این دودمان زندگانی و گذران نموده به فراغت زیستند (مانکجی، مقدمه فرازستان: الف۳۷).

بر عرب بود (برای اطلاعات بیشتر نک: توکلی طرقی، ۱۳۸۱: ۲۴-۱۵؛ مانکجی، مقدمه فرازستان: نسخه خطی).

با توجه به مختصری از آبشخورهای فکری و مبانی تعلیمی آذرکیوانیان که گفته آمد، هم‌اینک پیوند مانکجی با این جنبش را به عنوان جزئی از کارنامه فرهنگی او به بحث می‌گذاریم. در این رابطه به دو مرجع یکی نشر آثار آذرکیوانی و دیگر مقدمهٔ نسبتاً مفصل او بر کتاب فرازستان استناد می‌نمائیم. از میان متونی که مانکجی اقدام به نشر آنها نمود، عمده آثار مربوط به آذرکیوانیان بود.

- فرازستان: که در ۱۸۸۵م مقدّمه‌ای بر آن نگاشت. فرازستان کتابی است دربارهٔ «تاریخ عجم» از مه‌آباد تا انقراض سلسله ساسان و شرح سلطنت شاهان قدیم ایران که به پارسی سره و توسّط محمد اسماعیل‌خان زند تویسرکانی نوشته شده است. میرزا ابوالفضائل گلپایگانی (در مورد این فرد نک به مطالب بعدی) در رسالهٔ اسکندری بر آن است که مانکجی با ابراز علاقه به انشاء و نگارش آثار و متون مختلف، از اسماعیل‌خان زند تقاضا نمود تا کتاب فرازستان را به زبان پارسی خالص در باب سلطنت قدیم ایران از آغاز مه‌آباد تا انقراض ساسانیان تدوین نماید و او این کتاب را «انبانی از اوهام و افسانه‌های شاهنامه و چهارچمن و دساتیرساخت» (گلپایگانی، رساله اسکندری، نسخه خطی).

- آیین هوشنگی: حاوی چهار رساله به نام‌های رسالهٔ خویشتاب، رسالهٔ زردشت افشار، رسالهٔ زورهٔ باستانی و رسالهٔ زنده‌رود که گفته شد از منابع معتبرآذرکیوانی بوده و مانکجی آن را در خلال سفر دوم خود به ایران (در ۱۲۹۶ق/ ۱۸۷۹م) طبع و منتشر نمود.

- در نامه‌هایی خطاب به میرزا فتحعلی آخوندزاده از چاپ و ارسال کتب دیگر آذرکیوانیان توسّط مانکجی سخن رفته است؛ از آن جمله، جاویدان خرد، شارستان چهار چمن (آخوندزاده، ۱۳۵۷: ۴۰۵) و مهم‌تر از آنها کتاب دساتیر که دربارهٔ آن می‌نویسد: «مستدعی است مرقوم شود نسخهٔ دساتیر که بهترین کتب فارسیان و برترین گنجینهٔ اسرار الهی است به نظرشریف رسیده یا نه» (همان، ۴۰۶).

در کنار چاپ و انتشار آثار آذرکیوانی، مقدمه مانکجی بر کتاب فرازستان را

می‌توان بهترین شاهد بر باورهای او به این فرقه دانست. این مقدمه براثری شاخص از آذرکیوانیان، از دو سو بیانگر تعلّق فکری نویسنده به آنهاست؛ نخست استفاده از لغات مجعولی که از دساتیر نشأت می‌گرفت و دیگر، رگه‌های نمایانی از باورهای آذرکیوانی در این نوشتار. در مورد نخست گفتیم که دساتیر از حیث ترویج لغات سره و یا به تعبیری دیگر جعل واژگانِ به اصطلاح معادل ِلغات عربی، اوّلین جلوه از تحریف در پارسی‌نویسی نوین به شمار می‌رفت که تأثیر قابل توجهی نیز بر نوشتار اندیشمندان و نویسندگان ایران معاصر و خاصّه مشروطه گذاشت (برای اطلاعات بیشتر در این باره نک: پورداود، ۱۳۸۰). نمونه‌ای از این دسته لغات دساتیری که مانکجی در مقدمه فرازستان به کار گرفته است، عبارتند از: فَرهَنگاخ،[۲۶۸] سیمناد،[۲۶۹] ورشیمی،[۲۷۰] کنوری،[۲۷۱] لادبراین،[۲۷۲] کشک،[۲۷۳] فرباره.[۲۷۴]

امّا گذشته از کاربرد لغات دساتیری، محتوای مقدمه فرازستان نماد بارزتری از باور آذرکیوانی اوست که در تطبیق با اطلاعات پیشین از آذرکیوانیان به بررسی بخش‌هایی از آن می‌پردازیم.

تأکید بر نابودی فرّ و عظمت ایران باستان در روزگار اسلامی

بنا بر باور آذرکیوانیان دربارهٔ نقش مخرب اعراب و دیگر اقوام مهاجم در نابودی عظمت ایران، مانکجی نیز در سرآغاز مقدمه خود می نویسد: «بر خردمندان پوشیده نیست که دفترخان‌های علم و دانش و هنر ایرانیانِ سابق، فزون از اندازه و گزارش بوده

---

۲۶۸. میانه، وسط.

۲۶۹. ملافیروز در فرهنگ دساتیر آن را معادل پارچه و قماش نازک و رقیق می‌داند.

۲۷۰. ملافیروز در فرهنگ دساتیر آن را معادل پاره و حصه می‌داند.

۲۷۱. فاعل و عامل از واژه‌های ساختگی آذرکیوانی.

۲۷۲. بر این اساس.

۲۷۳. ملافیروز آن را خطی که بر کاغذ و غیره کشند، می‌داند.

۲۷۴. شکوه، فر، شأن.

است. چون رخشنده اختر پادشاهی و جهانداری این گروه در افق انقراض فرو شد،
بی‌خردان تازی و ترکمان و تاتار و افغان چندین‌بار آن گوهرهای گرانبها را از بی‌خبری
سوزانیده و خاکستر بی‌بها نمودند» (مانکجی، مقدمه فرازستان، نسخه خطی: ب ۵).

جالب آنکه همانند دیگر تلاش‌های آذرکیوانیان در تلفیق و یاری گرفتن از
شخصیت‌های اسلامی و خاصّه شیعه که بالطّبع از شرایط فرهنگی ایران عصر
صفوی بدین‌سو برمی‌خاست- دربارهٔ کتاب‌سوزی اعراب در ایران، به نقل از
حضرت علی بر این واقعه ابراز تأسف نموده و در تلاش برای تطبیق مفاهیم زرتشتی
و اسلام، نام «مَزد» [۲۷۵] در اوستا، دساتیر و زند و پهلوی را برگرفته از حروف مخفف
«م» بزرگ‌تر، «ز» زنده و جاوید، و «د» دانا می‌داند که در ترکیب به سان نام خداوند
در اسلام به معنای «حیّ، علیم و قدیر اعظم است که دارندهٔ هستی و حاوی صفات
کمال و رسایی است» (مانکجی، مقدمه فرازستان: ب ۵).

علاوه بر این، مانکجی در تفاسیر خود به تصوّف اشراقی نظری خاص دارد؛
نورالانوار را که «مستلزم ظاهریت و مظهریت و وجود و شهود حضرت واجب‌الوجود
است»، سرچشمه کل فروهران می‌داند. اهور[۲۷۶] سرچشمه «شش شاخه سترگ مُدغَم
است که آنها را هفت امشاسفند خوانند و دانایان و فرزانگان اسلام امام الاسماء و
ائمهٔ‌الصفات گویند که الحی، العلیم، القدیر، السمیع، البصیر، المرید و المتکلم»
هستند (همان).

وظیفه اخلاقی انسان‌ها در احترام و یکسان‌نگری به ادیان

مانکجی با الگوپذیری از آذرکیوانیان در مدارای دینی و با استفاده از مفاهیم
صوفیانه اشراقی، پیروان ادیان مختلف را همگی واجد احترام یکسان می‌داند؛
«همان‌گونه که تمام نیروی مزد، هور است و افاضهٔ انوار و قوی بر همه آفرینش یکسان
دارد و هیچ ذرّه را از پرتو مهر وا نگذارد.... و به خطاب کریم وَلَقَد کَرَّمنا بنی آدم...

---

۲۷۵. مقصود مزدا در اهورامزدا هست.

۲۷۶. مقصود اهورا در اهورامزدا هست.

پس باید شخص آدمی به مهر و محبت و رأفت‌منشی در همه افراد بشر یکسان نگردد و ملاحظهٔ جدایی مذاهب و لسان و ملک و کشور و روش و هنر و رنگ و لباس نکند و همه را خواهر و برادر حقیقی داند...» (همان).

تطبیق جایگاه و اهمیت آتش با تعالیم اسلامی

در راستای اصل بهره‌گیری آذرکیوانیان از تعابیر اسلامی- شیعی جهت توجیه مفاهیم زرتشتی که به واسطه تصوّف اشراقی صورت می‌پذیرفت، مانکجی نیز در فلسفه برتری و اهمیّت آتش می‌نویسد: «نار ناسوتی و آتش فرودین جهان نیز مایهٔ نضج، تعدیل، طبخ، تنزیه، تصفیه و پاکی همه اشیاء است از هر آلودگی، که از اثر او هر خامی پخته و سرسختی گداخته و هر نقصی صورت کمال پذیرفته [و] به درجه رسایی رسد. از این راه دانشوران ایران این آخشیج را گرامی داشته، آن را در منازل پاک برافروختن و از ناپاکی دور داشتن، بوی خوش در آن سوختن و مواجه آن عبادت پروردگار کردن بایسته و سزاوار دانسته‌اند... پس گرامی داشتن این گوهر، مایه اکرام و اعزاز اصل فروهر است چنان که دستور آذرکیوان شادروان در ستایش یزدان فرموده است:

به نام خدایی که بهمن نگاشت　　　روان آفرید و جهان برفراشت»

(مانکجی: همان).

تأکید بر پیوند خونی زرتشتیان و شیعیان

در راستای بُعد دیگری از تلاش آذرکیوانیان به پیوند زرتشتی‌گری و تشیّع، مانکجی به مصادیق متعددی و از جمله ارتباط نَسَبی ائمه شیعی با یزدگرد سوم استناد می‌نماید. او در بحثی دربارهٔ اهمیّت نسب و خاندان، پس از ذکر مثال‌هایی از پادشاهان اسطوره‌ای ایران نظیر «فریدون فرخ‌سرشت» که ایرانیان را از ظلم ضحاکیان رهانید و یا کیقباد که نسبش به پیشدادیان می‌رسید، این موضوع را به بزرگان شیعی نیز تسرّی می‌بخشد. از این رو یکی از برجستگی‌های حضرت فاطمه را نسب بردن از جانب

پدر و مادر به قریش می‌داند که فرزندانشان، حسن و حسین، «آقا و مولای جوانان بهشت بودند و جناب سیّدالسّاجدین علیه‌السلام که پدرش حضرت امام حسین (ع) بود و مادرش از پادشاهان کیان، هشت نفر از اولاد امجادش شریعت اسلام و سنّت سنیه حضرت خیرالانام را احیاء نمودند و خود حضرت در مقام فخریه فرموده‌اند که نسب من از پدر به قریش و از طرف مادر به سلاطین فرس می‌رسد» (همان).

به هر حال و در نتیجه‌ای از بحث مذکور، چنانکه گرایش مانکجی به آذرکیوانیان را محور و پایهٔ واکاوی در ایده و باور او قرار دهیم، آنگاه بهتر می‌توان نوع روابطش با تصوف، بهائی‌گری و نظریه‌پردازان و متفکرینی چون میرزا فتحعلی آخوندزاده را دریافت. به عبارت بهتر شاید بتوان آبشخور و مرجع اصلی اقبال مانکجی به طیف‌های مختلف فکری را در باورهای صوفیانه آذرکیوانیان دانست که در چارچوبهٔ تفوق اسلام شیعی، تصوّف اشراقی را رهیافتی به احیای سنت‌های زرتشتی ایران می‌دیدند.

ب- مانکجی و بهائیت

وجه دیگر از شخصیت مانکجی به ارتباطش با میرزا حسینعلی نوری معروف به بهاءالله بازمی‌گردد که باتوجه به تنفر متولیان مذهبی شیعه از آنها، این روابط تا حدّی شخصیت وی را خدشه‌دار نموده و از آن سوفرصتی در اختیار بهائیان نهاد تا همانند مواردی مشابه، او را نمودار تمایل زرتشتیان به این مرام جلوه‌گر سازند. از این رو وجهت توضیحی برادعاهایی از این دست، لازم است مروری هرچند مختصر به زمینه‌ها و سطح آشنایی و روابط آنها داشته باشیم.

نوشت و خواندهای مانکجی با میرزا حسینعلی نوری، اقدام به چاپ و نشر کتاب «تاریخ جدید»، و به کارگماری میرزا ابوالفضائل گلپایگانی به عنوان منشی و معلم مدرسه زرتشتیان در طهران، از جمله مواردی است که عمدتاً پژوهندگان بهایی در اثبات وابستگی وی به جریان بهائیت بدانها استناد می نمایند.

بنا برشواهد و اسناد موجود، دیدار مانکجی از میرزا حسینعلی- در پایان نخستین سفر خود به ایران (۱۲۷۰ق/ ۱۸۵۴م) و البته در بغداد- سرآغازی بر روابط آن دو

گردید (سفیدوش، ۱۹۹۹م: ۲۶). با توجه به تلاش گستردهٔ بهاءالله به جذب پیرو از طیف‌های مختلف اجتماعی، فرهنگی و سیاسی، بخشی از الواح او نیز خطاب به مانکجی است که به دلیل موقعیّت و جایگاه وی، این مجموعه مکتوبات چه از حیث رعایت ضوابط نگارش به فارسی اصطلاحاً سِره و نیز از لحاظ محتوا حائز اهمیت خاص هست. در ادامه به نمونه جالب توجهی از این الواح که حاوی پرسش و پاسخ‌های آنهاست، می‌پردازیم.

گویا مانکجی در سفر دوم خود به ایران، مجموعه سؤالاتی از میرزا حسینعلی می‌پرسد، امّا در لوحی موسوم به «مانکجی‌صاحب» یا معروف به لوح «صاد» تنها به یک سؤال پاسخ داده شده و آن عدم تفاوت زبان پارسی و عربی در نگارش است (سفیدوش: ۲۸).

به دنبال این جوابیه که عمدتاً با عبارت‌پردازی‌های بی‌مورد دربارهٔ آفرینش و هستی، نویسنده از پاسخ به سؤالات طفره می‌رود، مانکجی نامه دیگری با نگارش میرزا ابوالفضائل ارسال می‌نماید که بنا بر فحوای جوابیه، گویا نامه مانکجی حاوی ۶۶۹ سؤال بوده است. نویسنده در سرآغاز نامه، پاسخ‌گویی به تمامی سؤالات را مغایر با حکمت برشمرده و مانکجی را مخاطب می‌سازد که «ایشان گویا درست ملاحظه ننموده‌اند. چه اگر می‌نمودند شهادت می‌دادند که حرفی از آن ترک نشده و به کلمه انّ هذا البیان محکم مبین، ناطق می‌گشتند».

در این مکتوب، سؤالات مانکجی تأکید دیگری است بر باور آذرکیوانی او که با استفاده از لغات دساتیری نمود بارزتری می‌یابد. به سؤالات می‌پردازیم؛ چرا که جواب‌ها معرّف تلقّی و دیدگاه بهائیت از آنهاست و لاجرم خارج از حیطه پژوهش حاضر است. «نخست آنکه شت[۲۷۷] وخشوران مه‌آبادی با شت زرتشت بیست و هشت تن بودند و همگی آیین و کیش یکدیگر را برافراشتند و از میان برنداشتند

---

۲۷۷. لغت شت فارسی نیست. نخستین بار در دساتیر این لغت به کار رفته و مطابق با برهان قاطع لفظی است در فارسی که ترجمهٔ لفظی آن را در عربی حضرت گویند. انجمن‌آرا دربارهٔ این واژه نویسد: «شت کلمهٔ تعظیم است و آن را تیمسار نیز گویند و هر دو به معنی حضرت است که در عربی معروفست».

و هر تن که پدیدار گشتند، به درستی و راستیِ پرمان و آیین پیش، گواه بودند و سخنی در نابودی آن آشکارا ننمودند و می‌فرمودند از خدا به ما رسیده و ما به بندگان رسانیم. چند تن از کیش‌آوران هندو گفته‌اند ما خدائیم و باید آفریدگان اندر پرمان ما باشند و هنگامی که آشوب و جدایی در آفریدگان پدید آید، بیائیم و آن را از میان برداریم و هر یک پدید آیند گویند من همانم که اندر نخست بودم. آیین‌انگیزان واپسین چون داوود و ابراهیم و موسی و عیسی می‌فرمودند: وخشورانِ پیش درستند، آن زمان پرمان چنین بود و اکنون چنین است که من می‌گویم. کیش‌آور تازی فرمود در پیدایش من، همگی پرمان‌ها نادرست و پرمان، پرمان من است. از این گروه کدام را می‌پسندید؟...» (سفیدوش: ۳۱؛ یاران پارسی، بی‌تا: ۲۴-۲۵).

سؤال دیگر مانکجی دربارهٔ تفاوت ضوابط کیش اسلام با مه آبادیان است که «در قواعد، مذهب اسلام فقه و اصول دارند و در مذهب مه‌آبادیان و هندو، جز اصول، طریقهٔ دیگر نیست. معتقدند که جمیع قواعد جزء اصول است حتّی آب آشامیدن و زن گرفتن، تمامی امور زندگانی همینطور است. استدعا آن که کدامیک مقبول حقّ جلّ ذکره است؟»).

در مورد دیگری از تفاوت حرمت گوشت گاو و خوک در ادیان مختلف بحث شده (یاران پارسی: ۳۷) و آنگاه دربارهٔ عقاید مه‌آبادیان و هندو سخن رفته که «هر که در مذهب و ملتی به هرلون و ترکیبی و به هرصفت و حالتی باشد همین قدر که معاشر با شما شد با او مهربانی نمائید و به طرز برادری رفتار کنید، [اما] در مذاهب دیگر اینطور نیست و مذاهب غیر را اذیت و آزار می‌نمایند و زجر آنها را مباح دانسته‌اند. کدامیک مقبول حقّ است؟» (همان، ۲۹-۳۰).

«در مذهب هندو و زردشت هر که از خارج بخواهد داخل مذهب آنها شود راه نمی‌دهند و مقبول ندارند، در مذهب عیسی هر که به میل خود بیاید داخل شود، راه می‌دهند ولی اظهار و اصرار ندارند و در مذهب حضرت رسول و موسی[۲۷۸] اصرار در اینکار دارند و تکلیف می‌نمایند. علاوه اگر نکنند دشمن می‌شوند و مال و عیال

۲۷۸. نویسنده به اشتباه، جذب پیرو در کیش یهودی را ممکن دانسته و آن را در ردیف ادیان مسیحی و اسلام قرار می‌دهد.

آنها را مباح می‌دانند. کدام مقبول حقّ است؟» (یاران پارسی: ۳۷).

دربارهٔ ادعای برتری مذاهب و ادیان بر یکدیگر چنین می‌گوید: «در مذهب مه‌آبادیان و زردشت می‌فرماید مذهب و طریقه ما از سایر مذاهب برتر و بهتر است، سایر انبیاء مذهب آنها همه حقّ است مانند نزد سلطان از صدراعظم مقامات متفرقه تا سرباز جزو نزد خدا دارند. هر که می‌خواهد در دین خود باشد مزاحم احدی نمی‌شوند» (همان، ۳۹).

در پرسشی دیگر، باز از زاویه نگرش آذرکیوانی و با جعل مفاهیم زرتشتی می‌نویسد: «زرتشتیان گویند خداوند به میانجی نخستین خرد، مردی آفریده [که] مه‌آباد نام اوست و ما از اولاد اوئیم. چون پیدایش جهان را از شش گونه بیرون ندانند؛ دو گونهٔ آن این بود که نگاشته‌اند و دیگر گونه آفریده شدن از آب و دیگر از خاک و دیگر از آتش و دیگر از خرس و میمون است. هندوان و پارسیان گویند چون بودِ ما از خرد است، آفریدگان و مردمان دیگر را به خود راه ندهیم. این گفتهٔ ایشان است یا نه؟» (یاران پارسی: ۴۱).

در نهایت، مانکجی از میرزا حسینعلی درخواست دارد که نامه‌ها یا الواح خود را که اغلب به عربی است، به پارسی بنگارد: «چون در این زمان دلبر پارسی زبان آمد، عربی مطرود و متروک است. چنانچه اعراب نیز خود هنوز معنی قرآن را نفهمیده و ندانسته‌اند و لسان پارسی در نزد اهل ربع مسکون مرغوب و پسندیده و مطلوب است. چنانچه پارسی در مقابل عربی ممتاز است، فرس قدیم هم در مقابل آن ممتاز است در نزد هندیان و غیره زیاده بر زیاده مرغوب افتاده بهتر آنکه حقّ جلّ ذکره بعدالایام اغلب به لسان پارسی صرف نطق فرمایند چون جذب قلوب را بهتر می‌کند. استدعا آنکه جواب عرایض فدوی به لسان پارسی صرف عنایت و مرحمت شود» (همان: ۴۳).

گذشته از تعدّد نامه‌ها و مضامین مندرج آنها که عمدتاً در راستای ترغیب مانکجی به بهائیت، صورت می‌پذیرد، طبیعتاً سؤال اساسی آنست که تا چه میزان این نوشت و خواندها را می‌توان دلالتی بر گرایش او به فرقه مذکور دانست؟ پاسخ به این سؤال بسته به تلقّی و انتظار پاسخ‌دهندگان متفاوت است. اگر پاسخ را از پژوهندگان بهایی طالب باشیم، آنها که عمدتاً تمایل دارند هر صاحب مقام سیاسی،

اجتماعی و غیره را یا بهایی دانسته و یا در ضعف شواهد و گواهی معتبر او را از هواداران مرام خود نشان دهند، دربارهٔ مانکجی نیز همین رویه را پی گرفته و به دلیل جایگاه برجستهٔ او در مقام نماینده انجمن اکابر پارسیان، لاجرم مدعی می‌شوند: «با وجود آنکه تا آخر عمر اظهار ایمان نکرد، ولی همواره از حمایت بهائیان دریغ نمی‌نمود» (سفیدوش، ۱۹۹۹م: ۵۰، ۴۷). جالب آنکه در مورد مانکجی همانند دیگر افراد سرشناس، به مکتوباتی اشاره می‌نمایند که بهاءالله خطاب بدیشان نگاشته، حال آنکه این موضوع بیش از بیان گرایش فرد، معرّف راهکارهای تبلیغی بهائیان در جذب افراد به شمار می‌رفت.

بر این مبنا، نویسندگان بهایی در استدلال‌شان در گرایش مانکجی به بهائیت، عمدتاً به محتوای نامه‌های بهاءالله اشاره می‌نمایند که در آنها نیز یا اظهار امیدواری به تغییر آیین است و یا چنانکه در مکتوبی خطاب به میرزا ابوالفضائل دربارهٔ مانکجی می‌خوانیم، به او چنین سفارش می‌شود: «خدمت جناب صاحب یگانه سلام برسانید انشاءالله در این دار فانی به امری فائز شوند که عرف بقا از او قطع نشود. اِنّ ربّنا الرحمن لَهُوَ المقتدر القدیر یُعطی و یُمنعُ و هوالحکیم الخبیر. آنچه برازنده و سزاوار ایشان است آنکه پیشرو واقع شوند و جمیع فارسیان را آگاه نمایند و به راه راست کشانند. این جامهٔ بدیع نورانی انشاءالله موافق است از برای هیکل ایشان اَلحُکم وَ اَلامر بِیَدالله اِنّهُ لَهُوَ المقتدر المختار» (یاران پارسی: ۲۳-۲۴).

بُعد دیگر از دعاوی پژوهشگران بهایی در گرایش مانکجی، استخدام میرزا ابوالفضائل گلپایگانی به منشی‌گری و ریاست او بر مدرسه‌ای است که مانکجی برای تعلیم کودکان زرتشتی در تهران احداث کرده بود.

میرزا ابوالفضائل گلپایگانی، از جمله چهره‌های برجسته بهایی به شماراست که در شرح احوالش می خوانیم، پس از گذران علوم مقدماتی در گلپایگان و اصفهان، به همراه پدر به تهران آمده و در مدرسه حکیم هاشم- که بعداً به مدرسه مادرشاه تغییر نام داد- به ادامه تحصیل مشغول گردید. در حین تحصیل، گویا با جمعی از بهائیان ارتباط یافت و بنا بر متون بهایی، در ۱۲۹۳ق/ ۱۸۷۶م جذب این فرقه شد (سلیمانی، ۱۰۶ بدیع، ج۲: ۲۰۰). به دنبال تغییر آیین، ابوالفضائل چندی به حکم

کامران میرزا حاکم وقت تهران زندانی گردید تا پس از پنج ماه حبس به وساطت حاج میرزا حسین‌خان مشیرالدوله، وزیر فرهنگ، آزاد، ولی دیگراو را به مدرسه راه ندادند. در این میان، مانکجی که خود از نگارش فارسی محروم بود، وجود گلپایگانی را موهبتی یافت تا از تسلّط ابوالفضائل بر زبان و ادبیات عربی و فارسی و تبحری که در پارسی سره داشت، در مقام منشی خود بهره گیرد و از این زمان، نامه‌های مانکجی به خط و انشای ابوالفضائل نگارش می‌یافت. گلپایگانی در نامه‌ای به میرزا رضاخان افشار قزوینی- مترجم سفارت ایران در استانبول- (ربیع‌الثانی ۱۲۹۹ق) اشاره جالبی درعدم تسلط مانکجی به زبان فارسی دارد: «چند روز پیش مرا فرزانه مانکجی لیمجیِ پارسی بخواند و نامه روز دین ایزد از تیرماه یزدگردی سرکار را که به او نگاشته بودید، بنمود و خواهش نگاشتن پاسخ آن را از من بنده بفرمود زیرا که خود بهره‌ای از نوشتن و خواندن پارسی ندارد و جز زبان گجراتی و انگلیسی از خواندن و نگاشتن بهره ندارد...» (امینی، ۱۳۸۰: ۷۷).

به هر حال، موقعیت گلپایگانی نزد مانکجی برای بهاءالله به عنوان عاملی معتبر در کسب اطلاعات و فراتر از آن، جلب وی مؤثر بود. چنانکه در نامه‌های متعددی، بهاءالله از او می‌خواهد در تشویق مانکجی و دیگر زرتشتیان به بهائیت کوشا باشد: «فارسیان را به بخشش‌های بی‌پایان خداوند یکتا آگاه نما [و] بگو آنچه پنهان بود هویدا گشت. امروز اشجار مترنم و اثمار ظاهر و آثار مشهود [است]، امروز روز فرح و شادی است. باید خود را از تیرگی‌های زمین پاک و پاکیزه نمائید تا به روشنایی ابدی فائز شوید. یا اباالفضل، حضرت فضل با تو بوده و هست... به منادی فائز باید حزب الهی به نور ظهور و نار سدره مشتعل گردند. اشتعالی که عالم را مشتعل نمایند. بگو امروز، روز اعمال است. جهد نمائید، شاید از شما ظاهر شود آنچه که ذکرش به دوام ملک و ملکوت باقی و پایبند ماند...» (یاران پارسی: ۵۵-۵۶).

در کنار مورد مذکور و احتمال نفوذ گلپایگانی در مانکجی، مورد دیگری را که پژوهشگران بهایی بر آن تأکید دارند، نقش وی در مقام معلم ادبیات فارسی مدرسه مانکجی است.

با توجه به گزارش‌های مانکجی به انجمن اکابر پارسیان که از جمله دلایل

عقب‌ماندگی همکیشان ایرانی را عدم تعلیم و تربیت می‌دانست، اعضاء بنا
بر پیشنهاد مانکجی اقدام به ایجاد مدرسه‌ای در تهران نمودند تا آموزش و تعلیم
اطفال زرتشتی را به صورت رایگان و شبانه‌روزی برعهده گیرد. این مدرسه موسوم
به «بُردینگ اسکول» در ۱۲۸۳ق یعنی مصادف با دومین سفر مانکجی به ایران
افتتاح گردید. امّا هزینه سنگین نگهداری مدرسه و ناهمخوانی آن با مبالغ اهدایی
پارسیان باعث شد، تا اکثر بودجه برای تغذیه دانش‌آموزان هزینه گردیده و در نهایت
مدرسه پس از ده سال تلاش بی‌وقفه در ربیع الاول ۱۲۹۳ق/ مارس ۱۸۷۶م تعطیل
شود (Karaka, VolI: 84).

با این مقدمه مختصر از سابقه شکل‌گیری و تعطیلی مدرسه، حال اگر آن را با
زمان گرایش ابوالفضائل به بهائیت و اخراج وی از مدرسهٔ حکیم هاشم که منجر به
جذب او توسّط مانکجی گردید، تطبیق دهیم، نتایجی خلاف داستان‌پردازی‌های
مورخین بهایی به دست می‌آید. چنانکه ابوالفضائل در ۱۲۹۳ق بهایی و پس از
مدتی به خدمت مانکجی وارد شده باشد، این زمان مصادف با تعطیلی مدرسه
«بُردینگ اسکول» بوده و در این صورت معلوم نیست شرح‌حال‌نویس میرزا
ابوالفضائل از تدریس زبان فارسی او در کدام مدرسه سخن می‌گوید؟ (مهرابخانی،
۱۳۱ بدیع/ ۱۹۷۵م: ۵۸).

شاید مقصود از این جعل واقعیت را بتوان در اهداف بعدی این دسته از نویسندگان
جستجو نمود که سعی دارند تربیت‌یافتگان این مدرسه را طیفی تحصیل‌کرده و
بهایی‌شده جلوه دهند که در بازگشت به موطن خویش در یزد و کرمان و اقدام به
ایجاد مدارس سبک نوین و تأسیس انجمن ناصری زرتشتیان، عملاً الگوی معتبری
در جذب دیگر اعضای اقلیت به بهائیت شدند (نک: سفیدوش، ۱۹۹۹م: ۵۵).

و امّا سومین موردی که در فقدان اسناد مشهود و معتبر، در بیان گرایش و یا
هواداری مانکجی به بهائیت ذکر می‌شود، اهتمام او در چاپ کتاب «تاریخ جدید»
است. میرزا ابوالفضائل در رسالهٔ اسکندری با ذکر علاقمندی مانکجی به جمع‌آوری
کتب و تشویق افراد متبحّر در انشای کتاب و دفتر برآنست که وی از میرزا حسین

همدانی[۲۷۹] دعوت به همکاری در کتابت تاریخ بابیه نمود. بنا به نوشتار ابوالفضائل، مانکجی ضمن دعوت از محمّد اسماعیل‌خان و میرزا حسین، نیّت خود در تألیف دو اثر، یکی دربارهٔ شاهان عجم و دیگری تاریخ بابیه را با ایشان در میان گذاشت. پس محمّد اسمعیل‌خان کتاب فرازستان را به پارسی سره نگاشت و آقا میرزا حسین هم چون تا این هنگام اثری مکتوب دربارهٔ بابیه نگارش نیافته بود، لاجرم از ابوالفضائل یاری طلبید. وی در جواب تقاضای کمک او، پاسخی در خور توجه ارائه می‌دهد: «تاریخی از مرحوم حاجی میرزا جانی کاشی که از شهدای طهران و از خوبان آن زمان بوده است، در میان احباب هست لیکن او مردی بوده است تاجر و از تاریخ‌نویسی ربطی نداشته و تاریخ سنین و مشهور را ننوشته... این کتاب را فراهم نما و وقایع را از آن و تاریخ سنین و مشهور را از ناسخ‌التواریخ و ملحقات روضهٔ‌الصفا نقل نما» (گلپایگانی: ۸۴).

خلاصه آنکه ابوالفضائل بنا به خواهش میرزا حسین، خود نیز بر این کتاب مقدمه و مؤخره‌ای افزود، امّا علی‌رغم قرار بر تنظیم مطالب در دو مجلد، به دلیل فوت نگارنده در ۱۲۹۹ق موضوع متوقف می‌شود. در این میان نکته جالب، دخالت مانکجی در نحوهٔ نگارش اطلاعات کتاب است؛ «مانکجی نگذاشت که آن تاریخ بدان‌گونه که نامه‌نگار گفته بود انجام یابد بلکه مورخ مذکور را بر آن داشت که آنچه او گوید بنگارد زیرا که عادت مانکجی این بود که مطلبی را به منشی می‌گفت بنویس و مسوّده آن را به من بخوان. و نخست منشی، مسوّده‌ای را که به سلیقه خود و قریحه درست ترتیب داده بود براو می‌خواند و پس از اکثار و تقلیل عبارت و جرح و تعدیل مطلب در مسوّده به بیاض می‌برد... با این عیب کتاب تاریخ جدید از بس کُتّاب بی‌علم و نویسندگان بدخط هنگام استنساخ به خیال خود در آن تصرّف

---

۲۷۹. وی جوانی از منسوبان رضاخان پسر محمدخان ترکمان- از مقتولین بابی قلعه شیخ طبرسی- بود. میرزا حسین به دلیل تبحری که در صنعت انشاء مراسلات داشت، منشی فردی از رجال دولت گردید و در سفر اول ناصرالدین شاه به فرنگ در موکب همایونی بود. در بازگشت به ایران همراه با آقا جمال بروجردی از دیگر بهائیان به زندان افتاد و پس از خلاصی در دفترخانه مانکجی به کتابت مشغول شد.

نموده‌اند، امروز هر نسخه آن مانند صور منسوخه و هیاکل ممسوخه بنظر می‌آید. به حدّی که نسخه صحیّه‌ای از آن نتوان یافت مگر خط خود مورخ به دست آید و الّا اعتماد را نشاید» (همان: ۸۵).

ج- پیوندهای فکری و روابط مانکجی با آخوندزاده

از دیگر کسانی که مانکجی در سفر دوم خود به ایران با او نوشت و خواندی داشت، میرزا فتحعلی آخوندزاده است که آشنایی مختصری با حیات اجتماعی- فکری او در تشخیص سطح و ضرورت چنین روابطی ضروری است.

میرزا فتحعلی مشهور به آخوندزاده از چهره‌های مطرح دگراندیش ایران است که در تفلیس، از معتبرترین کانون‌های ادب و سیاست روسیه، ساکن بود (آدمیت، ۱۳۴۹: ۱۵-۱۸). او ضمن مطالعاتی دربارهٔ تاریخ ایران باستان و اسلامی، در زمینه‌های ادبیات فارسی، ترکی، حکمت ادیان و فقه نیز آگاهی‌هایی داشت و از آثار نویسندگان و اندیشه‌گران روسی، فرانسوی، انگلیسی و سوئیسی سدهٔ ۱۸ و ۱۹میلادی بهره گرفت. یکی از بارزترین ویژگی‌های آخوندزاده- علی‌رغم سکونت در خاک روسیه- تعلّق خاطرش به ایران در مفهوم ملیّت‌پرستی بود. در نامه‌هایش خود را چنین معرفی می‌کرد: «گرچه علی‌الظاهر ترکم؛ امّا نژادم از پارسیان است... آرزوی من این است که ایرانیان بدانند که ما فرزند پارسیانیم و وطن ما ایران است» (آخوندزاده، ۱۳۵۷: ۲۴۹). از معروف‌ترین آثار انتقادی آخوندزاده می‌توان به رسالهٔ مکتوبات کمال‌الدوله اشاره داشت که در ۱۲۸۰ق به نگارش آورده و جوهر آن انتقاد بر سیاست وقت و دیانت بود. واژگان وطن و ملّت را به معانی کامل سیاسی جدید آنها به کار می‌برد (همان: ۱۱۸، ۲۴۹) و دربارهٔ همبستگی نژادی ایرانیان بر آن بود که «زرتشتیان برادران و هموطنان و هم‌جنسان و هم‌زبانان ما هستند» (همان: ۱۶۵). در واقع چنان عِرق ملی‌گرایانه و عرب‌ستیزی در میرزا فتحعلی قوی بود که عصر باستان را تنها مقطع شکوه و عظمت ایران می‌دانست و هر آنچه ضعف و فترت بود را به روزگاران اسلامی مربوط دانسته و تازیان را موجب آن می‌خواند (آدمیت، ۱۳۴۹: ۱۲۰؛ آخوندزاده، ۱۳۶۴: ۲۳-۲۴).

بدین‌ترتیب ایران‌دوستی و عجم‌پرستی میرزا در تقابل با عرب‌گرایی، چنان استحکامی داشت که در حمایت از زرتشتیان، آنها را یادگار نیاکان می‌دانست که قرنهاست «بواسطهٔ دشمنان وطن خودمان» بدان حد از یکدیگر دور شده بودند که خود را از دو ملّت می‌دانستند (آخوندزاده، ۱۳۵۷: ۲۴۹).

گرچه میرزا فتحعلی، مانکجی را از بابت استفتاء از شیخ مرتضی انصاری (دربارهٔ این موضوع، نک به مطالب بعدی) قابل سرزنش می‌دانست (همان: ۲۲۱)، امّا در پاسخ به پرسشی از مانکجی که در مجموعه مکتوبات وی نیامده و در آن گویا از آرزوی بازگشت ایرانیان به زرتشتی‌گری سخن رفته است، آخوندزاده دوران مزبور را غیرقابل بازگشت می‌خواند (آخوندزاده،۱۳۵۷: ۲۲۳). به هر حال ایران‌دوستی و باستان‌گرایی میرزا بدان حدّ شهره بود که گفتارش در موبدان پارسی نیز اثر نهاد و پشوتن‌جی مترجم «دینکرد» و جاماسب‌جی مؤلف «فرهنگ پهلوی» از طرف کل طایفه پارسیان، میرزا را درود و او را از «باستان و راستان جهان یادگار» شمردند (همان: ۴۰۲، ۴۰۴، ۴۳۴).

با این نگاه مختصر بر نگرش و حیات فکری آخوندزاده حال بهتر می‌توان به دلیل پیوند و نامه‌نگاری مانکجی با او پی برد. از نامه‌نگاری‌های آن دو نفر با هم، هشت نامه در مجموعه مکتوبات آخوندزاده موجود است که به نمونه‌هایی که معرّف دیدگاه‌های طرفین است، استناد می‌نمائیم. با گشایش باب ارتباط آنها، مانکجی در نامه‌ای به آخوندزاده ضمن ارسال نسخه‌ای از کتاب «اظهار سیاحت ایران»، شرحی از مصائب زرتشتیان ایران ارائه می‌دهد (همان: ۳۸۷-۳۸۸).

در نامه دیگری به تاریخ ۴ ربیع‌الثانی ۱۲۷۸، مانکجی درخواست آخوندزاده در چاپ کتاب کمال‌الدوله در ایران را «به جهات معلومی که خاطر عاطر مضمر است» (همان: ۳۹۶) غیرممکن می‌داند و با وجود اذعان به ارزشمندی اثر مذکور می نویسد: «اخلاص‌نشان را گمان و نَمِشتَه[۲۸۰] چنانست که هزار چنین نسخه‌های مستطاب در ایران چاپ و اشتهار یابد الواط و اشرار را مفید نیفتد و اهرمن فرشته نگردد مگر

---

۲۸۰. از مجعولات دساتیر و به معنی عقیده و اعتقاد.

به اتفاق...» (همان: ۳۹۶). مانکجی با آخوندزاده در پس‌افتادگی تدریجی ایران از حمله اعراب هم‌آواست و می‌نویسد: «هزار و دویست و چندین سال است که مملکت ایران و حالت ایرانیان برحسب آبادی و آزادی به کمی گراییده است و به همین منوال سالهای سال می‌باید و سلاطین با استقلال مانند اردشیر بابک و شاه کیخسرو بافرهنگ می‌خواهد که کم‌کم عادت گمراهی و مردم‌آزاری را از این مردمان شرور با نخوت و غرور مرتفع ساخته، زاکون پیمان فرهنگ و قانون آزادی را جاری و ساری نماید» (آخوندزاده، ۱۳۵۷: ۳۹۶).

بر مبنای همین دیدگاه باستان‌گرایانه که وجه اشتراک و نقطه وحدت و همدلی آن دو به شمار می‌رفت، مانکجی در همین مکتوب از ارسال کتاب «انجمن آرای هوشنگ» اثر رضاقلی خان للّه‌باشی متخلص به هدایت خبر می‌دهد که «لغت فرس قدیم» را فراهم آورده بود (همان: ۳۹۷). درنامه مورخ سوم شوال ۱۲۸۸/ ۱۲۴۱ یزدگردی/ ۱۷ دسامبر۱۸۷۱م نیز ضمن اعلام ارسال نوشتجات از طریق سفارت روس، با سره‌نویسی و بهره‌گیری از لغات دساتیری، مکتوب خود را چنین آغاز می‌نماید: «دیرگاهی بود که دوستدار به هیچ‌گونه از فرکنونه آن فرزانۀ یگانه و هشیسوار نامدار که از باستان و راستان جهان یادگار است، آگاهی نبود...» (همان: ۴۰۲-۴۰۳).

به هر صورت، نوشت و خواند آن‌ها به اطلاع‌رسانی از وضع زرتشتیان هند و ایران منجر شد؛ چنانکه مانکجی در پاسخ به پرسش‌های آخوندزاده دربارۀ اختلاف مذهبی میان زرتشتیان، علما و تعداد نفوس ایشان (همان: ۳۳۶)، تنها اختلاف موجود را در زبان می‌داند و می‌نویسد: «فارسیان ایران زبان گجراتی نمی‌دانند و اهل هند زبان فارسی را نمی‌فهمند». وی برترین عالِم پارسیان هند را «پشوتن‌جی ساکن بمبئی» معرفی می‌نماید و تعداد زرتشتیان در هندوستان را دو «لک»[۲۸۱] و در ایران هفت هزار نفر می‌داند (آخوندزاده، ۱۳۵۷: ۴۳۰).

از جمله نتایج قابل توجه نامه‌نگاری‌های مذکور، آشنایی آخوندزاده با دستور پارسیان هند در بمبئی با نام پشوتن‌جی بهرام‌جی و ارتباط آن دو از طریق مانکجی

---

۲۸۱. لک، یکایی است هندی برابر با ۰۰۱ هزار.

است که طی نامه‌ای ضمن اطلاع‌رسانی نسبت به ترجمه کتاب «دینکرد» از پهلوی به گجراتی و انگلیسی توسّط پشوتن‌جی می‌نویسد: «به غیر از دستور پشوتن‌جی مزبور، جناب فضایل‌مآب دستور جاماسب‌جی که بنی‌عم ایشان است، از استماع اوصاف حمیده و احوال پسندیده سرکار، اخلاص تامّ و ارادتی مالاکلام به هم رسانیده، یک قطعه تصویر خود را به رسم یادگار ارسال و نامه هم در استحکام مودّت معروض داشته که با این عریضه ملحوظ خواهد شد» (آخوندزاده، ۱۳۵۷: ۴۰۴-۴۰۵).

در نامهٔ دستور جاماسب‌جی فوق‌الذّکر خطاب به آخوندزاده چنین می‌آید: «عرض می‌شود که اینجانب بسیار ممنون دوست مهربان مستر مانکجی لیمجی صاحب شدم از اینکه در خدمت ذی‌رفعت آن عالیجاه را... معرفی کردند» (همان: ۴۳۴).

علاوه بر وساطت مانکجی در آشنایی آخوندزاده با رؤسای پارسیان بمبئی، بُعد دیگر از ارتباط آن دو نفر، ارسال کتب و آثار مطرح آذرکیوانیان است. از جمله در نامه‌ای بدون تاریخ، مانکجی پس از شرح زندگی خود و اعتراف به اینکه «بنده خط فارسی را فی‌الجمله می‌خوانم ولی نمی‌توانم بنویسم و از فارسیان ایرانی، طفلی را از یزد با خود به تهران آورده، تربیت کرده‌ام که نویسنده مراسلات اوست»، از ارسال کتاب «جاویدان خرد» و «شارستان چهار چمن» خبر داده است (همان: ۴۰۶).

در نامه‌ای دیگر به تاریخ ۲۸ ربیع‌الاول ۱۲۹۳، مانکجی از دساتیر و اهمیت آن سخن می‌گوید و آمادگی خود برای فرستادن نسخه‌ای از آن به نزد آخوندزاده را اعلام می‌دارد: «مستدعی است مرقوم شود نسخهٔ دساتیر که بهترین کتاب فارسیان و برترین گنجینهٔ اسرار الهی است به نظر شریف رسیده یا نه؟ اگر ملحوظ نیفتاده، مخلص یک نسخه، ارسال خدمت نماید؛ زیرا که از کتب سماوی فارسیان، همان به فارسی ترجمه شده سایر به زبان اصل باقی است» (آخوندزاده، ۱۳۵۷: ۴۳۰).

همچنین در این نامه، مانکجی از درخواست آخوندزاده دربارهٔ امکان چاپ اثرش با نام کمال‌الدّوله در هندوستان با این بهانه سرباز می‌زند که «در هندوستان هم، چون اهل اسلام باید کتابت کنند، ممکن نیست» و پیشنهاد می‌دهد بهتر آنست که این اثر در فرنگستان و یا در صورت وجود چاپخانه در تفلیس منتشر شود» (همان: ۴۳۰).

در خلال نامه‌هایی چند، مانکجی بنا بر پایبندی اعتقادی به آذرکیوانیان

(برای نمونه نک:نامه گلپایگانی به مانکجی مورخ ۵ شوال ۱۲۹۹ ؛ امینی، ۱۳۸۰: ۳۸-۳۴) و تأکید بر اهمیت دساتیر که گویا از جمله دلایل اختلاف نظر وی با موبدان و روحانیان زرتشتی یزد و کرمان نیز به شمار می‌رفت، در نامه‌ای به تاریخ ۱۹ جمادی‌الاولی ۱۲۹۳ق به آخوندزاده، مشکلات چاپ این اثر در ایران را متذکّر می‌شود: «اکنون محض یادگار یک جلد کتاب دساتیر که بهترین کتب قدیم و از کتابهای سماوی است به رسم پیشکش انفاذ خدمت ذی‌مسرت شد. اگرچه این کتاب قریب شصت سال قبل چاپ شده ولی از کثرت طالب کمیاب شده و چون چاپ کردن این نوع کتب در این جا خالی از اشکال نیست، لهذا خدمت سرکار مصدع می‌گردد که مرحمت فرموده مرقوم دارند که طبع یا باسمه کتاب مزبور در آنجا [تفلیس] ممکن است یا نه و در صورت امکان، مخارج آن چقدر است و چاپ آنجا سنگی است یا حروفی که اطلاع حاصل شود...» (آخوندزاده، ۱۳۵۷: ۴۳۲).

مبتنی بر بحث مقدماتی دربارهٔ زمینه‌های فکری مانکجی، هم‌اینک برآنیم تا کارنامهٔ اقدامات او در ایران را بر دو محور اصلاحات درون‌ساختاری جماعت و تلاش در ارتقای وجاهت همکیشان در جامعه اسلامی به بحث گذاریم.

۵- اقدامات و اصلاحات درون‌گروهی مانکجی

مانکجی از همان نخستین مراحل سفرش به یزد، به فراست دریافت که همکیشان از داخل دچار از هم گسیختگی و انحطاط هستند. بنابراین بخشی از تلاش خود را به اصلاحات درون‌گروهی اختصاص داد.

الف- تشکیل پنچایت و کارکردهای آن

به‌دنبال سقوط ساسانیان و افول زرتشتیان به اقلیتی پراکنده، تشکیلات پیشین نیز از قدرت و اعتبار فرو افتاده و بهدینان هر منطقه تحت ریاست و حکمیّت فردی به نام کلانتر[۲۸۲] قرار گرفتند که در مواقع ضروری به صورت رابطی میان زرتشتیان

---

۲۸۲. این عنوان و منصب لااقل از دورهٔ صفویه دیده می‌شود.

و حکّام محلی عمل می‌کرد و امور داخلی جماعت را نیز رفع و رجوع می‌نمود (شهزادی، ۱۳۴۵، هوخت، ش ۵: ۵۲). این وضعیت تا اواسط عهد صفوی برقرار ماند تا آنکه با عزم شاه عباس اول در مدیریت امور اقلیت‌های دینی، داروغگانی مسلمان برای زرتشتیان یزد تعیین شدند که مرجع حل و فصل امور داخلی و عامل ارتباط جماعت با متولیان جامعه اسلامی و حکومت بودند (نک به فصول بالا). این رویه- البته با تفاوتی در نحوهٔ گزینش کلانتران و انتخاب آن‌ها از میان خود جماعت زرتشتیان و نه مسلمانان- در دورهٔ قاجاریه نیز ادامه یافت.

بنابراین، مبانی تشکیل نخستین انجمن‌های زرتشتی یا همان پنچایت- هیئت پنج نفری- را نه در ایران، بلکه در میان پارسیان هند باید جستجو نمود. در واقع بنا بر اطلاعات موجود، این هیئت در حدود ۱۶۹۸م، با اختیارات کامل در وضع قوانین اجتماعی، حکمیت در دعاوی و تقسیم املاک و تولیت موقوفات پارسیان در هند پدید آمده بود[۲۸۳] (امینی، ۱۳۸۰: ۲۸۲).

متکی بر این سابقه و نیز تداوم آن در قالب انجمن‌های زرتشتی که پیش‌تر در بحث از پارسیان هند بدان پرداختیم، مفاد گزارش‌های مانکجی حاکی است که سه روز پس از ورود او به یزد- در روز سپندارمد و اسفندماه- ضمن دعوت از جمعی از بزرگان و موبدان، ضوابط مربوط به نخستین پنچایت یزد را مدوّن نمود (شهمردان، ۱۳۶۰: ۹۳-۳۹۲) تا هر از چندگاه تشکیل جلسه داده و با رسیدگی به امور جماعت، درصدد اصلاح و رفع و رجوع مشکلات برآیند.

مطابق با آیین‌نامه پنچایت یزد- که از سپندارمد و اسفندماه ۱۲۲۳یزدگردی/ ۱۲۷۰ق/ ۱۸۵۴م آغاز به کار کرد، و با توجّه به تاریخ آخرین صورتجلسهٔ موجود در گزارش‌های مانکجی، تا ورهرام و بهمن‌ماه ۱۲۲۵ یزدگردی/ ۱۲۷۲ق/ ۱۸۵۶م ادامه یافت (شهمردان، ۱۳۵۴، هوخت، ش ۱۲: ۲۵)- صورتجلسه‌ها در سه نسخه تنظیم می‌شد؛ یک نسخه جهت ارسال به انجمن اکابر پارسیان، دیگری برای ثبت در

---

۲۸۳. البته ناگفته نماند که هر چند در مواردی نظیر سفر ملاکاوس به یزد سخن از تشکیل انجمن توسّط روحانیان به هدف پاسخ به سؤالات وی بود، لیکن این انجمن در مفهوم مصطلح و رسمی مذکور نبوده و در سطح یک گردهمایی جهت پرداختن به موضوع مزبور بوده است.

بایگانی پنچایت، و نسخه‌ای هم برای مانکجی (اشیدری، ۱۳۸۳: ۱۷۲).

بر پایه سابقهٔ کارکرد انجمن‌های پارسیان هند، و الگوبرداری مانکجی از آنها در محدودسازی قدرت روحانیان سنتی و محافظه‌کار، هر چند پنچایت مذکور با اهداف و وظایفی جدید پی‌ریزی شده بود، امّا در گام نخست به جای حذف یکبارهٔ روحانیان و دستوران متنفذی که خود را تنها مرجع تفسیر شریعت می‌دیدند، کوشید تا در قالب ایجاد انجمنی با حقّ رأی یکسان، نخبگان عوام را نیز در جمع خواصّ روحانی وارد نموده و از این طریق، حقّ انحصاری روحانیان در تولیّت امور همکیشان را درهم شکند. بنابراین با گزینش سیزده نفر از دستوران و نیز دیگر متنفذان زرتشتی، اقدام به تدوین آیین‌نامه انجمن کرد که بنا بر مفاد آن، رسیدگی به امور شرعی زرتشتیان، رسیدگی به احوال شخصیه آنها از قبیل ثبت موالید، ازدواج، تشریفات مربوط به اموات و نگهداری آتش مقدس، انجام امور مربوط به فقرا و مستمندان، جملگی در اختیار انجمن قرار می‌گرفت.

در مجموع و چنانکه در شرح جزئیات کارکرد انجمن خواهیم دید، این اقدام از سویی رسیدگی به امور جماعت را از اختیار فرد یا افرادی خاص بیرون می‌آورد و برای نخستین مرتبه به عوام نیز فرصتی در اظهارنظر پیرامون نحوهٔ ادارهٔ امور جماعت می‌داد و از دیگر سو، با هدف قرار دادن مهم‌ترین کارکرد روحانیان و دستوران که نقش و جایگاه خود در رسیدگی به امور جماعت را غیرقابل تفویض و یا حتّی شراکت می‌دیدند- و البته چون اساساً زرتشتیان اقلیتی دینی به شمار می‌رفتند، سررشته‌داری موبدان در کلیه امور آنها غیرقابل اجتناب می‌نمود- زمینه‌ای فراهم آورد تا دیگر طیف‌های غیرروحانی نیز فرصتی برای ارائه نظر و دیدگاه خود بیابند.

با توجه به اهمیت حیاتی این اقدام در زمینه‌سازی برای اصلاحات داخلی، حوزه‌های کارکرد پنچایت را در ابعادی چند به بحث می‌گذاریم.

پنچایت؛ واسطه انتقال اخبار زرتشتیان

مبتنی بر تمرکز انجمن بر کانون اصلی قدرت- به عنوان عامل معتبر در تغییر نگرش و عملکرد حکومتگران و کارگزاران دیوانی- خاصّه در موضوع لغو جزیه،

مانکجی پس از یکسال و اندی حضور در یزد به تهران آمده و بر آن شد تا از مرکز به امور همکیشان خود رسیدگی نماید. بدین‌ترتیب و با توجه به بُعد مسافت یزد از تهران، واسطه و عاملی اجرایی لازم بود تا از یک‌سو دربارهٔ شرایط درونی جماعت بدو اطلاع‌رسانی کند و از دیگر سو جایگزینی باشد برای کارکرد سنتی روحانیان درهدایت جامعه و رسیدگی به مسائل و مشکلات آن. از این حیث پنچایت یزد را می‌توان عامل ارتباط مانکجی با همکیشان و خاصّه فرودستان جماعت دانست. چنانکه گزارش‌های ارسالی، محورِ تصمیم‌گیری و اقدامات آتی مانکجی در تنظیم درخواست از عوامل قدرت و حکومت، و یا ارائه پیشنهاد به پنچایت در رابطه با نحوهٔ برخورد با مسائل گردید.

در جلسه انجمن (پنجم سپندارمذ قدیم ۱۲۲۳یزدگردی)، مانکجی از اعضای پنچایت ۱۴سؤال می‌پرسد که پاسخ آنها را می‌توان به عنوان دقیق‌ترین شرح از احوال اجتماعی- فرهنگی جماعت دریزد دانست. ذیلاً به مهم‌ترین این موارد اشاره می‌شود:

در دو سؤال نخست، مانکجی از آمار زرتشتیان هر ده و محل، و تعداد توانگر و فقرای آنها پرسیده که در پاسخ، می‌گویند: «یزد و حوالی آن ۱۴ فرسخ است. تقریباً یک‌هزار خانه زرتشتی است و از آن، ۹۶۲ نفر مرد گلیم خود را از آب بیرون می‌کشند. صورت آن به شرح: دختر بی‌شوهر ۱۱۵۸ نفر، زن بیوه ۵۸۴ نفر، پسر یتیم ۷۸۷ نفر، ضعیف و عاجز ۷۲۵ نفر، زن شوهردار ۱۲۷۶ نفر، پسر ۱۷۳۶ نفر، دختر یتیم ۳۳۰ نفر» و در جمع ۶۵۹۶ نفر هستند. همچنین از این تعداد ۲۰۰ نفر جزیه می دهند، چهارصد نفر بعد از مشقات قادر به تأدیه هستند و «تخمینا ۳۲ نفر هستند که از برای آنها بسیار بد می‌گذرد».

دربارهٔ نحوهٔ امرار معاش این افراد می‌گویند که از مجموع «افراد بی‌وارث و عاجز و فقیر که ۶۶۳ نفر باشند، ۴۰۰ نفرشان به سختی زندگی می‌کنند و ۲۲۳ نفر بسیار مفلوکند و اگر آنها را خوراک بدهند هریک آدم را به ماهی ۴ ریال و پنج شاهی خرج می‌شود».

همچنین در پاسخ به محل احداث مکتب‌خانه‌ها و مخارج مربوطه می‌نویسند: «یکی در محله دستوران، یکی در محله شصتی، یکی در شرف‌آباد، یکی جعفرآباد و مبارکه. و خرج هرپنج مدرسه، ماه به ماه صد روپیه [می‌شود] که بیست تومان و ۱۴

کتاب ضرور[ی] است و هر یک نسخه از ۱۰۰ تا ۵۰۰ لازم هست» (اشیدری، ۲۵۳۵: ۲۶۸-۲۶۹).

رسیدگی به دعاوی و اختلافات داخلی

در شرایطی که افزایش روزافزون مبلغ جزیه و تشدید فشارهای اجتماعی، تلاش برای بقا را به اولویت نخست زرتشتیان ارتقا می‌داد، انتقال موروثی مناصب روحانیان و کلانتران و مخالفت با هرگونه تغییر، عملاً پس‌افتادگی اقلیّت را تحکیم می‌بخشید. از این رو مانکجی با استفاده از تجربه پارسیان هند در تغییر متولیان امور و یا در حداقل کلام مشارکت برگزیدگان عوام، بستری در گسترش حلقه تصمیم‌گیران جماعت فراهم آورد. این اقدام نه تنها از حیث جابجایی تدریجی نخبگان و تغییر واسطهٔ حکومت با زرتشتیان قابل توجه می‌نمود که برای نخستین بار در پنچایت، عالی‌ترین سطح از متولیان امور تحت استنطاق قرار گرفتند.

در واقع در همان نخستین جلسات پنچایت (۱۲۲۳یزدگردی/۱۲۷۱ق)، بهدینان از سوء عمل کدخدا بهزاد در جمع‌آوری جزیه به پنچایت شکایت بردند که پس از دو سال تحقیق و تفحص در صورت دخل و خرج وی، در امرداد ماه ۱۲۲۵یزدگردی/۱۲۷۳ق معلوم گردید که ۱۹۸ قران از رعیت اضافه بر مقرری دریافت کرده (شهمردان، ۱۳۶۰: ۱۳۸) و مبلغ نود و هفت تومان و چهار هزار و چهارصد و پنجاه دینار طلب دیوان شد که کدخدا بهزاد حاضر شد قدری از آن را خود پرداخته و مقداری از آن را نیز رعیت بپردازد. همچنین مقرّر شد در مکاتبه با حکومت، خواهان رسیدگی به حساب کدخدا بهزاد شوند (اشیدری، ۲۵۳۵: ۲۷۱).

ثبت اسناد و حمایت از انجام اصلاحات

از دیگر اقدامات پنچایت، ثبت و نگهداری مکتوبات و اسناد مربوط به زرتشتیان و نیز به چالش کشیدن متولیان دینی بود. بنا بر گزارش‌های مربوط به آخرین جلسه پنچایت که (ورهرام و بهمن‌ماه ۱۲۲۵یزدگردی) در آتش ورهرام برپا

شد، از یک‌سو بنا به درخواست زرتشتیان تهران مقرّر شد تا موبد کیخسرو موبد
بهمن را که به آموزگاری اشتغال داشت، به سفر تهران راضی سازند و انجمن علاوه
بر دستمزد برگزاری مراسم دینی و یزشن و یشت و غیره، سالانه ۱۸ تومان حقوق برای
او مقرّر نمود. همچنین در این جلسه فرامین دولت و دیگر سران و کارگزاران که در
اختیار جماعت بود را یکجا جمع نموده و در صندوقی آهنین گذاشتند تا در آتشکده
ورهرام نگهداری شود و دستور کیخسرو مسؤول حفظ این صندوق گردید. مطابق با
گزارش‌های موجود، صورت برخی از فرامین و مکتوبات چنین بوده است:

– «فرمان فتحعلی‌شاه برای ساخت دخمه که به عهده حاجی عبدالرحیم نهاده شده
  بود (ربیع‌الاول ۱۲۲۹ق).

– فرمان محمّدشاه دربارهٔ سی تومان مستمری بهمن بن دستور کیخسرو (۲۴ صفر
  ۱۲۵۷ق).

– فرمان محمّدشاه به عهده شاهزاده بهمن میرزا متوجه املاک وقفی را سرکار
  شریعتمدار میرزا محمدعلی مدرس باشد (صفر ۱۲۵۷ق).

– فرمان محمّدشاه دربارهٔ اینکه هر کس یک‌نفر از طایفه را به قتل برساند قاتل را
  حکّام به طهران بفرستند. یکهزار تومان به دیوان اعلی حاکم دادنی باشد (صفر
  ۱۲۵۷ق).

– فرمان محمّدشاه که ریاست طایفه مزبور را واگذار کردند به عباسقلی‌خان که
  رئیس طایفه باشد (ربیع‌الاول سنه ۱۲۵۷ق).

– فرمان ناصرالدّین شاه دربارهٔ پول جزیه که جمع و خرج شده ۶۹۸۰/۹۵ ریال بِدِهِ
  دیوانی شده که همه ساله بدهند (شوال ۱۲۶۰ق).

– تعلیقه مرحوم محمدحسن خان سردار، امضاء فرمان پادشاه دربارهٔ مستمری
  موبدان به تاریخ ربیع‌المولود ۱۲۶۴ق.

– ملفوفه[۲۸۴] فرمان مرحوم محمّدشاه به جهت ساختن دخمه به تاریخ شهر رمضان
  ۱۲۶۴ق.

---

۲۸۴. دستخط به پیوست نامه را ملفوفه می‌گفتند.

- فرمان ناصرالدین شاه بابت مستمری موبد موبدان که همه ساله دریافت نماید ۳۲۰ ریال در هذه السنه تخاقوئیل مرحمت شده به تاریخ ۱۶رمضان ۱۲۶۵ق.
- سفارش میرزا محمّدتقی امیرکبیر دربارهٔ ملابهرام و رستم برادر ملابهرام دربارهٔ تنخواه که هنگام غارت برده‌اند، گرفته عاید سازند. ذی‌حجه ۱۲۶۵ق.
- تعلیقه مرحوم میرزا محمّدتقی‌خان امیر دربارهٔ موبد موبدان و مرخصی و حمایت طایفه مزبوره. ذی‌حجه ۱۲۶۵ق.
- تعلیقه مرحوم میرزا محمّدتقی‌خان امیر دربارهٔ امضای فرمان مستمری موبد موبدان موبد بهرام به عهده سرکار شیخ علی‌خان. جمادی‌الثانی ۱۲۶۶ق.
- تعلیقه مرحوم محمدحسن خان سردار امضاء مرحوم میرزا محمّدتقی‌خان امیر دربارهٔ موبد موبدان، پوشیدن خلعت و او را مرخص کردن و مستمری مشارالیه را بدهند. ربیع‌الاول ۱۲۶۶ق.
- تعلیقه مرحوم سردار امضا فرمان پادشاه در تخفیف سیصد و پنجاه تومان. ربیع‌الاول ۱۲۶۶ق.
- تعلیقه مرحوم محمدحسن خان سردار. امضای فرمان بابت پنجاه تومان مستمری ملابهرام به تاریخ ربیع‌الاول ۱۲۶۶ق.
- تعلیقه مرحوم محمدحسن خان سردار دربارهٔ رستم برادر ملابهرام و مستمری ملابهرام ربیع‌الاول ۱۲۶۶ق.
- دو فرمان ناصرالدّین شاه دربارهٔ میراث بین زرتشتی و مسلمان که هر کس دعوایی داشته باشد به دیوانخانه اعلی برود و کسی که از دین خود برمی‌گردد، [باید] در این باب مجتهد تحقیق نماید. به تاریخ شهر صفر ۱۲۶۸ و ربیع‌الاول ۱۲۶۹ق.
- سواد تعلیقه سرکار بندگان پناهی ام سردار، به جهت زرتشتی و مسلمان دربارهٔ مالیات قصابی و املاک وقفی سنه ۱۲۶۹ق.
- سواد تعلیقه سرکار عزیزخان سردار کل، به اسم میرزا کوچک‌خان سرهنگ که هرکس دعوی ارث داشته باشد به دیوانخانه مبارکه بروند که به حقیقت رسیدگی شود.
- سواد تعلیقه اشرف امجد صدراعظم دربارهٔ یکصد تومان علاوه وجه جزیه که

دربارهٔ پول قصابی و داروغگی دربارهٔ جناب شیخ محمدحسن [است] به تاریخ ربیع‌الاول سنه ۱۲۷۰ق.

- فرمان دیوانخانه مبارک دربارهٔ ملک وقفی و مطالبات که رسیدگی نمایند هر کس دربارهٔ ملک موقوفات سخن داشته باشد به دیوانخانه روانه نمایند. جمادی‌الثانی ۱۲۷۰ق.

- حکم شریعت‌مدار آمیرزا علی که بیرون شهر سوار شوند طایفه پارسی، و در شهر هم دستور نامدار سوار شوند به تاریخ ۲۷ ربیع‌الثانی. بالای آنهم امضاء حکم سرکار میرزا کوچک خان پیشکار سرکار سرتیپ خان شده است به تاریخ جمادی‌الاول ۱۲۷۰ق» (اشیدری، ۲۵۳۵: ۲۹۱-۲۹۳).

علاوه بر ضبط و نگهداری اسناد و فرامین در صندوقچه‌ای آهنین- که از نظم و نسق گرفتن امور جماعت حکایت داشت- بخش مهم‌تر اقدامات پنچایت، رسیدگی به اقدامات روحانیان و به چالش کشیدن موبدان در باب مسائل دینی بود. در این مورد و مطابق با صورتجلسهٔ «یوم فرخ گوش از سفندارمزد ماه قدیم»، مانکجی، موبدان را به آتشکده ورهرام فراخوانده و از ایشان دربارهٔ رعایت ضوابط و آیین دینی سؤالاتی می‌پرسد:

«اینکه در طریقت آیین زرتشت انوشه‌روان جایز و لازم است که کُلهم موبدان و بهدینان به قانون راه دین سدره بپوشند یا خیر؟ حضراتان جواب دادند که بلی، جایز و لازم است. هر کس نپوشد خارج از دین بهی هست. یعنی باید کلاً زن و مرد سدره بپوشد. چنانچه هر بهدینی با سدره نباشد و هر موبدی به خانه آن شخص برود کار روان بکند، آن موبد از کار موبدی معزول است. هوشت از او بگیرند و چون قبل از این قرار شده بود کلاً زن و مرد و طفل [را]، موبدان سدره بپوشانند تا در این هنگام بعضی عمل نموده و بعضی سهل شمرده از تاریخ فوق اقرار نمودند و سوگند یاد کردند که مِن‌بعد از این، خود و عیال خود سدره بپوشند و بپوشانند؛ به دین بهی بی‌بهره هستند اگر نکنند.

و دیگر سؤال فرمودند که در طریقت و بفرموده حضرت زردشت گاو کشتن جایز

است یا خلاف است؟ جواب گفته که خلاف است. به فرمودهٔ پیغمبر زردشت به هیچ‌وجه گاو را نباید کشت. فرمودند اگر چنین است چرا گاو را به خاتون‌بانو می‌برند او را به سیاست می‌کشند؟ جواب گفته که آنهم خلاف است. بعد از این، [این] عمل موقوف است. امضاء: دستور دستوران نامدار، موبد دینیار نوشیروان، موبد بهرام، موبد بهمرد و ...» (شهمردان، ۱۳۶۰: ۱۳۹).

به هر حال و در جمع‌بندی از کارکرد انجمن مذکور تأکید بر چند نکته ضرورت دارد:

- با آنکه در ساختار سنتی، موبدان و کلانتران علاوه بر رتق و فتق امور داخلی، با حکّام و متولیان شرعی مسلمان در ارتباط بودند، مشارکت نخبگانی از عوام غیر روحانی در انجمن به مفهوم نمایندگی آنها از طرف جماعت و خاصّه روستاییان نبود.
- انجمن، نقش کلانتران در رفع اختلافات درونی، مجازات متخلفان، ایجاد و توسعهٔ قوانین جدید و از همه مهم‌تر وساطت میان جماعت با متولیان مسلمان را در اختیار خود گرفت.
- با اینکه اعضای انجمن از خواصّ بهدینان به شمار می‌رفتند، امّا با ساختار قدرت در تهران هیچ‌گونه ارتباطی نداشته و از این رو با محدودیت حوزهٔ کارکردشان به یزد، جز وساطت نزد متولیان جامعه، انعکاس فرامین حکّام محلی به جماعت، تلاش در رفع اختلافات درونی و امثال آن، کار دیگری از دست‌شان برنمی‌آمد و اصولاً قادر به جلب حمایتِ کارگزاران سیاسی مرکز نبودند.
- محدودیت مزبور که البته بنا به دیدگاه مانکجی در مشارکت نخبگان غیرروحانی و به عنوان نخستین تجربه، چندان نیز دور از انتظار نبود همچنین باعث شد تا در فقدان اعتبار سیاسی، و عدم شناسایی رسمی از سوی کارگزاران اروپایی و خاصّه انگلیسی‌ها- که نفوذ چشمگیری در ساختار قدرت ایران داشتند- اعضای انجمن، محافظه‌کاری و حفظ وضع موجود را بر توسعهٔ اقدامات اصلاحی ترجیح دهند؛ بویژه آنکه در ترکیب اعضا، روحانیان سنتی همچنان جایگاه خاصی داشتند.

– همانند دیگر اقدامات مانکجی که در قیاس با روزگار قبل، وابستگی جماعت اعمّ از روحانیان و کلانتران را به پارسیان و انجمن اکابر افزود، کارآیی آن در کنار حضور مانکجی و روابطش با مراجع قدرت معنی داشته، دوام اقداماتش را به حضور مؤثر وی در ایران وابسته نمود.

– در حالی که ساختار سنتی هرگونه تغییر در وضعیت زرتشتیان را از داخل و متّکی بر امکانات محدودی که جامعه اسلامی تحت عنوان اهل ذمّه در اختیار آنها می‌گذاشت، جستجو می‌کردند، نیروهای برآمده از شرایط نوین، نومید از وقوع هرگونه دگرگونی داخلی، بخت خود را در ایجاد رابطه با کارگزاران اروپایی و خاصّه انگلیس به آزمون گذاشتند.

– پارسیان به عنوان مهم‌ترین منبع تأمین مالی زرتشتیان، حوزهٔ اعمال نفوذ خود را بر دیگر بخش‌ها و از جمله بخش دینی، گسترش دادند و بالطّبع موجودیت انجمن را به خود وابسته نمودند. (Amighi, 1990: 135-137)

– و سرانجام آنکه هرچند ایستادگی زرتشتیان یزد در برابر سیطرهٔ پارسیان، از اعتبار انجمن کاسته و مانع از برجستگی آن شد، امّا مبتنی بر نقش قابل توجه پارسیان در ارتقای وضع همکیشان ایرانی خود، ترکیب اعضا و توسعهٔ کارآیی آن در قالب انجمن ناصری (نک به مطالب بعدی) تأثیر خاصی بر تحرک اجتماعی جماعت و پذیرش نسبی تغییرات آتی داشت.

ب- ساخت و تعمیر ابنیه دینی
دخمه

بُعد دیگر از تلاش‌های مانکجی به مرمت، احیاء و یا ساخت بناهای دینی- عبادی بازمی‌گشت که اساساً جزئی از مأموریت او نیز بود.

یزد به عنوان مهم‌ترین کانون سکونت بهدینان و روحانیان برجستهٔ زرتشتی بالطّبع از حیث ابنیه و پیرانگاه‌ها نیز نماد بقای زرتشتیان در سرزمین مادری بشمار می‌رفت. با این حال و مبتنی بر اسناد موجود یکی از مشکلات زرتشتیان منطقه،

مجاز نبودن ایشان به ساخت و تعمیر معابد و بویژه «دادگاه» یا همان دخمه بود[۲۸۵] (شهمردان، ۱۳۵۴، هوخت، ش ۱۲: ۲۵) که تا حدّی ریشه در باور جامعه اسلامی به عدم تساوی اهل ذمّه با مسلمانان داشت (برای نمونه نک: مجلسی، رساله اهل ذمّه، فصول پیشین).

البته جدای از مخالفت متولیان شرعی و عرفی مسلمان، افتراق درونی جماعت و ناکارآمدی موبدان نیز اضافه شده و به رغم همّت برخی از بزرگان زرتشتی ایران و پارسیان هند برای ساخت دخمه، مبالغ ارسالی به یزد هدر رفت. چنانکه مانکجی در سخنرانی خود به مناسبت لغوجزیه (۱۳۰۰ق) به فردی با نام فرود هرمزدیار شاهزاده اشاره دارد که از بوشهر ۲۰۰ تومان جهت بازسازی دخمهٔ رو به ویران یزد فرستاده بود، امّا اهالی به واسطهٔ «تنبلی و عدم یکدلی» (اشیدری، ۲۵۳۵: ۴۴۳) آن را حیف و میل کردند. همچنین مدت‌ها پیش از حضور مانکجی، عده‌ای از پارسیان مبلغ هنگفتی- گویا ۲۰۰۰۰ روپیه- برای احداث دخمهٔ جدید یزد فرستاده بودند که به دلیل «عدم دانایی و آگاهی در کارها، از آن پول، آن چنان آغاز بنیادی نهادند که به سی هزارتومان آن کار انجام‌پذیر نمی‌گشت» (مانکجی، www. farvahr.org: 83)

با سابقه یادشده از همّت پارسیان در ساخت دخمه یزد که در عین حال معرّف روابط هر چند محدود آنان با همکیشان یزدی خود- سال‌ها پیش از عزیمت مانکجی- بود، به دنبال گزارش وی به انجمن مبنی بر ویرانی دخمه‌های یزد و شریف‌آباد، این‌بار با ارسال مبالغ نسبتاً هنگفتی تحت عنوان «وجه امدادی» اقدام به ایجاد دو دخمه در مناطق یادشده نمودند.

مانکجی در نامه‌ای به تاریخ اوت ۱۸۵۸م/ محرم ۱۲۷۵ق خطاب به وزیر خارجه وقت ایران، با یادآوریِ حضور پنج‌سالهٔ خود در ایران، می‌نویسد: «از جانب انجمن پارسیان هندوستان قریب بیست هزار تومان جمع نموده و برای ایشان [زرتشتیان یزد] دخمه و معبدگاه و مدرسه و غیره ساخته است» (اسناد و مکتوبات و

۲۸۵. نک به فرامین پیش‌گفته که در صندوق آهنین پنچایت ضبط شده و از احکام موردی مربوط به ساخت معابد حکایت داشت.

گزارشات مانکجی هاتریا، ۱۸۶۵م: ۴۱). البته گویا در ساخت دخمه یزد به رغم نظر رایج که تمام مخارج را بر عهدهٔ انجمن اکابر می‌دانند، زرتشتیان محل نیز پرداخت بخشی از هزینه‌ها را متقبل شده بودند. چنانکه مانکجی در شرح ملاقات خود با جمعی از همکیشان در تهران (رمضان ۱۲۷۴ق)، ضمن اشاراتی بر موضوع جزیه می‌گوید: «اهالی پول امدادی دخمه را قبول کردند و بعد بهدینان دهاتی ندادند» (همان: ۱۴۸). به عبارت بهتر هر چند گفتار مانکجی بیانگر عدم پرداخت وجه مورد نظر توسّط بهدینان ساکن در روستاها هست، امّا در مجموع آنها ۲۰۶ تومان از مخارج را خود متقبل شده بودند (شهمردان، ۱۳۶۰: ۱۳۰؛ نامه پنچایت یزد در آذرماه ۱۲۲۴یزدگردی به انجمن اکابر پارسی هند).

به هر روی، مبتنی بر صورتجلسه پنچایت یزد، ساخت این دخمه بر روی کوهی موسوم به نریمان (همان:۱۳۰) در تاریخ «۲۴ یوم فروردین و آبانماه سنه ۱۲۲۵یزدگردی مطابق ۶ رمضان ۱۲۷۲هجری» با حضور مانکجی و جمعی از زرتشتیان آغاز و پس از نوزده ماه، به پایان رسید (اشیدری، ۲۵۳۵: ۲۷۲). در هنگام بهره‌برداری از دخمه و پس از انجام مراسم عبادی آفرینگان، مانکجی خطابه‌ای ایراد نمود که توصیفی است از شرایط اجتماعی زرتشتیان و اقداماتش در اصلاح درونی جماعت: «اول؛ کار ساختن دخمه ۱۹ ماه طول کشید. دوم؛ حقیر در این ولایت راه و رفتار بهدینان را که دیدم معلوم شد قاعده و قانون دین و رفتار دنیا، همه‌اش از دست رفته [است]. در آن خصوص دو مطلب ما را در نظر آمد؛ یکی تاب ظلم و دیگر سهل‌انگاری و بی‌علمی. امّا حال از خدا می‌خواهم و امیدوارم که سایه دولت ناصرالدین شاه بر سر شما پاینده باد که در دولت او ظلم بر سر شما کم شده و می‌شود و در دل شما تأثیر کند که پیِ علم و هنر و دانایی رفته و دروغ و حسد و کینه و جاهلیّت را ترک نمایید». سپس از اقداماتش دربارهٔ سدره و کشتی بستن سخن گفته و از اهالی می‌خواهد که چون پس از دو سال زمان عزیمت او از یزد فرا رسیده، در غیاب وی از پنچایت حرف‌شنوی داشته و «بزرگتر خود را عزّت بدهید که شما را در این دنیا عزّت و حرمت می‌رسد» (همان: ۲۷۲-۲۷۳).

در اینجا و پیش از بحث دربارهٔ سنگ‌نبشته‌های مانکجی در دو دخمهٔ یزد و

شریف‌آباد لازم است تا به گوشه‌هایی از گزارش پیش‌گفتهٔ مانکجی باز گردیم که در آن از مخالفت موبدان یزد با احداث دخمهٔ جدید خبر می‌دهد. او در اثبات عقب‌ماندگی زرتشتیان ایران- به دلیل فقدان تعلیم و آموزش مناسب- به وجود دخمهٔ قدیمی یزد اشاره نموده و مخالفت روحانیان با دخمهٔ جدید را ناشی از ناآگاهی آن‌ها از ضوابط کیش زرتشتی می‌داند:

«در یزد دخمه‌ایست قدیمی که به نظر می‌آید برای استفادهٔ موقت و در سراشیبی تپه‌ای ساخته شده است. چنان‌که از تصویر این دخمه و یادداشت پیوست در رابطه با محل آن- که در صفحهٔ ۵۲ از نخستین گزارش به انجمن آمده- برمی‌آید، اجساد و آنچه داخل دخمه است، از جاده قابل رؤیت هستند. اینک دخمه‌ای جدید بر فراز تپه‌ای بلند و با امکانات مناسب توسّط انجمن ساخته شده است. امّا چند موبد بدسگال، تعدادی روستایی بی‌نزاکت را تحریک نمودند و گفتند که این نویسندهٔ مسافر با تنی چند از اعضای پنچایت همدست شده و عامدانه و از روی خصومت اجساد ایرانیان را در زندان انداخته‌اند.[۲۸۶] پس خواهان آن هستند که مردگان خود را فقط در دخمه قدیمی بگذارند. پس، آن موبدان به همراه همدستان‌شان و بدخواهانی دیگر، درب دخمه قدیمی را- که بنا بر تصمیم اعضای پنچایت بسته شده بود- شکسته و سوراخی در دیوار ایجاد کردند تا از آن طریق سگ و شغال بتوانند بدان راه یابند. این اقدام، منجر به منازعات بسیاری در میان بهدینان فقیر شد. اگر ایشان کمی دانش و فهم دینی یا دنیوی داشتند، چنین کارهای اشتباهی انجام نمی‌دادند» (Report of the Journey to Iran: 69).

مانکجی در فصل پنجم کتاب اظهار سیاحت ایران نیز با تکرار مضمون فوق دربارهٔ ساخت دخمهٔ جدید، از تأکید موبدان سنّت‌گرا به استفاده از دخمه قدیمی سخن می‌گوید و دلیل مخالفت‌شان را چنین ذکر می‌کند: «می‌گویند دخمهٔ جدید به

---

۲۸۶. از این حیث که با محصور کردن و بستن درب دخمه، لاشخورانی چون سگ و شغال و کفتار، دیگر دسترسی به اجساد نداشتند.

سبک نوین احداث شده و لذا با اصول دینی تطبیق نمی‌کند. چون دخمه جدید با دیوارهای سنگی ساخته شده و دیوارهای دخمه قبلی گلی بود. موبدان ناآگاه براین باورند که دیوارهای دخمه صرفاً باید گلی باشد و دیوار سنگی از کشورهای غربی اقتباس شده است و این ناشی از عدم تعلیم و تربیت آنهاست» (Hataria, 1991:14). ۲۸۷

در تحلیل اختلافات فوق لازم به ذکر است که هر چند مانکجی در خلال گزارش‌هایش از عقب‌ماندگی زرتشتیان و خاصّه موبدان سخن می‌گوید، امّا حداقل در موارد فوق، این پرسش مطرح می‌شود که آیا دعاوی او نشان از ناآگاهی روحانیان ایران از ضوابط آیینی داشت یا بیانگر تمایز رفتار پارسیان با همکیشان ایرانی بود؟ در مورد نخست یعنی قرار دادن اجساد در فضایی که علاوه بر پرندگان، دیگر حیوانات لاشخور نیز بتوانند از آنها استفاده کنند، وندیداد گفتار قابل توجهی در تأیید این فعل و بالطّبع شیوهٔ عمل روحانیان یزد دارد:

«ای دادار جهان استومند، ای اهوره مزدا، ای اَشَوَن پیکر مردگان را به کجا باید برد و در کجا باید گذاشت؟ اهورامزده پاسخ داد: ای زرتشت اَشَوَن برفراز کوه، در جایی که همیشه سگان و پرندگان مردارخوار به سر می‌برند. مزدیسنان باید پاها و موی مرده را با مفرغ و سنگ و سرب در زمین استوار کنند؛ مبادا که سگان و پرندگان مردارخوار، استخوان‌ها را برگیرند و در آب یا در پای درختان بیندازند» (وندیداد، فرگرد ششم، بند ۴۴-۴۶).

پس با توجه به متن صریح وندیداد مشخص است که به رغم ادعای مانکجی،

---

۲۸۷. در مجله پارسیانا ترجمه و خلاصه‌ای از متن کتاب اظهار سیاحت ایران با مشخصات زیر آمده و متن حاضر مربوط به قسمت پنجم آن است. مشخصات مقاله چنین است:
Maneckji Limji Hataria, "A Millennium of Misery: Travels in Iran: 2, " Parsiana (January 1990): (abridged and edited by Parsiana from the English translation by Jamshed M. Bilimoria of M. L. Hataria, Rishale Ej Har Shyaate Iran).

عملکرد روحانیان یزد در ارتباط با شیوهٔ ساخت دخمه و آیین‌های دخمه‌گذاری، کاملاً منطبق با آموزه‌های کهن بوده است. لذا ریشهٔ اختلافات موجود را بایستی در تفاوت شرایطی دانست که هریک از دو جماعت پارسی و ایرانی در آن قرار داشتند. به عبارت بهتر، پارسیان که خود در روزگاران پیشین، روحانیت یزد را قبله‌گاه و مرجع پاسخ به سؤالات دینی خود می‌دانستند، هم‌اینک به واسطهٔ تحولات نوین هند- که زمینه‌ساز ترقّی آنها گردیده و تجار را بر روحانیت سنتی برتری داده بود- و غلبهٔ عرفی‌نگری، نه تنها اکثر رفتارهای روحانیان یزد را نماد جهل و عدول از ضوابط اصیل آیینی تلقّی می‌کردند، بلکه اصلاح آنها- مطابق با سنن خود در هند- را شرط لازم برای بازگشت به اصالت کیش زرتشتی آن هم در مهم‌ترین کانون زرتشتی‌گری ایران می‌دیدند. به منظور قضاوتی دقیق‌تر، هرچند اقدام مانکجی به ساخت دیوارهای بلند برای دخمه با شرایط فرهنگی برآمده از تحولات نوین غرب و نفوذ گسترده آن در هند، تطبیق بیشتری داشت و توجیه آن با رعایت اصول بهداشت سهل‌تر می‌نمود، امّا هم‌زمان چنین رفتاری تنها با تفسیر و یا چشم‌پوشی از فحوای متون دینی امکان‌پذیر بود. در طرف مقابل، به همان نسبت که ایران در قیاس با هند کمتر در معرض امواج مستقیم فرهنگ و نظام سیاسی غرب قرار داشت و نوگرایی در آن به مراتب کندتر از هند پیش می‌رفت، به همان اندازه نیز روحانیت زرتشتی یزد با استمرار سنّت‌های پیشین، خود را تنها مرجع بیان و اجرای قوانین می‌دانستند و در همین حال، سکون نسبی موجود، ضرورتی بر تغییر و تفسیر نوین فراهم نمی‌آورد. بدین‌ترتیب و در پسِ تعابیری که مانکجی به منظور توصیف عقب‌ماندگی روحانیان و بهدینان ایرانی به کار می‌برد، تضاد نوگرایی با سنّت نمود بارزتری از عدول از ضوابط اصیل آیینی داشت.

همچنین شاید بتوان ریشه اختلاف نظر دربارهٔ نوع مصالح ساخت دخمه را ناشی از تفاوت شرایط اقلیم بمبئی و یزد دانست؛ چنان‌که در یزد به دلیل اقلیم گرم و خشک، اکثریت ابنیه را از گل می‌ساختند و از این رو بعید نیست در کنار نارضایتی روحانیان نسبت به عملکرد مانکجی، سنگچین دخمه به عنوان نمادی از بدعت و تأثیرپذیری از غربی‌ها تلقّی گردد.

به هر صورت، مانکجی با حمایت پنچایت و کمک‌های مالی انجمن اکابر، دخمهٔ جدید را بنا نهاد و در کتیبه آن نوشت:

«هوالله تعالی شأنه

از بخشش پاک یزدان. چون حکم شرع شریف و سلطنت جاویدمدّت همایون به تاریخ ششم رمضان المبارک ۱۲۷۲هجریه، یوم فروردین ایزد از آذرماه قدیم سنه ۱۲۲۵ یزدجردی کار این دخمه انجام رسید و در بضعه اسلام مقرّر است که «مَن احیی ارضاً فَهِیَ له»[۲۸۸] و موافق نصّ قرآن مجید که «لاتدخلوا بیوتاً اِلا أن یُؤذن لکم»،[۲۸۹] بدون اذن صاحبخانه دخول در بیت حرام است، و همچنین در کتاب پارس قدیم مذکور است که در دخمه و دور دخمه سوای حمل و نقل‌کنندگان میت، کسی دیگر جایز نیست. از این سبب دعا و آفرین از جانب این مسافر، درویش فانی مانکجی ابن لیمجی ولد هوشنگ هاتریا فارسی هندوستانی، برخواننده و عمل‌کننده به آن باد، و خلاف‌کننده به لعنت حقّ و پیغمبران او و نفرین ملائکه گرفتار باد»

---

۲۸۸. اصل روایت «من احیا ارضاً میتةً فهی له»منسوب به حضرت رسول است که بر مبنای این قاعده، هرکس اقدام به احیاء اراضی موات نماید، مالکیت آن‌ها را تحصیل می‌نماید. (صدر www. Rasekhoon. net)

۲۸۹. يَا أَيُّهَا الَّذِينَ آمَنُوا لاَ تَدْخُلُوا بُيُوتَ النَّبِيِّ إِلَّا أَنْ يُؤْذَنَ لَكُمْ إِلَى طَعَامٍ غَيْرَ نَاظِرِينَ إِنَاهُ وَلَكِنْ إِذَا دُعِيتُمْ فَادْخُلُوا فَإِذَا طَعِمْتُمْ فَانْتَشِرُوا وَلَا مُسْتَأْنِسِينَ لِحَدِيثٍ إِنَّ ذَالِكُمْ كَانَ يُؤْذِي النَّبِيَّ فَيَسْتَحْيِي مِنْكُمْ وَاللهُ لَا يَسْتَحْيِي مِنَ الْحَقِّ وَإِذَا سَأَلْتُمُوهُنَّ مَتَاعًا فَاسْأَلُوهُنَّ مِنْ وَرَاءِ حِجَابٍ ذَالِكُمْ أَطْهَرُ لِقُلُوبِكُمْ وَقُلُوبِهِنَّ وَمَا كَانَ لَكُمْ أَنْ تُؤْذُوا رَسُولَ اللهِ وَلَا أَنْ تَنْكِحُوا أَزْوَاجَهُ مِنْ بَعْدِهِ أَبَدًا إِنَّ ذَالِكُمْ كَانَ عِنْدَ اللهِ عَظِيمًا (سوره احزاب آیه ۵۳). ترجمه: «ای کسانی که ایمان آوردید به خانه‌های پیغمبر داخل مشوید مگرآنکه اذنتان دهند و برسفره طعام دعوت کنند. در آن حال هم نباید زودتر از وقت آمده و به پختن و آماده شدن آن چشم انتظار گشایید بلکه موقعی که دعوت شده‌اید بیایید و چون غذا تناول کردید زود (از پی کار خود) متفرق شوید؛ نه آنجا برای سرگرمی و انس به گفتگو پردازید، که این کار پیغمبر را آزار می‌دهد و او به شما از شرم اظهار نمی‌دارد ولی خدا را بر اظهار حقّ خجلتی نیست و هرگاه از زنان رسول متاعی می‌طلبید از پس پرده طلبید، که حجاب برای آنکه دلهای شما و آنها پاک و پاکیزه بماند بهتر است و نباید هرگز رسول خدا را (در حیات) بیازارید و نه پس از وفات هیچ‌گاه زنانش را به نکاح خود درآورید، که این کار نزد خدا (گناهی) بسیار بزرگ است». شأن نزول آیه به ازدواج پیامبر با زینب بنت جحش بازمی‌گردد که ولیمه‌ای ترتیب داده شد ولی چند تن از میهمانان پس از صرف غذا به بحث با یکدیگر مشغول شده و هر چه پیامبر تلاش نمود که به خانه‌های خود بروند، موفق نگردید و آیه مذکور نازل شد (برای اطلاعات بیشتر در مورد شأن نزول آیه نک www. Tebyan. net).

(اسناد و مکتوبات و گزارشات مانکجی: ۱۸۲).

همچنین در لوحی واقع در دخمه شریف‌آباد، با مضمونی مشابه با کتیبهٔ دخمه یزد می خوانیم:

«بنام ایزد بخشایندهٔ بخشایگر مهربان راستی‌پسند

این دادگاه در عهد دولت دوران‌مدت پادشاه جم‌جاه معدلت‌پناه، ناصرالدین شاه قاجار- خلّدالله ملکه و روحنا فداه- به همّت صاحب‌خیران و نیک‌بینانان زراتشتیان متوطن هندوستان رعیت دولت معدلت‌بسط انگلیس به جهت بی‌بضاعتی همکیشان خود سکنه ایران در قریهٔ شریف‌آباد من قراء دارالعباد یزد به جهت خشنودی پاک یزدان و پیغمبران ساخته شده به تاریخ روز فروردین از ماه سپند السنه ۱۱۲۵یزدجردی مطابق سنه ۱۲۷۲ هجری موافق سنه ۱۸۵۶م عیسوی به کوشش حقیرِ با تقصیر فدوی مانکجی ابن لیمجی ولد هوشنگ هاتریا پارسی هندوستانی» (اشیدری، ۱۳۸۳: ۹۱).

در مجموع در رابطه با این دخمه‌ها و از متن سنگ‌نبشته‌های مذکور دو نکته قابل ذکر و استنتاج است: اول اینکه مانکجی بر نصب کتیبه‌های احداث این بناها اصرار دارد. در واقع، در بخشی از گزارش خود به انجمن اکابر، به ذکر نام تعدادی از خیّران پارسی می‌پردازد که قبل از او اقدام به ساخت یا تعمیر ابنیهٔ زرتشتی یزد نموده بودند که به دلیل سهل‌انگاری یا ویران شده و یا به تصرّف مسلمانان و حتّی برخی از بزرگان روحانی درآمده بود و لذابه انجمن اکابر توصیه می‌کند: «رونوشت الواحی که در دیوار ساختمان‌های جدید تعبیه شده‌اند، و به این گوینده و انجمن ارسال شده است، باید در مکانی مناسب در کشور ما نگهداری شوند تا هر کسی که می‌آید، بداند و برای مدّت‌های دراز این یادگارها باقی بمانند.» (Report of the journey to iran: 66).

دوم: بنا بر فحوای کتیبه‌ها، مانکجی برآنست تا به منظور جلب حمایت متولیان شرعی و تودهٔ عوام با استناد به آیات قرآنی و احادیث شیعی، آنها را از تعرّض به اماکن

زرتشتی پرهیز دارد. موضوعی که حتّی با تغییر در محتوای آیات و احادیث و بدون لحاظ شأن نزول و ضرورت آن صورت پذیرفت. هم‌زمان، مبتنی بر گسترهٔ نفوذ سیاسی انگلیس در ساختار قدرت ایران و نیز روابط مطلوب انجمن اکابر با صاحب منصبان بریتانیایی، تأکید مانکجی بر اعلام تابعیت انگلیسی خود به عنوان دستاویزی در جلوگیری از مخالفت عمومی با اماکن اتباع انگلیس قابل توجیه می‌نمود.

ساخت و مرمّت عبادتگاه‌ها

چنانکه در شرح نخستین سفر مانکجی دیدیم، وی نه تنها از سوی انجمن به تهیه گزارشی دربارهٔ شرایط اجتماعی زرتشتیان مأمور شد، بلکه مهروانجی- به سبب درخواست مادرش گلستان بانو- به وی مأموریت داد تا در زیارتگاه پارس بانو واقع در زرجوی عقدا، خیله‌ای بزرگ بسازد و گنبدی نیز بر زیارتگاه پیر سبز بنا نهد (شهمردان، ۱۳۶۰: ۲۹۱؛ Karaka, VolI: 88).

براین اساس و همگام با ساخت دخمه‌های یزد و شریف‌آباد (نک مطالب پیشین)، احداث پذیرشگاه حیات بانو نیز پایان یافته و در لوح آن چنین می‌آورد:

«هوالله تعالی

بنام ایزد راستی‌پسند. در عهد دولت ابد مدّت اعلیحضرت پادشاه جمجاه ناصرالدین شاه- خلّدالله ملکه- تعمیر این مکان شریف که محل غیبت خاتون بانوی پارس دختر شاه یزدجرد شهریار، خاله امام سجاد صلوات‌الله علیه است، به همّت جناب مهروانجی ابن فرامجی پاندی هندوستانی که همیشه معین طایفه پارسیانند در هنگامی که این مسافر، مانکجی ابن لیمجی ولد هوشنگ هاتریا ملّقب به درویش فانی هندوستانی با فرزند دلبند هرمزجی به عزم سیاحت به اینجا رسید، اهتمام به عمل آمد. مطلب اصلی اینکه چون سابق بر این ندانسته گاو ذبح می‌شد و به فتوای قاضیان این عمل خلافست، من‌بعد هر کس مرتکب این فعل خلاف شود به لعنت خدا و نفرین انبیاء گرفتار شود. به تاریخ یوم فروردین ایزدار سپندار

ماه قدیم سنه ۱۲۲۵ یزدجردی مطابق سنه ۱۲۷۲هجری نبوی مصطفوی در حوالی دارالعباد یزد نزدیک نیودشان[۲۹۰] و عقدا در دامان کوه زرجو» (اسناد و مکتوبات و گزارشات مانکجی هاتریا: ۱۸۶۵: ۲۳۵).

همچنین در این سنگ‌نوشته، ضمن اشاره به حضور مانکجی و پسرش هرمزدجی، رسم قربانی کردن گاو در مراسم عبادی زیارتگاه، مذمّت شده است. البته این رسم، چنانکه از سیاق متن برمی‌آید، در این هنگام با تلاش‌های مانکجی منسوخ شده بود و این امر، در راستای برنامه‌های مانکجی در اصلاح درونی جماعت بود. در عین حال، تلاش برای کسب وجاهت عمومی با اتّکا به روایاتِ متضمّن رعایت حال اهل ذمّه و نیز روایاتی که بر پیوند خویشی ائمه شیعه با برخی از چهره‌های ایرانی زرتشتی تأکید دارند، از دیگر رویه‌های مانکجی بود که در این لوح در قالب ادعای خویشاوندی خاتون بانو با امام سجاد تجلّی می‌یابد.

بُعد دیگر از سعی و تلاش مانکجی در احیا و مرمّت اماکن دینی، به آتشگاه‌ها معطوف بود که یزد شهرت خاصی از این حیث داشت. به رغم محدویت‌های جاری از سوی متولیان شرعی جامعه اسلامی که هم‌ترازی اهل ذمّه با مسلمانان را جایز نمی‌دیدند، مانکجی موفّق به احداث آتشگاهی برای دخمهٔ شریف‌آباد و نیز ساخت جایگاهی برای آتش ورهرام گشت. او در نامه‌ای خطاب به پنچایت یزد که زمان نگارش آن به احتمال سالهای ۱۲۹۹/ یا ۱۲۹۷ق است، پس از گله از شرایط نابهنجار زرتشتیان و سوءرفتارهای خود آن‌ها در انجام مناسک عبادی و عدم حمایت از یکدیگر، دربارهٔ ضرورت وجود عبادتگاه و موانع موجود می‌نویسد: «یک فایده عبادتخانه این است که چون در هر هفته یا روزی یک دفعه در آنجا جمع می‌شوند، موجب محبت و اتفاق آنها می‌شود؛ چنانکه سبب تشریع نماز جماعت در اسلام برای همین فایده بزرگ است و ما که در مذهب و قواعد نیکو از همه ملت‌ها اقدم و پیش‌تریم، اقدامی در ساختن عبادتخانه که موجب اتفاق ما است بکنیم،

---

۲۹۰. منظور ندوشن است.

سهل است، اگر دیگران هم بخواهند اقدام کنند مانع می‌شویم و اخلال می‌کنیم و این گونه اخلال را بهدینان دارالخلافه عادت طبعیهٔ خود کرده شهرت خود می‌دانند» (امینی، ۱۳۸۰: ۱۹).

با توجه به تأکید مانکجی بر نقش مکان‌های تجمّع همکیشان که معرّف همدلی و در عین حال هویّت و موجودیت زرتشتیان در میان اکثریت شیعی بود، وی در لوح‌های آتشگاه دخمه شریف‌آباد و آتش ورهرام یزد با صراحت بیشتری بر این موضوع تأکید دارد و به عنوان نمونه، در مورد نخست می‌نویسد:

«هوالله تعالی شأنه

بنام ایزد بخشایشگر مهربان راستی‌پسند. تعمیر این جای شریف آذرگاه متعلق به دادگاه در عهد دولت دوران‌مدّت پادشاه جمجاه معدلت‌پناه ناصرالدین شاه قاجار- خلّدالله ملکه و روحناه فدا- به همّت صاحب‌خیران و نیک‌بینان زرتشتیان متوطن هندوستان، رعیت دولت معدلت‌بسط انگلیس به جهت آسودگی همکیشان خود سکنه ایران و خوشنودی پاک یزدان گردیده شده. به تاریخ روز فروردین از ماه مهر ایزد سنه ۱۲۲۵ یزدجردی مطابق سنه ۱۲۷۲ هجری موافق سنه ۱۸۵۶ عیسوی. به کوشش حقیر با تقصیر فدوی مانکجی ابن لیمجی ولد هوشنگ هاتریا پارسی هندوستانی» (اسناد و مکتوبات و گزارشات مانکجی: ۱۷۵).

در شهر یزد هم چنین به عنوان مهمّ‌ترین کانون تجمّع روحانیان زرتشتی ایران، مانکجی اقدام به انتقال آتشگاه ورهرام به ساختمانی نوساز نمود که بنا بر توافق صورت گرفته در جلسه پنچایت به تاریخ ورهرام روز از شهریور ماه ۱۲۲۵یزدگردی/ ۱۲۷۲ق، انتقال آتش در «سروش ایزد مهرماه ۱۲۲۵» انجام شد. نیز در گزارشی که در سفر اول خود به بمبئی ارائه می‌دهد (نک به مطالب پیشین)، بر این نکته اشاره شده که در خیابان محل آتش بهرام یزد، مکانی خالی و افتاده را برای ساخت استراحتگاه و مدرسه‌ای برای اطفال یتیم و بینوا اجارهٔ نود ساله نموده است، ضمن اینکه «اگر این مکان از افتادن به چنگ افراد بدطینت مصون بماند، آتش بهرام هم بهتر حفاظت

شده و تهدیدات موجود کاهش می‌یابد» (Report of the Journey to Iran:66).
علاوه بر این، وی بر لوح آتشکدهٔ جدید، هدف از این اقدام را آسایش همکیشان و خاصه «موبدگاه و محل عبادت و آسایش دارالقرار و خواندن گهنبار و جمع شدن انجمن» (اسناد و مکتوبات و گزارشات مانکجی: ۱۶۴) ذکر می‌نماید. به دنبال ساخت آتشگاه مذکور، بنا بر صورت‌جلسه پنچایت به تاریخ «یوم سروش ایزد مهرماه ۱۲۲۵ یزدگردی»، دستور نامدار دستور کیخسرو برای خادمی آتش بهرام با ماهی یک تومان حقوق انتخاب می‌شود و مقرّر می‌شود مابقی مواجب او را مانکجی خود پرداخت نماید (اشیدری، ۲۵۳۵: ۲۷۰).

گذشته از ساختمان جدید آتشکدهٔ بهرام، در گزارش مانکجی از خرید زمینِ مجاور آدریان خرمشاه هم سخن رفته است: «آدریان روستای خرمشاه که مخروبه بود، بازسازی گشت و برای توسعهٔ ساختمان و تسهیل در انجام مراسم آیینی، زمین جدیدی در مجاورت آن خریداری شد تا از مشکلات سکنه در کمبود جا برای برگزاری جشن و عزا کاسته شود» (Report of the Journey to Iran :66).

در مجموع از نوشتارهای مانکجی بر لوح آتشکده‌ها و عبادتخانه‌های مذکور چنین برمی‌آید که ساخت آتشکدهٔ جدید ورهرام در شهر یزد و تلاش برای تبدیل آن به کانون گردهمایی دینی و اجتماعی زرتشتیان محل، همه در راستای رونق بخشیدن به جماعت گسیخته و از هم پراکنده‌ای بود که تحت فشار اکثریت، از زرتشتی‌گری جز نام نداشتند.

ج- تلاش برای احیاء سنّت‌های دینی و انسجام جماعت

در حالی که فشارهای اجتماعی- روانی محیط پیرامون، حفظ انسجام داخلی جماعت را ضروری می‌ساخت، افتراق و اختلافات درون‌ساختاری، از مهم‌ترین ویژگی‌های زرتشتیان عصر قاجار بود. این معضل که درگزارش مانکجی به انجمن نیز با صراحت بدان اشاره رفته، باعث شد تا در کنار هدف اصلی یعنی لغو جزیه، بر بازسازی انسجام درونی نیز تأکید شود. گذشته از آن، تداوم حیات زرتشتیان محتاج

اصلاحات چندی نیز در عرصهٔ آیین‌های عبادی بود که به دلیل افت آموزش‌های دینی، فقر آثار مذهبی و ناکارآمدی دستوران سنتی و محافظه‌کار، جماعتی به‌ظاهر زرتشتی ولی در عمل ناآشنا به مبانی دینی و از هم پراکنده را باعث شده بود. براین اساس، مانکجی احیای نظم داخلی را وابسته به اقداماتی چند یافت:

تأکید بر قرائت صحیح ادعیه، سدره‌پوشی، کشتی بستن و برگزاری گهنبار

یکی از مشخصه‌های روحانیان از بَرخوانی ادعیه و نیایش‌ها بود که هم استفاده از متون دینی را غیرضروری می‌ساخت و هم موجب تفاوت و بعضاً تعارض متن با گفتار می‌گردید. در واقع تا اواخر قرن ۱۹م زرتشتیان یزد در اجرای مراسم دینی و خواندن نیایش‌ها و بخش‌های مختلف اوستا، عموماً به حافظهٔ خود متکّی بودند و از تمام اوستا تنها در مورد وندیداد به متن مکتوب آن تکیه داشتند که چه بسا آن هم به دعوی زرتشتیان در اهل کتاب بودن خود باز می‌گشت. به هر حال مانکجی با انتقاد از بَرخوانی ادعیه، خواستار تکیهٔ بیشتر بر متون دینی گشت تا از خطاها و اشتباهات احتمالی جلوگیری شود (Amighi, 1990: 133).

شاید بتوان یکی از بازرترین نمودهای سهل‌انگاری زرتشتیان یزد در رعایت ضوابط دینی را ترک آیین سدره‌پوشی و کُشتی/ کُستی بستن به عنوان شاخص رسمی پیروان این آیین دانست.

مانکجی در این باره می‌نویسد: «هر طفلی از آنها که به بلوغ رسیده باشد، او را نوزاد نموده، سُدره و کُستی داده، این قاعده را در میان ایشان جاری کرده و معنی ساختن و بافتن و پوشیدن سدره و کُستی را نیز آنطوری که بوده و هست به موجب کتب قدیم هر نوعی که دریافت کرده بود و لازمه شرح دادن بود مفصلاً و مکرراً از برای آنها اظهار و ابلاغ داشته است» (مانکجی، ۱۲۸۰ق: ۵۹) او همچنین در گزارش عملکرد دو ساله خود از نخستین سفرش به یزد و بهره‌برداری از دخمهٔ نوساز، می‌گوید: «دستوران و موبدان و بهدینان را نحوهٔ پوشیدن سدره حالی کردم و روایت دینی ظاهر نمودم» (اشیدری، ۲۵۳۵: ۲۷۳).

علاوه بر این و چنانکه در کارکردهای پنچایت یزد نیز ذکر شد، مطابق با

صورتجلسه انجمن در تاریخ «ورهرام و دیماه ۱۲۲۴یزدگردی/ ۱۲۷۲ق» به موبدان سفارش و تأکید می‌شود که «هر بهدینی که سدره و کشتی نداشته باشد، کار دینی در منزل آنها انجام ندهند و به موبدی که انجام نمی‌دهد، پنج قران انعام داده شود». ضمن آنکه دستور نامدار متعهّد شد تا موبدان از همکلامی با بهدینانی که بدون سدره و کشتی نزد ایشان می‌روند، پرهیز نمایند. در همین جلسه مانکجی می‌گوید: «یک هزار سدره از بمبئی رسیده و هر کس میل دارد هر سدره به نیم قران بخرد، و پول فروش آن به بمبئی فرستاده می‌شود تا سدره‌های دیگر بفرستند» (شهمردان، ۱۳۶۰: ۱۳۰).

مطابق با دیگر صورتجلسه پنچایت در «آسمان روز و فروردین ماه قدیم ۱۲۲۴یزدگردی»، موبدان موبد دستور نامدارِ دستور کیخسرو متعهّد می‌شود که «موبدان سدره بپوشند و در حضور حضرات موبدان قرار بر این شد که هر کس سدره نداشته باشد او را در آتش ورهرام و گهنبارها راه ندهند و اینکه هرگاه چهار نفر گواهی دهند که موبدی را دیده‌اند که سدره ندارد، برشنوم (نُه شبه) او باطل است و باید دوباره مراسم برشنوم را برگزار کند تا آنکه بتواند موبدی کند. و آنکه بینوا باشد و توانایی تهیه سدره را ندارد مانکجی صاحب سدره به رایگان بدانها خواهد داد». طرفه آنکه در صورتجلسه ورهرام و شهریورماه، مانکجی از دریافت سدره توسّط بهدینان سخن گفته و در پایان می‌افزاید: «اینک به صلاح جماعت است که سدره به موبدان نیز داده شود» (همان: ۱۲۹-۱۳۰).

در واقع سدره‌پوشی و کشتی‌بستن نه تنها نشان از تعلّق به آیین زرتشتی بود بلکه در میان اکثریت مسلمان، تعهد به این پوشش نماد تداوم و حضور زرتشتیان به شمار می‌رفت. لذا مانکجی نسبت به این دو سنّت، حساسیّت ویژه داشت و حتّی یک‌بار مخارج تهیه سدره و کشتی بی‌نوایان را که «سیصد روپیه» می‌شد، به برات رستم دینیارفرستاد تا «در بمبئی به نماینده او به نام سیاوخش اورمزدیار بپردازند» (اشیدری، ۲۵۳۵: ۲۶۷).

به هر حال، آنگونه که از مجموع صورتجلسات پنچایت و سخنان مانکجی برمی‌آید، به‌وضوح می‌توان عقب‌ماندگی زرتشتیان را در عرصه‌های مختلف فرهنگی- اجتماعی شاهد بود. این پس‌افتادگی تا بدان اندازه گسترده می‌نمود

که نه تنها بهدینان، بلکه حتی برخی از عالی‌مقام‌ترین روحانیان- یعنی دستوران و موبدان- نیز از پوشیدن این نمادهای رسمی زرتشتی‌گری سرباز می‌زدند. به رغم تلاش‌های مانکجی در تهیه و توزیع سدره و تأکید بر کشتی بستن، از شواهد چنین برمی‌آید که این مهم چندان نیز موفقیت آمیز نبوده است. چنانکه مانکجی در خطابهٔ بهره‌برداری از دخمه یزد می‌گوید: «از این سبب دلگیر هستم که بابت سدره‌پوشیدنی چند مرتبه وعظ کردیم و دو سال است که زحمت می‌کشیدم و چند پول در این خصوص خرج شده است ولی بر سیه‌دل چه سود خواندن وعظ؛ نرود میخ آهنین بر سنگ»[۲۹۱] (اشیدری، ۲۵۳۵: ۲۷۸).

گذشته از سدره و کشتی، یکی دیگر از نمادهای زرتشتی‌گری، برگزاری جشن‌های گهنبار است که گویا زرتشتیان یزد در این زمینه نیز افت قابل توجهی داشتند. مانکجی گهنبارهای شش‌گانه را احیاء نمود و دیگر جشن‌های زرتشتی را به هزینهٔ موقوفاتی در هند برقرار ساخت (تاریخ کرمان، نسخه خطی). در این ارتباط و بنا بر گزارش پنچایت، برای هر گهنبار معادل دو تومان بابت مخارج لرک و چاشنی، و سدره و کشتی بینوایان اختصاص داد (اشیدری، ۲۵۳۵: ۲۶۷-۲۶۸).

رعایت ممنوعیت‌های دینی

در کنار عدم پایبندی زرتشتیان به رعایت ضوابط عبادی (حتّی گاه ضوابط اولیه)، برخی رفتارها نیز بر آسیب پذیری وجاهت آنها در بافت اجتماعی یزد می افزود. چنانکه مانکجی با استفاده از پنچایت، بر آن شد تا ضمن مهار اعمال بی‌رویهٔ همکیشان، وحدت درونی جماعت را افزوده و دستاویز معاندین در ضرورت و مشروعیت افزایش فشار بر آنها را کاهش دهد. به نمونه‌هایی از این موارد اشاره می‌نمائیم.

---

۲۹۱. در تأکیدی بر عدم تداوم اقدامات مانکجی به دوران پس از وی، جکسن به هنگام بازدید خود از یزد می‌نویسد: «آیین پوشیدن سدره و جامه رسمی که در بمبئی بنا بر رسم و احکام دینی با دقت و تشریفات زیاد رعایت می‌شود، در یزد معمول نیست» (جکسن، ۱۳۵۷: ۴۳۳).

- پرهیز از کشتن گاو در مراسم عبادی:

یکی از وجوه مشخّصهٔ یزد در مقام مهم‌ترین مرکز و کانون زرتشتیان ایران، تعدّد زیارتگاه‌هایی است که توأم با حضور گسترده موبدان، بروجاهت آن می‌افزود.

یکی از معروفترین این زیارتگاه‌ها، پیرانگاه پارس بانو در نزدیکی عقداست که بنا بر داستانهای عامیانه، به هنگام فرار خانواده یزدگرد سوم از فارس در پی حملهٔ اعراب، یکی از دخترانش به نام پارس بانو، بدین منطقه پناه آورد و از مردی کشاورز آب طلب نمود. آن مرد از گاو خود شیر دوشیده تا به او دهد امّا گاو به ظرف لگد زد و دختر در تشنگی و ترس از گرفتار شدن به دست اعراب، در کوه مجاور، از خدا یاری طلبید. پس به اذن الهی کوه شکافته شد و دختر درون آن پناه گرفت. در این میان کشاورز که پی آب رفته بود، چون بازگشت و از دختر اثری نیافت، گاو خود را از عصبانیت کشت. و بدین ترتیب رسمی بنیان گرفت که تا حضور مانکجی، زرتشتیان به یاد آن واقعه، در زیارت سالانهٔ پارس بانو، گاوی ذبح می‌کردند (شهمردان، ۱۳۳۶ی: ۱۶۶-۱۶۷).

مانکجی، ضمن شرح اقدامات خود در خطابه بهره‌برداری از دخمه نوساز یزد، در این باره می‌گوید: «چندین کارها شما به نام دین می‌کردید که خلاف بود، بلکه دیوپرستی بود. یکی کشتن گاو بود در پیر خاتون بانو، وقتی که حقیر حالی کردم و انجمن هم تصدیق کرد و این کار و گناه همه ترک کردید» (اشیدری، ۲۵۳۵: ۲۷۳). در واقع، او که خود را در جامهٔ مصلحی اجتماعی می‌یافت، از هر فرصتی برای منع زرتشتیان از عمل قربانی کردن بهره می‌جست. در جلسه پنچایت یزد به تاریخ «ورهرام و شهریورماه ۱۲۲۴یزدگردی» در باب عدم قربانی و کشتار برّه چنین اندرز می‌دهد که «قربانی به موجب فرمان دین و خدا روا نباشد و در جشن مهرایزد قربانی نکنند» (شهمردان، ۱۳۶۰: ۱۳۰). همچنین، پنچایت که مهم‌ترین بازوی او در اجرای ضوابط آیینی مورد نظرش به شمار می رفت، بخشی از مذاکراتش را به همین موضوع اختصاص داد. چنانکه در بخشی از صورتجلسهٔ پنچایت مورخ «یوم فرخ گوش اج سفندارمزدماه قدیم ۱۲۲۴یزدگردی»، ضمن پرسش و پاسخی با موبدان در باب مسائل مختلف، دربارهٔ کشتن گاو چنین آمده: «و دیگر سؤال فرمودند [منظور

مانکجی] که در طریقت و به فرمودهٔ حضرت زراتشت، گاو کشتن جایز است یا خلاف است؟ جواب گفته که خلاف است. به فرمودهٔ پیامبر زراتشت، به هیچ وجه گاو را نباید کشت. فرمودند اگر چنین است چرا گاو را به خاتون بانو می برند او را به سیاست می‌کشند؟ جواب گفته که آنهم خلاف است. بعد از این عمل موقوف است» (شهمردان، ۱۳۶۰: ۱۳۹). به هر حال و مطابق صورتجلسهٔ «ورهرام آبانماه ۱۲۲۵یزدگردی»، نهایتاً، پنچایت قربانی نمودن گاو و برّه را ممنوع ساخت. (اشیدری، ۲۵۳۵: ۲۷۲).

حال این پرسش پیش می‌آید که آیا ممنوعیت اخیر، با آموزه‌ها و متون دینی زرتشتی مطابقت داشت یا از تأثیر هندوئیسم بر باورهای پارسیان ناشی می شد؟ در پاسخ به این سؤالات لازم است تا ذیلاً نگاه مختصری به پیشینهٔ ذبح و قربانی نمودن گاو در میان ایرانیان باستان داشته باشیم.

در بسیاری از فرهنگ‌ها، آفرینش مادی، یا تکمیل آن با کمک نوعی قربانی صورت می‌گیرد (نک به کریستن‌سن، ۱۳۶۳، ج۱: ۴۶-۴۸). برای نمونه در باور هندویی، شکل‌گیری جهان مادی مدیون قربانی کردن خدایی به نام «پوروشا» توسّط گروهی از دیگر خدایان است، و موجودات و اجزاء مختلف طبیعت از قسمت‌های مختلف بدن خدای قربانی‌شده، پدید می‌آیند (شایگان، ۱۳۸۶: ج۱: ۸۲-۸۵). در اندیشه ایرانی نیز قربانی نمودن از ضروریات تکمیل آفرینش است. چنانکه با قربانی نمودن گاوی مقدس، انواع غلات و گیاهان دارویی از اندام‌هایش روییده و گونه‌های مختلف چارپایان و پرندگان و ماهیان از نطفه او پدید می‌آیند (فرنبغ دادگی، ۱۳۵۹: ۶۶).

شواهد متعدّدی هستند که ایزد مهر را در نقش قربانی‌کننده نشان می‌دهند که با این اقدام، جایگاه مهمی در تکمیل آفرینش می‌یابد. بدین ترتیب، ایرانیان در الگوپذیری از فاعلی مقدس، قربانی کردن را فداکارانه، زاینده و مقدّس شمرده و بنا بر منطق اسطوره‌ای، تکرار این امر ازلی را که در شکل‌گیری آفرینش نقش بسزایی داشت، تضمینی بر تداوم آفرینش می‌انگاشتند. به همین دلیل در فقرات متعدّدی از اوستا سخن از رواج این سنّت در میان ایرانیان است؛ خواه در گاهان که از کشتار

بی‌رویهٔ چهارپایان و گوسپندان انتقاد می‌شود و یا در یشت‌ها که سخن از قربانی‌های گسترده‌ای می‌رود که شخصیت‌های اسطوره‌ای چون هوشنگ و گرشاسب، برای جلب رضایت ایزدانی چون وایو، آناهیتا و مهر انجام می‌دهند.

اما زرتشت بنا به دلایلی و از جمله تمایز زرتشتی‌گری از دیگر ادیان ایرانی، به مخالفت با این سنّت فراگیر پرداخت که بازتاب آن را در گاهان (یسنا: ۲۹) و دیگر متون زرتشتی (همان: ۵۳-۵۴؛ و صد در بندهش، ۱۹۰۹: بند ۴۱ به بعد) می‌توان یافت که اهورامزدا در پاسخ به شکایت گوشورَوَن (ایزدبانوی موکل بر چهارپایان) از کشتار بی‌رویهٔ چارپایان در گیتی، وعدهٔ ظهور زرتشت سپیتمان را می‌دهد. با وجود این، چون نادیده گرفتن نقش قربانی گاو در تکمیل آفرینش ناممکن می‌نمود، ناگزیر آن را در تکمیل آفرینش به رسمیت می‌شناسد، امّا قربانی‌کننده را نه ایزدمهر بلکه اهریمن معرفی می‌کند و از این طریق با یک تیر، سه نشان می‌زند؛ هم اسطورهٔ آفرینش را پیش می‌برد، هم از عقیده خود مبنی بر اهریمنی بودن پدیده قربانی و لزوم دوری از سنّت رایج قربانی کوتاه نمی‌آید و هم به تضعیف نقش ایزد مهر می‌پردازد. بنا به عقیده نیبرگ، جدی‌ترین رقیب زرتشت و «انجمن مزدایی» او، پیروان «انجمن مهری» بوده‌اند که مهر را خدای برتر می‌دانستند و از این رو چندان دور از انتظار نیست که زرتشت از هیچ اقدامی در تضعیف ایزد مهر چشم‌پوشی کرده باشد (چنانکه به عنوان نمونه هیچ نامی از این ایزد کهن و برجسته در گاهان نیست).

با اینهمه، تلاش‌های زرتشت نتوانست فعل مقدس قربانی را پدیده‌ای کاملاً شوم و اهریمنی معرفی کند و از این طریق مانع از تداوم سنّت قربانی در میان ایرانیان شود. تمام شواهد و گزارش‌های تاریخی و از جمله نوشتار مورخان یونانی و رومی حکایت از آن دارند که قربانی کردن همواره میان عموم ایرانیان و زرتشتیان پدیده‌ای متداول بوده است؛ گرچه افرادی همچون آذرباد مهرسپندان و یا فرقه‌هایی چون مانویت و آیین مزدکی، اصولاً با گوسپندکشی و گوشت خواری و به تبع آن، قربانی کردن مخالف بوده ویا آن را پدیده‌ای ناصواب می‌دانسته‌اند. در همین ارتباط، حتی روایت پهلوی کشتن بیدادانهٔ گوسفند و دام را در ردیف ستایش دیوان یا اصطلاحاً «زوهر به دیوان» دادن قرار می‌دهد (روایت پهلوی، ۱۳۶۷: ۸) و شایست ناشایست

هم هشدار می‌دهد که «از بیدادانه کشتن نوع گوسفندان باید سخت پرهیز کرد، چه در ستودگر دربارهٔ آنان که گوسفند را بیدادانه کشته باشند، پادافره چنین گفته شده که موی آن گوسفندان همانند تیغی تیز شود و برآن که کشندهٔ بیدادانه [گوسفند است]، زده شود» (شایست ناشایست، ۱۳۶۹: فصل ۱۰، بند۸: ۱۲۳–۱۲۴).

به هر صورت، با وجود زمینه‌های منع قربانی در اندیشهٔ زرتشتی، کشتن گاو به‌عنوان امری مقدس و حیات‌آفرین و استفاده از گوشت آن در میان زرتشتیان همچنان متداول بوده است. امّا اینکه اقدام مانکجی درممنوع نمودن قربانی، ریشه در کدام یک از این دو جهانبینی داشت؟ شاید بتوان آن را در تلفیقی از باورهای هندویی و نگرش‌های آذرکیوانی– که پیشتر از ممنوعیت استفاده از گوشت در آن سخن گفتیم– دانست.

– اجتناب از شرب خمر و بی‌حجابی زنان:

عدم رعایت موازین شرعی اسلامی آن هم در بافت اجتماعی متعصّب یزد، همواره دستاویزی برای اشرار و خاصّه لوطیان شهر جهت آزار زرتشتیان فراهم می‌آورد. یکی از این مسائل حاشیه‌ساز، شرب خمر زرتشتیان در اماکن عمومی بود. مانکجی در افتتاح دخمهٔ جدید می‌گوید: «در این مدت دو سال، چند وقت بر سر بهدینان هر طور یک آفت دیدیم. در این خصوص بسیاری از برای شراب خوردن بود و هست. در این باب قبل از این، اکابران پنچایت و دستور صاحب قدغن کرده بودند که شراب خورده، مست شوند. امّا کسی گوش به حرف نکرده و بعد از او یک‌ماه قبل در اهرستان چند نفر مسلمان طوفانی کرده بودند، آنهم به سبب شراب بود. در این خصوص، حضرات پنچایت خود[شان] اقرار کرده بودند که شراب در حوالی شهر، همراه خود بردن خوب نیست و کسی شراب خورده باشد او را بیرون رفتن خوب نیست. همچنین در دفتر پنچایت صحیح دادند و بعد از آن چند کس از خود پنچایتان چنین کردند و سوای او چندین دروغ و افترا بستند و چنین حرکتها را حقیر[= مانکجی] دید. بسیار غصه می‌خورم و متعجب هستم و خود شمایان در زیر ظلم هستید و خود را در حساب معرفت می‌شمارید و چنین حرکت‌های بی‌جا و

نامعقول می‌کنید، خوب نیست» (اشیدری، ۲۵۳۵: ۲۷۸).

آنگونه که از فحوای کلام و نامه‌های متبادله میان مانکجی و پنچایت یزد برمی‌آید، به رغم اهتمام و تلاش وی در بازداشتن زرتشتیان از چنین اقداماتی که بالطّبع حاوی عواقب سوئی برای خود ایشان بود، جماعت تعهّد و تقیّدی به آن نداشت و گویا همانند سدره و کشتی، تا زمان حضور مانکجی در یزد، همچنان این لاقیدی پابرجا بوده است. در نامه‌ای بدون تاریخ از مانکجی به پنچایت یزد که احتمال می‌رود بین سالهای ۱۲۹۷-۱۲۹۹ق نوشته شده باشد، وی ضمن گلایه از عدم مراعات ضوابط دینی، می‌نویسد: «عیب اینجا است که جمیع این مطالب به گفتن تنها تمام می‌شود. چنانکه همین بیانات را هرکس بشنود تصدیق می‌کند ولی در مقام فعلیّت هیچ‌کدام اجرا داشته نمی‌شود. این است که این صدمات وارد می‌آید. چنان که واقعهٔ ضعیفهٔ شرف‌آبادی از نتایج چرخُستان شد[۲۹۲] و هنگامی که اینجانب در یزد بود همین نتایج را به دیدهٔ بصیرت دیده و به حضرات پنچایت آن زمان گفتیم که عمل چرخُستان را موقوف کنید و همه پسندیدند ولی موقوف نداشتند تا نتیجهٔ ناگوار آن مکرّر ظهور یافت و این آخری مزید آنها گردید» (امینی، ۱۳۸۰، ۱۶).

او در همین نامه به تذکری از سوی آقامیرزا علی از روحانیان مسلمان اشاره می‌نماید که به هنگام حضورش در یزد، تشویق به سدره پوشیدن زرتشتیان را ستوده و توصیه می‌نماید که دو کار مهم را برای همکیشان انجام دهید؛ «یکی آنکه زنهای طایفه از مسلمانان رو بگیرند و در کوچه‌ها، بی‌پرده نگردند و دیگر آنکه طایفه شراب خورده و مست بیرون نیایند» (همان، ۱۷).

جالب آنکه مانکجی در تأیید این سخن به ضوابط اسلامی و نیز مفاهیم آذرکیوانی مندرج در دساتیر استناد می‌کند. پیش از بیان استدلال وی در رعایت حجاب، لازم به ذکر است که مقصود از بی‌حجابی زنان زرتشتی- آن هم در بافت مذهبی یزد- عدم استفاده از چادر نیست، بلکه منظور حجاب متعارف و همسان با دیگر زنان مسلمان است که از روبند استفاده می‌کردند، حال آنکه زنان زرتشتی

---

۲۹۲. چرخستان: گرفتن آب انگور به وسیله دستگاهی به نام چَرخ را گویند.

صورت خود را پوشیده نمی‌داشتند.

به هر حال، مانکجی در تأیید سفارش روحانی مذکور، در باب ضرورت حجاب زنان زرتشتی بر آن است که «قطع نظر از این که مال و زن در هر ملتی موجب فتنه‌های بزرگ شده، اولاً شما این یکی را باید ملاحظه نمایید که حضرت رسول- صلّ الله علیه و آله- زن‌های اسلام را امر به حجاب و روگیری فرمودند و این، از آن است که چون پیغمبران از همه امّت خود داناترند، از طبیعت و حالت امّت خود با خبر بوده و برای حفظ نوع و ظاهر نشدن فساد، زنان را امر به حجاب فرمود و این مطابق است با آنچه «شت ساسان پنجم» در دساتیر در بیان حالات مسلمانان فرمود که مردمی باشند آزی و در هم افتاده. و این معلوم است که آز و طمع از مال و زن پدید آید. پس در صورتی که خود اهل اسلام که زن و مال همکیشان را بر خود حرام می‌دانند و با هم دوست‌اند، از بی‌حجابی در موقع [= معرض] این فتنه‌ها باشند، پس ما که هم در مقام دشمنی ما هستند و هم مال و عیال ما را بر خود مباح می‌دانند باید در ستر و حجاب زنان خود از مسلمانان بیش از آنها سعی و کوشش نمائیم. اگرچه حکم روگیری در ملت ما نیست ولی چون در زیر حکم بزرگان اسلام و رعیت آنها هستیم، لهذا علاوه بر مصلحتی که گفته شد، چون این حکم در میان ملت اسلام مجری است، پس باید اطاعت کنیم» (امینی: ۱۷-۱۸).

- دیگر ممنوعیت‌های اجتماعی- فرهنگی:

علاوه بر موارد مذکور که در منابع از آنها بیشتر یاد شده است، ممنوعیت‌هایی نیز در زمینه استعمال چپق و قلیان، رجوع به علمای مسلمان در ازدواج، طلاق، تعدّد زن، حنا بستن محاسن و انگشتان، سرتراشیدن، کنّاسی،[۲۹۳] حمل میت بدون غسل، قتل زندبار در ایامی معیّن به نام قربانی، طرب کردن در پشت سر مرده و رقصیدن، در معابر نشستن زنان و چرخ رشتن، سگ بردن به دخمه (شهمردان، ۱۳۶۳: ۳۹۱-۳۹۲) و غیره، مقرّر گردید. از نگاه مانکجی، اکثر این کارها و لاقیدی‌ها، از همرنگی

---

۲۹۳. مقصود چاه‌روبی و جمع‌آوری مدفوع و فضولات است (جهت استفاده به عنوان کود در کار کشاورزی).

با اکثریت و عدم پایبندی به ضوابط دینی ناشی می‌گشت. در این میان، مانکجی در نامه به شخصی به نام محمّدزمان میرزا که توسّط میرزا ابوالفضائل نگارش یافته، نظر خود را که باز نمونی از باورهای آذر کیوانی است (پایین‌تر را نگاه کنید)، چنین می‌آورد:

«در خصوص کشتن زندبار[۲۹۴] و خوردن گوشت مرقوم فرموده بودید که چگونه است که پیغمبران [مه]آبادی اینها را حرام فرموده‌اند و حضرت ختمی‌مآب و سایر انبیاء حلال دانسته و تجویز کرده‌اند. در این باب آنچه به نظر می‌رسد این است که خوردن گوشت همواره حرام بوده و چون شخص، نیکو بنگرد این عمل را مخالف انسانیّت و مردمیّت می‌بیند و می‌فهمد که این روش درندگان است. این است که اکابر هر ملّت بعضی به کلی از آن مجتنب بوده‌اند مانند پیغمبران آبادی و بعضی مهما امکن[۲۹۵] به تقلیل آن امر فرموده‌اند. چنان که امیرالمؤمنین علی ابن ابیطالب(ع) فرموده‌اند که «لاتجعلوا بطونکم مقابر الحیوانات» یعنی شکم خود را گور جانوران مکنید. و آن حضرت در مدت عمر، گوشت نخوردی و مردم را از اکثار آن منع فرمودی و این که در میان مردم کشتن زندبار و خوردن گوشت تداول یافته اولاً سببش این بود که در سابق، مردم از رسوم انسانیت و روش مدنیّت بی‌بهره بودند و در کوه و هامون مانند وحشیان می‌زیستند و مانند تندباران[۲۹۶] یکدیگر را می‌دریدند و می‌خوردند. چنانکه اکنون هم برخی از وحشیان که از قواعد مدنیّت بی‌بهره‌اند، هنوز بدین روش‌اند و در میان اهل تمدّن سببش جنگ‌ها و محاصره‌ها بود که چون بعضی محصور می‌شدند و آذوقه نایاب می‌شد، حیوانات خود را می‌خوردند تا فرجی پدید آید و راه نجاتی بازگردد و همچنین در گرانی‌ها و ایام قحطی ناچار گوشت حیوانات را می‌خوردند و این روش اندک‌اندک رسم شد و شیوع یافت. والا عقل خود حاکم

---

۲۹۴. زندبار: جانور بی‌آزار و اهلی مثل گاو و گوسفند.

۲۹۵. مهما امکن؛ تا آنجا که ممکن است.

۲۹۶. تندبار: جانور درنده و موذی.

است که انسان را گوشت خوردن، از رتبه کمال باز می‌دارد. چنانکه اهل ریاضت و تجّرد هنگام خواندن دَعَوات از گوشت خوردن اجتناب می‌کنند و کمال تأثیرآن را منوط به ترک حیوانی می‌دانند و این است، آنچه به نظر قاصر رسیده، باقی بسته به رد و قبول نواب والاست...» (امینی، ۱۳۸۰: ۴۳-۴۴).

د- تقابل با روحانیت سنتی

با توجه به سابقه پارسیان در هند و روندی که به محدودیت نقش و جایگاه روحانیان محافظه‌کار و سنتی انجامیده بود، هم‌اینک مانکجی- که خود از سوی انجمنی برآمده از تحولات جدید به نمایندگی نزد همکیشان ایرانی آمده بود- نیز در وجهی مشابه با شرایط پارسیان، یکی از عوامل عقب‌ماندگی زرتشتیان وطن را عملکرد محافظه‌کارانهٔ روحانیت و موبدان می‌دید که با دریافت موروثی این جایگاه نه تنها عوام جماعت را از تعلیم و تربیت باز می‌داشتند بلکه خود نیز عملاً ضوابط آیین زرتشتی را زیرپا می‌نهادند. موضوعی که نمونه‌هایی از آن را در عدم تقّید موبدان به سدره‌پوشی، برگزاری مراسم گهنبار و غیره پیش‌تر ذکر شد.

وی در خلال نامه‌ها و به طور روشن‌تر در مقدمه خود بر کتاب فرازستان ناخشنودی از عملکرد موبدان را نالیده و از نقش آن‌ها در سقوط ساسانیان می‌گوید: «سلطنت ما فارسیان در ظهور اسلام استقلال داشت که در این حرفی نیست. ولیکن مخرّب آن سلطنت، دستوران و موبدان و علمای خود فارسیان گشتند و فارسیان چندین نفر پادشاهان و خسروان خویش را بی‌جان کردند. دویم آنکه میان دولت و دین، پیوسته تفرقه انداختند و هر کاری پادشاهان می‌خواستند بکنند، بزرگان دین به مخالفت برمی‌خواستند و اجرای آن را مانع می‌شدند. سیم آنکه از تن‌پروری و بی‌درایتی، در کسب علم و هنر و تکمیل دانش و صنایع، سستی نمودند تا آنکه به کلی از مراتب بزرگی دور ماندند و ذلیل و پراکنده گشتند، و در این صورت تقصیر غیر چیست؟» (مانکجی، مقدمه بر فرازستان، نسخه خطی: الف ۵۴).

در انتها نیز، با تندی به روحانیان تاخته و آنها را سوری‌نسب و مزدکی‌مذهب می‌خواند و حتّی از نقش آن‌ها در ورود برخی روایات جعلی درشاهنامهٔ فردوسی

سخن می‌گوید و می‌نویسد: گرچه «فرنگی‌ها به دقت و سعی کامل، اصالت دین زرتشتی را مشخص ساخته‌اند» امّا در تصحیح و مطالعات مربوط به شاهنامه، «پاره[ای] مطالب را که دستوران سوری‌نسب و موبدان مزدکی‌مذهب از راه بغض و عداوت خویش به اسم فارسیان نوشته‌اند، صدق پنداشته و در کتاب شاهنامه داخل نموده‌اند و در اصل خود شاهنامه هم، مردمان با غرض، تغییر و تبدیل زیاد نموده، چه بسیار اشعار نبوده را داخل و چه بسیار که اصلی بوده خارج نموده‌اند» (مانکجی، مقدمه بر فرازستان: الف ۶۴؛ نیز برای نمونه‌های دیگر از تعارض وی با دستوران نک: سخنرانی مانکجی در جشن لغو جزیه؛ اشیدری، ۲۵۳۵: ۴۴۴).

او همچنین رؤسا و زعمای دینی را مخاطب ساخته و می‌گوید: «والتر از فلاسفه فرانسوی که راه دهریان را در پیش گرفت، در کتاب خود به نقل از زرتشت می‌گوید که انگرَمینو، ده دیو را در جهان بر جهانیان گماشته که پیوسته از خرد و هوش آنها کاسته، به شرارت وامی‌دارد. ولکن زردشت اکنون در جهان نیست که بنگرد کشیش‌های ما هریکی از هر دیو قوی‌تر و در غوایت و گمراهی ساعی‌تر و به جای ده، از صد گونه شرارت و شقاوت مضایقه ندارند ... پس دانسته شد که به حقیقت مایه دهری شدن مردم و کیش قدیم را ترک و کیش جدید اختیار نمودن از ناهنجاری بزرگان زشت‌کار و پیشوایان مردم آزار است (مانکجی: ب ۴۵).

هـ- تأکید بر حل اختلافات درونی

از دیگر اقدامات مانکجی تقویت نظام‌های درونی جماعت بود که حتی‌المقدور در امور و اختلافات، رجوع به اکثریت شیعی صورت نگیرد. در ادامه به دو بُعد از تلاش‌های وی در این باره می‌پردازیم.

با توجه به اصل استوار نابرابری اهل ذمّه با مسلمانان در حقوق اجتماعی که در محاکم شرعی به جانبداری از مسلمان در برابر نامسلمان می‌انجامید، مانکجی بر آن گشت تا در صورت بروز اختلاف میان اعضای جماعت، موضوع حتّی‌الامکان به محاکم اسلامی کشیده نشود. پیش‌تر از اقدام امیرکبیر به تأکید بر احالهٔ دعاوی مربوطه میان مسلمان و ذمّی به تهران سخن گفته شد، امّا این مهم، در روزگار پس از

امیر تداوم نیافت، ضمن اینکه در دیگر عرصه‌های مرتبط با ساختار قضایی چون ثبت وقفنامه، قرارنامه و قباله، زرتشتیان عموماً ناچار به مراجعه نزد مسلمانان بوده و از این حیث با مشکلاتی فراوان مواجه می‌شدند. در این شرایط مانکجی با حرکتی پیشروانه، تنظیم اسناد همکیشان را شخصاً مدّ نظر قرار داده و بر آن بود که زرتشتیان «در هر شهری، کارآگاهان و ریش‌سفیدان خود را انتخاب و در کارهایی که در میان خودشان و رجوعاتی که با دیوان اعلی اتفاق می‌افتد، به آن اظهار کرده و سؤال و جواب در تن و فتن این قلیل امورات را به او واگذار نمایند» (مانکجی، (www. farvahr.org: 87

و- حمایت از فقرای جماعت و تدارک ازدواج جوانان

مطابق با فحوای نامه‌ای از مانکجی به صدراعظم وقت ایران که در سال ۱۸۵۸م نگارش یافته، وی مأموریت خود از جانب انجمن اکابر را چنین توصیف می‌کند: «اکابر هندوستان کمترین را معیّن و مقرّر نمودند که بر طایفه پارسیان ساکنین ایران هر نوع جبر و ستمی هست، به هر جای لازم دانسته معروض دارم که رفع تعدی را بفرمایند، یا کسانی که بی‌بضاعت و فقیر هستند، اخراجات راه آنها را داده، روانه بمبئی کند» (اسناد و مکتوبات وگزارشات مانکجی، ۱۸۶۵: ۱۶).

چنانکه در رابطه با انجمن اکابر گفته شد، هر چند اعضا پس از شنیدن گزارش مانکجی در یاری دادن به همکیشان به اجماع رسیدند، امّا خاصّه در مورد فقرای جماعت، همچنان دیدگاه انتقال دادن آنها به بمبئی برجسته می‌نمود و شواهد و اسناد و صورتجلسات انجمن، بر اهدای مبالغی از سوی متموّلان پارسی جهت مهاجرت و اسکان خانواده‌های فقیر زرتشتی به بمبئی دلالت دارد. برای نمونه، در صورتجلسهٔ «۲۳ یوم آذر و ماه آذر ۱۲۲۵ یزدگردی» چنین می‌آید: «کاغذ دادابای‌های رستم جی بناجی از پارسیان توانگر بمبئی مبنی بر تقبل مخارج اعزام یکصد خانواده زرتشتی به بمبئی و اسکان آنها در کلکته و تأمین مخارجشان تا پیدایش مسکن و کار خوانده شد» (اشیدری، ۲۵۳۵: ۲۷۲). با این حال مانکجی خود همچنان بر تداوم

حضور زرتشتیان در ایران اصرار داشت و از این رو در نامه فوق‌الذکر به صدراعظم مدعی است که وی: «به دلیل حُب وطن و اخلاص، مانع از مهاجرت ساکنین یزد و کرمان شده است» (اسناد و مکتوبات وگزارشات مانکجی: ۷۶).

در همین راستا، وی، نه تنها در میان فقرای یزد به توزیع رایگان سدره و کشتی پرداخت و برای نخستین بار زمینهٔ حضور آنها در مدارسی که خود بانی آن‌ها بود را فراهم آورد، بلکه همواره به متموّلان و رؤسای جماعت تذکر می‌داد که در صورت عدم رسیدگی به وضع معیشت فقرای جماعت، احتمال ترک دین و گرایش آنها به کیش اکثریت فزونی یافته و این کار عملاً مصائب رؤسا را باعث می‌شود: «اگر در نگاهداری بی‌برگان و بی‌نوایان خودداری بفرمایند، آشکارست که بینوایان و نیازمندان این گروه نیز دست مددخواهی خود را به دامن دیگران زده و به بیگانگان می‌پیوندند و با هرزه‌گران آن قوم همراه شده، و هر آنچه بی‌مهری از بزرگان خود دیده‌اند را تلافی و چون به کار و رخنه‌های این گروه آشنایی دارند، لذا آزار و زیان بیشتری این بزرگان می‌بینند» (مانکجی، www. farvahr.org: 87)

بُعد دیگر از مشکلات جماعت به ناتوانی مالی خانواده‌های زرتشتی در تدارک ازدواج فرزندان بازمی‌گشت که از دو سو بر آسیب‌پذیری زرتشتیان می‌افزود؛ یکی، کاهش تدریجی جمعیت، و دیگری، بروز زمینهٔ سوءاستفاده برای فرصت‌طلب‌هایی که با ربودن دختران زرتشتی و وادار ساختن ایشان به پذیرفتن اسلام، آزار و وهن زرتشتیان و در عین حال، کاهش جمعیت آن‌ها را باعث می‌شدند.[۲۹۷]

مانکجی در این باره برآنست: «پسران و دختران که می‌باید روزگار کمی پس از رسیدن و خودشناختن، همسر گیرند کوتاهی کرده، سالیان درازی بی‌همسر می‌گذرانند و چون این خواهش هر یک از دختر و پسر سرشتی است و چاره‌جویی این کار بجز نگاهداری و پاکدامنی خودشان از دیگر کس برنیاید، ناچار فریفته دیگران شده و ترک آیینِ خودشان می‌کردند و پندار بزرگ خودشان را که دست

۲۹۷. در این باره بنگرید به مقاله فرهنگ مهر با عنوان «دلایل افت جمعیت زرتشتیان ایران از سدهٔ ۱۹م» که بر اساس فهرست دختران ربوده شدهٔ زرتشتی توسّط مسلمانان، این معضل را سومین دلیل کاهش جمعیت زرتشتیان ایران می‌داند (See: Mehr, 2002: 71-78).

آوردن همسر است، از پیش می‌برند. این است که مایه بدنامی و بی‌آبروی طایفه و آئین می‌شوند» (مانکجی، www. farvahr.org: 88). در همین ارتباط است که در نامه مورخ سفندارمزد تیرماه ۱۲۲۵یزدگردی که از پنچایت یزد به انجمن اکابر نگارش یافته، می‌خوانیم که «دختران و پسران فقیر بی‌بضاعت، اغلب گول می‌خورند. اگر مبلغی (پنج تومان) باشد، نکاح می‌نمایند» (اشیدری، ۲۵۳۵: ۲۷۰). بدین ترتیب و با تشخیص ضرورت امر ازدواج، مانکجی پارسیان را بر آن داشت تا بخشی از اعانات خود را بدین مهم اختصاص دهند. موردی که بنا بر صورتجلسهٔ مورخ «ورهرام شهریور ۱۲۲۵یزدگردی» منجر به «اعانه سِرجمشیدجی برای نکاح صد نفر پسر و دختر» گردید (همان).

ز- تدارک سفر زرتشتیان در معرض تغییر کیش به بمبئی

با آنکه مانکجی سعی و اصرار بر حفظ و نگهداری همکیشان ایرانی در سرزمین مادری داشت، اما چون نوبت به زرتشتیان در معرض تغییر کیش می‌رسید، موافق و آمادهٔ کمک برای فرستادن ایشان به بمبئی بود (شهمردان، ۱۳۶۳: ۶۴۰)؛ اقدامی بی‌نظیر که پس از وی نیز الگویی برای رؤسای زرتشتیان یزد در مبارزه با گرایش به اسلام، فراهم آورد.

ادوارد براون در یادداشت‌هایش از سفر به یزد و دیدار با زرتشتیان، به نقل از اردشیر مهربان می نویسد: «گاهی اتفاق می‌افتد که بعضی از جوانان زرتشتی از راه نادانی و یا از لحاظ اینکه عاشق یک دختر مسلمان می‌شوند و به طرزی دیگر نمی‌توانند او را بگیرند، به دین اسلام در می‌آیند. در این‌گونه موارد ما فوراً اقدام می‌کنیم و به او پول می‌دهیم که به بمبئی برود. زیرا در آنجا دیگر مسلمانان نمی‌توانند او را اذیت کنند که چرا از دین اسلام دست برداشته است و طولی نمی‌کشد که وی بدین زرتشتی برمی‌گردد و حتّی زن مسلمان او هم زردشتی می‌شود و اطفال وی نیز به دین ما در می‌آیند» (براون، ۲۵۳۶، ج۲: ۴۹۴).

ح- تأکید بر تعلیم و تربیت همکیشان

بنا به شواهد و اسناد موجود، فقر ناشی از عدم تعادل مبلغ جزیه با جمعیّت، ناتوانی مالی، فشارهای اجتماعی، ناهمگونی درونی و امثالهم، از جمله مهم‌ترین عواملی بودند که سوادآموزی را از اصلی ضروری و همگانی به ممیّزهٔ طیف خاصّی چون روحانیان فرو می‌کاست. انتقال موروثی مناصب دینی نه تنها توجیهی بر ریاست آنها بود بلکه انحصار تحصیل به موبدزادگان، راهکاری در حفظ جایگاه و نماد تمایز از رعایا به شمار می‌رفت. لذا از آنجا که هرگونه تغییر در وضع موجود و یا چنانکه مانکجی استدلال می‌کرد، «رمز ورود زرتشتیان به امور دولتی» (مانکجی، ۱۲۸۰ق: ۲۴) مستلزم تربیت نخبگانی برآمده از مدارس نوین بود، انجمن اکابر بنا به سفارش و تأکید مانکجی، در ۱۸۷۵م/ ۱۲۹۲ق ساخت مدارسی را در شهرهای یزد و کرمان محل توجه قرار داد (Karaka, 1884, VolI: 83).

پس با تخصیص بودجه لازم، وی اقدام به ساخت یازده مدرسه در محلات شهر و روستاهای پیرامون یزد (اشیدری، ۲۵۳۵: ۲۷۰) نمود که نقش قابل توجهی در تربیت نسل نوینی از نخبگان زرتشتی داشت. به هر حال و علی‌رغم همدستی روحانیان زرتشتی با زعمای مسلمان در عدم سوادآموزی تودهٔ عوام و کارشکنی‌های متعاقب، اقدام او تحرّکی در رعایای زرتشتی را سبب شد. اهمیت این اقدام را با لحاظ مخالفت برترین نمایندگان اقلیت یعنی روحانیان و بزرگان ساختار سنّتی بهتر می‌توان درک کرد. البته مانکجی در تلاشی دوسویه و هم‌زمان با ایجاد مدرسه برای اطفال زرتشتی، تشویق موبدزادگان به آموزش دینی در هند را نیز دنبال می‌نمود و به هر حال، در فرجام به نتایجی نیز دست یافت:

- به رغم مخالفت‌های رایج، پیگیری وی و حمایت‌های مالی انجمن اکابر نه تنها غیر روحانیان را وارد قشر نخبگان فرهنگی نمود، بلکه در کارزار رقابت، موبدان را نیز به ساخت مدرسه‌ای با نام «دینیاری» تحریک کرد.

- در کنار اقدام به ساخت مدارس یزد و کرمان، به دلیل گستردگی دامنه مخالفت‌ها و نبود کادر مورد نیاز (اشیدری، ۲۵۳۵: ۲۷۳)، بنا به پیشنهاد مانکجی، انجمن اکابر با اهداء ۲۵۰۰۰ روپیه توسّط نسروانجی / نوشیروانجی مانکجی پتیت- به

یادبود پسرش جمشیدجی (Karaka,volI: 83)- اقدام به ساخت مدرسه شبانه‌روزی و رایگان در تهران نمود (۱۸۵۴م) که گرچه پس از ده سال فعالیت، به واسطه هزینه سنگین و عدم تناسب آن با منابع مالی انجمن تعطیل شد (مارچ ۱۸۷۶م/ ربیع الاول ۱۲۹۳ق) (Ibid: 82)، امّا نقش مهمی در تربیت اطفال یزدی داشت. چنانکه در سفر دوم به ایران، دوازده نوجوان کرمانی و بیست نفر یزدی را به تهران آورده که تا پنج سال تحت تعلیم معلمان اعزامی از هند قرار گرفتند (شهمردان، ۱۳۶۳: ۶۲۶).[۲۹۸]

ط- تهران گریزگاه زرتشتیان یزد و کرمان

اگر نتایج آشنایی زرتشتیان مناطق دورافتاده‌ای چون یزد با پایتخت، همتای اقدامات پیش‌گفته نباشد، بی‌شک حضور مانکجی در تهران و گسترهٔ روابط وی با دولتمردان ایران و کارگزاران انگلیسی باعث شد تا زرتشتیان بومی که تاکنون فشارهای فراوانی را هم صرفاً به واسطهٔ بُعد مسافت زیستگاه خود از مراکز قدرت تحمل می‌کردند، محل و پایگاهی برای فرار خود بیابند.

با آنکه سکنه زرتشتی تهران بسیار اندک بود، مانکجی به فراست دریافت که هرگونه تأکیدی بر اصلاحات داخلی جماعت و جلب حمایت عمومی به رعایت حقوق نسبی همکیشان، منهای پشتوانه سیاسی غیرممکن می‌نماید. این مهم، هنگامی اعتبار بیشتری یافت که به یاد بیاوریم که برجسته‌ترین بُعد از اهتمام انجمن اکابر- یعنی لغو و یا لااقل کاستن از میزان جزیه- کاملاً وابسته به برخورداری از حمایت سیاسی مرکز بود. در واقع موضوع جزیه ریشه در تعالیم دینی و فقهی داشت و در عدم رضایت متولیان ذهنی- اجتماعی به نادیده انگاشتن بارزترین وجه تمایز کافر ذمّی از مسلمان، ناگزیر تنها مرجعی که با استفاده از ابزارهای مختلف، امید به گشایش از او می‌رفت، قدرت سیاسی بود. بدین‌ترتیب، مانکجی پس از اقدامات قابل توجهی که دربارهٔ همکیشان یزد و کرمان نمود، گرانیگاه انتظار به هرگونه

---

۲۹۸. البته با عزیمت اطفال مذکور به تهران، مانکجی مرتباً مبلغی برای والدین آنها می‌فرستاد تا به بهانه بینوایی و مزدآوری اطفال، مانع از تعلیم و تربیت آنها نشوند (سروشیان، ۱۳۷۰: ۶).

تغییری را نفوذ در جمع دربار و حکومت مرکزی یافت. و این باعث شد تا به واسطه
حضور و تلاش‌های پیگیرانه مانکجی، تعداد زرتشتیان تهران روی به فزونی نهاده و
تهران به محل معتبری برای مهاجران زرتشتی ارتقا یابد.

احداث مدرسه برای اطفال زرتشتی، ساخت مهمانخانه در خیابان ویلا برای
سکونت زرتشتیان مهاجر یا مسافر، و احداث دخمه‌ای در حوالی شهر از جمله اقدامات
مانکجی در تهران به شمار می‌رفت. همچنین مقدار قابل توجهی از اراضی بایر تهران را با
مبلغ بسیار نازلی خریداری کرد که بعدها پس از جنگ دوم جهانی و با رونق پایتخت،
ارزش آنها به میلیون‌ها تومان بالغ گردید (Deboo:www.zoroastrian.org.uk).

بدین ترتیب و در قیاس با وضعیت پارسیان هند، همانطور که بمبئی نقش معتبری
در تحولات اجتماعی، فرهنگی و اقتصادی پارسیان داشت، در سایه اقدامات
مانکجی، تهران نیز به ملجاء زرتشتیان فراری از یزد و کرمان ارتقا یافت و این امر
به ویژه در عصر پهلوی تأثیر ویژه‌ای بر عملکرد و اقدامات نخبگان آنها داشت.

۶- مانکجی و تلاش در ارتقای وجاهت زرتشتیان در جامعهٔ اسلامی

بنا بر تقسیم کارنامه مانکجی به دو بُعد اصلاحات داخلی، و تلاش‌های
معطوف به نفوذ در ساختار قدرت و متولیان دینی جامعهٔ اکثریت، اکنون به بررسی
بُعد اخیرِ کارنامهٔ او می‌پردازیم.

مانکجی از همان آغاز مأموریت، جزیه را مهم‌ترین عامل عقب‌ماندگی همکیشان
و نماد برجستهٔ ظلم بر ایشان تشخیص داده بود، و بنابراین لغو جزیه هدف غایی او
را شکل می‌داد. اما دستیابی به این مقصود، به دلیل مبانی فقهی و سوابق تاریخی
اخذ جزیه، مستلزم ایجاد بسترهای مرتبط در میان متولیان دینی جامعهٔ شیعی و
صاحبان قدرت بود.

در رابطه با تلاش‌های مانکجی در جلب حمایت حاکمان، تأکید بر این نکته
ضروری است که هر چند لااقل از عصر ساسانی، تعریف جامعه ایران منهای دین
غیرممکن می‌نمود، امّا در نظام اجتماعی- سیاسی، همواره از وجود دو نیروی مکمل
و بعضاً متضاد رؤسای دینی و دولتمردان می‌توان یاد کرد. به تعبیر دیگر، علی‌رغم

تابعیت نظام سیاسی از ساختار فرهنگی و دینی، حداقل در مواردی چند، خط فاصلی میان زعمای سیاسی و اولیاء دینی جامعه وجود داشت که بازتعریف یکدیگر نبودند. این موضوع خاصّه در سدهٔ نوزدهم و با توجه به روند ورود عناصر برآمده از تحولات نوین اروپا به ایران به تعارض روشن‌تری رسید. بر این اساس مانکجی که دو سال اول حضورش در ایران را در یزد به سر برد، به فراست دریافت تنها راه پیشبرد اهداف انجمن در یاری به همکیشان، تمرکز بر هر دو قسم از متولیان سیاسی و دینی است.

در تأیید درک او از نقش دین و دولت جهت حفظ تعادل و امنیت و آسایش، در مقدمهٔ کتاب فرازستان می‌نویسد: «برای تأدیب این جنس دو پا و تربیت نوع بشری دو قلاده لازم است. نخست قلادهٔ دین و آیین که به امید عاقبت و خوف الهی، همواره عموم خلق در هر کار، خدا را به نظر آرند و در ظاهر و باطن مرتکب گناه و ظلم بر نفس خویش نشوند و دوم قلاده سلطنت عادله که از بیم سیاست اولیای دولت، و از ترس بازخواست بزرگان مملکت بر دیگری اذیت و آزار روا ندارند و به مال و ناموس و جان یکدیگر دست‌درازی ننمایند» (مانکجی، مقدمه فرازستان، نسخه خطی: الف ۴۸).

به هر حال و مبتنی بر تلقّی مانکجی از نقش دین و دولت، در رابطه با نحوهٔ برخورد با نظام سیاسی و بافت مذهبی جامعه ایران گفتنی است که اگر تحصیل مقصود نخست- یعنی نفوذ میان دولتمردان- مستلزم زمینه‌هایی همچون حضور مستمر و مؤثر در پایتخت، بهره‌گیری از منابع مالی انجمن و فراتر از آنها حمایت کارگزاران انگلیسیِ صاحب‌نفوذ در ساختار قدرت ایران بود، مسلماً شرایط در بُعد جلب رضایت متولیان ذهنی جامعه، هم متفاوت و هم به‌مراتب سخت‌تر می‌نمود. چرا که مانکجی و حامیان او درصدد کسب وجاهت برای اقلیّتی بودند که از نگاه فقه شیعه و سنی در زمرهٔ کفّار ذمّی جای داشته و اساساً نابرابری آن‌ها با جامعهٔ مسلمان از شرایط ذمّگی به شمار می‌رفت. با این توصیف مقدماتی و از آنجا که بحث عمده در رابطه با دولتمردان به تعدیل و در نهایت لغو جزیه بازمی‌گردد، لذا بحث را با تلاش مانکجی در جلب نظر متولیان مذهبی جامعه، به عنوان راهکاری برای نفوذ در اجتماع شیعی آغاز می‌کنیم.

الف- مانکجی و رؤسای دینی جامعه اسلامی

از نوشتارهای مانکجی به صراحت می‌توان دریافت که او از یک سو به ضوابط دینی حاکم بر جامعه آگاهی دارد و از دیگر سو، به خوبی دریافته که موقعیّت شکننده زرتشتیان، تحت عنوان کافر ذمّی، فرصت مغتنمی به طیف‌های مختلف اجتماعی و خاصّه فرصت‌طلبان می‌داد تا در سکوت دیگر همشهریان مسلمان، هرگونه رفتاری با این اقلیّت را جایز دانند. از این رو، همواره در جای جای نوشتار و خطابه‌های خود سعی دارد، با توجه به حساسیت‌های موجود سخن گفته و حدّ و خط فاصلی میان اشرار و الواط با بدنه جامعه قائل گردد. به عبارتی دیگر، چنانکه در نمونه‌هایی از لوح‌نوشته‌های او در مکان‌های مقدس زرتشتی دیدیم، استناد به مفاهیم و روایات اسلامی- شیعی در منع آزار زرتشتیان دستاویز او در مواجهه با مردمانی است که مذهب عالی‌ترین معیار تعیین صحت و سقم رفتارشان به شمار می‌رفت. همپای این موضوع، به رغم آنکه می‌دانست رفتار نابهنجار لوطیان و اشرار تنها عامل آزار همکیشان نبوده و در عدم همسانی با حقوق مسلمانان، رفتارهای مشابهی را شاهد بود، امّا سعی داشت عمده تقصیرات را بر عهدهٔ شرورترین طیف‌های فرصت‌طلب جامعه بگذارد که نه تنها در تعدّی به زرتشتیان شهرت داشتند بلکه به عنوان نیروهای مخل نظم و امنیت از نظر مسلمانان نیز منفور بودند.

وی در کتاب «اظهار سیاحت ایران» از متعدّیان به زرتشتیان با نام «اشرار و الواط» نام می‌برد که «ساعت بر ساعت بر شرارت خود افزوده و از آنجا که خباثت جزئی از فطرت آنهاست»، آنچه هم از طرف سلطنت و اولیای دولت قوی‌شوکت و حکّام هر ولایت آنها را سخت و سیاست می‌نمایند، باز «نتیجه‌ای عاید نیست».

بدین‌ترتیب این الواط نه تنها موجب آزار زرتشتیان بودند بلکه «علی‌الاتصال برخلاف شرع انور رفتار و به معصیت‌های کبیره اشتغال می‌نمایند و همه‌وقت درصدد اذیت و آزار مردمان بی‌آزار و خرابی مملکت و رعیت برآمده و دست از جمیع کار و کاسبی برداشته، شروری و مفتخوری را پیشه و کسب خود کرده، از هر نوع تعدّی و بی‌حسابی دربارهٔ هر کسی مضایقه نکرده، شب و روز در خیالات فاسد هستند». لذا با چنین شرارتی که حتّی نسبت به اولیای دولت از خود بروز می‌دهند، حال «تصور

بفرمایند که بیچاره زرتشتیان ساکنین ایران خصوصاً متوقّفین در شهر یزد و کرمان چه حالت دارند» (مانکجی، ۱۲۸۰ق: ۱۴-۱۵). ظلم و ستم این عده بر زرتشتیان کار را بدانجا رسانیده که «اکنون در تمامی مملکت ایران، در میان هزار نفر اسلام و غیره یک نفر پارسی بهم نمی‌رسد» (همان: ۱۸).

او در ادامه همین گفتار و در تلاش جهت تبرئه جامعه مسلمان از اِعمال فشار بر زرتشتیان، سعی دارد تا با تفکیک این گروه کوچک از اکثریت مسلمانان، عمده تقصیرات را متوجه آن‌ها بسازد، و دولتمردان و امنای شریعت را از نقش داشتن در آزار زرتشتیان تبرئه کند: «این تظلم و تشکّی زرتشتیان را از اکابر و اعیان و اهالی عرف و شرع ندانند و چنانچه تعدی و بی‌حسابی در ایران به ایشان شده باشد، از آنِ الواط و اشراری است که حالات آنها را ذکر نمود» (مانکجی، ۱۲۸۰ق: ۱۵). یا در جایی دیگر می‌گوید: «اکنون تصور بفرمایند که با اینهمه اهتمامات و صدور احکامات مؤکده از طرف دولت ... و امنای شریعت که فی‌الحقیقه این اوقات به هیچ‌وجه راضی به تعدّی رسیدن به طایفه زرتشتی نیستند و بلکه طالب آسودگی و فراغت ایشان هم هستند این طور حرکات از الواط و اشرار به ظهور رسید، آیا حالات سابق این طایفه بیچاره به چه پایه بوده است؟» (همان: ۱۷).

وی در تحلیلی بر نقش الواط در چنین اقداماتی که منجر به فراری شدن زرتشتیان به هند شده، برآن است که «سبب فراری شدن رعیت دولت علّیه ایران نه از طرف حکومت و از جانب شریعت است، بلکه موجب فرار، اذیت و آزار الواط و اشرار است که به فتوای بیجای پاره[ای] از نیم‌ملاها [عمل می‌کنند]... که گفته‌اند نیم‌ملا قطع ایمان و نیم‌حکیم قتل جان ... اکنون هم چندین کس ادعای علم و فضیلت نموده، فتواهای ناحقّ می‌دهند که او را بی‌خبران صدق دانسته، [و] جرارت به هم رسانیده، مانند گرگ در گله گوسفند بر رعیت بیچاره به بهانه خارجین مذهب، انواع و اقسام صدمات وارد می‌آورند» (مانکجی، ۱۲۸۰ق: ۳۷).

گذشته از اهتمام مذکور در تفکیک میان بدنه اجتماعی، شریعتمداران و اولیای حکومت از بخش کوچک اشرار و الواط، وی در خطابه‌ها و نوشته‌های خود از هر فرصتی برای تأکید بر ضرورت برخورداری زرتشتیان از حقوق شهروندیِ برابر با

اکثریت شیعه بهره می‌برد. پس در مقدمه کتاب فرازستان، تمایزی میان نوع رفتار ایرانیان با زرتشتیان در قیاس با یهودیان قائل شده و می‌کوشد تا جایگاه زرتشتیان و زرتشتی‌زادگان را در نزد مسلمانان به‌مراتب بهتر از موقعیّت یهودیان و یهودی‌زادگان ترسیم کند. می‌نویسد: «اکنون نیز در بعضی از شهرهای ایران مانند فارس و کرمان در میان نجباء و دانایان اسلام و خانواده‌های کهن منقول است که مسلم فارسی‌زاده را به سبب این که از نسل پادشاهان سلف هستند در نجابت مسلّم و در اصالت مکرّم دانسته، آمیزش و اختلاط با فارسیان را به‌طریقهٔ اسلام بدین ملاحظه ثواب جمیل و اجر جزیل می‌دانند. مسلم یهودی‌زاده را به علت اینکه سوری‌نسب و ضحاک‌حسب هستند، و از مسلم‌زاده یزد که به طور مشهور از نسل زندانیان زمان اسکندر باقی و نتایجشان از طرف مادر به کولیان و لولیان[۲۹۹] و سوزمانیان[۳۰۰] منتهی و امتزاجشان بی‌عقد و نکاح بوده و پاره[ای] از نتایج ماهویِ سوری‌اند با آنها آمیزش نمی‌نمایند. اگرچه اکنون اهل آنجا بومی و از نسل ثلثه مذکوره نباشد، با وجود آن محض اسم، هر سه طایفه، کلیّه از اهالی یزد باطناً اجتناب دارند و از مواصلت حتّی‌الامکان پرهیز می‌نمایند» (مانکجی، مقدمه فرازستان، نسخه خطی: ۲۷ب).

در تکمیل گفتار حاضر، مانکجی همچنین در بخش‌هایی از نوشته‌های خود می‌کوشد تا به اشکال مختلف عملکرد عوام مسلمان و یا اولیای آنها در سختگیری بر زرتشتیان را از حیث اخلاقی و شرعی مغایر با ضوابط اسلامی نشان دهد. برای نمونه ذیلاً به سه مورد تحریض روحانیان در طرد تغییر کیش اجباری، ارثیه و دریافت خمس از زرتشتیان می‌پردازیم.

در مورد نخست وی با اشاره به اکبرشاه و تسامح او نسبت به ادیان مختلف می‌نویسد: «او با دعوت از علمای شیعی و سنی از ایشان خواست برایش واضح نمایند اهل کدام مذهب قابل بهشت و فائز به نجات خواهند گشت» و آنها هر یک پیروان مذهب خود را رستگار دانستند. جالب در این میان، پاسخ اکبرشاه است که

---

۲۹۹. لولی یا لوطی: سرودگوی کوچه‌ها و گدای درب خانه‌ها، و در هند به زن فاحشه گویند.

۳۰۰. سوزمانی: لقب زن تبه‌کار، قرشمال، غربتی.

گویا مانکجی سعی دارد پیام مندرج در این پاسخ را به روحانیت ایرانی منتقل سازد؛ بدین معنا که اکبرشاه هرگونه تضاد و دشمنی را غیرضروری دانسته و پادشاهی را بر تمامی اهالی ملّت یکسان می‌داند. لذا «اگر فردی از هندو، یهود و غیره به تقصیری متهم و یا موسوم گردید، از حکم اصل صرف نظر نموده، جبراً و قهراً او را بدین اسلام نباید آورد ... و چه در صورتی که خود فتوی داده‌اید که صلحای هر ملت قابل جنت‌اند، چه لزوم دارد که به حیله و فریب یا به مشورت و نوید یا به تخویف و تهدید خارج مذهب را داخل اسلام نموده گناهکاران و مقصران سایر ملل را اندر دین راه داد؟ ملاحظه نمائید که اگر شخصی از کارگاه کوزه‌گری خواهد کوزه‌ای بخرد، چندین مرتبه کوزه را امتحان می‌کند و به دقت می‌نگرد که شکسته و سوراخ و کج و ناراست نباشد، پس در صورتی که نجات، صالحان راست چرا ما مردم معیوب رانده‌مذهب را به خانهٔ دین خود راه دهیم و زشت‌کاران هر گروه را در دین خویش گرد آریم و به خلاف اذن صاحب شرع، کمر به عناد و دشمنی خلق خدا بندیم و احکام و روش او را با اهالی ادیان تغییر دهیم؟» (مانکجی، مقدمه فرازستان، نسخه خطی: الف ۴۲).

در رابطه با ارث و آنکه طبق قواعد شرعی با مرگ ذمّی اموال وی به فرد مسلمان شده در خاندانش می رسید، مانکجی برآنست تا با تکیه بر احادیث، صحت چنین عملی را زیر سؤال برد. لذا با استناد به حدیثی از پیامبر اسلام که اصل نسبت و قرابت میان مسلمان و اقوام خارج اسلامش را مقطوع می‌دانست، میراث بردن مسلمان از همکیش سابق خود را به دور از سنّت ایشان می‌داند. او در تحکیم ادعای خویش به روایتی از حضرت علی را استناد می‌جوید که بنا بر آن به دنبال اعراض محمّد بن ابوبکر از روش پدرش و جای گرفتن او در ردیف دوستداران علی، حضرت علی «محمد را در اعداد اولاد خود می‌شمرند و نسبت او را به کلیه از پدرش مقطوع فرمودند». لذا و در شرایطی که با تشرّف فرد به اسلام نامش تغییر می‌یافت و او را به پدر منسوب نمی‌داشتند، «پس چگونه روا باشد که با این انقطاع و جدایی این یکنفر که به شرف اسلام مشرف شده، ارث جمعی از خارج مذهب را ببرد؟» (مانکجی، مقدمه فرازستان، نسخه خطی: ب ۴۱).

در نهایت مانکجی موضوع دریافت خمس از زرتشتیان (در مورد ضوابط فقهی آن نک کنید به فصل نخست) را زیر سؤال برده و با استناد به آیهٔ «وَ اعْلَمُوا أَنَّما غَنِمْتُمْ مِنْ شَیءٍ فَأَنَّ للهِ خُمُسَهُ وَ لِلرَّسُولِ وَ لِذِی الْقُرْبی»[۳۰۱]، می‌گوید: «آن جناب [حضرت پیامبر] خمس را از غنایم مأخوذه در جنگ و مقاتله مأخوذ می‌داشتند، ما از املاک مبیعه خارج مأخوذ داریم و ملت فخیمه اسلام را بدینگونه ظلم‌ها مایه منافرت دیگر ملت‌ها گردانیم». لذا در هیچ کتابی از تواریخ و اخبار معتبر، مذکور نیست که «ابداً در عهد آن حضرت احدی از بابت ارث متعرض یکی از خارجه شده باشد یا خود آن حضرت از املاک مبیعه خارج خمس اخذ فرموده باشد. پس بر ما نیز لازم است که شیوهٔ مرضیهٔ آن حضرت را از دست ندهیم و مایه اختلاف خود و سایر ملل نشویم» (مانکجی، مقدمه فرازستان، نسخه خطی: الف۴۲).

ب- مانکجی و شیخ مرتضی انصاری

در راستای جلب حمایت عامه، مانکجی بخشی از اقدامات خود را به ایجاد روابط مطلوب با علمای برجسته و ذی‌نفوذ شیعه معطوف ساخت که مهم‌ترین سطح از این اقدامات، مجموعه استفتائات وی از شیخ مرتضی انصاری است. این مجموعه نه تنها بیانگر گوشه‌ای از حیات اجتماعی زرتشتیان ایران و خاصّه یزد است، که همزمان، پاسخ‌های شیخ مرتضی انصاری معرّف نگرش روحانیان برجستهٔ شیعه در نحوهٔ برخورد با اهل ذمّه و خاصّه زرتشتیان است.

در سرآغاز سخن، مانکجی در توصیف شرایط اجتماعی همکیشان می‌آوردد: «چون این جان‌نثار مدت ده سال است که در ممالک محروسه ایران ... سیاحت نموده، از کتب تواریخ و اخبار اطلاع به هم رسانیده، فهمیده است که در صد سال قبل در ممالک ایران جماعت یهودیان در هر شهر و بلد و قریه و مزرعه بسیار بوده‌اند و الحال در اکثر بلاد قلیلی هستند و مابقی ناچار فرار اختیار کرده، به ممالک روسیه

---

۳۰۱. بدانید به‌درستی که آنچه غنیمت گرفتید شما از جنگ پس همانا از برای خداست خمسِ آن غنیمت و از برای رسول خدا و از برای اولاد رسول سوره انفال، آیه ۴۱.

و عثمانیه و سایر جاها رفته متوطن گشته‌اند. به همچنین طایفه پارسیان یزدان‌پرست که در اصل رعیت دولت ابدمدّت علّیه ایران‌اند و در تمامی ممالک محروسه ایران سکنا داشته‌اند، از اتفاقات و حوادثات روزگاری کم شده تا در اواخر عهد سلاطین صفویه– رحمهم الله– شصت هزار خانوار در حساب بودند و در ایام فردوس‌نشین خاقان مغفور ... ششهزار باقی بودند و اکنون یکهزار درشمارند. ... به همین قرار، ملت مسیحی در زمان شاه عباس قریب ۲۰۰۰۰ خانوار در اصفهان و حال به ۴۰۰ خانوار تقلیل یافته ... از این معنی چه قدر تأسف و افسوس به جهت خیرخواهان دولت و ملت حاصل گردیده است که در این مقام لازم به عرض صریح و بیان فصیح نیست» (مانکجی، ۱۲۸۰ق: ۳۵–۳۶).

در اشاره به دلایل مهاجرت زرتشتیان، وی علت فراری شدن رعایای ایرانی را نه از جانب حکومت و نه شریعت، بلکه آزار و ایذای اشراری می‌داند که به پشتوانهٔ فتوای پاره‌ای از روحانیان مدعی علم و فضیلت که «فتواهای ناحق می‌دهند» شرارت می‌کنند و انواع و اقسام صدمه‌ها را به ایشان وارد می‌سازند. پس، از وجود چندین پادشاه از جمله در حیدرآباد دکن و گجرات یاد می‌نماید که رفتار مناسبی با زرتشتیان داشتند و اظهار امیدواری می‌کند که ایران نیز چنین باشد چرا که «چون حضرت ختمی‌مآب از خارجینِ مذهب، اهل کتاب را جمع اسلام آورده، بر آنها جزیه مقرّر فرموده و آنها از ابتدا تا به حال جزیه داده و هم شرط ذمّگی اجرا و همیشه اوقات مطیع‌الاسلام و تابع مؤمنین بوده و هستند» (همان: ۳۸–۳۹).

سپس از قرآن به شواهدی در حفظ مال و جان اهل ذمّه استناد می‌نماید که «این سه گروه معروضه صاحب کتاب و در جمع دین اسلام و همه شرایط ذمّه را هر چیز که بوده و هست از ابتدا الی حال بجا آورده مطیع‌الاسلام بوده و هستند و به هیچ وجه از شرایط ذمّه و خدمت‌گزاری و اطاعت اسلام سرپیچی نداشته و ندارند» (همان: ۳۹).

به هر حال، پس از این مقدمه، ۱۴ استفتاء از شیخ مرتضی به شرح ذیل دارد:

– «اگر در ایران یکی از مسلمین، مدیون شخصی از مطیع‌الاسلامیان شده، خود

را مفلس و ندار قلم دهد و خدمت صاحبان فتوا روند، بدون رسیدگی و تحقیق صاحب‌فتوا ادعای بیجای شخص مسلم را پذیرفته و دست مطیع‌الاسلام را که همیشه اوقات جزیه مقرری را داده و همگی شرایط ذمّه را بر وفق شرع انور، به عمل آورده و به هیچ‌وجه من‌الوجوه در خدمت‌گزاری و اطاعت اولیای دولت قوی‌شوکت علّیه و امنای شریعت مطهره سرپیچی نداشته و ندارند بکلی از استرداد طلب خود کوتاه می‌نمایند. ولی العیاذ بالله اگر یکی از مطیعین اسلام مدیون مسلمی و فی‌الحقیقه بی‌چیز و ندار هم باشد آنگاه مجبوراً بدون مهلت به انواع و اقسام زجر و سیاست از کسان و خویش و تبار یا از همسایگان آن تنخواه را وصول می‌نمایند. آیا جایز است؟

جواب: حکم حاکم شرع ممضی و مُجراست. والسّلام» (مانکجی، ۱۲۸۰ق: ۴۰).

- «... در ایران اهل ذمّی را از هر کار و کاسبی منع و نمی‌گذارند بنّایی و نجاری و خیاطی و جولایی و خشت‌مالی و چاروادادی و دالانداری یا از باغات و زراعات خود میوه و سبزیجات آورده در بازار به فروش رسانند، بلکه گاهی اذیت و آزار هم می‌رسانند. این طور سوء سلوک و بدرفتاری دربارهٔ مطیع‌الاسلامیان اهل ذمّه که همیشه اوقات جزیه مقرری را داده و همگی شرایط ذمّه را بر وفق شرع انور به عمل آورده‌اند و در خدمت‌گزاری و اطاعت اولیای دولت جاویدآیت علّیه و امنای شریعت مطهره هیچ‌وقت به هیچ‌وجه من‌الوجوه سرپیچی نداشته و ندارند جایز است یا نه؟ مرحمت فرموده حکم خدا و رسول را مرقوم فرمایند، زیاده جسارت نمی‌شود باقی امرکم مطاع.

جواب: اذیت به اهل ذمّی و اخذ مال آنها حرام است. غیر از وجوه مقرّره در شریعت مطهّره مثل جزیه و خمس اراضی» (همان: ۴۱).

- «... در ممالک محروسه ایران فیمابین یکی از مسلمین با یکی از

مطیع‌الاسلامیان اهل ذمّه که همیشه اوقات جزیهٔ مقرره را داده و همگی شرایط ذمّه را موافق شرع انور به عمل آورده و به هیچ‌وجه من‌الوجوه در خدمت‌گزاری دولت ابدمدت علّیه و اطاعت شریعت مطهره سرپیچی نداشته و ندارند، نزاعی اتفاق افتاده، خدمت پاره‌ای از صاحبان فتوا روند؛ اولاً بدون رسیدگی و تحقیق، حقّ یا ناحقّ صاحب‌فتوا طرفداری از شخص مسلم می‌نماید. هر چند سخن‌های او بیجا و ناحساب هم باشد؛ مقبول و قول شخص مطیع‌الاسلام هر قدر صحت داشته باشد نامقبول است. به همچنین شهادت شخص نامعروف کاذب مسلمان را صدق دانسته شهادت شخص معتبر راستگوی مطیع‌الاسلام را کذب می‌شمارند. این طور رفتار و سوء سلوک مسلمانان با مطیع‌الاسلامیان اهل ذمّه، موافق شریعت مطهره جایز است یا نه؟ مستدعی آنکه مرحمت فرموده حکم‌الله را مرقوم فرمایند. زیاده عرضی ندارد.

جواب: اذیّت به اهل ذمّی حرام مؤکّد است، بدون وجه شرعی چنانچه در حدیث مبالغه در این شده است امّا اگر حاکم شرع به هر مصلحتی اهانتی به او نماید ضرر ندارد. مراد از حاکم شرع، مجتهد عادل است. والسلام» (همان: ۴۲).

- «... در ممالک محروسهٔ ایران، هرگاه شخص مسلمی با مطیع‌الاسلامی به جهت مهمّی خدمت صاحبان فتوا به مرافعه می‌روند، شخص مدّعی مسلم صراحتاً روبروی حضّار مجلس در محکمهٔ شرع انور سخن‌های ناشایسته بر دین و مذهب و پیر و پیغمبر مطیع‌الاسلام هر قدر بگوید او را منع نمی‌نمایند، نعوذ بالله اگر مطیع‌الاسلام سخن حسابی خود را قدری به آواز بلند عرض نماید، او را زود منع فرموده و فوراً نیز مورد ملامت و تنبیه می‌شود بلکه زیاده از حدّ اذیت و آزار هم می‌رسانند. این طور سوء سلوک و رفتار و اذیت و آزار دربارهٔ مطیع‌الاسلامیان که همیشهٔ اوقات جزیهٔ مقرّی را داده و شرایط ذمّه را همگی بر وفق شرع انور به عمل آورده، و به هیچ‌وجه من‌الوجوه از خدمتگزاری و اطاعت اولیای قوی‌شوکت قاهره و امنای شریعت مطهّره سرپیچی نداشته و ندارند، جایز است یا نه؟ مرحمت فرموده حکم الله مرقوم فرمایند. باقی امرکم مطاع.

جواب: مکرّر نوشتیم که اذیت اهل ذمّه و اخذ مال آنها غیر از وجوه مقرّره شرعی مثل جزیه و خمس اراضی حرام است و کسی را نمی‌رسد که برقول و حکم حاکم شرع بحثی نماید. اطاعت حاکم شرع برهمه لازم است» (همان: ۴۳).

– «... در ممالک محروسه ایران از مطیع‌الاسلامیان هرکسی وفات نماید، یکی از جدیدالاسلامیان بواسطه قرابت و خویشی با آن متوفی جمیع اموال و اثقال و متروکات و مخلّفات آن [را] متصرف می‌شوند. به این معنی که مرد یا زن از خارجین هروقت و به هربهانه که سابق براین بدین اسلام گردیده باشند، خود آنها یا اولاد یا اولاد اولاد آنها که ادعای خویشی یا نسبت با متوفی ذمّی داشته باشد خود را مستحقّ ارث و میراث دانسته در مقام تصرّف جمیع مایملک متوفی مزبور برمی‌آید و بعضی از علما و مسلمانهای یزد و کرمان هم تقویت نموده، فتوا می‌دهند و حال اینکه متوفی ذمّی مزبوره قرض پدر و مادر و حق‌النّاس در گردن او هست و عیال و اولاد و اولاد اولاد و پدر و مادر و پدر و مادر مادر و برادر و برادرزاده و خواهر و خواهرزاده و سایر مستحقّین میراث هم داشته باشد که همگی آنها شرایط ذمّه را به عمل آورده، مطیع‌السلام و المسلمانان بوده و هستند و در خدمت‌گزاری و اطاعت امنای دولت و شریعت نیز به هیچ‌وجه سرپیچی نداشته و ندارند، در این صورت همگی آن وارث را مأیوس نموده، آن جدیدالاسلام را که ادعای نسبت می‌نماید مقدم دانسته، حکم تصرّف کل متروکات و مخلّفات و مایملک را به او می‌دهند و گاهی از متروکات، قسمت نمودن می‌فرمایند و گاهی چیزی داده راضی نمودن امرمی‌نمایند در این فقره مستدعی است حکم‌الله را مرقوم فرمایند.

جواب: در طریق توارث رجوع به حاکم شرع آن بلد نمایند» (همان: ۴۴).

– «... در ممالک محروسه ایران مکرّر واقع شده است که بعضی از مسلمانان طفلان اهل ذمّی را به دزدی یا به بهانه طلب در خانه خود برده نگاهداری نموده و به طور مملوکی آنها را می‌فروشند و خریداران مسلمان هم دیده و دانسته و از مراتب

آگاهی به هم رسانیده به غلامی خود آن طفلان را ابتیاع می‌نمایند و صاحبان فتوا نیز
چنین اشخاص را منع ننموده بلکه تقویت می‌فرمایند. این نوع اطفال بندگان خدا
را که در زیر حمایت و مطیع‌الاسلام بوده و هستند و همیشه اوقات نیز جزیه مقرری
را داده و همگی شرایط ذمّه را بروفق قاعده به عمل آورده و در هر باب به هیچ‌وجه
من‌الوجوه از خدمتگزاری و اطاعت اولیای دولت قوی‌شوکت قاهره و امنای شریعت
مطهره سرپیچی نداشته و ندارند خرید و فروختن جایز است یا نه؟ مرحمت فرموده
حکم‌الله را مرقوم فرمایند. زیاده جسارتست.

جواب: «هو الله تعالی؛ فروختن ذمّی باطل و حرام است» (همان: ۴۵).

ـ «... در ممالک محروسه ایران کسانی از مسلمانان، بدون حقانیت بلکه از راه
غرض و نفسانیّت یا قُطاع‌الطریقی و عداوت، یکی از مطیع‌الاسلامیان اهل ذمّه را به
قتل می‌رسانند، بعد از مشقّت و زحمات کلی بر شرع انور به شاهد و بیّنه و علامات،
ثابت نموده قاتل را معین و حاضر می‌نمایند. آنوقت صاحبان فتوا، فتوا می‌دهند که
شخص ذمّی مطیع‌الاسلام که از دست مسلمان به قتل برسد، دیه آن زیاده از هشت
تومان جایز نخواهد بود. این طور رفتار و این مبلغ دیه دربارهٔ چنین قاتلین در شریعت
مطهره جاریست که در ایران صاحبان فتوا دربارهٔ مطیع‌الاسلامیان اهل ذمّه که
همیشه اوقات جزیه مقرری را داده و همگی شرایط ذمّه را به عمل آورده و در هر باب به
هیچ‌وجه من‌الوجوه در خدمت‌گزاری و اطاعت دین و دولت اسلام سرپیچی نداشته
و ندارند مجرا می‌دارند یا نوع دیگر هم حکم جاریست؟ حکم‌الله را مرقوم فرمایند.

جواب: هو: دیه ذمّی زیاده از هشت تومان است. البته رجوع به علما شرع نمایند
و مکرّر نوشتیم که اذیّت ذمّی و اخذ مال آنها غیر از وجوه مقرره در شریعت مطهّره مثل
جزیه و خمس اراضی حرام است» (مانکجی: ۴۶).

ـ «... در ممالک محروسه ایران مکرّر اتفاق افتاده است که پسر و دختر
مطیع‌الاسلامیان را یکی از مسلمانان به انواع و اقسام حیله و تزویر فریب داده و به

جهت جلب منفعت خود، او را بر اسب و استر و الاغ سوار کرده در کوچه و بازار و محله می‌گردانند و به بهانه جدیدالاسلامی مبلغی از مسلمانان گرفته او را در دین و آیین خود می‌آورند. آنوقت پدر و مادر و خویش و تبار آن طفلان به جهت تعصّب مذهب و ملاحظه ارث و میراث فرار اختیار کرده به ممالک خارجه می‌روند و آن طفلان را دو مرتبه در دین و آیین خویش می‌آورند که جز بدنامی به جهت دولت و ملّت اسلام چیزی دیگر حاصل نخواهد بود. این طور به ظلم و ستم یا فریب و بهانه کسی را از خارجین مذهب به دین اسلام آوردن موافق شریعت مطهره حضرت ختمی‌مآب صل الله علیه و آله و سلّم جایز است یا نه؟ مرحمت فرموده در این خصوص حکم‌الله را مرقوم فرمایند. زیاده جسارتست.

جواب: هو: اسلام به جبر و اکراه حاصل نمی‌شود» (همان: ۴۷).

- «... در ممالک محروسه ایران مکرّر فهمیده و شنیده شده است که گاهی حکّام عرف و وقتی حکّام شرع یا بزرگان و ظالمان ولایت، دختر وجیهه که از مطیع‌الاسلامیان می‌بینند، به انواع و اقسام حیله و بهانه او را فریب داده به دست آورده، به زنی خود نگاه می‌دارند و دختران مزبور به هیچ‌وجه من‌الوجوه راضی به تن در دادن و اسلام قبول کردن نیستند. مجبوراً آنها را زوجه خود قبول کرده در دین و آیین خویش برقرار بودن روا می‌دارند. این نوع دختران مطیع‌الاسلامیان را که جزیه مقرری را همگی بر وفق شرع انور داده و جمیع شرایط ذمّه را به عمل آورده و در خدمت‌گزاری و اطاعت اولیای دولت قوی شوکت علّیه و امنای شریعت مطهره به هیچ وجه من‌الوجوه سرپیچی نداشته و ندارند، به حیله و فریب نگه داشتن جایز است یا نه؟ مرحمت فرموده حکم‌الله را مرقوم بفرمایند. باقی والسلام.

جواب: هو؛ اسلام به جبر مقبول نیست، امّا دعوی جبر هم مسموع نیست خصوصاً بعد از عقد و نکاح» (مانکجی: ۴۸).

- «... در ممالک محروسه ایران خصوصاً در شهر یزد و کرمان یکی از مطیع‌الاسلامیان که به موافق شأنیت و استعداد یا به مقتضای وقت و مصلحت در یک لباس متعارف از پارچه سفید یا غیره برمی‌آید و رخت نوی بپوشد یا به جهت جائی رفتن یا از شدّت ضعف و ناتوانی سوار بر اسب و استر و الاغ شود، آنگاه مسلمانان او را با سنگ و کلوخ یا به دست و چوب اذیّت و آزار رسانیده، فوراً لباس را تغییر و از سواری پیاده کردن امر می‌نمایند و بزرگان دین و دولت اسلام نیز هیچ کس به هیچ‌وجه من‌الوجوه چنین اشخاص را منع که نمی‌نمایند تقویت هم می‌فرمایند. در مملکت اسلام مطیعین اسلام را که جزیه مقرری را داده و شرایط ذمّی را همگی به جا آورده و به هیچ‌وجه از اطاعت دولت علّیه و شریعت مطهره سرپیچی نداشتند و ندارند این نوع ذلیل و خوار کردن در شریعت مطهره جایز است یا نه؟ از راه مرحمت حکم‌الله را مرقوم فرمایند.

جواب: اذیت به اهل ذمّی بدون سبب شرعی حرام است، چنانچه در حدیث نبوی مبالغه در حرمت آن شده» (مانکجی: ۴۹).

- «... در ممالک محروسه ایران مطیع‌الاسلامیان جزیه مقرری را با شرایط ذمّی همگی داده و بجا آورده و در هر باب به هیچ‌وجه من‌الوجوه از خدمت‌گزاری و اطاعت اولیای دولت قوی‌شوکت علّیه قاهره و امنای شریعت مطهره سرپیچی نداشته و ندارند. در این صورت حین مسافرت و تجارت که بعضی از مطیع‌الاسلامیان از شهری به شهری می‌روند، گذشته از گمرگ و باج و راهداری معمولی، گذربانان و راهداران در شهر و بلدی آنها را بر سر راه معطل داشته به مثل گوسفند سرشمار کرده، مجبوراً از هر آدمی مبلغی می‌گیرند که این بدعت هرگز به هیچ‌وجه دربارهٔ مسلمانان جاری نبوده و نیست. آیا حکم شریعت و قانون ملت این است که در ایران باج او هم گرفته باشند؟ مرحمت فرموده در این خصوص حکم‌الله را مرقوم بفرمایند. والسلام.

جواب: اذیت به اهل ذمّه و اخذ مال آنها غیر از وجوه مقرّره در شریعت مطهره مثل جزیه و خمس اراضی حرام است» (همان: ۵۰).

- «... در ممالک محروسه ایران مکرّر مشاهده نموده است که از مسلمانان، بی‌خبر و بی‌تحاشانه داخل در عبادتخانه‌ها و زیارتگاه‌ها و محل مدفن اموات مطیع‌الاسلامیان می‌شوند و هرنوع بی‌احترامی و بدسلوکی در آن مکان‌ها نموده، اهل آنجاها را نیز اذیّت و آزار می‌رسانند و بزرگان آن ممالک نیز به هیچ وجه من‌الوجوه چنین اشخاص را منع ننموده بلکه تا توانند تقویت می‌فرمایند. آیا این گونه سوءرفتار و اذیت و آزار دربارهٔ مطیعین اسلام که همیشه اوقات جزیه مقرری را داده و شرایط ذمّه را همگی به عمل آورده و در هرباب به هیچ‌وجه من‌الوجوه در خدمت‌گزاری و اطاعت اولیای دولت قوی‌شوکت قاهره و امنای شریعت مطهره سرپیچی نداشته و ندارند. جایز است یا نه؟ مرحمت فرموده حکم‌الله مرقوم بفرمایند زیاده جسارت است.

جواب: هو: بسم‌الله الرحمن الرحیم. در سؤالات متعدده ذکرشده که اذیت اهل ذمّه بدون سبب شرعی حرام است» (مانکجی: ۵۱).

- «... در ممالک محروسه ایران متداول و مقرّر شده است که هر وقت هرکس از مطیع‌الاسلامیان که عمارت و زمین و باغ و قریه و مزرعه و هر ملکی را که ابتیاع می‌نمایند در هردفعه به موجب قباله قیمت آن ملک هرچه بشود علمای آنجا خاصّه علمای شهریزد و کرمان خمس می‌گیرند و چنانچه ملکی پنج دفعه دست به دست بشود به طور خرید و فروش قیمت آن به کلی از دست مطیع‌الاسلامیان بیرون رفته و در کیسه آقایان جاگیر می‌شود. آیا چنین حقی از املاک مطیعین اسلام که جزیه مقرری را داده و همگی شرایط ذمّه را بر وفق شرع انور به جا آورده و به هیچ‌وجه در خدمتگزاری و اطاعت اولیای دولت قوی‌شوکت قاهره و امنای شریعت مطهره سرپیچی نداشته و ندارند به جهت آقایان یزد و کرمان و غیره در قرآن مجید مقرّر شده است؟ هرگاه چنین نباشد حکم‌الله را مرقوم فرمایند.

جواب: هو: زمینی را که ذمّی از مسلمان بخرد خمس آن به جهت سادات لازم می‌شود» (همان: ۵۲).

– «... در ممالک محروسه ایران مکرّر دیده شده است که از مسلمانان بی‌وقت و بی‌خبر و بی‌حفاظ داخل در خانه مطیع‌الاسلامیان گردیده بر اهل و عیال آنها هر نوع تعدی و بی‌حسابی نمودن مضایقه نمی‌نمایند. این طور بدون اذن و اطلاع به خانه کسی رفتن و عیال او را بی‌حفاظ دیدن و اذیت و آزار رسانیدن شعار دین اسلام است که در ممالک ایران خاصّه ولایات یزد و کرمان دربارۀ مطیع‌الاسلامیان اهل ذمّه که همیشه اوقات جزیه مقرری را بر وفق شرع انور داده و همگی شرایط ذمّه را به عمل آورده و در هر باب به هیچ‌وجه من‌الوجوه در خدمت‌گزاری و اطاعت اولیای دولت جاویدآیت قاهره و امنای شریعت مطهره سرپیچی نداشته و ندارند معمول می‌دارند؟ آنچه حکم‌الله است مرقوم فرمایند.

جواب: هو: اذیت به اهل ذمّه و اخذ مال آنها غیر از وجوه مقرره در شریعت مطهره مثل جزیه و خمس اراضی حرام است» (مانکجی: ۵۳).

ج- مانکجی و جلب حمایت دولتمردان

گرچه مهم‌ترین وجه تلاش مانکجی حذف جزیه از همکیشان ایرانی بود، امّا شاخصه ذمّگی در فقه به پرداخت جزیه و تأثیر آن بر جامعه اسلامی به عنوان نمادی از تمایز با غیرمسلمان، دستیابی به نتایج مورد نظر را با موانع جدی مواجه می‌ساخت. آبشخوری این موانع از بنیادهای اجتماعی- فرهنگی ایران، انجمن اکابر را بر آن داشت تا به همّت نماینده‌اش، دو هدف عمده یعنی اصلاحات درون‌ساختاری و کسب امتیازاتی کوچک‌تر از متولیان سیاسی و فرهنگی را زمینۀ حصول مقصود نهایی قرار دهد. یکی از دانش‌آموختگان زرتشتی که در سفر دوم مانکجی برای تحصیل در مدرسه شبانه‌روزی از یزد به تهران آورده شد و پس از فراگیری تعلیمات اولیّه جدید به آموزگاری همان دبستان انتخاب شد، در نامه‌ای خطاب به پنچایت یزد (۱۲۴۷ی/ ۱۲۹۴ق/ ۱۸۷۷م)، ضمن توصیفی از وضعیت اجتماعی زرتشتیان، اقدامات مانکجی و موانع موجود را محل توجه قرار می‌دهد:

«نخست آن صاحب معظم به رسمی که باید و قسمی که شاید با کمال احترام

و نهایت عجز و انکسار از فلاکت و گرفتاری فارسیان ایران، اکابران هندوستان را آگهی داد و ترغیب و تحریض به تقویت و همراهی ایشان نمود که پولی فراوان دادند که دخمه‌ها و عبادتگاه ساخته، زیارتگاه و آتشکده‌ها تعمیر و پرداخته آمد. مدارس و دبستانها محض ترقّی و تربیت بهدینان برپا کرد و پسر و دختران بی‌کس و فقیر را تزویج و سدره پوشیدن بیاموخت.

دوم: برخی قواعد آیین بهی که ایرانیان از شدّت صدمات زمان و رنج و انقلاب جهان بر طاق فراموشی و نسیان نهاده بودند، باز هدایت نمود و آگهی بخشید. مِن‌جمله روش سدره‌پوشی و اوستای آن و رسم خدمت‌گزاری آذر ورهرام و قانون عطریات و بوئیدنی‌های خوش نهادن بر آتش و قاعده دخمه ساختن و اوستایش و جز آن بنمود و سگ بردن به دخمه و ترکش ساختن بر گاهن[۳۰۲] [را] ممنوع و متروک ساخت که در دفاتر پنچایتی مذکور و مسطور است. و بر آن سروران والاگهر و مهتران فرّخ سِیَرواجب آنکه همّت گمارند و همگان را بدان دارند تا به همان قِسم عمل آرند ...

فارسیان ایران از کثرت مراودت و مخالطت و فزونی مجالست و معاشرت با دروندان، بعضی رسوم شنیعه و قواعد قبیحه که مخالف دین بهی بود فراگرفته، مِنجمله شرب دخان از چپق و قلیان، و قتل زندبار در ایام معین به اسم قربانی و اکل لحوم گاو و اشتر و طرب کردن اندر قفای اموات و ساز و چنگ زدن و رقصیدن در آن اوقات و اقدام به شرب خمر و مسکرات اندر روز و مست شدن و اندر معابر و شوارع و کوچه و بازار گشتن و نسوان بی‌پرده به بازار رفتن و اندر معابر نشستن و چرخ‌رشتن و نیم‌شب به چرخستان شدن و به قوانین اهل اسلام به واسطه آخوند و علمای مسلمان در هنگام تزویج عقد بستن و زیاد از یک زن خواستن و کنّاسی کردن و ریش و ناخن و دست و پا را حنا و رنگ نهادن و مانند کولی شلوار تنگ کوتاه پوشیدن که از ران تا پنجه پا برهنه بود و دلاکی و سر تراشیدن، و در حمل میّت غسل نکردن، و غیر از این بسیار امورات که منافی کیش بهی و نقض شأن بهدینان و اندر ایران معمول و مصطلح بود برانداخت و متروک ساخت ...

---

۳۰۲. تابوت حمل جسد را گاهن گویند.

چهارم: از بابت پول سری ظلم‌های فراوان و ستم‌های بی‌پایان بر بهدینان ایران وارد بود و از جانب حکام و ضبّاط و کدخدایان و رؤسا و پاکاران و غیرهم متواتراً بروجه مسطور افزوده، دو سه مساوی بل بیشتر به انواع صدمات و رسوایی و اقسام زحمات و فضاحی اخذ می‌نمدند ... صاحب معظم‌الیه به تحمل صدمات و زحمات فراوان و مخارج کلی، این درخت ظلم را مقطوع نمود. ....

پنجم: همه ساله به اسم پیشکشی مبلغی از رعیت بیچاره اخذ می‌کردند و در آن ضمن، مباشرین و مداخله‌کنندگان تعدّی و زیادتی‌ها می‌نمودند و این رنجی بزرگ و بلائی سترگ بود مر رعیت را. صاحب مزبور آن را متروک و منسوخ داشت و به عوض اینکه برای یکی دو نفر فزون از صد تومان مخارج شدی و به هدر رفتی و بر رعایا ستم شدی، اکنون از خویش به همان مبلغ بل کمتر دویست نفر را راضی می‌کند و بر حرمت و عزت طایفه افزوده که چنانچه سابق بهدینان را به اسامی رکیکی که گبر و مجوس و نجس باشد، می‌خواندند اکنون برعکس به اسامی حسنه و شایسته که فارسی و زرتشتی باشد، می‌خوانند و می‌نویسند ...

ششم: به بهانه پول قصابی و داروغگی و عوارض و سایر مخارج اتفاقیه، در سنوات قبل رعایای بیچاره را اذیت و آزار می‌کردند و مابین فارسیان هم از این بابت خصومت و عداوت حادث می‌گشت. صاحب معظم‌الیه در این باب هم قراری سخت نیکو نهاد که هر که عروسی و دامادی کند یا گهنباری بخواند، وجهی قلیل به اسم مخارج محل بدهد که جمع شود و در هنگام لزوم به ازاء مخارج اتّفاقیه داده آید تا برای آن بر رعایا ستم نیاید و خصومت نزاید ...

هفتم: رسم بود که اکثر از جاهلان و نااهلان بهدین به بهانه‌ای مسلمان شدندی و اقوام و اقارب خویش را اذیت و آزار کردندی و هر چه داشتند به اسم میراث بردندی ولی صاحب معظم، مادام اقامت یزد هنگام حدوث و وقوع این نوع امور، با کمال مدارا و ملایمت و نهایت مهربانی و محبت به تقویت اندرز و نصیحت ایشان را ممنوع می‌داشت و به بمبئی می‌فرستاد...

هشتم: گاهی مابین بعضی از بهدینان از بابت معامله و داد و ستد و غیره، کدورتی صورت می‌بست و منازعه و مجادله واقع می‌گشت که به محاکمه و مرافعه

و عرض و داد در نزد حکّام شرع و عرف می‌کشید. صاحب معظم‌الیه ایشان را بازمی‌داشت و رفع فتنه و فساد می‌کرد که خصومت به محبّت و عداوت به مودّت تبدیل می‌گشت. ...

نهم: سابق، دایم اوباش و اشرار بر طایفه، انواع تعدّی می‌کردند و از بیوتات و شوارع، اموال ایشان را به سرقت می‌بردند و اگر از اهل اسلام [کسی] مدیون شخص فارسی بود منکر می‌شد و نمی‌داد و اگر مسلمانی از شخص فارسی طلبکار بود انواع اجحاف و تعدّیات می‌کرد. صاحب معظم‌الیه به تدبیر و کمک اولیای دولت و امنای شریعت دفع نمود. ...» (شهمردان، ۱۳۶۳: ۳۹۰-۳۹۵).

فصل نهم

مانکجی و لغو جزیه

اگر اقدامات مانکجی در احیای انسجام درونی جماعت و کاستن از آلام اجتماعی آنها از طریق مراجعه به دولتمردان و متولیان دینی، افق روشن‌تری را برای همکیشان نوید می‌داد، امّا بزرگترین مشکل، مسأله جزیه و باز بودن دست عمال حکومتی در اخذ بی‌رویهٔ آن بود. به عبارت بهتر، جزیه ضمن اینکه شاخصه فرودستی اهل ذمّه در جامعهٔ اکثریت مسلمان به شمار می‌رفت، به همان میزان نیز فرصتی در اختیار مؤدیان مالیات می‌نهاد تا با سوء استفاده از بُعد مسافت منطقه از پایتخت و ناتوانی حکومت مرکزی در نظارت بر عملکرد کارگزاران، فروپایگی اجتماعی زرتشتیان را دستاویز اعمال خلاف قانون دانسته و با اخذ مبالغی بسیار بیش‌تر از حدّ مصوّب، فقط بخش اندکی از آن را به خزانه واریز و مابقی را به نفع خود مصادره نمایند.

به هر حال، حضور فعّال مانکجی در مهم‌ترین مرکز تجمّع زرتشتیان ایران، آگاهی بخش انجمن اکابر از چنین تعدّیاتی گشت، اما آبشخور دینی این مالیات، ارائه راهکار را مستلزم برقراری روابط مطلوب با روحانیان پیشرو و دولتمردان مرکزی می‌نمود. در بُعد نخست به تلاش‌های مانکجی در کسب فتاوی از شیخ مرتضی انصاری پرداخته شد، امّا ورود به ساختار قدرت بدون اتکا به منابع مالی و وساطت کارگزاران انگلیس ناممکن بود. در جایی که بدون صرف هزینه‌های گزاف، امید به انجام هرگونه اقدامی از جانب صاحبان قدرت در ایران، رؤیایی بیش نبود، از آن سو بنا بر نوع درخواست و مخاطب آن‌ها، سطح ارتباط با کارگزاران قدرت نیز

یکنواخت نمی‌نمود. این همه، پارسیان را برآن داشت تا از طریق نماینده خود دو هدف را دنبال کنند:

اول: تأدیه حقوق اقلیتی که در نظر متولیان دینی و جامعهٔ شیعیِ متأثر از آن متولیان، مفاد قرارداد ذمّگی عالی‌ترین بخت و فرصت برای آن‌ها در تداوم بقایشان به شمار می‌رفت.

دوم: با آنکه جزیه به عنوان مهم‌ترین شاخص اهل کتاب، حدّ تمایز آن‌ها با جامعه اسلامی بود، سابقه لغوآن برای ارامنه تبریز[۳۰۳] (Framjee, Ibid: 39)، انجمن اکابررا برآن داشت تا از روابط مطلوب خود با انگلستان به نفع لغو جزیه از همکیشان ایرانی بهره گیرد.

۱- مانکجی در دربار ناصرالدین‌شاه

تحقّق هدف مانکجی در لغو جزیه، نه تنها محتاج صرف هزینه‌های هنگفت و مدّت زمانی بیست و پنج ساله گشت، بلکه پیش از هر چیز، مستلزم ورود مانکجی به مهم‌ترین کانون قدرت یعنی دربار و دیدار با شاه بود. موضوعی که در نخستین سفر مانکجی به ایران و پس از سه سال (۱۵ می ۱۸۶۰م)، به وساطت سفیر کبیر انگلیس در تهران، یعنی سِر هنری راولینسون که روابط بسیار برجسته‌ای با پارسیان داشت، اتّفاق افتاد.

مانکجی که شش تن پارسی دیگر او را همراهی می‌کردند، در روز نخست موفّق به دیدار شاه نگردید و روز بعد، پس از چندین ساعت انتظار برای دیدار احضار شد. وی پس از این ملاقات، شرحی از ماوقع به راولینسون ارائه نمود که گزارش آن توسّط راولینسون باقی مانده است:

---

۳۰۳. ناگفته نماند هر چند عباس‌میرزا به عنوان تابعی از مناسبات سیاسی با روس، ارامنه تبریز را از پرداخت جزیه معاف نمود و این امتیاز به دیگر مسیحیان ایران تسرّی نیافت، با این همه، فرصت و دستاویز قابل توجهی در اختیار مانکجی و اکابرپارسیان برای توجیه درخواست انجمن برای لغو جزیه از همکیشان ایرانی فراهم آورد.

«بعد از چندین مرتبه تعظیم، هاتریا به فاصله بیست قدم از شاه ایستاده و ناصرالدین شاه به یکباره بانگ برداشت که آیا این همان مانکجی است؟ هاتریا تعظیمی کرده و گفت: بله، قربان خاک پای همایونت شوم.

در این هنگام شاه گفتگوی کوتاهی با درباریان نمود.

پس، هاتریا چند قدم به سوی شاه رفت و جعبه‌ای نقره‌ای را در پیشِ پای شاه قرار داده و پوشش آن را برداشت و نامهٔ ارسالی از سوی اکابر- رهبران جماعت پارسی بمبئی- را که در پارچه‌ای ابریشمی پیچیده شده بود، به شاه عرضه داشت.

پس ... شاه از او پرسید: «فارسی می‌دانی؟». هاتریا پاسخ داد: «بله، قبلهٔ عالم».

شاه پرسید: «شما از زرتشتیان هستید؟ پیرو دین زرتشتی هستید؟». هاتریا پاسخ داد: «بله قبله عالم». شاه پرسید: «اصول دین‌تان چیست؟». هاتریا پاسخ داد: «اصول دین ما شبیه شریعت اسلام است. برخی تفاوت‌ها در نمازهایمان هست. امّا در اساس، هر دو شبیه به هم هستند».

در این هنگام شاه خطاب به امرای ایستاده در صف جلو چنین گفت: «این‌ها مردمان خوب و پاک و پاکدامنی هستند که از دوران‌های خیلی قدیم به جای مانده‌اند».

سپس شاه از هاتریا سؤال نمود: «آیا آتش پرست هستید؟»

هاتریا پاسخ گفت: «نه اعلیحضرت. ما آتش را قبله می‌دانیم، همچون مسلمانان که کعبه را به چشم قبله می‌نگرند».

- شاه پرسید: «چه؟ یعنی شما آتش را خدای خود نمی‌دانید»؟

هاتریا پاسخ داد: «نه اعلیحضرت. آدمی باید خداوند را از طریق آفرینش او بشناسد. آب، آتش، خورشید، ماه و همه و همه توسّط او آفریده شده و از طریق آن‌ها ما خود خالق را پرستش می‌کنیم».

ناصرالدین‌شاه متعجّب پرسید: «یعنی آتش را نمی‌پرستید؟»

هاتریا پاسخ داد: «ما در برابر آتش یا خورشید می‌ایستیم و به آفریدگارشان نماز می‌گزاریم».

شاه پرسید: «پس چرا در برابر آتش، نماز گزارده و عبادت می‌کنید»؟

هاتریا پاسخ داد: «چون اینها نورانی هستند و ما هر پرتوی تابان را جلوه‌ای از آفریدگار مقدّس می‌دانیم. به همین خاطر، ما نماز گزاردن در برابر این تجلیات آفریدگار را درست می‌دانیم». ...

شاه پرسید: «روزه هم می‌گیرید؟»

هاتریا پاسخ داد: «نه اعلیحضرت ...»

شاه پرسید: «آیا هنگام اختیار نمودن همسر، تن به نکاح می‌دهید؟».

هاتریا پاسخ داد: «بله اعلیحضرت. همانند پیروان اسلام ما نیز نکاح داریم. موبدان ما عقد نکاح ما را می‌بندند».

شاه پرسید: «نماز هم می‌خوانید؟»

هاتریا پاسخ داد: «بله اعلیحضرت. ما مطیع احکام خداوندیم و در شبانه‌روز پنج نوبت نماز می‌گزاریم».

شاه پرسید: «شما تاجرید؟»

هاتریا پاسخ داد: «بله اعلیحضرت در سطح کوچکی تجارت می‌کنم. امّا منظور اصلی این بنده، راهنمایی و هدایت اندک زرتشتیان باقیماندهٔ ایران از سوی اکابران پارسی هند است».

شاه پرسید: «پارسیان هند بیشتر به چه مشغول‌اند؟»

هاتریا پاسخ داد: «اکثریت تاجرند و تعداد کمی در خدمت انگلیسی‌ها به کار منشی‌گری مشغول‌اند ...».

در پایان، شاه زرتشتیان را به عنوان افراد ایرانی‌الاصل و وفادار می‌ستاید و مانکجی پس از ابراز جان‌نثاری مجدد، می‌گوید: «گرچه پارسیان هند سال‌های دراز دور از سرزمین ایران بوده‌اند، هنوز شاه ایران را ظل‌الله می‌دانند و روابط دوستانه‌ای با ایران دارند...» (Deboo: www.zoroastrian.org.uk).

نخستین دیدار، و استقبال گرم ناصرالدین شاه از مانکجی که بدون وساطت و نفوذ راولینسون ناممکن می‌نمود، فرصت مغتنمی در اختیار انجمن اکابر قرار داد تا نفوذ کارگزاران انگلیس در دربار و اقبال شاهانه را روزنهٔ امیدی برای آغاز کار قرار دهند.

براین اساس و در ادامه بحث سعی داریم مبتنی بر نامه‌نگاری‌هایی که مانکجی

با انجمن اکابر پارسیان، پنچایت یزد و کارگزاران انگلیس در هند و ایران- در خلال دو مرحله سفر مانکجی به ایران- داشت، بر این تلاش‌ها پرتوی افکنده و از خلال آنها تصویر روشن‌تری از مجموعه اقدامات او تا حصول به مقصود ارائه نمائیم. امّا پیش از ورود به این گفتار، تذکر دو نکته ضروری است؛ اول اینکه نامه‌ها در تهران و بر مبنای سیر فعالیت مانکجی و انجمن از کسب مجوز تخفیف مالیات، واگذاری جزیه یزد به تیول وزیر عدلیه، وزیر خارجه و نهایتاً تأدیه مالیات توسّط انجمن اکابر تنظیم گردیده است. و دوّم اینکه به علت تعدّد مکتوبات، آن را در مجموعه نامه‌های مانکجی و انجمن اکابر می‌آوریم.

۲- مانکجی و روند تدریجی حذف جزیه از همکیشان

الف- توقف افزایش جزیه و درخواستِ تخفیف آن

میانجیگری وزیر مختار انگلیس در معرفی مانکجی به شاه، بدان حدّ در ایجاد آشنایی و ارتباطش با حلقهٔ قدرت مهم بود که خود زمینه‌ساز نامه‌نگاری با افراد ذی‌نفوذ برای جلوگیری از افزایش جزیه شد. مانکجی در مکتوبی خطاب به میرزا سعیدخان انصاری[۳۰۴]- وزیر امور خارجه- (۲۱ محرم ۱۲۷۵ق)، پس از شرح اقدامات

۳۰۴. میرزا سعیدخان انصاری ملقب به مؤتمن‌الملک پسر میرزا سلیمان شیخ‌الاسلام گرمرودی در ۱۲۳۱ق متولد شد. او در آغاز از ملاهای خوش خط و فاضل گرمرود آذربایجان بود که به هنگام عبور ناصرالدین شاه به همراه میرزا تقی‌خان فراهانی- که از تبریز به تهران برای جلوس می‌آمدند- از گرمرود برای تقدیم عرض حال خدمت امیر رسید و چون خطش مورد پسند قرار گرفت به خدمت پذیرفته شده و هنوز به تهران نرسیده بودند که به سمت کاتب اسرار و منشی تقی‌خان دست یافت. بعد از مرگ میرزا محمدعلی شیرازی، وزیرخارجه، (۱۲۶۸ق) وی از طرف شاه به لقب خانی و دبیر مُهام خارجه یا همان کفالت وزارت خارجه نائل و به مؤتمن‌الملک ملقب شد و در ۱۲۶۹ق رسماً به سمت وزیر خارجه منصوب گردید. وی همچنین در ۱۲۷۶ق با حفظ سمت به عضویت شورای دولتی و دیگر مناصب دست یافته، در ۱۲۸۸ق لقب نصیرالدوله و در سال ۱۰۳۱ق آصف‌الدوله دریافت کرد. در صدارت میرزا حسین‌خان سپهسالار میان آنها نقاری پیدا شد و گرچه صدراعظم درصدد برکناری او از وزارت خارجه برآمد اما شاه نپذیرفت. در ۱۲۹۰ق که سپهسالار از صدارت عزل و به وزارت خارجه منصوب گردید، میرزا سعید به تولیت آستان قدس منصوب و از سال ۱۲۹۱ق بر این مقام بود. در ۱۲۹۷ق باز به وزارت خارجه دست یافت و روی هم رفته ۳۰ سال در این وزارتخانه مشغول به کار بود. وی در جمادی‌الاول ۱۳۰۱ فوت کرد (بامداد، ۱۳۴۷، ج۲: ۶۶-۷۱).

خود در ساخت دخمه، عبادتگاه و مدرسه، دربارهٔ مأموریتش برای کسب مجوز لغو جزیه از شاه می‌نویسد:

«دو سه سال است که خدمت اولیای دولت ابدمدّت عارض شده و خرج و خوشامد بی‌نهایت کرده و خسته شدم. چنانکه این معنی بر رای عالم‌آرای عالی نیز هویداست. بنا بر آن لابداً به معرفت جناب میستر مُری، وزیرمختار دولت بهیّه انگلیس به موجب استدعای پارسیان هندوستان، فهرستی به خاکپای همایون عرضه‌داشت شده و بدان خصوص، یوم قبل شرفیاب حضور فیض‌ظهور عالی شده و خواستم که حقیقت را مفصلاً معروض دارم [که] فرصت نشد. لهذا به نگاشتن این عریضه جسارت شد که آنچه در آن مختصر فهرست عرضه‌داشت شده است به چندین وجه محقّق می‌باشد. نخست اینکه چهل سال پیش از این، هنگامی که بر آن یکهزار و پنجاه و پنج تومان جمع بسته‌اند، آن ایام چهار هزار خانوار بوده‌اند و اکنون یکهزار هم باقی نمانده‌اند. چون بسیاریِ ایشان به کمی گراییده، جزیه ایشان هم کم کردن روا می‌باشد. دوم آنکه در کشور عربستان بر اهل ذمّه پول جزیه از هر مرد پیشه‌ور، یک هزار دینار می‌گیرند، بدان موجب اگر شمرده شود جزیه زرتشتیان ایران از یکصد تومان زیاده نخواهد شد.

سیم: تبعهٔ دولت عثمانیه، اهل ذمّه کرورها رعیت‌اند. سابقاً از هر مردی یکهزار دینار بر آنها مقرّر بوده امّا حال چند سال است که بالمرّه ایشان را معاف کرده‌اند و همچنین در سایر حکومت اسلامیان سابقاً این بدعت بود لاکن همه موقوف و معاف داشته‌اند. لهذا استدعای پارسیان هند از مرحمت اولیای دولت دوران‌مدّت آنست که این گزارش به بهترین وجهی به خاکپای قبله عالم و عالمیان عرضه‌داشت شود و نوعی قرار و مدار داده درین باب فرمان قضاجریان به اسم یکی از طایفه مذکور که رعیت تبعهٔ دولت علّیه بوده باشد صادر و جزیه ایشان را از جمع مالیات یزد و کرمان موضوع فرمایند که آن قلیل باقی‌مانده طایفه به فراغ بالی و آسوده‌خاطری[۳۰۵]

---

۳۰۵. اصل: خواطری

به امر رعیتی خود برسند. جناب امیرکبیر مبرور در عهد وزارت خویش شوق و ارادهٔ آنرا داشتند که این فقره را بند و بست داده و فراریان طایفه مذکور را از کشور و بلاد خارجه[۳۰۶] طلب فرمایند، اما بعد بنا بر نامساعدتی بخت و کم‌طالعی جماعت مذکور تا اکنون این معنی به خاطر اولیای دولت متأثر شده بود. لکن در این اوان سعادت‌اقتران از آنجا که منظور نظر کیمیااثر شهنشاه عدل‌گستر و وزرای رعیت‌پرور، رعایت رعایا است، کمال امیدواری و استدعای پارسیان هند از مراحم بیکران خسروانه آنست که به انوار فیوضات بی‌غایات شهنشاهی مقبس گردیده، این مقدمه فیصل‌پذیر خواهد شد و فراریان طایفه مزبور که در هند و سایر بلاد متوطن شده‌اند از مژده این بخشش و مرحمت، باز مراجعت به وطن خود خواهند کرد و هرآینه بیان این کَرَم و عطا در تواریخ و روزنامه‌ها، ثبت و جاودان در صفحهٔ جهان باقی خواهد ماند. بویژه دو کرور خلق هندوستان که از پارسیان و رعایای باستانی ایرانند، از این مژده سر مفاخرت به اوج سماوات رسانیده، به دعای دوام عمر و دولت اعلیحضرت اقدس والا روحنا و روح العالمین فداه مشغول خواهند بود» (اسناد و مکتوبات و گزارشات مانکجی هاتریا، ۱۸۶۵: ۴۱-۴۲).

هم‌زمان، مانکجی در نامه دیگری خطاب به فرّخ‌خان امین‌الدوله، ضمن ارائه اطلاعاتی قابل توجه از بی‌انصافی عمال حکومتی در اخذ جزیه، مجدداً بر تقاضایش تأکید می‌کند:

«فدایت شوم

در خدمت ذی‌رفعت جنابعالی عرض می‌شود که ملاکیخسرو مَع عرایض خدمت آن جنابعالی روانه داشت و از نوشتهٔ آن معلوم می‌گردد که در تفاصیل جزیهٔ طایفهٔ زرتشتیهٔ یزد، حکّام بنا بر غرض اشتباه‌کاری نموده‌اند. در این خصوص بر فدوی واجب آمد که جسارت نماید قسم به جقهٔ مبارک قبله عالم- روحی فداه- که این احوال را به خاکپای مبارک شاهنشاه جمجاه عالم‌پناه عرض نماید.

---

۳۰۶. اصل: خوارجه

عرض اول اینکه در زمان مرحوم میرزا تقی‌خان امیر، فرمان قضاجریان اشتمال بر ششصد و نود و هشت بوده، بدین طایفه مزبوره صدور یافته و همان مبلغ موضوع بوده که در دارالخلافه به سرکار دیوان داده می‌شده و سواد آن ارسال خدمت ذی‌رفعت عالی شده. دوم اینکه در ایام حکومت خان باباخان سردار، برآن وجه، فرع افزوده، در یزد معامله شده بود. در این خصوص مجدداً تعلیقه در زمان صدارت میرزا آقاخان بر خط و مُهر میرزا صادق قائم‌مقام[۳۰۷] صدور یافته مشتمل بر ششصد و سی و شش تومان موافق تصدیق مقرّب‌الخاقان آقامیرزا رحیم به موجب ثبت دفترخانهٔ مبارکه که آن هم موجود می‌باشد.

سوم: دو سال قبل به خاکپای قبلهٔ عالم روحی و روح‌العالمین فداه عریضه‌نگار شده بودم و سواد نامهٔ آن در سفرنامه خود مندرج می‌باشد ... در آن هم مع خرج نهصد تومان ثبت است و چون از طرف حکام، نهصد و نود و چهار تومان نوشته‌اند که دریافت می‌شده، این حرف بی‌پا است. هرگاه اصل وجه جزیه مع زیادتی مباشرین ظلم و ستم محسوب اینقدر نخواهد شد.

چهارم: اینکه میرزا آقاخان در اواخر صدارت، تعلیقه به جهت میرزا شفیع ارسال داشت که به موجب فرمان همایون به دویست کم و زیاد، وجه جزیه را از طایفه مذکوره دریافت نماید که در دارالخلافه کارسازی شود، سال بعد را که هذه‌السنه باشد موضوع گردد. ولیکن بعد از عزل میرزا آقاخان، به حسب‌الحکم همایون، تعلیقه‌جات جلالتمآب وزیر امور دول خارجه که دریافته بود و به رسیدن آن میرزا شفیع از روی غیظ و غضب زیادتی نموده و در این خصوص به خدمت عالی این کمترین عارض شده، البته به نظر شریف خواهد بود در باب آبادی طایفه مزبوره آنچه در عرایض مندرج بود که چهل سال قبل قریب پنج هزار خانوار بودند، صدق آن این است که سرجان ملکم در زمان خاقان مغفور، ایلچی کبیر از جانب دولت بهیّه

---

۳۰۷. میرزا محمدصادق نوری مستوفی ملقب به قائم‌مقام و امین‌الدوله، فعال سیاسی عهد قاجار، بود. وی ابتدا وزیروالی آذربایجان و سپس وزیر داخله شده و به امین‌الدوله ملقب گشت. در۱۲۷۰ ق به لقب قائم‌مقامی مفتخر گردیده و به جای میرزا فضل‌الله نوری وزیرنظام، به وزارت پیشکاری فیروز میرزا نصرت‌الدوله والی آذربایجان انتخاب و در ۱۲۷۳ق از این مقام عزل گردید.

انگلیس مقرّر بوده و آن جناب در سفرنامهٔ خود مطابق آن ثبت نموده که در آن زمان جزیه آنها دویست تومان بوده و اسناد آن به نظر شریف رسیده. حال، باقی پریشان احوال، قریب یکهزار خانوار هم نیستند و چهار سال قبل شماره آنها را دو نفر از اهالی نمسه[۳۰۸] یکی مشهور به پادری یعنی کشیش موسوم به پرل و دیگری [چند کلمه ناخوانا] در سیاحت‌نامه خود ثبت نمود. حقیر هم از روی تحقیق و دقت تمام، یک به یک نام و نشان شمرده که ثبت آن در سیاحت‌نامه این فدوی مندرج است. بدین موجب، مرد کاسب ۲۹۶۲ نفر، مرد عاجز و فقیر ۳۵۰ نفر، اطفال ذکور ۱۴۳۶ نفر، اطفال یتیم ۴۸۰ نفر، مرد مفلس ۳۹۰ نفر، اطفال عاجز ۸۰ نفر، زن شوهردار ۱۲۷۶ نفر، زن بیوه مفلس ۵۳۶ نفر، زنان عاجز ۴۷ نفر، دختران ۱۱۲۸ نفر، دختران یتیم ۲۹۳ نفر، دختران یتیم و عاجز ۳۷ نفر. اینها در شهر یزد و دهات متفرقند. ....» (اسناد و مکتوبات و گزارشات مانکجی هاتریا: ۶۱-۶۳).

گرچه مانکجی بر آن بود تا با حمایت وزیر مختار انگلیس و استدلال بر عدم تناسب تعداد زرتشتیان با مبلغ جزیه، نظر شاه را جلب نماید، امّا به دلیل ناتوانی حکومت در نظارت بر عملکرد حکام- آن هم در مناطق دور از پایتخت- در عمل موفقیّت چندانی به‌دست نیاورد. در نامه زیر،[۳۰۹] مانکجی علی‌رغم حمایت کارگزاران انگلیس، بر اجرایی نشدن قول شاه در تخفیف جزیه اشاره دارد:

«قربان خاکپای جواهرآسای مبارکت شوم.

عرضه‌داشت می‌نماید، کمترین مسافر دعاگو مانکجی لیمجی، که این داعی خاکسار به جهت سرپرستی طایفه زرتشتیه، رعیت دولت ابدمدت علّیه، مدتی است در دارالخلافه سکنی گزیده و به اولیای دولت قوی‌شوکت ارادت ورزیده، توصیف رعیت‌پروری و عدالت‌گستری اعلیحضرت اقدس شهریاری را به جهت اکابران هندوستان همکیشان ایشان مکرّر نوشته بود، تا اینکه ایشان یک عریضه با

۳۰۸. اتریش.

۳۰۹. هر چند در نامه به مخاطب اشاره‌ای نشده است، ولی احتمالاً وزیر امور خارجه باشد.

مهر و صحیح قریب سیصد نفر بزرگان پارسیان فرستاده‌اند که به صلاحدید جناب جلالت‌مآب سِر هنری رالین‌سن صاحب، فدوی مع پیشکش از قرار تفصیل ذیل: شمشیر مع کمربند زرین [؟] قبضه، تفنگ شصت‌تیری مع چند هزار گلوله دو صندوق، ساعت قاب طلا مع دو زنجیر طلا یک دستگاه، صندوق ساز بزرگ [؟] دستگاه، لوله منقّش به اسم مبارک همایون والا مع غلاف زرین که در جوف آن عریضه اکابران بر پوست آهو نوشته شده، به طور شایسته با تعظیم و تکریم در پیشگاه حضور معدلت‌دستور به ظهور رساند، به موجب اشارهٔ انجمن معروض، این خاکسار عریضه‌نگار می‌شود که در ایام خاقان خلدآشیان این گروه در یزد و حوالی آن سامان شش هزار خانوار بودند. از ایشان علاوه بر مالیات و صادریات و عوارضات دیوانی به اسم جزیه مبلغ دویست تومان دریافت می‌نمودند. ولی به دفعات تغییر و تبدیل در ایام جلوس اقدس شهریاری مبلغ ششصد و نود و هشت تومان مقرّر شده بود. چون از این بار گران آن گروه به ستوه آمده، روزبه‌روز فراری شده، اکنون هزار خانوار باقی نمانده‌اند. با وجود این مباشرین دیوانی باز مبلغی بی‌جهت بر آن افزوده، هشتصد و هفتاد و هشت تومان به تیول معتمدالدوله مقرر نموده‌اند و سوای آن، مبلغ سی و پنج تومان از قبیل خانوار ساکنین کرمان دریافت می‌نمایند. لاجرم استدعا از بخشش خسروانه و مکرمت خدیوانه آنست که چنانکه در زمان پیشکاری مرحوم میرزا تقی‌خان مبلغ جزیهٔ بدهی ارامنه تبریز را معاف و بخشش فرموده‌اند بدان موجب بر این طایفه هم بذل و تصدق فرمایند یا به عدل و داد تخفیفی کافی شایستهٔ اسم شهنشاه با فرّ و جاه مرحمت شود و حکم محکم صادر گردد که مِن‌بعدها اولیای دولت قاهره به هیچ‌وجه من‌الوجوه تغییر و تبدیل نتوانند نمود تا نیکنامی اقدس همایون در اطراف عالم و باعث دعاگویی این طایفه ضعیف ساکنین ایران و منت بر اکابران هندوستان و بر داعی عقیدت‌بنیان و سبب آبادی ایران مینونشان خواهد شد. حکم حکم همایون است. فی شهر شوال ۱۲۷۶» (اسناد و مکتوات و گزارشات مانکجی هاتریا: ۲۶۱-۲۶۲).

ب- تیول جزیه زرتشیان یزد به عباسقلی‌خان معتمدالدوله

مانکجی که به‌درستی تشخیص داده بود، علاوه بر عدم تناسب جزیه با تعداد زرتشیان یزد، حکّام محلی نیز خودسرانه بر میزان مالیات مقرّر می‌افزایند، در پی راهکاری برای حذف واسطه‌های محلی و دیوانی برآمد. به عبارت بهتر، از آنجا که حکّام با تکیه بر دیوانسالاری وابسته به خود، عدم وجاهت اجتماعی زرتشتیان را دستاویزی برای افزودن بر مبلغ جزیه رسمی می‌دیدند، مانکجی بر آن شد تا با جای دادن همکیشان در گردونه منافع شخصی دولتمردان ساکن در مرکز، مانعی در اخاذی‌های بی‌رویهٔ کارگزاران محلی پدید آورد.

به عنوان شاهدی بر سوءاستفاده‌های کارگزاران محلی، پنچایت یزد در نامه‌ای (۱۲۴۷ق) به وزیر امور خارجه می‌نویسد:

«عرضه‌داشت کمترین بندگان نیازمندان جماعت زرتشتی دارالعباد یزد به خدمت ذی‌رفعت سرکار جلالت‌آثار، خداوندگار بندگان عالی می‌رسانند که قربانت شویم، جمع بده[۳۱۰] جزیهٔ دیوانی این جان‌نثاران که سوای سایر مالیاتست، در بدو زمان حضرت خاقان مبرور که در آن هنگام تقریب شش هزار خانوار بوده‌ایم، مبلغ دویست تومان بوده و بعد تخمیناً چهل سال قبل از این که در آن زمان چهارهزار خانوار باقی مانده بودیم بر جمیع آن وجه افزوده‌اند. چنانکه صورت جمع آن در دفتر مبارک هست و دستخط سرکار بندگان‌پناهی بر آن ناطق است. امّا بعد کثرت جماعت ما فدویان از سبب حوادث زمان که فراری شده‌اند، به قلّت انجامیده، الحال قریب یکهزار خانوار بیش نمانده‌ایم. لهذا بنا بر تنگدستی و نتوانستن دادن وجه مزبور که فوق طاقت مایان است، در این باب به عنوان گدایی در خدمت انجمن زرتشتیان هندوستان عارض شده‌ایم. با این حال، عمّال یزد به ایراد آنکه باید حکم تازه از اولیای دولت ابدمدّت پناهی، در دست داشته باشیم، می‌خواهند زیادتی بنمایند. لهذا استدعا از مراحم بی‌پایان سرکار خداوندگار چنان است که در

---

۳۱۰. بدهی.

این باب حکمی صادر فرمایند که برما ضعیفان جان‌نثار جبروارد نیاید تا به فراغ‌بالی به امر رعیتی خود رسیده، علی عادهٔ‌المستمره به دعای افزونی عمر و دولت اقدس اعلیحضرت شاهنشاه روحنا فداه و امنای دولت، روزافزون مشغول باشیم. باقی امره العالی الامجد الارفع مطاع» (اسناد و مکتوبات و گزارشات مانکجی هاتریا: ۳۳).

نهایتاً با پیگیری‌های سِر هنری راولینسون، شاه قول خود به کاهش جزیه را با صدور حکمی دال بر کسر صد تومان از مبلغ ۹۲۰ تومان مقرّر عملی ساخت و بدین‌ترتیب، مقدار جزیه زرتشتیان یزد و کرمان به ۸۲۰ تومان کاهش یافت (Karaka, Ibid: 75). این فرمان هر چند در عمل با مقاومت‌هایی از سوی کارگزاران محلی مواجه شد، امّا لااقل مانع از رشد بیش از پیش جزیه گردید.

پس از موفقیّت نخستین گام، دومین حلقه از تلاش‌های مانکجی، قرار دادن جزیه زرتشتیان در تیول[۳۱۱] سران قدرت در تهران بود. اقدامی که باعث شد مطابق با حکم زیر، جزیه زرتشتیان یزد در تیول عباسقلی‌خان معتمدالدوله،[۳۱۲] وزیر عدلیه، قرار گیرد:

«بسم‌الله تعالی هو شأنه العزیز

الملک لله تعالی»

حکم همایون شد

حکم والا شد

---

۳۱۱. تیول از اصطلاحات دیوانی است که از دوران ایلخانان تا عصر قاجار پابرجا بوده و مقصود از آن واگذاری درآمد و هزینه‌ای منطقه‌ای خاص از طرف شاه به اشخاص مورد نظر است که به دلیل ابراز لیاقت و یا به ازای مواجب و حقوق سالیانه دریافت می‌داشتند (لمتون، ۱۳۶۲: ۷۷۸).

۳۱۲. عباسقلی خان جوانشیر تا راهیابی به مناصب عالی در ساختار قدرت، نخست حکومت کاشان و سپس کرمان را در زمان محمدشاه به دست آورد. در پادشاهی ناصرالدین شاه و با عزل میرزاآقاخان نوری بجای مقام صدارت، اداره امور میان شش وزارت خانه و وزارت عدلیه به عباس قلی خان سپرده شد و ملقب به معتمدالدوله گردید که تا زمان وفاتش در ۱۲۷۸ق همچنان بر این مقام بود. وی در ۱۲۷۶ق علاوه بر وزارت عدلیه به عضویت شورای دولتی نیز برگزیده شد و از او به عنوان فردی عادل، با سیاست، عاقل و موقّر یاد رفته است (بامداد، ۱۳۴۷، ج۲: ۲۲۹-۲۲۷).

چون عالیجاه رفیع‌جایگاه، مجدت و جلالت‌همراه، عزت و فخامت‌اکتفاه، درایت و فطانت‌انتباه، و کفایت‌پناه، اخلاص و ارادت‌آگاه، امیرالامراء العظام، زبدهٔ الکبراء الفخام، قدیمی‌چاکر دولت ابد اِرتسام مقرب‌الخاقان، عباسقلی‌خان معتمدالدوله از جمله چاکران و عمده خدمت‌کاران دولت جاویدنشان، پیوسته به خدمات مشکله، مؤتمن و به مهمّات مفصلّه ممتحن آمده، ظهور عاطفت و شمول مکرمتی جدید دربارهٔ او ملزوم همّت ملوکانه افتاده، از هذه السنه قوی‌ئیل خجسته‌تحویل و مابعدها وجه متوجهات دیوانی طایفهٔ زردشت ساکنین دارالعباد یزد که بدین موجب است [چند سطری به سیاق آمده است] که از بابت مواجب مقرب‌الخاقان معتمدالدوله، همه‌ساله مهم‌سازی نمایند. سوای وجه مراعی که از قرار معمول ولایت حکم نماید، در عوض مواجب او به تیول او مقرّر و مرحمت فرمودیم که برحسب این حکم محکم، وجه بدهی دیوانی آنها اخذ و دریافت نموده، حسن سلوک و طرز رفتار را با آنها سلوک داشته به عواطف خسروانه از آنها جذب قلوب و سلب تعدّی کنند و به مراحم ملوکانه امیدوار سازد. مقرّر آنکه عالیجاهان رفیع‌جایگاهان، حکّام و عمال و مباشرین حال و استقبال در دارالعباد یزد، متوجهات دیوانی جماعت زردشت متوطنین دارالعباد یزد تخلف از حکم محکم ننمایند. المقرر عالیجاهان رفیع‌جایگاهان عزت و جلالت‌دستگاهان مقرب‌الخاقان مستوفیان عظام دیوان اعلی، شرح فرمان همایون را ثبت و ضبط نموده درعهده شناسند.

تحریراً فی چهارم شهر ذی‌قعده الحرام ۱۲۷۵» (اسناد و مکتوبات و گزارشات مانکجی هاتریا:۸۱-۸۲).

با صدور فرمان اخیر، روزنامه وقایع اتفاقیه نیز در شماره ۴۳۲ مورخ «یوم پنج‌شنبه هشتم شهر شوال مطابق سال قوی‌ئیل سنه ۱۲۷۵» آن را اعلان عمومی می‌نماید:

«منطبعهٔ دارالخلافه طهران

نظر به آنکه آسودگی و رفاه حالت جمیع رعایای این دولت جاوید از هر ملت که

باشد همواره منظور نظر همایون سرکار اعلیحضرت پادشاهی است لهذا به ملاحظه آسودگی حال طایفه گبر و مجوس ساکن یزد، آنها را به تیول معتمدالدوله که به حسن سلوک و مردم‌داری موصوف است مرحمت فرمودند که مراقب احوال آنها بوده، نگذارد از کسی تعدی به آنها وارد آید» (همان: ۷۵).

به دنبال انتشار حکم یادشده، مانکجی در نامه‌ای خطاب به ناصرالدین شاه، پس از عرض ارادت معمول و سپاس از آنکه «رعایت دادرسی و معاملهٔ ضعیف طائفه زرتشتیه» را به معتمدالدوله مقرّر نموده است و با این اقدام مراتب تشکر پارسیان هند را فراهم آورده، می‌نویسد: «جسارت به عرضه‌داشت ورزیده که کلاً طایفه زرتشتیه به غایت مستدعی و نیازمند آنند که از بخشش تمام دهش خسروی و مراحم ملوکانه بر وجه جزیه زرتشتیه ایران که به موجب فرمان جهان‌مطاع مبلغ ششصد و هشت تومان است و بعد فرع حقّ الحکومت و رسوم بر آن افزوده، اکنون موافق ثبت دفترخانه مبارکه، اصلاً و فرعاً مبلغ هشتصد و سی و شش تومان هست، تخفیفی عطا و مرحمت گردد و از مصدر جلال فرمان قضاجریان همایون، شرف صدور یابد که پول مزبور از جمع مالیات یزد و کرمان موضوع بوده، هر ساله به توسّط ملاکیخسرو ولد کاووس که یکی از طایفه مسطوره و رعایای دولت جاویدمدت علّیه هست در دارالخلافه دریافت نمایند که آنها به آسودگی خاطر[۳۱۳] علی عادهٔ‌المستمره مشغول دعاگویی باشند» (اسناد و مکتوبات و گزارشات مانکجی هاتریا: ۵۶).

با صدور فرمان ناصرالدین شاه و اطمینان خاطر مانکجی از واگذاری جزیهٔ زرتشتیان یزد به تیول وزیرعدلیه، بالطّبع امیدی به کوتاه شدن دست عمال حکومت محلی فراهم آمد، لذا طی دو نامه به حاکم یزد با لحنی که نشان از موفقیّت داشت، او را چنین خطاب قرار می‌دهد:

«شصت سال پیش ۶۰۰۰ خانوار، جزیه‌ای معادل ۲۰۰ تومان می‌پرداختند، امّا هم‌اینک ۱۰۰۰ خانوار بایستی ۸۷۸ تومان بپردازند. زرتشتیان نمی‌توانند چنین مبلغی

---

۳۱۳. اصل: خواطر.

را سالانه پرداخت نمایند. خواهشمند است صرفاً همان مبلغ ۲۰۰ تومان را مطالبه و در صورت امکان آن را سالانه از طریق کنسول بریتانیا وصول نمائید. این اقدام باعث تشویق زرتشتیان به تلاش ساعیانه در امور کشاورزی گردیده و از مهاجرت آنها جلوگیری می‌نماید. لطفاً اطمینان حاصل نمائید که ۲۰۰ تومان یادشده در سالهای بعدی تغییر نکند. با آنکه احتمالاً حکّام سالانه تغییر می‌کنند امّا مبلغ مذکور نبایستی تغییر نماید. همچنین خواهشمند است بابت آزادی‌های شهری زرتشتیان، اطمینان خاطر داده و اجازه ندهید که دیگران به طور وحشیانه با آنها رفتار کنند.

امضا شده توسط: مانکجی لیمجی. نماینده از طرف زرتشتیان هند، یک کپی به شاه ارسال گردید. مورخ ۱۲۷۶ق» (Hataria, 1866: 9).[۳۱۴]

و در نامه دوم با زبان تهدیدآمیز، می‌نویسد: «من به شما قبلاً نامه نوشته و مجدّد نامه می‌نگارم که لطفاً هر اقدامی می‌توانید دربارهٔ جزیه انجام دهید. مدت زمان درازی می‌گذرد و ما نتیجه‌ای عاید نداشته‌ایم. بنابراین مصدّع اوقات گردیده و بار دیگر درخواست به انجام هر اقدامی در حدّ توان خود دارید، تا اعتبار شاه ایران خدشه‌دار نگردد. ما نمی‌خواهیم کنسول بریتانیای کبیر از شما پاسخی را مطالبه نماید. زیرا که شاه ایران احتمالًا از این کار خرسند نمی‌گردد» (Ibid: 63).

موفقیّت در واگذاری امور زرتشتیان به وزیر عدلیه به حدّی در مهار عملکرد دلبخواهانهٔ حکّام محلی اهمیت داشت که معتمدالدوله هم در نامه‌ای به تاریخ محرم ۱۲۷۷ق به اعتمادالدوله- حاکم وقت یزد- بر این موضوع تأکید کرده و نویدبخش روزنه‌های امید در حیات اجتماعی زرتشتیان می‌شود:

«مخدوم مکرم مهربانا

در باب طایفهٔ زرتشتیه متوطنین دارالعبادهٔ یزد سابقاً شرحی نگاشته‌ام که سرکار

---

۳۱۴. نام کتاب به گجراتی:
Hataria, Maneckji Limji, Iran Desh Na Rehnara Garib Jarathostio Saru Sthapayela Dharm Khata No Ahwal. Bombay, 1866.

اعلیحضرتِ قَدَر قدرت اقدس شهریاری- روحی و روح‌العالمین فداه- این طایفه را محض حصول دعای خیر از برای وجود مبارک و آسودگی آن‌ها به تیول دوست‌دار مقرّر فرموده‌اند، نه از بابت این است که منفعتی در ضمن این تیول تصور کرده باشم. این اوقات در باب پاره‌ای تعدیاتی که نسبت به آنها شده و می‌شود، عریضه به دیوان عدالت عرض کرده‌اند؛ یکی در باب شرارت «محراب» نام که سابقاً حکم [یک واژه ناخوانا] به جهت آوردن او به دربار معدلت‌مدار صادر شده بود و در آن زمان فرار اختیار نموده، به دست نیامد. حال خاطرجمع شده، آشکاره درصدد اذیّت این طایفه برمی‌آید و هر روز اسبابی از برای ضرر و خسارت آن‌ها فراهم می‌آورد. فقرهٔ دیگر این است که چندی قبل دو نفر دختر این طایفه، دو نفر قاطرچی را تحریک نموده، پدر و مادر و جدهٔ خود را زهر داده، کشته‌اند و همچنین ملاکیخسرو را عمه و شوهرعمه‌اش زهر خورانیده، نزدیک به مردن رسیده بوده است و بعد از زحمات زیاد معالجه شده و با این تفصیلات یک باب خانه وقفی او را هم به غصب تصرّف نموده‌اند. فقرهٔ ثالث [اینکه] بعضی اشخاص محض شرارت، پهلوی مباشر افتاده به اسم سادات، مطالبه جزیه از طایفه مزبوره می‌نمایند و حال آن که موافق فرمان قضاجریان همایون نباید به هیچ اسم و رسم از آن‌ها وجهی دریافت نمایند. چون رفع این گونه تعدیات همواره منظور نظر عدالت‌گستر ملوکانه است، لهذا لازم شد که مجدداً در مقام اظهار برآمده که آن مخدوم مکرم مهربان به حقیقت مراتب معروضه رسیدگی نمایند. اولاً در رفع شر محراب نام مزبور از سر این طایفه، سعی موفور به عمل آورند. دو سه سال است که علی‌الدوام این بیچاره‌ها از دست آن ناپاک در شکوه هستند. می‌باید گوشمال بلیغی به مشارالیه داده شود که بعد از این درصدد اذیت آن‌ها برنیاید و در باب مقتولین نیز قراری بدهید که رضایت وراث آن‌ها به عمل آید و بعد از این در مقام شکایت برنیایند و قدغن نمایند کسانی که از طایفهٔ مزبوره به شرف اسلام مشرف شده و می‌شوند این گونه حرکات خلاف را موقوف نموده پیرامون این عمل‌ها نگردند و به خلاف حساب، مال و اموال مردم را متصرف نشوند و همچنین قدغن بلیغ نمایید که مباشرین، مطالبهٔ جزیه از آن‌ها نکنند. بدهی آن‌ها تیول دوست‌دار است. هرگاه دیناری به

این اسم و رسم امری مطالبه و دریافت کند، مورد مؤاخذه خواهد بود و در هر حال رعایت طایفهٔ مزبوره را منظور داشته که هر روز دردسر ندهند» (تشکری، ۱۳۹۱، تحقیقات تاریخ اجتماعی، ش۱: ۴۲-۴۳).

همچنین معتمدالدوله طی نامه‌ای به مانکجی به نکات جالبی و از جمله پیشنهاد و اصرار مانکجی به او برای پذیرش جزیه زرتشتیان یزد به تیول خود اشاره می‌کند:

«گرامی دوستا مهربانا

عالی‌جاه میرزاآقا که از منزل قم معاودت به دارالخلافه طهران نمود، البته تفصیل مجوس‌های یزد که به تیول من مفوّض و مرحمت فرمودند[۳۱۵] اعلیحضرت قدر قدرت شاهنشاهی- روحی و روح‌العالمین فداه- امورات آنها را به اینجانب، به آن دوست مهربان اظهار نموده است. باعث تقبل اینجانب، به ملاحظهٔ دوستی شما بوده که همیشه این خواهش را از من می‌کردید که در دست من بوده از بعضی تعدّیات آسوده باشند، و الا هرگز قبول نمی‌کردم. حال که چنان شد باید قراری به متوجهات دیوانی آنها داده شود که اینجانب مطمئن شود. حسب‌الامر قَدَر قدر خسروانه، مقرب‌الخاقان دبیرالملک از چاپار یازدهم به یزد نوشته و به حاکم اخبار کرده است. در چاپار آخرماه هم اینجانب مفصلاً به مقرب‌الخاقان صاحب‌دیوان و هم به موبد موبدان و ریش‌سفیدان خواهم نوشت طومار مفصلی که در تعیین عدد خانه‌های مجوس یزد و قرار بدهی آنها از آنجا فرستاده بودند و نزد مقرب‌الخاقان دبیرالملک بود، نزد من بود، غلط است و جمع دفتری هم که دارند ثبت آن در دفترخانهٔ مبارکه موجود است. در این صورت لازم است که یک نفر از مجوس‌های معتبر و معقول آمده قرار کار خودشان را بگذارند که در سالی چه خواهند داد. اگر آن تجاری که از اهل مجوس در دارالخلافهٔ طهران هستند، متقبل این عمل می‌شوند

---

۳۱۵ . در اصل: فرمودن.

شما آنها را خواسته، در میان خودشان قرارشان را بگذارند و نوشتهٔ پا به مهر بنویسند و حاشیه‌اش را شما مُهر نمائید، یک نفری از آنها برداشته به موکب همایون بیاورد که در اینجا بسپارد. اگر تغییر و تبدیلی هم بشود خود آن شخص معتبر آدمی باشد که بتواند وکالت کلیه نماید و مرا به همه جهت مطمئن نموده، معاودت نماید. اینجانب نمی‌خواهم که مباشر و ضابط علیحده بر ایشان مشخص نمایم. اگر اینها که در طهران هستند این وکالت را ننمایند از چاپار آخرماه به صاحب‌دیوان و موبد موبدان خواهم نوشت و این تکلیف را بر ایشان خواهم کرد که اگر خودشان راضی به ضابط فرستادن من نشوند هرگز نخواهم فرستاد. غرض اطمینان من است. موبد موبدان از آنجا یکنفر معتبر آدمشان را فرستاده، موکب همایون که به همدان نزول اجلال خواهند فرمود، در آنجا مرا دیده اطمینان داده و قرار قسط شهور را بگذارند. اگر بعد از این قرارداد برای محافظت جماعت مجوس از اذیّت و تعدّیات حاکم و مباشران و مردمان خارج، آدمی خواسته باشند که همیشه از جانب من در آنجا بماند با رضای موبد موبدان مضایقه ندارم» (اسناد و مکتوبات و گزارشات مانکجی: ۶۷-۶۸).

مانکجی پس از دریافت این مکتوب که در واقع پاسخ مثبت معتمدالدوله بود به پیشنهاد وی در رابطه با تحویل جزیه همکیشان توسّط یکی از تجار زرتشتی در تهران، در جواب (شوال ۱۲۷۵ق) چنین اظهار می‌دارد: «عرض دیگر از شنیدن این مژدهٔ پُرامید، ملاکیخسرو ولد کاووس‌نام تاجر را به وکالت کلیه در حضور سرکار عالی مع عرایض جهت تبلیغ مراتب معروضه و سپردن تمسّک و گرفتن فرمان همایون و تعلیقهٔ عالی روانه داشت». سپس با سپاس از معتمدالدوله و قول به انجام فرمایشات وی در باب نحوهٔ تأدیه جزیه، می‌نویسد: «فدویان را نهایت آرزو آن بود که مِن‌باب جزیه، تخفیفی عطا و مرحمت خواهد شد و آن موقوف به رعایت و مراحمت خسروانه قبلهٔ عالمست چون کمال استظهاری از مرحمت بندگان شاهی است، دادرسی این طایفه دعاگو نیز به سرکار عالیست. بنابراین، امیدواری از سرکار جلالت‌آثار آن است که در این خصوص مرحمت و تقویت فرمایند و هرچه مقرّر شود آن وجه مزبوره را قسط به قسط در آنجا مشارالیه بدون تعویق و تعطیل می‌رساند.

عرض دیگر اینکه بعضی از طایفهٔ مزبوره و از اهل کرمان به یزد تردد می‌کند و در آنجا گاهی ساکن می‌شوند. لهذا امید آنکه آنچه در کرمان مبلغ سی و پنج تومان به اسم جزیه دریافت می‌شود، آن را هم موضوع شود و چون در این خصوص هم در خدمت جناب جلالتمآب امین‌الدوله عرض شده بود و نیز آن جناب فیض‌آثار فرموده بودند که هنگامی که وجه یزد موضوع می‌شود، آن هم موضوع خواهد شد. در باب ضابط، اکنون لازم نخواهد بود. چون که سوای وجه جزیه مالیات دیوانی از جمله مراعی و گمرگ و غیره از زراعت و کسب جمع ولایت حکّام دریافت می‌نمایند و چنانچه اتفاقی واقع شود، موبد موبدان یزد و کرمان در خدمت سرکار عریضه‌نگار خواهد شد و در طهران ملاکیخسرو مذکور عرض خواهد کرد. دیگر به موجب فرمایش سرکار این مژده فرح‌بخش در یزد و کرمان، موبد موبدان و ریش‌سفیدان این طایفه مذکور نگاشته شد که همگی به دعای عمر و دولت جاویدمدت حضرت اقدس شاهنشاه- روحناه فداه- و آن سرکار عظمت‌مدار اشتغال نمایند. در باب ثبت سرشماری که در خدمت سرکار عالی ضبط است عرض می‌شود که کسانی که هنوز قابل دادن جزیه نمی‌باشند و چند خانه مخروبه که بیوه‌زنان بی مردند، محسوب شده است، ولیک همین قدر متمسّک است که بعد از این کم و زیاد و آبادی و خرابی دولت علّیه خواهد شد و امیدواری درگاه پاک یزدان بی‌نیاز دارد که از رعایت و عدالت شاهنشاه اعلی‌حضرت گیتی‌پناه فراریان این طایفه معاودت نموده...» (اسناد و مکتوبات مانکجی: ۶۹-۷۰).

علاوه بر نامه مذکور و تعیین ملاکیخسرو به عنوان واسطه تحویل جزیه زرتشتیان یزد و کرمان به معتمدالدوله، مانکجی در دو مکتوب خطاب به ناصرالدین شاه و سِر هنری راولینسون با تکرار مضامین نامه‌های پیشین در زیاد بودن مبلغ جزیه، از عریضه‌نگاری‌های متعدد خود سخن می‌گوید: «... مردمان صاحب‌غرض امر را مشتبه نموده نگذاشته بودند به حقیقت برسند. آخرالامر اکابر هندوستان به معرفت جلالتمآب مستر موری سابق، وزیر مختار به خاکپای همایون معروض داشتند. آن زمان شاهنشاه جمجاه به لفظ مبارک وعده فرموده بودند که هرچیز در اوایل دولت خاقان خلدآشیان می‌گرفتند از همان قرار دریافت نموده، مابقی را معاف خواهیم

فرمود. لهذا هنگامی که کیوان‌شکوه در همدان بود، سرکار اعلیحضرت اقدس شهریاری به جناب مرحمت‌شعاری فرمودند که در این باب موافق استدعای اینها تخفیف داده، مابقی را تیول سرکار جلالت‌آثار، معتمدالدوله برقرار فرمایند. ولی از کم‌طالعی باقی‌ماندگان این طایفه، با همه زحمت و مرارت و اخراجات نیز در خدمت جنابعالی امر را مشتبه نموده بودند، در عوض تخفیف به عکس، بدهی هشتصد و سی و یک تومان را هشتصد و هفتاد تومان جمع بسته حواله داده شده اکنون هم مجدداً قبله عالم به لفظ مبارک فرموده بودند که دربارهٔ بدهی جزیه فارسیان یزد و کرمان مرحمت خواهد شد که این کار نیز به سرکار مرحمت‌شعار عالی محول شده، ولی می‌ترسم که این بار دیگر هم امر مشتبه شود که باعث بدنامی دولت علّیه و مأیوسی دو کرور نفوس طایفه زرتشتیه هندوستان و رنجش وزیرمختاران و سبب فراری بازماندگان گردد...» (اسناد و مکتوبات و گزارشات مانکجی هاتریا: ۱۰۴).

وی همچنین در نامه به راولینسون، با تأکید بر ارسال هدایای انجمن اکابر می‌گوید: «چون دربارهٔ طایفه فارسیان یزد التفات شاهانه و مکرمت خسروانه شده، پول بدهی جزیه آنها به تیول سرکار مقرب‌الخاقان معتمدالدوله العلیه مقرّر گردیده، این بشارت را همکیشان ایشان فارسیان هندوستان شنیده، شکرگزار گردیده، اکابران آن سامان عریضه مع پیشکش ارسال نمودند که فدوی به صلاحدید سرکار جلالت‌آثار وزیر مختار اعظم دولت بهیّه انگلیس در پیشگاه حضور معدلت‌دستور به ظهور رساند و به موجب اشاره آن انجمن این خاکسار عریضه‌نگار می‌شود...».

سپس شرحی بر افزایش جزیه ارائه می‌دهد که از تفاوت مبالغ آن با دیگر مکتوبات او به سایر اشخاص و خاصّه کارگزاران حکومتی ایران، شک به مبالغه‌آمیز بودن آن‌ها ایجاد می‌گردد: «در ایام خاقان خلدآشیان این گروه در یزد و حوالی آن سامان شش هزار خانوار بودند. از آنها دویست تومان جزیه دریافت می‌نمودند و چهل و سه سال قبل از این مباشران بر آن افزوده، مبلغ هزار و پنجاه و پنج تومان می‌گرفتند. چون این مبلغ زیاده از فوق طاقت آنها بود، از این جهت در عهد دولت شاهنشاه خُلدآرامگاه- طاب ثراه- و این دولت قوی‌شوکت تخفیفی مرحمت شد که ششصد و نود و هشت تومان فرمان در دست دارند و آنچه مالیات و صادرات

و عوارضات دیوانی که از رعایای اسلام دریافت می‌شود، از این طایفه نیز وصول می‌نمایند و این مبلغ علاوه برآن به اسم جزیه که تابع اسلام باشند دریافت می‌کنند. لهذا این گروه از زیادتی بار انبوه به ستوه آمده روزبروز فرار [را برقرار ترجیح می‌دهند و] اکنون هزار خانوار باقی مانده‌اند. با وجود آن بار گران، مباشران دیوانی، فرعی بر آن افزوده مبلغ هشتصد و هفتاد و هشت تومان دریافت می‌نمایند [که] سوای قلیل خانوار از ساکنین کرمان، سی و پنج تومان وصول می‌شود...».

در پایان نامه هم از او می‌خواهد مانند لغو جزیه ارامنه در زمان پیشکاری میرزا تقی‌خان، این مالیات از روی دوش زرتشتیان نیز برداشته شود (اسناد و مکتوبات و گزارشات مانکجی هاتریا: ۶۴).

ج- واگذاری تیول زرتشتیان به وزیر خارجه

بنا بر آنچه گذشت و مطابق با نوشتار مانکجی در اظهار سیاحت ایران، طرح واگذاری جزیه به معتمدالدوله، راهکاری در حذف واسطه‌گری کارگزاران و عمال دیوانی به شمار می‌رفت.

این اقدام تا دستیابی به لغو جزیه بدان حدّ مهم می‌نمود که با مرگ معتمدالدوله، «به ملاحظه اینکه مبادا کما فی‌السّابق الواط و اشرار دربارهٔ طایفه زرتشتیه تعدّی و بی‌حسابی را آشکار نمایند» (مانکجی، ۱۲۸۰ق: ۱۰) از شاه درخواست نمود که جزیهٔ زرتشتیان ایران را در تیول و «زیر حمایت وزیر خارجه، میرزا سعیدخان انصاری» قرار دهد.

د- پرداخت جزیه زرتشتیان توسّط انجمن اکابر

بُعد دیگر تلاش مانکجی در کاستن از فشار بر همکیشان، تشویق انجمن اکابر به پرداخت جزیهٔ سالانه بود. به عبارت بهتر، با دریافت مجوز شاه در تخفیف مالیات که مبلغ آن را به هشتصد و سی و هفت تومان و پنج هزار تثبیت نمود (مانکجی، ۱۲۸۰ق: ۱۱)، اینک با رایزنی مانکجی، انجمن پذیرفت تا این مبلغ را سالانه بپردازد.

در رابطه با میزان تأثیر و نقش فعّال مانکجی در تیول قرار دادن جزیهٔ زرتشتیان یزد و کرمان، نامه زیر که توسّط میرزا مسعود انصاری خطاب به حاکم یزد- در رعایت حقوق زرتشتیان و عدم تخطّی از مبلغ مقرّر جزیه- ارسال شده، حائزاهمیّت است:

«امیرالامرا العظاما

از یزد نوشته بودند که آقامحمّدجعفر صندوقدار مخدوم مطاع، طایفهٔ زرتشتی یزد را خواسته، گفته است که سرکار عالی سرپرستی شما را به من واگذار کرده‌اند و به مقام مطالبهٔ جزیه آن‌ها برآمده است. طایفه مزبوره هرچند گفته‌اند که برحسب فرمانِ جهان‌مطاعِ همایون، تیول فلانی هستیم و مالیات دیوانی ما را در طهران، ملاکیخسرو تمسّک داده در آنجا کارسازی می‌شود، آقامحمّدجعفر به حرف آن‌ها گوش نکرده حکماً به مقام مطالبه برآمده است. لهذا زحمت می‌دهند که قبل از آن مخدوم مطاع، نواب مستطاب حشمت‌الدوله حکمران یزد بوده است و مباشرین دیوانی هم در یزد هستند و در آنجا از طرف ایشان مداخله به امر طایفهٔ زرتشتی نشده است و علاوه بر آن، کمال مراقبت احوال آنها داشتند که از کسی خلاف قاعده نسبت به آنها وارد نیاید. چنانچه مقرب‌الخاقان وکیل‌الملک پیشکار کرمان هم نسبت به طایفهٔ زرتشتی که تیول دوستدار هستند نهایت رعایت و محبّت را دارند و مطلقاً نمی‌گذارند کسی به امر آنها مداخله بکنند. همین چشم‌داشت را هم از آن مطاع داشته و دارم و می‌بایست به محض اینکه دانستید طایفهٔ مزبور را سرکار اعلیحضرت اقدس همایون شاهنشاهی روحنا فداه برحسب فرمان همایون به دوستدار، تیول رحمت فرموده‌اند، نگذارید از قبیل آقامحمّدجعفر و سایرین به امر آنها مداخله نمایند. دوستدار به ملاحظه این که این طایفه به توجّهات و تلطّفات اقدس همایون اعلی امیدوار و دلگرم بشوند به هیچ‌وجه من‌الوجوه زیاده از مالیات دیوانی از آنها مطالبه نکرده‌ام و هرکس خواست مالیات دیوانی و سرپرستی آنها را قبول نماید ندادم، حتّی آدم خود را هم راضی نشدم که در سر آنها باشد؛ مبادا در حقّ آنها زیادتی و ستمی وارد آید. مالیات دیوانی آنها را موافق فرمان همایون که صورت آن را برای استحضار سرکار در جوف این نوشته فرستادم از آنها تمسک

گرفتم که در طهران به قسط، کارسازی نمایند و در امن و آسودگی باشند و همگی طایفه زرتشتیه به دعاگویی عمر و مزید دولت شاهنشاه عالمیان‌پناه روحناه فداه مشغول شوند و هرچه از این طایفه هم به هرجا فراری شده‌اند جمع شده و می‌مانند. حالا از آن مطاع توقع دارم که به محض رسیدن این نوشته قدغن و مراقبت فرمایند که احدی به امر آنها مداخله ننماید و اگر چیزی از آنها احیاناً گرفته باشند فوراً بدهند و بعد از این هم مراقبت و ملاطفت عالی در حقّ آنها شامل شود که از همه جهت کار آنها منتظم شود. زیاده زحمت ندارد. فی ۲۰ شهر محرم‌الحرام سنه ۱۲۸۰»
(هاواوالا: ۹۲-۹۳ به نقل از: Iran Desh Na Rehnara ...: 159-160).

تحت تأثیر اقدامات یادشده، علاوه بر وزیر خارجه، شاه نیز این بار و در پی تلاش‌های دامنه‌دار انجمن اکابر، مانکجی و کارگزاران انگلیس، درصدد الزام حکّام یزد به رعایت فرامین حکومت مرکزی در واگذاری جزیه زرتشتیان به وزیر خارجه برمی‌آید. نامه زیر که خطاب به مستوفی‌الممالک نگارش یافته، شاهدی است بر این ادعا:

«مستوفی‌الممالک

سابقاً زردشتیه یزد را به وزیر دول خارجه سپرده بودم که مالیات آنها را در عوض مواجب خود دریافت کند و آنها را سرپرستی کند که متفرق نشوند بلکه تفرقهٔ ایشان جمع شود و اصل این عمل بنا بر مقتضیات دولتی بود. او هم خوب آنها را نگاهداری و محافظت کرده بود. امسال که مالیات یزد تماماً برای وجوه مخصوص معین شده بود، مواجب وزیر دول خارجه از آنجا برگشت شد و جزو عمل حکومتی شدند. از قراری که معلوم می‌شود آنها راضی نیستند جزو حکومت باشند بلکه متفرق شوند. برای دیوان هم تفاوتی ندارد، باید اینجا مواجب به او واگذار نمایند و آن وجهی که می‌بایست به مواجب وزیر دول خارجه داده شود، در خزینه عوض این می‌ماند. البته قدغن کنید که زردشتیه را به وزیر دول خارجه واگذار کنند و مالیاتشان عوض مواجب محسوب بدارید. به معیّرالممالک هم اطلاع بدهید که

مطالبه آن را از یزد نکند. تحریراً فی ۲۸ محرم‌الحرام سنه ۱۲۸۰» (هاواوالا: ۹۳-۹۴ به نقل از: Iran Desh Na Rehnara (Gujarati), 163)

با وجود همه تدابیر یادشده و هزینه‌های گزافی که انجمن اکابر متقبل گردید، ناتوانی حکومت مرکزی در نظارت بر عملکرد حکّام و کارگزاران دیوانی مناطق دور از دسترس، باعث شد علی‌رغم جلب حمایت شاه و دولتمردان مرکزی، حاکمان یزد با افزودن فرع بر اصل جزیه که در ساختار دیوانی امری رایج بود، همچنان مبالغ هنگفتی از زرتشتیان دریافت دارند. در زیر به دو نمونه از نامه‌های مانکجی- یکی به حاکم و دیگری به مستوفی یزد- می‌پردازیم که از فحوای آنها می‌توان به نکات قابل توجهی دربارهٔ ارسال گزارش و اخبار جعلی برخی از کارگزاران حکومت علیه مانکجی پی برد. نخست، نامه به حاکم یزد به تاریخ محرم ۱۲۷۵ق:

«فدایت شوم. عرض می‌شود که در خدمت ذی‌رفعت سرکار، عریضه‌نگار شده‌ام. البته به نظر، امور رسیده است مجدد عرض می‌شود اوقاتی که عریضه به جهت اولیای دولت معروض داشتند در آن به اشتباه یا به اشارهٔ کسان مفسد، بر این حقیر افترا زدند که یکصد تومان تخفیف جهادیه به کیسهٔ حقیر آمده. صاحبان خود می‌دانید مدت پنج سال است که قریب بیست هزار تومان از جانب اکابر هندوستان به دست کمترین به جهت طایفه ضعیف پارسیان اخراجات شده و هر ماهی بیشتر از یکصد تومان مخارج دارم و چنین صدصدها را به صد کس از حقیر فیض می‌رسد و به فضل الهی محتاج صد هزار تومان هم نیستم که به چنین چیزها طمع داشته باشم و در هنگام نصب ولیعهدی نظر بر اینکه اخلاص به دولت علّیه داشتم و دارم مبالغی اخراجات نمودم. آنوقت که از جمله جزئی ناقابل تعارف به جهت اینکه ظاهر شود که این گونه اخراجات را مِن‌باب یگانگی می‌نمود دیگر تمنایی نداشتم و ندارم محض محبّت و دوستی امنای دولت بوده. و فقرهٔ دیگر این بود که چند کس از ریش‌سفیدان با مانکجی در اوایل دست‌اندرکار بوده و حال نمی‌توانند مداخل کنند. از این جهت خدمت اولیای دولت بیجا عارض شده می‌خواهند رخنه‌ای

پیدا کنند. صاحبا ملاحظه بفرمائید که چگونه خبط شده مثل آفتاب روشن است که این طایفهٔ زراتشتیه از خُرد[۳۱۶] و بزرگ و خوب و بد متّحدند[و] در جان و مال و عزّت و دولت خود را مساوی می‌دانند. از این جهت هر کس که ریش‌سفید و رئیس شد، به جان و دل می‌خواهد خدمت هم‌ملت خود کرده باشد که در آن سرفرازی هر دو جهان است. دلیل و علامتش این است کسانی که یکهزار و دویست سال متجاوز است که از ایران فرار نموده و چندین پشت گذاشته‌اند، باز هم از هزاران فرسخ دور برای آسودگی هم‌ملت خود پول و آدم می‌فرستند و زحمت‌ها می‌کشند. در صورتی که چنین تعصّب باشد چگونه می‌شود که کسی از چنین طایفه اخذ و عملی نماید؟ وانگهی از قلیل باقی‌ماندگان فقیر عجیب است از فهم و ادراک سرکار آصف‌جانی که چنین سخن نوشته است. دیگر مذکور می‌شود که دو سه نفر هرزه در گماشتگان سرکار هستند که گاهی در لباس فارسی و گاهی در لباس اسلام خود را می‌نمایند [و] فتنه‌انگیزی و دوبرهم‌زنی می‌کنند. به قول و فعل آنطور کسان اعتبار و اعتماد کردن لازم نیست و فقره سیّم این بود که به تحریک سرکار آقایی آقامیرزاعلی به قصد نقص سرکار در خدمت جناب جلالتمآب اجّل اکرم صدراعظم عارض شده‌ام ازین سخن معلوم شد که حقیر را بی‌عقل تصور فرمودید که بیکران حرکت کرده باشم.

صاحبا اگر نیّت حقیر این بود، پس چرا در این مدت که در طهران توقف دارم حکایت خود را تا امروز در هیچ جا ابراز نداشتم؟ از آن جمله در باب کاروانسرای ابتیاعی حقیر به بهانه وقف و به اسم اولیای دولت از دست حقیر گرفته شد و درین باب، تصدیق تجار و حکم شریعت بیضا در دست دارم و دیگر اینکه از گماشتهٔ حقیر، یکصد و بیست تومان ناحق گرفته شد؛ هیچ یک را قابل ندانستم به روی خود نیاوردم و قبل از این که وارد طهران شوم حکیم شلیمرز، وقایع یکصد و بیست تومان را به اولیای دولت معروض داشته بود. بعد از آمدن، مطلع شدم او را ممانعت نمودم و چند کس از حقیر تصدیق و سندها خواستند که باعث بر نقص سرکار بوده باشد. حقیر به جهت محبّت و دوستی سرکار با وجود فقرات مسطوره و علاوه بر آن

---

۳۱۶. اصل: خورد.

به کلی خود را بی‌اطلاع به قلم دادم و سرکار، برعکس ملاحظه و مشاهده فرمودند. صاحب اختیارند. آنچه نوشته‌اند هیچ حکایتی نیست. خواننده عاقلست چون مِن‌باب التفاتی که در یزد به آن حقیر داشتید و طایفه زیردست ضعیف در زیر سایه سرکار هستند به قدرالامکان در ظاهر و باطن به سرکار خدمت و خوبی خواهم کرد. خاطر[۳۱۷] شریف جمع دارید که این مسافر دوست وفادار است. هرگونه خدمتی ازمن برآید کوتاهی و مضایقه نخواهم کرد. خوبی و بدی مخلص در اواخر به سرکار معلوم خواهد شد و آنچه اشتباه شده است، از ضعف طالع حقیر بوده و چون جناب اجلّ اکرم افخم صدراعظم تعلیقهٔ محرمانه به جهت سرکار مرقوم فرمودند و سفارشی در باب این طایفه صدور یافته بود در آن ایراد چند گرفته بودید، گذشت. اکنون مجدد تعلیقهٔ محرمانه مرقوم فرموده، مستدعی هستم که مِن‌باب رعیت‌پروری و فقیرنوازی ملتفت شده، نگذارید که زیاده از هشتصد و بیست و هشت تومان که مقرّر شده دریافت نمایند و دیگران هم در غیاب سرکار [به] این طایفهٔ ضعیف اذیّت نرسانند و چون در شریعت مطهره حمایت اهل ذمّه واجب فرموده در این صورت چنانچه رعایت این طایفه را منظور دارید که باعث آسودگی رعیت دولت و هم موافق فرموده خدا و پیغمبر بوده باشد چه عیب دارد و این مخلص و اکابران بمبئی و رعایای ضعیف، خوشنود و بر روی آسودگی به دعاگویی دوام عمر و دولت ابدمدّت شهریار و افزونی اجلال سرکار اشتغال نمایند و نیکنامی آن بزرگوار در دنیا و عقبی تا جاویدان باقی خواهد ماند. زیاده عرضی نیست. باقی مباد هر که نخواهد بقای تو» (اسناد و مکتوبات و گزارشات مانکجی: ۲۴-۲۷).

در مکتوب مانکجی به میرزا شفیع- مستوفی حاکم سابق یزد- مورخ ۲۶ ماه آگست ۱۸۶۰ عیسوی نیز نکات تأمل برانگیزی در نحوهٔ رفتار دیوانسالاران آمده است:

«خدمت با رفعت سرکار مرحمت‌شعار عالی عرض می‌شود که از آنجائی که بر این اخلاص‌کیش واضحست که جنابعالی در امورات ثواب و کارهای خیر، خود

---

۳۱۷. اصل: خواطر.

را معاف نداشته و ندارید زیرا که لازمهٔ بزرگ‌منشی، رعیت‌پروری و عدالت‌گستری هست، داعی همیشه اوقات اخلاص غایبانه و ارادت نهانه داشته و دارد. لهذا غرض از عریضه‌نگاری و مصدع شدن این است که مخلص در اوقاتی که در دارالعباد یزد بوده و در میان طایفه فارسیان همکیشان خود هر یک فرداً فرد از مرد و زن و پسر و دختراسم و رسم را بلاخلاف ثبت کرده دارد. نظر بر اینکه سرکار عالی در حکومت، شایسته نبوده که افراد این طایفه را رسیدگی فرمایند، از مباشرین جویا شده‌اند. ایشان اکثری از بابت غرض هر طوری که خواسته‌اند تفصیلی نوشته، خدمت ملازمان عالی آورده‌اند. امناء علّیه با این صورت واقعی داعی اختلاف به هم رسانیده که گذشته از صورت آنها تعدادی که سرکار صاحب‌دیوان داده‌اند آنهم با صورتی که خدمت سرکار عالی هست اختلاف دارد. از این معلوم می‌شود که هر دو درست نیست. از این جهت از سرکار عالی تمنا دارد که از طریق مرحمت و رعیت‌پروری و فقیرنوازی گوشهٔ کاری از این طایفهٔ ضعیف گرفته، خدمت جناب جلالتمآب مستوفی‌الممالک به قسمی که خوشنودی خالق و آسایش خلایق در آنست فرمایش بشود زیرا که اگر تفصیل داعی و جنابعالی در نظر اولیای دولت مختلف بشود حرفی از برای بندگان عالی نیست و بحثی وارد نمی‌آید. معلوم می‌شود که مباشرین از راه عناد بر ازدیاد قلمداد نموده‌اند لکن باعث تأخیر و تعویق کار این بیچارگان می‌شود و همچنین از سبب بی‌بضاعتی که خُفیانه به تدریج فراری شدند از آن بابت سند معتبر داریم که خدمت جناب معظم‌الیه عرض نموده‌ایم. امیدوار چنان است که در همه حال که خود جناب‌عالی بهتر می‌دانند التفات خود را شامل احوال آنها کرده و احسان به گردن اینجانب بگذارید که باعث افزونی اخلاص و ارادت این داعی شده و از خدمت‌گزاری کوتاهی نخواهم کرد» (اسناد و مکتوبات و گزارشات مانکجی: ۱۱۷).

ه- شکوائیه از تصمیم انجمن در پرداخت بخشی از جزیه توسّط اهالی

بنا بر فحوای نامه‌هایی که ذکر شد، انجمن اکابر و مانکجی در مواجهه با موانعی چون شاه و درباریان، کارشکنی عمال دیوانی، کارگزاران محلی و غیره، تدابیر مختلفی در پیش گرفتند. در این میان بی‌تحرکی زرتشتیان یزد و نیز کارشکنی متولیان سنتی جماعت که هرگونه تغییر را مغایر با منافع و موقعیّت خویش می‌دانستند، انجمن اکابر را بر آن داشت تا بخشی از جزیه را از بهدینان تأدیه نموده و سهمی از آن را خود پرداخت نماید. این تصمیم گرچه در قیاس با زمان پیشین از بار مصائب آنها می‌کاست امّا وابستگی و عادت به کمک‌های مادی- معنوی پارسیان که در سالیان متمادی و از راههای مختلف، پرداخت وجوه درخواستی را متقبل شده بودند، باعث اعتراض و شکوائیه آنها به انجمن گردیده و طی نامه‌ای خواهان بازنگری در این تصمیم و تداوم مساعدت پیشین شدند.

اشیدری در این باره، گراور نامه‌ای را در مجله چیستا می‌آورد که نویسندگان آن ضمن ارائهٔ اطلاعات ذی‌قیمتی دربارهٔ حیات اجتماعی- اقتصادی زرتشتیان یزد از انجمن اکابر می خواهند تا در تصمیم خود تجدید نظر نمایند. با وجود ذکر نشدن تاریخ نگارش، از اشارهٔ متن مبنی بر اینکه «۱۷ سال از توقف مانکجی در ایران می‌گذرد»، می‌توان آن را مربوط به سال ۱۲۸۷ق دانست.

نویسندگان پس از ابراز ارادت به انجمن اکابر و قدردانی از مساعدت و همراهی آنها در رفع مشکلات زرتشتیان یزد و به‌ویژه مسأله جزیه، شدیداً گله‌مند هستند که چرا بعد از همهٔ این خوبی‌ها و دست‌گیری‌ها، چنین مقرّر نموده‌اند که نیمی از مبلغ جزیه را خود زرتشتیان یزد بپردازند؟ و این امر را فارغ از توان زرتشتیان یزد و توقّعی نابه‌جا می‌دانند که چون خود پارسیان «در مملکت آزادی و محل تجارت آسوده و زندگانی می‌نمایند و از بخشش پاک یزدان از هر جهت بزرگی و دولت و مکنت دارند، بنابراین بر نظربلندی، اهالی ایران را هم چنان تصور نموده‌اند که در هزار خانوار اهالی یزد اقلاً ۲۰۰ خانوار صاحب چیز بوده باشد ولی چنین نیست».

دربارهٔ وضعیت کار و کسب تا پیش از حضور اروپائیان در منطقه می‌نویسند:

«سابق بر اینکه دول خارجه در مملکت ایران پا نداشتند و کشتی‌های دولت خارج در بندرات ایران نمی‌آمدند، آن زمان این اخلاص‌کیشان بعضی شال‌بافی و بعضی کج‌بافی و پیله‌وری و دکانداری، و یک پاره برزگری و بنّایی، و برخی قاصدی و چارواداری می‌نمودیم و با عیال و اطفال خود هر نوعی بود، گذران می‌کردیم». امّا این وضعیت از زمان فتحعلی شاه که «دول خارجه پا وانمودند، از مملکت فرنگستان قماش و اجناس بی‌شمار شروع به آمدن ایران شد و راه بندرات باز شده آمد و شد مردمان آسان گشت، بدین واسطه کار شال‌باف و کجباف بالمرّه برافتاده و کاسبی پیله‌وری و دکانداری چنان کسر کرد که کسانی که سابق ۴ شاهی اندوخته و مایهٔ تجارت کرده بودند، روز به روز کاسته و] یکباره ورشکست شدند و بعضی کلاه [به] کلاه کرده، عزّت خود را نگاه داشتند...».

از دیگر سو، «به جهت کم شدن برف و باران، برکت زمین و آسمان چنان برداشته شد که صاحب مِلک نیز از عهدهٔ مالیات دیوانی برنیامده، مِلک را واگذار نموده و خودشان فرار کردند». تحت این شرایط، حیات اجتماعی زرتشتیان بدان حدّ روی به وخامت گذاشت که «کسانی که شتر و گاو و خر جهت باربرداری داشتند و چارواداری می‌نمودند، مال آنها هم از بودن کم‌آبی و گرانی بسی مردند و بعضی را فروختند و بی‌چیز شدند و کسانی که قاصدی می‌کردند، از طرف دولت علّیه چاپارخانه برقرار شد که روزی آنها بالمرّه قطع شد. در این حالت چون راه بندرات باز شده بود یواش یواش هر کسی به یک سمتی فرار نمودند».

بدین‌ترتیب، در شرایطی که برقراری و گسترش ارتباطات اقتصادی ایران با دول اروپایی، مشاغل و معیشت سنتی را با مشکلاتی مواجه می‌ساخت، دیوانسالاران همچنان به روال پیشین و بدون لحاظ مشکلات جاری، از رعایا مالیات‌های مقرّر را طلب می‌نمودند؛ «و قاعده دیوانیان چنین است که مالیات هر دهی را که بسته باشند اگر اول در آن دِه، صد خانوار بوده است و بعد همگی رفته باشند [و] یا مرده باشند و دَه خانوار باقی مانده باشد کل مالیات آن دِه را از آن دَه خانوار می‌گیرند. و همچنین اگر از صد نفر صد تومان می‌گرفتند، ۹۰ نفر بیرون رفته باشند یا مرده باشند و

ده نفر باقی باشد صد تومان را از آن ده نفر می‌گیرند. و هر زمان هم که میل‌شان بکشد بر مالیات افزایند و از دادن مالیات هرگاه کسی نتواند از عهده برآید، به ضرب چوب و زنجیر و به انواع و اقسام اذیّت و آزار از او وصول می‌نمایند. و اگر چنانچه یک نفر از دست فراش فرار کند، آنگاه فراش از جهت یک نفر هر کس که از خانوادهٔ او باقی مانده باشد از صغیر و کبیر و اناث و ذکور و خویش و اقوام حتّی همسایه و هم‌محله او را که بیابد همان مبلغ را حکماً به ضرب چوب و کتک با قُلُق [باج] خودش از آن‌ها می‌گیرد. از وقوع چنین کارهای بی‌معنی، بعضی کارهای خلاف دین و دنیا می‌شد که مذاکرهٔ آن رکیک است...».

این فشارها به حدّی بر جماعت زرتشتی مؤثر بود که «سالی چند نفر از دین در رفته و از لباس سفید در آمده، سیاهپوش می‌گردیدند. از آن طرف هر کسی که جبر و ستم جدیدالاسلامی قبول می‌نمود، در خانواده و آنچه را که عیال و اطفال بود، همگی بایست مسلمان شوند و قوم و خویش او از دور و نزدیک، هرکس که می‌مرد مال و املاک او را آن جدیدالاسلام می‌برد. از این جهت کسانی که مال و املاک داشتند چون می‌دیدند که بعد از مردن خودشان، دیگری ضبط خواهد کرد و دست اولادش به جایی بند نخواهد بود، از فهمیدن این معنی خودش فرار می‌کرد یا اسلام قبول می‌نمود. و از این طرف، اسلامیان نیز در این باب ثواب عظیمی می‌دانند که به سبب پول جزیه هر قدر آزار نمایند و پول از آنها اخذ کنند، حلال و ثواب است و همچنین اگر به سبب اذیت رساندن خارج مذهب، دین اسلام را قبول نمایند، این ثواب را یک بر ده می‌شمارند».

در کنار چنین رفتارهایی که گویا امری متداول بود، نویسندگان به مهم‌ترین وجه از مشکلات خود یعنی جزیه و مبلغ فزاینده آن پرداخته، به خدمات مانکجی اشاره می‌نمایند: «در اوایل سلطنت مرحوم فتحعلی‌شاه- طاب ثراه- از طایفهٔ بهدینان در یزد شش هزار خانوار شمرده شده بود و در آن ایّام دویست تومان پول جزیه مقرّر بود. همان مالیات چنان سال به سال افزوده شد که از طرف دیوانیان یک هزار و دویست و پنجاه و پنج تومان مقرّر نموده بودند، ولی حکّام زیادتر می‌گرفتند تا اینکه در ایام حکومت مرحوم شاهزاده محمدولی میرزا قریب چهار پنج هزار تومان اخذ می‌نمودند».

و این امر نه تنها عرصه اقتصادی را بر زرتشتیان تنگ نمود که باعث شکاف و «نفاق بزرگی» میانشان گردید: «به سبب این که در وقت وصول پول سری جزیه اگر کسی را اذیّت می‌کردند دیگری نزد او نمی‌رفت،[۳۱۸] این موجب نفاق می‌شد که تو چرا نزد ما نیامدی و کمک حال ما نکردی. و نیز اگر دو برادر بودند که بر یکی چهار تومان مالیات می‌بستند و بر یکی پنج تومان، در این باب هم همیشه در نزاع بودند و هکذا. کار به جایی رسیده بود که وقت پول گرفتن و اذیّت و آزار نمودن محصّل و پاکار، عوض کمک، یکدیگر[را] تحریک می‌نمودند».

بدین ترتیب، «از یک طرف روز به روز، ظلم و ستم گوناگون حکّام و از یک طرف تعدیات و صدمات بی‌نهایات الواط و اشرار و مسدود شدن راه دادخواهی خدمت اولیای دولت»، زرتشتیان را چنان در تنگنا قرار داد که «نه دستی که بر سر زنیم، نه پای گریزی که بر در زنیم». این بود که «قریب هزار خانوار باقی نمانده بودیم و همگی عنقریب بود که یک دفعه دین را از دست بدهیم و یا جلای وطن شویم و شبانه‌روز از کوچک و بزرگ، و پیر و جوان همگی در خیال و خسته‌حال، آه سرد از جگر پردرد می‌کشیدیم که پاک‌یزدان به داد این بیچارگان برسد. تا اینکه بعد از یک‌هزار و دویست سال از سلطنت کیان گذشته، که همیشه بهدینان از ایران به آن سامان می‌آمدند، از تفضّلات خداوندی همچو اتفاق افتاد که عالی‌جاه شیت مانکجی‌صاحب ... به این سامان آمد».

در ادامه، نویسندگان اقدامات مانکجی در «ساختن دخمه و عبادتگاه و تزویج دختران و پسران بی‌بضاعت و خواندن گهنبار و فیض رسانیدن فقرا و برپا نمودن مکتب‌خانه‌ها» را برشمرده و معترف هستند که به سبب آن‌ها، «از یک طرف ناامیدان را امید رسید و از یک طرف هم ظالمان فهمیدند که این بیچارگان هم صاحبی دارند و دست ظلم و تعدی را قدری کوتاه نمودند». در سایه اقدامات مانکجی و تشخیص او دالّ بر آنکه جزیه مهم‌ترین تنگنای زرتشتیان است، «اولاً پول سری را که یک بر دو سه بلکه علاوه می‌گرفتند موقوف نمودند. ثانیاً هر قدر که حکم دیوانی بود که

---

۳۱۸. بیانگر عدم همدلی و همیاری درونی که در مباحث پیشتر بدان پرداخته شد و در این مورد ترس و واهمه از انتقام‌جویی نیز وجود داشته است.

مطالبه می‌کردند از آن هم تخفیف گرفتند. ثالثاً بر مالیات مملکت ایران که همه‌ساله می‌افزایند، بر این نگذاشت که بیفزایند. رابعاً این پول را از یزد و کرمان موضوع نمودند و قرار گذاشتند تا اولیاء دولت که در تهران کارسازی کنند. خامساً که از رعیت به ضرب چوب این پول وصول می‌شد، آن‌ها را بالمرّه فارغ‌البال ساختند». با وجود همهٔ این تلاش‌ها و موفقیّت‌ها در ممانعت از افزایش میزان جزیه و لغو تهدید و فشار دیوانیان در اخذ آن، از دریافت خبر تصمیم پارسیان مبنی بر پرداخت بخشی از مبلغ جزیه توسّط خود زرتشتیان ایران، ابراز تعجب می‌نمایند که «هوش از سر این دعاگویان پرید و از طالع خود می‌نالیم که مانند آن اکابر صاحبان که از برای غیر ملّت هزاران فرسنگ دور مرحمت کرده و می‌کنند، از بدبختی این ضعفا چه شده است که این قبیل وجه را از دادن مضایقه فرمودند. کدام بد ذات و بد اصل، رأی آن سروران را زده باشد که چنین بی‌رحمی در حقّ این بیچارگان فرمودند؟ با وجود اینکه از مشرق تا مغرب مشهور است که قول و فعل پارسیان هندوستان مانند نور خورشید برقرار است و سخاوت ایشان چون ابر باران، همیشه جاری و ساری می‌باشد، و این پول جزیه را که آن مهربانان قبول فرمودند و خیرات و مبرّات را جاری نمودند، در این باب سرکار شیت مانکجی صاحب تفصیل را در سنگ لوح نموده، جای دادگاه و عبادتگاه گذاشتند و مکرر در کتاب‌ها چاپ شده است و در دولت علّیه ایران و سایر دول خارجه معروف و مشهور گشت، هنوز اندک زمانی نگذشته است در این ایّام از بهدینان اهالی ایران نمی‌دانیم چه بد دیدید و چه خلافی ملاحظه فرمودید که این نوع کم‌لطفی دربارهٔ این بیچارگان روا داشتید که یک بار از بلای گرداب همّ و غمّ نجات دادید و دو مرتبه سرنگون می‌فرمائید و بی‌سبب از قول خود تجاوز می‌نمائید. در این باب، عالی‌جاه شیت مانکجی صاحب هم بسیار دلخور و پریشان‌حواس شده و نوشته برای این فقرا فرستادند که آینده من کار با طایفهٔ بهدینان ندارم. خودتان بار خودتان را بردارید. اکابر صاحبان هندوستان هرچیز بدهند یا ندهند خود می‌دانند [و] اینجانب دخل و تصرّف به کار شما و اکابر صاحبان ندارم و نخواهم کرد».

آن‌ها مانکجی را در این طفره رفتن محقّ دانسته و عهده عامل اختلاف و

کارشکنی را متوجه بزرگان سنتی خویش می‌دانند. دلیل حقانیت مانکجی آنکه «در این هفده سال هر چه را خوش‌آمد نزد آن سروران و اولیای دولت ایران نمودند و درد دل ما بهدینان ایران را آشکار کرد و خسارت و زحمت کشید، همگی به هدر رفت و چنان دل‌شکسته شده‌اند که اکنون به ملاقات ماها نیز راضی نمی‌باشند».

به‌هر حال، اگر قرار باشد که بخشی از مبلغ جزیه را بهدینان پرداخت نمایند، «این معنی باعث پریشانی و استیصال و تمام شدن کل طایفه خواهد شد. زیرا که تصور بفرمائید نصف این پول قریب پانصد تومان می‌شود و همان پانصد تومان را یک بر دو و سه علاوه خواهد شد، بلکه بلیّه بزرگی است که بر بهدینان ایران وارد خواهد آمد و هر عیب و علّتی که در دنیا گفته می‌شود در آن به یکبارگی همگی گرفتار خواهند شد. به سبب اینکه این چند نفر هم که در تهران توطن داریم بعضی نوکر، و قلیلی ارباب می‌باشند، با وجُود این که زیاد از مخارج خود، اندوخته و مداخل نداریم که از عهدهٔ اداء آن برآئیم و کسانی که در یزد هستند تخمیناً ۲۰ تا ۲۵ نفر زیاده، صاحب اسم نیستند و از آنها هیچ یک در زیر این بار نخواهند رفت. چون که همگی ایشان یک دینار، یک دینار ذخیره نموده و شکم خود را سیر نکرده‌اند. چهار شاهی که جمع کرده‌اند از این سبب چنان خشک‌دست و نظرتنگ هستند که هرگاه هزار چوب به هر کدام بزنند یک دینار نخواهند داد. و در این باب مشت نمونه خروار، همان بس است که در یزد هر ساله داروغگی و مُهر قصابی و مواجب نعش‌سالار و غیره قریب صد تومان همه ساله خرج می‌شود، آن را هم کسان صاحب‌مکنت نمی‌دهند و بر رعیت حواله می‌شود که محصّلین به ضرب چوب یک بر دو سه وصول می‌نمایند، که در این خصوص اهالی یزد آن مراتب را مکرّر به مانکجی عریضه کردند که این پول را از اکابر صاحبان وصول کرده بدهد و تا به حال آن نشده است و رعیت فقیر و بیچاره در این خصوص به بلا گرفتار می‌باشد».

نکته با اهمیت دیگر که در نامه بدان اشاره رفته و در دیگر اسناد و مدارک، نشانی از آن نیست، تخریب عبادتگاه ساخته‌شده توسّط مانکجی در یزد است که در اثر بی‌توجهی اهالی- و به‌ویژه صاحبان مکنت و روحانیان- رخ نمود: «همچنین اکنون سه سال است که مکان عبادتگاهی که سرکار شیت مانکجی‌صاحب از

جانب اکابر صاحبان ساخته بود، به واسطهٔ زلزله و سیلاب منهدم شده است. [پس] به جهت تعمیر آن، شیت مانکجی صاحب در اینجا و یزد کاغذ فرستاد توزیع نمودن خیال کرد که همه جهت قریب یک صد تومان خرج داشت. هیچ‌کس نتوانست در این کار اقدام و امداد نماید. چگونه می‌شود این مبلغ کلی را همه‌ساله از عهده برآیند». با این حال، در ادامه بر این نکته نیز تأکید دارند که هنگام درخواست مانکجی برای پرداخت وجه امدادی توسّط اهالی، تعدادی از خیّرین متقبّل امر شدند: «اگر صاحب مکنتان نبودند و نیستند پس پول بیست هزار روپیه امدادی را کی داد؟ در این باب جهت واضح شدن عرض می‌شود که وقتی پول جزیه را سرکار شیت مانکجی صاحب در پای خود گرفتند و یک سال را از خود دادند، و رعیت که آن را به چشم خود دیدند و خاطرجمع شدند، و چند نفر دیندار و دلسوز از اهالی یزد و کرمان و اینجا، پیش افتاده به قدرالقوّه کمک کردند. این بود که رعیت هم خاطرجمع شدند، پول سری خود را که هر ساله می‌دادند، همان مقدار را به تدریج در چهار پنج سال داده پر کردند».

با این تفاصیل و حمایت مالی بهدینان در پیشبرد اهداف و اقدامات مانکجی، از خواسته اکابر پارسیان در پرداخت بخشی از وجه جزیه توسّط بهدینان، ابراز شگفتی و ناتوانی می‌نمایند: «اگر هر قدر این پول را اکابر صاحبان وازنند به کلّ رعیت حواله خواهد شد و نیز حواله دادن به رعیت بدون اطلاع حاکم نمی‌شود و حاکم هم در عقب همچو بهانه می‌گردد که از جهت خود، یک و نیم بلکه علاوه بر آن خواهد افزود. و نیز حاکم که پول وصول‌کن نیست، [و] ضابط خواهد تعیین نمود و ضابط در سالی ۲۰۰ تومان کمتر نخواهد خورد. با وجود این نیز ضابط چند نفر رئیس و کدخدا و پاکار تعیین خواهد نمود و آن‌ها هم نیز در پول اغتشاش خواهند نمود و چند نفر محصّل تعیین خواهند کرد و آن‌ها هم مواجب می‌خواهند. همان‌طور رفته‌رفته چون سنوات سابق یک بر دو و سه بلکه علاوه، از رعیت وصول خواهند نمود. در این صورت، این پول در جزو ولایت حواله می‌شود و آدمی از وزارت امور دول خارجه از تهران به یزد به جهت تحصیل این تنخواه خواهد رفت و بعد از حواله شدن پول این چند خانه که باقی هستند در آن تفرقه افتاده، اخراج از دین شده و

بدنامی‌های دیگر که خلاف قاعدهٔ دنیا و دین مازدیسنان است، خواهد شد که گفتن آن رکیک است. و اگر چنانچه آن خداوندگاران سخاوت شعاران اکابر صاحبان این مشت بیچارگان را واگذار فرموده، به عرض و استدعای اخلاص‌کیشان نرسند، قسمی خواهد شد که اولاً این پول جزیه را که به توسّط شیت مانکجی‌صاحب به وزارت دول خارجه داده می‌شود، از این جهت هر ظلم و ستمی که از اعیان و اشراف بر این بندگان وارد می‌آید، آن را در نزد وزارت دول خارجه رفع و رجوع می‌فرماید. هرگاه به توسّط ایشان داده نشود، آن حمایت نیز برخاسته می‌شود. ثانیاً این معامله که از مالیات یزد موضوع شده است مجدداً برگشت می‌کند و به حاکم یزد تعلّق خواهد گرفت. آن وقت حق‌الحکومه و سایر خراج افزوده خواهد شد. ثالثاً ایامی که پول جزیه را از معامله موضوع نمودند مالیات کل یزد قریب صد هزار تومان بود و اکنون بر او افزوده قریب دویست هزارتومان می‌گیرند. بدان موجب بر مالیات جزیه هم یک بر دو قرار خواهد گرفت. رابعاً تخفیفی که در این پول جزیه داده شده است او را پنج شش سال پیش از این پس خواسته، به ضرب چوب دریافت کرده بودند. این بود که شیت مانکجی‌صاحب در سفر دویم که آمد خدمت اولیای دولت عرض و داد کرده پس گرفت، او هم باز برقرار خواهد شد و به سوای آن چه را که در فوق ذکر شده است بر گردن این بیچارگان وارد خواهد آمد». علاوه بر این، «الواط و اشرار ولایت تصور خواهند نمود که این‌ها را کسی مربّی نیست، از این جهت موافق سابق بلکه علاوه‌تر بر این ضعفا ظلم و ستم خواهند نمود و قسمی خواهد شد که از اول بدتر بشود. چون که در ایران چند سال است که به جهت ناخوشی وبا و گرانی غله رخ نمود و کار و کاسبی هم هر کس داشته است در هر حال روز به روز کائیده شده است و از هزار خانواری که معروض شد، الحال قریب پانصد ششصد خانوار زیادتر باقی نمانده است که همگی چه تلف شدند و چه فرار کردند. از این جهت اگر پول جزیه را هم مجدداً حواله شود اگرچه کم باشد، باعث اخراج از دین خود و بدنامی‌های گوناگون می‌شود. خود ملاحظه فرمائید که کدام ثواب بهتر از چنین ثوابی خواهد بود که حفظ دین مازدیسنان از این سبب بشود هزار مراتب از گهنبار و تزویج پسران و دختران و مکتب‌خانه‌ها بهتر است. اگر آن‌ها را خدای نخواسته به

نظر اکابر صاحبان درست بیاید، موقوف دارند و پول جزیه را که چندین سال است مرحمت فرموده‌اند نیز کمافی‌السابق در حق اخلاص‌گویان جاری و ساری فرمایند. در این معنی ما راضی هستیم و جمعیتی که هستندهمه به دعاگویی آن خداوندگاران و سخاوت‌شعاران اکابر صاحبان خواهند بود. انشاءالله تعالی پس از استحضار به حقیقت مراتب معروضه، هرگز راضی به چنین امری نخواهند شد که این بیچارگان را یکدفعه از بلای بی‌نهایت نجات داده‌اند، دو دفعه در همچو زمان تنگی به مهلکه بلیّه بیندازند و زحمتی که به جهت خشنودی خدا و حفظ دین مازدیسنان فرموده‌اند امیدواریم که به طریق سابق مرحمت خواهند فرمود» (اشیدری، چیستا، ۱۳۶۰، ش ۶: ۶۷۰-۶۸۱).

۳- مکتوبات مانکجی در آستانه صدور فرمان لغو جزیه

پس از این در بحثی جامع از فرمان لغو جزیه سخن خواهیم گفت. در این رابطه، اسناد و نامه‌های موجود گواه هستند که مانکجی و انجمن اکابر پارسیان با حمایت کارگزاران انگلیس از تمامی توان خود جهت جلب حمایت دولتمردان بهره بردند. بر این اساس و پیش از ورود به اسناد مربوط به فرمان لغو جزیه، به نامه‌هایی استناد می‌نمائیم که مانکجی خطاب به آقاابراهیم امین‌السّلطان (پدر اتابک اعظم، امین‌السّلطان)، ظل‌السلطان حاکم اصفهان، و نایب‌الحکومهٔ وی در یزد نگاشته و این‌همه معرّف عمق و وسعت فعالیت‌های مانکجی در جلب رضایت کارگزاران مرتبط با امور زرتشتیان هست.

الف- نامه به آقامیرزا ابراهیم امین‌السلطان

از مانکجی و انجمن اکابر پارسیان دو نامه خطاب به آقامیرزا ابراهیم امین‌السلطان در دست داریم که در هر دو از او با عنوان «جناب آقا» یادشده است.

آقاابراهیم- پدر میرزا علی‌اصغرخان امین‌السّلطان- از جمله کارگزاران دستگاه ناصرالدین شاه بود که از منصب آبدارباشی سلطنتی، پلکان ترقّی را طی نموده و

در سال ۱۲۸۶ق در جایگاه «آبدارباشی خاصه»، ملقب به «امین‌السّلطان» گردید و در ۱۲۸۸ق به سمت «صاحب‌جمعی» دست یافت. در سال ۱۲۹۴ق به عضویت «دارالشورای کبرای دولتی» درآمد و با لقب «جنابی» اختیار ادارات چندی نظیر صندوق‌خانه، شترخانه، انبار غله مرکزی، ضرّاب‌خانه، ساختمان‌ها، باغات، قنوات، وزارت گمرگ، و خزانه را در دست گرفت و درواقع، کمتر کاری در دستگاه دولتی بود که وی در آن مداخله نداشت. وی به هنگام مرگ در ۱۳۰۰ق بدان حدّ ثروت اندوخته بود که از متمولین تراز اول ایران به شمار می‌رفت (بامداد، ۱۳۴۷، ج۲:۱-۷). در ادامه نامهٔ مانکجی به او را می‌آوریم.

«سواد عریضه که خدمت جناب آقا شخص اول دولت علّیه ایران عرض شد.

تصدق حضور مهرظهورت گردم

البته در ضمیر منیر جناب مستطاب آقا، مُدّظلّه العالی روشن است که همواره مراتب نیکنامی و شهرت سلاطین دادگر از مراسم کفایت و دانشوری وزرای دانا و مشیران کافی در عالم، سِمتِ انتشار و اشتهار یافته و نیکنامی خود ایشان هم ثابت و باقی مانده است. چنانکه صدق این عرض از ملاحظه حال وزیر بزرگ بوذرجمهر[۳۱۹] و صاحب کافی، اسمعیل ابن عَبّاد روشن می‌شود. به این لحاظ در سفر اول که موکب اقدس شاهنشاهی عزیمت فرنگستان فرمود در لندن بعضی از[۳۲۰] بزرگان ملّت فارسی عریضه به حضور مبارک معروض داشته و مزید ترفیه حال زرتشتیان ایران را از مراحم ملوکانه متمنّی شده بودند و اعلیحضرت اقدس همایونی به لسان مبارک وعده فرموده بودند که پس از مراجعت، مرحمتی دربارهٔ آنها خواهند فرمود. سال گذشته که یک دو فقره ظلم بسیار ناگوار بر این طایفه در یزد وارد آمد مجدداً اکابر این ملّت از هندوستان عریضه به حضور معدلت‌ظهور همایونی- ارواح‌العالمین فداه- معروض داشته و رفع هشت فقره ظلم را از زردشتیان ایران مستدعی شده بودند

۳۱۹. اصل: ابوزرجمهر.

۳۲۰. اصل: بعض.

و بر وفق مستدعیات مشارالیهم دو طغرا فرمان مهرلَمَعان همایونی شرف صدور یافت در منع اشرار از اذیت این طایفه. لکن در فقره هشتم که حکایت جزیه بود، عرض مشارالیهم در عهدهٔ تعویق ماند. لهذا در این ایام مجدداً از هندوستان عریضه به حضور مبارک معروض داشته‌اند و استدعا نموده‌اند که مرحمت همایونی شامل حال این طایفه دعاگو شده از این قلیل وجه که در حقیقت ظلم صرف است، معاف گردند. زیرا که حاصل عرض مشارالیهم این است که جزیت معرب گزیت فارسی است و آن همان خراج و منالی است که رعایا از مِلک و مال خود می‌دهند و حضرت ختمی‌مآب- صلوات‌الله و سلامه علیه- برای امتیاز اهل کتاب از بت‌پرستان و عبدهٔ اصنام مقرّر فرمودند که اگر اهل کتاب ترک جنگ کنند و رعیت دولت فخیمه اسلام گردند مأذونند که در دین خود باقی بمانند... و اگر به کتب مغازی و لغات رجوع فرمایند، صدق این عرض واضح و مدّلل می‌شود و صاحب کتاب معجم‌البلدان بعضِ این صلح‌نامها را در کتاب مذکور ایراد نموده. و از اینها معلوم می‌شود که جزیه همان مالیاتی است که امروز فارسیان از مِلک و مال و زرع و مواشی و مراعی خود به شرکت اهل اسلام می‌دهند. دیگر وجهی علیحده به اسم جزیه گرفتن هرگز موافق قاعدهٔ دادگری و عدالت نیست بلکه مخالف حکم کتاب و روش حضرت ختمی‌مآب است. چه نزد دانا روشن است که آن حضرت به اقتضای مروّت و انصافی که لازمه ذات مبارکش بود هرگز راضی نبودند که از چند نفر فقیر که در ظل عنایت و مرحمت اسلام آرمیده‌اند دو مالیات بگیرند و ملت فخیمهٔ اسلام را در میان ملل و دول خارجه بدنام کنند و در ازمنهٔ خلافت و جهانداری خلفا که قریب ششصد سال می‌شود ابداً رسم نبوده سوای مالیات معمول که همان جزیه است دیناری از ملل خارجه زیادتر بگیرند. چنانکه اکنون هم این رسم در ممالک عثمانی و ترکستان با وجود کثرت یهود و نصاری و هنود معمول نیست. بلی این اواخر از غلبهٔ اتراک به ایران و اختلاف تسنّن و تشیّع این بدعت ناشی شد. لهذا همه امیدواری بزرگان فارسی به این است که امروز بحمدالله مسند صدارت و صدر وزارت بوجود مسعود بندگان جناب مستطاب آقا مدّظله العالی مشرّف و مزّین است، مکرمت و عنایت کامله که همه اهل ایران را شامل گشته کافی حال این طایفه دعاگو نیز بشود

و از توجه خاطر مهرمآثر، از این قلیل وجه جزیه معاف گردند. زیرا این فقره روشن است که اِنجاح عرض مشارالیهم و اتمام این امر منوط به میل و اذن و اجازهٔ بندگان جناب مستطاب آقا مدّظله العالی است. در این صورت با وجود ظلم بودن گرفتن وجه جزیه، چه عیبی دارد که این مرحمت را در حقّ این بیچارگان مبذول فرمایند و چندین هزار نفس را در ایران و هندوستان و لندن در مقام امتنان و شکرگزاری پیوسته ثابت و راسخ دارند که ذکر جمیع بندگان آستان عدالت بنیان حضرت آقا دام اقباله العالی نسلاً بعد نسل ثابت و باقی ماند و در همه دفترهای این طایفه سِمتِ طبع و انتشار یابد و مکارم عالیه در کل ممالک منتشر گردد و باعث نیکنامی دولت ابدآیت هم بشود. زیرا این قلیل وجه جزیه که قریب مبلغ هشتصد تومان و کسری می‌شود همه ساله از پول وقف هندوستان می‌رسد و الحق خیلی بدنامی است که هر ساله این قلیل وجه را از خارج به دولت علّیه ایران بدهند. خود همین بزرگان پارسی هر ساله زیاده از دو سه هزار تومان به رسم اعانت و خیرات به اهل ایران می‌دهند، دیگر این قلیل وجه شایسته نیست که اولیای دولت علّیه از آن صرف نظر نفرمایند. معلوم است که همّت والای بندگان جناب مستطاب آقا، مدّظله العالی، نوعی شامل حال این طایفه دعاگو خواهد شد که در همه ممالک، افراد ایشان به مراتب دعاگویی و ثناجویی گشاده‌زبان و رطب‌اللسان[۳۲۱] باشند.

باقی الامر الاجل مطاع فی ۱۷ جمادی الاول ۱۲۹۹» (اسنادی از مانکجی هاتریا، بی تا: ۳۵-۳۶).

ب- مکاتبات مانکجی با ظل‌السلطان

مسعودمیرزا یا سلطان مسعودمیرزا ظل‌السّلطان، پسر چهارم ناصرالدین شاه بود که به‌دلیل فوت برادران بزرگ‌ترش، می‌توان او را پسر بزرگ شاه دانست. از او برای نخستین‌بار در ایام نوجوانی به‌عنوان حاکم فارس اطلاع داریم (۱۲۸۸-۱۲۹۱ق) و پس از آن تا اوایل مشروطیت- یعنی طیِ سی و چهار سال- حکومت مطلق اصفهان

۳۲۱. رطب‌اللسان: خوش‌بیان.

را در دست داشت که از ۱۲۹۵ تا ۱۳۰۵ق، ریاست بر چهارده ایالت و ولایت دیگر در غرب و جنوب غرب کشور بدان افزوده گردید. یزد نیز از ۱۲۹۶ق بخشی از این پهنهٔ وسیع گشت و تحت حاکمیت ظل‌السلطان درآمد و گرچه به منظور جلوگیری از دعاوی و گسترش بیش از حدّ نفوذش از ۱۳۰۵ق قلمروی وی به اصفهان محدود شد، امّا در ۱۳۰۷ق با تقدیم پیشکش‌هایی به دربار و شاه، ولایات یزد و عراق و گلپایگان را مجدّداً به دست آورد و از طریق تعیین نایب الحکومه‌هایی، آنها را اداره می‌کرد. (بامداد، ج۴: ۷۸-۹۹).

به‌هر صورت، یزد در زمان مورد نظر بخشی از محدودهٔ حکومتی ظل‌السّلطان به‌شمار می‌رفت و میرزا ابراهیم خلیل‌خان تبریزی از جانب شاهزاده بر آن نیابت حکومت داشت. او که در دستگاه ظل‌السلطان پرورش و ترقّی نموده بود، در اول محرم ۱۲۹۶ق و به دنبال عزل محمدخان والی با سمت نایب الحکومگی به یزد عازم شد. اسناد موجود از ظلم و ستم او در ایام حکومتش بر یزد خبر می‌دهند. وی در ۱۳۰۲ق از این مقام عزل شد و ظل‌السلطان وی را به اصفهان فراخواند و به وزارت گماشت. در نهایت نیز بنا به رسم شاهزاده که دست‌پروردگان را پس از پروار کردن به قتل می‌رساند، ابراهیم خلیل خان نیز سرانجامی مشابه یافت و اموالش را مصادره نمودند (نک، تشکری، ۱۳۸۸، ج۲: ۱۳۶۳).

با این مقدمه که برای شناسایی مخاطبان نامه‌ها ضرورت داشت، نخست به نامه مانکجی به ظل‌السّلطان پرداخته و سپس نامهٔ شاهزاده به نایب الحکومه‌اش را می‌آوریم:

«قربان حضور مهر ظهور اقدس انورت گردم. اگرچه فدوی دعاگو همواره بر سِمَتِ بندگی و عبودیتی که دارد، پیوسته به عرض عرایض، خود را در محضر انور اقدس مذکور می‌دارد، معذلک هماره جویای بهانه و مترصد وسیله است که به دستاویز آن [یک واژه ناخوانا] در پیشگاه فلک‌پایگاه مذکور گردد و به این موهبت بین الاماثل و الاقران مباهی و مفتخر شود. علی‌هذا پس از عرض عریضه که غرهٔ ذیحجه معروض و ایفاد داشت، نوشته از بزرگان ملت زردشتی که ساکن هندوستان و لندن‌اند برای

دعاگو رسید که از جانب آنها در حضور معدلت ظهور اظهار تشکّری کند. فدوی نیز این فقره را مغتنم دانسته چون مکتوب آنها به خط و زبان گجراتی است ترجمهٔ آن را معروض می‌دارد.

البته در نظر انور روشن است که چون در بدو ظهور ملّت اسلام تخت سلطنت و رتبهٔ ریاست ملّت را که بایستی به جلوس ولات حقیقی امر مزّین و مشرف شود سلاطین جور و ملوک متفرقه متصرف گشتند، روش اهل اسلام با ملل خارجه که در ظل تبعیّت و رعیتی اسلام بودند تغییر یافت و سنّت سنیهٔ حضرت ختمی‌مآب، صلوات الله و سلامه علیه، را که با اهل کتاب به سمت بردباری و رأفت و عاطفت معاشرت می‌فرمود متروک و مهجور داشتند و حکم کتاب مجید را که فرموده «وَلا تُجادِلُوا اَهلَ الکِتابِ اِلّا بِالَّتی هِیَ اَحسَنُ»[۳۲۲] به کلی پس پشت نهادند و با ملل خارجه که رعیّت اسلام بودند بنای ظلم و تعدّی گذاشتند. به حدّی مراتب ظلم آنان سمت استعلا پذیرفت که اکثر متوطنین این کشور مینوبَهر، ترک وطن اصلی نموده به ممالک خارجه فراری و متواری گشتند. قلیلی که از جهت عدم بضاعت و فقدان استطاعت قدرت مهاجرت نیافتند مورد صدماتی گشتند که شرح آن موجب بسط مقال و ملال خاطر مبارک می‌گردد. ولی محض استحضار بندگان حضرت اشرف ارفع امجد اسعد والا- روحنا فداه- به عرض بعضِ آن، جسارت می‌ورزد. مثلاً از جمله یکی حکایت جزیه است که اکنون علاوه از مالیات دیوانی که فارسیان از مِلک و مال و مواشی و مراعی خود به شرکت اهل اسلام می‌دهند یک مالیات علیحده هم به اسم جزیه از اینها دریافت می‌دارند و این فقره از تعدّیات است که از سابقین صادر شده و الی حال باقی مانده است و حال آنکه بدعت و ظلم صرف است. زیرا که جزیت معرب گزیت پارسی است که همان خراج دیوانی باشد و حضرت ختمی‌مآب برای امتیاز اهل کتاب از بت‌پرستان مقرّر فرمود که اگر اهل

---

۳۲۲. وَلاتُجادلوا اهل الکِتابِ اِلاّ بِالَّتی هِیَ اَحسَنُ اِلاّ الّذینَ ظَلَموا مِنهُم و قُولُوا آمَنّا بِالّذِی اُنزِلَ اِلینا و اُنزِلَ اِلیکُم و اِلهنَا و اِلهکُم وَاحِداً و نَحنُ لَهُ مُسلِمونَ. (سوره عنکوبت، آیه ۴۹). ترجمه: «و با اهل کتاب جز با بهترین شیوه مجادله نکنید. مگر ستمگران از آنان و به (آنان) بگویید: ما به آنچه به ما و شما نازل شده ایمان داریم و خدای ما و خدای شما یکی است و ما تسلیم او هستیم».

کتاب ترک جنگ کنند و رعیت[ی] اسلام کنند و خراج به گردن گیرند مأذونند که در دین خود باقی مانند، به خلاف بت‌پرستان که ابداً آنها را اذن بقای در دین خود و تبعیت اسلام نداده و همواره آن حضرت اهل اسلام را ترغیب به معاشرت و دوستی و مراوده و مهمانی اهل کتاب می‌فرمود و از اذیّت آنها نهی بلیغ و منع شدید می‌نمود. چنانکه آیه کریمهٔ «الیوم اُحِلّت لکم الطیّبات و طعام الّذین اوتوا الکتاب حلّ لکم»[۳۲۳] و حدیث شریعت «من آذی ذمیاً کنتُ خصمه یوم القیامه»[۳۲۴] بر صحّت این عرض صریح است و حضرت رسالت‌پناه یکی از مصارف زکوة را تألیف قلوب خارجه مقرّر و معین فرموده در این صورت ظاهر است که کسی که پول از هم مذهب خود بگیرد و برای جلب قلوب به خارجه بدهد، هرگز اذن نخواهد داد که از رعیّتی که در پناه لطف و مرحمتش آرمیده‌اند دو مالیات بگیرند و چنانچه به کتب لغت و مغازی رجوع فرمایند صدق این عرایض روشن و هویدا خواهد شد. و همچنین است حکایت خمس اراضی که رسم شده است که اگر یکی از فارسیان بخواهد ملکی بخرد باید خمس آن را به آقایان دهد و حال آنکه حضرت احدیّت، جلّ ذکره، محل اخذ خمس را غنایمی مقرّر داشته که از جنگ حاصل می‌شود. چنانکه آیه کریمهٔ «اعلموا انما غنمتم فِانّ لله خمسه»[۳۲۵] شاهد بر صدق این عرض است. و از این قبیل است حکایت ارث که اگر یکی از خارجه فوت شود و اولاد صلبی بطنی داشته باشد، اولاد او را از ارث محروم می‌نمایند و ارث او را به جدیدالاسلامی می‌دهند که با او ادّعای نسبت و قرابت می‌کند، اگرچه بسیار دور باشد. چنانکه سید محمدعلی نامی را حکایت می‌کنند که از یکی از موبدان این طایفه ادعای ارث می‌نمود پس از استفسار معلوم شده بود که در هنگام سلطنت خاقان جنّت‌مکان آقامحمدخان،

---

۳۲۳. سوره مائده آیه ۵: «الیوم اُحِلَّ لَکُم الطیّباتَ و طعام الذین اوتوا الکتاب ...».

۳۲۴. حدیث از رسول اکرم: «من آذی ذمیاً فانا خَصمه وَ من کانت خَصمه خصمتهُ یوم القیامه»؛ اگر کسی ذمّی را آزار دهد، من دشمن اویم و اگر کسی با او دشمنی کند، من با او روز قیامّت دشمنی خواهم کرد.

۳۲۵. انفال، آیه۴۱ : «وَ اعلموا اَنّما غَنِمتُم مِن شَیء فأنّ باللهِ خُمُسَهُ و للرسول ...»؛ و بدانید که هر چیزی را به غنیمت گرفتید یک پنجم آن برای خدا و پیامبر و برای خویشاوندان [او] و یتیمان و بینوایان و در راه ماندگان است ...

طاب‌الله ثراه، که افواج قاهره متوجه تدمیر باغیان کرمان بوده‌اند، سربازی، دختری را که عمهٔ جدّ موبد مذکور بوده از فارسیان یزد دزدیده و در آذربایجان فروخته بوده است و پس از چندی جد سیّد محمّدعلی مذکور او را به عقد خود درآورده بوده است. این است که هنوز بعد از گذشتن زیاده از نود سال سید محمّدعلی مذکور بواسطهٔ انتساب به آن دختر وارث کل این طایفه شده و خود سیّد گفته بود من، الی الحال چهل و هشت ارث از این طایفه گرفته‌ام. این است وضع ارث گرفتن از زردشتیان و حال آنکه خداوند در قرآن مجید بیان مراتب ارث را به نوعی فرموده که ابداً جای این شبهات نمی‌ماند. و از این قبیل است که خارجه را از سوار شدن و لباس نو پوشیدن و بنای عمارت جدید منع می‌نمایند و در معابر و طرق از پیله‌وران این طایفه به اسم راهداری وجوه غیرمقدوره مطالبه می‌کنند که هیچ‌یک از فقرات سابقه مطابق حکم کتاب و روش حضرت ختمی‌مآب نیست و از همه بدتر این است که به بهانهٔ مسلمانی متعرض عِرض و ناموس این طایفه می‌شوند. و چون در این اوان سعادت‌اقتران که تختگاه ایران مینونشان بوجود مسعود اعلیحضرت قوی‌شوکت اقدس شهریاری، روح‌العالمین فداه، زینت یافت برحسب رأفت و عدالتی که فطری ذات ملک صفات همایون است جمیع ملل متنوعهٔ ساکنهٔ ایران در مهد امن و امان آسوده و مرفه گشتند و کسی را قدرت تعدّی بر احدی نماند و ملّت فخیمه اسلام روی به ترقّی نهاد و مراتب عدالت‌گستری و رعیت‌داری آن اعلیحضرت گوشزد ممالک دور و نزدیک شد و موجب مزید امیدواری این دعاگویان گشته، در سفر اول که موکب اقدس همایونی تشریف‌فرمای ممالک فرنگستان گشت عریضه‌ای در لندن به خاکپای گوهرآسای همایونی معروض داشتیم و برحسب همکیشی مزید ترفیه و آسایش حال زردشتیان ساکن ایران را از مراحم خدیوانه متمنی گشتیم و وعده فرمودند که پس از مراجعت، آنها را مشمول عنایات شاهانه خواهند فرمود. در اوایل این سال مجدداً جواب عریضهٔ سابقه را به عرض عریضه دیگر به توسّط دولت علّیه انگلیس مستدعی شدیم و از قراری که جناب جلالت‌مآب مستر طامسن صاحب، وزیر مختار مقیم دارالخلافه طهران این اوقات اطلاع داده بود، ملفوفهٔ فرمان همایون بر طبق مستدعیات دعاگویان شرف صدور یافته است. لکن آنچه در این دو سال از

زردشتیانی که برای کسب به این صفحات می‌آیند مسموع می‌شود، بحمدلله عموم همکیشان از مراتب عدالت‌گستری و زیردست‌پروری بندگان حضرت شاهنشاه‌زاده آزادهٔ اعظم اکرم افخم اسعد امجد والا روحنا له الفدا، به حدّی آسوده و مرّفه‌اند که هیچ‌وقت به این آسودگی نبوده‌اند و احدی قادر به ظلم در حقّ آنها نیست. لهذا بر دعاگویان لازم و واجب گشت که در مقام شکرگزاری و مزید دعاگویی برآئیم. امیدواری چنان است که نوعی مقرّر فرمایند که این روش مرضیه پیوسته مجری و مستقیم ماند که نیکنامی بندگان حضرت اشرف امجد اسعد اقدس والا، روحنا فداه، بیش از پیش در همه بلاد انتشار یابد و این طایفهٔ دعاگو نسلاً بعد نسل خود را آزاد کردهٔ آن حضرت دانند و یوماً فیوم به رسم ثناجوئی و دعاگویی بیفزایند. باقی الامر الاقدس مطاع.

چاکر آستان عدالت بنیان، مانکجی» (اسنادی از مانکجی هاتریا، بی‌تا: ۳-۶).

پیش از ادامه بحث و در تحلیلی بر محتوای نامه یادشده، ذکر دو نکته حائز اهمیت است؛ نخست اینکه در قیاس میان سبک و فحوای دیگر مکتوبات انجمن اکابر با نامه‌ای که مانکجی مدعی است از ایشان دریافت داشته و برگردان آن را از زبان گجراتی به فارسی نزد ظل السلطان ارسال نموده است، چنین به‌نظر می‌رسد که وی، متن را با افزوده‌هایی چند و از آن جمله آیات و روایات در اثبات حقانیت زرتشتیان در هم آمیخته باشد. و دیگر اینکه نویسنده به‌سان مواردی مشابه در لوح‌نوشته‌هایش بر دخمه‌ها و عبادتگاه‌های زرتشتی یزد (نک به مطالب پیشین)، تفسیری آزاد و بعضاً مغایر با واقعیات تاریخی از آن جمله دربارهٔ کاربرد لغت جزیه ارائه می‌نماید که با تعبیر مفسرین مسلمان از آنها هم‌خوانی ندارد.

پاسخ نامهٔ مانکجی توسّط ظل‌السلطان

در پاسخ به نامهٔ مانکجی، ظل‌السلطان نامه زیررا در حفظ و صیانت از اموال و جان زرتشتیان، به وی ارسال می‌دارد:

«جناب رفعت‌مآب مانکجی‌صاحب، بر دوام عمر و سلامتی نفس مقرون و موصوف باشد.

شرحی که نگارش و اظهار نموده بودید ملاحظه شد و مساعی جمیلهٔ شما دربارهٔ همکیشان که موافقت با مکتوبات ما داشت آشکار و هویدا شد. شکرالله سعیکم. اگرچه ما خود به کرّات سپارش جماعت زردشتیان و فارسیان را به کارگزاران خود نموده بودیم و هر ماه در ضمن روزنامهٔ اخبار یزد از آسایش و آرامش آنان آگاهی داشتیم، نهایت چون فرمان مهرلمعان هم در تأکید مراقبت حال آنها به استحضار ما شرف صدور یافته است، به امضا و اجرای آن رقم مشروحِ مؤکد مرقوم نمودیم و نزد آن جناب فرستادیم که ملاحظه نمایند و برای مؤبدان و دانایان و ریش‌سفیدان آن قوم بفرستند. جداگانه هم در تِلو مطالب مخصوصه مقرب‌الخاقان ابراهیم خلیل‌الله نایب‌الایاله یزد تأکید سفارش نگارش می‌شود در باب حقوق دیوان از بابت جزیت آنها هم به اختیار شخص شما است. در طهران به مقرب‌الخالقان رضاقلی‌خان از قرار تفصیل دادید و قبض او را به یزد فرستادید، قبول می‌نمایند. در یزد هم بخواهند بدهند به سه قسط بپردازند که اسباب زیادتی آسایش آنها باشد، برای دیوان و ما فرق و تفاوت ندارد و مقصود حصول مقاصد و آمال شما و تابعین و همکیشان شما است. خود شما هم بسپارید که همه‌وقت مآرب[۳۲۶] خود را با شرح آسایش و آرامش که دارند برای استحضار خاطر والا عریضه و روزنامه نمایند و از هر جهت به آنها اطمینان و خاطرجمعی دهید که مرحمت ما دربارهٔ عموم رعایا مساوی است و به مخالفت دین و آیین کار نداریم و مفاد «قل تعالوا الی کلمهٔ سواء بیننا»[۳۲۷] را به کار

---

۳۲۶. مآرب: نیازها، حاجات..

۳۲۷. آل عمران، آیه۶۴ : «قُل یا أَهلَ الکِتابِ تَعالَوا إِلی کَلِمَةٍ سَواءٍ بَینَنا وَبَینَکُم ...»؛ ای پیامبربگو، ای اهل کتاب بیائید به سوی کلمه ای که بین ما و شما مساوی است.

می‌بریم. والسلام علی من اتّبع الهدی فی شهر محرم» (اسنادی از مانکجی هاتریا: ۷).

بدین‌ترتیب، در آستانهٔ صدور حکم لغو جزیه، همراهی کارگزاران حکومتی با مانکجی بدان حدّ توسعه یافته بود که ظل‌السلطان نه تنها به نایب‌الحکومه خود در یزد دستور به رعایت حقوق آنها را داد، که ضمن اختیار به مانکجی در تأدیه جزیه در یزد و یا تهران، پرداخت اقساطی آن را تأیید نمود.

همچنین ظل‌السلطان در دو مکتوب که خطاب به ابراهیم خلیل‌خان ارسال داشته از زرتشتیان به عنوان بقایای دودمان عهد باستان و مستحقّ رعایت حقوق و جلوگیری از آزار عوام بدیشان یاد می‌کند:

«چون به اطاعت امر یزدان و اجراء و امضای فرمان جهان‌مطاع اعلیحضرت اقدس شاهنشاهی اسلام‌پناه سایه مبارک خداوند رحمان، اروحنا فداه، رعایت حال اهل کتاب که تابع ملت و مطیع دولت و دهندهٔ جزیت‌اند از شرایع مفروضهٔ دین و آیین و موافق آثار و سنن حضرت سیدالمرسلین صلی الله علیه و آله است خاصّه جماعت فارسیان که از بقایای دودمان عجم و نتایج فریدون و جم‌اند و در تعهّد حال آنان عهدنامهٔ مولای انس و جان در حقّ متلبّسینِ سلمان‌مأثور، در میان است و مقتضی معدلت و جزیه عامه آنست که دست و زبان تعرض و تعدی از اهل هر طریقه و کیش بسته و کوتاه دارند و هر طایفه و قبیله در مهد امن و امان، ایمن از تشویش و به رفاه باشند، لهذا به امتثال امر همایون به صدور این خطاب مستطاب به مقرب‌الخاقان چاکر عقیدت‌کیش ابراهیم خلیل‌خان نایب‌الایاله یزد مرقوم می‌فرمائیم که پیروان طریقت شت زردشت را که در بلده و بلوکات یزد سکونت دارند از هر داهیه و حادثه نگاهداری نموده به عموم اهالی یزد اطلاع دهد که در معاملات و زراعات با آنها به قانون حقّ و انصاف رفتار کرده از جاده جور و اعتساف کناره گیرند و به دست و زبان، آنها را نرنجانند و ایذا و اذیت نرسانند که عموم آن طایفه از موبد و بازرگان تا زارع و کشاورز و دهقان مراتب رضایت و تشکرات خود را در طی عرایض اشتهار دهند و متوجهات خود را از بابت حق‌الجزیه به سه قسط

در عرض سال یا در دارالخلافه یا در شهر یزد هر کدام بخواهند به کارگزاران دیوان اعلی برسانند و قبض رسید دریافت دارند و در کمال آسایش به دعای دوام دولت معدلت‌آیت پردازند. مقرّر آنکه مقرب‌الخاقان مستوفیان و کُتّاب شرح رقم قضاشِیَم را ثبت و ضبط نموده، در عهده شناسند. فی شهر محرم الحرام سنه ۱۲۹۹ق. مطابق ئیلان ئیل» (اسنادی از مانکجی هاتریا، بی تا: ۸-۹).

نامهٔ دوم ظل‌السلطان به نایب‌الحکومهٔ یزد

«مجدت‌الخاقان [یک واژه ناخوانا] ابراهیم خلیل‌خان، نایب‌الحکومه یزد.

به الطاف بی‌پایان حضرت والا سرافراز بوده بداند اوقاتی که در حضور مبارک مستفیذ بودید، می‌دیدید که چقدر حضرت والا نسبت به طایفه ارامنه و مجوس و یهود که رعیت دولت و در اصفهان ساکن بودند و [دو واژه ناخوانا] مرحمت نمود و هیچ‌وقت احدی جرأت اذیّت و آزار قولی یا فعلی به آن‌ها نداشت و همیشه آسوده و مرفه‌الحال به دعاگویی مشغول بودند. حال، گبر و یهود یزد هم همان حالت را دارند. چنانچه جمیع اهالی یزد را آسوده‌خاطر و مرفه‌الحال و جبر و تعدی از آنها مرتفع باشد قدغن کنید مسلمانان به هیچ‌وجه من‌الوجوه نه قولاً نه فعلاً به آنها تعدی نکنند و همیشه اوقات رعایت آنها را منظور دارید که به فراغت حال به دوام دعاگویی اشتغال نمایند و نیز معروض افتاد در یزد رسم است مجوس‌ها در کوچه و بازار سواره نمی‌توانند عبور و مرور نمایند. در این باب هم قدغن نمایید اوقاتی که آن‌ها برای کار و شغل خودشان محتاج به سواری می‌شوند کسی آن‌ها را پیاده نکند، البته حسب‌المقرّر معمول داشته و در عهده شناسد. شهر شعبان ۹۹[۱۲]» (تشکری، ۱۳۹۱، تحقیقات تاریخ اجتماعی، ش۱: ۴۳).

به هر روی و مطابق با فحوای مکتوبات چند نکته حائز اهمیت می نماید:

- مانکجی در مکتوبش به ظل‌السلطان گوشه‌ای از تنگناهای اجتماعی و اقتصادی همکیشان یزد همچون پرداخت خمس، و واگذاری ارث به نومسلمان را آشکار می‌سازد که بنا بر اطلاعات فصل نخست کتاب، ریشه در ضوابط فقهی داشت و اجرای آنها در جامعه‌ای مبتنی بر شرعیات، چندان دور از انتظار نبود.

- با وجودی که پس از مرگ معتمدالدوله، جزیهٔ زرتشتیان یزد تیول وزیر خارجه شده بود، امّا- با توجّه به عدم وجود اطلاعات کافی- صحبت از پرداخت اقساطِ آن، نمی‌تواند از دو حالت خارج بوده باشد؛ یا حکّام و دیوانیان محلی همانند گذشته، بنا به منافع خویش رفتار می‌کردند ونامهٔ وزیر خارجه به حاکم یزد معرّف همین موضوع است، و یا آنکه مجدداً جزیه یزد از تیول خارج شده و زرتشتیان می‌بایست وجه مورد نظر را به حکومت پرداخت نمایند که با توجه به تلاش مانکجی در جلب حمایت ظل‌السلطان، این احتمال موجّه‌تر است.

۴- انجمن اکابر پارسیان و تلاش برای کاهش و لغو جزیه

چنانکه پیش از این نیز در قیاسی میان شرایط اجتماعی ارامنه با دو اقلیت یهودی و زرتشتی تأکید داشتیم، مناسبات سیاسی ایران با غرب مسیحی در عصر صفوی و متعاقب آن پیوند سرمایه‌داری و مسیحیت، ارامنه را در موقعیتی برتر قرار داد. بدین ترتیب در فقدان چنین پشتوانه‌ای، زرتشتیان تحت ضوابط اهل ذمّه، تنها به‌عنوان بازماندگان عهد باستان ایران از یهودیان تمایز می‌یافتند. باوجود ترقّی جایگاه پارسیان در هندِ تحت سیطرهٔ انگلیس، و گرچه شکل‌گیری انجمن اکابر گام بلندی در مساعدت به همکیشان ایرانی بود، امّا در عمل با دو مانع جدی مواجه بود؛ از یک سو علی‌رغم حمایت پیدا و ناپیدای دول اروپایی از ارامنه، انجمن اکابر ساختاری سیاسی و صاحب قدرت نبود که از قِبَل مناسبات با سلاطین، قادر به اعمال نفوذ مستقیم بر ایشان باشد. و از دیگر سو، اکابر پارسیان در هند اسکان داشتند و هموطنان زرتشتی آنها در ولایات دورافتاده ایران که حتّی نظارت حکومت مرکزی بر عملکرد کارگزارانش نیز با موانع جدی مواجه بود. از این رو، بدیهی است که تنها کانال ممکن در حمایت از آنها بهره‌گیری از انگلیسیها باشد که هم در هند حرف اول را می‌زدند و در واقع، پارسیان در سایهٔ روابط مطلوب با ایشان شهرتی یافته بودند و هم خاصّه از نیمه دوم سدهٔ ۱۹م، جایگاه برجسته‌ای در نظام سیاسی ایران داشتند. لذا اعضای انجمن فرصت را مغتنم شمرده و از طریق نامه‌های متعدد

به دولتمردان انگلیسی بمبئی و از آن طریق سفرای بریتانیا در ایران، نفوذ در شاه، درباریان و حکّام محلی را آزمون کردند. اقدامی که ثمرات قابل توجهی در متزلزل نمودن این مالیات و نهایتاً لغو آن داشت.

متّکی بر این مقدمه، در ادامه به مکتوباتی از انجمن اکابر می‌پردازیم که خطاب به کسانی چون کارگزاران انگلیسی بمبئی، وزیرخارجه و سفرای بریتانیا در ایران، شاه، وزرای خارجه ایران و حکّام مناطق زرتشتی‌نشینی نگارش یافته است. لازم به ذکر است که این مکتوبات بر اساس زمان نگارش تنظیم گردیده و حاوی اطلاعات قابل توجهی از شرایط اجتماعی این اقلیت در ایران، نحوهٔ افزایش مبلغ جزیه و عدم تناسب آن با جمعیت زرتشتیان است. همچنین گفتنی است که از مخاطبان نامه‌ها مشخص می‌شود که اعضای انجمن از طریق حاکمان انگلیسی هند و خاصّه بمبئی، با وزیر مختار انگلیس در ایران ارتباط یافته و ضمن معرفی نمایندهٔ خود به ایشان، پیگیر اقدامات متعاقب در تشویق شاه و درباریان به کاهش و لغو مالیات جزیه می‌شوند.

به هر روی، نخستین نامه‌ای که در این باره در دست داریم، نامه‌ای به راولینسون، وزیر مختار انگلیس در تهران، است که ذیلاً ترجمه آن را می‌آوریم.

«عالیجناب

سِراچ. ال راولینسون [۳۲۸]

وزیر مختار دولت بریتانیا و فرستاده فوق‌العاده به دربار ایران

آقا.

ما امضاکنندگان ذیل- ساکنان پارسی بمبئی و اعضای هیئت مدیرهٔ انجمنی که در ۱۸۵۴ با هدف بهبود شرایط فارسیان تهیدست یا زرتشتیان ساکن ایران ایجاد شد- جسارت ورزیده، وقت حضرتعالی را گرفته و ملتمس نظر لطف و مرحمت و مستدعی کمک و یاری شما در حقّ همکیشان ستم‌دیدهٔ خود هستیم. حسن استقبال

---

328. Henry Rawlinson

و پذیرایی صمیمانه حضرتعالی در ملاقات و گفتگوی آوریل ۱۸۵۵ در بمبئی به ما جسارت داده تا وساطت شما دربارهٔ همکیشان‌مان در ایران را مستدعی شویم.

دوم: انتصاب جنابعالی به مقام والا و محترم وزیر مختار و سفیر فوق‌العادهٔ ملکه بریتانیا در دربار ایران را تبریک می‌گوئیم؛ مقامی که کاملاً برازندهٔ شماست. موجب خرسندی ماست که با این انتصاب و قرار گرفتن عالیجناب در این جایگاه، به برادرانمان در ایران کمک کنید و از رنج و دردشان بکاهید.

سوم: البته عالیجناب بر تمامی امورات مربوط به ایران و مردمانش در خارج و داخل کشور اشراف کامل دارید و از این رو، مطلع هستید نیاکان ما که پیرو آیین زرتشت بودند، در اصل از اهالی ایران بودند که حدود دوازده سدهٔ پیش به هند مهاجرت و نسل‌ها در آنجا سکنی گزیده و هم‌اینک در غرب هند تحت حکومت بریتانیا به سر می‌برند که برای ایشان امنیت جانی و مالی، و آزادی و مدارای دینی به ارمغان آورده است.

جدای از این ایرانیان کهن، آن‌ها که قادر یا مایل به مهاجرت نبودند، همچنان در میهن اصلی خود باقی مانده و در مناطق مختلف ایران پراکنده شدند. ایشان همواره مورد آزار و اذیّت مردم و حکّام مسلمان بوده‌اند و به همین سبب، تعداشان هر سال کاسته شده و اینک محدود و منحصر به یزد و کرمان هستند. گرچه از ما جدا افتاده‌اند، تاکنون روابط خود را با ایشان حفظ نموده و به دلیل شرایط تأسف‌بارشان، حتی‌المقدور در تلاش برای بهبود وضع آنها هستیم.

چهارم: زمانی تعداد زرتشتیان ایران، بی‌نهایت زیاد بود امّا به دلیل اجبار به تغییر کیش، آزار و اذیّت و استبداد، به حدّی از تعدادشان کاسته شد که در سدهٔ اخیر به شش هزار خانوار تقلیل یافت و از آن هنگام هم از تعدادشان به طور چشمگیری کاسته شده است. در زمان حکومت فتحعلی‌شاه- پادشاه ایران- که تعدادشان به حدود شش هزار خانوار می‌رسید، از ایشان ۲۰۰ تومان مالیات سرانه تحت عنوان جزیه اخذ می‌شد. امّا به رغم کاهش جمعیت ایشان به ۴۰۰۰ خانوار در چهل سال پیش، این مالیات به ۱۰۵۵ تومان افزایش یافته و گرچه حکومت بعداً ۳۵۰ تومان از این مبلغ را تخفیف داد امّا تاکنون مؤدیان مالیاتی با احتساب حق‌الحکومه،

حقّ مستوفی و دیگر باج‌های نامشروع مبلغ گزاف ۱۳۰۰ تومان را دریافت می‌دارند. این مالیات سنگین و ظالمانه را محصّلانی بی‌رحم و درنده‌خوی، با ستمگری بسیار اخذ می‌کنند و بی‌رحمانه اندک داراییِ رعایای فقیر را به نصف قیمت واقعی و گاه کمتر، از چنگ‌شان به در می‌آورند. این غارتگری‌ها و رفتارهای وحشیانه و ناعادلانه، آه و فغان همکیشان فقیر و محنت‌زدهٔ ما را به آسمان رسانده است.

پنجم: عریضه‌ای که به منظور لغو یا کاستن از مبلغ جزیهٔ برادران بی‌بضاعت و ستمدیده و محنت‌زدهٔ خود، توسّط نماینده‌مان به اعلی‌حضرت شاه ایران و وزرای ایشان، تقدیم داشتیم، بر پایهٔ عدالت و عقلانیّت تنظیم شده است که جسارت ورزیده و خدمت‌تان توضیح می‌دهیم. سال‌ها قبل که این مالیات وضع شده بود، جمعیت زرتشتیان ایران- در قیاس با حال- زیاد بود. امّا با وجود کاهش تعداد آن‌ها به یک‌پنجم، میزان جزیه کاهش نیافته است. تمام این مبلغ بر روی رعایایی وضع شده که فقیرتر و رنجورتر از آنها در حال حاضر وجود ندارد؛ جماعتی غرقِ در جهل مطلق که نمی‌دانند برای خلاصی خود باید نزد چه کسی و چگونه تقاضا کنند. آن‌ها در بدترین شرایط زندگی به سر می‌برند و استطاعت و ابزار لازم برای پیشرفت، آموزش و یا آموختن کار و کسب را ندارند. و بدین‌گونه دچار نومیدی و رخوت شده‌اند.

بالطبع زمانی که رنج و آزار این جماعت ضعیف‌الحال به حدّ اعلا رسیده و تحمل‌ناپذیر شود، یا مجبور به ترک آیین خویش و گروش به اسلام می‌شوند و یا پنهانی زادبوم خود را ترک می‌گویند و از زن و فرزند و عزیزان که قادر به دیدن بدبختی و فلاکت‌شان نیستند اما کاری هم برای کاستن از آلام آن‌ها از دست‌شان برنمی‌آید، می‌گسلند و ایشان را در شرایطی کاملاً اسف‌بار رها می‌کنند. گرچه خود از مشاهدهٔ چنین مناظر و آلامی به دور هستیم، این گزارش‌های غم‌انگیز را از نماینده‌مان در ایران دریافت داشتیم که برای یاری همکیشان‌مان فرستاده‌ایم.

ششم: مختصری از شرایط ترحّم‌انگیز و سختی و ستم و آزاری که برادران ما در ایران متحمل می‌شوند را توصیف نمودیم. با عنایت به موارد فوق‌الذکر، جسارت ورزیده و از حضرتعالی تمنّا داریم نزد اعلی‌حضرت شاه ایران و وزرای دولت‌شان

برای لغو کامل جزیه و کاهش قابل ملاحظه مبلغ فعلی وساطت نمایند، چرا که برادرانمان به دلیل فقر گسترده قادر به پرداخت آن نیستند. از جنابعالی ملتمسانه می‌خواهیم رحم و شفقتی بر زرتشتیان بینوا و نگون‌بخت ایران که در چنین شرایط تأسف‌بار و رقت‌انگیزی قرار دارند، بنمایند.

اطمینان داریم که تحت عنایات پروردگار، چنانکه حضرتعالی نفوذ خود را برای آن‌ها به کار گیرید، بزرگترین مصیبت آنان– که مدت زمانی دراز است که گرفتار آن هستند– از میان برداشته شده و یا گشایشی در آن فراهم می‌آید.

هفتم: اعلیحضرت باید سخاوتمندانه مالیات مذکور را لغو و یا تخفیف بخشند، و به برادران ما همان لطف و مرحمتی را نمایند که اخیراً در حقّ ارامنهٔ تبریز صورت پذیرفته است. دولت با چنین اقدامی گرچه مبلغ ناچیزی از عایدات خود را از دست می‌دهد، امّا ازدیاد جمعیت، رونق صنعت و افزایش تولید را به دست خواهد آورد. همچنین، این اقدام شرافتمندانه عمیقاً بر روی قلوب رعایای وفادار اعلیحضرت که مرهون بخشش ایشان هستند، حک خواهد شد.

هشتم: در اثبات بی‌انصافی و تأثیرات مخرب جزیه‌ای که اینک اخذ می‌شود، ذکر همین نکته کافی است که وقتی حدود ۴۰۰۰ خانوار زرتشتی در ایران بودند، ۲۰۰ تومان جزیه از ایشان اخذ می‌شد و حال که تعدادشان به یک‌ششم کاسته و از هزار خانوار فراتر نمی‌روند، این مقدار به مبلغ گزاف ۱۳۰۰ تومان رسیده است. اگر قرار بر انصاف باشد، حکومت ایران نباید بیش از ۲۶۵ تومان از جمعیت کنونی (۱۰۰۰ خانوار) اخذ نماید که در واقع یک چهارم مبلغ ۱۰۵۵ تومانی خواهد بود که در زمان پدربزرگ شاه کنونی، یعنی مرحوم فتحعلی‌شاه، اخذ می‌گردید.

نهم: این نامه که حاوی درخواست خالصانه و محترمانهٔ ما دربارهٔ برادران محنت‌زده‌مان در ایران است را آقای مانکجی لیمجی– که مقامی برجسته نزد ما دارد و به نمایندگی از ما برای یاری همکیشانمان به ایران اعزام شده، به شما تحویل می‌دهد. او پنج سال است که در ایران به سر می‌برد و از نزدیک شاهد مشقّات برادران سیه‌روز ماست. مایه مباهات اوست که پاسخگوی سؤالات احتمالی حضرتعالی باشد و با مشورت با شما به انجام مأموریتش بپردازد.

دهم: در پایان سخن، اطمینان خالصانه به حضرتعالی داریم که لطف نموده و با استفاده از نفوذ شخصی خود بر دربار ایران، حکومت را به لغو یا کاهش جزیه ترغیب کرده و به منظور رهایی رعایای زرتشتی از بی‌عدالتی، ظلم و بی‌رویه‌کاری محصّلان مالیاتی، آن‌ها را راضی نمایید تا بپذیرند که مبلغ جزیه سالانه در تهران [و مستقیم] به خزانهٔ سلطنتی واریز شود.

بمبئی ۲۶ نوامبر ۱۸۵۹
مطیع‌ترین خادمان فروتن جنابعالی
(امضاء:)

فرامجی نوشیروانجی، خورشیدجی نوشیروانجی کاما، بهرامجی جی جی بهای، رستمجی روتنجی وادیا، مهروانجی فرامجی، بهمنجی فرامجی کاماجی، جمشیدجی پشوتنجی، دهنجی بهای فرامجی، اردشیر دوسابای منشی، نوروزجی فریدونجی، منوچهرجی شاپورجی لانگدا، دینشاه مانکجی پیتی»
(اسناد و مکتوبات و گزارشات مانکجی: ۱۶۰-۱۶۳).

دومین نامه‌ای که از انجمن اکابر پارسیان در دست داریم مربوط به ۱۸۶۱م است. این نامه که معرّف تلاش‌های همه‌جانبهٔ انجمن در جلب نظر دولتمردان ایرانی- البته در کنار کسب حمایت کارگزاران انگلیسی- هست گویا به پیشنهاد محمدعلی‌خان، سفیر ایران در بمبئی نگاشته شده است. بنا بر اطلاعات موجود و آنچه از فحوای نامه برمی‌آید، پس از واگذاری جزیه زرتشتیان یزد به تیول معتمدالدوله- وزیر عدلیه- اعضاء انجمن با محمدعلی‌خان دیداری داشته و از او دو درخواست دارند؛ نخست تلاش برای کاهش مبلغ جزیه، و دیگری پرداخت آن در تهران توسّط انجمن. محمدعلی‌خان جهت عملی شدن این خواسته پیشنهاد می‌دهد که نامه‌ای رسمی بنویسند تا او اجرای آن را پیگیری نماید. متن نامه («فی شهر صفرالمظفر ۱۲۷۸ هجریه. مطابق ۱۳ آگست ماه انگریزی ۱۸۶۱ عیسویه») بدین شرح است:

«خدمت ذی‌رفعت سرکار جلالت‌مدار بندگان مقرب‌الخاقان بالیوزخان- دام حشمةُ العالی- عرضه می‌دارد که فرمان قضاجریان اقدس همایون، روحنا فداه، به تاریخ چهارم شهر ذی‌قعده الحرام سنه ۱۲۷۵ در باب مواجب تیول جناب جلالتمآب مقرب‌الخاقان عباسقلی‌خان معتمدالدوله صادر شد که حضرات زرتشتیان متوطن دارالعباد یزد، وجه جزیهٔ خود را که مبلغ هشتصد و هفتاد و هشت تومان و هفت شاهی و نیم است هر ساله در وجه عالیجاه معظم‌الیه کارسازی نمایند. لهذا التماس و استدعا می نمایند کارگزاران، سرمایه خیراتی که برپا ساخته‌اند از برای رفاه حال زرتشتیان متوطن سرزمین ایرانِ جنّت‌نشان که این دعاگویان نمی‌توانیم هر ساله این قدر وجه ارسال بداریم زیرا که شصت سال قبل از این که شش هزار خانوار زرتشتی در آن سرزمین بوده جمع جزیهٔ ایشان مبلغ دویست تومان مقرّر بوده و اکنون یک هزار خانوار در آن ولایت باقی مانده‌اند و ادای وجه مزبور بر ایشان معتبر است. به این جهت زرتشتیان هندوستان خدمت سرکار عالی عرض می‌نمایند که از طرف ایشان به دیوان اعلی عرض و استدعا نمایند که تخفیفی مرحمت و عنایت فرمایند و همان مبلغ دویست تومان زمان سابق را در وجه ایشان از بابت جزیه برقرار دارند و آن را هر سال از معرفت وزیر مختار اعظم دولت بهیّه انگلیس در دارالخلافه تهران بازیافت فرموده باشند که آن بیچارگان به دعای دوام دولت علّیه توانند قیام و اقدام نمایند و به خاطرجمعی مشغول رعیتی خود بوده متفرق نگردند.

عرض دیگر آنکه کارگزاران دیوان اعلی نیز مقرّر دارند که هرگاه حاکم و ضابط ولایت تغییر داده شود، وجه جزیه ایشان زیاده از این مبلغ دویست تومان نشود و هریک از زرتشتیان که در هرجا بوده باشند کسی متعرض آنها نشود و حواله و اطلاقی به هیچ وجه برآن‌ها نشده باشد. و دیگر اینکه عالیجاه مانکجی لیمجی که از طرف زرتشتیان هندوستان در آنجا هست، عریضه از طرف زرتشتیان هندوستان و عریضه از جانب خود به دربار گردون‌مدار شهریاری رسانیده و سواد آن هر دو عریضه و سواد فرمانِ قضاجریانِ جهان‌مطاع در باب مواجب سرکار معتمدالدوله را در جوف هذا عریضه گذاشته که به نظر سرکار عالی برسد تا مطالب را دریافت بفرمایند» (هاواوالا، ۸۷-۸۹ به نقل از: Iran Desh Na Rehnara....14-16)

با وجودی که از نگارش نامه‌های اخیر، انتظار گشایش و یا حداقل، دریافت پاسخ می‌رفت، این انتظار به سرانجامی نرسید و محمدعلی‌خان نیز به وعده پیگیری خود پایبند نماند. بر این مبنا، انجمن درصدد برآمد تا از سفرای دول اروپایی در تهران برای وساطت یاری جوید. لذا به کُنت دوگوبینو سفیر فرانسه که نزد درباریان شاه اعتباری داشت، متوسل شده و خواهان ایجاد آشنایی بیشتر مانکجی نزد شاه شدند. متن نامه پارسیان به وی را در دست نداریم امّا در نامه زیر که گوبینو خطاب به یحیی‌خان مشیرالدوله[۳۲۹] - آجودان و مترجم خاصّه ناصرالدین شاه- به تاریخ سوم مارس ۱۸۵۲م/ دوم رمضان ۱۲۷۸ق نگاشته است، می‌توان به پاسخ مثبت او به درخواست حمایت از زرتشتیان و مانکجی پی برد.

«جنرال عزیز من

اینجانب را معذور بدارید از آنچه می‌گویم در حقّ دوست حقیقی مانکجی لیمجیِ پارسی، رعیت انگلیس که ایشان از صفات پسندیده و نیک‌خصالی نزد اینجانب گرامی‌اند. در این شک نیست که کارهای او به هیچ‌وجه من‌الوجوه به من دخلی ندارد از این سبب نمی‌خواهم احدی از اولیای دولت و وزرای مملکت را مصدّع شده باشم و این مرحله واضح و آشکار است که خود او هم نمی‌خواهد اسباب زحمت و مرارت به جهت ارکان دولت فراهم باشد. ایشان تا به حال به هیچ‌وجه من‌الوجوه کار خود را به کسی رجوع نکرده و واسطه نجسته، از چنین رفتار

۳۲۹. میرزا یحیی‌خان مشیرالدوله قزوینی از رجال برجسته عهد ناصری بود. وی در اوان جوانی توسّط پدر برای تحصیل به فرانسه فرستاده شد و تا یادگیری این زبان در آنجا بود. پس از بازگشت (۱۲۷۲ق)، به عنوان مترجم در وزارت خارجه مشغول به کار شد. مدتی نیز به نیابت سفارت پطرزبورگ برگزیده شد. در ۱۲۷۳ق توسّط میرزا آقاخان نوری به مقام آجودان مخصوص وی انتخاب و پس از عزل آقاخان در ۱۲۷۵ق توسّط شاه به مقام مأمور مخصوص و مترجم حضور انتخاب شد. در ۱۲۸۲ق علاوه بر پست‌های دیگر، تحویلداری وجوه صرف جیب شاه نیز بدو محول گردید و اواخر ۱۲۸۴ ق به لقب معتمدالملک نایل آمد. وی همچنین در سالهای بعدی به حکومت مناطق مختلفی چون لرستان و خوزستان، گیلان، فارس، مازندران رسید. و پس از مرگ میرزا حسین‌خان سپهسالار، برادرش که لقب مشیرالدوله داشت در ۱۲۹۹ق بدین عنوان نائل گردید. نهایتاً مشیرالدوله در ۱۳۰۹ به سن ۶۳ سالگی فوت نمود (بامداد، ج۴: ۴۳۸-۴۷۲).

و کردار دانشمندی او اینجانب می‌دانم که او مستوجب عنایت و مکرمت است. اگر رأی اعلیحضرت شاهنشاهی قرار گیرد که در حقّ او نوعی عنایت فرمایند البته بجا خواهد بود بلکه پارسیان ساکنین بمبئی خویشان و آشنایانش چنین وقتی را غنیمت دانسته به موجب عنایات و التفات اعلیحضرت شهریاری ارادت خواهند ورزید؛ چنانچه استماع شده و به اینجانب هم می‌نماید بلکه خود می‌بینم و خوشحال هستم از این که اعلیحضرت شاهنشاه از مکرمت و دادخواهی فرمودن باعث ازدیاد نیکنامی می‌شوند. و همچنین که مذکور می‌شود به موجب قواعدات عدالت‌شعاری اعلیحضرت شهریاری، جزیهٔ ارامنه تبریز را بالمرّه معاف داشته‌اند. بدان موجب، آنچه از بابت جزیه از پارسیان ایران وصول می‌نمایند، آن را هم معاف بدارند. شما می‌دانید که چه نوع خیالات نیک اخلاص‌آمیز در حقّ اعلیحضرت شهریاری دارم و بسیار خوشحال می‌شوم از این که حضرت پادشاه آن خیالات را به ظهور رسانند. این جزیه چون از هشتصد تومان بیشتر نیست، پس برای خزینهٔ عامره هیچ عظمتی ندارد بلکه مایهٔ خرابی رعیت است. از آن خرابی اگرچه اعلیحضرت پادشاه غافل باشند لیک خارجیین باخبرند و از چنین رفتار گمان شک زیاده بر عزت و مملکت‌داری ایران می‌دارند. اگرچه این همه به موافق ظلم شریعتی است، لیک برعکس خیالات این ایّام و دور از عقل و انصاف شهریاری است و اگرچه به همین سبب کلی، این نوع قاعده سخت بر مردمان افتاده است که ایشان از نظر افتاده‌اند امّا باید دانست که اجداد ایشان نام بزرگ در ایران گذاشته‌اند و در مملکت ما در همه‌جا مشهورند. من از این خوشحال هستم که حضرت پادشاه به دانایی خود رفتار می‌کنند. پس اگر این نوع جزیه بخشیده شود، من خواطرجمع هستم که پارسیان بمبئی که با مکنت و شوکت‌اند و در مملکت انگلستان ساکن‌اند، همگی احسان اعلیحضرت پادشاهی را فراموش نخواهند نمود و روزنامهٔ آنجا را از تعریف و توصیف حضرت شهریاری پر خواهند نمود. و اینجانب نیز سعادتمندی خود خواهم دانست که به دولت خویش بازنویسم که هر روز این دولت در ترقّی است و اسباب ترقّیات، خود حضرت شاهنشاه فی‌نفسه است. و من خواطرجمعی دیگر به هم رسانیدم که دویست خانوار پارسیان به ایران باز خواهند گشت و در اینجا خواهند ماند. معلوم

است که از آمدن ایشان هم پول می‌آید و هم صنعت. و روشن است که مردم از پادشاه فقط رعیت‌پروری را طالب‌اند. چنانکه شما این مطالب را در موعد مقرّر خدمت پادشاه عرضه دارید بسیار ممنون خواهم بود. آنچه کاغذجات مانکجی به من سپرده بود، آن را نزد شما می‌فرستم تا از کارهای او وقوف حاصل نمایید. باز سفارش می‌کنم که اگر در حقّ او احسانی بشود، بسیار خوشوقت خواهم بود» (هاواوالا: ۹۰-۹۲ به نقل از Iran Desh Na Rehnara...: 71-74)

در این میان اعضای انجمن اکابر پارسیان که هر فرصتی را برای نفوذ میان درباریان و خاصّه دیدار با شاه مغتنم می‌شمردند، در سفر نخست ناصرالدّین شاه به اروپا (۱۲۹۰ق) با وساطت سِر هنری راولینسون و استویک[۳۳۰]- از کارگزاران پیشین بریتانیا در تهران- درصدد ملاقات با او برآمدند. این نخستین دیدار نمایندگانی از انجمن اکابر با شاه محسوب می‌شد که هنگام حضور او در لندن و در کاخ باکینگهام صورت پذیرفت (۲۴ ژوئن ۱۸۷۳م/ ۲۷ ربیع‌الثانی ۱۲۹۰ق).

در این دیدار که نوراجی داداباهایی ریاست انجمن را اردشیر خورشیدجی وادیا (اولین پارسی که از آمریکا دیدن نمود و نیز نخستین پارسی که به عضویت انجمن سلطنتی بریتانیا درآمد)، نوراجی اردونجی و دکتر رستم‌جی کواسجی بهادرجی همراهی می‌کردند، به رسم یادبود هدیه‌ای مزیّن به گل و برگ‌های مطلّا که عباراتی در رنج زرتشتیان به زبان فارسی بر روی آن حک شده بود، تقدیم داشتند.

به دنبال این دیدار، سه نامه به ترتیب از طرف استویک، راولینسون و مالکوم در پاسخ به درخواست یاری نوراجی داداباهایی داریم که حاکی از پیگیری‌های ایشان است:

«۲۷ ژون ۱۸۷۲

آقای محترم

امروز صبح نزد صدراعظم رفتم و عنایت خاصه‌اش را بدین موضوع جلب

---

330. Eastwiek

نمودم. همچنین بر این نکته تأکید نهادم که تا چه میزان مشارکت دادن جماعتی چون پارسیان مفید فایده به حال ایران است.

ارادتمند

امضا: ادوارد استویک». (Karaka, VolI: 76)

گویا ناصرالدین شاه هم در این سفر و در پی این ملاقات‌ها، قول می‌دهد تا در بازگشت به ایران برای رعایت حقوق زرتشتیان اقدام نماید. مالکوم در نامه‌ای خطاب به رئیس انجمن بر همین نکته تأکید می‌نماید:

«کاخ باکینگهام

۵ ژولای ۱۸۷۳

من از جانب اعلیحضرت مأمور ابلاغ پیام وصول دادخواست شما به ایشان هستم که در آن خواستار اقداماتی جهت بهبود شرایط زرتشتیان ایران شده بودید. اعلیحضرت، رسیدگی به نحو احسن این موضوع را به هنگام بازگشت به ایران وعده نموده و آنکه اگر دریابند همکیشان‌شان تحت فشار و آزار هستند برای ترفیه احوالشان اقدام نمایند.

اعلیحضرت از وجاهت بارز انجمن پارسیان در هر دو کشور انگلیس و هند آگاهی دارند و مسرورند از آنکه در میان رعایایش افرادی از نژاد جسور و وفادار وجود دارند. اعلیحضرت از آرزوهای خیرخواهانه شما دربارهٔ خود ابراز خوشحالی نمودند.

امضا: مالکوم» (Karaka,1884: 77).

چنانکه در خلال نامه‌های پیشین هم ذکر شد، راولینسون از جمله مهم‌ترین صاحب‌منصبان انگلیسی بود که به‌هنگام سفارت در تهران نیز واسطهٔ آشنایی مانکجی با شاه گردید. او به هنگام حضور شاه در لندن، گرچه حائز مقام رسمی در ایران نبود امّا در زمینه‌سازی برای دیدار اعضای انجمن با شاه نقش فعالی داشت.

از او نامه‌ای داریم خطاب به نوراجی داداباهایی مبنی بر ارائه گزارشی از وضع
نامطلوب زرتشتیان ایران به شاه:

«جناب نوراجی داداباهایی

خیابان ۱۵ سالیسبوری

۷ ژولای ۱۸۷۳

من در فرصتی به شاه دربارهٔ شرایط بسیار ناراحت‌کننده زرتشتیان ایران متذکر
گردیدم و به ایشان توضیح دادم که تا چه میزان هرگونه اقدام وی می‌تواند به بهبود
وضعیت آنها انجامیده و این اقدامات مورد تقدیر پارسیان بمبئی است.

اعلیحضرت در پاسخ گفتند که در بازگشت به ایران این موضوع را به نحو
مقتضی مورد توجه قرار می‌دهند.

امیدوارم نتایج مثبتی به بار آید.

ارادتمند شما.

امضا: راولینسون» (Ibid: 76).

ناگفته نماند که سکونت پارسیان در هندِ تحت سلطه انگلیس باعث می‌شد
تا انجمن پیگیری نامه‌های خود به وزیرمختار بریتانیا در تهران را از طریق حکمران
بمبئی انجام دهد. دو نامه از مانکجی پتیت خطاب به سی. گون (C. Gonne)،
دبیر کل بخش سیاسی بمبئی، موجود است که برای رعایت ترتیب زمانی، ترجمه
نامه نخست در جلب همراهی وی به ارسال نامه‌های انجمن نزد تامسون- وزیر
مختار وقت انگلیس در ایران- را می‌آوریم و نامه دوم که مربوط به اطلاع‌رسانی
دربارهٔ دریافت حکم لغو جزیه هست، به بحث‌های آتی وامی‌نهیم.

«بمبئی ۲ دسامبر ۱۸۸۰

جناب سی. گون

دبیر کل بخش سیاسی بمبئی

عالیجناب

اینجانب امضاکننده نامهٔ زیر، رئیس هیئت مدیره انجمنی که به سال ۱۸۵۴ در بمبئی و توسّط انجمن پارسی به هدف بهبود شرایط و کاستن از فشار بر زرتشتیان فقیر ایران تشکیل شد، افتخار دارم جسارت ورزیده به ضمیمه، درخواستی که توسّط مدیریت انجمن به اعلیحضرت شاه ایران نگارش یافته، به شما ارسال دارم که جسارتاً با مجوز از سوی حکومت به جناب تامسن، وزیر مختار در تهران بفرستید تا به شاه برسانند. در صورتی که قوانین حکومت هند اجازه می‌دهد با درخواست یادشده موافقت نموده و از روی سخاوتمندی و محبتی که به من دارید، یادداشتی به جناب تامسن بفرستید که وی پس از دریافت دادخواست انجمن، آن را ارسال نموده و به‌نحو مقتضی یاریگر باشند.

من از حمایت جنابعالی در دستیابی به اهدافمان اطمینان کامل دارم.

با امید به عفو از زحماتی که می‌کشید.

با تقدیم احترامات شایسته

دینشاه مانکجی پتیت. رئیس انجمن بهبود وضع زرتشتیان ایران»[۳۳۱] (نامه‌های مربوط به زرتشتیان، بی‌تا: ۱).

همچنین قابل ذکر است که در مجموعه نامه‌نگاری‌های انجمن و مانکجی به سران قدرت و یا صاحب‌منصبان انگلیسی در ایران، سالهای ۱۸۸۱-۱۸۸۲م/ ۱۲۹۸-۱۲۹۹ق از حیث تعداد مکتوبات اهمیت خاص دارد. در ۸ سپتامبر ۱۸۸۱م، اعضای انجمن با ارسال نامه‌ای به تامسون، وزیر مختار انگلیس در ایران، برای اولین بار و بدون وساطت کارگزاران انگلیسی بمبئی و هند، با او ارتباط مستقیم برقرار نموده و ضمن تشکر از اقدامات او در رسیدگی به وضعیت زرتشتیان ایران و کاهش فشارها

---

۳۳۱. گفتنی است که «گون» در ۱۵ دسامبر ۱۸۸۰م در جواب نامه مذکور، به دینشاه مانکجی پتیت خبر می‌دهد که نامه وی را به حکومت هند برای تصمیمات بعدی ارسال داشته است. (نامه‌های مربوط به زرتشتیان: ۲)

و اذیت و آزارها بر ایشان، برای حذف و یا کاهش مبلغ جزیه از او یاری می‌طلبند:
«(صندوق بهبود وضع زرتشتیان ایران)
۸ سپتامبر ۱۸۸۱ میلادی
به جناب آقای رونالد. اف. تامسون نماینده دولت فخیمه انگلیس در دربار ایران
عالی جنابا

۱. اینجانب امضاءکنندگان زیر و اعضای هیئت مدیرهٔ انجمنی که در سال ۱۸۵۴ میلادی به منظور بهبود وضع زرتشتیان نیازمند و فقیر ایران تشکیل شده است، مصدّع خاطر شریف گردیده و با کمال احترام از آن جناب تقاضای مساعدت و همراهی نسبت به همکیشان خود در ایران داریم.
۲. قبل از هر چیز لازم می‌دانیم از پذیرایی گرم آن جناب نسبت به آقای مانکجی لیمجی هاتریا نماینده این انجمن در موقع شرفیابی نامبرده خدمت آن جناب، به منظور استمداد و همراهی در مورد یک نفر دختر ۱۲ ساله زرتشتی به نام شیرین که قیمومت عموی خود کیخسرو پیر، باغبان میسیون فرانسوی در ایران را ترک و هم‌اکنون در تصرّف یکنفر مسلمان به نام شعبان‌علی هست، صمیمانه تشکر نمائیم.
۳. یقیناً آن جناب مستحضر هستند که نیاکان ما ایرانیانی بوده‌اند که در حدود ۱۲۰۰ سال قبل از این، به کشور هندوستان مهاجرت کرده‌اند. ما اکنون در هندوستان غربی تحت فرمانروایی ملکه مهربان و دادگستر انگلیس به سر برده و از هرگونه امنیت جانی و مالی و آزادی مذهب و عقیده کاملاً برخوردار می‌باشیم.
۴. همین طور خاطر آن جناب مستحضر است که روزگاری تعداد زرتشتیان ایران بسیار زیاد بود ولی در اثر ظلم و فشار و تعصبات بی جا، رفته‌رفته تعداد این ملّت در یک قرن گذشته به شش هزار خانوار تقلیل پیدا کرده است و در حال حاضر تنها هفتصد خانواده از این ملت ستم‌کشیده باقی مانده‌اند که در یزد و کرمان سکنی دارند و با بردباری، اذیّت و آزار مسلمانان را تحمل می‌کنند.
۵. علاوه بر چندین نوع مالیات که به طرق مختلف از زرتشتیان ایران گرفته می‌شود،

این ملت مجبور به پرداخت مالیات سنگین دیگری نیز به نام جزیه می‌باشد. در زمان حکومت خاقان که جمعیت زرتشتیان ایران بالغ به چهار هزار خانواده می‌شد، میزان مالیات سرانه یا جزیه فقط مبلغ دویست تومان بود. ولی اکنون که جمعیت به ۷۰۰ خانواده تقلیل پیدا کرده، این ملّت باید هشتصد تومان جزیه بپردازند.

۶. در ماه دسامبر گذشته اینجانب از طریق دولت هند درخواستی برای آن جناب ارسال داشتیم تا به اعلیحضرت همایونی شاهنشاه ایران تقدیم گردد. طی درخواست مزبور تقاضای رسیدگی به چند فقره شکوائیه و مخصوصاً استدعای معاف نمودن زرتشتیان ایران از پرداخت جزیه و یا تقلیل مبلغ آن به میزان عادلانه شده بود. از قراری که استنباط می‌شود پاسخ مقتضی داده نشده، لذا استدعا دارم از نفوذ خود استفاده فرمائید.

۷. این نامه توسّط آقای مانکجی نماینده انجمن به آن جناب تسلیم خواهد شد و نامبرده با کمال میل توضیحات کافی و پاسخ لازم به هرگونه سؤالی را خواهند داد.

۸. در خاتمه امیدوار است که تحت عنایات و الطاف پروردگار توانا، آن جناب موفق شوند با استفاده از نفوذ خود در دربار ایران، دولت را تشویق به عفو مالیات جزیه نمایند و بدین‌طریق برادران همکیش ما را از احسان و بخششی که به ارامنه تبریز اعطا گردیده است، برخوردار سازند و اینکه لااقل اقدامی به عمل آورند تا مبلغ مالیات به میزان عادلانه‌ای تقلیل یابد.

با تقدیم احترامات. امضا: دینشاه مانکجی پتیت، نوشیروان‌جی مانکجی پتیت، خورشیدجی نوشیروان‌جی کاما، بهمن‌جی فرامجی کاما، ک. آر. کاما، عدلجی بهمن‌جی موریس، نوشیروان‌جی مهروان‌جی پاندی، منوچهرجی کاوسجی شاهپورجی، عدل‌جی نوشیروان‌جی ستنا» (نامه‌های مربوط به زرتشتیان: ۵۵-۵۶).

همچنین از نامه دینشاه مانکجی پتیت (۲۴ فوریه ۱۸۸۲م) که تقریباً پنج ماه پس از نامه مذکور از طریق وزارت خارجه هند به تامسون نگارش یافته، معلوم می‌شود که گرچه وساطت تامسون در صدور احکامی از شاه خطاب به حکّام یزد و کرمان مؤثر افتاد، امّا در موضوع لغو جزیه پیشرفتی حاصل نگردید: «گرچه خبر بخشوده نشدن جزیه از طرف دولت ایران یأس‌آور بود ولکن هنوز امیدواریم که چنانچه آن جناب موضوع را دنبال کرده [و] از نفوذ خود در دربار ایران استفاده نمائید، موفق خواهید شد...» (همان: ۵۷).

با وجود تمام ناکامی‌ها، دینشاه مانکجی پتیت و دیگر انجمنی‌ها به نامه‌نگاری با مقامات داخلی و خارجی ادامه دادند و این نامه‌نگاری‌ها در سال صدور فرمان لغو جزیه، از رشد بسیاری برخوردار گردید. ذیلاً به نمونه‌هایی از آنها می‌پردازیم:

«عریضه به حضور معدلت‌ظهور اقدس اعلیحضرت قوی‌شوکت فلک‌رتبت شهریار جم‌جاه دارا دستگاه صاحبقران کامکار فریدون‌بارگاه، ابوالفتح و النصر و الاقتدار السلطان بن السلطان و الخاقان بن الخاقان، السلطان ناصرالدین شاه قاجار خلّد الله مُلکه و سلطانه الی آخر الادوار. شرف وصول یابد.

قربان خاکپای گوهرآسای همایونت شویم

هر آینه در پیشگاه آسمان‌پایگاه همایون شهریاری روشن است که گروه فارسیان به فرگفت بزرگان آیین خویش هر روزه از درگاه پاک یزدان مهربان خواهشمندی فرّخی و درازی زندگانی خسروان زمان را در نمازها بایسته و کرور و آرزومندی تندرستی و چیرگی پادشاهان روزگار خویش را از هر کاری سزاوارتر می‌دانند. بویژه این بندگان که چون در نژاد از مردم ایرانِ مینو نشانیم، با آنکه در کشور بیگانگان نشیمن و پیوسته اندوه دوری از بنگاه نیاکان خویشتن داریم همواره از شنیدن برتری و افزایش دستگاه بندگان شت شاهنشاه جهان‌پناه و روش کیایش و جهانداری آن شهریار فریدون‌بارگاه و خسروِ دارا دستگاه چندان خرسند و خوشدل می‌شویم که در نامه نگنجد و به نگاشتن اندر نیاید. و چون در این چند روز از فرگاه یگانه دستور آصف‌دستگاه مستر طامسن صاحب، ایلچی بزرگ شاهنشاه انگلستان و هندوستان که اکنون در طهران در

فرگاه شت شاهنشاه جهان‌پناه است پیام رسید که به همداستانی آرزوی این بندگان که در چندی پیش از فرگاه شاهانه فزونی آسایش همکیشان خویش را که به نام زیردستی و بندگی آن خسرو آسمان‌فر سرافرازند خواهشمند گشته بودیم از راه دادگری و بنده‌پروری دو دفتر فرمان خورشیدنشان یکی به نام شت شاهنشاه‌زاده آزادهٔ سترگ ظل‌السلطان فرمانروای اصفهان و پارس و عربستان و دیگری به نام شاهزادهٔ آزادهٔ والا نصرت‌الدوله فرمانفرمای کرمان و بلوچستان در نگاهداری و آسودگی باقی‌ماندگان گروه زرتشتیان ایران نگاشته و گسیل فرموده‌اند و یگانه دستور آگاه بزرگ مهر فرّگاه، وزیر امورخارجه که به راستی جهانی خرد و دانش در یک پیکر است نیز بر نهاد ورش فرمان همایونی دو نامه نگاشته و روانه داشته‌اند از این رو بر این بندگان آمیغی و نیایشگران بود خجسته‌نمود خسروی بایسته و کرور آمد که به روش سپاس‌داری و آیین آفرین‌گستری، به نگارش این نامه در پیشگاه خورشیدپایگاه سپاسگزار و آفرین‌خوان گردیم و آیین دادگری و شیوهٔ زیردست‌پروری بندگان آن شهریار کامکار را بیش از پیش در همهٔ جهان گسترده و روشِناس[۳۳۲] داریم. امید که خداوند بایسته بود بخشایندهٔ بخشایگر هماره سایه جهانداری آن شهریار کامکار و داور دارا دربار را بر همهٔ زیردستان گسترده دارد و دست توان و سرپنجهٔ شکوه آن مهین خدیو والاتبار را در جهان گشاده و نیرومند فرماید. اگرچه آرزومندی این بندگان از خاکپای همایونی برداشتن هشت‌گونه ستم از زرتشتیان ایران بود و فرمان همایونی به برداشتن هفت‌گونهٔ آن نگارش یافته و خواهشمندی چاکران را دربارهٔ جزیه فرمایشی نشد، یزدان دانا آگاه است که خواست این بندگان از گسیل داشتن آن نامه به درگاه جهان‌پناه بیشتر آن بود که نیکنامی و دادگری شهریاری در همه کشورها پهن و گسترده شود و هر کس در هر جا زبان به ستایشگری آن درگاه گشاید. زیرا که خسروان دادگر هرگز در گرفتن باژ از زیردستان جدائی نیافکنند و به جدائی آیین و کیش بر بدهی زیردستان نیفزایند و همگی را به یک روش و کیش در زیر پر جهانداری خویش نگاهدارند. چنانکه امروز پادشاهان اروپ بدین روش دامنهٔ کشور خویش را پهن و گسترده

---

۳۳۲. مشهور، سرشناس، نامی.

نموده‌اند و پادشاهان پیش هم هریک که روش نیکی نهادند و بنیاد بیداد و روش زشتی را برافکندند، نام نیک اندوختند و نیکی پاداش بردند مانند شهنشاه بزرگ اردشیر بابکان و خسرو دادگر انوشیروان و دیگران از شهریاران باستان و از پادشاهان اسلام مانند خلیفه دانشور عمر پورِ عبدالعزیز که از روش بیداد و ستمگری دیگران بگردید و به راه دادگری و دانش رفت و بدگویی دربارهٔ مهین‌برگزیدهٔ یزدان، شاهِ مردان را از میان مردمان برافکند که هنوز دانشوران در آفرین و ستایش او چامه‌ها می‌گویند و نامه‌ها می‌نویسند و خدیو مینو آرامگاه نایب‌السلطنهٔ بزرگ، طاب ثراه، جزیه از ارامنهٔ آذربایجان گرفت و نام نیک پاینده گذاشت و چنانچه بندگان آستان گردون‌پاسبان همایونی خواهش این بندگان را می‌پذیرفتند و زرتشتیان ایران را از این اندک بدهی جزیه آسوده می‌فرمودند روشن است که شکوه خسروی و نام دادگری آن شهریار بیش از خسروان گذشته در جهان گسترده و روشِناس گشتی، زیرا که از پادشاهان پیش، کسی منع اینگونه ستم و بدعت بی‌معنی ننموده و به این پایه بر بی‌کسان نبخشوده ویژه با اینکه ما بندگان در آن نامه در پیشگاه همایونی روشن داشتیم که گرفتن جزیه افزون از مالیات دیوانی مخالف فرمان قرآن و روش ستودهٔ پیغمبران و آیین خسروان دادگر است. دیگر فرمان شت شاهنشاه آگاه راست. همه بندگانیم خسروپرست. امید که باریافتگان آستان همایونی به چشم داد و مروّت در عرایض این بندگان بنگرند و زیردستان را بیش از پیش مشمول عواطف خسروانه فرمایند» (گزارش نامه‌های زرتشتیان ایران، بی تا: ۱۵-۱۸).

همزمان با نگارش نامه مذکور به ناصرالدین شاه، اعضای انجمن سه نامهٔ مجزا نیز خطاب به وزیر امور خارجه، و حکّام یزد و کرمان نوشتند:

«عریضه به حضور انور بندگان جناب جلالت‌مآب فخامت و مناعت‌انتساب اجلّ اکرم افخم آقای مؤتمن‌الملک[۳۳۳] وزیر مهام دول خارجه دام اقباله العالی، شرف وصول یابد.

---

۳۳۳. منظور میرزاسعیدخان انصاری که از ۱۲۶۹ق تا ۱۳۰۱ق چند مرتبه به وزارت خارجه برگزیده شد. (نک به مطالب پیشین).

فدای حضور مهر ظهور انورت گردیم.

همایون‌نامهٔ نامی و خجسته تعلیقهٔ گرامی که مورخهٔ شعبان‌المعظم ۱۲۹۸ به افتخار انجمن پارسیان هندوستان که دعاگویان حقیقی و ثناجویان واقعی دولت ابدآیت‌اند مرقوم و ارسال فرموده بودند، زیارت نموده بر مراسم امتنان و شکرگزاری افزودیم. اشهد بالله همه حاضرین این انجمن مراتب بزرگواری بندگان جناب جلالتمآب اجّل اکرم، دام اقباله العالی، را همواره مسموع داشته و بر مراسم خلوص عقیدت و دعاگوئی ثابت و راسخ بوده و هستیم. همواره جناب مستطاب فضایل‌مآب مانکجی صاحب که به وکالت این انجمن در دربار معدلت‌مدار اعلیحضرت شاهنشاه جم‌جاه، روح‌العالمین فداه، متوقف است مراتب بزرگی و جلالت و مراسم کفایت و نبالت[۳۳۴] بندگان جناب مستطاب عالی را به دعاگویان مرقوم می‌داشت و از حمایت‌های سابقه و توجهّات کامله که در حفظ و نگاهداری طایفه فارسی مبذول فرموده‌اند یادداشت می‌نمود و از اقدامات آن جناب در نگاهداری و آسایش این طایفه چندان نوشته که دفتراین ملّت مشحون از محامد اوصاف و مکارم اخلاق بندگان جنابعالی است و این دقیقه خود روشن که پیوسته مراسم عدل و انصاف و نیکنامی سلاطین نامدار از مراتب دانشوری و کفایت وزرای دانا و مشیران کافی بروز و ظهور یافته و ثابت و باقی مانده است. چنانکه ذکر وزیر بزرگ بوذرجمهر[۳۳۵] از دستوران فارسی و صاحب کافی اسمعیل بن عَبّاد از وزرای اسلام مصدّق عرض دعاگویان است که هنوز با گذشتن قرنها، کتب و دفاتر از مکارم و مآثر ایشان مشحون است. لکن البته عریضهٔ دعاگویان که به خاکپای همایونی معروض داشتیم به نظر انور رسیده است که از مراحم ملوکانه رفع هشت فقره ظلم را که بر زرتشتیان وارد میاید استدعا نموده بودیم و مرحمت خسروانه شامل حال گشته فرمان مهرلَمَعان به رفع هفت فقرهٔ آن که متعلّق به الواط و اشرار بود، تشرف صدور یافت. در خصوص فقرهٔ هشتم که امر جزیه و متعلق به خود سلطنت است، عرض دعاگویان در محضر اقدس همایونی

---

۳۳۴. فضل و نجابت.

۳۳۵. اصل: ابوزرجمهر.

در عهدهٔ تعویق مانده و حال آنکه البته به نظر انور رسیده است که در آن عریضه به دلیل و برهان در حضور آفتاب‌ظهور همایونی ثابت و مدّلل داشتیم که گرفتن جزیه علاوه از مالیات دیوانی بدعت و ظلم صرف و مخالف حکم قرآنی و منافی عدالت خسروان دادگرست و رفع آن بیشتر اسباب نیکنامی دولت قاهره می‌شود. لهذا از مراتب عاطفت و مرحمت جناب مستطاب عالی استدعا داریم که چنانچه یگانه دستور عالِم عامل مرحوم میرزا عیسی قائم مقام، اعلی الله مقامه، باعث شد که خدیو کامکار مبرور نایب‌السلطنه مغفور، طاب الله ثراهُ، جزیهٔ ارامنه آذربایجان را بخشید و ذکر خیر آن جناب در افواه رجال عالم دایر و باقی ماند، جناب مستطاب عالی نیز در حضور مرحمت ظهور همایونی نوعی این فقره را معروض دارید که فرمانِ نگرفتن این قلیل وجه جزیه شرف صدور یابد و ذکر خیر بندگان جناب مستطاب اجل اکرم مدّ ظله العالی به عنوان اُبود و خُلود در دفتر این ملت باقی و ثابت ماند و نسلاً بعد نسل دعای دوام دولت قاهره را بر خود واجب و لازم دانند. معلوم است عرض دعاگویان در حضور انور موقع قبول خواهد یافت. باقی امر، امر جنابعالی است. بمبئی، ۲۴ فوریه ۱۸۸۲» (اسنادی از مانکجی هاتریا، بدون تاریخ: ۱۹-۲۲).

در کنار نامه‌نگاری فوق‌الذکر، بخش دیگری از تلاش انجمن اکابر معطوف به جلب نظر موافق ظل‌السلطان بود. در واقع، یزد از اوایل سال ۱۳۰۰ق تا مشروطه عمدتاً از اصفهان و تحت حکومت ظل‌السلطان اداره می‌شد. علاوه بر این، نفوذ انگلیسیها بر ظل‌السلطان هم می‌توانست انجمن اکابر را در دستیابی به مقصود و کاهش فشار بر همکیشان یزدی یاری رساند. لذا همپای مانکجی که در نامه‌ای به ظل‌السلطان از او رعایت حقوق زرتشتیان را خواستار گردیده بود، از انجمن اکابر نیز نامه‌ای خطاب به وی موجود است که تاریخ آن هم‌زمان با نگارش نامه به شاه، وزیر خارجه و حاکم کرمان می‌باشد:

«عریضه به حضور معدلت‌ظهور بندگان آستان عدالت‌بنیان حضرت شاهنشاهزادهٔ آزاده اجلّ اعظم اکرم افخم امجد اسعد ارفع والا نواب ظل‌السلطان

حکمران اصفهان و یزد و فارس و عربستان و کرمانشاهان و کردستان، روحنا فداه، شرف وصول یابد.

قربان حضور مهر ظهور اقدست گردیم.

رقم فرخنده‌شیَم که از راه مرحمت و بنده‌نوازی به افتخار این بندگان حقیقی و دعاگویان صمیمی عزّ ارقام و شرف صدور یافته بود به زیارتش مشرف گشته موجب مزید انبساط و امیدواری به مراحم خدیوانه و مایهٔ ازدیاد تشکر و امتنان از عواطف کریمانه آمد. زهی عنایت و جهی مواهبت که از مَکمَن شوکت و جلالت و مَهَبّ اعزاز و شهامت، نسیم مرحمت به این ذره‌های ناچیز وزد و این انجمن دعاگو مخاطب و مورد انعام و مکالمت لسان مبارک گردد. امید که یگانه بخشندهٔ بی‌منّت ظل مرحمت و سایهٔ مکرمت بندگان حضرت قوی‌شوکت شاهنشاهزادهٔ اعظم اکرم افخم ارفع امجد والا- روحنا له الفدا- را بر همهٔ جهان و جهانیان بگسترد و آن همایون‌درخت برومند خسروی را در همهٔ جهات قوی‌دست و جلوه‌گر فرماید. شرحی که در خصوص صدور ملفوفه فرمان مهرلمعان همایونی و ملحوظ گشتن طایفهٔ دعاگوی زرتشتیان به لحظات انور اعلیحضرت فلک‌رتبت اقدس شهریاری مرقوم رفته بود، موجب مزید دعاگویی و ثناجویی این جان‌نثاران واقعی آمد. معلوم است امروز بر خلاف روش سابقین اراده سَنیّه بندگان حضرت اشرف امجد ارفع والا، روحنا فداه، به ترفیه حال عموم رعایا و آسودگی بال همهٔ بَرایاست و از توجّهات خدیوانه بحمدالله یوماً فیوم دولت علّیه ایران روی به ترقّی و تکمیل و نیکنامی سلطنت عظمی در تمام ممالک خارجه مزید انتشار و شهرت دارد خاصّه از زمانی که ایالت یزد و حکومت آن حدود سپرده به کف کفایت ملازمان آستان عدالت‌بنیان حضرت اشرف ارفع والا روحنا فداه شده، همه‌روزه جناب مستطاب فضایل‌مآب مانکجی‌صاحب از مزید امنیّت و آسودگی اهالی آن حدود و شمول مراحم خدیوانه تمام رعایای آن صفحات خاصّه زرتشتیان را می‌نویسد و ترفیه حال ایشان را مکشوف می‌دارد لکن عریضه‌ای که در چندی پیش به حضور مرحمت‌ظهور اعلیحضرت اقدس شاهنشاهی معروض داشتیم رفع هشت فقره ظلم را از مراحم خدیوانه خواهشمند و متمنّی گشته بودیم و مرحمت شهریاری شامل حال گشته هفت فقره آن را که متعلق به اشرار و الواط بود،

امر به منع و رفع فرمودند لکن در فقرهٔ هشتم که حکایت جزیه بود و آن متعلق به خود دولت است، عرض دعاگویان معوّق ماند و حال آنکه آن هفت فقره ظلم که از الواط بر زرتشتیان وارد می‌آید چندان اهمیتی نداشت و به توجهات اولیای حکومت رفع می‌شد و فقره جزیه که در حقیقت ظلم صرف و متعلق به شخص سلطنت است بیشتر طرف اهتمام و مستحقّ رفع و انهدام بود که مراتب عدالت‌گستری اعلیحضرت اقدس شهریاری مشهود کارآگهان همه ممالک گردد و نیکنامی سلطنت همایونی در همه عالم مبسوط و گسترده شود زیرا که جزیت معرّف گزیت پارسی است و آن همان خراج و منال است که سلاطین از رعایا و زیردستان می‌گیرند و حضرت ختمی‌مآب صلوات الله و سلامه علیه برای امتیاز اهل کتاب از بت‌پرستان و عبدهٔ اصنام مقرّر فرمود که اگر اهل کتاب ترک جنگ کنند و خراج به گردن گیرند و رعیت دولت فخیمهٔ اسلام گردند مأذونند که در دین خود باقی مانند، به خلاف بت‌پرستان که ابداً آنها را اذن بقای در دین خود و رعیتی اسلامی نداد و روش خلفای راشدین و ائمه دین نیز بر این گونه بودی و سرداران اسلام و بزرگان عرب نیز هر شهری را فتح می‌کردند با اهالی آن شهر بر این گونه صلح می‌بستند که رعایای این شهر چون ترک جنگ کنند و خراج مقرّر را به گردن گیرند دیگر در همه چیز با ما برابر و برادر باشند و اگر به کتب مغازی و لغت رجوع فرمایند صدق این عرایض واضح و مدلل می‌شود و صاحب کتاب معجم‌البلدان برخی از این صلح‌نامه‌ها را در کتاب مذکور ایراد فرموده. بلی پس از رحلت حضرت ختمی‌مآب چون رتبهٔ خلافت و سلطنت که حقّ ولایت حقیقی امر بود در غیرموضع خود قرار گرفت، روش اهل اسلام با خارجه تغییر یافت و وصیّت آن حضرت را که فرمود: «من آذی ذمیاً کنت خصمه یوم القیامه» متروک و مهجور داشتند و با ملل خارجه که رعیت دولت اسلام بودند بنای ظلم و تعدی گذاشتند. این است که تاکنون هم علاوه از مالیات دیوانی که زرتشتیان از ملک و مال خود به شراکت اهل اسلام می‌دهند یک مالیات دیگر هم به اسم جزیه از آنها دریافت می‌دارند و حال آنکه شخص منصف اگر تأمل کند می‌داند که حضرت رسالت‌پناه که یک جزو از زکوهٔ را در تألیف قلوب خارجه مصروف می‌داشت و پولی از اهل اسلام گرفته و برای جذب قلوب به خارجه میداد و با رعایای خود به

کمال بردباری و محبّت سلوک می‌فرمود، هرگز راضی نبود که از مردمی که در ظل رعیّتی و اطاعتش درآمده و در پناه عاطفت و مرحمتش آرمیده‌اند دو مالیات بگیرند و آنها را باین طریقه غیرمرضیه پریشان و متواری گردانند. بناء علی هذا از مراحم بندگان حضرت شاهنشاهزاده امجد ارفع اشرف والا روحنا فداه استدعا داریم که چنانچه خدیو مینو آرامگاه نایب‌السلطنه بزرگ، طاب الله ثراه، ارامنه آذربایجان را از جزیه معاف فرمود و نیکنامی ابدی اندوخت، بندگان حضرت اشرف ارفع والا نیز در پیشگاه همایون اقدس شهریاری توسّط و تشفّع فرمایند و این طایفه فقیر را از این قلیل وجه جزیه که ظلم صرف و منافی حکم کتاب و روش حضرت ختمی‌مآب است معاف دارند تا مراتب عدالت‌گستری و نیکنامی بندگان حضرت اشرف امجد والا روحنا فداه نیز در دفتر این طایفه به عنوان اُبود و خلود ثبت و مرقوم گردد و اعقاب و اولاد آنها در هر زمان این همایون‌بزرگواری را به حکایت بازگویند و خود را آزادکردهٔ آن حضرت دانند معلوم است عرض این دعاگویان حقیقی در حضور مهر ظهور مقبول و پذیرفته خواهد آمد و این دولت‌خواهی را مقرون به صدق و خلوص عقیدت خواهند انگاشت. باقی امر، امر بندگان حضرت والاست.

بمبئی، ۲۴ فوریه ۱۸۸۲» (همان: ۲۲-۲۶).

در میان نامه‌های انجمن، علاوه بر این مکتوبات رسمی، نامه‌ای نیز خطاب به یک شخص نامعلوم و عموم بهدینان ایران وجود دارد که حاوی اطلاعاتی ارزشمند در رابطه با اقدامات انجمن و عدم اتحاد درونی زرتشتیان- خاصّه در یزد- هست:

«عالیشأن عزت‌نشان...[۳۳۶] و سایر بهدینان ایران را اعلام می‌دارد که چون برحسب حکمت بالغهٔ ربّانی و قدرت کاملهٔ یزدانی هر امری را وقتی مقرّر است و هر کاری را روزی مقدّر، لهذا در این زمان سعادت‌اقتران که تخت سلطنت و شهریاری ایرانِ مینونشان به وجود مسعود اعلیحضرت قوی‌شوکت فلک‌رتبت خاقان

---

۳۳۶. جاخالی متعلق به اصل است.

صاحبقران باذِل، شهریار عدالت‌گستر دریادل ابوالفتح و النّصر و الاقتدار ناصرالدین شاه قاجار- خلّد الله مُلکه- و سلطانه الی آخرالادوار، زیب و زینت یافت به اقتضای عدالت فطری و دادگری جبلی که لازم ذات مَلِک‌صفات همایونست، جمیع ملل متنوعه که به رسم رعیتی دولت علّیه ایران مفتخر و سرافرازند در مهد امن و امان آسوده و مرّفه گشتند، به خصوص طایفه زرتشتی همکیشان ما که از سالیان بسیار گرفتار ظلم و صدمهٔ بیشمار بوده و به توجهات همایونی مورد مرحمت خدیوانه گشتند و از تعدیات سابقِه رستند. و چون خواست خداوند توانا بر اصلاح حال این طایفه مظلومانه متعلق بود بنا بر رعایت همکیشی، اینجانبان نیز در هندوستان انجمنی متعلق به امورات بهدینان ساکن ایران فراهم آوردیم و از حسن اتفاقات جناب فخامت و مناعت‌انتساب مانکجی‌صاحب هم که در این مدت متوقف ایران است، جمیع اوقات خود را صرف سرپرستی و نگاهداری بهدینان آن سامان نموده و پیوسته از اولیای دولت متوقّع رفع ظلم و مزید آسایش حال بهدینان بوده و هر مطلبی را که برای آسودگی و ترقّی ایشان از انجمن هندوستان مستدعی و خواهشمند گشت، پذیرفته و مقرون به اجابت داشتیم؛ چنانچه محض اظهار مشارالیه و اقدامات او دخمه‌ها و عبادتخانه‌ها و زیارتگاهها و سایر امور سرانجام شد و امر جزیه نیز پس از تخفیف مرحمتی دیوانی از پول وقف کفایت رفت. معذلک محض ازدیاد آسایش بهدینان ایران در سفر اول که موکب اقدس شهریاری تشریف‌فرمای ممالک فرنگستان شد، عریضه در لندن به حضور مبارک معروض داشتیم و مزید آسایش حال بهدینان ایران را از مراحم ملوکانه متمنّی گشتیم و سال سابق که حکایت دخترهای نعیم‌آبادی و شرف‌آبادی اتفاق افتاد و یک دو فقره قتل هم واقع شد مجدداً عریضه به حضور اقدس شاهنشاهی معروض داشته به توسّط اولیای دربار معدلت‌مدار فرمانفرمای ممالک هندوستان به حضور مبارک ارسال داشتیم و رفع هشت فقره ظلم را که ذیلاً تفصیل داده می‌شود از عواطف خدیوانه استدعا نمودیم و به توجهات جناب جلالتمآب اجّل اکرم افخم مستر طامسن‌صاحب وزیر مختار دولت علّیه انگلیس مقیم دارالخلافه طهران دام اقباله العالی بر طبق استدعا[ی] اینجانبان حسب‌الامر شهریاری دو طغرا فرمان مهرلمعان یکی به عهدهٔ حضرت شاهنشاه‌زاده اجلّ اکرم

اعظم نواب ظل‌السلطان- حکمران اصفهان و یزد و فارس و عربستان- و دیگری به عهدهٔ حضرت اشرف والا نصرت‌الدّوله فرمانفرمای کرمان و بلوچستان شرف صدور یافت که زایداً علی ماسبق در منع اشرار از صدمه و اذیت بهدینان و آسودگی و ترفیه حال ایشان اهتمام فرمایند و چون فقرات هشت‌گانه در فرمان مبارک به اجمال ذکر شده و جناب جلالتمآب وزیر مختار دام اقباله العالی که چندین سال است از جانب دولت علّیه مأمور و متوقّف ایرانند، به‌خوبی از پریشانی و صدمات وارده بر بهدینان اطلاع داشتند لهذا به توجه جناب معزی‌الیه با اولیای دولت قاهره در فقرات هشت‌گانه موافق تفصیل ذیل قرارداد شد و تقبل فرموده‌اند که حتی‌الامکان در این موارد توجه و التفات بفرمایند.

فقرهٔ اولی: از مستدعیات اینجانبان این بود که به بهانهٔ مسلمانی متعرض عرض و ناموس این طایفه می‌شوند و چون در همان اوقات، شیرین دختر اردشیر پیر تفتی که نزد عموی خود بود گریخت و مسلمان شد، اولیای دولت قاهره چنین مقرّر داشتند که پس از این، هر دختر و پسری که سن او کمتر از هیجده سال باشد و بخواهد مسلمان شود یا بخواهند او را مسلمان کنند محل اعتبار و اعتنا نخواهد بود و مورد مؤاخذه خواهد شد.

فقره دویم: حکایت ارث بود که جدیدالاسلامها از این طایفه مطالبه می‌کنند و در این خصوص مقرّر فرموده‌اند که هر کس مدعی ارث بر بهدینان شود، باید به طهران حاضر گردد و ادعا کند و الا به ادعای او اعتنا ننمایند لکن اصل فقرهٔ ارث را چون جناب مانکجی‌صاحب به بهدینان ساکن یزد و کرمان نوشته بود که هرقدر بتوانند از صلح‌نامه‌های متعلق به ارث و میراث بفرستند تا به نظر اولیای دولت ابدآیت رسانیده، قراری بدهند و بهدینان مرقوم، نوعی که شایسته بود نفرستادند و قدر قلیلی هم که فرستاده بودند زود پس خواستند. لهذا امر ارث معوّق ماند و چنانچه واقعاً بهدینان اقدام نموده بودند و در فرستادن کاغذ مسامحه نکرده بودند عمل ارث بهتر از این مقرّر می‌شد.

فقرهٔ سیم: حکایت خمس اراضی بود و در این باب چون اولیای دولت علّیهٔ ایران اظهار عدم اطلاع فرموده بودند که همچو قاعده‌ای در ایران معمول باشد، لهذا

جناب مانکجی‌صاحب به بهدینان یزد و کرمان نوشته بود که کاغذهایی که متعلق به خمس اراضی باشد بفرستید که به اقدام جناب جلالتمآب وزیر مختار، دام اقباله العالی، با اولیای دولت در این باب هم قراری بدهند؛ ولی افسوس که این فقره را هم به مسامحه گذرانیدند و کاغذی نفرستادند.

فقرهٔ چهارم و پنجم و ششم و هفتم: حکایت بنای عمارت جدید و لباس نو پوشیدن و سوار شدن بود و اینکه در راهدارخانه‌ها متعرّض بهدینان می‌شدند و وجوه بی‌قاعده مطالبه می‌نمودند و در این موارد در فرمان مبارک حکم اکید فرموده‌اند که احدی متعرض بهدینان نشود و در راهدارخانه‌ها نیز دیناری غیرمعمول از این طایفه مطالبه ننمایند؛ ولی آنچه معمول شده، کم‌جرئتی خود بهدینان بیشتر مانع اجرای این احکام است. لهذا بر بهدینان لازم است کم‌جرئتی نکنند و مخصوصاً هر لباسی می‌خواهند بپوشند و سوار شوند و بنای عمارت کنند تا اندک‌اندک این خیالات بی‌معنی از سر مردم بیرون رود.

فقرهٔ هشتم: حکایت وجه جزیه بود و در این باب اگرچه هنوز موافق و دلخواه اینجانبان امر اتمام نیافته و هنوز در گفتگو هستیم ولی عجالتاً مقرّر داشته و حکم اکید فرموده‌اند که دیناری از وجه معمول زیادتر مطالبه ننمایند.

خلاصه اینهاست تفاصیل هشت فقره استدعای انجمن فارسیان هندوستان از حضور مبارک شاهنشاهی و بحمدالله آسایش حال بهدینان، نوعی شده است که با سابق موازنه نمی‌توان کرد. لکن آنچه به نظر می‌رسد این است که تا خود بهدینان روش دینداری و مروّت و اتحاد و نگاهداری یکدیگر را پیشنهاد خود نکنند و عادت‌های دروندی که از معاشرت بیگانگان در میان ایشان معمول و متداول شده است ترک ننمایند به کلی از ظلم و شرارت دیگران فارغ و آسوده نخواهند [شد]. چنانچه در حقیقت جناب فضایل‌مآب مانکجی‌صاحب لساناً و مکتوباً پیوسته اموری را که موجب ترقّی و عزّت طایفه است با ایشان خاطرنشان نموده و از مراسم زشتی که موجب مزید پریشانی و گرفتاری ایشان است منع و تحذیر داشته است. چنانچه در سفر یزد از ریش‌سفیدان و بزرگان طایفه انجمن‌ها کرد و خود در انجمن وعظ نمود و به مراسم مناصحت و اندرز، همگی را متنبّه و آگاه داشت و

یک‌یک عادات دروندی را خاطرنشان بهدینان نمود و همه را به ترک این عادات زشت که مخالف دینداری و مایهٔ مزید خواری و گرفتاری است تحریض و ترغیب کرد و قواعد آیین را که بواسطهٔ طول زمان و معاشرت درونداﻥ فراموش کرده بودند، همگی را یادآوری نمود و از ریش‌سفیدان و بزرگان طایفه در رعایت مراتب مسطوره عهدها گرفت و از آن به بعد الی حال هم به هیچ‌وجه از نگاهداری و مراقبت حال طایفه غفلت و خودداری ننموده و پیوسته شرح حال ایشان را به انجمن هندوستان ابلاغ داشته و اینجانبان نیز به اَقصَی‌الغایه در انجاح مطالب و اجابت مسموعات و آسودگی طایفه سعی و اقدام نموده‌ایم و معذلک کُلّهُ خود طایفه در نگاهداری قواعد و آیین و دین و رعایت مراتب اتفاق و اتحاد و تعظیم آیین و کیش که موجب ترقّی و عزت ایشان است اقدامی ندارند و هر یک فکر کار شخصی خود هستند و ابداً فکر نمی‌کنند که یزدان عادل بی‌جهت قومی را به ذلّت و ضعف، و گرفتاری به دست دشمن قوی مبتلا نمی‌کند. براستی به همکیشان خاطرنشان می‌کنیم که تا تغییر ندهند حالات و روش‌های زشتی که در خود ایشان است، ابداً خداوند تغییر نخواهد داد آنچه را که به آن مبتلا و گرفتارند و ملاحظهٔ ترقّی و تنزّلاتی که از چهار پنج هزار سال الی حال برای همین ملت دست داده، برای دریافت بهدینان سرمشقی روشن و برهانی کافیست. امید است که به خواست یزدان والا بهدینان ایران به کلی به خلاف سابق، روش بی‌قاعده و کارهای دروندی را ترک کنند و در اطاعت قواعد آیین و کیش بیش از پیش اقدام ورزند و در مراسم اتحاد و نگاهداری یکدیگر غفلت ننمایند تا رحمت الهی شامل حال ایشان شود و کارها روی به ترقّی نهد و آسودگی ایشان روز به روز بیشتر گردد. خلاصه چون چنانکه بر اینجانبان معلوم شده بهدینان ایران اتّفاقی ندارند و اگر فی‌المثل کاغذی از جناب مانکجی‌صاحب یا از انجمن هندوستان برای ایشان ارسال شود در انجمن خود اجتماع نمی‌کنند که بشنوند و اگر چند نفر قلیل هم جمع شوند، در ابلاغ مضامین آن به سایر همکیشان مسامحه و مضایقه می‌کنند بلکه مطالب لازمه را پنهان می‌دارند. لهذا اینجانبان محض استحضار و اطلاع عموم همکیشان این ورقه را به انضمام سواد دو ملفوفه فرمان مبارک و تعلیقهٔ وزارت جلیله امور خارجه و سایر سندات، چاپ نموده برای

آن عالی‌شأن و هر یک از سایر بهدینان ساکن ایران یک نسخه ارسال داشتیم که
همه بهدینان از مراحم ملوکانه استحضار یابند و پیوسته مشغول دعای دوام دولت
قاهره باشند و نیز سواد فرمان مبارک نزد همهٔ بهدینان حاضر باشد که هنگام لزوم
معطّل نمانند زیرا که حوادث همیشه مترتب است. معلوم است دیگر آن عالی‌شأن
در حفظ و نگاهداری آن مسامحه نخواهند نمود و اگر خدای نخواسته مِن‌بعد از
این اتفاقات روی داد و ظلمی بر کسی از بهدینان وارد آمد اولاً به عرض حکومت
برسانید و چنانچه رفع نشد مراتب را به جناب فضایل‌مآب مانکجی‌صاحب اطلاع
دهید که کما فی السابق اقدام و رفع خواهند نمود. والسلام» (اسنادی از مانکجی
هاتریا: ۲۹-۳۴).

پیش از طرح نکاتی دربارهٔ اهمیت نامهٔ مذکور، لازم به ذکر است که هر چند
بایسته بود محتوای نامه بعداً و به عنوان شاهدی بر تزلزل و شکاف درونی زرتشتیان
یزد آورده شود، امّا جهت حفظ پیوستگی مطالب و ارائه اسناد موجود بنا بر ترتیب
زمانيِ نگارش آنها، ناگزیر در این بخش بدان پرداختیم. به هر حال از فحوای این
نامه اطّلاعات قابل توجّه ذیل را می‌توان استنتاج نمود:

- نویسندگان نامه شرح نسبتاً جامعی از اقداماتشان در ایران که از طریق
مانکجی صورت پذیرفته، ارائه می‌دهند. اقداماتی در عرصه‌هایی چون ساخت
دخمه، عبادتگاه و غیره که در راستای بقای اقلیتی دینی صورت می‌پذیرفت.
- با اینکه از ارائه هشت فقره تقاضا نزد شاه و پذیرش هفت فقره از آن‌ها،
سخن به میان آمده، امّا چنانکه در توصیف هریک از این موارد اشاره شده است،
به علت عدم همراهی بهدینان- به‌ویژه بهدینان یزد- در ارائهٔ مستنداتی دال بر
پرداخت خمس، واگذاری ارث به نومسلمانان و امثالهم، این درخواست‌ها در عمل
به جایی نمی‌رسد. با این حال گفتنی است، به رغم گله‌گزاری اعضای انجمن
از اهمال همکیشان در ارسال اسناد خود به حکومت مرکزی، نمی‌توان بی‌میلی
بهدینان را فارغ از شرایط اجتماعی آن‌ها در یزد و صرفاً ناشی از بی‌تفاوتی آن‌ها

دانست. به عبارت بهتر، در شرایطی که حکومت مرکزی توان نظارت بر عملکرد حکّام و دیوانسالاران محلی در اخذ جزیه مقرّر را نداشت و ایشان برخلاف حکم رسمی، به عناوین مختلف مبالغی گزاف دریافت می‌داشتند و تنها وجه مقرّر را به خزانه می‌فرستادند، ارسال مستندات، حاصلی جز افزایش فشارها به‌همراه نداشت. از دیگر سو، در نگاه متولیان دینی جامعه، وجود چنین محدودیت‌هایی منجر به کاهش نفوس کفّار و تنگ نمودن عرصه بر ایشان جهت گرایش به اسلام می‌شد و از این حیث، تداوم آن‌ها ضرورت داشت. به هر حال و با لحاظ شرایط اجتماعی زرتشتیان یزد، از فحوای نامه می‌توان دریافت که تلاش‌های مانکجی در همهٔ موارد- به دلیل عدم همراهی جماعت زرتشتی- با موفقیت کامل توأم نبوده است.

۵- موفقیت انجمن اکابر و مانکجی؛ صدور فرمان لغو جزیه

متعاقب با مجموعه تلاش‌های چندجانبهٔ مذکور، با اعمال نفوذ و تحریک تامسن- وزیرمختار وقت بریتانیا در تهران- شاه به طور ضمنی و شفاهی با لغو جزیه موافقت می‌نماید و دستور ابلاغ آن به حکّام یزد و کرمان را می‌دهد. امّا به استناد دو نامه ذیل، در عمل، این فرمان شفاهی کارساز نمی‌افتد و دینشاه مانکجی پتیت در نامه‌ای خطاب به تامسن علت تأخیر در اجرای حکم را چنین می‌آورد:[۳۳۷]

«در ارجاع نامه‌ام به جنابعالی در ۲۴ فوریه گذشته، مفتخرم مراتب سپاس خود را به شما از بابت زحماتتان در ارسال نامه‌های ما به پادشاه و وزارت خارجه ابراز نمایم. همچنین از بابت اعلام ارسال فرامین شاه به حکّام یزد و کرمان در ماه شعبان مصادف با ۲ دسامبر ۱۸۸۰. نماینده ما آقای مانکجی لیمجی هوشنگ هاتریا از کمک و همراهی دلسوزانه حضرتعالی نسبت به همکیشان ما در ایران نوشت و آنکه

---

۳۳۷. همچنین از دینشاه مانکجی پتیت نامه‌ای خطاب به گرانویل در ۲۷ ژولای ۱۸۸۲ م در دست داریم که در آن پس از توضیحات مکرر دربارهٔ وضعیت زرتشتیان ایران به موضوع فرمان شفاهی شاه اشاره می‌نماید (نک: نامه‌های مربوط به زرتشتیان: ۶۱-۶۳).

در خلال یکی از گفتگوهایتان با اعلیحضرت، ایشان در باب حذف سریع جزیه فرامینی به وزیر خارجه‌شان دادند که بنا بر آن، دریافت هرگونه مالیات از زرتشتیان [جزیه] غیرقانونی اعلام شده است.

مانکجی به ما اطلاع داد که شما از اعلیحضرت درخواست نمودید تا وزارت خارجه لندن را از امعان نظر شاهانه آگاه نمایند و ضمناً از وزارت خارجه ایران خواستید تا فرمانی بنا بر احکام شاهانه صادر نماید و وزیر خارجه آن را به صدراعظم ارسال نمود. صدراعظم نیز فرمان را برای اجرا به معاونش معاون‌الملک ابلاغ نمود. امّا چنین به نظر می‌رسد که او موانعی را در نگارش حکم ایجاد کرده است. وی به بهانه آنکه پیش از دریافت اخباری از متولیان امور در یزد قادر به ابلاغ فرمان نیست و با این دستاویز در اجرای آن مانع‌تراشی می‌کند. لذا در صورتی که اوضاع چنین به پیش رود، ما همچنان چشم‌انتظار تلاش‌های شما برای تأثیرگذاری و نفوذ بر دربار ایران هستیم.

دینشاه مانکجی پتیت، بمبئی ۲۷ ژولای ۱۸۸۲» (اظهار سیاحت ایران، ۵۸-۵۹: www. faravahr. org)

همچنین دینشاه در نامه دیگری خطاب به وزیر امور خارجه انگلیس ضمن توضیح مجدّد وضعیت زرتشتیان ایران و آنکه نماینده انجمن به‌عنوان تبعهٔ انگلیس از سال ۱۸۵۴م در تهران به سر می‌برد، به نامه‌نگاری با تامسون از طریق حکومت هند اشاره دارد که در آن، خواهان تلاش سفیر برای کاستن از فشار بر سکنه زرتشتی ایران از طریق لغو جزیه شده بودند (اظهار سیاحت ایران، ۵۵: www. faravahr.org).

به‌هر روی، تلاش‌های مجدانهٔ یادشده در نهایت پس از ۲۵ سال و در سایهٔ پیگیری‌های خستگی‌ناپذیر اعضای انجمن اکابر، مانکجی، و حمایت بی‌دریغ وزارت خارجه و کارگزاران انگلیس در ایران، و نیز صرف هزینه‌ای بالغ بر ۱۰۹۶۴ روپیه در جلب نظر اولیای امور (اشیدری، ۲۵۳۵: ۴۳۷)، به بار نشست و شاه به طور رسمی فرمان لغو جزیه را صادر نمود.

مطابق با این فرمان که در رمضان ۱۲۹۹ق به امضای شاه رسید زرتشتیان یزد و

کرمان از پرداخت ۸۳۵ تومان جزیه- که از این مقدار ۸۰۰ تومان مربوط به زرتشتیان یزد و مابقی از کرمان تأمین می‌گردید- خلاصی یافتند:

«نظر به سپاس‌داری عنایات وافره و عطایای متکاثرهٔ حضرت واهب بی‌منت- عزّ اسمه- که پرتو وجود اقدس ما را آرایش تاج و تخت کیان فرمود و افاضهٔ ذات همایون ما را موجب آسایش قاطبه و سکّان ممالک ایران، بر ذمّت همّت ملوکانه لازم است که رفاهیّت حال و فراغت بال عموم رعایا، از هر طایفه و ملت و طبقه و عشیرت را که در زیر سایهٔ مرحمت‌پیرایهٔ ما باید به آسودگی بغنوند، مهیا داریم و به زلال موهبتی مخصوص مزرع آمال هر یک را سرسبز و شکفته فرماییم، از جمله طایفهٔ زردشتیان یزد و کرمان که از قدیمه سکنهٔ ایران و نتیجهٔ دودمان پارسیان‌اند، رعایت احوال آن‌ها زائداً علی ما کان منظور نظر عنایت‌گستر همایون است، به صدور این منشور قضادستور امر و مقرّر می‌داریم که قرار اخذ مالیات املاک و رسوم اصنافیه و سایر عوارض و وجوهات دیوانی به همان نهج که در شهر و بلوک یزد و کرمان با رعایای مسلم معامله می‌شود با زردشتیان سکنهٔ آن‌جا نیز بلا زیاده و نقصان به همان‌طور معمول گردد و نظر به این قرار، چون مطالبهٔ مبلغ ۸۴۵ تومان که به اسم دیگر از طایفهٔ مزبوره گرفته می‌شده است مرتفع خواهد بود، لهذا از ابتدا هذه‌السنه یونت‌ئیل خیریت‌دلیل و مابعدها مبلغ مزبور را به تخفیف ابدی مرحمت و مقرّر می‌فرماییم که مقرب‌الخاقان مستوفیان دیوان همایون و سررشته‌داران دفترخانهٔ مبارک مبلغ مزبور را از حشو جمع یزد و کرمان کلیتاً موضوع و از دفتر اخراج نمایند و حکّام حال و استقبال ولایات یزد و کرمان این مبلغ مخصوص را به تخفیف ابدی برقرار دانسته از هذه‌السنه یونت‌ئیل و مابعدها مطالبهٔ آن را کلاً او جزئاً موجب مؤاخذه و سیاست دانند و در مطالبهٔ مالیات ملک و آب و مستغلات و رسوم اصنافیه و غیره به همان قرار که با سایر رعایای آنجا معامله و رفتار می‌شود با زردشتیان نیز معمول دارند و در عهده شناسند.

تحریر فی شهر رمضان المبارک سنه ۱۲۹۹ (برابر اوت ۱۸۸۲» (اسنادی از مانکجی هاتریا: ۵۷).

متأسفانه از نامه یا تلگرافی که شاه در این خصوص به حکومت یزد ارسال داشته آگاهی نداریم، امّا بنا بر محتوای دیگر اسناد چنین برمی‌آید که او لغو جزیه را نخست به ظل‌السلطان اطلاع داد و سپس سران زرتشتی یزد و کرمان از این امر خبردار شدند. چنان‌که تامسون- وزیر مختار دولت انگلیس- طی نامه‌ای به موبدان یزد ضمن خبر دادن از صدور و ارسال فرمان شاه به ظل‌السلطان، از ایشان می‌خواهد تا در صورت وصول حکم، آن را اطلاع دهند:

«عالی‌جاهان مجدت و نجدت‌همراهان رؤسای طایفهٔ زردشتی ساکنین یزد! اظهار می‌دارد فرمان مهرلمعان اعلیحضرت اقدس همایونی شهریاری که به توسّط اینجانب شرف صدور یافته بود در خصوص تخفیف جزیه از طایفهٔ زردشتی ساکنین یزد و کرمان، این اوقات به توسّط حضرت مستطاب اشرف ارفع اسعد والا ظل‌السلطان، دامت شوکته، مصحوب مأمور مخصوص نزد نایب‌الحکومهٔ یزد فرستاده شده است که به آن عالی‌جاهان برسانند. چنانچه تا به حال رسیده است از تفصیل وصول آن و این که چه روزی به آن عالی‌جاهان رسیده است و به کدام از رؤسا سپرده‌اند، مشروحاً مفصلاً اینجانب را قرین اطلاع و استحضار دارند. زیاده چه نگارد؟ فی ۲۳ شهر ذی‌حجه سنه ۱۲۹۹»

در حاشیه نامه ضمن اشاره به دریافت عریضه فوق، تنی چند از بزرگان زرتشتی آن را تأیید و مهر کرده‌اند:

«مجدّد عرض می‌شود که تعلیقهٔ رفیعهٔ بندگان سامی که در متن عریضه ذکر است، به واسطهٔ جناب فخامت‌نصاب افتخارالحاج حاجی‌میرزا محمّدتقی‌صاحب، تاجر شیرازی، به کم‌ترینان رسیده است. التاریخ صحیحه دستور تیرانداز، رستم مهربان، دینیار گودرز مهربان، اردشیر مهربان، شهریار بهرام، رستم بهرام، مهربان بهرام، بهمن جمشید، کیخسرو ماونداد، خداداد رشید، سروش بهمن، اردشیر بهرام، بهمن جمشید» (تشکری، ۱۳۹۱، تحقیقات تاریخ اجتماعی، ش۱: ۴۴-۴۵).

به دنبال نامهٔ تامسون و تأکید بر حفظ و نگهداری آن نزد فردی معتمد که نشان از نگرانی او از نرسیدن حکم به دست زرتشتیان یزد و یا بهانه‌جویی حکّام در صحّت صدور چنین فرمانی بود، جمعی از رؤسای اقلیت در نامه‌ای خطاب به او ضمن اعلام دریافت رسمی حکم از میرزا ابراهیم خلیل‌خان- نایب‌الحکومه وقت- چنین می‌آورند:

«فدای حضور موفورالسّرور مبارکت شویم، فرمان قضانشان اعلی‌حضرت اقدس شاهنشاه جم‌جاه جهان‌پناه، روحنا و روح‌العالمین فداه، در خصوص تخفیف مرحمتی و مرتفع بودن جزیهٔ طایفه زرتشتی یزد و کرمان که بنا به توجه و مرحمت بندگان سامی شرف صدور یافته است با علی‌حده رقم مهر شیم مبارک حضرت اشرف ارفع نواب مستطاب والا ظل‌السلطان، ارواحنا فداه، به امضای آن با تعلیقهٔ مورخهٔ بیست و سیم ذی‌حجهٔ‌الحرام ۱۲۹۹ از بندگان سامی که به افتخاری کمترین فدویان ارادت‌کیش مرقوم بود هر سه طغرا در روز دویم شهر محرم‌الحرام سنه ۱۳۰۰ هجری، ۲ ساعت از روز گذشته، جناب جلالت‌مآب مقرب‌الخاقان ابراهیم خلیل‌خان، دام اجلاله، با کمال احترام و نوازش به فدویان سپردند و زیارت شد و همگی از این موهبت عظمی خوشدل گشته به درگاه حضرت واهب‌العطایا، عزّ اسمه، شکرگزار و به دعای دوام و بقای عمر و دولت ابدآیت اقدس شهریاری، ارواح العالمین فداه، علی‌الاتصال اشتغال داریم. الحمدلله که پس از دیر سال‌ها که این طایفه گرفتار مشقت و بدبختی روزگار بوده، درین همایون‌عهد شاهنشاه عادل از تعدیات گوناگون به‌تدریج نجات یافته به کمال رفاهیت در مهد امن و امان غنوده و آسوده شدیم؛ خاصّه این اوقات که این جان‌نثاران از ادای وجه جزیه نیز معاف و به کلی تصدّق فرمودند. بدیهی است که فیصل یافتن این امر و مرتفع گشتن آن، بنا به توجه و رأفت سرکار سامی بوده است و الا بدون توجه و التفات سامی، روشن است که امکان نداشت صورت‌پذیر شود. این طایفهٔ دعاگو نسلاً بعد نسل خود را آزادکردهٔ بندگان دانسته شرمندهٔ احسان بی‌نهایتِ سامی خواهیم بود. خداوند عالم بر عمر و دولت و رفعت سامی بیفزاید. اکابر صاحبان فارسی انجمن هندوستان را نیز

توفیق مرحمت فرماید که به انجام این مهم متوسّل به الطاف و مرحمت بندگان سرکار سامی شدند، به خواست خدا صورت گرفت.

عرض دیگر این که به جهت محافظت فرمان و رقم مزبور، چون به ملاحظهٔ اعتماد و اعتبار در میان طایفه احدی از عالی‌شأن اردشیر ولد مهربان شایسته‌تر ملحوظ نبود، به صلاحیت جمهور زردشتیان بالاتفاق آن را در نزد مشارالیه سپردیم. محض اطلاع عرض شد. زیاده جسارت است. الباقی امرکم العالی مطاع.

«تحریر عریضه هفتم شهر محرم‌الحرام سنهٔ ۱۳۰۰ هجری» (همان: ۴۵-۴۶).

بدین‌ترتیب، لغو جزیه بدان حدّ برای زرتشتیان غیرمترقبه و دور از انتظار می‌نمود که ضمن نامه‌نگاری و تلگراف به تمامی افراد دخیل در این مهم، مراتب قدردانی و سپاس خود را ابراز داشتند. چنان‌که در نامه‌ای به ناصرالدین شاه، رهایی زرتشتیان از «گرفتاری و مشقت چندین‌ساله» را به یُمن احسان شاهانه دانستند و بدین مناسب از قصد خود در برپایی جشن و سرور خبر دادند:

«قربان خاکپای گوهرآسای مبارکت گردیم. سپاس یزدان را که درین فرخنده‌زمان سعادت‌اقتران که تاج و تخت ایران مینونشان به وجود مبارک خاقان صاحبقران شاهنشاه جم‌جاه ارواح‌العالمین فداه زیب و زینت پذیرفته، فیض لمعات آفتاب عالم‌تاب عنایات و نهایات شاهنشاهی فروغ‌بخش کاشانهٔ آمال جهانیان و مایه آرامش جهان و آسایش خلق زمان است؛ خصوصاً این طایفه جان‌نثار که در گرفتاری و مشقت چندین ساله، درین خجسته‌عهد فراغت یافته‌ایم. خاصّه اکنون که نظر الطاف بی‌پایان اقدس این بندگان را از ادای وجه جزیه نیز معاف و به کلی تصدّق فرمودند، یقین بیان این احسان در کتابخانهٔ دوران تا ابود و خلود ثبت خواهد شد. خاصّه زردشتیان این دیار که از شنیدن این مقال فرخنده‌فال، خوش‌دل گشته، از این موهبت عُظمی جشنی بزرگ مقرّر خواهند ساخت و علی‌الاتّصال به دعای دوام و بقای دولت ابدمدّت همایون اقدس شاهنشاهی ارواحنا فداه بیش از پیش اشتغال خواهند داشت. هرآینه بر این جان‌نثاران در هر نفس سپاسگزاری لازم

است که حضرت واهب‌العطایا، عزّ اسمه، از تفضّلات رضای خود چنین دوری را از ادوار برآورده، چنین مرحمتی از شهریار یگانه در جهان گسترده است که جمیع رعایا و ملل متبوعهٔ دولت علّیه درین خجسته‌دوران در مهد امن و امان مرفّه و آسوده گشتند. خاصّه این اوقات که مرحمت حضرت اشرف نواب کامیاب والا سترگ شاهنشاه‌زاده، آقای ظل‌السلطان روحی فداه، مزید اسباب آسایش و ترضیهٔ احوال جان‌نثاران گشته است و در یمن رحمت حضرت والا روحی فداه مقرب‌الخاقان ابراهیم خلیل‌خان نایب‌الحکومهٔ یزد، در تهیهٔ اسباب امنیت و رفاهیت احوال جان‌نثاران به جمیع‌الجهات کمال توجه و التفات مرعی می‌فرمایند که اگرچه شکرگزاری چنین موهبت بی‌نهایت که نسبت به جان‌نثاران ارزانی است، در عهده یکی از هزاران بر نتوانیم آمد ولی با کمال امیدواری به درگاه حضرت احدیت شکرگزار به دعای بقای دولت جاویدآیت همایون اقدس شاهنشاهی روح‌العالمین فداه مشغولیم.

الباقی امرالاقدس الاعلی فی ۴ شهر محرم سنه ۱۳۰۰.

دستور تیرانداز، رستم مهربان، دینیار بامَس، گودرز مهربان، اردشیر مهربان، جمشید بمان، شهریار بهرام، رستم بهرام مهربان» (تشکری، تحقیقات تاریخ اجتماعی، ش۱: ۴۶-۴۷).

گویا نظیر همین تلگراف را زرتشتیان به ظل‌السلطان هم مخابره کردند که سواد آن در دست نیست امّا در سواد جوابیه تلگراف به تاریخ ۲۳ محرم ۱۳۰۰ق به رؤسای زرتشتی یزد، ظل‌السلطان بدون هرگونه عنوانی و با ذکر «زردشتی‌ها تلگراف شما... رسید»، براساس حکم پادشاه خود را مقید به رعایت حال ایشان می‌داند:

«زردشتی‌ها! تلگراف شما در باب وصول فرمان مهرلمعان اعلی‌حضرت روحنا فداه و رقم مبارک معروض داشته بودید رسید. از عرایض تشکرانه شماها امتنان حاصل کردیم. بندگان اعلی‌حضرت اقدس ظل‌اللهی روحنا فداه همیشه مایل و طالب رفاهیت عموم رعیت که ودیعهٔ خداوندی است، هستند به خصوص دربارهٔ

شماها نهایت رحمت و عنایت شاهانه شامل بوده و هست. ما هم که چاکر و خادم آن درگاه هستیم به حکم النّاس علی دین ملوکهم به هیچ‌وقت رعایت حالت شماها را از دست نمی‌دهیم و همه‌وقت طالب آسودگی شماها هستیم که به وجود مبارک اعلی‌حضرت ولی‌نعمت روحنا فداه دعاگو باشید. ظل‌السلطان» (همان: ۴۷).

در کنار نامه‌نگاری‌های داخلی که نشان از عدم اطمینان به اجرای فرمان لغو جزیه و بهانه‌تراشی‌های احتمالی حکّام و کارگزاران محلی خاصّه در یزد بود، نسخه‌ای از متن فرمان، توسّط تامسون به انجمن اکابر فرستاده می‌شود و از طرف انجمن در روزنامهٔ پرتیراژ بمبئی گازت[۳۳۸] منتشر می‌گردد. دینشاه مانکجی پتیت، ریاست انجمن که نقش فعال و پیگیرانه‌ای در دستیابی به مقصود داشت، در نامه به لیال،[۳۳۹] فرمانفرمای پیشین بمبئی، ضمن تشکر از حمایت‌های بی‌دریغ انگلیس، چنین می‌نویسد:

«بمبئی، چهارم دسامبر ۱۸۸۲
به آقای: ای. سی. لیال
عالیجناب

به استناد گفت و شنید صمیمانه و طولانی‌مدتی که جنابعالی با منشی انجمن ما آقای اردشیر سهراب جی دستور کامدین، به‌هنگام فرمانفرمایی کل بمبئی در دسامبر ۱۸۸۰ داشتید، از ارتباط با جنابعالی بی‌نهایت خرسندم. من نامه‌ای از جناب تامسن، وزیر مختار بریتانیا در دربار ایران، دریافت داشتم حاوی کپی ترجمهٔ فرمان (در روزنامه بمبئی گازت به تاریخ ۱۶ نوامبر ۱۸۸۲ منتشر گردید)- که ضمیمه هست- در رابطه با فرمان پادشاه ایران در لغو جزیه و رهایی جماعت زرتشتیان از پرداخت این مالیات از آغاز سال مالی کنونی یعنی دوم مارس ۱۸۸۲.

---

338. Bombay Gazette

339. A. C. Lyall

به پاس این نتیجهٔ مسرت‌بخش، از طرف انجمن به حکومت هند و جنابعالی صمیمانه‌ترین سپاس‌هایمان را در همدلی و مساعدتی که از این بابت داشتید، ابراز می‌نمایم. مطمئنم که بدون تشویق و نفوذ بریتانیا بر روی دربار تهران چنین نتیجهٔ مسرّت‌بخش موفقیت‌آمیزی عاید نمی‌گردید. و از این رو از طرف انجمن سپاس قلبی‌مان را به جناب تامسن وزیر مختار در ایران هم تقدیم می‌داریم.

با احترامات شایسته

امضا: دینشاه مانکجی پتیت، رئیس انجمن بهبود وضع زرتشتیان ایران» (اسنادی از مانکجی هاتریا: ۵۱-۵۲).

فصل دهم

مانکجی؛ بازتاب اقدامات، مصائب و فرجام او

اقدامات و پیگیری‌های خستگی‌ناپذیر مانکجی، به حقّ وی را سزاوار عنوان «نجات‌بخش زرتشتیان» ساخت. او نه تنها از هر فرصتی برای ورود به حلقهٔ متنفذین سیاسی، اجتماعی و فرهنگی ایران بهره جست بلکه از پس‌افتادگی همکیشان نیز غافل نبود. در بخش‌های پیشین به کارنامه او در ایران پرداخته شد و اینک در تکملهٔ بحث، بایسته است تا نخست نگاهی مختصر به بازتاب اقدامات او در یزد (به‌ویژه از حیث مدارای حکمرانان با جماعت زرتشتی)، مصائب و مشکلات مانکجی او در مسیر انجام مأموریت، و سرانجام پایان کار او داشته باشیم.

۱- تساهل و مدارای عمادالدوله در مقام حاکم یزد؛ بازتابی از اقدامات مانکجی

تلاش‌هایی که مانکجی در جهت جلب حمایت متولیان جامعهٔ مسلمان و خاصّه کارگزاران سیاسی در رعایت حال همکیشان نمود، در حکومت عمادالدّوله بریزد تا حدّی به ثمر نشست. بدیع‌المُلک میرزا حشمت‌السّلطنه عمادالدّوله که با عنوان نایب‌الایالهٔ نهاوند وارد ساختار قدرت شد (۱۲۷۷ق)، از سال ۱۲۹۱ تا ۱۲۹۷ق حکومت کردستان و کرمانشاه را در دست داشت و در سال ۱۳۰۴ق، عمادالدوله

لقب یافت و با همسر میرزا مسعودخان انصاری (وزیر امور خارجه پیشین و متوفی در ۱۳۰۱ق) ازدواج کرد. وی در جمادی‌الثانی ۱۳۰۵ق با پیشکاری و وزارت میرزاتقی ضیاءالملک، حاکم یزد شد امّا بیش از یک‌سال بر این منصب باقی نماند و در رجب ۱۳۰۶ق از این مقام عزل گشت. (بامداد، ۱۳۴۷، ج۱: ۱۸۸-۱۹۰) علی‌رغم کوتاهی ایام حکومتش در یزد، به دلیل درایت و توانمندی در ادارهٔ امور، نه تنها آرامش و امنیت نسبی را در شهر برقرار نمود بلکه با این پشتوانه و تمایل به مدارا با اقلیت های دینی، زرتشتیان یزد نیز تا حدّ بسیاری از سوء رفتار اشرار و لوطیان رهایی یافتند. ادوارد براون که همزمان با حکومت وی از یزد دیدن نموده، دربارهٔ او چنین می‌نویسد: «از روزی که عمادالدوله حکمران یزد شده، زردشتی‌ها از تعصبات خشک مردم در امان هستند» (براون، ۲۵۳۶، ج۲: ۴۸۴). وی همچنین از رضایت زرتشتیان و از جمله دستور تیرانداز از عملکرد عمادالدوله خبر می‌دهد و می‌گوید که چگونه در خلال صحبت‌هایشان او را دعا می‌کردند (همان: ۴۸۵).

در همین رابطه، متن اعلانی از عمادالدّوله در دست است که در آن، اهالی را مطابق با احادیث و سنّت پیامبر و ائمه از هرگونه مزاحمت برای زرتشتیان بازداشته و خاطیان را مستوجب مجازات می‌داند:

«هو الله تعالی شأنه

مهر عمادالدوله

حکم والا شد

که عموم مسلمانان ولایت یزد بدانند

به موجب امان‌نامهٔ حضرت خاتم انبیاء محمّد مصطفی- صلی الله علیه و آله- که به خط مبارک حضرت امیرالمؤمنین علی ابن ابیطالب علیه‌السّلام مرقوم شده و همچنین از قرار امان‌نامهٔ حضرت امیرالمؤمنین علیه‌السّلام که به خط سیّدالشّهدا جناب امام حسین، روحی لتراب مَقدمه الفدا، در باب طایفه زرتشتی نوشته شده که اصل آن حاضر و سواد آن در همهٔ عالم منتشر است، طایفهٔ زردشتی باید در طریقهٔ خودشان و در داشتن آتشکده و معبد مذهب خود مختار باشند و به آداب دین خود

رفتار کنند و هر قسم که خواهند لباس بپوشند و سواره راه بروند و عمارت و اصطبل داشته باشند و به هیچ‌وجه من‌الوجوه متعرض آنها نشوند و اولاد آنها را به فریب بعضی مسلمان‌ها که در باطن مقصودش شرارت و هوای نفس است، فریب ندهند و دعوت به مسلمانی نکنند، مگر آنکه ثابت شود که بدون اجبار بوده و همچنین در عهدنامهٔ حضرت امیرالمؤمنین مرقوم فرموده‌اند که از حضرت پیغمبر صلی الله علیه و آله شنیدم که فرمودند «اهل الملتین لایتوارثون» یعنی اهل دو ملت از یکدیگر ارث نمی‌برند. لهذا بر حسب امر قَدَر قدر اعلیحضرت شاهنشاه جم‌جاه ناصرالدین شاه ارواحنا فداه امر و مقرّر می‌شود که مسلمانان یزد به هیچ‌وجه متعرض حال طایفه مجوس نباید بشوند و چنانچه حکم رسول و ولی خدا دربارهٔ آنها شده با آنها حرکت کنند و بی‌اذن و بی‌خبر داخل خانه آنها نشوند و اگر سرزده به خانهٔ آنها بروند، تنبیه خواهند شد. و به فریب و دستورالعمل بعضی که به صورت مسلمان و در باطن یاران شیطان هستند، طایفهٔ زردشتی را آزار ندهید. چنانچه در محلی تعدّی و آزار به طایفه مجوس بشود، کدخدایان و ریش‌سفیدان آن محل مورد مؤاخذه خواهند بود و تنبیه و سیاست سخت از آنها می‌شود. و باید مسلمان‌ها بهانه نکنند و دروغ نگویند که زردشتی شرارت و خلاف کرده. اگر از آنها خلاف و شرارت ظاهر شود، باید به عرض حکومت برسانند که آن وقت خلافکار زردشتی را بهتر تنبیه و سیاست خواهد کرد. البته از قرار مرقوم تخلّف ننمایند. التزام این فقره را هم ریش‌سفیدان هر محل باید بدهند. فی شهر رمضان المبارک ۱۳۰۵».

۲- گوشه‌هایی از مصائب و مشکلات مانکجی

همانند هر ساختاری که در تداوم درازمدت خود، سکون و عدم پذیرش هرگونه تغییر را بر حرکت و نوزایی برتری می‌دهد و نخبگان سنتی آن، حفظ وضع موجود را با بقای خویش گره می‌زنند، اقدامات اصلاحی مانکجی نیز واکنش منفی شاخص‌ترین طیف از اقلیت زرتشتی، یعنی روحانیان را به همراه داشت. عرصه و ابعاد چنین مخالفتی را می‌توان در فرستادن اطلاعات مجعول به پارسیان هند مبنی

بر دست‌درازی مانکجی به اموال ارسالی و اعتراض به تعلیم و تربیت طیف عوام و روستاییان که زنگ خطری برای رؤسای سنتی به‌شمار می‌رفت، دید. در این میان نباید ناگفته گذاشت که علاوه بربُعد اصلاحیِ تلاش مانکجی دراحیاء نظم درونی اقلیت که با حضور افراد غیرروحانی در جمع متولیان، از وجاهت و گستردگی کارکرد روحانیان می‌کاست، گرایش وی به باورهای آذرکیوانی و اهتمام او در ترویج فرهنگ دساتیری را نیز می‌توان بُعد معتبری در جهت‌دهی به مخالفت با او دانست. به تعبیر دیگر، همچنان که زرتشتیان معاصر دساتیر را اثری جعلی و به قصد انحراف در آیین خود می‌دانند، در روزگار مانکجی نیز تبلیغ دیدگاه‌های آذرکیوانی و اقدام به نشر آثار آنها، واکنش منفی روحانیان را به همراه داشت.

بهرام پور رستم پور خسرو پور آبادان پور بهرام نرسی‌آبادی که از تربیت‌یافتگان مانکجی بود، طی نامه‌ای (۱۲۸۲ق) به پنچایت یزد، ضمن یادآوری تنوع اقدامات مانکجی در اصلاح امور همکیشان، به گوشه‌هایی از مخالفت‌های بزرگان زرتشتی یزد با او پرداخته و از جمله می‌نویسد: «همین که صاحب معظم پس از اتمام امور از یزد به تهران آمد، نااهلان و بداصلان به مقتضای فطرت خود به مفاد کلّ اِناء یترشّح بمافیه،[۳۴۰] کاغذی چاپ کرده به عوض اظهار امتنان و تشکر، بر ایشان بهتان‌ها نوشته بودند که اکابرصاحبان بدون اطلاع صاحب، چاپ‌کنندگان آن را در بمبئی جُسته کذب و ناراستی آن را بر ایشان ثابت و آشکار نموده، در اظهارنامه خویش چاپ کردند... چون از جانب ریش‌سفیدان و بزرگان بهدین ایران، آن اشخاص را ملامت نکردند، باز در پنج شش سال قبل کاغذی به اکابرصاحبان نوشتند به اسم ریش‌سفیدان یزد به مُهر سیزده نفر و هر کسی پیاپی بسیار سخنان ناشایسته در روزنامه چاپ نمود، بدون اظهار اسم پدر خود...» (شهمردان، ۱۳۶۳: ۳۹۵).

مخالفت روحانیان زرتشتی با مانکجی در سفر دوم وی به ایران شدّت بیشتری یافت. کیومرث وفادار طی نامه‌ای خطاب به رستم‌جی پشوتن‌جی مسانی- از بزرگان انجمن اکابر پارسیان- به تاریخ ۱۷ جولای ۱۹۱۷، اطلاعات قابل توجهی از

---

۳۴۰. از کوزه همان برون تراود که در اوست!

کارشکنی‌های دستوران یزدی علیه مانکجی ارائه می‌دهد: «پس از آمدن حضرت مغفرت‌طراز مانکجی لیمجی هوشنگ هاتریا به ایران، گاه و بیگاه فیمابین طبقهٔ دستوران و رؤسای بهدینان طبعاً تولید نفاق و ناسازگاری شده با هم موافقت تامه نداشته‌اند. چنانکه روایتاً شنیده‌ام گاهی نفاق به درجه‌ای رسیده بوده است که دستوران و موبدان قدغن کرده‌اند که موبدان برای خواندن یشت و اوستا و ادای مراسم مذهبی به خانهٔ بهدینان نروند (حدّ یادی بنده، مکرّر این ممانعت از طرف دستوران بزرگ و موبدان شد) و رؤسای بهدینان هم ممانعت و قدغن کرده‌اند که بهدینان زیرِ گاهان و مرده و نعش موبدان نروند که موبدان ناچار شده خود زیر گاهان رفته‌اند. از جمله مرحوم موبد بهرام خدابخش بوده است که خود بنده آن مرحوم را به یاد دارم و ناسازگاری این دو طبقه با هم از قدیم است و تازگی ندارد».

با چنین رفتارهایی که علاوه بر گستردگی شکاف داخلی، نشان از توانمندی نخبگان نوین در بسیج بی‌سابقهٔ بهدینان علیه متولیان سنّتی جماعت داشت، دستور شهریار پسر دستور نامدار- روحانی متنفّذ و قدرتمند عهد قاجاریه- مانع از ورود مانکجی به آتش ورهرام می‌گردد. وی که در نخستین سفرش به یزد در این مکان اقامت داشت، در سفر دوم، دستور شهریار از ورودش به عمارت آتشگاه جلوگیری نموده و ناگزیر، درخانهٔ «مهربان نوذر جدّ استاد جوانمرد» منزل گرفت. و این کدورت و اختلاف تا بدانجا رسید که «بر ضد یکدیگر رساله نوشتند» (اسناد کیومرث وفادار، نسخه خطی، ج۲: ۲۸۰).

یکی دیگر از مشکلات او، به عدم تقیّد همکیشان در انجام تعهّدات مالی خود برای ساخت دخمه و نیز تأدیه مبالغی از جزیه بازمی‌گشت که بنا بر اسناد پیشین مقرّر شده بود با تضمین پرداخت کامل وجه جزیه در تهران، بهدینان یزد هم سهم خود را به اقساط بپردازند. در باب این دو موضوع و مسائل مشابه که اهمیت ویژه‌ای هم در نحوهٔ برخورد زرتشتیان بومی با اقدامات مانکجی داشته و هم پرتوی بر ابعاد کارکرد انجمن اکابر دارد در مجموعه اسناد و مکاتبات مانکجی، نامه‌ای از سوی جمعی از زرتشتیان مقیم تهران به دستوران و پنچایت یزد وجود دارد که ضمن آن، شرحی از گفتگوی میان ایشان و مانکجی و تکدّر خاطر و مشکلات او هم آمده است.

در این نامه که خطاب به «معظم‌الدّستوران، دستور نامدار ابن غفران‌پناه دستور کیخسرو و جناب مُعَلّی‌القاب ملابهرام ابن مرحمت‌شأن دینیار و سایر مخدومان ذوی‌العزّ و الاحترام حضرت پنچایت دارالعباد یزد و جمیع اکابران و ریش‌سفیدان محلات» نگارش یافته، ضمن تبریک حلول سال ۱۲۲۸یزدگردی، چنین می‌آید:

«[مانکجی] به قولِ بهدینان ایران معتقد نیست؛ به دلیل آنکه از آن جمله وجه امدادی دخمه را قبول کردند، سند سپردند و تا به حال ندادند و همچنین وجه امداد پول سَری [= جزیه] در نزد هر کس مانده تا به حال مدتی است که سرانجام نکردند. مکرّر به اکابران بمبئی عریضه‌نگار شده است که همهٔ تنخواه قبولی همه روز جمع‌آوری می‌شود و هنوز اثری نکرد و در خدمت ایشان بدقول شده و همچنین در هر حال مکدر است و اکابران نوشته‌اند که مبلغ تنخواه قبولی را تمامی باید سرانجام نموده برات نماید، چه باید کرد اگر چنانچه میان هم بگذارد برود، زحمت‌ها به هدر خواهد رفت.

باری به هزار دلیل و براهین قرار چنین داده شد که دستخط التفات فرمایند که پول سَری خواه موضوع شود خواه نشود، همه‌ساله کارسازی نمایند مشروط بر اینکه مابقی وجه قبولی امدادی را آنچه نقد مقدور می‌شود کارسازی نموده و مابقی را هر محلی که باقی می‌ماند، تمسّک از کسان معتبر گرفته و ارسال دارند که تا دو سال به تدریج کارسازی نمایند. وجه سَری را قسط به قسط برات نمایند که در طهران کارسازی دیوان نمایند و در این مدت از درخانهٔ دیوان مبالغی خرج کرده مرارت کشیده و مقربان درگاه سلطان همگی عزل شده، یکی نصب شده تا به حال این کار از میان معوّق و ناتمام مانده، و حال وعده داده‌اند که انشاالله تعالی وجه را موضوع می‌فرمایند...».

سپس نویسندگان نامه به مخاطبان هشدار می‌دهند: «اگر تخلّف نمایند معلوم است که مردمان بی‌حمیّت و بدقول مستوجب این بارگران و بلای بی‌پایان می‌باشند. میان هم گذاشته و از این طرف روانه بمبئی می‌شود و از یزد و کرمان

نخواهد آمد. بیش از این قوّه ندارد یک طرف نزد بزرگ و کوچک تملّق و دوندگی کردن، غربت به سر بردن و اخراجات نمودن و از یک طرف حضرات بهدینان، اول خودشان بیست هزار روپیه در باب امدادی قبول کردند و ایشان مکرّر به اکابران بمبئی عریضه‌نگار شده است و حال در دادن وجه مذکور اهمال و انکار می‌نمایند و ایشان در نزد اکابران بمبئی بدقول خواهند شد... گویا بعضی مفسدان سخن‌های ناشایسته می‌گویند؛ لیکن عجب است که مردم معقول نگاهشان به دهان آنهاست. باری، حال وقت مردانگی و همّت است. چون حضرات ساکنین طهران به سرکار سیت صاحب استدعا نمودیم که بعضی مردم ابله شده‌اند که شاید اینکار عاقبت صورت نخواهد گرفت. به جهت خواطرجمعی چنین قرار داده شود که مردم ابله خواطرجمع شوند و هم لذت آسودگی را بچشند، چندوقتی روی محصّل و رئیس را نخواهند دید و هوسی به سرشان خواهد آمد آنوقت انشاءالله تعالی قراری که داده‌اند هوسی به سرشان خواهد آمد تنخواه را کارسازی خواهند کرد. چون دو سه سال است گفتگو شده و به انجام نرسیده و البته مردم به خواطرشان رسیده است که حرف شوخی است یا حرفی است مثل حرف آنها؛ امّا خیر چنین نیست آنچه به عهدهٔ تعویق مانده، باعث کسان‌ها شده است که خبث نموده و بخیلی و دهن‌بینی کردند، وجه که قبول کرده ندادند و الا پارسال صورت گرفته بود. اکنون هم اگر خدای‌ناکرده مثل سابق بر قرار خود اقدام نمی‌کنند از قراری که مجدد مقرّر قلمی شده اهمال و برخلاف شود، باز به هم خواهد خورد...».

پس تهدید می‌کنند که در صورت ادامه چنین رفتارهایی، مانکجی به بمبئی باز می‌گردد و در این باره می‌نویسند: «خود صاحب، میان جمعی که حاضر بودیم فرمودند که چنین خواهند کرد و [در] حقیقت حقّ [هم] دارد. از آن جمله دو نفر آدم صاحب‌همّت میان طایفه بهم نمی‌رسد اگر احدی هم پیدا شود افساد می‌کنند بطوری که آن کس را افتضاح کنند که رغبت به کار خیر نکنند. دربارهٔ وجهی که از بابت امدادی گرفته و به جهت اکابران ارسال نموده ظاهراً بعضی کسان‌های مفسد برخلاف مذکور نمودند که هنوز به اکابران بمبئی نرسیده است و خود تجارت می‌کند».

آنگاه بر این افراد دروغ‌زن نفرین کرده و در ردّ ادعای آنها گویند: «قبض رسیدگی وجه امدادی که از خط و مُهر اکابران پنچایتان بمبئی آمده، حاضر است. در نزد کسان‌های عاقل و چیزفهم ظاهر و هویداست که این حرف کسان‌های رذل و مفسد است. چگونه چنین حرفی را پنهان می‌توان کرد که سیت صاحب مانکجی وجه از هر کس بگیرد و خود تجارت بکند و در نزد اکابران بمبئی ابراز ندهد. آدم عاقل که چنین کارهای ناشایسته را نمی‌کند. آخر فکر نمی‌کند که این حرف چگونه مخفی می‌ماند؟ در زمان حضور، چگونه جواب اکابران خواهد داد؟ طایفه بهدینان ایران، چرا باید که اینقدر بی‌ادراک باشیم و حرف کسان‌های مفسد و دروغگو را باور کنیم. صاحب می‌فرماید چنانچه رأی بهدینان به اینکار صواب عظیم قرار نمی‌گیرد، هنوز به نهج سابق خواهند بود. خود که چنان قوّه‌ای ندارد که از عهده همه برآید، وجهی که از هر کس گرفته با تنزیل پس می‌دهد و می‌رود پی کار خود. اگر انشاءالله تعالی همّت خواهند کرد، مابقی تنخواه را می‌دهند... . بعضی کسان‌ها گفته‌اند که اکابران بمبئی از وجه امدادی که قبول کرده‌اند خبر ندارند. آیا این حرف‌ها حرف آدم هوشیار است یا حرف آدم دیوانه؟ بدون اطلاع و اخبار ایشان هرگز هیچ کاری نشده و نمی‌شود. آبی که در اینجا خورده ایشان اطلاع دارند...».

در پایان و به‌عنوان راهکاری در تأدیه وجوه معوّقه می‌نویسند: «مجدّد عرض می‌شود مِن‌باب باقی‌مانده وجه امدادی که در هر محلی و هر دهاتی نزد هر کس باقی مانده، سرکار عالیجاه سیت مانکجی‌صاحب، برات حواله نمود که اشخاص‌های باوسعت که مقدورشان می‌شود نقد بدهند. کسان‌هایی که کم‌وسعت می‌باشند برات خود را ضبط نمایند و در عوض تمسّک معتبر با مع تنزیل تومان صد دینار، به قاعدهٔ تجارت، بر او افزوده بدهند که تا دو سال قسط به قسط کارسازی نمایند و شمایان وسعت هر کس را ملاحظه نمائید هرگاه بعضی‌هاشان در عرض مدت دو سال وسعت دادن ندارند تمسّک سه ساله بگیرند که در شش قسط کارسازی نمایند. هر شش ماه یک قسط، نقلی نیست. حقیران سیت صاحب را راضی می‌نمائیم» (اسناد و مکتوبات و گزارشات مانکجی هاتریا: ۱۴۷-۱۵۲).

موارد اخیر، نشان از این داشت که مانکجی از سویی باید در جلب نظر

حکومتگران بکوشد و از دیگر سو، کارشکنی زعمای قوم در یزد را مدیریت نماید. نامه پیش‌گفتهٔ جمعی از نخبگان زرتشتی ساکن تهران به بهدینان یزد گویای آنست که حتّی به رغم کسب موافقت حکومت و پذیرش اصلاحاتی چند در حیات اجتماعی آن‌ها، بهدینان بر حسب عادت، تحمّل وضع موجود را بر هرگونه تغییری ارجح می‌شمردند.

آنگونه که در تحلیل محتوای نامه نیز ذکر شد، در شرایطی که متولیان سنّتی جماعت، بقایشان را به دوام وضع موجود گره زده بودند، توقع به انسجام درونی و همکاری اعضای جماعت چندان نیز بایسته نمی‌نمود و عادت به سکون و عدم تحرک، هرگونه اقدامی را بی‌اثر می ساخت. بر این اساس، از سویی تلاش‌های انجمن و مانکجی در مواردی چون لغو قاعدهٔ واگذاری میراث متوفیانِ زرتشتی به بستگانِ جدیدالاسلام- ولو بستگان بسیار دور- و یا حذف پرداخت خمس اموال، به سبب عدم استقبال بهدینان در ارسال اسناد و مستندات خود، بی‌اثر گردید و دستاویزی در اختیار مسلمانانِ مخالف اصلاحات اخیر نهاد تا درخواست‌هایی از این دست را ادّعاهایی بی‌پایه و به هدف هتک حرمت مسلمانان جلوه دهند.

با این همه و علی‌رغم موانع و مشکلاتی که شمّه‌ای از آنها به منابع راه یافته است، نمی‌توان موفقیّت‌های قابل توجّه مانکجی در اصلاح امور همکیشان را نادیده انگاشت. دستاوردهایی که بستر مناسبی در تقویت نخبگان بهدین علیه سیطرهٔ بلامنازع روحانیان فراهم آورد و دست‌کم گسترهٔ متولیان جماعت را توسعه بخشید. بر همین اساس، کیومرث وفادار در نامهٔ سابق‌الذّکر، اصلاح امور زرتشتیان را در تقسیم امور میان سه گروه می‌داند: «شرعیات با دستوران، حکّام و عرف با کلانتر، و مدارس و معارف با متولیان مخصوص و نُظّار معلمین» (اسناد کیومرث وفادار، ج۲: ۲۸۰).

گذشته از مشکلاتی که مانکجی در یزد داشت، یکی دیگر از گرفتاری‌های او- در سفر دوّم- به واسطهٔ همدستی نوکرش با رقبای مسلمان فراهم آمد. در رسالهٔ «اظهارالحق» که حاوی مجموعه‌ای از نامه‌های او به شاه، سفیر انگلیس (تامسون) و مجلس شورای دربار است، ماجرای نوکر خیانت‌کار خود را به تفصیل می‌نویسد که بنا بر آن، در پی بیماری سخت مانکجی در تهران (ذی حجّه ۱۲۸۸ق) و حتّی

قطع امید از ادامه حیات، اقوام او برآن شدند تا جهت حفظ و صیانت از مایملک وی، فردی به نام «رستم‌جی بهرام‌جی» را به ایران بفرستند تا او را خدمت کند. پس از چندی، شخص مذکور با رقبای مانکجی همدست شده و دو پاکت از اسناد مطالباتش را ربود.

ماجرای این اسناد را مانکجی در نامه‌ای به شاه آورده است. در این نامه وی با اشاره به سابقهٔ معاملات و روابطش با صاحب‌منصبان مسلمان، مدّعی است که هنگام سفر شاه به عتبات، نظام‌الدّوله بیست هزارتومان از مستر لنج تاجر صاحب طلب داشت و او نیز خود از میرزا حسن مستوفی دیوان و دیگران طلبکار بود که به دلیل تنگدستی قادر به تأدیه نبودند. مانکجی برای حفظ آبروی تاجر صاحب، تأدیهٔ طلب نظام‌الدّوله را متقبل و بدو برات می‌دهد و این موضوع باب آشنایی و روابط مانکجی با میرزا حسن مستوفی دیوان اعلی مشهور به للّه‌باشی را می‌گشاید. به دنبال این مودّت، للّه‌باشی، افرادی چون حاجی‌میرزا یحیی‌خان نوری و میرزا مصطفی‌قلی‌خان و عیال او را برمی‌انگیزد که تدریجاً چهل و هفت هزارتومان از او ستانده و در عوض هجده پارچه ملک و سه برات دیوانی و دو خانه را بیع شرط گذارند. امّا پس از چندی، کل معامله‌نامه‌ها به سرقت رفته و فردی را به وعده هزارتومان می‌فریبند تا او را به قتل رساند (مانکجی، رساله اظهار الحق، نسخه خطی: ۵).

ادامهٔ ماجرا در اعتراف‌نامهٔ رستم جی بهرام‌جی می‌آید که تحویل سفارت انگلیس شده بود:

رستم‌جی بهرام‌جی خود را «متوطن بمبئی و رعیت دولت بهیّهٔ انگیس و ساکن الحال طهران» و در خدمت مانکجی معرفی می‌کند که از اکتبر ۱۸۶۴م با او در بندر بمبئی آشنا شده و تاکنون بر خدمت‌گزاری مشغول بوده است.

وی در توضیح ماوقع گوید در ۱۸۷۰م، مانکجی با للّه‌باشی معامله‌ای نمود و به تدریج وجوهات پرداختی مانکجی به او به دوازده هزار و ششصد تومان رسید. لذا خانه مسکونی للّه‌باشی را به وعدهٔ یکساله، بیع شرط گرفت و به حاجی‌میرزا

یحیی‌خان به وعدهٔ دو ساله، سی هزار و هشتصد تومان داد. بعد از انجام چنین معاملاتی (جمادی‌الاول ۱۲۸۹ق) میرزاتقی در غیاب مانکجی- که در این زمان در یزد به سر می‌برد- رستم‌جی را فریفته، او را به سرقت «تمسّکات مدیون» از صندوق تحریک می‌نماید. گرچه ابتدا، رستم‌جی به بهانهٔ قفل بودن صندوق و نیز این استدلال که بر همگان آشکار است که اشخاص مدیون مزبور، املاک خود را نزد مانکجی‌صاحب بیع شرط داده و وجه گرفته‌اند و و همان وجوه را هم مانکجی‌صاحب وقف نموده و اکابر صاحبان هندوستان را مطلع ساخته است، از پذیرش موضوع امتناع می‌کند، امّا در نهایت، با وعدهٔ پرداخت مبلغی قابل توجّه، او را با خود همراه می‌سازند (مانکجی، رساله اظهار الحق: ۶۱-۶۲).

به هر روی، رستم‌جی مدارک مزبور را در اختیار لله‌باشی و میرزاتقی می‌نهد و برای اطمینان خاطر بیشتر، مأمور می‌شود تا ماوقع خانه مانکجی را گزارش کند. به دنبال این اتفاق، میرزاتقی از طریق رستم‌جی درصدد مسموم نمودن مانکجی برآمد که موفقیت‌آمیز نبود.

در نهایت با مشاوره سه‌جانبه بر آن شدند فردی به نام «مشهدی غلامرضا» را پول دهند که با نقب به خانه مانکجی، تمامی وجوه و اشیای قیمتی را دزدیده و از این طریق «دزدیدن تمسّک بر آنها مشتبه شود»، امّا این تدبیر نیز با مخالفت رستم‌جی کارگر نیفتاد. بنابراین، مشهدی غلامرضا را با وعده پانصد تومان انعام تحریک کردند تا مانکجی را در «خانه خودش یا در کوچه و راه» به قتل رساند که این نقشه نیز بنا به ادعای رستم‌جی و با وساطت او نزد فرد مذکور- که به عوض وجه مقرّر هر ماه «پانزده قران» بدو دهد- به سرانجامی نرسید (همان: ۶۴).

خلاصه کلام و چنانکه مانکجی در نامه به ناصرالدین شاه متذکر می‌شود، با وجود اعتبار نزد علما و بزرگان، «اکثر اشخاصی که با نامه‌نگار مخالطه و مراوده بوده، از ترس این مرحله، پای دوستی پس گذاشته و بدهکاران دیگر هم دست دشمن پیش داشته [و] در خوردن مال نامه‌نگار دست و پایی می‌زنند و بعضی اشخاص از خدا غافل همه کلمهٔ باطلی را که معلوم نیست کدام بی‌عقل به زبان آورده باشد که

به حرام خوردن مال خارجه در اسلام حلال است، دستاویز کرده در ندادن طلب چشم و ابرو اشاره می‌کردند» (همان: ۲).

۳- مرگ مانکجی

در مجموع، مانکجی پس از همهٔ تلاش‌ها و مصائبی که در برقراری انسجام درونی همکیشان ایرانی از ایجاد پنچایت تا لغو جزیه داشت، نهایتاً در تهران درگذشت (۲۴ جمادی الثانی ۱۳۰۷ق) و جسدش را در دخمه‌ای که خود ساخته بود، نهادند. وی گرچه از تجارت، ثروت قابل توجهی اندوخته بود، امّا در زمان حیات و به دلیل بی‌کفایتی برادرزاده‌اش پالنجی تمامی سرمایه‌اش نابود شد. مانکجی دو بار ازدواج نمود. بار اول با هیرابایی که پارسی بود و در بمبئی درگذشت و دو فرزند- یکی پسر به نام هرمزدجی و یک دختر به نام دوسی بائی- از او داشت. بار دوم هم با فرنگیس دختر هرمزدیار خسرو بندار کرمانی ازدواج نمود که او نیز هفت ماه پس از مرگ مانکجی فوت نمود و فرزندی هم بر جای نگذاشت (شهمردان، ۱۳۶۳: ۶۴۱-۶۴۲).

نمایه

آ

آبشاهی ۲۶۳، ۲۶۵، ۲۶۶

آتشکده گور ۶۳

آتشکده ورهرام ۳۵۴، ۳۵۶

آدریان خرمشاه ۳۶۹

آذرباد ۵۶، ۱۶۸، ۳۷۵

آذرباد مهرسپندان ۳۷۵

آذربایجان ۴۹، ۷۶، ۷۹، ۸۲، ۹۳، ۱۵۸، ۳۱۶،
۴۱۱، ۴۱۴، ۴۴۹، ۴۷۱، ۴۷۳، ۴۷۵

آراکل ۱۶۲

آسیا ۲۱۹

آفریقا ۲۱۰

آقاخان ایروانی ۲۶۹

آقامیرزاعلی ۴۳۱

آلب ارسلان ۶۶، ۶۷

آمریکا ۴۶۳

آناطولی ۹۳

آنقره ۱۷۳

ا

ابرقو ۷۳، ۸۲، ۸۵

ابن اثیر ۱۶، ۱۷، ۳۵، ۳۷، ۵۳، ۵۴، ۶۲

ابن اخوه ۶۹، ۷۰

ابن عربی ۲۰

ابن قدامه ۹، ۱۰، ۱۲، ۱۵، ۲۰، ۲۱، ۲۲، ۲۵، ۲۷،
۳۰، ۳۴

ابوالحسن ۶۶، ۶۹، ۱۵۹، ۳۱۵

ابوالفضل ۶۹

ابوالقاسم بابر ۹۳

ابوزید ۹

ابوسعید ماهک ۶۲

ابوعبیده ۲۲

ابوعلی سینا ۷۸

ابونصر خواشاذه ۶۲

ابویعقوب اسحاق محشاذ ۶۴

ابویوسف ۱۰، ۲۲، ۲۶، ۲۹، ۳۱

اتریش ۴۱۵

احمد بن حنبل ۲۵، ۲۷، ۳۹

احمدشاه ۱۰۰

احنف بن قیس ۷۹

اردشیر ۴۵، ۷۴، ۹۹، ۱۴۶، ۱۵۶، ۱۶۷، ۱۶۸،

۱۹۲، ۲۰۰، ۲۴۳، ۲۴۴، ۲۸۳، ۲۸۸، ۳۰۰، ۳۰۲،

۳۰۳، ۳۳۰، ۳۴۶، ۳۸۴، ۴۵۹، ۴۶۳، ۴۷۰،

۴۷۸، ۴۸۵، ۴۸۶، ۴۸۸، ۴۸۹

اردکان ۱۰۴، ۱۳۵

اردن ۱۵۳

ارسطو ۷۵، ۳۳۰

ارسلان خاتون ۸۳

ارمنستان ۹۳، ۱۵۸

اسپانیا ۱۴۲، ۲۰۹، ۲۱۰

استخر ۵۱، ۷۹، ۸۲، ۲۰۴، ۳۲۹

استهریج ۷۷

استویک ۴۶۳، ۴۶۴

اسفندیار سهراب ۱۴۷، ۱۵۳

اسفندیار یزدیار ۱۴۷، ۱۵۳، ۱۵۴

اسکندر ۷۵، ۸۰، ۱۰۵، ۳۳۱، ۳۹۱

اشرف افغان ۱۱۴، ۱۸۳، ۱۸۸

اصطخری ۶۳، ۷۵، ۷۷، ۷۸، ۸۱، ۸۲،

اصفهان ۴، ۶۲، ۶۷، ۷۳، ۷۴، ۷۸، ۷۹، ۸۰،

۱۱۵، ۱۱۹، ۱۲۵، ۱۳۱، ۱۳۳، ۱۳۷، ۱۳۸، ۱۳۹،

۱۴۰، ۱۴۲، ۱۴۳، ۱۵۸، ۱۶۰، ۱۶۱، ۱۶۲، ۱۶۳،

۱۶۴، ۱۶۸، ۱۶۹، ۱۷۰، ۱۷۴، ۱۷۵، ۱۷۶، ۱۷۸،

۱۷۹، ۱۸۰، ۱۸۱، ۱۸۲، ۱۸۳، ۱۸۴، ۱۸۵، ۱۸۶،

۱۸۷، ۱۸۸، ۲۰۳، ۲۳۵، ۲۳۸، ۲۶۷، ۳۱۶،

۳۳۱، ۳۴۱، ۳۹۴، ۴۴۲، ۴۴۵، ۴۴۶، ۴۵۳،

۴۶۹، ۴۷۳، ۴۷۷

اعتمادالسلطنه ۷۴

افراسیاب ۱۰۵

افغانستان ۳۱۱

افلاطون ۳۳۰

اقبال ۷۸، ۱۳۴، ۱۹۶، ۲۰۱، ۲۲۱، ۲۶۹، ۳۳۷،

۴۱۰

امیرچقماق شامی ۷۹

امینی ۲۸۴، ۳۱۴، ۳۲۹، ۳۳۰، ۳۴۲، ۳۴۸،

۳۵۰، ۳۶۷، ۳۷۷، ۳۷۸، ۳۷۹

انار ۲۴۷، ۲۵۶

انارک ۲۹۳

انگلیسر ۹۷، ۹۸، ۱۵۲

انگلیس ۴، ۱۷۶، ۱۹۴، ۲۰۷، ۲۰۸، ۲۱۰، ۲۱۱،

۲۱۲، ۲۱۴، ۲۱۸، ۲۱۹، ۲۲۰، ۲۲۱، ۲۲۲، ۲۲۳،

۲۲۷، ۲۳۰، ۲۳۱، ۲۳۶، ۲۸۵، ۲۹۷، ۲۹۸، ۳۱۱،

۳۱۲، ۳۱۵، ۳۱۶، ۳۲۴، ۳۵۸، ۳۶۵، ۳۶۸،

۴۰۷، ۴۰۸، ۴۱۰، ۴۱۱، ۴۱۲، ۴۱۵، ۴۲۶، ۴۲۹،

۴۴۲، ۴۴۹، ۴۵۴، ۴۵۵، ۴۶۰، ۴۶۱، ۴۶۴،

۴۶۵، ۴۶۶، ۴۶۷، ۴۷۷، ۴۸۳، ۴۸۴، ۴۸۹،

۴۹۹، ۵۰۰

انوشیروان ۷۷، ۸۴، ۱۰۷، ۱۶۹، ۴۷۰

اهرستان ۷۶، ۲۶۳، ۲۶۵، ۲۶۶، ۳۷۶

اورمزدیار ۳۷۱

اوشیدر زرتشت

ایدلجی ۱۹۳، ۲۳۴

ایران ۱، ۴، ۵، ۶، ۱، ۲، ۳، ۴، ۵، ۷، ۲۰، ۳۲،

۳۹، ۴۳، ۴۵، ۴۶، ۴۷، ۴۸، ۵۰، ۵۵، ۵۷، ۶۲،

۶۳، ۶۵، ۶۶، ۶۸، ۶۹، ۷۳، ۷۴، ۷۵، ۷۶،

۷۷، ۷۸، ۷۹، ۸۲، ۸۴، ۹۴، ۹۵، ۹۶، ۱۰۴،

۱۰۵، ۱۰۶، ۱۰۹، ۱۱۳، ۱۱۵، ۱۳۰، ۱۳۲، ۱۳۳،

۱۳۴، ۱۳۷، ۱۳۸، ۱۴۰، ۱۴۲، ۱۴۴، ۱۴۵، ۱۵۰،

۱۵۱، ۱۵۳، ۱۵۵، ۱۵۶، ۱۵۸، ۱۵۹، ۱۶۲، ۱۶۵،

۱۶۶، ۱۶۷، ۱۶۸، ۱۷۱، ۱۷۲، ۱۷۴، ۱۷۵، ۱۸۳،

۱۸۴، ۱۸۵، ۱۸۶، ۱۹۰، ۱۹۱، ۱۹۲، ۱۹۳، ۱۹۴،

۱۹۵، ۱۹۶، ۱۹۷، ۱۹۸، ۱۹۹، ۲۰۱، ۲۰۲، ۲۰۳،

۲۰۴، ۲۰۵، ۲۰۷، ۲۰۸، ۲۱۴، ۲۱۹، ۲۲۰، ۲۲۷،
۲۳۰، ۲۳۳، ۲۳۴، ۲۳۵، ۲۳۶، ۲۳۷، ۲۳۹،
۲۴۰، ۲۴۲، ۲۴۴، ۲۴۵، ۲۴۶، ۲۵۱، ۲۵۲، ۲۵۷،
۲۶۱، ۲۶۲، ۲۶۷، ۲۶۸، ۲۷۹، ۲۸۰، ۲۸۱، ۲۸۴،
۲۹۱، ۲۹۲، ۲۹۴، ۲۹۵، ۲۹۶، ۲۹۷، ۲۹۸، ۲۹۹،
۳۰۰، ۳۰۶، ۳۰۷، ۳۰۸، ۳۱۰، ۳۱۱، ۳۱۲، ۳۱۳،
۳۱۴، ۳۱۵، ۳۱۶، ۳۱۷، ۳۱۸، ۳۱۹، ۳۲۰، ۳۲۲،
۳۲۳، ۳۲۴، ۳۲۵، ۳۲۶، ۳۲۷، ۳۲۸، ۳۲۹،
۳۳۰، ۳۳۱، ۳۳۲، ۳۳۳، ۳۳۴، ۳۳۵، ۳۳۶،
۳۳۷، ۳۳۸، ۳۴۲، ۳۴۳، ۳۴۵، ۳۴۶، ۳۴۷،
۳۴۹، ۳۵۰، ۳۵۷، ۳۵۹، ۳۶۰، ۳۶۱، ۳۶۲،
۳۶۳، ۳۶۵، ۳۶۸، ۳۷۲، ۳۸۲، ۳۸۳، ۳۸۵،
۳۸۶، ۳۸۷، ۳۸۸، ۳۸۹، ۳۹۰، ۳۹۱، ۳۹۳،
۳۹۴، ۳۹۵، ۳۹۶، ۳۹۷، ۳۹۸، ۳۹۹، ۴۰۰،
۴۰۱، ۴۰۲، ۴۰۳، ۴۰۴، ۴۰۷، ۴۰۸، ۴۱۰، ۴۱۱،
۴۱۲، ۴۱۶، ۴۲۰، ۴۲۱، ۴۲۶، ۴۲۷، ۴۳۱، ۴۳۴،
۴۳۵، ۴۳۷، ۴۳۸، ۴۳۹، ۴۴۱، ۴۴۳، ۴۴۴،
۴۴۵، ۴۴۹، ۴۵۴، ۴۵۵، ۴۵۶، ۴۵۷، ۴۵۸،
۴۵۹، ۴۶۲، ۴۶۴، ۴۶۵، ۴۶۶، ۴۶۷، ۴۶۸،
۴۶۹، ۴۷۰، ۴۷۱، ۴۷۴، ۴۷۶، ۴۷۷، ۴۷۸،
۴۸۰، ۴۸۱، ۴۸۲، ۴۸۳، ۴۸۴، ۴۸۷، ۴۸۹،
۴۹۱، ۴۹۴، ۴۹۵، ۴۹۶، ۴۹۸، ۵۰۰.

ایزدخواست ۷۴
ایزدیار ۲۳۴، ۲۹۶
ایساتیس ۷۴، ۷۵
ایلدروم خان ۱۷۸

ب
باب ساسان ۶۳
بابل ۱۵۱
باتلاق گاوخونی ۷۳

بارودا ۹۹
باغ نصر ۱۷۶
باغین ۲۶۵
باکینگهام ۴۶۳، ۴۶۴
بحرین ۹، ۹۱
بردینگ اسکول
برزو ۱۴۷، ۱۶۷، ۱۶۸، ۱۶۹، ۲۹۶
برزوکامدین ۱۴۷، ۱۶۷
بروج ۹۷، ۹۸، ۱۰۴، ۱۴۷، ۱۵۲، ۱۵۵، ۱۶۵،
۱۶۷، ۱۹۲، ۱۹۵
بصره ۲۵، ۷۹، ۱۵۸، ۱۸۶، ۲۰۳، ۳۱۶
بطلمیوس ۷۴
بعلبک ۱۱۵
بغداد ۱۵۸، ۳۱۳، ۳۱۶، ۳۳۷
بکتاش خان افشار ۱۶۲
بلاذری ۹، ۱۳، ۱۷، ۳۲، ۴۹، ۵۱، ۷۹
بلخ ۸۰
بم ۱۷۶، ۲۶۵
بمبئی ۱۰۸، ۱۹۳، ۱۹۵، ۱۹۶، ۲۱۲، ۲۱۷، ۲۲۳،
۲۲۴، ۲۲۵، ۲۲۶، ۲۲۷، ۲۲۹، ۲۳۰، ۲۳۱، ۲۳۲،
۲۳۳، ۲۳۴، ۲۳۶، ۲۴۴، ۲۴۵، ۲۶۸، ۲۹۶،
۲۹۷، ۲۹۸، ۳۰۰، ۳۰۱، ۳۰۲، ۳۰۴، ۳۰۵، ۳۰۶،
۳۰۷، ۳۰۸، ۳۱۰، ۳۱۱، ۳۱۲، ۳۱۳، ۳۱۴، ۳۱۶،
۳۱۷، ۳۱۸، ۳۱۹، ۳۲۰، ۳۲۱، ۳۲۲، ۳۲۳،
۳۲۸، ۳۳۱، ۳۴۷، ۳۴۸، ۳۶۳، ۳۶۸، ۳۷۱،
۳۷۲، ۳۸۲، ۳۸۴، ۳۸۷، ۴۰۴، ۴۰۹، ۴۳۲،
۴۵۴، ۴۵۵، ۴۵۹، ۴۶۲، ۴۶۵، ۴۶۶، ۴۷۳،
۴۷۶، ۴۸۳، ۴۸۹، ۴۹۴، ۴۹۶، ۴۹۷، ۴۹۸،
۵۰۰، ۵۰۲.
بنارس ۲۱۶
بنداری رازی ۶۲

پشوتن جی ۳۰۳

پشوتن وشتاسپان ۱۵۱

پورامید ۵۶

پیرسبز ۱۳۵، ۳۱۳، ۳۶۶

پیرنیا ۷۴، ۷۷، ۸۳

پیروز ۱۷۸

پیروزه بانو ۲۳۴، ۲۹۶، ۲۹۷

ت

تثودور ۲۱۱

تباله ۱۷

تبت ۱۵۱

تبریز ۹۳، ۱۶۱، ۲۹۰، ۴۰۸، ۴۱۱، ۴۱۶، ۴۵۸، ۴۶۲، ۴۶۸

تخت جمشید ۵۵، ۳۱۵

ترکستان ۱۵۱، ۴۴۴

ترکیه ۱۸۳

تفت ۹۴، ۹۵، ۲۶۳، ۲۶۵، ۲۶۶

تفلیس ۳۴۵، ۳۴۸، ۳۴۹

تل خاکستر ۸۳

تیلاک ۲۱۶

ج

جاسا ۱۴۷، ۱۵۲

جاماسب ۱۱، ۵۸، ۱۰۷، ۱۰۸، ۱۴۴، ۱۴۵، ۱۴۷، ۱۶۶، ۱۶۷، ۱۹۱، ۱۹۲، ۱۹۳، ۱۹۵، ۲۴۲، ۲۵۸، ۲۶۰.

جاماسب ولایتی ۱۶۶، ۱۶۷، ۱۹۱، ۱۹۲، ۱۹۳، ۱۹۵

جبل عامل ۱۱۵

جحش ۳۶۴

بندرعباس ۱۹۹، ۲۰۲، ۳۱۹، ۳۲۸.

بنگال ۲۱۲، ۲۱۳، ۲۲۳

بهادرگیلانی ۱۰۲

بهاروت ۶۰، ۹۹، ۱۰۳

بهامپور ۹۹

بهرام ۲، ۵۷، ۵۸، ۵۹، ۶۰، ۷۷، ۹۰، ۹۱، ۹۲، ۹۳، ۹۶، ۹۷، ۱۰۲، ۱۰۷، ۱۱۰، ۱۴۳، ۱۴۴، ۱۵۱، ۱۵۲، ۱۵۵، ۱۵۷، ۱۶۶، ۱۶۷، ۱۶۹، ۱۹۲، ۱۹۵، ۲۰۰، ۲۰۴، ۲۰۵، ۲۰۶، ۲۵۲، ۲۵۳، ۲۷۴، ۲۹۶، ۳۰۷، ۳۲۵، ۳۲۶، ۳۲۸، ۳۵۵، ۳۵۷، ۳۶۸، ۳۶۹، ۴۸۵، ۴۸۸، ۴۹۴، ۴۹۵.

بهرامسیس ۵۳، ۵۴

بهرام هماوند ۱۵۱

بهرامی ۹۷

بهمرد ۳۵۷

بهمن ۵۷، ۱۴۷، ۱۵۴، ۱۵۶، ۱۵۷، ۱۵۷، ۱۹۷، ۳۳۶، ۳۵۳، ۳۵۴، ۴۸۵.

بهمن جمشید ۴۸۵

بوذرجمهر ۴۴۳، ۴۷۲

بوشهر ۳۱۳، ۳۱۵، ۳۱۹، ۳۵۹.

بیاض ۲۶۵، ۳۴۴

بیکاجی پاندی ۲۳۴

پ

پاتینجر ۳۱۱

پارس بانو ۸۴، ۲۰۴، ۳۶۶، ۳۷۲، ۳۷۳

پاریس ۲۰۹، ۲۳۸

پالنجی ۵۰۲

پتنه ۳۲۹

پرتغال ۲۰۹، ۲۱۲، ۲۱۳، ۲۲۲، ۲۲۳

پرل ۴۱۵

جعفرآباد ۲۶۳، ۲۶۵، ۲۶۶، ۳۵۲

جکسن ۷۴، ۲۷۹، ۲۸۰، ۲۸۱، ۲۸۲، ۲۹۱،
۲۹۲، ۳۷۲

جلفا ۱۴۳، ۱۶۰، ۱۶۱، ۱۶۳، ۱۷۵

جمشیدان ۳۱۱

جمشید ایرانی ۱۹۳

جمشیدجی ۲۲۴، ۲۲۶، ۲۳۰، ۲۳۱، ۳۰۰، ۳۰۲،
۳۰۳، ۳۱۷، ۳۳۱، ۳۸۵، ۴۵۹

جمشید خسرو داراب خرمشاهی ۱۸۹

جور ۶۳، ۱۷۹، ۴۴۷، ۴۵۲

جولاه ۱۶۳

چ

چارلز دوم ۲۱۲

چپانیر ۹۹، ۱۰۰، ۱۰۱

چفته ۶۳

چم ۲۶۳، ۲۶۵، ۲۶۶

چنگه آسا ۹۹، ۱۰۴، ۱۱۰

چنگیزخان ۱۰۳

چین ۱۵۱، ۱۵۲، ۲۳۰، ۳۰۰

ح

حافظ ۳۳۰

حبرون ۱۵۳

حسن آباد

حسینی ۲۶۳، ۲۶۵، ۲۶۶، ۳۳۱

حمزه ۸۱

حویطب بن هانی ۸۱

حیات بانو ۳۶۶

حیدرآباد ۳۹۴

حیره ۱۳، ۱۶

خ

خاتون بانو ۱۵۷، ۳۶۷، ۳۷۳

خالد بن ولید ۱۳

خانزاده خاتون ۱۳۵

خداداد رشید ۴۸۵

خراسان ۱، ۱۸، ۳۷، ۵۰، ۵۲، ۵۳، ۵۷، ۵۸،
۵۹، ۶۰، ۶۱، ۷۳، ۷۶، ۷۷، ۷۸، ۷۹، ۸۰، ۸۵،
۹۰، ۹۲، ۹۳، ۹۵، ۹۷، ۱۳۲، ۱۳۳، ۱۳۴، ۱۳۵،
۱۵۱، ۱۵۲، ۱۵۴، ۱۵۶، ۱۵۸، ۱۹۴

خرمشاه ۲۶۳، ۲۶۵، ۲۶۶، ۳۲۶، ۳۶۹

خلیفه سلطان ۱۶۱

خواف ۵۸، ۹۶

خورشیدجی ۱۹۳، ۲۳۳، ۳۰۰، ۳۰۱، ۳۰۲، ۳۰۳،
۳۱۶، ۴۵۹، ۴۶۳، ۴۶۸

خورشید مجوسی ۶۴

خورمیز ۷۷، ۸۱

خویدک ۸۱

خیابان ویلا ۳۸۶

خیبر ۳۲

خیرآباد ۲۶۳، ۲۶۵، ۲۶۶

د

دابول ۱۰۲

داراب ۵۷، ۵۸، ۵۹، ۹۶، ۹۸، ۹۹، ۱۰۲، ۱۰۴،
۱۰۵، ۱۰۶، ۱۰۷، ۱۰۸، ۱۰۹، ۱۱۰، ۱۱۱، ۱۳۳، ۱۴۵،
۱۴۷، ۱۴۸، ۱۴۹، ۱۵۰، ۱۵۱، ۱۵۲، ۱۵۳، ۱۵۴،
۱۵۵، ۱۵۶، ۱۵۷، ۱۶۵، ۱۶۷، ۱۶۸، ۱۷۵، ۱۷۶،
۱۸۹، ۱۹۲، ۱۹۷، ۲۲۹، ۳۱۵

داراب شاه ۱۷۵، ۱۷۶

داراب هرمزدیار ۵۷، ۵۸، ۵۹، ۹۶، ۹۸، ۹۹،
۱۰۲، ۱۰۴، ۱۰۵، ۱۰۶، ۱۰۷، ۱۰۸، ۱۰۹، ۱۱۰، ۱۱۱،

۱۳۳، ۱۴۵، ۱۴۸، ۱۴۹، ۱۵۰، ۱۵۱، ۱۵۲، ۱۵۳،

۱۵۴، ۱۵۵، ۱۵۶، ۱۵۷، ۱۶۵، ۱۶۷، ۱۶۸، ۱۹۲،

۱۹۷

دارالاسلام ۱۲، ۱۵، ۲۰، ۱۱۷

دارالشفا ۸۵

دارالعباده ۷۹، ۱۴۱، ۲۷۳

داماسب ۱۱

داود ۹۵

دبیرالملک ۴۲۳

درب قطریان ۷۸

درب کوشکنو ۷۸

درب کیا ۷۸

درب مهریجرد ۷۸

دروازه ایزد ۸۳

دروازه گبری ۱۶۴

دریای عمان ۹۳

دکن ۳۹۴

دلاواله ۱۳۷، ۱۴۳

دنتور ۹۸

دنگ ۹۹

دهنجی فرامجی ۳۱۶

دهونجی بهوی ۳۳۱

دولتشاه سمرقندی ۶۱، ۷۷

دیپ ۶۰

دیلم گبر ۶۴

دیلم مجوسی ۶۴

دینشاه مانکجی پیتی ۳۰۰، ۳۰۲، ۳۰۳، ۴۵۹،

دینیار گودرز مهربان ۴۸۵

ر

رامشوار ۲۱۶

راور ۲۶۵

رئیس اسفندیار ۱۵۷

رئیس اسفندیار مهربان عاشق ۱۵۷

رستم ۲۳، ۱۰۷، ۱۴۷، ۱۵۳، ۱۵۴، ۱۵۷، ۱۶۶،

۱۶۷، ۱۶۸، ۱۶۹، ۱۷۰، ۱۹۲، ۲۲۰، ۲۲۲، ۲۲۳،

۲۲۹، ۲۷۱، ۲۷۲، ۲۷۴، ۳۵۴، ۳۵۵، ۳۷۱،

۴۸۵، ۴۸۸، ۴۹۴، ۵۰۰

رشید ۱۶، ۶۹، ۴۸۵

رفسنجان ۲۶۵

رواندوز ۱۵۸

روم ۷، ۲۰، ۹۳

ری ۶۱، ۶۲، ۷۵

ز

زرتشت ۴۹، ۵۰، ۵۸، ۶۳، ۸۴، ۸۷، ۹۵، ۹۷،

۱۳۸، ۱۴۴، ۱۴۹، ۱۵۱، ۱۷۲، ۲۰۱، ۲۰۳، ۲۲۷،

۲۴۱، ۲۵۹، ۲۶۸، ۳۳۰، ۳۳۸، ۳۵۶، ۳۶۲،

۳۷۵، ۳۸۱، ۴۵۶

زرجو ۸۴، ۳۶۶

زوزن ۵۸

زینب ۳۶۴

ژ

ژاردین ۳۱۳

س

سابور ۶۳

سالاری ۱۰۶

سالیسبوری ۴۶۵

سام الدین لنگر

ساوه ۳۱۶

سربلوک ۸۰

سرخس ۶۱، ۶۲

سروش بهمن ۴۸۵

سروشیان ۱۴۴، ۳۸۶

سعدی ۳۳۰

سعید بن مسیّب ۲۷

سلمان فارسی ۵۵

سلیمان ۱۲۵، ۱۳۱، ۱۴۲، ۱۵۹، ۱۶۰، ۱۶۳، ۱۶۴،
۴۱۱

سمرقند ۷۶

سنجان ۵۷، ۵۸، ۵۹، ۶۰، ۹۶، ۹۷، ۹۸، ۹۹،
۱۰۰، ۱۰۱، ۱۰۲، ۱۰۳، ۱۰۴، ۱۰۶، ۱۰۸، ۱۱۰، ۱۵۰،
۲۲۲

سند ۶۱، ۱۰۶، ۱۸۰، ۲۱۵، ۲۱۶، ۲۷۲، ۲۸۱، ۳۰۰،
۳۰۱، ۳۰۲، ۳۰۳، ۳۰۴، ۳۰۵، ۳۰۶، ۳۰۷، ۳۰۸،
۳۰۹، ۳۱۰، ۳۱۱، ۳۱۲، ۴۳۳، ۴۹۶

سنگاپور ۲۲۹

سورات ۹۹، ۱۰۷، ۱۴۶، ۱۴۷، ۱۵۲، ۱۶۶، ۱۶۷،
۱۶۸، ۱۹۲، ۱۹۳، ۱۹۵، ۲۰۳، ۲۱۲، ۲۲۰، ۲۲۲،
۲۲۳، ۲۲۷، ۲۲۹، ۳۱۱

سوریه ۹۳

سیّاح ۷۴

سیاه کوه ۷۳

سیاوخش بن دینیار ۲۳۳

سیاوش ۲۸۳

سیرجان ۶۱، ۶۲، ۲۶۵

سیستان ۵۸، ۷۹، ۱۳۳، ۱۵۱، ۱۵۲، ۱۵۴

سیوطی ۱۷، ۲۳

ش

شاپور ۵۶، ۵۷، ۹۲، ۱۰۷، ۱۰۸، ۱۴۷، ۱۵۲،

۳۳۰، ۱۵۳

شاپور آسا ۱۴۷، ۱۵۲، ۱۵۳

شاپوریان ۹۲

شاردن ۱۳۳، ۱۳۷، ۱۳۹، ۱۵۸، ۲۰۵

شام ۳۲، ۳۳، ۳۴، ۴۷، ۲۴۹

شاه فیروز ۸۶

شاه نعمت الله ولی

شایگان ۳۷۴

شرف الدین مظفر

شعبانعلی ۴۶۷

شلیمرز ۴۳۱

شهریارجی نوروز ۱۹۳

شیخ اشراق ۳۳۰

شیراز ۵۶، ۶۲، ۶۳، ۶۵، ۱۶۶، ۱۷۶، ۱۸۰، ۱۸۵،
۱۸۶، ۱۸۷، ۲۰۰، ۲۰۳، ۳۱۵، ۳۱۹، ۳۲۹

شیرکوه ۷۳

شیروانی ۲۳۸

شیرین ۹۰، ۱۵۸، ۱۸۷، ۴۶۷، ۴۷۸

شیز ۴۹، ۸۲

ص

صفی میرزا ۱۸۲

ض

ضحاک ۱۰۵

ط

طبس ۸۰

ع

عادلشاه افشار ۱۱۴

عاملی ۴۷، ۶۴، ۷۳، ۷۸، ۸۵، ۹۹، ۱۱۵، ۱۵۱، ۱۵۸، ۱۷۳، ۱۷۵، ۱۷۸، ۲۰۱، ۲۳۹، ۲۴۱، ۲۷۸، ۲۸۰، ۳۴۲، ۳۵۲
عباس ۶، ۲۹، ۶۹، ۸۱، ۱۱۴، ۱۱۵، ۱۱۶، ۱۳۱، ۱۳۲، ۱۳۴، ۱۳۷، ۱۴۰، ۱۴۱، ۱۴۲، ۱۴۳، ۱۴۴، ۱۴۵، ۱۴۶، ۱۵۶، ۱۵۷، ۱۵۸، ۱۵۹، ۱۶۰، ۱۶۱، ۱۶۲، ۱۶۳، ۱۶۴، ۱۶۵، ۱۶۶، ۱۶۹، ۱۷۲، ۱۷۵، ۱۸۶، ۲۴۴، ۳۵۰، ۳۹۴، ۴۱۸
عباسقلی خان ۴۱۸
عبدالباقی میرزا ۱۱۴
عبدالرحمن بن عوف ۱۰، ۹۱
عبدالرضاخان بافقی
عبدالله بن طاهر ۶۱
عبدالله بن عامر کُریز ۸۱
عبدالله تمیمی ۸۱
عبدالملک ۳۷
عثمان ۲۲، ۵۱، ۶۴، ۷۹، ۸۱
عذرا ۶۱
عراق ۳۲، ۳۷، ۹۳، ۴۴۶
عراق عجم ۹۳
عربستان ۷، ۳۲، ۴۷، ۴۱۲، ۴۶۹، ۴۷۳، ۴۷۷
عضدالدوله ۶۲
عطاء ۲۷
عطار ۶۵
عقدا ۸۲، ۹۵، ۳۱۳، ۳۶۶
علی اصغر
عمادالدوله ۷، ۶۲، ۲۹۴، ۴۹۱، ۴۹۲
عمادالملک ۱۰۰، ۱۰۱
عمان ۹، ۹۳
عمربن عبدالعزیز ۲۷، ۳۷، ۵۳
عمرو بن مالک ۸۱

غ

غربال بیز ۷۷

ف

فارس ۵، ۱، ۱۱، ۵۰، ۵۱، ۵۵، ۵۶، ۵۸، ۶۱، ۶۲، ۶۳، ۶۴، ۷۳، ۷۵، ۷۷، ۷۸، ۷۹، ۸۰، ۸۲، ۸۴، ۸۵، ۹۳، ۱۳۲، ۱۳۵، ۱۶۷، ۲۳۸، ۳۲۸، ۳۷۲، ۳۹۱، ۴۴۵، ۴۶۱، ۴۷۳، ۴۷۷
فتحعلی شاه ۲۳۸، ۲۵۷، ۴۳۵
فرامجی ۱۰۲، ۲۱۷، ۲۲۵، ۲۲۹، ۲۳۰، ۲۳۴، ۲۹۰، ۲۹۶، ۲۹۷، ۳۰۰، ۳۰۱، ۳۰۲، ۳۰۳، ۳۱۳، ۳۱۶، ۳۲۴، ۳۶۶، ۴۵۹، ۴۶۸
فرامجی نوشیروانجی ۲۳۰، ۲۹۷، ۳۰۰، ۳۰۲، ۳۰۳، ۴۵۹
فرانسه ۲۰۷، ۲۰۹، ۲۱۰، ۲۱۳، ۴۶۱
فرخ ۲۰۰، ۲۳۸، ۳۵۶، ۳۷۳
فرخ خان ۲۳۸
فرخزاد ۵۶، ۸۰
فرنگیس ۵۰۲
فریبرز ۱۴۷
فریدون مرزبان ۱۴۷
فریر ۲۲۳
فسایی ۱۷۹
فهرج ۸۰، ۸۱
فیثاغورث ۳۳۰
فیروز ۷۷، ۸۶، ۹۶، ۱۸۷، ۱۹۱، ۱۹۶، ۱۹۸، ۱۹۹، ۲۰۰، ۲۰۱، ۲۰۲، ۲۰۶، ۲۴۲، ۲۵۸، ۲۹۵، ۴۱۴
فیروزپور ۳۱۲
فیگوئروا ۱۳۷، ۱۳۸، ۱۳۹، ۱۴۲، ۱۴۳
فیلیپ ۱۴۲

ق

قاسم آباد ۲۶۳

قباد ۷۷

قرایوسف ۹۳

قزوین ۱۱۵، ۱۳۴

قلعه بادر ۱۰۱

قم ۷۳، ۴۲۳

قندهار ۱۷۵، ۱۷۶، ۱۷۸، ۱۸۱

ک

کابل ۳۱۱

کارابایی ۲۳۳

کارمانیا ۷۴

کاریان ۶۲، ۶۳، ۸۲، ۸۴

کازرون ۶۳، ۶۴، ۶۵

کاشان ۱۳۱، ۱۶۲، ۲۳۸، ۴۱۸

کاشمر ۵۸

کالون ۲۰۹

کالیکوت ۲۱۰

کامدین پدم ۱۹۲

کامران میرزا ۳۴۱

کامکار ۳۳۱، ۴۶۹، ۴۷۰، ۴۷۳

کامه بهره ۱۴۷

کاوس ۱۴۷، ۱۵۴، ۱۸۵، ۱۸۶، ۱۹۰، ۱۹۳، ۱۹۵، ۱۹۵، ۱۹۶، ۱۹۸، ۱۹۹، ۲۰۲، ۲۰۳، ۲۴۲، ۲۵۳، ۳۱۱

کاوس پور فریدون ۱۹۳

کاوس کامدین ۱۴۷

کثه ۷۵، ۷۶، ۷۷، ۷۸، ۸۱، ۸۲

کردستان ۱۵۸، ۳۱۶، ۴۷۳، ۴۹۱

کرمان ۲، ۵۶، ۵۸، ۶۱، ۷۳، ۷۴، ۷۹، ۹۳، ۱۰۴، ۱۱۴، ۱۳۳، ۱۳۴، ۱۳۷، ۱۳۸، ۱۳۹، ۱۴۶، ۱۵۱،

۱۵۴، ۱۵۶، ۱۵۸، ۱۶۲، ۱۶۳، ۱۶۴، ۱۶۸، ۱۶۹، ۱۷۳، ۱۷۴، ۱۷۵، ۱۷۶، ۱۷۷، ۱۷۸، ۱۷۹، ۱۸۱، ۱۸۴، ۱۸۵، ۱۸۶، ۱۸۷، ۱۸۸، ۱۸۹، ۱۹۲، ۱۹۶، ۲۰۲، ۲۰۳، ۲۳۴، ۲۴۰، ۲۵۰، ۲۶۵، ۲۷۶، ۲۸۳، ۲۹۹، ۳۰۰، ۳۱۱، ۳۱۳، ۳۱۵، ۳۱۹، ۳۲۴، ۳۲۶، ۳۲۸، ۳۴۳، ۳۴۸، ۳۷۲، ۳۸۲، ۳۸۵، ۳۸۶، ۳۸۷، ۳۹۰، ۳۹۱، ۳۹۷، ۳۹۹، ۴۰۱، ۴۰۲، ۴۱۲، ۴۱۶، ۴۱۸، ۴۲۰، ۴۲۵، ۴۲۶، ۴۲۷، ۴۲۸، ۴۳۸، ۴۴۰، ۴۴۸، ۴۵۶، ۴۶۷، ۴۶۸، ۴۷۰، ۴۷۱، ۴۷۳، ۴۷۷، ۴۷۸، ۴۸۲، ۴۸۳، ۴۸۴، ۴۸۵، ۴۸۶، ۴۹۶

کرمانشاهان ۴۷۳

کرمعلی ۳۱۲

کرنال ۵۱۵

کریمخان زند ۱۸۵، ۱۸۶، ۱۹۹، ۲۰۶، ۲۴۴

کسنویه ۱۸۹، ۲۶۳، ۲۶۵، ۲۶۶

کشمیر ۵۸

کعب ۱۷۸

کلکته ۲۱۲، ۲۱۸، ۲۹۸، ۳۸۲

کمال الدوله ۵۱۵

کمبایت ۹۸، ۱۴۷، ۱۵۲، ۱۵۴

کمبریج ۲۱۸

کمپفر ۱۴۰، ۱۵۹، ۱۶۳

کوچه بیوک ۱۳۶، ۱۵۷، ۲۶۳، ۲۶۵

کوهستان ۵۸، ۶۰، ۱۵۱

کیخسرو ۹۲، ۱۸۶، ۲۳۴، ۲۴۲، ۲۵۸، ۲۵۹، ۲۶۲، ۲۶۵، ۲۶۶، ۲۷۷، ۲۹۶، ۳۲۹، ۳۳۰، ۳۳۱، ۳۴۷، ۳۵۳، ۳۵۴، ۳۶۸، ۳۷۱، ۴۶۷، ۴۸۵، ۴۹۶

کیقباد ۵۷، ۱۶۷، ۳۳۰، ۳۳۶

کیکاوس ۳۳۰

کی گشتاسب ۵۰

کینکان ۱۵۱

کیومرث ۱۰۵، ۲۶۵، ۳۳۱، ۳۳۲، ۴۹۴، ۴۹۵،
۴۹۹

کیومرث وفادار ۲۶۵، ۴۹۴، ۴۹۵، ۴۹۹

گ

گازرگاه ۲۶۱

گبرآباد ۱۴۲، ۱۴۳، ۱۶۳، ۱۷۳، ۱۸۶

گجرات ۵۹، ۶۰، ۹۶، ۹۷، ۹۸، ۹۹، ۱۰۰، ۱۰۱،
۱۰۳، ۱۰۴، ۱۴۵، ۱۴۶، ۱۵۰، ۱۵۲، ۱۶۶، ۱۶۷،
۱۶۸، ۱۹۴، ۲۱۹، ۲۲۶، ۳۹۴

گرانویل ۴۸۲

گرجستان ۹۳، ۱۵۸

گرمرود ۴۱۱

گروثمان ۱۸

گشتاسب ۵۰، ۱۴۴، ۱۵۷

گلپایگان ۳۴۱، ۴۴۶

گلستان بانو ۲۹۶، ۲۹۷، ۲۹۸، ۳۱۳، ۳۶۶

گلنار ۲۳۴

گنبد کلوشن ۶۳

گوآ ۲۲۰

گودرز مهربان ۴۸۵، ۴۸۸

گیخاتو ۶۹

ل

لار ۱۷۶

لبنان ۱۱۵

لطفعلیخان ۱۷۶

لکبوج ۳۱۱

لنج ۵۰۰

لندن ۲۱۱، ۲۱۶، ۴۴۳، ۴۴۵، ۴۴۹، ۴۶۳،
۴۶۴، ۴۷۷، ۴۸۲

م

مالابار ۲۲۳

مالک ۲۲، ۲۵، ۲۷، ۳۹، ۸۱، ۱۱۸، ۳۲۳

مالک بن انس ۲۷، ۳۹

مالکوم ۲۳۷، ۲۸۵، ۲۸۶، ۲۸۷، ۲۹۰، ۲۹۱،
۲۹۲، ۳۱۳، ۴۶۳، ۴۶۴

مانکجی ۶، ۷، ۴، ۵، ۱۴۷، ۱۹۳، ۲۳۵، ۲۳۷،
۲۳۸، ۲۴۲، ۲۴۳، ۲۴۴، ۲۴۵، ۲۴۹، ۲۵۲،
۲۵۳، ۲۵۶، ۲۵۷، ۲۶۲، ۲۶۴، ۲۷۸، ۲۷۹،
۲۸۰، ۲۸۱، ۲۸۲، ۲۸۳، ۲۹۰، ۲۹۱، ۲۹۲، ۲۹۵،
۲۹۸، ۲۹۹، ۳۰۰، ۳۰۱، ۳۰۲، ۳۰۳، ۳۱۰، ۳۱۱،
۳۱۲، ۳۱۳، ۳۱۴، ۳۱۵، ۳۱۶، ۳۱۷، ۳۱۸، ۳۱۹،
۳۲۵، ۳۲۸، ۳۳۱، ۳۳۲، ۳۳۳، ۳۳۴، ۳۳۵،
۳۳۶، ۳۳۷، ۳۳۸، ۳۳۹، ۳۴۰، ۳۴۱، ۳۴۲،
۳۴۳، ۳۴۴، ۳۴۵، ۳۴۶، ۳۴۷، ۳۴۸، ۳۴۹،
۳۵۰، ۳۵۱، ۳۵۲، ۳۵۳، ۳۵۶، ۳۵۷، ۳۵۸،
۳۵۹، ۳۶۰، ۳۶۱، ۳۶۲، ۳۶۳، ۳۶۴، ۳۶۵،
۳۶۶، ۳۶۷، ۳۶۸، ۳۶۹، ۳۷۰، ۳۷۱، ۳۷۲،
۳۷۳، ۳۷۶، ۳۷۷، ۳۷۸، ۳۸۰، ۳۸۱، ۳۸۲،
۳۸۳، ۳۸۴، ۳۸۵، ۳۸۶، ۳۸۷، ۳۸۸، ۳۸۹،
۳۹۰، ۳۹۱، ۳۹۲، ۳۹۳، ۳۹۴، ۳۹۵، ۳۹۸،
۳۹۹، ۴۰۰، ۴۰۱، ۴۰۲، ۴۰۷، ۴۰۸، ۴۰۹، ۴۱۰،
۴۱۱، ۴۱۳، ۴۱۵، ۴۱۶، ۴۱۷، ۴۱۸، ۴۱۹، ۴۲۰،
۴۲۱، ۴۲۳، ۴۲۴، ۴۲۵، ۴۲۶، ۴۲۷، ۴۲۸،
۴۲۹، ۴۳۰، ۴۳۲، ۴۳۳، ۴۳۴، ۴۳۶، ۴۳۷،
۴۳۸، ۴۳۹، ۴۴۰، ۴۴۲، ۴۴۳، ۴۴۵، ۴۴۶،
۴۵۰، ۴۵۱، ۴۵۲، ۴۵۳، ۴۵۴، ۴۵۸، ۴۵۹،
۴۶۰، ۴۶۱، ۴۶۳، ۴۶۴، ۴۶۵، ۴۶۶، ۴۶۷،

۴۶۸، ۴۶۹، ۴۷۳، ۴۸۱، ۴۸۲، ۴۸۳، ۴۸۴،   مزرعه کلانتر ۲۶۳، ۲۶۶

۴۸۹، ۴۹۱، ۴۹۳، ۴۹۴، ۴۹۵، ۴۹۶، ۴۹۷،   مسقط ۱۹۹

۴۹۸، ۴۹۹، ۵۰۰، ۵۰۱، ۵۰۲   مشهد ۱۷۰، ۱۳۴

مانکجی ایدلجی ۱۹۳   مشهدی غلامرضا ۵۰۱

مانک چانگا ۱۵۳   مشیرالدوله ۳۱۲، ۳۱۴، ۳۴۱، ۴۶۱

ماوراءالنهر ۲۰   مصر ۱۸، ۳۷، ۱۹۱، ۳۳۰

ماوردی ۹، ۱۳، ۱۴، ۱۵، ۱۸، ۱۹، ۲۰، ۲۲، ۲۳،   معاویه ۳۶، ۳۷

۲۴، ۳۰، ۳۱، ۳۴، ۳۶، ۴۳   معبد آناهیتا ۷۷

مبارکه ۱۶۳، ۲۳۸، ۲۶۳، ۲۶۵، ۲۶۶، ۳۵۲،   معیّرالممالک ۴۲۹

۳۵۵، ۴۱۴، ۴۲۰، ۴۲۳   مقدسی ۶۲، ۶۳، ۸۲

محراب ۶۴، ۴۲۲   مکولی ۲۱۸

محمدآباد ۲۶۳، ۲۶۵   ملازمان خان ۱۶۴

محمدشاه ۲۳۸، ۲۶۱، ۲۷۸، ۲۷۹، ۴۱۸   ملایر ۳۱۶

محمدعلی بیک ۱۷۰، ۱۷۱   ملکه ویکتوریا ۳۲۵

محمدعلی شیرازی ۴۱۱   منچستر ۲۳۶

محمّدقلی میرزا بیگلربیگی ۱۷۵   منوچهر ۵۶

محمّد مظفر ۸۰   مهدی آباد رستاق

محمدولی میرزا ۴۳۶   مهربان بهرام ۴۸۵

محمود بیگره ۱۰۰، ۱۰۲، ۱۰۳، ۱۰۴   مهربان نوذر ۴۹۵

محمود خلجی ۱۰۰   مهرپادین ۷۷

مختومزاده خاتون ۱۳۵   مهرجی ۱۴۶، ۱۵۳، ۱۶۷، ۳۱۱

مدرس ۲۱۲، ۳۵۴   مهرنوش ۱۶۶

مدرسه مادرشاه ۳۴۱   مهروانجی فرامجی ۴۵۹

مدینه ۱۶، ۲۵، ۲۶، ۳۲، ۳۹، ۴۹   مهریجرد ۷۷، ۷۸

مرزبان ۹، ۴۹، ۹۲، ۱۰۷، ۱۰۸، ۱۴۷، ۱۴۸، ۲۴۲،   مهریز ۷۷، ۸۱

۳۱۷   موراسومالی ۳۱۱

مرو ۵۴، ۶۲، ۸۰، ۸۶   موسی ۸، ۹۵، ۱۲۵، ۱۳۴، ۱۳۸، ۳۳۹

مُریاباد ۸۱، ۲۶۳، ۲۶۵   میبد ۷۵، ۹۴، ۹۵

مزدا ۳۳۵، ۳۶۲   میرفندرسکی ۱۳۱

مزدام ۳۳۲   میرمیران ۱۱۴، ۱۳۹

مزرعه صدری ۲۶۳، ۲۶۵، ۲۶۶   میرویس ۱۷۵

ن

ناپل ۲۰۹

ناصرالدین شاه ۶، ۲۳۵، ۲۵۷، ۲۶۱، ۳۱۲،
۳۲۵، ۳۴۳، ۳۵۴، ۳۶۰، ۳۶۵، ۳۶۶، ۳۶۸،
۴۰۹، ۴۱۰، ۴۱۱، ۴۱۸، ۴۲۰، ۴۲۵، ۴۴۲، ۴۴۵،
۴۶۱، ۴۶۴، ۴۶۹، ۴۷۱، ۴۷۶، ۴۸۷، ۴۹۳، ۵۰۱.

ناگمندال ۹۷

نجف ۳۱۶

نریمان ۱۰۱، ۱۰۳، ۱۰۴، ۱۰۵، ۱۰۶، ۱۰۷، ۱۰۸، ۱۱۰،
۱۴۷، ۱۴۸، ۳۶۰.

نریمان هوشنگ ۱۰۱، ۱۰۳، ۱۰۴، ۱۰۵، ۱۰۷، ۱۰۸،
۱۱۰، ۱۴۷، ۱۴۸.

نصرآباد ۲۶۳، ۲۶۵

نصربن سیار ۵۳

نصربن هارون ۶۲

نقدی ۳۰۳

نگرتنه ۳۱۱

نمرود ۱۳۸، ۱۷۶

نمسه ۴۱۵

نهاوند ۴۹۱

نوراجی اردونجی ۴۶۳

نوساری ۵۷، ۵۸، ۵۹، ۶۰، ۹۷، ۹۸، ۹۹، ۱۰۱،
۱۰۲، ۱۰۳، ۱۰۴، ۱۰۵، ۱۰۶، ۱۰۷، ۱۰۸، ۱۱۰، ۱۴۵،
۱۴۶، ۱۴۷، ۱۵۲، ۱۵۳، ۱۵۵، ۱۶۵، ۱۶۷، ۱۶۸،
۱۹۲، ۱۹۳، ۲۲۲، ۲۲۷، ۲۲۹.

نوشیروان خسرو ۱۰۸، ۱۴۷، ۱۴۸

نیریز ۲۶۱

نیشابور ۶۲، ۶۴، ۸۲

و

والتر ۳۸۱

وامق ۶۱

وحشی ۸۱، ۲۵۸

ورجاوند ۱۴۴، ۱۵۱، ۱۵۷، ۱۶۶، ۱۹۲

وردان ۳۷

وسترگارد ۲۷۸، ۲۷۹، ۲۹۵

ولهاوزن ۱۸

ه

هامون ۳۷۹

هپتانسیا ۲۲۳

هجر ۱۰

هرات ۷۳

هرفته ۸۱

هرمزجی ۳۶۶

هرمزد ۱۶۸، ۱۹۷

هرمزدیار ۵۷، ۵۸، ۵۹، ۹۶، ۹۸، ۹۹، ۱۰۲، ۱۰۴،
۱۰۵، ۱۰۶، ۱۰۷، ۱۰۸، ۱۰۹، ۱۱۰، ۱۱۱، ۱۳۳، ۱۴۵،
۱۴۸، ۱۴۹، ۱۵۰، ۱۵۱، ۱۵۲، ۱۵۳، ۱۵۴، ۱۵۵،
۱۵۶، ۱۵۷، ۱۶۵، ۱۶۷، ۱۶۸، ۱۹۲، ۱۹۷، ۳۵۹،
۵۰۲.

هلند ۱۷۵، ۱۷۶، ۱۷۷، ۱۸۱، ۱۸۲، ۱۹۴، ۲۱۰،
۲۱۱، ۲۱۳، ۲۲۰.

همایون ۲۳۸، ۲۶۷، ۲۷۰، ۲۷۳، ۲۷۷، ۳۶۴،
۴۱۲، ۴۱۴، ۴۱۶، ۴۱۸، ۴۱۹، ۴۲۰، ۴۲۲، ۴۲۴،
۴۲۵، ۴۲۸، ۴۴۹، ۴۵۲، ۴۶۰، ۴۶۹، ۴۷۶،
۴۸۳، ۴۸۴، ۴۸۷، ۴۸۸.

همدان ۸۰، ۱۸۰، ۴۲۴، ۴۲۶

همدانی ۷۰، ۷۱، ۷۵، ۳۳۰، ۳۴۳

هند ۶، ۲، ۴، ۵۷، ۵۹، ۶۰، ۹۴، ۹۶، ۹۷، ۹۹،
۱۰۰، ۱۰۴، ۱۰۵، ۱۰۶، ۱۰۷، ۱۳۵، ۱۳۶، ۱۴۲، ۱۴۳،
۱۴۵، ۱۴۶، ۱۴۹، ۱۵۱، ۱۵۲، ۱۵۳، ۱۵۵، ۱۵۶.

[۵۱۵]

۱۶۵، ۱۶۶، ۱۶۷، ۱۷۵، ۱۷۶، ۱۷۷، ۱۸۱، ۱۸۲، ۱۸۵، ۱۹۰، ۱۹۱، ۱۹۳، ۱۹۴، ۱۹۹، ۲۰۱، ۲۰۲، ۲۰۵، ۲۰۷، ۲۰۸، ۲۰۹، ۲۱۰، ۲۱۱، ۲۱۲، ۲۱۳، ۲۱۴، ۲۱۵، ۲۱۶، ۲۱۷، ۲۱۸، ۲۱۹، ۲۲۰، ۲۲۱، ۲۲۲، ۲۲۳، ۲۲۴، ۲۲۶، ۲۲۷، ۲۲۸، ۲۳۰، ۲۳۱، ۲۳۳، ۲۴۵، ۲۵۰، ۲۵۲، ۲۵۳، ۲۶۸، ۲۷۸، ۲۷۹، ۲۸۵، ۲۹۴، ۲۹۶، ۲۹۷، ۳۰۱، ۳۱۰، ۳۱۱، ۳۱۷، ۳۱۹، ۳۲۰، ۳۲۴، ۳۲۹، ۳۳۱، ۳۳۲، ۳۴۷، ۳۵۰، ۳۵۳، ۳۵۹، ۳۶۰، ۳۶۳، ۳۷۲، ۳۸۰، ۳۸۵، ۳۸۷، ۳۹۰، ۳۹۱، ۴۱۰، ۴۱۱، ۴۱۲، ۴۱۳، ۴۲۰، ۴۲۱، ۴۵۴، ۴۵۵، ۴۵۶، ۴۶۴، ۴۶۶، ۴۶۸، ۴۸۳، ۴۸۹، ۴۹۳

هوشنگ ۱۰۱، ۱۰۳، ۱۰۴، ۱۰۵، ۱۰۶، ۱۰۷، ۱۰۸، ۱۱۰، ۱۴۷، ۱۴۸، ۲۴۲، ۳۱۱، ۳۴۷، ۳۶۴، ۳۶۵، ۳۶۶، ۳۶۸، ۳۷۴، ۴۸۲، ۴۹۵

هوگو ۱۴۴

هوم بهمنیار ۹۷، ۹۸

هیرجی ۳۱۱

ی

یاقوت حموی ۷۵، ۷۷

یحیی بن آدم ۱۸، ۲۲

یزد ۱، ۳، ۴، ۵، ۶، ۷، ۱، ۲، ۳، ۴، ۵، ۶، ۶۴، ۷۳، ۷۴، ۷۵، ۷۷، ۷۸، ۷۹، ۸۰، ۸۱، ۸۲، ۸۳، ۸۴، ۸۵، ۸۶، ۹۰، ۹۲، ۹۳، ۹۴، ۹۵، ۹۸، ۱۰۱، ۱۰۳، ۱۰۴، ۱۰۵، ۱۰۶، ۱۰۷، ۱۰۸، ۱۱۰، ۱۱۱، ۱۱۳، ۱۱۴، ۱۳۲، ۱۳۳، ۱۳۴، ۱۳۵، ۱۳۶، ۱۳۷، ۱۳۸، ۱۳۹، ۱۴۰، ۱۴۱، ۱۴۲، ۱۴۳، ۱۴۵، ۱۴۶، ۱۴۸، ۱۴۹، ۱۵۰، ۱۵۱، ۱۵۲، ۱۵۳، ۱۵۴، ۱۵۵، ۱۵۶، ۱۵۷، ۱۶۲، ۱۶۳، ۱۶۴، ۱۶۵، ۱۶۶، ۱۶۸، ۱۷۳، ۱۷۴، ۱۷۵، ۱۷۹، ۱۸۱، ۱۸۲، ۱۸۴، ۱۸۵، ۱۸۶، ۱۸۸، ۱۸۹، ۱۹۰، ۱۹۲، ۱۹۳، ۱۹۵، ۱۹۶، ۱۹۷، ۱۹۸، ۱۹۹، ۲۰۰، ۲۰۱، ۲۰۲، ۲۰۳، ۲۰۴، ۲۰۵، ۲۰۶، ۲۰۷، ۲۰۸، ۲۱۹، ۲۳۳، ۲۳۴، ۲۳۵، ۲۳۶، ۲۳۷، ۲۳۸، ۲۴۰، ۲۴۲، ۲۴۳، ۲۴۴، ۲۵۰، ۲۵۷، ۲۶۰، ۲۶۱، ۲۶۲، ۲۶۳، ۲۶۴، ۲۶۵، ۲۶۸، ۲۶۹، ۲۷۰، ۲۷۱، ۲۷۲، ۲۷۳، ۲۷۴، ۲۷۵، ۲۷۶، ۲۷۷، ۲۷۸، ۲۷۹، ۲۸۰، ۲۸۱، ۲۸۲، ۲۸۳، ۲۸۴، ۲۸۵، ۲۸۷، ۲۸۹، ۲۹۰، ۲۹۱، ۲۹۳، ۲۹۴، ۲۹۵، ۲۹۶، ۲۹۹، ۳۰۰، ۳۱۳، ۳۱۵، ۳۱۶، ۳۱۹، ۳۲۴، ۳۲۵، ۳۲۷، ۳۲۸، ۳۴۳، ۳۴۸، ۳۴۹، ۳۵۰، ۳۵۱، ۳۵۲، ۳۵۷، ۳۵۸، ۳۵۹، ۳۶۰، ۳۶۱، ۳۶۲، ۳۶۳، ۳۶۵، ۳۶۶، ۳۶۷، ۳۶۸، ۳۶۹، ۳۷۰، ۳۷۱، ۳۷۲، ۳۷۳، ۳۷۶، ۳۷۷، ۳۸۲، ۳۸۳، ۳۸۴، ۳۸۵، ۳۸۶، ۳۸۷، ۳۸۸، ۳۹۰، ۳۹۱، ۳۹۳، ۳۹۷، ۴۰۰، ۴۰۱، ۴۰۲، ۴۰۴، ۴۱۱، ۴۱۲، ۴۱۳، ۴۱۴، ۴۱۵، ۴۱۶، ۴۱۷، ۴۱۸، ۴۱۹، ۴۲۰، ۴۲۱، ۴۲۳، ۴۲۵، ۴۲۶، ۴۲۸، ۴۲۹، ۴۳۰، ۴۳۲، ۴۳۳، ۴۳۴، ۴۳۶، ۴۳۸، ۴۳۹، ۴۴۰، ۴۴۱، ۴۴۲، ۴۴۳، ۴۴۶، ۴۴۹، ۴۵۰، ۴۵۱، ۴۵۲، ۴۵۳، ۴۵۴، ۴۵۶، ۴۵۹، ۴۶۰، ۴۶۷، ۴۶۸، ۴۷۱، ۴۷۳، ۴۷۴، ۴۷۶، ۴۷۷، ۴۷۸، ۴۷۹، ۴۸۱، ۴۸۲، ۴۸۳، ۴۸۴، ۴۸۵، ۴۸۶، ۴۸۸، ۴۸۹، ۴۹۱، ۴۹۲، ۴۹۳، ۴۹۴، ۴۹۵، ۴۹۶، ۴۹۹، ۵۰۱

یزدیار ۱۴۷، ۱۴۹، ۱۵۳، ۱۵۴

یمن ۹، ۴۸۷

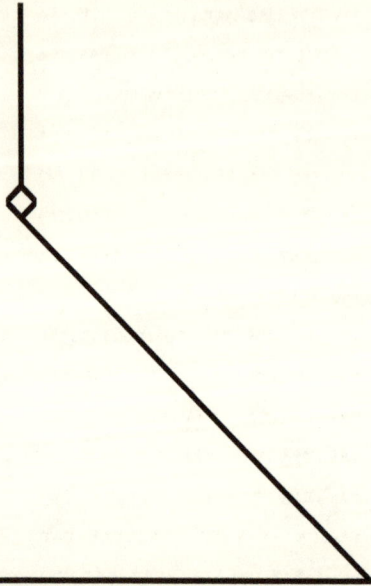

A Social History of the Zoroastrians of yazd (vol 1)

From the advent of Islam in Iran to the establishment of the Nasseri Anjoman

Author:
Dr.A.A.Tashakori
Faculty member of yazd University-Department of History

Edited by:
Dr.A.Yazdani Rad
Faculty member of yazd University-Department of History